Dr. Manfred Eibelshäuser

Immaterielle Anlagewerte in der höchstrichterlichen Finanzrechtsprechung

GABLER

CIP-Kurztitelaufnahme der Deutschen Bibliothek

Eibelshäuser, Manfred:
Immaterielle Anlagewerte in der höchstrichterlichen Finanzrechtsprechung / Manfred Eibelshäuser. – Wiesbaden : Gabler, 1983.
(Neue betriebswirtschaftliche Forschung ; Bd. 26)
ISBN 3-409-13300-3
NE: GT

Umschlaggestaltung: Horst Koblitz, Wiesbaden
Gesamtherstellung: Lengericher Handelsdruckerei, Lengerich/Westf.

Printed in Germany

ISBN 3-409-13300-3

Geleitwort

Unter welchen Bedingungen immaterielle Anlagewerte handels- und steuerrechtlich bilanzfähig bzw. bilanzpflichtig sind, ist umstritten. Klare gesetzliche Regelungen fehlen; es bleibt in letzter Instanz der Judikatur überlassen, was man z. B. unter „rechtsähnlichen Werten und sonstigen Vorteilen" (§ 244 Abs. 2 Satz 2 HGBE) zu verstehen hat. In der Judikatur lassen sich, wie auch in der Literatur, zwei Grundpositionen erkennen: der Versuch einer vollständigen bilanziellen Erfassung aller immateriellen Anlagewerte und die – entgegengerichteten – Bestrebungen, immaterielle Anlagewerte im Interesse der Rechtssicherheit nur bei ausgeprägter Konkretisierung bilanziell zu berücksichtigen. Solange man glaubte, die Verwirklichung von Bilanzwahrheit scheitere vor allem an der vollständigen Erfassung immaterieller Anlagewerte, neigte man zur ersten Grundposition; heute weiß man, daß eine umfassende Berücksichtigung von (nur willkürlich bewertbaren) immateriellen Wirtschaftsgütern des Anlagevermögens die Bilanzwahrheit mehr gefährdet als fördert. Deshalb hat man im Aktiengesetz 1965 die Bilanzierung immaterieller Anlagewerte sehr stark eingeschränkt, und der Bundesfinanzhof ist dieser Tendenz in ganz ausgeprägter Weise gefolgt. Das neue Bilanzrecht bedeutet (auch) insoweit einen Schritt zurück; die Diskussion um die Bilanzierbarkeit immaterieller Anlagewerte muß auf einer breiten Ebene neu beginnen. In dieser Situation wird sich die vorliegende Arbeit als sehr hilfreich erweisen: die Analyse der höchstrichterlichen Finanzjudikatur zeigt, daß auch hier im Grunde alles Gescheite (und alles weniger Gescheite) schon einmal gedacht wurde; darauf läßt sich zurückgreifen.

Es gibt in der Betriebswirtschaftslehre eine Reihe von wichtigen Arbeiten zu den Aktivierungsgrenzen. In keiner dieser Arbeiten wird die Judikatur in einer vergleichbar umfassenden Weise berücksichtigt; in der Hebung dieses so lange verborgen gebliebenen Schatzes liegt der besondere Wert des vorliegenden Buches; es konnte nur durch eine glückliche Verbindung von scharfsinniger und geduldiger Analyse geschrieben werden.

ADOLF MOXTER

Inhaltsverzeichnis

Vorwort

Die vorliegende Arbeit ist unter dem Titel „Die Bedeutung der Objektivierungsrestriktion in der Aktivierungsrechtsprechung von Reichs- und Bundesfinanzhof" (in leicht veränderter Form) im November 1982 vom Fachbereich Wirtschaftswissenschaften der Johann Wolfgang Goethe-Universität in Frankfurt am Main als betriebswirtschaftliche Dissertation angenommen worden.

Herrn Professor Dr. Adolf Moxter, meinem verehrten Lehrer und Doktorvater, danke ich sehr herzlich dafür, daß er diese Arbeit nicht nur angeregt, sondern auch mit Interesse, Kritik und persönlichem Engagement begleitet hat. Unter seiner Anleitung gewann das angeblich spröde Bilanzsteuerrecht sirenenhaften Reiz. Nicht zuletzt waren es aber auch die sehr guten Arbeitsbedingungen an seinem Seminar, die mir die Fertigstellung der Arbeit erlaubten. Auch hierfür – aber nicht nur hierfür – gebührt ihm mein ganzer Dank.

Herrn Professor Dr. Winfried Mellwig, meinem Zweitgutachter, bin ich ebenfalls zu großem Dank verpflichtet. Trotz eines Forschungssemesters hat er die Bürde des Korreferats auf sich genommen.

Die Teilnehmer des Doktorandenkolloquiums von Professor Dr. Adolf Moxter haben mich durch ihre kritischen Fragen immer wieder gezwungen, unreife Gedanken zu präzisieren. Insbesondere meine beiden ehemaligen Kollegen am Seminar für Treuhandwesen, Frau Dipl.-Hdl. Doris Zimmermann und Herr Professor Dr. Wolfgang Ballwieser, haben mehr als das übliche Maß an Interesse und Diskussionsbereitschaft aufgebracht. Ich stehe tief in ihrer Schuld.

Mein Dank gilt weiterhin Frau Hanna Bender für die bravouröse Bewältigung der oft mühseligen Schreibarbeiten sowie Frau Dr. Marion Kraus-Grünewald und Herrn Rudolf Opfermann für die Durchsicht des Manuskripts. Alle Drei haben mir in der Endphase der Arbeit sehr geholfen.

Mein letztes Dankeschön gilt dem Gabler-Verlag für die Aufnahme der Arbeit in die Reihe „neue betriebswirtschaftliche forschung" und für das freundliche Entgegenkommen bei der Drucklegung.

MANFRED EIBELSHÄUSER

Abkürzungsverzeichnis

ADHGB	Allgemeines Deutsches Handelsgesetzbuch
AG	Die Aktiengesellschaft
AktG	Aktiengesetz
Anm.	Anmerkung
AO	Abgabenordnung
Aufl.	Auflage
BB	Betriebs-Berater
Bd.	Band
BFH	Bundesfinanzhof
BFHE	Sammlung der Entscheidungen des Bundesfinanzhofs
BFuP	Betriebswirtschaftliche Forschung und Praxis
BStBl	Bundessteuerblatt
BVerfG	Bundesverfassungsgericht
DB	Der Betrieb
Diss.	Dissertation
DJZ	Deutsche Juristenzeitung
DStR	Deutsches Steuerrecht
DStZ	Deutsche Steuerzeitung
EinkStG/EStG	Einkommensteuergesetz
Erl.	Erläuterung
Fn	Fußnote
FR	Finanz-Rundschau
GmbH	Gesellschaft mit beschränkter Haftung
GmbHG	Gesetz betreffend die Gesellschaften mit beschränkter Haftung
GoB	Grundsätze ordnungsmäßiger Buchführung
HdF	Handbuch der Finanzwissenschaft
HdSt	Handwörterbuch der Staatswissenschaften
HdWW	Handwörterbuch der Wirtschaftswissenschaft
HFA	Hauptfachausschuß

HGB	Handelsgesetzbuch
hrsg.	herausgegeben
Hrsg.	Herausgeber
HWB	Handwörterbuch der Betriebswirtschaft
JbFfSt	Jahrbuch der Fachanwälte für Steuerrecht
JW	Juristische Wochenschrift
NB	Neue Betriebswirtschaft
NF	Neue Folge
NJW	Neue Juristische Wochenschrift
OFH	Oberster Finanzgerichtshof
o.Vn.	ohne Vornamen
Pkt.	Punkt
Preuß. EinkStG	Preußisches Einkommensteuergesetz
Preuß. OVG i. St.	Preußisches Oberverwaltungsgericht in Staatssteuersachen
Pr. OVG i. St.	Sammlung der Entscheidungen des Königlich Preußischen Oberverwaltungsgerichts in Staatssteuersachen
RAO	Reichsabgabenordnung
Rdnr	Randnummer
REinkStG	Reichseinkommensteuergesetz
RFH	Reichsfinanzhof
RFHE	Sammlung der Entscheidungen des Reichsfinanzhofs
RG	Reichsgericht
RGSt	Sammlung der Entscheidungen des Reichsgerichts in Strafsachen
RGZ	Sammlung der Entscheidungen des Reichsgerichts in Zivilsachen
ROHG	Reichs-Oberhandelsgericht
ROHGE	Sammlung der Entscheidungen des Reichs-Oberhandelsgerichts
RM	Reichsmark
RStBl	Reichssteuerblatt
Rz	Randziffer
Sp.	Spalte
StbJb	Steuerberaterjahrbuch
StBp	Steuerliche Betriebsprüfung

StGB	Strafgesetzbuch
StKgR	Steuerkonkreßreport
StuW	Steuer und Wirtschaft
Tz	Textziffer
Vgl.	Vergleiche
Wpg	Die Wirtschaftsprüfung
WT	Der Wirtschaftstreuhänder
ZfB	Zeitschrift für Betriebswirtschaft
ZfbF	Zeitschrift für betriebswirtschaftliche Forschung
ZfhF	Zeitschrift für handelswissenschaftliche Forschung
ZGR	Zeitschrift für Unternehmens- und Gesellschaftsrecht

Problemstellung

Im Einkommensteuergesetz ist die Ermittlung des steuerpflichtigen Gewinns der Kaufleute nur rudimentär geregelt. Die wenigen Einzelnormen sind angefüllt mit unbestimmten Rechtsbegriffen, die der Auslegung bedürfen, und auch die Generalnorm, der Verweis auf die handelsrechtlichen Grundsätze ordnungsmäßiger Buchführung, trägt nur wenig zur Konkretisierung der unklaren Gesetzesvorschriften bei. Es kann daher nicht verwundern, daß bei Meinungsverschiedenheiten zwischen Steuerpflichtigen und Fiskus über Fragen der bilanziellen Gewinnermittlung letztlich die Judikatur über die "richtige" Deutung der jeweiligen Gesetzesvorschrift entscheidet. Bilanzsteuerrecht ist weitgehend Richterrecht[1]. Mit der Ausfüllung der offengelassenen Gesetzgebung wird die höchstricherliche Judikatur rechtsschöpferisch tätig und tritt an die Stelle des Gesetzgebers[2].

Bei der Urteilsfindung im konkreten Fall ergeben sich für die Rechtsprechung eine Fülle ungelöster Probleme, die letztlich auf zwei Ursachen beruhen: Erstens auf der Divergenz der miteinander konkurrierenden Einzelgrundsätze eines gerechten Besteuerungssystems[3] und zweitens auf der Bin-

---

1) Vgl. MOXTER, Adolf, Bilanzierung nach der Rechtsprechung des Bundesfinanzhofs, Tübingen 1982, S.1.

2) Vgl. Beschluß des BVerfG vom 14.2.1973 BvR 112/65, in: NJW, 26.Jg. (1973), S.1221-1226, hier S.1224, sowie KRUSE, Heinrich Wilhelm, Grundsätze ordnungsmäßiger Buchführung, Köln 1970, S.150, und PAULICK, Heinz, Bindungsprobleme im Steuerrecht, in: StbJb 1964/65, S.351-398, hier S.398. Zu den Grenzen der Rechtsfortbildung durch die Judikatur vgl. FRIAUF, Karl Heinrich, Möglichkeiten und Grenzen der Rechtsfortbildung im Steuerrecht, in: Grenzen der Rechtsfortbildung durch Rechtsprechung und Verwaltungsvorschriften im Steuerrecht, herausgegeben im Auftrag der Deutschen Steuerjuristischen Gesellschaft e.V. von Klaus TIPKE, Köln 1982, S.53-69.

3) Vgl. zu den Einzelgrundsätzen eines gerechten Besteuerungssystems SCHNEIDER, Dieter, Gewinnermittlung und steuerliche Gerechtigkeit, in: ZfbF, NF, 23.Jg. (1971), S.352-394, insbes. S.352-372, und, sehr ausführlich, NEUMARK, Fritz, Grundsätze gerechter und ökonomisch rationaler Steuerpolitik, Tübingen 1970.

dung der Rechtsprechung an die handelsrechtlichen Grundsätze ordnungmäßiger Buchführung, soweit das Einkommensteuergesetz keine expliziten Bilanzierungsregeln enthält.

Das dominante Ziel der Steuerbilanz, die Erfassung der tatsächlichen wirtschaftlichen Leistungsfähigkeit eines Steuerpflichtigen, erfordert den Ausweis des vollen Gewinns einer Periode. In den Betriebsvermögensvergleich nach § 4 Abs.1 EStG müßte das Effektivvermögen eingehen. Im Rahmen der bilanziellen Gewinnermittlung ist eine Bestimmung des Effektivvermögens aber nicht möglich[1]. Bilanzielle Gewinnermittlung heißt additive Gewinnermittlung. Verfahren der Gesamtbewertung scheiden bei der Ermittlung des Periodengewinns aus, weil sie den zweiten Einzelgrundsatz des Gleichmäßigkeitspostulats, die Manipulationsfreiheit[2], und das sich daraus ergebende Objektivierungserfordernis unberücksichtigt lassen; eine Gesamtbewertung auf der Basis von Entnahmeströmen (Ertragswerten) ist nun einmal höchst subjektiv und entzieht sich weitgehend der Nachprüfbarkeit durch Dritte[3]. Aber auch der Versuch, in den Grenzen der Einzelbewertungsvorschrift das Effektivvermögen zumindest approximativ zu erfassen, kollidiert mit Objektivierungsüberlegungen. Eine möglichst vollständige bilanzielle Vermögensermittlung beinhaltet gleichfalls ein Maß an subjektivem Ermessen, das einer steuerlichen Selbsteinschätzung gleichkäme. Eine solche Form der Gewinnermittlung kann nicht im Sinne des Gesetzgebers sein. Bei der Ausgestaltung des Bilanzsteuerrechts steht die Rechtsprechung

---

1) Vgl. SCHMALENBACH, Eugen, Dynamische Bilanz, 13. Aufl., bearbeitet von Richard BAUER, Köln und Opladen 1962, S.45, und HAX, Herbert, Der Bilanzgewinn als Erfolgsmaßstab, in: ZfB, 34.Jg. (1964), S. 642-651, hier S.650.

2) Vgl. SCHNEIDER, Dieter, Gewinnermittlung, a.a.O., S.353-354.

3) Vgl. FREERICKS, Wolfgang, Bilanzierungsfähigkeit und Bilanzierungspflicht in Handels- und Steuerbilanz, Köln-Berlin-Bonn-München 1976, S.267, und MOXTER, Adolf, Grundsätze ordnungsmäßiger Unternehmensbewertung, Wiesbaden 1976, S. 48-49.

damit vor jenem Dilemma, das jedem Rückgriff auf den Periodengewinn anhaftet: Sie kann wählen zwischen "Einkommensverzerrungen, die durch subjektives Ermessen bedingt sind und Einkommensverzerrungen, die auf Zwangsnormierungen zurückgehen."[1)]

Objektivierung heißt Ermessensbeschränkung[2)]. Für die Rechtsprechung bedeutet dies, daß sie die persönliche Einflußnahme der Bilanzierenden auf ihre Gewinnermittlung ausschalten bzw. zumindest zurückdrängen muß, auch wenn dies den Verzicht auf die Erfassung des vollen, periodengerechten Gewinns zur Folge hat. Offen ist nur, welche Bedeutung der Objektivierungsrestriktion zukommt. Wo liegt nach Auffassung der Rechtsprechung jenes Optimum, bei dem die objektivierungs- und mißbrauchsbedingten Verzerrungen des Periodengewinns gemeinsam minimiert werden?[3)] Diese Fragestellung steht im Mittelpunkt der folgenden Arbeit. Unter Beschränkung auf das Aktivierungsproblem soll untersucht werden, wie sich das Erfordernis einer objektivierten Bestimmung der wirtschaftlichen Leistungsfähigkeit in den Urteilen von Reichs- und Bundesfinanzhof niederschlägt.

Zentrales Aktivierungskriterium im Bilanzsteuerrecht ist das Wirtschaftsgut. Die Frage nach der Berücksichtigung des Objektivierungsgedankens im Zeitablauf erfordert daher

---

1) MOXTER, Adolf, Bilanzlehre, 2. Aufl., Wiesbaden 1976, S.306.

2) Vgl. MOXTER, Adolf, Ist bei drohendem Unternehmenszusammenbruch das bilanzrechtliche Prinzip der Unternehmensfortführung aufzugeben?, in: Wpg, 33.Jg. (1980), S.345-351, hier S.346/347. Die von BAETGE verwendeten Termini "Willkürfreiheit" und "intersubjektive Nachprüfbarkeit" weisen in die gleiche Richtung, auch sie sollen dem Ermessen bei der Bilanzaufstellung Grenzen setzen (vgl. BAETGE, Jörg, Möglichkeiten der Objektivierung des Jahreserfolges, Düsseldorf 1970, S.17).

3) MOXTER bezeichnet dies als das Kernproblem aller Regeln zur objektivierten Bestimmung der wirtschaftlichen Leistungsfähigkeit (vgl. MOXTER, Adolf, Betriebswirtschaftliche Gewinnermittlung, Tübingen 1982, S.9).

eine historisch orientierte Betrachtungsweise der einzelnen Wirtschaftsgutkriterien. Denn diese einzelnen Wirtschaftsgutkriterien sind es, über deren Interpretation die Rechtsprechung die Grenzen der Aktivierung und das darin zum Ausdruck kommende Objektivierungsmaß bestimmt und "steuert". Im Mittelpunkt der Betrachtung stehen dabei diejenigen Bilanzpositionen, die besonders stark von subjektiven, willkürlichen Einschätzungen der Bilanzierenden abhängen: die immateriellen Wirtschaftsgüter und die Rechnungsabgrenzungsposten. Eine Verschiebung der Objektivierungsanforderungen besitzt bei diesen, im Grenzbereich zwischen Aktivierung und Nichtaktivierung liegenden Bilanzpositionen direkten Einfluß auf die Entscheidung Ansatz oder Nichtansatz.

Worin liegt aber die aktuelle Bedeutung einer solchen historisch angelegten Analyse der höchstrichterlichen Aktivierungsrechtsprechung?

Im Regierungsentwurf zur Umsetzung der 4. EG-Bilanzrichtlinie in das nationale Recht bezeichnet der deutsche Gesetzgeber die einzelnen Teile des Betriebsvermögens nicht mehr als Vermögensgegenstände, sondern übernimmt das steuerliche Ansatzkriterium, den Begriff des Wirtschaftsguts[1]. Angesichts der seit dem Einkommensteueränderungsgesetz 1969 von der Rechtsprechung immer wieder betonten Identität der Begriffe Vermögensgegenstand und Wirtschaftsgut[2] resultieren hieraus keine materiellen Konsequenzen[3]. Bei nähe-

---

1) Vgl. Deutscher Bundestag, 9. Wahlperiode, Drucksache 9/1878, Gesetzentwurf der Bundesregierung, Entwurf eines Gesetzes zur Durchführung der Vierten Richtlinie des Rates der Europäischen Gemeinschaften zur Koordinierung des Gesellschaftsrechts (Bilanzrichtlinie-Gesetz), S.3 u. 10.

2) Vgl. EIBELSHÄUSER, Manfred, Der Bundesfinanzhof und die statische Bilanzauffassung, in: ZfbF, NF, 33.Jg. (1981), S.56-68, hier S. 64-66.

3) Vgl. Deutscher Bundestag, 9. Wahlperiode, Drucksache 9/1878, a.a.O., S.71, sowie HERBER, Rolf, Zum Regierungsentwurf eines Bilanzrichtliniegesetzes, in: BB, 37.Jg. (1982), S.959-969, hier S.964.

rer Betrachtung kann dieser Auffassung aber nicht vorbehaltlos zugestimmt werden. Die Übernahme des steuerlichen Ansatzkriteriums "Wirtschaftsgut" in das Handelsrecht erleichtert es dem Bundesfinanzhof, Änderungen seiner Aktivierungsrechtsprechung vorzunehmen. Mußte er mit der Rückbesinnung auf die Maßgeblichkeit der handelsrechtlichen Grundsätze ordnungsmäßiger Buchführung ab dem Jahre 1969 den Nachweis erbringen, daß es sich bei dem betreffenden Wirtschaftsgut auch um einen Vermögensgegenstand im handelsrechtlichen Sinne handelt, so entfällt dies in Zukunft. Verschiebungen der Aktivierungsgrenzen sind (wieder) sehr viel einfacher durchführbar, da eine Änderung der Wirtschaftsgutinterpretation - wegen der gleichen Terminologie - direkt den Aktivierungsumfang in der Handelsbilanz beeinflußt. Für die handelsrechtliche Aktivierungslehre ergibt sich daraus die Gefahr, daß sie noch sehr viel stärker als bisher von steuerlichen Gesichtspunkten geprägt wird[1]. Es ist deshalb gerade aus handelsrechtlicher Sicht von besonderer Bedeutung, die

1) Die höchstrichterliche Finanzrechtsprechung hat zwar schon zu Zeiten des Reichsfinanzhofs eine gewisse Bedeutung für das Handelsrecht besessen (vgl. FLECHTHEIM, (o.V.), Die Bedeutung der Rechtsprechung des Reichsfinanzhofs für das Handelsrecht, in: StuW, Teil 1, 12.Jg. (1933), Sp.401-420), ihre heutige Funktion als quasi bestimmender Interpret handelsrechtlicher Ansatznormen hat sie jedoch erst mit dem EinkStÄndG 1969 erhalten, das die steuerliche Aktivierungspflicht mit der handelsrechtlichen Aktivierungsfähigkeit verknüpft (vgl. DZIADKOWSKI, Dieter, Betriebswirtschaftliche Überlegungen zur Anpassung des deutschen Handelsbilanzrechts und Bilanzsteuerrechts an die EG-Bilanzrichtlinie, in: StuW, 56. (9.) Jg. (1979), S.228-236, hier S.234, und LIEBS, Günter, Zur Maßgeblichkeit der Entscheidungen des Bundesfinanzhofs für die Wirtschaftsprüfer, in: AG, 23.Jg. (1978), S.44-55). Maßgebend für die dominierende Rolle der Steuergerichtsbarkeit bei der Auslegung des Handelsrechts ist nicht zuletzt die Tatsache, daß die ordentliche Gerichtsbarkeit nur selten zu Fragen des Bilanzrechts Stellung nimmt (vgl. DÖLLERER, Georg, Die neueste Rechtsprechung des Bundesfinanzhofes zum Bilanzrecht in handelsrechtlicher Sicht unter besonderer Berücksichtigung der Aktienrechtsreform, in: BB, 19.Jg. (1964), S.95-99, hier S.95; MOXTER, Adolf, Die handelsrechtlichen Grundsätze ordnungsmäßiger Buchführung und das neue Bilanzrecht, in: ZGR, 9.Jg. (1980), S. 254-276, hier S.255, und SCHNEIDER, Dieter, Kritische Anmerkungen zur Bilanzauffassung des Bundesfinanzhofs, in: StbJb 1981/82, S.175-194, hier S.176).

mit der Übernahme des Wirtschaftsgutbegriffs verbundenen möglichen Veränderungen der handelsrechtlichen Aktivierungsgrenzen zu bestimmen. Hierzu bedarf es der Analyse der höchstrichterlichen Wirtschaftsgutinterpretation im Zeitablauf.

Das erste Kapitel des Hauptteils behandelt die Rechtsprechung vor der Errichtung des Reichsfinanzhofs. Dies geschieht deshalb, weil die Urteile des Reichsgerichts und des Preußischen Oberverwaltungsgerichts in Staatssteuersachen die materiellen Grundlagen beinhalten, an die der Reichsfinanzhof bei seiner Rechtsprechung zum Aktivierungsproblem anknüpft.

Im Mittelpunkt des zweiten Kapitels steht die Rechtsprechung des Reichsfinanzhofs. Hier geht es vor allem darum, die Bedeutung des vom Reichsfinanzhof geschaffenen Begriffs Wirtschaftsgut als zentrales Aktivierungskriterium aufzuzeigen und die einzelnen Wirtschaftsgutdeterminanten auf ihren Objektivierungscharakter hin zu untersuchen. Man erhält so das vom Reichsfinanzhof im Rahmen seiner Aktivendefinition für erforderlich gehaltene Maß an Objektivierung.

Im dritten und letzten Kapitel geht es um die Rechtsprechung des Bundesfinanzhofs. Hier soll vor allem der Einfluß der Aktienrechtsreform von 1965 bzw. des Einkommensteuergesetzes von 1969 auf die Rechtsprechung der Einkommensteuersenate des Bundesfinanzhofs herausgearbeitet und im Hinblick auf die Verschiebung der Aktivierungsgrenzen analysiert werden.

1. Kapitel
Die Normierung des Aktivierungsumfangs in der höchstrichterlichen Judikatur zum Preuss. Einkommensteuergesetz von 1891

A. Bilanzielle Gewinnermittlung und einzubeziehendes Vermögen

I. Die Berücksichtigung des Privatvermögens bei der handels- und steuerrechtlichen Bilanzierung

Wie in der Problemstellung dargestellt, führt die Anbindung der steuerlichen Gewinnermittlung an die handelsrechtliche Rechnungslegung dazu, daß die aus den unklaren handelsrechtlichen Normen resultierenden Meinungsverschiedenheiten über die richtige Bilanzierung eine völlig neue Dimension erhalten, was sich im sprunghaften Anstieg der richterlichen Entscheidungen zu Bilanzierungsfragen widerspiegelt. Bei der Bestimmung des Aktivierungsumfangs sind es vor allem zwei Problemkreise, mit denen sich die Rechtsprechung immer wieder beschäftigen muß:

1. inwieweit neben dem "Betriebsvermögen" auch das "Privatvermögen" bei der handels- bzw. steuerrechtlichen Bilanzierung zu berücksichtigen ist, und

2. welche Merkmale den einzelnen Gegenstand der Aktivierung charakterisieren.

Bei der Frage nach der bilanziellen Berücksichtigung des Privatvermögens vertreten weite Teile der Literatur[1] und die Rechtsprechung[2] die Meinung, der Wortlaut der §§ 38 ff. HGB verlange vom Kaufmann, in der Handelsbilanz einen Überblick über sein gesamtes Vermögen zu geben, d.h. auch sein privates Vermögen auszuweisen[3]. Im Urteil vom 10.1.1908 bestätigt das Reichsgericht im Grundsatz die Urteile vom 1.2.1882 und vom 28.11.1893, macht jedoch einige zusätzliche Anmerkungen, die das sogenannte Maßgeblichkeitsprinzip in einem neuen Licht erscheinen lassen.

Für die Handelsbilanz wird in dem gerade erwähnten RG-Urteil vom 10.1.1908 zwar weiterhin die Darstellung der Lage des gesamten Vermögens verlangt. Nach Auffassung des II. Senats schließt dies aber nicht aus, daß der Kaufmann zunächst seine Geschäftsbilanz erstellt und erst danach das Privatvermögen in der sogenannten "Gesamtbilanz" berücksichtigt[4]. Im Gegenteil,

---

1) Vgl. u.a. PASSOW, Richard, Die Bilanzen der privaten und öffentlichen Unternehmungen, Bd. 1, 2. Aufl., Berlin 1918, S.26; MIRRE, Ludwig, Das Privatvermögen in der Handelsbilanz, in: StuW, Teil 1, 21.Jg. (1942), Sp.1-4, sowie STAUBS Kommentar zum Handelsgesetzbuch, 9. Aufl., bearbeitet von Heinrich KÖNIGE, Albert PINNER, Felix BONDI, Bd. 1, Berlin 1912, Erl. zu § 38 Anm. 5a.

2) Vgl. RG-Urteil vom 1.2.1882 g. R. Rep. 49/82, RGSt 5, S.407 (409), und RG-Urteil vom 28.11.1893, g.K. Rep. 2728/93, RGSt 25, S. 3 (4).

3) Diese Auslegung der §§ 38 ff. HGB ist allerdings in der Literatur zum Teil auf Widerspruch gestoßen. So lehnen z.B. LION und REHM sowie BOUFFIER die bilanzielle Berücksichtigung des Privatvermögens ab (vgl. LION, Max, Das Bilanzsteuerrecht, 2. Aufl., Berlin 1923, S.58-59; REHM, Hermann, Privatvermögen und Bilanz, in: DJZ, 12. Jg. (1907), S.317-321; BOUFFIER, Willy, Handelsbilanz und Steuerbilanz, Gutachten, in: Verhandlungen des Dritten Österreichischen Juristentages Wien 1967, hrsg. vom Vorstand des Österreichischen Juristentages, Bd.1, 4. Teil, S.36).

4) Vgl. RG-Urteil vom 10.1.1908 g K II 841/07, RGSt 41, S.41 (47 u. 48).

wenn das Reichsgericht betont, für Steuerfragen sei allein die Geschäftsbilanz maßgebend[1], bedingt dies notwendigerweise eine getrennte Ermittlung von Geschäfts- und Privatvermögen.

Mit dem zweistufigen Aufbau der Handelsbilanz gelingt es dem Reichsgericht, die von handels- und steuerrechtlicher Seite an die Bilanz herangetragenen Aufgaben in Übereinstimmung zu bringen: Handelsrechtlich verstärkt der Ausweis des Gesamtvermögens das primäre Bilanzziel des Gläubigerschutzes. Steuerlich gewährleistet die isolierte Aufstellung des Geschäftsvermögens (vor der Zusammenfassung mit dem Privatvermögen zum Gesamtvermögen) die gesonderte Besteuerung der Einkünfte aus Handel und Gewerbe.

II. Erklärungsansätze für die Beschränkung auf das Betriebsvermögen bei der Bilanzierung unter steuerlicher Zielsetzung

1. Der Wortlaut des § 14 des Preuß. Einkommensteuergesetzes von 1891

Die Beschränkung auf die Geschäftsbilanz zur Feststellung der gewerblichen Einkommen kann nicht als eine neue Erkenntnis der Zivilrechtsprechung gewertet werden; das Reichsgericht knüpft vielmehr an die Auslegung des § 14 des Preußischen Einkommensteuergesetzes von 1891 durch das Preußische Oberverwaltungsgericht in Staatssteuersachen an. § 14 spricht laut

1) Vgl. RG-Urteil vom 10.1.1908 g K II 841/07, RGSt 41, S.41 (47).

dem Urteil des Preußischen Oberverwaltungsgerichts in Staatssteuersachen vom 21.11.1892 nicht von dem Einkommen der Handel- und Gewerbetreibenden, sondern von dem Einkommen aus Handel und Gewerbe. Da das Einkommen aus Handel und Gewerbe aber lediglich eine der vier verschiedenen Einkunftsquellen des § 7 Preuß. EinkStG von 1891 darstellt, müssen - so das Preuß. OVG i.St. weiter - Gewerbetreibende bezüglich ihres Einkommens aus den anderen Quellen, insbesondere aus Kapital- und Grundvermögen, den gleichen Veranlagungsvorschriften unterworfen werden wie alle anderen Kapital- und Grundbesitzer[1]. Handelsrechtliche Vorschriften sind nur für die Ermittlung des gewerblichen Reingewinns von Bedeutung, nicht aber für die Berechnung der Einkünfte aus Kapitalien und Grundbesitz, die unabhängig von dem Handels- und Gewerbebetrieb genutzt werden[2].

Aus der scharfen Trennung zwischen Einkommen aus Handel und Gewerbe und Einkommen aus Kapitalvermögen, Grundvermögen, gewinnbringender Beschäftigung im Preuß. EinkStG von 1891 folgt - quasi zwingend - die zweistufige Ermittlung des Bilanzvermögens im Urteil des Reichsgerichts vom 10.1.1908: Wenn die Erträge aus dem Privatvermögen der Kaufleute keine gewerblichen Gewinne im Sinne des Einkommensteuergesetzes sind, dann wäre es inkonsequent, das Vermögen, aus dem die Erträge stammen, bei der Ermittlung der gewerblichen Einkünfte, in der "Steuer"-Bilanz, zu berücksichtigen.

---

1) Vgl. Entscheidung des Preuß. OVG i.St. vom 21.11.1892 Rep. V. 5/92, Pr. OVG i. St. 1, S.44 (46/47).

2) Vgl. Entscheidung des Preuß. OVG i. St. vom 21.11.1892 Rep. V. 5/92, Pr. OVG i. St. 1, S.44 (47), sowie die Entscheidung des Preuß. OVG i. St. vom 24.5.1897 Rep. VI 9/97, Pr. OVG i. St. 6, S.117.

2. Der Objektivierungsaspekt

Ungeachtet des Wortlauts der §§ 7 und 14 des Preuß. EinkStG von 1891 ist auch unter Objektivierungsgesichtspunkten eine Einbeziehung des Privatvermögens bei der bilanziellen Gewinnermittlung recht problematisch. So verweist z. B. Passow auf die fast unüberwindbaren Bewertungsschwierigkeiten, die eine der Bilanzierung des Geschäftsvermögens vergleichbare Erfassung des Privatvermögens als unzweckmäßig erscheinen lassen: "... die für die Geschäftsbilanz entwickelten Bewertungsgrundsätze lassen sich vielfach nicht auf die Gegenstände des Privatvermögens übertragen ..., und auch sonst ergibt die Bewertung z.B. von Versicherungspolicen, Nutznießungsrechten u. dgl. große Schwierigkeiten."[1)]

Passow erwähnt nicht nur die Bewertungsschwierigkeiten beim Privatvermögen, sondern auch die bei den sogenannten immateriellen Werten. Bedenkt man, welche Probleme die Rechtsprechung in der Folge bei der Findung von "objektiven" Ansatz- und Bewertungskriterien für "Rechte und dgl." - man ist versucht, die heutige Terminologie "ähnliche Rechte" zu benutzen - zu bewältigen hat, erscheinen die Ausführungen Passows (fast) augurenhaft.

---

1) PASSOW, Richard, a.a.O., S.29.

III. Die gesetzliche Festschreibung der Rechtsprechung zum steuerlichen Vermögensumfang im Reichseinkommensteuergesetz von 1925

Ihren gesetzlichen Niederschlag findet die schon in der Rechtsprechung zum Ausdruck kommende Beschränkung auf das Geschäftsvermögen für Zwecke der Besteuerung im Reichseinkommensteuergesetz von 1925. Ungeachtet des (umstrittenen) handelsrechtlichen Vermögensbegriffs[1] erklärt der Gesetzgeber in § 13: "Bei Steuerpflichtigen, die Handelsbücher nach den Vorschriften des Handelsgesetzbuchs zu führen verpflichtet sind ..., ist der Gewinn (§ 7 Abs.1 Nr. 1, § 12) der nach den Grundsätzen ordnungsmäßiger Buchführung für den Schluß des Steuerabschnitts ermittelte Überschuß des B e t r i e b s v e r m ö g e n s über das B e t r i e b s v e r m ö g e n , das am Schluß des vorangegangenen Abschnitts zugrunde gelegen hat."[2]

Mit dem Wortlaut des § 13 EinkStG schließt der Gesetzgeber die Bilanzierung des Privatvermögens bei der Ermittlung des steuerpflichtigen Gewinns aus und unterstreicht die Funktion der Bilanz als Vermögensrechnung[3]; die Frage der Abgrenzung Betriebsvermögen - Privatvermögen bleibt jedoch weiterhin unbeantwortet. Um die Zu-

---

1) Vgl. oben, Abschnitt A I.

2) Hervorhebung durch den Verfasser.

3) Das Einkommensteuergesetz von 1925 orientiert sich damit - zumindest im Wortlaut - sehr stark an der ständigen Rechtsprechung des Reichsgerichts, wonach die Bilanz in erster Linie eine Vermögensübersicht geben soll (vgl. RG-Urteil vom 27.4.1880 g. M. Rep. 842/80, RGSt 1, S.421 (423); vom 18.2.1885 g.D. u. Gen. Rep. 1343/85, RGSt 13, S.354 (355); vom 10.1.1887 g.D. Rep. 3152/86, RGSt 15, S.174 (174), und vom 28.10.1901 Rep. I. 208/o1, RGZ 49, S.141 (144)).

ordnung nicht der Willkür des Steuerpflichtigen zu überlassen - von der Abgrenzung kann in hohem Maß der ausgewiesene steuerliche Erfolg abhängen[1] - hat die Rechtsprechung, insbesondere der RFH, dieses Problem aufgegriffen und unter maßgebendem Einfluß von Enno Becker den Versuch einer Grenzziehung unternommen[2]. Das Ergebnis: die Einteilung des Vermögens in die drei Kategorien - notwendiges Betriebsvermögen

- gewillkürtes Betriebsvermögen
- notwendiges Privatvermögen

und das Herausarbeiten einer Reihe von Kriterien, die eine nachprüfbare Abgrenzung bzw. Zuordnung zu den einzelnen Vermögensgruppen ermöglichen sollen[3].

Was gehört nun aber konkret zum anzusetzenden Betriebsvermögen eines Bilanzierenden? Die Antwort des Handelsgesetzbuches "alle Vermögensstücke" bzw. "alle Vermögensgegenstände" kann in diesem Zusammenhang nicht befriedigen; eine Leerformel wird durch eine andere ersetzt. Für die Rechtsprechung bedeutet dies: Durch die inhaltliche Ausfüllung der unbestimmten Begriffe "Vermögen" bzw. "Vermögensgegenstand" kann sie entscheidenden Einfluß auf den Aktivierungsumfang in der Bilanz nehmen.

---

1) Vgl. SAUR, Hans-Rolf, Die Aktivierung in der steuerlichen Erfolgsbilanz, betrachtet vom Standpunkt der statischen und dynamischen Bilanzauffassung, Diss. Frankfurt a.M. 1958, S.103.

2) Vgl. BECKER, Enno, Grundfragen aus den neuen Steuergesetzen. Die Werbungskosten nach dem Einkommensteuergesetz von 1925, in: StuW, Bd.1, 7.Jg. (1928), Sp.21-48, 177-222, 433-466, hier Sp. 201-211.

3) Vgl. zur Charakterisierung des notwendigen Privatvermögens RFH-Urteil vom 10.1.1935 VI A 657/34, StuW II 1935, Sp.481; zur Charakterisierung des notwendigen Betriebsvermögens RFH-Urteil vom 18.11.1937 IV 412/34, StuW II 1938, Sp. 25; zur Charakterisierung des gewillkürten Betriebsvermögen RFH-Urteil vom 23.5.1928 VI A 554/28, StuW II 1928, Sp.787; vom 14.9.1938 VI 565/38, StuW II 1938. Sp. 987; vom 15.10.1930 VI A 1053/30, StuW II 1931, Sp.124, und vom 27.8.1941 VI 266/41, StuW II 1941, Sp.329.

B. Das Bilanzvermögen und seine einzelnen Bestandteile

I. Der steuerliche Vermögensbegriff in der engen bürgerlich-rechtlichen Betrachtungsweise

Ursprünglich wird die Frage, was als Vermögensteil in der Bilanz nach § 38 ff. HGB zu berücksichtigen ist, unter Bezugnahme auf den bürgerlich-rechtlichen Eigentumsbegriff entschieden. Bestandteil des anzusetzenden Betriebsvermögens können nur solche Vermögensgegenstände sein, "die im maßgebenden Zeitpunkt *rechtlich* zum Vermögen der Gesellschaft gehören."[1] Entsprechend dieser engen zivilrechtlichen Betrachtungsweise hat die Jurisprudenz Vermögen als Summe von Rechten (Eigentums-, Forderungs- und sonstigen Rechten) definiert und damit tatsächliche Verhältnisse (die sogenannten "wirtschaftlichen Werte") von einer Bilanzierung ausgeschlossen[2].

Das Steuerrecht kennt die Bezeichnung "Vermögensgegenstand" nicht. Wenn es um die einzelnen Güter des Betriebsvermögens geht, spricht man von Gegenständen. Aus der unterschiedlichen Terminologie (Vermögensgegenstand im Handelsrecht, Gegenstand im Steuerrecht) ergeben sich jedoch keine materiellen Auswirkungen, weil im bürgerlichen Recht die Begriffe Gegenstand bzw. Vermögensgegenstand identisch sind und - wie Becker später (bedauernd) feststellt - die Lehre von der steuerlichen

---

1) HEIN, Johannes, Steuerrecht und Handelsrecht, Berlin und Leipzig 1928, S.136(Hervorhebung im Original); vgl. hierzu auch RG-Urteil vom 23.10.1925 II 315/24, RGZ 112, S.19 (23).

2) Vgl. PASSOW, Richard, a.a.O., S. 65 u. 66.

Aktivierung und Passivierung zu dieser Zeit entscheidend von bürgerlich-rechtlichen Vorstellungen geprägt wurde[1].

Bezeichnend für die einseitige juristische Denkweise im Bilanz- bzw. Bilanzsteuerrecht ist die Umschreibung des Betriebsvermögens bei Fuisting, einem der Kommentatoren des Preußischen Einkommensteuergesetzes von 1891. Nach seiner Auffassung besteht das gesamte in einem Betrieb vorhandene Vermögen aus zwei Gruppen: die "bestimmungsmäßig dem Betriebe dauernd zu erhaltenden Bestandteile (Anlage- oder stehendes Kapital), wie eigene gewerbliche Grundstücke, Gebäude und bauliche Anlagen, Maschinen, Betriebsutensilien, Gerätschaften und Werkzeuge, Wasser- und Zugkräfte, Patent-, Verlags- u.s.w. Rechte u. dgl.; weiter die bestimmungsmäßig fortlaufend dem Verbrauche, dem Wechsel oder der Formveränderungen dienenden Bestandteile (Betriebs- oder umlaufendes Kapital), wie ..."[2]

An keiner Stelle kommt die juristische Betrachtungsweise wohl besser zum Ausdruck als hier, bei der Aufzählung der einzelnen Güter des Anlagekapitals: Zu aktivieren sind Sachen und Rechte, nicht aber rein wirtschaftliche Güter.

---

1) Vgl. BECKER, Enno, Steuerrundschau. Zur Rechtsprechung, in: StuW, Bd. 1, 7.Jg. (1928), Sp.809-838, hier Sp. 830.

2) FUISTING, B(ernhard), Die Preußischen direkten Steuern, Bd. 1, Kommentar zum Einkommensteuergesetze, 6. Aufl., Berlin 1904, S. 193/94, im Original zum Teil hervorgehoben.

II. Der Übergang zur wirtschaftlichen Betrachtungsweise und ihre Problematik

1. Der entgeltliche Erwerb als Kriterium der Nachweisobjektivierung bei rein wirtschaftlichen Gütern

Obgleich die Beschränkung des Aktivierungsumfangs auf Sachen und Rechte in besonderem Maß die Objektivierung fördert - Sachen und Rechte lassen sich nun einmal ungleich einfacher nachweisen als Positionen ohne Rechtscharakter (rein wirtschaftliche Werte)[1] - , ist um die Jahrhundertwende in der Literatur und (zumindest) ansatzweise auch in der Rechtsprechung eine Abkehr von der engen juristischen Vermögensinterpretation zu erkennen. Die Orientierung an ausschließlich bürgerlichrechtlichen Kategorien wird durch die sogenannte wirtschaftliche Betrachtungsweise ersetzt.

Am entschiedensten löst sich das bilanzrechtliche Schrifttum von der juristischen Denkweise. Rehm stellt fest: "Die Begriffe „Vermögenstände" und „Schulden" in §§ 39 f. sind *in erster Linie* nicht rechtlich, sondern wirtschaftlich zu erklären".[2] Bei Simon findet sich

1) Vgl. MOXTER, Adolf, Aktivierungsgrenzen bei „immateriellen Anlagewerten", in: BB, 33.Jg. (1978), S.821-825, hier S.823-824.

2) REHM, Hermann, Die Bilanzen der Aktiengesellschaften, 2. Aufl., München - Berlin - Leipzig 1914, S.2 (Hervorhebung im Original). Im gleichen Tenor auch TRUMPLER, Hans, Die Bilanz der Aktiengesellschaft nach neuem Aktien- und Steuerrecht, Berlin - Leipzig 1937, S.90: "Der Begriff des Eigentums im Sinne der Bilanzierung ist jedoch nicht juristisch, sondern wirtschaftlich zu verstehen."

eine darüber hinausgehende Konkretisierung: "Soweit aber ein - wenn auch immaterielles und juristisch an sich nicht recht greifbares - Gut Gegenstand des rechtlichen Verkehrs sein kann, soweit muß es auch in der Bilanz als Aktivum auftreten können."[1] Ausschlaggebend für die Aktivierung von immateriellen Gütern ist nach Simon lediglich, "daß sie reell verkehrsfähig sind."[2]

Mit der wirtschaftlichen Betrachtungsweise stellen Rehm und Simon nicht den Status der Bilanz als Vermögensrechnung in Frage[3] - insoweit ist die wirtschaftliche Betrachtungsweise durchaus vereinbar mit einem grundsätzlich statisch orientierten Bilanzverständnis - , sie wollen lediglich erreichen, daß auch solche Güter, denen kein Gegenstandscharakter im Rechtssinn zukommt (rein wirtschaftliche Güter), Aufnahme in den Kreis des zu aktivierenden Vermögens finden.

Die Verfechter der erweiterten ("modifizierten") statischen Bilanzauffassung sind sich jedoch der Probleme bewußt, die mit der Ausweitung des Aktivierungsumfangs einhergehen[4]. Sie fordern deshalb, daß nur diejenigen rein wirtschaftlichen Güter bilanziert werden, die derivativ erworben wurden, d. h. ihre Eigenschaft als verkehrsfähige Rechtsobjekte bewiesen haben, da es bei originär geschaffenen rein wirtschaftlichen Gütern an jedem Maßstab für ihre reale Existenz fehle[5].

---

1) SIMON, Herman Veit, Die Bilanzen der Aktiengesellschaften und der Kommanditgesellschaften auf Aktien, 3. Aufl., Berlin 1899, S.167.

2) SIMON,Herman Veit, a.a.O., S.167.

3) Vgl. SIMON, Herman Veit, a.a.O., S.118.

4) "Nun läge ja die Gefahr nahe, daß durch Einstellung derartiger Güter die Bilanz den Boden unter den Füßen verliere" (SIMON, Herman Veit, a.a.O., S.168).

5) Vgl. SIMON, Herman Veit, a.a.O., S.169.

Betrachtet man die Rechtsprechung des Reichsgerichts, so wird in einigen Urteilen gleichfalls die Auffassung vertreten, die Aufstellung der Bilanz müsse unter wirtschaftlichen Gesichtspunkten erfolgen[1]. Eine nähere Erläuterung der "wirtschaftlichen Gesichtspunkte" bleiben die betreffenden Senate des Reichsgerichts jedoch schuldig; erst der fünfte Strafsenat des Reichsgerichts unternimmt im Urteil vom 3.6.1910 den Versuch einer Konkretisierung[2]. Wichtig an diesem Urteil ist, daß der fünfte Strafsenat - im Gegensatz zur handelsrechtlichen Literatur (auf Rehm wird explizit Bezug genommen) - die Frage der Zugehörigkeit zum Kaufmannsvermögen grundsätzlich aus rechtlicher Sicht entscheidet und nur hinsichtlich der beweglichen Sachen auf die tatsächliche Frage Gewicht legt, ob eine Sache nach kaufmännischer Anschauung zum Vermögen des Kaufmanns gehört. Voraussetzung hierfür ist aber, "daß die betreffende Ware zum Gegenstand eines auf den Warenumsatz gerichteten Rechtsgeschäfts gemacht und dadurch in bestimmter Richtung rechtlich gebunden wurde."[3]

Die fast ausschließliche Betonung der rechtlichen Aspekte im Urteil vom 3.6.1910 hätte - wäre sie zur Regel geworden - eine Revision der bisherigen Rechtsprechung zum Aktivierungsumfang bewirkt: Rein wirtschaftliche Güter, wie z. B. der Firmenwert[4], die Kundschaft oder ein

---

1) Vgl. RG-Urteil vom 9.10.1913 Rep. II 360/13, RGZ 83, S.172(176); vom 16.3.1899 Rep. VI 428/98, RGZ 43, S.123 (127); vom 5.11.1912 Rep. II 262/12, RGZ 80, S.330 (334), sowie auch die Entscheidung des Preuß. OVG i. St. vom 10.2.1894 Rep. V. A. 2832/93, Pr. OVG i. St. 2, S.416 (419).

2) Vgl. RG-Urteil vom 3.6.1910 g.D. u. Gen. V 58/10, RGSt 43, S. 407 (417-418).

3) RG-Urteil vom 3.6.1910 g.D. u. Gen. V 58/10, RGSt 43, S.407 (418).

4) Vgl. RG-Urteil vom 9.7.1901 160/1901 III, in: JW, 30. Jg. (1901), S. 653.

bestimmtes Absatzgebiet[1] wären dann auch bei entgeltlichem Erwerb aktivierungsunfähig, da die wirtschaftliche Betrachtungsweise nur für bewegliche Sachen gelten soll. Diese sehr restriktive Auslegung der wirtschaftlichen Betrachtungsweise wird aber von den anderen Senaten des Reichsgerichts und vom Preuß. Oberverwaltungsgericht in Staatssteuersachen nicht fortgeführt. Wie aus deren späteren Judikaten zu erkennen ist, sind auch weiterhin rein wirtschaftliche Güter (wie z.B. ein erworbenes Fabrikationsgeheimnis, der Geschäfts- oder Firmenwert im Rahmen des Erwerbs einer Firma von einem Dritten oder die Kundschaft) als Bestandteil des Bilanzvermögens anzusehen, wenn "die Gesellschaft sie von Dritter Seite erworben und zu ihrer Erlangung Aufwendungen gemacht hat".[2] Ähnlich der Literatur sieht die Rechtsprechung im entgeltlichen Erwerb das geeignete Kriterium, den Ansatz fiktiver Aktiva (Nonvaleurs) zu verhindern.

Mit der Hervorhebung des entgeltlichen Erwerbs als zentrales Merkmal für den Vermögenscharakter von rein wirtschaftlichen Gütern gelingt es dem Reichsgericht, originär geschaffene wirtschaftliche Werte, bei deren Ansatz eine Unrichtigkeit der Bilanz in den Aktiven zu befürchten ist[3], von der Bilanzierung aus-

1) Vgl. RG-Urteil vom 25.6.1887 Rep. I 137/87, RGZ 19, 111 (121/22).

2) RG-Urteil vom 27.6.1914 I 370/14, in: Leipziger Zeitschrift für Deutsches Recht, 9.Jg. (1915), Sp.231 (232).

3) Schon das Reichsgericht erkennt somit die Gefahren, die aus einer Aktivierung von selbstgeschaffenen Gütern, insbesondere von selbstgeschaffenen Immaterialgütern, resultieren (vgl. RG-Urteil vom 27.6.1914 I 370/14, in: Leipziger Zeitschrift für Deutsches Recht, 9.Jg. (1915), Sp.231 (232)). MEIS kann deshalb zu Recht feststellen, daß nur die sogenannten derivativen immateriellen Werte eine gewisse Objektivität für sich haben (vgl. MEIS, Hans, Rechtsgrundsätze bei der Bilanzierung von immateriellen Werten, Diss. Köln 1935, S.31).

zuschließen. Dem entgeltlichen Erwerb kommt damit eine hohe Objektivierungsfunktion zu; er wird zum Instrument des Vermögensnachweises.

2. Die Ausprägung des Objektivierungsmerkmals "entgeltlicher Erwerb" in Literatur und Rechtsprechung

Die im vorangegangenen Abschnitt festgestellte Objektivierungsfunktion des entgeltlichen Erwerbs sagt noch nichts bzw. sehr wenig über das Gewicht aus, das dem entgeltlichen Erwerb als Instrument des Vermögensnachweises zukommt; hierzu bedarf es einer näheren Betrachtung seines Anwendungsgebietes. Es ist zu prüfen, was die Rechtsprechung unter dem Begriff "rein wirtschaftliche Güter" versteht.

Das gerade erwähnte Urteil des Reichsgerichts vom 27.6. 1914 beschränkt das Erfordernis des Erwerbs von Dritten gegen Aufwendungen (in der heutigen Terminologie: des entgeltlichen Erwerbs) auf die rein wirtschaftlichen Güter[1)], insofern besteht Übereinstimmung mit Herman Veit Simon. Unterschiede ergeben sich aber bei der Umschreibung der rein wirtschaftlichen Güter. Während Simon hierunter grundsätzlich "Nichtrechte" versteht[2)], bezeichnet das Reichsgericht diejenigen ideellen Werte als rein wirtschaftliche Güter, die "sich nicht in einem gegen jeden durchzusetzenden Rechte ausdrücken".[3)] Unter

---

1) Vgl. RG-Urteil vom 27.6.1914 I 370/14, in: Leipziger Zeitschrift für Deutsches Recht, 9.Jg. (1915), Sp.231 (232).

2) Vgl. SIMON, Herman Veit, a.a.O., S.166; gl.A. heute MOXTER, Adolf, Immaterielle Anlagewerte im neuen Bilanzrecht, in: BB, 34.Jg. (1979), S.1102-1109, hier S.1103.

3) RG-Urteil vom 27.6.1914 I 370/14, in: Leipziger Zeitschrift für Deutsches Recht, 9.Jg. (1915), Sp.231 (232).

Berücksichtigung der Tatsache, daß der Begriff "ideelle Werte" Rechte und rein wirtschaftliche Güter umschließt[1], folgt daraus für einen Teil der Rechte - und zwar für solche, die sich nicht gegen jeden durchsetzen lassen - die unmittelbare Maßgeblichkeit des entgeltlichen Erwerbs als Aktivierungsvoraussetzung. Das Reichsgericht mißt anscheinend dem entgeltlichen Erwerb eine größere Bedeutung zu als Herman Veit Simon und vor allem als Hermann Rehm, nach dessen Meinung nichtgreifbare Vermögensgegenstände selbst dann bilanzfähig sind, wenn bei ihrer Herstellung (z.B. Akquisition der Kundschaft) lediglich Aufwendungen gemacht wurden[2].

Das Preußische Oberverwaltungsgericht in Staatssteuersachen trennt in einem Urteil vom 24.3.1904 nicht wie das Reichsgericht zwischen Patent-, Verlags- und Lizenzrechten einerseits und den nicht gegen jeden durchsetzbaren Rechten (z.B. Wettbewerbsverbot) auf der anderen Seite, sondern konstatiert eine Übereinstimmung in der neuesten Literatur und Rechtsprechung darüber, daß "bei entgeltlicher Erwerbung immaterieller Rechte und Gegenstände, wie Firma, Kundschaft usw., eine entsprechende Bewertung unter den Aktivis der Bilanz handelsrechtlich keinem Bedenken unterliegt."[3] Aus dem Wortlaut "... immaterielle Rechte u n d Gegenstände, wie ..." könnte man folgern, das Preußische Oberverwaltungsgericht wolle das Erwerbskriterium auf sämtliche Rechte ausdehnen[4].

---

1) Vgl. REHM, Hermann, Bilanzen, a.a.O., S.15.

2) Vgl. REHM, Hermann, Bilanzen, a.a.O., S.16.

3) Entscheidung des Preuß. OVG i. St. vom 24.3.1904 J. N. VI. G. 392 - Rep. VI. G. 263/02, Pr. OVG i. St. 11, S.419 (422).

4) Für diese These spricht auch, daß der V. Senat sowohl das Recht zum Gebrauch eines bestimmten Namens für Waren als auch das Recht zum Gebrauch eines eingetragenen Warenzeichens nur dann als bilanzfähige Rechte ansieht, wenn sie entgeltlich erworben wurden (vgl. Urteil des Preuß. OVG i. St. vom 24.6.1914 V.A. 52/14., Pr. OVG i.St. 17, S.286 (286)).

Eine solche Überlegung erscheint jedoch aus zwei Gründen wenig plausibel, auch wenn sie vom Wortlaut her nicht völlig ausgeschlossen werden kann:

Erstens verweist das Preußische Oberverwaltungsgericht in Staatssteuersachen in obigem Urteil zur Begründung seiner Ausführungen auf Simon und Rehm, auf den Kommentar zum GmbH-Gesetz von Staub und auf das Urteil des Reichsgerichts vom 9.7.1901[1)], und alle diese Quellen enthalten keinerlei Anhaltspunkte für einen derart weiten Anwendungsbereich des "entgeltlichen Erwerbs" (maßgebend für s ä m t l i c h e Rechte).[2)]

Zweitens spricht das Preußische Oberverwaltungsgericht in seinem Urteil vom 18.2.1911 zwar davon, daß Rechte aus Verträgen bei Aufstellung der Bilanz zu berücksichtigen sind, wenn für ihren Erwerb besondere Aufwendungen gemacht werden[3)], verweist aber zur Konkretisierung des Erwerbskriteriums auf Herman Veit Simon, der bei Rechten die originäre Erwerbsart (gegen Aufwendungen) der derivativen (entgeltlich von einem Dritten) gleichstellt[4)]. Dies bedeutet, Rechte können angesetzt werden, falls bei ihrer Erlangung Aufwendungen entstanden sind (z.B. die Kosten eines selbsterstellten Patents); ist dies nicht der Fall -"würde z.B. eine Gesellschaft ohne alle Kosten eine Konzession erhalten"[5)]-, darf kein Aktivposten gebildet werden.

---

1) Vgl. Entscheidung des Preuß. OVG i. St. vom 24.3.1904 J. N. VI. G. 392 - Rep. VI. G. 263/02, Pr. OVG i. St. 11, S.419 (422).

2) Vgl. SIMON, Herman Veit, a.a.O., S.171; REHM, Hermann, Bilanzen, a.a.O., S.15 u. 16; STAUB, Hermann, Kommentar zum Gesetz betreffend die Gesellschaften mit beschränkter Haftung, Berlin 1903, Erl. zu § 42 Anm. 14; RG-Urteil vom 9.7.1901 160/1901 III, in: JW, 30.Jg. (1901), S.653.

3) Vgl. Entscheidung des Preuß. OVG i. St. vom 18.2.1911 J.N.V.A. 9 - Rep. V.A. 69/10, Pr. OVG i. St. 15, S.343 (344).

4) Vgl. SIMON, Herman Veit, a.a.O., S.168.

5) SIMON, Herman Veit, a.a.O., S.168.

Angesichts dieses Torsos sich widersprechender Literaturmeinungen und Gerichtsentscheide entstehen (berechtigte) Zweifel, ob die Ausgangsfrage nach dem Gewicht des Objektivierungskriteriums "entgeltlicher Erwerb" überhaupt beantwortet werden kann. Sind nicht die Gegensätze bezüglich des Anwendungsbereichs des entgeltlichen Erwerbs zwischen Schrifttum und Rechtsprechung und innerhalb der beiden Gruppen unüberwindbar? Auf den ersten Blick muß man dies sicher bejahen, zwischen den Meinungen von Rehm und Simon und zwischen den Auffassungen dieser beiden und der Rechtsprechung scheinen keinerlei Verbindungen zu bestehen. Bei näherer Betrachtung ist eine solche Aussage in ihrem Absolutheitsanspruch allerdings nicht haltbar. Zwar gibt es keine Übereinstimmung zwischen Rehm und Simon - der entgeltliche Erwerb besitzt eine andere (größere) Bedeutung , wenn er als zentrales Aktivierungskriterium für rein wirtschaftliche Güter fungiert (wie bei Simon) als wenn er durch das Aufwandskriterium substituiert werden kann (wie bei Rehm) - ; es existieren jedoch Verbindungslinien zwischen Simon und der Judikatur, die lediglich durch voneinander abweichende Interpretationen der Rechte "verschüttet" wurden und deren "Freilegung" einen großen Teil der angeblichen Widersprüche beseitigt, sie als Scheingegensätze entlarvt.

Simon trennt relativ streng zwischen Rechten (Bergwerksgerechtigkeiten, Patenten, Konzessionen) und "Nichtrechten" (rein wirtschaftlichen Gütern). Kennzeichnend für die rein wirtschaftlichen Güter ist, daß sie nicht Gegenstand des Eigentums im juristischen Sinn sein können, aber die Fähigkeit besitzen, übertragen zu werden, d.h. man kann sie erwerben. Hierzu gehören nach Simon "vor allen Dingen wirtschaftliche Unternehmungen, Handlungsetablissements in ihrer Gesamtheit, rechtlich nicht geschützte Fabrikationsgeheimnisse, die Kundschaft, auch wohl der Kredit ..."[1]. Den Begriff der Rechte definiert Herman Veit Simon eng. Wie die Aufzählung (Bergwerksgerechtigkeiten, Patente, Konzessionen) zeigt, bezeichnet er als solche nur diejenigen immateriellen Werte, die Bestandteil des Eigentums im rechtlichen Sinne sind.

Der Auffassung von Simon scheint sich auch Staub anzuschließen. In seinem Kommentar zum GmbH-Gesetz schreibt er: "Unter den Aktiven darf alles figurieren, was als Vermögenswert zu betrachten ist, nicht bloß greifbare Objekte, sondern auch Rechte, insbesondere Forderungen, Patente, Verlagsrechte, ein erworbenes Fabrikationsgeheimnis, auch die mit dem Geschäfte erworbene Firma ..., die Kundschaft eines Geschäfts, wenn sie mit dem Geschäft erworben ist."[2] Die Aufzählung zeigt, nur bei einem Teil der immateriellen Güter, bei den sogenannten rein wirtschaftlichen Werten, stellt Staub auf das Erwerbskriterium als Aktivierungsvoraussetzung ab. Rechte können auch bei originärem Erwerb aktiviert werden, Nichtrechte (rein wirtschaftliche Güter) nur, wenn sie derivativ (entgeltlich) erworben wurden. Diese Zweiteilung der immateriellen Güter findet man in der Rechtsprechung wieder.

In seiner Entscheidung vom 27.6.1914 differenziert das Reichsgericht zwischen Rechten, wie Patent-, Verlags- und Lizenzrechten, und solchen "ideellen Werten" (rein wirtschaftlichen Gütern), "die sich nicht in einem gegen jeden durchzusetzenden Rechte ausdrücken".[3] Zu den rein wirtschaftlichen Gütern zählt das Reichsgericht Fabrikationsgeheimnisse, den Firmenwert und die Kundschaft. Für die Anerkennung dieser rein wirtschaftlichen Güter als Bilanzobjekte ist Voraussetzung, daß sie von

---

1) SIMON, Herman Veit, a.a.O., S.166.

2) Vgl. STAUB, Hermann, Kommentar zum Gesetz betreffend die Gesellschaften mit beschränkter Haftung, a.a.O., Erl. zu § 42 Anm. 42.

3) RG-Urteil vom 27.6.1914 I 370/14, in: Leipziger Zeitschrift für Deutsches Recht, 9.Jg. (1915), Sp.231 (232).

dritter Seite e r w o r b e n wurden und bei ihrer Erlangung Aufwendungen angefallen sind[1]. Auch das Preußische Oberverwaltungsgericht in Staatssteuersachen knüpft an die "Zweiteilung" im immateriellen Bereich in Rechte und Nichtrechte (rein wirtschaftliche Güter) an.

Wie oben dargestellt, widerspricht der unklare Wortlaut des Urteils vom 24.3.1904[2] zwar nicht direkt der Ausweitung des Erwerbskriteriums auf sämtliche Rechte, eine solche Interpretation kann aber mit den zur Begründung angegebenen Literatur- und Urteilsnachweisen nicht gestützt werden[3]. Im Gegenteil, der Wortlaut und die Quellennachweise in den einzelnen Urteilen sowie das Gesamtbild der Urteilsentwicklung deuten darauf hin, daß das Preußische Oberverwaltungsgericht in Staatssteuersachen für Rechte im eigentlichen (engeren) Sinne nicht den derivativen Erwerb fordert, sondern sich mit dem originären (gegen Aufwendungen) begnügt[4], während für Rechte und Gegenstände, wie Firma, Kundschaft usw., die entgeltliche Erwerbung Aktivierungsvoraussetzung ist[5]. Nur im Rahmen dieser Auslegung ergänzen sich Wortlaut, Literatur- und Urteilsverweise zu einem einheitlichen Ganzen, zu einem in sich geschlossenen Konzept.

Vergleicht man nun die formal recht verschiedenen Aus-

---

1) Vgl. RG-Urteil vom 27.6.1914 I 370/14, in: Leipziger Zeitschrift für Deutsches Recht, 9.Jg. (1915), Sp.231 (232).

2) Vgl. Entscheidung des Preuß. OVG i. St. vom 24.3.1904, J. N. VI. G. 392 - Rep. VI. G. 263/02, Pr. OVG i. St. 11, S.419 (422).

3) Vgl. oben.

4) Vgl. Entscheidung des Preuß. OVG i. St. vom 18.2.1911 J.N.V.A.9- Rep. V.A. 69/10, Pr. OVG i. St. 15, S.343 (344).

5) Vgl. Entscheidung des Preuß. OVG i. St. vom 24.3.1904, J. N. VI. G. 392 - Rep. VI. G. 263/02, Pr. OVG i. St. 11, S. 419 (422).

führungen von Simon, Staub und der Rechtsprechung miteinander, so ergeben sich materiell, bezüglich des Anwendungsbereichs des Erwerbskriteriums, keine größeren Unterschiede. Nur diejenigen immateriellen Güter, die nicht durch ein Recht konkretisiert werden, die sogenannten rein wirtschaftlichen Güter, unterliegen dem entgeltlichen Erwerb.

Aus der Identität des Anwendungsbereichs des Erwerbskriteriums in Teilen der Literatur und Rechtsprechung folgt: Vor der Errichtung des Reichsfinanzhofs ist eine Übereinstimmung zwischen Teilen der Literatur (Herman Veit Simon) und der handels- und steuerrechtlichen Judikatur über das im Rahmen der Aktivierung notwendige Maß an Objektivierung festzustellen. Trotz einer zum Teil mißverständlichen Terminologie führt dies zu einer einheitlichen Auffassung über den Umfang des steuer- und handelsrechtlichen Geschäftsvermögens. Das sogenannte Maßgeblichkeitsprinzip wird, was den Umfang des G e s c h ä f t s vermögens (den Kreis zu aktivierender Güter) angeht, nicht durchbrochen[1].

---

1) Diese Feststellung gilt nicht für den Umfang des (gesamten) Bilanzvermögens. Wie an früherer Stelle ausgeführt (Abschnitt A. I.), vertreten Teile der Literatur und die Rechtsprechung die Meinung, daß handelsrechtlich - im Gegensatz zur steuerlichen Gewinnermittlung - neben dem Geschäftsvermögen auch das Privatvermögen bilanziell zu erfassen ist. Handelsrechtlich sei die Geschäftsbilanz mit dem Privatvermögen zur "Gesamtbilanz" zu vereinigen.

2. Kapitel
Die Bedeutung der Objektivierung bei der Ermittlung des Bilanzvermögens in der Rechtsprechung des Reichsfinanzhofs

A. Das Wirtschaftsgut als zentrales Aktivierungskriterium der Steuerbilanz

I. Die theoretischen Grundlagen des Wirtschaftsgutbegriffs

1. Die Abkehr vom handelsrechtlichen Begriff "Gegenstand" als Folge der wirtschaftlichen Betrachtungsweise im Steuerrecht

In seinem Grundsatzurteil vom 27.3.1928 verwendet der RFH erstmals den Begriff "Wirtschaftsgut" zur Charakterisierung der zu aktivierenden Güter[1]. Damit macht er auch terminologisch eine Entwicklung sichtbar, die Anfang der zwanziger Jahre einsetzt und in langsamen, vorsichtigen Schritten die vormals bestehende Übereinstimmung (zwischen der steuer- und handelsrechtlichen Judikatur und Teilen der Literatur) über die Deckungsgleichheit des Aktivierungsumfangs in Handels- und "Steuer"-Bilanz beseitigt[2]. Begründet wird die Verselbständigung der steuerlichen Ansatzfrage damit, daß der noch im EinkStG von 1925 gebrauchte Begriff "Gegenstand" für eine genaue und

1) Vgl. RFH-Urteil vom 27.3.1928 I A 470/27, StuW II 1928, Sp. 705.
2) Vgl. hierzu Kapitel 1 Abschnitt B II 2.

richtige Ermittlung des Erfolgs nicht ausreiche, da er in seiner scharf umgrenzten bürgerlich-rechtlichen Form mit der immer stärker hervortretenden wirtschaftlichen Betrachtungsweise des Einkommensteuerrechts nicht vereinbar sei[1]. Diese Rechtfertigungsthese für die weitergehende steuerliche Aktivierung (gegenüber der handelsrechtlichen) ist jedoch wenig plausibel. Auch oftmaliges Wiederholen im späteren Schrifttum macht sie nicht richtiger[2].

Unbestreitbar bleibt, daß bis 1919/20 im Gesamtbereich Steuerrecht generell zivilrechtliche Einstellungen und Denkweisen vorherrschten und erst ab 1920 die Rechtsprechung, und hier vor allem der RFH, sich unter Verweis auf die sogenannte wirtschaftliche Betrachtungsweise von den engen bürgerlich-rechtlichen Rechtsbegriffen und Auslegungskategorien zu lösen beginnt[3]. Für ein

---

1) Vgl. hierzu BECKER, Enno, Zum neuen Einkommensteuergesetz, in: StuW, Teil 1, 13.Jg. (1934), Sp.1241-1264, hier Sp.1262-1264; DERSELBE, Die Entwicklung des Steuerrechts durch die Rechtsprechung seit 1926, in: StuW, Teil 1, 7.Jg.(1928), Sp.855-908, hier Sp.903-908.

2) Vgl. DORNEMANN, Richard, Die Aktivierung in Bilanztheorie und Steuerbilanz, in: ZfB, 27.Jg. (1957), S.97-112, hier S.102; SAUR, Hans-Rolf, a.a.O., S.38; JACOBS, Otto H(elmut), Das Bilanzierungsproblem in der Ertragsteuerbilanz, Stuttgart 1971, S.72.

3) Vgl. zur Entwicklung und Bedeutung der wirtschaftlichen Betrachtungsweise im Steuerrecht GEILER, Karl, Steuerrecht und Privatrecht, in: StuW, 6.Jg. (1927), Sp.497-524, hier Sp.503-507; ESSER, Carl-Heinrich, Die Entwicklung des Verhältnisses Steuerrecht-Privatrecht unter besonderer Berücksichtigung der wirtschaftlichen Betrachtungsweise, Diss. jur. Würzburg 1966, S.42-59, und - in der neueren Literatur - DORNBACH, Eike-Goetz, Die Bedeutung und Funktion der "wirtschaftlichen Betrachtungsweise" in der höchstrichterlichen Rechtsprechung - Vergangenheit, Gegenwart und Zukunft, in: DStR, 15.Jg. (1977), S.3-13; BEISSE, Heinrich, Die wirtschaftliche Betrachtungsweise bei der Auslegung der Steuergesetze in der neueren deutschen Rechtsprechung, in: StuW, 58. (11.)Jg. (1981), S.1-14; KRUSE, Heinrich Wilhelm, Ende oder neuer Anfang der wirtschaftlichen Betrachtungsweise? Anmerkungen zur Rechtsprechung des Bundesfinanzhofs, in: JbFSt 1975/1976, S.35-51, insbes. S.42-46, sowie (sehr kritisch) SCHNEIDER, Dieter, Bilanzrechtsprechung und wirtschaftliche Betrachtungsweise, in: BB, 35.Jg. (1980), S.1225-1232, und CLEMM, Hermann, Grenzen der zivilrechtlichen Betrachtungsweise für das Bilanzrecht - Kritische Würdigung der neueren BFH-Rechtsprechung, in: JbFfSt 1979/1980, S. 173-194.

Teilgebiet des Steuerrechts, eben für den Kreis der zu aktivierenden Güter, trifft diese im Grundsatz richtige Feststellung aber nicht zu. Denn wie im vorangegangenen Kapitel im einzelnen dargestellt, haben das Schriftum und die steuer- und handelsrechtliche Judikatur die Frage des Aktivierungsumfangs schon v o r 1919/20 "wirtschaftlich " entschieden, d.h. sich an einer weiten,"wirtschaftlichen" Interpretation der Begriffe Vermögensgegenstand bzw. Gegenstand orientiert.

Warum greift Becker auf solche Argumente zurück? Aus Unkenntnis über die neuere Entwicklung der handelsrechtlichen Aktivierung sicher nicht, dafür ist er zu sehr "ein Meister seines Faches". Es scheint vielmehr so zu sein, daß Becker diese Entwicklung (bewußt) negiert, weil sie nicht in sein Konzept einer vom Handelsrecht unabhängigen steuerlichen Bilanzierung paßt. Und zu Recht, eine Neuerung bzw. eine Wende wie z.B. die Abkehr der steuerlichen Aktivierung von der handelsrechtlichen ist nun einmal leichter durchsetzbar und gilt als einsichtig, ja als selbstverständlich, wenn sie im Rahmen der allgemeinen Entwicklung auf dem Gebiet des Steuerrechts verläuft.

Außerdem setzte eine von den Zivilgerichten entwickelte (und von den Steuergerichten übernommene) wirtschaftliche Betrachtungsweise, die man als handelsrechtliche wirtschaftliche Betrachtungsweise bezeichnen kann, dem RFH gewisse Grenzen. Würde die Rechtsprechung an der wirtschaftlichen Betrachtungsweise in ihrer handelsrechtlichen Ausprägung anknüpfen, wäre es für sie ungleich schwieriger, die wirtschaftliche Betrachtungsweise als originäre steuerliche Begriffsbildung anzusehen und über ihre eigenständige Auslegung die Abkopplung der steuerlichen Ansatzfrage von der handelsrechtlichen zu erreichen.

Die Judikatur müßte erklären, aus welchen Gründen sie die schon für einen Teil des Handelsrechts geltende wirtschaftliche Betrachtungsweise nicht übernimmt. Warum, könnten Kritiker zu Recht fragen, besteht ein Unterschied zwischen der wirtschaftlichen Betrachtungsweise, die eine "fortschrittliche" ältere Judikatur zumindest auf einem Teilgebiet des Handels- bzw. Steuerrechts schon recht früh anwendet - im Gegensatz zu anderen Bereichen, wo die Rechtsprechung noch ganz unter dem Einfluß bürgerlich-rechtlicher Begriffe und Denkkategorien entscheidet -, und derjenigen wirtschaftlichen Betrachtungsweise, die vom RFH mit der gleichen Begründung vertreten wird, jedoch zu einem erweiterten Aktivierungsumfang in der Steuerbilanz führt. Inwieweit hierfür fiskalische Gesichtspunkte maßgebend sind (Erhöhung der Steuereinnahmen zur Linderung der Finanznot des Reiches), ist nicht exakt nachweisbar; trotzdem kann man dieser These eine gewisse Berechtigung nicht absprechen, zumindest wird sie in der Literatur immer wieder betont[1].

Wie verlief aber die Entwicklung hin zum eigenständigen steuerlichen Aktivierungsmerkmal Wirtschaftsgut in der Rechtsprechung?

---

1) Vgl. u.a. BALL, Kurt, Steuerrecht und Privatrecht, in: StuW, 4.Jg. (1925), Sp.177-198, hier Sp.179; GEILER, Karl, a.a.O., Sp.505, und - aus neuerer Zeit - VOGEL, Klaus, Perfektionismus im Steuerrecht, in: StuW, 57. (10.) Jg. (1980), S.206-212, hier S.209. Eine ausführliche Behandlung des Fiskalismusvorwurfs erfolgt bei TIPKE, Klaus, In dubio pro fisco?, in: StKgR 1967, S.39-61.

2. Die einzelnen Entwicklungsstufen bis zur Konkretisierung der Wirtschaftsgutkonzeption im Urteil vom 27.3.1928

a. Die Dominanz des jeweiligen Gesetzeszwecks bei der Auslegung gleicher Rechtsbegriffe

In der Anfangszeit der RFH-Rechtsprechung finden sich nur vereinzelt Urteile, in denen die betreffenden Senate direkt zur Aktivierung Stellung nehmen. Gleichwohl werden in den frühen Judikaten - auch wenn sie zu anderen Bereichen des Steuerrechts ergehen - allgemeine Grundlagen für die höchstrichterliche Aktivierungslehre gelegt. Von Bedeutung sind hier vor allem die Urteile, die sich mit der Auslegung gegen den klaren Wortlaut des Gesetzes bzw. mit der Interpretation bürgerlich-rechtlicher Begriffe im Steuerrecht beschäftigen. So heißt es im Urteil vom 18.10.1921: "Jedenfalls kann die rein sprachliche Auslegung nicht entscheiden. Es ist geboten, auf Sinn und Zweck der Vorschrift zurückzugehen."[1]

Daß die Auslegung gegen den klaren Wortlaut des Gesetzes Gemeingut der Rechtsprechung geworden ist, zeigt vier Jahre später das Urteil vom 24.2.1925. Der Senat betont, keine Bedenken zu tragen, "auch gegenüber klarem Wortlaut dem Zwecke und der wirtschaftlichen Bedeutung des Gesetzes Geltung zu verschaffen, wenn diese erkennbar eine vom an sich klaren Wortlaut abweichende Auslegung verlangen."[2] Damit revidiert der RFH seine

---

1) RFH-Urteil vom 18.10.1921 V A 66 und 105/21, RFHE 7, S.62 (64). Im gleichen Tenor auch RFH-Urteil vom 31.3.1922 I A. 10/22, StuW 1921/22, Sp.704.

2) RFH-Urteil vom 24.2.1925 I A 96/24, StuW 1925, Sp.808 (808/809).

Auffassung vom 10.5.1921, wonach § 40 AO (wirtschaftliche Betrachtungsweise) nicht zur Anwendung kommt, wenn eine Vorschrift in sich lückenlos und zweifelsfrei ist[1].

Mit der Interpretation der in den Steuergesetzen verwendeten bürgerlich-rechtlichen Begriffe beschäftigt sich das Preuß. OVG im Urteil vom 22.2.1923 und der RFH im Urteil vom 22.6.1923.

Nach Auffassung des Preuß. OVG hat der Richter vor allem den inneren Zweck der einzelnen Gesetze zu erforschen, entsprechend dieses Zweckes auszulegen und seine Entscheidungen zu treffen. "Insbesondere hat er nicht Rechtsbegriffe eines speziellen Rechtsgebiets, die durch ein bestimmtes Wort bezeichnet sind, ohne weiteres und unverändert auf andere Rechtsgebiete, innerhalb deren das gleiche Wort gebraucht wird, zu übertragen."[2]

Der RFH meint zur Interpretation bürgerlich-rechtlicher Begriffe: "Es entspricht feststehender Rechtsübung des Reichsgerichts und des Reichsfinanzhofs, daß, wenn zur Bezeichnung von Rechtsbegriffen auf verschiedenen Rechtsgebieten das gleiche Wort gebraucht wird, dies den Richter nicht ohne weiteres berechtigt, hinter dem Wort auch für beide Rechtsgebiete den gleichen Begriff zu suchen, der Sinn des Wortes vielmehr für jedes einzelne Gesetz und jede einzelne Gesetzesvorschrift nach dem inneren Zwecke des Gesetzes und der Vorschrift erforscht werden muß."[3]

---

1) Vgl. RFH-Urteil vom 10.5.1921 I A 44/21, RFHE 5, S.302 (305).

2) Preuß. OVG vom 22.2.1923 I. C. 16/22, StuW 1923. Sp.651 (651).

3) RFH-Urteil vom 22.6.1923 II. A. 33/23, StuW 1923. Sp.775 (775).

b) Die neue Interpretation des Begriffs "Gegenstand" unter der wirtschaftlichen Betrachtungsweise des Einkommensteuerrechts

Auf der Basis des im vergangenen Abschnitt skizzierten Vorverständnisses begegnet der RFH dem Begriff "Gegenstand" im EinkStG. Interessant ist in diesem Zusammenhang, daß die Lösung des Ansatzproblems durch eine "steuerlich ausgerichtete" Interpretation erst nach dem Inkrafttreten des EinkStG 1925 einsetzt. Zuvor hat der RFH zwar in seinen Urteilen trotz grundsätzlichem Festhalten am Maßgeblichkeitsprinzip die Grundlagen für die Steuerbilanz als abgeleitete (korrigierte) Handelsbilanz geschaffen[1]; wie das Urteil des I. Senats vom 16. Januar 1923 aber zeigt, orientiert sich der RFH bei konkreten Aktivierungsfragen letztlich noch (vollkommen) an der handelsrechtlichen Regelung (Praxis), auch wenn diese den Ansatz in das Belieben des Kaufmanns stellt (Gegenstand des Urteils war die bilanzielle Behandlung eines gegen Entgelt abgetretenen Mietrechts)[2].

Mit dem Urteil vom 7.7.1926[3] leitet der RFH eine Wende ein. Gleich dem Urteil vom 16.1.1923 stellt er bei der Abgrenzung der zu aktivierenden von den nicht zu aktivierenden Ausgaben (Aufwendungen) auf die Grundsätze ordnungsmäßiger Buchführung ab, insoweit besteht kein Unterschied zwischen beiden Entscheidungen. Neu ist hingegen die Art und Weise, wie der VI. Senat die Grundsätze ordnungsmäßiger Buch-

1) Vgl. RFH-Urteil vom 16.1.1923 I.A.236/22, StuW 1923, Sp. 307; RFH-Urteil vom 12.11.1924 ZA. I A 32/24, StuW 1925, Sp.520.

2) Vgl. RFH-Urteil vom 16.1.1923 I.A.233/20, StuW 1923, Sp. 552 (553).

3) Vgl. RFH-Urteil vom 7.7.1926 VI A 727/25, StuW 1926, Sp. 1268.

führung inhaltlich ausfüllt. Orientiert sich der I. Senat im Urteil von 1923 noch am Gedanken der bilanziellen Vorsicht und an der in Literatur und Rechtsprechung weit verbreiteten Meinung[1)], die Bildung stiller Reserven sei handelsüblich und entspreche einem in der Handelswelt geübten Brauch[2)], so definiert der VI.Senat im Urteil vom 7.7.1926 die Grundsätze ordnungsmäßiger Buchführung unter dem Gesichtspunkt der Lastenverteilung[3)], d.h. von der Ausgabenseite aus. Die Betrachtung der Aktivierung von der Ausgaben- (Aufwands-) Seite her dürfte auf den Einfluß der dynamischen Bilanzlehre Schmalenbachs zurückzuführen sein, einer Theorie, die in den zwanziger Jahren in geradezu euphorischer Weise als theoretisch richtige Grundlage der Handels- und Steuerbilanz angesehen wurde. "Es ist jetzt ein allgemein anerkannter und in der Begründung zum neuen EinkStG. besonders betonter Grundsatz, daß es für die Ermittlung des Geschäftsgewinns ... darauf ankommt, ... den Erfolg der Betriebsführung ersichtlich zu machen. Die Bilanzen sollen nicht Bestands-, sondern Erfolgsbilanzen sein, oder wie in der Betriebswirtschaftslehre ausgesprochen wird, nicht nach statischen, sondern nach dynamischen Grundsätzen aufgestellt werden (vgl. Schmalenbach Grundlagen dynamischer Bilanzlehre). Das neue Einkommensteuergesetz ist von gleichen Grundsätzen beherrscht."[4)]

---

1) Vgl. RG -Urteil vom 16.4.1920 II 396/19, RGZ 98, S.318 (322); GADOW-HEINICHEN, Aktiengesetz, Gesetz über Aktiengesellschaften und Kommanditgesellschaften auf Aktien vom 30.1.1937, Kommentar, bearbeitet von W(ilhelm) GADOW, E(duard) HEINICHEN u.a., Berlin 1939, Erl. zu § 129 Anm. 8 und 9; SCHLEGELBERGER-QUASSOWSKI, Aktiengesetz, Gesetz über Aktiengesellschaften und Kommanditgesellschaften auf Aktien vom 30.1.1937, Kommentar von Franz SCHLEGELBERGER, Leo QUASSOWSKI u.a., 2.Aufl., Berlin 1937, Erl. zu § 129 Anm 13.

2) Vgl. RFH-Urteil vom 16.1.1923 I. A. 233/20, StuW 1923, Sp.552(553).

3) Vgl. RFH-Urteil vom 7.7.1926 VI A 727/25, StuW 1926, Sp.1268 (1273).

4) ZIMMERMANN, E(mil), Handelsrechtliche Bilanz und Steuerbilanz, in: StuW, 5.Jg. (1926), Sp.1857-1877, hier Sp.1866.

Der Auffassung Zimmermanns hält Lion entgegen, daß aus den Grundsätzen ordnungsmäßiger Buchführung der dynamische Grundsatz der Lastenverteilung nicht ableitbar sei; es handle sich vielmehr bei dem Urteil vom 7.7.1926 um die Statuierung einer rein steuerlichen Forderung[1]. Eine gewisse Berechtigung kann der Feststellung Lions nicht abgesprochen werden. Einerseits will der RFH bei der Frage der Aktivierung (noch) nicht die Maßgeblichkeit der Handelsbilanz für die Steuerbilanz aufheben, der Verweis auf die Grundsätze ordnungsmäßiger Buchführung ist ein Indikator hierfür - , andererseits will er aber auch nicht (mehr) das Ermessen des Kaufmanns bei der handels- und steuerrechtlichen Aktivierung tolerieren. Er benutzt daher die Formulierungen einer neuen betriebswirtschaftlichen Bilanztheorie (eben der dynamischen), die von ihrer Zielsetzung eng mit der Zielsetzung der Steuerbilanz (Ausweis eines zumindest tendenziell richtigen Periodengewinns) verwandt erschien, unterstellt, die Grundsätze ordnungsmäßiger Buchführung seien dynamisch auszulegen und erreicht so das steuerlich Wünschenswerte, ohne - formal - das Maßgeblichkeitsprinzip zu verletzen.

Die Lösung des Ansatzproblems von der Ausgabenseite aus (dynamisches Lastenverteilungsprinzip) wird vom RFH in seinen späteren Urteilen nicht fortgeführt, die Rechtsprechung wendet sich wieder verstärkt einer Betrachtungsweise zu, die am Vermögenscharakter bzw. der Gegenstandseigenschaft der Aktivseite anknüpft.

Im Urteil vom 11.5.1927 begründet der VI. Senat die Aktivierungspflicht der Aufwendungen, die der Pächter zur Verbesserung einer Spargelanlage tätigt, damit, daß

---

1) Vgl. LION, Max, Der Reichsfinanzhof und das Bilanzsteuerrecht, in: StuW, 7.Jg. (1928), Bd.1, Sp. 1033-1094, hier Sp.1081.

derartige Anlagen, auch wenn sie zivilrechtlich nicht als selbständige Gegenstände gelten, den Gegenständen des beweglichen Anlagekapitals zuzurechnen sind[1]. Das Urteil vom 18.5.1927 macht die Aktivierung der im voraus gezahlten Gebühren zur Erneuerung eines Pachtvertrages davon abhängig, ob der Steuerpflichtige im Pachtvertrag einen Gegenstand erhalten hat, der zum beweglichen Anlagekapital gehört und deshalb beim Bestandsvergleich zu berücksichtigen ist [2]. In seiner Entscheidung vom 30.6.1927 stimmt der RFH selbst der Aktivierung der Kosten einer noch nicht patentierten originär geschaffenen Erfindung zu - aus Vorsichtsgründen plädiert er jedoch für ein Aktivierungswahlrecht - , wenn von ihr ein wirtschaftlicher Nutzen zu erwarten ist, der über das Aufwendungsjahr hinausgeht[3].

Die drei skizzierten Urteile sind symptomatisch für die Entwicklung des Gegenstandsbegriffs in der Rechtsprechung, nicht nur seine bürgerlich-rechtliche Interpretation wird abgelehnt, sondern auch seine handelsrechtliche, wie die Zulässigkeit der Aktivierung von selbsterstellten immateriellen Werten zeigt.

An dieser Stelle tritt die Frage auf, inwieweit die in den obigen Urteilen sichtbar werdenden Tendenzen auch für die Gewinnermittler nach § 13, also für die buchführenden Kaufleute, maßgebend sind. Lion betont in diesem Zusammenhang, daß aus den zu § 12 EinkStG ergangenen Urteilen nicht ohne weiteres auf die Gewinnermittlung nach § 13 EinkStG geschlossen werden kann[4].

---

1) Vgl. RFH-Urteil vom 11.5.1927 VI A 152/27, StuW 1927 Sp.216.

2) Vgl. RFH-Urteil vom 18.5.1927 VI A 189/27, StuW 1927 Sp.354.

3) Vgl. RFH-Urteil vom 30.6.1927 VI A 290/27, StuW 1927, Sp.530 (538).

4) Vgl. LION, Max, Reichsfinanzhof, a.a.O., Sp.1073 Fn 15. In den genannten Urteilen ging es um die Gewinnermittlung eines Freiberuflers (Erfinders) bzw. um die Gewinnermittlung bei Landwirten, d.h. um Personen, die nicht als buchführungspflichtige Kaufleute im Sinne des § 13 EinkStG anzusehen sind.

Ein erstes Indiz liefert das Urteil vom 29.4.1927. Wenn beim Kaufmann einerseits grundsätzlich alle Ausgaben als "Unkosten" gebucht werden dürfen, die dem Vermögen für den hingegebenen Wert keinen unmittelbar greifbaren Ersatzwert zuführen, dann ist nach Auffassung des RFH auf der anderen Seite zu verlangen, daß grundsätzlich für alle Ausgaben, die eine bloße Wertverschiebung im Vermögen beinhalten, der Gegenwert aktiviert werden muß[1]. Der I. Senat will also den Gegenwert aktiviert wissen.

Eine Konkretisierung der Aktivierungskriterien erfolgt im Urteil vom 21.9.1927[2]: Ein Kaufmann hatte für fünf Jahre einen Laden gemietet und diesen Laden umgebaut. Die Kosten des Umbaus verrechnete er im Anfallsjahr als Aufwand. Mit dieser Vorgehensweise erklärte sich der RFH nicht einverstanden. Seiner Meinung nach muß der Kaufmann § 16 des EinkStG beachten, was bedeutet, daß ein der Ausgabe entsprechendes Aktivum in der Bilanz anzusetzen ist. Allerdings verlangt § 16 nicht die Aktivierung der Ausgabe als solche, sondern des für sie Erlangten. "Vielmehr geht auch § 16 Abs.2 davon aus, daß für die hier genannten Ausgaben etwas erlangt wird und daß dies der Grund ist, weshalb die Ausgaben nicht sofort in voller Höhe das Einkommen mindern."[3] Erlangt worden ist durch den Umbau des Ladens nach Auffassung des RFH ein dem Betrieb gewidmeter Gegenstand, mag man ihn bezeichnen wie man will. Eine Nichtaktivierung kommt daher nur in Frage, wenn der durch den Umbau erzielte Zustand keinen "Wert" für den Kaufmann darstellt. Dazu genügt aber nicht der Nachweis, bei einer Liquidation des Geschäftes ließe

1) Vgl. RFH-Urteil vom 29.4.1927 I A 337/26, StuW 1927, Sp.962 (962).

2) Vgl. RFH-Urteil vom 21.9.1927 VI A 383/27, StuW 1927, Sp.803.

3) Ebenda, Sp.804.

sich ein Ersatz der Umbaukosten nicht erlangen, eine Verwertung des Gegenstandes sei in diesem Sinne ausgeschlossen. Denn bei der Ermittlung des gemeinen Wertes sei davon auszugehen, daß der Gegenstand auch fernerhin der Fortführung des Betriebes dient. Ein Weglassen des Aktivums sei nur zulässig, wenn der mit dem Umbau erstrebte Nutzen nicht eintritt[1].

c) Die Teilwertidee als Bestimmungsfaktor der steuerlichen Aktivierungslehre und ihre Operationalisierungsproblematik

Aus den im vorangegangenen Abschnitt skizzierten Urteilen läßt sich deutlich die Loslösung der steuerlichen Ansatzfrage von der handelsrechtlichen erkennen. Obgleich der I. Senat des RFH noch im Gutachten vom 15.2.1927 die Maßgeblichkeit der Handelsbilanz für die Steuerbilanz betont und die steuerlich erforderliche Abänderung der "richtig" aufgestellten Handelsbilanz auf Erhöhungen und Absetzungen bei den einzelnen Bilanzposten beschränkt[2], also auf Bewertungsfragen im engeren Sinn, leitet der RFH im Urteil vom 21.9.1927 die Aktivierungspflicht aus § 16 ab, d.h. aus einem Paragraphen, der von seiner Konzeption her vom steuerlichen Bewertungsvorbehalt geprägt ist. Die Entscheidung zeigt, daß der RFH beim Ansatzproblem sowohl eine statische Bilanzierung im strengsten Sinn - als solche bezeichnet Tomfohrde[3] eine Bilanzierung, die den Veräußerungswert zum zentralen Aktivierungskriterium er-

1) Vgl. RFH-Urteil vom 21.9.1927 VI A 383/27, StuW 1927, Sp.803 (805).

2) Vgl. RFH-Gutachten vom 15.2.1927 I D 5/26, StuW 1927, Sp.134 (138).

3) Vgl. TOMFOHRDE, Klaus, Die dynamische Bilanzauffassung und das Bilanzsteuerrecht, Düsseldorf 1959, S.7.

hebt - als auch eine rein dynamische Betrachtungsweise ablehnt[1]. Die Judikatur versucht einen dritten, vom Handelsrecht und der Bilanztheorie unabhängigen Weg zu gehen, wobei sie an den von Mirre intendierten Überlegungen zur neuen steuerlichen Bewertungslehre, an der Teilwertidee, anknüpft[2].

Für die steuerliche Bewertung (§19 Abs.1 EinkStG 1925) gilt, daß grundsätzlich der Wertansatz zum gemeinen Wert zu erfolgen hat. Der gemeine Wert im Sinne von § 19 Abs.1 EinkStG 1925 wurde sowohl in der handelsrechtlichen[3] als auch

---

1) Vgl. hierzu die Ausführungen des Richters am RFH, MIRRE, der in einer Besprechung von Schmalenbachs dynamischer Bilanzlehre betont, " daß das Werk nicht annimmt, daß sich das vom Standpunkt der Betriebswirtschaftslehre Richtige unbedingt mit dem für das Einkommensteuerrecht Richtigen decken müsse. Sein Nutzen für den Steuertheoretiker bestehe vielmehr darin, daß er Bilanzierungsfragen vom Standpunkt einer konsequenten Betriebswirtschaftslehre aufzufassen lernt und nun zu erwägen hat, ob und welche Gründe etwa gegen die Übertragung der gefundenen Lösungen auf das Steuerrecht sprechen" (MIRRE, (Ludwig), SCHMALENBACH: Grundlagen dynamischer Bilanzlehre, Leipzig 1925, in: StuW, 4.Jg.(1925), Sp.939-948, hier Sp.948).

2) Maßgebend ist hier insbesondere der Aufsatz von MIRRE in der Zeitschrift des deutschen Notarvereins von 1913, in dem der Begriff Teilwert zum erstenmal benutzt wird (vgl. MIRRE, Ludwig, Gemeiner Wert und Ertragswert, in: Zeitschrift des deutschen Notarvereins, 13.Jg. (1913), S.155-176, insbes. S.169-170). Zur allgemeinen Charakterisierung der Teilwertidee und ihrer Problematik vgl. auch JACOB, Herbert, Das Bewertungsproblem in den Steuerbilanzen, Wiesbaden 1961, insbes. S.87-278; KOCH, Helmut, Zur Problematik des Teilwertes, in: ZfhF, NF, 12.Jg. (1960), S.319-353; HEIGL, A., Brauchen wir den Teilwert noch?, in: StuW, 46.Jg. (1969), Sp.462-490, und GROH,Manfred, Künftige Verluste in der Handels- und Steuerbilanz, zugleich ein Beitrag zur Teilwertdiskussion, in: StuW, 53. (6.)Jg. (1976), S.32-42.

3) Vgl. RG-Urteil vom 25.6.1887 Rep. I 137/87, RGZ 19, S.111 (119-120), und Entscheidung des ROHG vom 3.12.1873 Rep. 934/73, ROHGE 12, S.16 (17-18), sowie aus der juristischen Literatur RING, Viktor, Das Reichsgesetz betreffend die Kommanditgesellschaften auf Aktien und die Aktiengesellschaften vom 18.Juli 1884, 2. Aufl., Berlin 1893, S. 604; STROMBECK, J. von, Zur Bilanzaufstellung der Aktiengesellschaften, in: Zeitschrift für das Gesamte Handelsrecht, 28.Bd. (1882), NF 13.Bd., S.459-508, hier S.472. GUTENBERG spricht in diesem Zusammenhang davon, daß der objektive Veräußerungswert der juristisch einzig mögliche und konsequente Bilanzwert sei (vgl. GUTENBERG, Erich, Die Struktur der Bilanzwerte, in: ZfB, 3.Jg. (1926), S. 497-511 u. 598-614, hier S.506).

in der steuerlichen Judikatur[1] als Verkaufs- (Veräußerungs-)Wert interpretiert. Allerdings, und das ist von besonderer Bedeutung, nicht als Liquidationswert, sondern als Wert, den die Vermögensteile unter der Voraussetzung der Fortführung (des Fortbestands) des Betriebes besitzen[2]. Im Urteil des RFH vom 8.7.1922 heißt es: Es entspricht der überwiegenden Auslegung des § 40 HGB, daß grundsätzlich unter dem Werte, der nach § 40 HGB bei Aufstellung der Inventur und Bilanz für sämtliche Vermögensgegenstände anzusetzen ist, "der gemeine Wert im Sinne des objektiven Verkaufswerts u n t e r d e r V o r a u s s e t z u n g d e s F o r t b e s t a n d e s d e s B e t r i e b s zu verstehen ist."[3]

Berücksichtigt man in diesem Zusammenhang noch das frühe Urteil des Reichsgerichts vom 19.11.1879, in dem der entscheidende Senat über den gemeinen Wert sagt: "Er entspricht daher regelmäßig dem Kaufpreise, welcher dafür im gewöhnlichen Geschäftsverkehr von J e d e r m a n n zu erzielen ist"[4], so wird deutlich, wie die Judikatur den Verkaufspreis bei Fortführung des Unternehmens verstanden wissen will, als Verkaufspreis im gewöhnlichen Geschäftsverkehr, unter Ausschluß von Liquidationseinflüssen. Diese Definition übernimmt der Gesetzgeber später, bei der gesetzlichen Konkretisierung des gemeinen Wertes in § 138 Abs.1 RAO 1919.

---

1) Vgl. Entscheidung des Preuß. OVG i.St. vom 17.5.1897 Rep E XII a 37/96, Pr. OVG i. St. 6, S.40, sowie Entscheidung des Preuß. OVG i. St. vom 17.5.1897 Rep. E 84/96, Pr. OVG i. St. 6, S.31.

2) Vgl. die Entscheidungen des Preuß. OVG i. St. vom 25.11.1899, J.N.V. a.49 - Rep. V.a.44. 50/99, Pr. OVG i. St. 8, S.86 (87), vom 2.7.1902, J.N.V.A. 190 - Rep.V.A. 136/01, Pr. OVG i. St. 10, S.295 (303); vom 5.6.1907, J.N.V.A. 17 - Rep. V. A. 12/07, Pr. OVG i. St. 13, S.244 (245); vom 20.10.1909, J.N.V. A. 85 - Rep. V. A. 64/09, Pr. OVG i. St. 14, S.231 (233) und vom 20.12. 1911, J.N.V.A. 154 - Rep. V.A. 129/10, Pr. OVG. i. St. 15, S.262 (263).

3) RFH-Urteil vom 8.7.1922 I. A. 17/22, StuW 1921/22, Sp.1011 (1011). Hervorhebung im Original.

4) RG-Urteil, V. Civilsenat, vom 19.11.1879, in: GRUCHOT, J(ulius) A(lbert), Beiträge zur Erläuterung des Deutschen Rechts, Bd.24, 3. Folge, 4.Jg. (1880), S.409 (409), Hervorhebung im Original.

Die Vorstellung, der gemeine Wert im Sinne von § 19 Abs.1 EinkStG 1925 bestimme sich als Verkaufs- (Veräußerungs-) Preis, wird vom RFH in der Mitte der zwanziger Jahre aufgegeben. Mit den beiden Urteilen vom 14.12.1926 und 14.12. 1927 leitet er eine neue Interpretation des gemeinen Wertes im Sinne von § 19 Abs.1 EinkStG 1925 ein.

Im Urteil vom 14.12.1926 bestätigt der VI. Senat die "alte" Auffassung, daß als gemeiner Wert im Sinne von § 19 Abs.1 Satz 2 "nicht etwa der Liquidationswert zu ermitteln sei", führt dann aber weiter aus, daß man bei einem zu einer wirtschaftlichen Einheit gehörenden Gegenstand scharf unterscheiden müsse "zwischen dem Werte, den der Gegenstand als Teil der wirtschaftlichen Einheit hat, kurz gesagt dem Teilwert, und dem Werte, den er aus dem Zusammenhang gerissen für sich haben würde, kurz gesagt dem Einzelwerte."[1)]

Im Urteil vom 14.12.1927 konkretisiert der RFH seine neue Interpretation des gemeinen Wertes. "Wenn also § 19 Abs.1 des EinkStG. die Bewertung der zu einem Betriebe gehörigen Gegenstände nach dem gemeinen Wert vorschreibt, so ist damit weder die Ermittlung des außerhalb des Betriebs erzielbaren Preises noch die des innerhalb desselben erzielbaren vorgeschrieben, sondern die Ermittlung des Wertes, den der Gegenstand als Teil der wirtschaftlichen Einheit hat, des sogenannten Teilwerts ... Es ist stets maßgebend, was ein Erwerber des ganzen Betriebs für den betreffenden Gegenstand bezahlen würde."[2)]

---

1) RFH-Urteil vom 14.12.1926 VI A 575/26, StuW 1927, Sp.109 (111).

2) RFH-Urteil vom 14.12.1927 VI A 802/27, StuW II 1928, Sp. 98 (100/101). Vgl. in diesem Zusammenhang auch ZITZLAFF, (Franz), Zur Entstehung des Teilwertbegriffs, in:StuW, Teil 1, 20.Jg. (1941), Sp.193-196, der allerdings nicht scharf genug zu trennen scheint zwischen dem gemeinen Wert im Sinne von Preis im gewöhnlichen Geschäftsverkehr und im Sinne von Teilwert, wenn er die Rechtsprechung des ROHG bzw. des RG als Indiz für den Niederschlag des Teilwertgedankens im Handelsrecht anführt.

Vergleicht man nun die skizzierte Entwicklung zum Teilwert als dem zentralen steuerlichen Bewertungsmaß mit den Ausführungen des RFH zur steuerlichen Ansatzfrage im Urteil vom 21.9.1927, wird die Übertragung der betriebsindividuellen Betrachtungsweise von der Bewertung im engeren Sinn auf die Ansatzfrage sichtbar.

Wichtig für die Aktivierung ist nach Auffassung des RFH im Urteil vom 21.9.1927 nicht die Einzelveräußerungsfähigkeit im Liquidationsfall, es kommt vielmehr darauf an, ob bei Fortführung des Unternehmens - im Rahmen des Gesamtbetriebes - das jeweilige Gut einen Wert besitzt. Den Wert des einzelnen Gegenstandes im Rahmen des Gesamtbetriebes verkörpert der mit dem Gut (hier ist es der Umbau) angestrebte Nutzen. "Eine Weglassung des Aktivums oder auch eine niedrigere Bewertung wäre danach nur zulässig, wenn anzunehmen wäre, daß der mit dem Umbau erstrebte Nutzen nicht oder nicht in voller Höhe eingetreten wäre, also insbesondere, wenn der Betrieb im Laden nicht genügend rentieren würde."[1] Den Indikator für den Nutzen sieht der RFH in der zukünftigen Gewinnwirksamkeit. Für die Aktivierung heißt dies: Die getätigten Ausgaben des Kaufmanns (wie im vorliegenden Fall für den Umbau) führen dann zu einem Aktivum, wenn ohne die Aufwendungen eine Erhöhung des Einkommens nicht möglich wäre[2].

Die vorstehenden Ausführungen zeigen, daß in der neuen, auf dem Teilwertgedanken basierenden Aktivierungslehre des RFH dem Nutzenmoment eine große Bedeutung zukommt. Man

---

1) RFH-Urteil vom 21.9.1927 VI A 383/27, StuW 1927, Sp.803 (805).

2) Vgl. ebenda.

sollte jedoch nicht verkennen, daß das Nutzenmerkmal kein Spezifikum der neuen Teilwertlehre des RFH ist; schon früher, im Preußischen Allgemeinen Landrecht von 1794, wurde bei der Ermittlung des gemeinen Wertes auf den Nutzen abgestellt: "Der Nutzen, welchen die Sache einem jeden Besitzer gewähren kann, ist ihr gemeiner Wert".[1] Allerdings, und das ist das entscheidende, orientiert sich der RFH im Rahmen des Teilwerts an einer Interpretationsmöglichkeit des gemeinen Wertes (des Nutzens), die infolge der einseitigen Auslegung des gemeinen Wertes durch die frühere Rechtsprechung -im Sinne von Kaufpreis im allgemeinen Geschäftsverkehr[2] - fast vergessen wurde, an den gemeinen Wert als Ertragswert bzw. als Gebrauchswert.

Nur in der Literatur[3], nicht aber - wie oben gezeigt - in der Rechtsprechung des Reichsgerichts, Preuß. Oberverwaltungsgerichts in Staatssteuersachen bzw. des frühen Reichsfinanzhofs findet man die Unterteilung in die drei verschiedenen Erscheinungsformen des gemeinen Wertes:

a) der gemeine Wert als Ertragswert
b) der gemeine Wert als Gebrauchswert
c) der gemeine Wert als Tausch- bzw. Kaufwert.

---

1) Allgemeines Landrecht für die Preußischen Staaten, Erster Theil, Erster Band, Zweiter Titel, Berlin 1855, S.22 § 112. Von Bedeutung ist in diesem Zusammenhang auch § 109 auf der gleichen Seite, in dem es heißt: "Unter dem Nutzen einer Sache wird aller Gebrauch verstanden, welchen Jemand von derselben zu machen berechtigt ist".

2) Vgl. oben, S.54.

3) Vgl. FUISTING, (Bernhard), Begriff und Bemessungsgrundlage des gemeinen Wertes im Sinne des Preuß. Ergänzungssteuergesetzes, in DJZ, 4.Jg. (1899), S.27-31, hier S.28; SCHMALENBACH, E(ugen), Theoretische Studie über den gemeinen Wert, in: ZfhF, 12.Jg. (1917/18), S.129-151, hier S.144, sowie WALB, Ernst, Betrachtung über Wertarten und stille Reserven im Zusammenhang mit der Frage der Bewertung von Unternehmungen und Unternehmungsanteilen sowie der Gesellschafterabfindung, in: ZfhF, 34.Jg. (1940), S.1-13, hier S.2.

Unter dem Gesichtspunkt der Objektivierung muß man erkennen, daß der zukünftige Nutzen bzw. die zukünftige Gewinnwirksamkeit nur sehr unbestimmte Aktivierungsmerkmale sind. Ihr Gebrauch erlaubt erhebliche Erfolgsmanipulationen[1], was eine weitgehende Entobjektivierung der steuerlichen Gewinnermittlung zur Folge hätte. Im Gegensatz zu früher, als durch die Übernahme der handelsrechtlichen Aktivierungskriterien - neben Sachen und Rechten konnten auch rein wirtschaftliche Güter angesetzt werden, soweit sie entgeltlich erworben waren - zumindest ein gewisser (Mindest-)Objektivierungsgrad gewährleistet war, würde nun der Aktivierungsumfang verstärkt in das Ermessen des Kaufmanns gestellt; der Gefahr der Willkür und der Manipulierbarkeit könnte - auch ansatzweise - kaum mehr begegnet werden. Aus diesem Grund hat der RFH in seiner Entscheidung vom 27.3.1928 den Versuch unternommen, die stärker theoretisch ausgerichteten Überlegungen des Urteils vom 21.9.1927 zu konkretisieren.

---

1) Vgl. hierzu aus neuerer Zeit MÜLLER-DAHL, Frank P., Betriebswirtschaftliche Probleme der handels- und steuerrechtlichen Bilanzierungsfähigkeit, Berlin 1979, S.119-122.

II. Die Definition des Wirtschaftsguts im Urteil vom 27.3.1928[1] und das enthaltene Objektivierungsmaß

1. Sachverhalt und Entscheidung des I. Senats

Strittig zwischen dem Steuerpflichtigen und dem Fiskus ist im Urteil vom 27.3.1928 die bilanzielle Behandlung eines Wettbewerbsverbots. Eine KG verpflichtet sich gegenüber einer GmbH, für die Dauer von 30 Jahren die Herstellung gewisser Fabrikate einzustellen, und erhält von der GmbH 48.750 RM. Die Vorinstanz sieht hierin ein bilanzpflichtiges Aktivum, da durch die Hingabe des Entgelts ein Recht erworben wurde, das zu den Vermögensgegenständen zählt.

Dem gegenüber betont die GmbH in ihrer Rechtsbeschwerde, bei dem "Wettbewerbsverbot" handle es sich um ein rein obligatorisches Recht, das keinen wirklichen, allgemein und selbständig verwertbaren Verkehrsgegenstand darstellt, selbst der Wert für das Unternehmen (der betriebsindividuelle Wert) sei problematisch. Außerdem verweist die GmbH auf die Übung der soliden Kaufleute, die zwar zum Teil derartige Ausgaben über eine Reihe von Jahren, oft nach der Vertragsdauer, verteilen, andererseits aber in vielen Fällen auch sofort ganz über die Handlungskosten absetzen.

Aus all dem ergibt sich nach Auffassung der GmbH lediglich eine Bilanzierungsfähigkeit, aber keine Bilanzierungspflicht für das Aktivum. Gemäß § 13 EinkStG müsse aber dann sowohl die Aktivierung als auch die Nichtaktivierung zulässig sein. Mit diesen Ausführungen orientiert sich die

1) Vgl. RFH-Urteil vom 27.3.1928 I A 470/27, StuW II 1928, Sp.705.

GmbH am Urteil des RFH zur Bilanzierung von ungeschützten Erfindungen vom 30.6.1927[1], in dem der VI. Senat die bloße Aktivierungsfähigkeit (keine -pflicht) mit der schwierigen Nutzen- (Wert-)Ermittlung und dem Verweis auf den vorsichtig überlegenden Kaufmann begründet.

Der I. Senat des RFH entschied gegen den Steuerpflichtigen. Seiner Meinung nach ist ein steuerrechtlich aktivierungspflichtiger Gegenstand zu konstatieren, "dem sogar die Eigenschaft eines bürgerlich-rechtlich ganz selbständigen Rechtes innewohnt".

Dies bedeutet: Im vorliegenden Fall wäre die weit ausholende, an der Fortführung des Unternehmens ausgerichtete Urteilsbegründung nicht notwendig gewesen, da es sich hier auch bei enger handelsrechtlicher Interpretation um ein Recht handelt, das zu den Vermögensgegenständen und deshalb sowohl handels- als auch steuerrechtlich zum Kreis der zu aktivierenden Güter zählt. Die Tatsache, daß der RFH diese, von der Vorinstanz, dem Finanzgericht, benutzte Argumentation nicht übernimmt - obgleich sie das gleiche Ergebnis beinhaltet, die Aktivierung -, läßt die grundsätzliche Bedeutung des Urteils vom 27.3.1928 sichtbar werden: Es geht der Judikatur letztlich nicht um den Einzelfall, um die Entscheidung über den zugrundeliegenden Sachverhalt, sondern darum, die mangelhafte Praktikabilität der neuen steuerlichen Aktivierungslehre zu beseitigen. Entsprechend dieser Grundtendenz zu mehr Objektivität (intersubjektiver Nachprüfbarkeit) befaßt sich der RFH mit den beiden Grundproblemen der (steuerlichen) Aktivierung, der Frage der Bilanzierungsfähigkeit bzw. -pflicht und der Formulierung eines operationalisierbaren Aktivierungskriteriums.

---

1) Vgl. RFH-Urteil vom 30.6.1927 VI A 290/27, StuW 1927, Sp.530.

2. Die einzelnen Maßnahmen zur Beschränkung des kaufmännischen Ermessens

a) Das Festschreiben der steuerrechtlich weitergehenden Aktivierungspflicht

An den Anfang seines Urteils vom 27.3.1928 hat der RFH den bekannten Satz gestellt: "E s b e s t e h t s t e u e r r e c h t l i c h e i n e w e i t e r - g e h e n d e A k t i v i e r u n g s p f l i c h t a l s h a n d e l s r e c h t l i c h ." [1] Von Walther wird diese Aussage dahingehend interpretiert, daß der RFH für Wirtschaftsgüter mit mehrjähriger Nutzungsmöglichkeit sowohl handels- als auch steuerrechtlich eine Aktivierungspflicht bejaht, nur mit dem Unterschied, daß der Kreis der zu aktivierenden Güter in der Steuerbilanz größer ist als in der Handelsbilanz [2]. Auf den ersten Blick erscheint die Schlußfolgerung Walthers völlig logisch, ohne Zweifel läßt der Wortlaut bei isolierter Betrachtungsweise eine solche Interpretation zu.

Betrachtet man allerdings den Leitsatz des Urteils vom 27.3.1928 nicht isoliert, sondern in seinem Sinn- und Sachzusammenhang, dann erweist sich die Schlußfolgerung Walthers als Überinterpretation, der nicht zugestimmt werden kann: "Wie freilich der Rechtsbeschwerde zuzugeben ist, sind Verbotsrechte, wie sie die Gesellschaft hier durch den Vertrag erworben hat, nach k a u f - m ä n n i s c h e r Anschauung nur aktivierungsfähig,

1) RFH-Urteil vom 27.3.1928 I A 470/27, StuW II 1928, Sp.705 (705), Hervorhebung im Original.

2) Vgl. WALTHER, Alois, Das Aktivierungsproblem in Handelsbilanz und Steuerbilanz, Diss. Kaiserslautern 1939, S.62.

aber nicht aktivierungspflichtig. Aber für das S t e u e r - r e c h t wird man hier dem kaufmännisch als zulässig geltenden Brauche ebensowenig folgen können wie - vgl. § 16 EinkStG. - bei der kaufmännischen Sitte der übermäßigen Abschreibungen. Es besteht im Sinne des Gesetzes - entgegen der Auffassung der Rechtsbeschwerde - s t e u e r - r e c h t l i c h eine weitergehende Aktivierungs- p f l i c h t als handelsrechtlich."[1])

Man erkennt, die obigen Ausführungen beinhalten keine Festschreibung der handels- und steuerrechtlichen Aktivierungspflicht im Sinne einer Gleichsetzung von Aktivierungsfähigkeit und -pflicht (all das, was angesetzt werden darf, muß auch angesetzt werden); der RFH will lediglich die steuerliche Aktivierungspflicht eines seiner Meinung nach handelsrechtlich nur aktivierungsfähigen Gutes sicherstellen.

Darüber hinaus ist der Wortlaut des Urteils vom 27.3.1928 als Beweis für die Verknüpfung der handelsrechtlichen Aktivierungspflicht mit dem Begriff des Wirtschaftsguts und der mehrjährigen Nutzungsmöglichkeit nicht geeignet, auch hier dürfte eine Fehlinterpretation (Überinterpretation) Walthers vorliegen.

In der Handelsbilanz unterscheidet der RFH weiterhin zwischen bilanzpflichtigen und bilanzfähigen Gegenständen[2]). Die Tatsache, daß er im Urteil vom 27.3.1928

---

1) RFH-Urteil vom 27.3.1928 I A 470/27, StuW II 1928, Sp.705 (707), Hervorhebung im Original.

2) Diese Auffassung ist nicht unumstritten. So erkennen EBERBACH und HAST in der Handelsbilanz nur das Aktivierungsrecht an, von einer Aktivierungspflicht kann nach ihrer Auffassung nicht gesprochen werden (vgl. EBERBACH, Karl, Handelsbilanz und Steuerbilanz, Diss. rer. pol. Mannheim 1932, S.28; HAST, Karl, Grundsätze ordnungsmäßiger Bilanzierung für Anlagegegenstände, Leipzig 1934, S.31). Das Reichsgericht ist anderer Meinung. Vorhandene Vermögensstände dürfen gemäß der Vorschrift des § 40 Abs. 2 HGB nicht verschwiegen werden (vgl. RG-Urteil vom 19.11.1928 g.B.u. Gen. II 616/28, RGSt 62, S.358 (359); RG-Urteil vom 23.1.1931 II 250/30, RGZ 131, S.192 (196)).

dem Verbotsrecht nur Aktivierungsfähigkeit zubilligt, deutet auf eine Fortführung seiner bisherigen Klassifizierung in bilanzpflichtige Sachen und Forderungen und bilanzfähige sonstige Vermögensgegenstände hin, die mit Kosten erworben wurden und keine Sachen oder Forderungen sind[1]. Für die handelsrechtliche Rechnungslegung bringt das Urteil somit keine entscheidende Neuerung.

Anders ist es auf der steuerlichen Ebene. Während der RFH im Urteil vom 16.1.1923 noch keinen Unterschied zwischen der handels- und steuerrechtlichen Aktivierungslehre macht - auch steuerlich gilt das handelsrechtliche Wahlrecht, Vermögensgegenstände, die keine Sachen und Forderungen sind, anzusetzen, wenn sie mit Kosten erworben wurden[2] - , spricht er nun von einer weitergehenden steuerrechtlichen Aktivierungspflicht als handelsrechtlich. Die Judikatur erkennt den recht großen Freiheitsraum des Kaufmanns bei der handelsrechtlichen Aktivierung für die Steuerbilanz nicht mehr an; die Beeinflussung des steuerpflichtigen Gewinns über eine geschickte Aktivierungspolitik wird erheblich eingeschränkt.

Gleichfalls in die Richtung einer verstärkten Ermessensbeschränkung geht die zweite "Objektivierungsmaßnahme" der Rechtsprechung, die Umschreibung der einzelnen steuerpflichtigen Aktiva mit "Wirtschaftsgut" und die Angabe von einzelnen Wirtschaftsgutkriterien.

---

1) Vgl. hierzu das Urteil vom 16.1.1923 I. A.233/20, StuW 1923, Sp.552 (552/553).

2) Vgl. RFH-Urteil vom 16.1.1923 I.A.233/20, StuW 1923, Sp.552 (552/553).

b) Die Verknüpfung der steuerlichen Aktivierungspflicht mit dem Begriff "Wirtschaftsgut"

Eine steuerrechtliche Aktivierungspflicht besteht nach Ansicht des RFH für einen kaufmännische Bücher führenden Gewerbetreibenden wegen derjenigen Wirtschaftsgüter, die er gegen eine Aufwendung, regelmäßig also gegen eine Gegenleistung, erworben hat, "wenn sie nach allgemeiner Verkehrsanschauung an und für sich einer besondereren Bewertung zugänglich sind und nach eben dieser Verkehrsanschauung einen wesentlichen und über die Dauer des einzelnen Steuerabschnitts wesentlich hinausreichenden Wert für das gewerbliche Unternehmen besitzen. Darunter können geeignetenfalls auch solche Erwerbungen fallen, die weder körperliche Sachen sind noch Rechte im bürgerlichen Sinne begründen - (man denke z.B. an den Erwerb ungeschützter, aber wirtschaftlich bedeutungsvoller Erfindungen) - : freilich stellt noch keineswegs jedweder gegen Entgelt erlangte wirtschaftliche Vorteil ein solches steuerrechtlich aktivierungspflichtiges Wirtschaftsgut dar."[1)]

Auf den vorliegenden Fall angewandt, folgt aus der allgemeinen Konkretisierung des Wirtschaftsguts: ein steuerrechtlich aktivierungspflichtiger Gegenstand ist anzuerkennen. Zur Begründung führt der RFH an: "Denn da hier die G.m.b.H. einen vertraglichen Rechtsanspruch auf vieljährige Unterlassung des Wettbewerbs erlangt hat, handelt es sich hier um den entgeltlichen Erwerb eines Wirtschaftsguts, dem sogar die Eigenschaft eines bürgerlich-rechtlich ganz selbständigen Rechtes innewohnt, und

1) RFH-Urteil vom 27.3.1928 I A 470/27, StuW II 1928, Sp.705 (708/709), Hervorhebung im Original.

zwar eines Rechtes, das wegen seines Inhalts infolge des Auschlusses des Wettbewerbes des Vertragsgegners nach allgemeiner Verkehrsanschauung, insbesondere auch der kaufmännischen Auffassung, dem gewerblichen Unternehmen des Berechtigten einen bedeutungsvollen neuen Wert zuführt, der voraussichtlich erst mit Ablauf des Vertrags ganz verschwinden wird. Dieses Recht würde daher auch bei einer Veräußerung des geschützten Unternehmens den mit dessen Übernehmer zu vereinbarenden Preis günstig beeinflussen; und gerade bei der Bewertung von Vermögen, das einem Unternehmen gewidmet ist, ist regelmäßig von der Voraussetzung auszugehen, daß das Unternehmen bei der Veräußerung nicht aufgelöst, sondern weitergeführt wird (vgl. §§ 13/19 EinkStG. , §§ 137 bis 139 AO., § 31 (RBeWG). Die Erwägung der Rechtsbeschwerde, daß der Anspruch auf Wettbewerb-Unterlassung für andere Personen und Firmen wertlos zu sein pflege und die daraus gezogene Folgerung, daß ihm ein gemeiner Wert überhaupt nicht innewohne, schlägt daher nicht durch."[1)]

Mit den letzten Sätzen hebt der RFH noch einmal den bilanztheoretischen Hintergrund der Wirtschaftsgutdefinition hervor, den Gedanken der Vermögensermittlung unter der Annahme der Unternehmensfortführung. Der enge Zusammenhang zwischen dem "modifizierten" Wertbegriff des Bilanzsteuerrechts, dem Teilwert, und dem neuen steuerlichen Bewertungsobjekt, dem Wirtschaftsgut, ist unübersehbar[2)].

---

1) RFH-Urteil vom 27.3.1928 I A 470/27, StuW II 1928, Sp.705 (709).

2) Vgl. hierzu KUHN, Klaus, Stand und Aufgaben der betriebswirtschaftlichen Bewertungslehre unter Berücksichtigung der steuerlichen Wertkonventionen, in: BFuP, 20.Jg. (1968), S.1-23, hier S.19.

Die in der Definition des aktivierungspflichtigen Wirtschaftsgutes zum Ausdruck kommenden Einzelkriterien,

1. es müssen Aufwendungen entstanden sein,
2. nach allgemeiner Verkehrsauffassung muß eine besondere (später sagt man selbständige) Bewertbarkeit möglich sein,
3. nach allgemeiner Verkehrsauffassung muß das Aktivum für das Unternehmen einen wesentlichen, über die Dauer des einzelnen Steuerabschnitts hinausgehenden wirtschaftlichen Wert besitzen[1],

verdeutlichen die Verselbständigung der steuerlichen Aktivierungslehre: Der Wortlaut des Urteils vom 28.3.1928 schließt zwar das (Weiter-)Bestehen einer "bloßen" Bilanzierungsfähigkeit für bestimmte Vorteile in der Steuerbilanz nicht völlig aus[2], noch gibt er eine eindeutige Antwort auf die Frage nach der Bindung der steuerlichen Bilanzierungspflicht an die handelsrechtlichen Bilanzierungsfähigkeit[3]. Für den betreffenden Fall sind die dadurch eventuell auftretenden Berührungspunkte mit der Handelsbilanz aber von untergeordneter Bedeutung; sie ändern letztlich nichts an der Tatsache, daß im entscheidenden Bereich der steuerlichen Aktivierungspflicht der RFH mit dem Wirtschaftsgut und seiner an steuerlichen Gesichtspunkten ausgerichteten Deutung die Abkehr des Steuerrechts vom Handelsrecht vollzogen hat.

---

1) Vgl. auch RINGLING, Wilfried, Aktivierung und Passivierung in der Steuerbilanz, Frankfurt 1978, S.89, sowie JACOBS, Otto H(elmut), Zum Problem der Rechtssicherheit und Tatbestandsmäßigkeit der Besteuerung bei der Bilanzierung in der Ertragsteuerbilanz, in: StuW, 46.Jg. (1969), Sp.633-658 hier Sp.639/640.

2) Der Wortlaut besagt lediglich, daß keineswegs jedweder gegen Entgelt erlangte wirtschaftliche Vorteil ein solches steuerrechtlich aktivierungspflichtiges WG darstellt, was nicht unbedingt die "bloße" Bilanzfähigkeit ausschließt.

3) Der betreffende Senat bejaht lediglich die handelsrechtliche Aktivierungsfähigkeit des Verbotsrechtes, geht aber nicht auf die Bedeutung der handelsrechtlichen Aktivierungsfähigkeit für die weitergehende steuerliche Bilanzierungspflicht grundsätzlich ein.

Die Ansatzpflicht in der Steuerbilanz wird losgelöst vom Handelsrecht betrachtet, die im Einkommensteuergesetz verankerten Grundsätze ordnungsmäßiger Buchführung besitzen als Bindeglied zum Handelsrecht für die Aktivierung keine größeren materiellen Auswirkungen mehr, sie haben nur noch deklaratorischen Charakter. Die Frage der Aktivierungspflicht wird danach entschieden, ob ein Wirtschaftsgut vorliegt oder nicht.

3. Beurteilung der ermessensbeschränkenden Maßnahmen unter Objektivierungsaspekten

Zur Beschränkung des Ermessens bei der steuerlichen Ansatzfrage sind die einzelnen Wirtschaftsgutkriterien nur bedingt geeignet, denn sie sind selbst in hohem Maß unbestimmt und auslegungsbedürftig. Die mangelhafte Operationalisierbarkeit des Wirtschaftsgutbegriffs beeinträchtigt aber nicht allein die Bemühungen, die Aktivierung an ein eindeutiges, intersubjektiv nachprüfbares Kriterium zu knüpfen, auch die "objektivierende" Wirkung der Festschreibung der steuerlichen Aktivierungspflicht wird relativiert. Es macht in letzter Konsequenz keinen Unterschied, ob man den Ansatz (zumindest eines Teils der Aktiva) direkt in das Belieben des Kaufmanns stellt oder die Aktivierungspflicht proklamiert, diese aber mit einem Aktivierungskriterium verbindet, das sich einer tiefergehenden Objektivierung verschließt. Der Streit "Ansatzpflicht oder Nichtansatzpflicht" wird lediglich verlagert auf die Frage "Wirtschaftsgut oder kein Wirtschaftsgut".

Inwieweit der RFH die einzelnen Wirtschaftsgutdeterminanten bewußt so vage formuliert hat, um über ihre Konkretisierung Einfluß auf den steuerlichen Aktivierungsumfang zu nehmen, ist nicht exakt zu bestimmen. Wenn jedoch Enno Becker, der langjährige Präsident des Einkommensteuersenats des RFH und "Vater" des Wirtschaftsgutbegriffs, einerseits betont, der steuerliche Aktivierungsgegenstand habe sich aus den Bedürfnissen des Steuerrechts, hier des Einkommensteuerrechts, zu entwickeln[1] und andererseits auf die Vorteilhaftigkeit der Benutzung allgemeiner Rechtsbegriffe verweist - die Rechtsprechung kann sich so viel besser an der wirtschaftlichen Entwicklung orientieren[2]-, so kann dies als gewichtiges Indiz für die Richtigkeit der obigen These gelten.

Das von der Rechtsprechung für erforderlich gehaltene Objektivierungsmaß bei der Aktivierung ist somit durch das Urteil vom 27.3.1928 nicht bestimmbar, es hängt letztlich von der Konkretisierung des Wirtschaftsgutbegriffs in der späteren Judikatur ab.

---

1) Vgl. BECKER, Enno, Zur Rechtsprechung, A. Allgemeines Steuerrecht. Zum Einkommensteuerrecht, in: StuW, 11.Jg. (1932), Teil 1, Sp.369-410, hier Sp.386.

2) Vgl. BECKER, Enno, Rechtsgestaltung durch Gesetz und Rechtsprechung bei werdendem Recht: Legung der Grundlagen durch Gesetz; Ausbau durch die Rechtsprechung, in: StuW, Teil 1: Abhandlungen, 12.Jg. (1933), Sp.1217-1224, hier Sp.1222-1224.

B. Die inhaltliche Konkretisierung des Wirtschaftsgutbegriffs durch die Judikatur

I. Die Weiterentwicklung der allgemeinen Wirtschaftsgutdefinition im Urteil vom 21.10.1931

1. Die Irrelevanz der handelsrechtlichen Bilanzierungsweise für die steuerliche Aktivierung

Im Urteil vom 21.10.1931 zur Aktivierung einer persönlichen Schankerlaubnis und der damit zusammenhängenden Konzessionssteuer[1] greift der RFH die Wirtschaftsgutdiskussion wieder auf und versucht, den Begriff Wirtschaftsgut über das im Urteil vom 28.3.1928 erfolgte Maß hinaus zu konkretisieren. Eine besondere Bedeutung kommt dabei den Ausführungen des RFH zu den beiden Problemkreisen zu, die aufgrund der fallspezifischen Gegebenheiten im Urteil vom 27.3.1928 keine größere Beachtung gefunden haben - sie beeinflußten die Urteilsfindung nicht -, von deren Lösung aber maßgebend die Weiterentwicklung und die Bedeutsamkeit des Wirtschaftsgutes im Steuerrecht abhängt: die Frage nach dem Zusammenhang von handelsrechtlicher Aktivierungsfähigkeit und steuerlicher Aktivierungspflicht und die Negativabgrenzung des aktivierungspflichtigen Wirtschaftsgutes.

1) Vgl. RFH-Urteil vom 21.10.1931 VI A 2002/29, StuW II 1932, Sp.492.

Der VI. Senat des RFH stellt im Urteil vom 21.10.1931 klar, daß der Wirtschaftsgutbegriff nicht dazu dient, die weitergehende steuerliche Aktivierungspflicht gegenüber dem Handelsrecht durchzusetzen (im Sinne einer steuerlichen Aktivierungspflicht für handelsrechtlich zumindest aktivierungsfähige "Güter"), sondern als völlig selbständiges steuerliches Ansatzkriterium fungiert, das unabhängig von der handelsrechtlichen Handhabung über die Aktivierungspflicht in der Steuerbilanz befindet.

Die steuerliche Judikatur fragt zwar noch, wie die Aufwendungen für die Konzessionssteuer handelsrechtlich zu behandeln sind, insbesondere, ob nach den Regeln ordnungsmäßiger kaufmännischer Buchführung die Aufwendungen in den Bestandsvergleich gehören; die Rechtsfindung des RFH tangieren diese Überlegungen aber nicht. Denn " s t e u e r r e c h t l i c h ist ... nicht entscheidend, ob handelsrechtlich derartige Aktivierungen nicht üblich, vielleicht sogar unzulässig sind; § 16 Abs.2 des EinkStG. geht als 'steuerrechtlicher Grenzpfahl' vor".[1] In Anbetracht der sonst für die Judikatur typischen Verwendung von unbestimmten Rechtsbegriffen zur Charakterisierung von steuerlichen Sachverhalten überrascht an dieser Stelle die Eindeutigkeit, mit der der RFH die Abkehr vom Handelsrecht vollzieht[2].

---

1) RFH-Urteil vom 21.10.1931 VI A 2002/29, StuW II 1932, Sp.492 (495). Die gleiche Auffassung vertritt der RFH auch im Urteil vom 30.1. 1935, in dem er im Kohleabraumvorrat ein aktivierungspflichtiges Wirtschaftsgut sieht, obgleich in der Handelsbilanz - wie explizit festgestellt wurde - die Abraumvorräte nicht aktiviert worden sind (vgl. RFH-Urteil vom 30.1.1935 VI A 1012/33, StuW II 1935, Sp.490 (490)).

2) BECKER unterstreicht dies in seiner Kommentierung des Urteils vom 21.10. noch durch den Einschub " - das ist wichtig - ". Es heißt bei ihm: "Aber s t e u e r r e c h t l i c h ist nicht entscheidend, ob derartige Aktivierungen nicht üblich, vielleicht sogar - das ist wichtig - , unzulässig sind" (BECKER, Enno, Zur Rechtsprechung, StuW 1 1932, a.a.O., Sp.388).

2. Die Greifbarkeit als (zusätzliches) Abgrenzungskriterium zum allgemeinen Goodwill

Beim zweiten Problemkreis, der Negativabgrenzung des steuerpflichtigen Wirtschaftsguts, kann das Urteil vom 21.10.1931 einen derart hohen Konkretisierungsrad nicht erreichen.

Am Anfang seiner Ausführungen zum Wirtschaftsgut wiederholt der VI. Senat fast wörtlich die vom I. Senat im Urteil vom 27.3. 1928 vorgenommene Umschreibung[1]. Danach verweist er auf eine Reihe von neueren Urteilen, in denen die steuerliche Aktivierungspflicht unter "diesem Gesichtspunkt" (gemeint ist die neue Wirtschaftsgutlehre) bejaht wird[2]. Und erst zum Schluß, nachdem mit der Zusammenfassung der bisherigen Rechtsprechung der derzeit "gesicherte" Erkenntnisstand markiert ist, versucht der VI. Senat den Begriff "Wirtschaftsgut" über das Bekannte hinaus zu präzisieren. Als Anknüpfungspunkt dient ihm dabei die (bekannte) Feststellung, daß nicht jeder gegen Entgelt erlangte wirtschaftliche Vorteil ein solches aktivierungspflichtiges Wirtschaftsgut darstellt. "Es muß sich immer um ein Gut handeln, das bei der Veräußerung des ganzen Betriebes sozusagen greifbar ist, d.h. als Einzelheit ins Gewicht fällt oder um etwas, das dem Betrieb zwar für die

1) Vgl. RFH-Urteil vom 21.10.1931 VI A 2002/29, StuW II 1932, Sp. 492 (495).

2) Es handelt sich hierbei um die Urteile zur Aktivierung eines Anliegerbeitrages (vgl. RFH-Urteil vom 21.11.1928 VI A 1239/28, StuW II 1929, Sp.17), zur Aktivierung der Aufwendungen für Transformatorenhäuser, auch wenn sie nicht in den Besitz des Bilanzierenden übergehen (RFH-Urteil vom 17.4.1929 VI A 625/28, StuW II 1929, Sp.955), und zur Aktivierung der Aufwendungen zur Verhütung des Eindringens eines Wettbewerbsunternehmers (RFH-Urteil vom 9.4.1930 VI A 434/29, StuW II 1930, Sp.1156).

Zukunft zugute kommt, sich aber nicht so ins allgemeine verflüchtigt, daß es nur als Steigerung des Goodwill des ganzen Unternehmens in die Erscheinung tritt ..."[1].

Wie man erkennt, beschäftigt sich der RFH auch im Urteil vom 21.10.1931 fast ausschließlich mit der steuerlichen Aktivierungspflicht. Erstmals benutzt er den Begriff "Greifbarkeit" als Kriterium für das Vorliegen eines aktivierungspflichtigen Wirtschaftsguts und grenzt die als Wirtschaftsgut zu aktivierenden Vorteile von denjenigen ab, die sich so ins allgemeine verflüchtigen, daß sie nur zur Steigerung des Goodwill beitragen. Hauptanliegen der Rechtsprechung ist es, die Aktivierung der in der "Grauzone" Pflicht-Nichtpflicht liegenden Wirtschaftsgüter auf eine operationalisierbare Grundlage zu stellen, die eine Grenzziehung zwischen Aktivierungspflicht und Nichtaktivierungspflicht erlaubt.

Nun wird auch klar, warum der RFH auf die Frage der Bilanzfähigkeit nicht näher eingeht - allenfalls implizit kann auf das Vorhandensein von bilanzfähigen "Gütern" (Vorteilen) geschlossen werden. Wenn die Rechtsprechung verhindern bzw. einschränken will, daß Steuerpflichtige über eine geschickte Ansatzpolitik ihren Gewinnausweis und ihre Steuerzahllast manipulieren (sprich minimieren), dann darf sie sich nicht mit einer "bloßen" Aktivierungsfähigkeit begnügen, sie muß vielmehr das Problem der Aktivierungspflicht und die damit zusammenhängenden Einzelprobleme des adäquaten Ansatzkriteriums, seine Praktikabilität und seine Offenheit für neue Entwicklungen, in den Mittelpunkt ihrer Arbeit rücken. Inwieweit den Steuer-

---

1) RFH-Urteil vom 21.10.1931 VI A 2002/29, StuW II 1932, Sp.492 (495/496), Hervorhebung im Original.

pflichtigen in der Gewinnermittlungsbilanz neben den unbedingt zu aktivierenden Gütern, den aktivierungspflichtigen, eine weitergehende Ansatzmöglichkeit zugestanden wird, ist dabei von untergeordneter Bedeutung. Es kann der steuerlichen Judikatur letztlich gleichgültig sein, ob der Steuerpflichtige mehr aktiviert als er muß, dadurch erhöht sich grundsätzlich seine Steuerzahlung; wichtig ist nur die Grenzziehung in entgegengesetzter Richtung, um Steuerunterschleife zu vermeiden[1].

3. Die Unausgewogenheit bei der Abgrenzung des Wirtschaftsguts zum allgemeinen Goodwill und zum Handelsrecht

Vergleicht man das von der Rechtsprechung immer wieder geforderte Kriterium der Greifbarkeit[2] [3] mit den anderen Wirtschaftsgutkriterien (entstandene Aufwendungen; zukünftiger, längerfristiger Nutzen und selbständige Bewertbarkeit), läßt sich eine gewisse Übereinstimmung hinsichtlich des Operationalisierungsgrades feststellen: Ähnlich wie die anderen Wirtschaftsgutkriterien ist das Merkmal der Greifbarkeit von so allgemeiner Natur, daß es nur sehr bedingt eine zusätzliche, über die obigen Determinanten hinausgehende Konkretisierungsfunktion

---

1) RECHTMANN betont in diesem Zusammenhang schon 1926, daß "kein Kaufmann in der Steuerbilanz mehr aufführt als unbedingt verlangt wird" (RECHTMANN, Eduard, Die Behandlung des Geschäftswertes der Unternehmung in der Bilanz, in: ZfhF, 20.Jg. (1926), S.101-132 u. 158-182, hier S.127).

2) So z.B. im Urteil vom 9.3.1938 VI 122/38, StuW II 1938, Sp.361.

3) Inwieweit die Greifbarkeit als eigenständiges Wirtschaftsgutkriterium gilt, ist umstritten. MAY bejaht dies (vgl. MAY, Erich, Das Wirtschaftsgut, Wiesbaden 1970, S.46), während FREERICKS in der Greifbarkeit eine Komponente der selbständigen Bewertbarkeit sieht (vgl. FREERICKS, Wolfgang, Bilanzierungsfähigkeit, a.a.O., S.319). Größere materielle Konsequenzen ergeben sich aus den unterschiedlichen Auffassungen jedoch nicht, denn es ist letztlich gleichgültig, ob die Greifbarkeit als selbständige Determinante (wie bei MAY) oder als Voraussetzung der selbständigen Bewertbarkeit gesehen wird (wie bei FREERICKS).

erfüllen kann; das Greifbarkeitskriterium ist kein geeignetes Abgrenzungsinstrument. Auch spätere Entscheidungen, die sich mit der allgemeinen Wirtschaftsgutdefinition befassen, tragen nur wenig zu einer weiteren begrifflichen Klärung bei, sie wiederholen lediglich in gleicher oder ähnlicher Form die in den Urteilen vom 27.3.1928 bzw. 21.10.1931 gemachten Aussagen[1].

Insgesamt scheint der RFH eine Doppelstrategie zu verfolgen: Dort, wo es gilt, die Eigenständigkeit des Steuerrechts zu betonen, klarzustellen, daß die handelsrechtliche Bilanzierungsweise keine Präjudizwirkung für die Steuerbilanz besitzt, bedient sich die Rechtsprechung klarer, relativ eindeutiger Formulierungen. Geht es aber um die inhaltliche Ausgestaltung des "neuen" steuerlichen Aktivierungskriteriums, was gerade unter dem Gesichtspunkt der Rechtssicherheit und der steuertechnischen Praktikabilität von großer Bedeutung ist, flüchtet der RFH in so nebulöse Begriffe wie Greifbarkeit, selbständige Bewertbarkeit, zukünftiger Nutzen, die alle eines gemeinsam haben, sie entziehen sich (zumindest ohne inhaltliche Konkretisierung) einer tiefgreifenden Objektivierung.

Vor die Wahl gestellt, entweder für ein prägnantes Aktivierungskriterium zu votieren oder für ein mehr unbestimmtes, das jedoch innerhalb seines Interpretationsspielraums ohne Begriffswechsel eine Anpassung an neuere Entwicklungen im Steuerrecht erlaubt, hat der RFH zugunsten des letzteren entschieden. Dem kann man zustimmen,

---

1) Vgl. u.a. RFH-Urteil vom 9.3.1938 VI 122/38, StuW II 1938, Sp.361, und vom 4.1.1939 VI 719/38, StuW II 1939, Sp.195.

man kann es kritisieren; für beides gibt es gewichtige Gründe. Eines aber muß die Entscheidung des RFH nicht bedeuten: Den Verzicht auf ein gewisses Mindestmaß an Objektivierung auf der Aktivseite der Steuerbilanz. Auch wenn der RFH nicht willens war, die allgemeine Wirtschaftsgutdefinition in einer Weise zu konkretisieren, die eine eindeutige Abgrenzung der steuerlichen Aktivierung gestattet, besteht immer noch die Möglichkeit, daß indirekt eine nähere Bestimmung des höchstrichterlichen Anforderungsprofils an die steuerliche Aktivierung möglich ist. Vielleicht kann, so lautet die These, über die inhaltliche Ausgestaltung der einzelnen Wirtschaftsgutdeterminanten in späteren Urteilen der vom RFH für erforderlich gehaltene (Mindest-) Objektivierungsgrad ermittelt werden. Dies gilt es zu überprüfen.

II. Die Konkretisierung der einzelnen Wirtschaftsgutdeterminanten

1. Das Kriterium der entstandenen Aufwendungen

a) Die Interpretation des Aufwandsbegriffs in der frühen Rechtsprechung des RFH

aa) Die weite Definition der entstandenen Aufwendungen im Sinne von Ausgaben

Notwendige, aber noch keinesfalls hinreichende Bedingung für ein aktivierungspflichtiges Wirtschaftsgut ist das Vorliegen von Aufwendungen. Die Rechtsprechung unterscheidet generell zwischen Aufwendungen, die außerhalb der Betriebssphäre entstehen und Entnahmen für betriebsfremde Zwecke betreffen, und solchen, die mit dem Betrieb des Unternehmens zusammenhängen, d.h. dem Kaufmann aus der Betätigung zur Erlangung von Einkünften aus Gewerbebetrieben erwachsen[1]. Für die Frage der Aktivierung sind nur die letzteren, die betriebsbedingten Aufwendungen von Bedeutung.

Obgleich nach Meinung des RFH grundsätzlich alle mit dem Betrieb zusammenhängenden Aufwendungen Werbungskosten (§ 16 Abs.1 EinkStG 1925) darstellen, bedeutet dies nicht ihre volle "Absetzbarkeit" im Jahr der Aufwandsentstehung. "Wenn als Werbungskosten im weiteren Sinne, im Gegensatz zu den Entnahmen, alle Ausgaben und Aufwendungen gelten können, die in einem kaufmännischen Betriebe des Betriebs wegen gemacht werden, so bedeutet das noch nicht, daß alle derartigen Aufwendungen den Gewinn des laufenden Jahres mindern oder gar den Gewinn in voller Höhe der Aufwendungen mindern. Denn den Werbungskosten können Vermögensmehrungen gegenüberstehen oder die Werbungskosten können, je nach der Lage des Falles, auf mehrere Jahre zu verteilen sein."[2]

Man sieht, der RFH geht recht schnell zum zweiten Teil des Aktivierungsproblems über, zur Frage, unter welchen Bedingungen Aufwendungen (Werbungskosten) zu einem Aktivum in der Bilanz führen. Dies ist übereilt. Bevor entschieden werden kann, ob die Aufwendungen eines buchführenden Kaufmanns als laufende Aufwendungen im Jahre

---

1) Vgl. RFH-Urteil vom 21.10.1931 VI A 2002/29, StuW II 1932, Sp.492 (493).

2) RFH-Urteil vom 16.1.1929 I A a 707/28, StuW II 1929, Sp.831 (831).

der Aufwendung als Werbungskosten (§ 16 Abs.1) voll abzugsfähig oder mit ihrem Gegenwert beim Vermögensvergleich (§ 13) zu berücksichtigen sind[1], ist zuvor die Grundvoraussetzung jeglicher Aktivierung zu klären: Was versteht der RFH unter dem Begriff der entstandenen Aufwendungen?

Erste Anhaltspunkte hierfür liefern drei Entscheidungen aus den Jahren 1928 und 1929. Im Urteil vom 27.3.1928 spricht der I. Senat von Wirtschaftsgütern, die er (gemeint ist der buchführende Kaufmann) "gegen eine Aufwendung, regelmäßig also gegen eine Geldleistung, erworben hat."[2] Im Urteil vom 8.5.1929 sieht der VI. Senat als aktivierungsfähig und -pflichtig nur Aufwendungen an und führt dann weiter aus: "Das sind Ausgaben, die der Erfinder in bar oder auch durch Eingehen von Verbindlichkeiten gemacht hat."[3] Und im Urteil vom 20.11.1929 verknüpft der VI. Senat ebenfalls den Begriff der entstandenen Aufwendungen mit einer Geldleistung (... da die Zahlung der Abstandsgelder eine Aufwendung darstellt, ..."[4]).

Die drei skizzierten Urteile lassen die Tendenz in der Rechtsprechung des RFH erkennen, den Begriff der Aufwendungen im Sinne des allgemeinen Sprachgebrauchs zu benutzen. Aufwand oder Aufwendung bedeutet soviel wie "verwenden" oder "verbrauchen", wobei insbesondere auf Geld abgestellt wird. Der Begriff Aufwand steht stellvertretend für Ausgabe bzw. Zahlung[5].

---

1) Vgl. RFH-Urteil vom 21.10.31 VIA 2002/29, StuW II 1932, Sp.492 (493).

2) RFH-Urteil vom 27.3.1928 I A 420/27, StuW II 1928, Sp.705 (708).

3) RFH-Urteil vom 8.5.1929 VI A 1349/28, StuW II 1929, Sp. 927 (929). Die Entscheidung betrifft zwar einen Gewinnermittler nach § 12 EinkStG 1925, wie das Urteil vom 30.6.1927 (VI A 290/27, StuW 1927, Sp.530(532)) aber deutlich macht, steht § 12 Abs.1 in engem Zusammenhang mit § 19 Abs.2 und § 16 Abs.2-4 EinkStG 1925.

4) RFH-Urteil vom 20.11.1929 VI A 1328/29, StuW II 1930, Sp.154 (154).

5) Vgl. FREERICKS, Wolfgang, Bilanzierungsfähigkeit a.a.O., S.314. Die Begriffe "Aufwendung" und "Entgeltzahlung" werden aber schon in der älteren Literatur synonym gebraucht (vgl. hierzu Schultze-Schlutius, Hans G., Marktbereinigung, in: StuW, Teil 1, 15.Jg. (1936), Sp.21-42 u. 175-204, hier Sp.30).

bb) Der Unterschied des steuerlichen Aufwandsbegriffs zum betriebswirtschaftlichen

Mit der Interpretation des Begriffs entstandene Aufwendungen im Sinne von getätigten Ausgaben gerät der RFH in Widerspruch zur Definition der Aufwendungen in der Betriebswirtschaftslehre.

Als Aufwand wird nach weitverbreiteter Auffassung in der betriebswirtschaftlichen Literatur "der produktive Wertverzehr im Betriebe verstanden, d.h. der bewertete Verbrauch an Sachgütern, Arbeits- und Dienstleistungen, Rechtswerten, Nominalgütern usw., insoweit dieser Ausgaben hervorruft."[1] Da es sich beim Aufwandsbegriff um eine Größe der pagatorischen Erfolgsrechnung handelt[2], sind Aufwendungen letztlich nichts anderes als periodenbezogene und periodengerecht verteilte Ausgaben der Unternehmung[3]. Die Literatur orientiert sich damit an den Vorstellungen Schmalenbachs, der in seinem Hauptwerk "Dynamische Bilanz" Aufwand als den Wert derjenigen Güter und Dienstleistungen bezeichnet, "die für Rechnung der Unternehmung, sei es bestimmungsmäßig oder nicht bestimmungsmäßig, sei es im Betriebe der Unternehmung selbst oder außerhalb desselben, vernichtet wurden oder sonst verloren gehen."[4] Aufwands-

---

1) KOSIOL, Erich, Aufwand und Ertrag, in: HWB, Bd.1, 4.Aufl., hrsg. v. Erwin GROCHLA und Waldemar WITTMANN, Stuttgart 1974, Sp.309-315, hier Sp.310.

2) Vgl. CHMIELEWICZ, Klaus, Zum Verhältnis von Ausgaben, Aufwand und Kosten sowie Einnahmen, Ertrag und Leistung, in: ZfB, 38.Jg. (1968), S.917-922, hier S.917.

3) Vgl. SCHÄFER, Erich, Die Unternehmung, 10.Aufl., Wiesbaden 1980, S.161.

4) SCHMALENBACH, Eugen, Dynamische Bilanz, 13.Aufl., a.a.O., S.82.

verrechnung bedeutet in diesem Sinn Periodisierung von Ausgaben. Erfolgswirksame Ausgabenverteilung heißt: In die Bilanz werden diejenigen "Ausgabenreste" eingestellt, die noch nicht als Aufwand in die Gewinn- und Verlustrechnung dieser Periode eingehen[1].

b) Die Bezugnahme auf den entgeltlichen Erwerb in den Urteilen nach 1930 und seine Konsequenzen

aa) Die These von der materiellen Identität der Begriffe entgeltlicher Erwerb - entstandene Aufwendungen

Ab 1930 kommt die Verwendung des Begriffs Aufwand im Sinne von Ausgabe bzw. Zahlung auch terminologisch in einem Teil der Entscheidungen des RFH zum Ausdruck. Es steht nicht mehr der Aufwandsbegriff mit dem Zusatz "regelmäßig gegen eine Geldleistung" im Vordergrund, der RFH stellt vielmehr auf den "Erwerb" ab[2] und betont die "Hingabe von Geld" als eine der maßgebenden Aktivierungsvoraussetzungen[3]. Das Kriterium der entstandenen Aufwendungen ist erfüllt, wenn im Erwerbszeitpunkt Ausgaben, d.h. Geldleistungen, anfallen, wobei, wie das Urteil vom 8.5.1929 besagt, das Eingehen von Verbindlichkeiten dem gleichzusetzen ist[4].

1) Vgl. SCHMALENBACH, Eugen, Dynamische Bilanz, 13.Aufl., a.a.O., S.72.

2) Vgl. RFH-Urteil vom 30.4.1930 VI A 683/30, StuW II 1930, Sp.1158 (1159), und RFH-Urteil vom 15.7.1931 VI A 899/29, StuW II 1931, Sp.1690 (1690).

3) Vgl. RFH-Urteil vom 9.4.1930 VI A 434/29, StuW II 1930, Sp.1156 (1158); RFH-Urteil vom 15.9.1937 VI A 531/37, StuW II 1937, Sp. 960 (961).

4) Vgl. RFH-Urteil vom 8.5.1929 VI A 1349/28 StuW II 1929, Sp.927 (929).

In einigen Urteilen findet sich statt des Terminus "gegen Hingabe von Geld" der des "entgeltlich erworben".[1] Der RFH gebraucht damit einen Begriff, der heute als einer der zentralen Aktivierungskriterien für immaterielle Werte gilt, und das nicht nur steuerrechtlich (§ 5 Abs.2 EStG), sondern auch aktien- bzw. handelsrechtlich (§ 153 Abs.3 AktG)[2]. Ohne auf die Diskussion um die Auslegung des entgeltlichen Erwerbs in der neueren Literatur und in der Rechtsprechung des BFH näher einzugehen - dies geschieht im dritten Kapitel - , muß an dieser Stelle geklärt werden, was der RFH unter "gegen Hingabe von Geld" versteht, insbesondere, ob er den entgeltlichen Erwerb synonym für "gegen Hingabe von Geld" verwendet oder ihm einen anderen, vielleicht engeren Inhalt beimißt.

Betrachtet man die Urteile vom 9.4.1930[3] und vom 15.9. 1937[4] näher, so erkennt man, daß die "Hingabe von Geld" in Form einer Zahlung an einen Dritten geschieht. Dies führt - da auch die anderen Wirtschaftsgutdeterminanten erfüllt sind - nach Auffassung des RFH zum E r w e r b eines zu aktivierenden immateriellen Gutes bzw. Wirtschaftsgutes. In beiden Fällen scheint der RFH somit

---

1) Vgl. RFH-Urteil vom 19.5.1932 VI A 2068/31, StuW II 1933, Sp.392, (393), RFH-Urteil vom 16.8.1934 VI A 85/33, StuW II 1934, Sp.1288 (1289), sowie RFH-Urteil vom 3.10.1934 VI A 438/33, StuW II 1934, Sp.1538 (1539).

2) Es ist zwar nicht ganz klar, ob aktienrechtliche Regelungen g e n e r e l l als handelsrechtliche GoB gelten. Der überwiegende Teil der Literatur sieht jedoch zumindest im einzelnen Normen des Aktiengesetzes von 1965, wie z.B. in § 153 Abs.3, einen rechtsformunspezifischen handelsrechtlichen GoB (Zur ausführlichen Betrachtung der Problematik siehe Kapitel 3 Abschnitt B I).

3) Vgl. RFH-Urteil vom 9.4.1930 VI A 434/29 StuW II 1930, Sp.1156.

4) Vgl. RFH-Urteil vom 15.9.1937 VI A 531/37, StuW II 1937, Sp.960.

von einem Anschaffungsgeschäft auszugehen. Auch den Entscheidungen, in denen die Rechtsprechung direkt den entgeltlichen Erwerb prüft, liegt in der Regel eine Geldleistung an einen Dritten zugrunde[1]. Im Urteil vom 3.10. 1934 spricht der RFH davon, daß jeder entgeltliche Erwerb von Wirtschaftsgütern grundsätzlich aktivierungspflichtig ist, "- regelmäßig mit seinem Anschaffungspreis - ..."[2]

Aus den obigen Urteilen könnte nun (vorschnell) geschlossen werden, der RFH wolle über den entgeltlichen Erwerb das Wirtschaftsgutkriterium "entstandene Aufwendungen" auf Anschaffungskosten beschränken. Eine solche Funktion kommt dem entgeltlichen Erwerb aber nicht zu. Das Urteil vom 28.11.1934 macht deutlich, daß es sich auch bei selbsterstellten (patentierten) Erfindungen um Wirtschaftsgüter im Sinne der §§ 16 Abs. 2 und 3, 17 und 20 EinkStG 1925 handelt, für die "eine Aktivierung nur in Höhe von Anschaffungs- oder Herstellungskosten in Betracht kommen kann...".[3] Hieraus folgt: Für das Vorliegen eines Wirtschaftsgutes und damit für die Erfüllung des Kriteriums der entstandenen Aufwendungen bedarf es nicht eines Anschaffungsgeschäftes, es genügt die Selbsterstellung beim Steuerpflichtigen.

Findet in diesem Zusammenhang noch das Urteil vom 19.12. 1934 Beachtung, in dem der RFH den Begriff Entgelt mit dem der Aufwendungen gleichsetzt - in der Kurzfassung zu Anfang verneint der VI. Senat die Entstehung eines

---

1) Vgl. die auf der vorhergehenden Seite in Fn 1 genannten Urteile.

2) RFH-Urteil vom 3.10.1934 VI A 438/33, StuW II 1934, Sp.1538 (1539/1540).

3) RFH-Urteil vom 28.11.1934 VI A 895/34, StuW II 1935 Sp.166 (166).

Wirtschaftsgutes mit der Begründung, es sei kein besonderes Entgelt gezahlt worden, im Text stellt er auf das Nichtanfallen von besonderen Aufwendungen ab[1] -, kann (zumindest auf den ersten Blick) folgender Interpretation eine gewisse Logik nicht abgesprochen werden: Wenn, wie oben beschrieben, auch der Anfall von Herstellungskosten dem Wirtschaftsgutkriterium der "entstandenen Aufwendungen" genügt und der RFH die Begriffe "Entgelt" und "Aufwendungen" synonym verwendet, kann der entgeltliche Erwerb doch schwerlich nur den Anschaffungsvorgang umfassen.

bb) Die "wirkliche" Bedeutung des entgeltlichen Erwerbs: eine Form der Aufwandsentstehung

Eine derart weite Fassung des entgeltlichen Erwerbs - wie die gerade skizzierte - spiegelt die Rechtsprechung des RFH nicht korrekt wieder. Es liegt eine Fehldeutung vor, die auf der gedanklichen Synthese von zwei, von unterschiedlichen Voraussetzungen ausgehenden Urteilen beruht. Der entgeltliche Erwerb ist ein typisches Kriterium bei Anschaffungsgeschäften, er ist bei Selbsterstellung nicht gegeben. Schon das Urteil vom 8.5.1929 trennt zwischen gegen Entgelt erworbenen Gütern, für die Anschaffungspreise vorliegen , und den selbsterstellten[2].

In welchem Zusammenhang stehen aber nun die vom RFH teilweise synonym gebrauchten Begriffe entstandene Aufwendungen, Anschaffungspreise, Herstellungskosten und entgeltlicher

---

1) Vgl. RFH-Urteil vom 19.12.1934 VI A 1514,1515/32, StuW II 1935, Sp.172 (172 u. 174).

2) Vgl. RFH-Urteil vom 8.5.1929 VI A 1349/28, StuW II 1929, Sp.927 (929-930).

Erwerb? Die entstandenen Aufwendungen sind der Oberbegriff. Sie umfassen zum einen die Anschaffungskosten (-preise), die sich bei entgeltlichem Erwerb ergeben, und zum anderen die Herstellungskosten, die bei der Selbsterstellung anfallen.

Die Gleichsetzung von Aufwendungen und Entgelt, die zur Subsumtion der Herstellungskosten unter den entgeltlichen Erwerb und damit zur obigen Fehlinterpretation geführt hat, beruht darauf, daß nicht streng genug zwischen der Aufwandsentstehung im Rahmen von Anschaffungsgeschäften und bei der Selbsterstellung getrennt wurde; beide Urteilsgruppen sind vielmehr im Verbund interpretiert worden. Bedient man sich einer isolierten Betrachtungsweise, lösen sich die Widersprüche.

In den meisten Urteilen muß der RFH über die Erfüllung des Aufwandskriteriums bei Anschaffungsgeschäften entscheiden. Da bei Anschaffungsgeschäften die Zahlung eines abgrenzbaren Entgeltes an einen Dritten die Regel ist (vom Eingehen von Verbindlichkeiten abgesehen) und der RFH bei der Wirtschaftsgutdeterminante "entstandene Aufwendungen" auf Zahlungen bzw. Ausgaben abstellt, kann sich der RFH auf die Prüfung des ersteren, des Anfalls von Entgelten beschränken, wenn er den entgeltlichen Erwerb als eine Art der Aufwandsentstehung versteht.

Untersucht man die genannten Urteile zum entgeltlichen Erwerb unter diesem Aspekt[1], wird eine "weite" Interpretation des Erwerbskriteriums deutlich. Entgegen der Rechtsprechung des BFH und der Auffassung von Döllerer, die

---

1) Vgl. RFH-Urteil vom 19.5.1932 VI A 2068/31, StuW II 1933, Sp.392; vom 16.8.1934 VI A 85/33, StuW II 1934, Sp.1288, und vom 3.10.1934 VI A 438/33, StuW II 1934, Sp. 1538.

beide das Erwerbskriterium eng fassen[1] - Döllerer spricht explizit davon, daß mit den von ihm genannten Bedingungen sicher nicht vereinbar ist, "wenn angenommen wird, entgeltlicher Erwerb bedeute nichts anderes als Erwerb durch Aufwendungen"[2] -, genügt dem RFH zur Bejahung des entgeltlichen Erwerbs die Hingabe von Geld an einen Dritten. Entgeltlicher Erwerb ist damit nichts anderes als "Erwerb durch Aufwendungen", wobei der Dritte nicht betont werden muß, er ist dem Erwerbsvorgang immanent. Aus der unterschiedlichen Terminologie ergeben sich somit keine materiellen Konsequenzen[3].

Bei der zweiten Urteilsgruppe, die sich mit der Aktivierung von selbsterstellten Gütern befaßt (insbesondere wird hier auf Patente abgestellt), benutzt der RFH auch terminologisch wieder das ursprüngliche Kriterium der entstandenen Aufwendungen, was nicht verwundert, denn, wie oben festgestellt, kann von einem entgeltlichen Erwerb nur in Zusammenhang mit einem Anschaffungsvorgang gesprochen werden. Von Interesse sind hierbei in erster Linie die Ausführungen des RFH, die aus der Besonderheit der Aufwandsentstehung bei selbsterstellten Gütern resultieren, da durch sie die Funktion des Aufwandskriteriums im Rahmen der Wirtschaftsgutdefinition zumindest in den Umrissen erkennbar wird.

Während der RFH im Urteil vom 30.6.1927[4] noch von der Aktivierungsfähigkeit selbsterstellter Patente ausgeht,

---

1) Vgl. DÖLLERER, Georg, Die Maßgeblichkeit der Handelsbilanz für die Steuerbilanz, in: BB, 24.Jg. (1969), S.501-507, hier S.505, und BFH-Urteil vom 26.2.1975 I R 72/73, BFHE 115, S.243.

2) DÖLLERER, Georg, Maßgeblichkeit, a.a.O., S.505.

3) Zum gleichen Ergebnis kommt auch STRUTZ, wenn er in seinem Kommentar zum REinkStG 1925 den entgeltlichen Erwerb "weit" definiert (vgl. STRUTZ, Georg, Kommentar zum Einkommensteuergesetz vom 10. August 1925 nebst den Ausführungsbestimmungen, Bd.1: Einleitung - §§ 1-18, Berlin 1927, Anm. 48 zu §13 (S.797)).

4) Vgl. RFH-Urteil vom 30.6.1927 VI A 290/27, StuW 1927, Sp.530 (536-537).

wird in der Entscheidung vom 7.7.1927[1], vor allem aber in der vom 8.5.1929[2] stärker auf die Aktivierungspflicht der Aufwendungen (der Ausgaben) für die Schaffung eines Patentes hingewiesen.

Der RFH übersieht allerdings nicht die Gefahr, die die Aufwandszurechnung gerade bei selbsterstellten Wirtschaftsgütern beinhaltet. Im Gegensatz zum Erwerb gegen ein Entgelt, bei dem regelmäßig davon ausgegangen werden kann, daß der Verkaufswert dem gezahlten Preis entspricht, fehlen für die Bewertung von in eigener Tätigkeit gemachten (selbsterstellten) Erfindungen, sprich Wirtschaftsgütern, solch gute äußere Anhaltspunkte[3].

Aus diesem Grund begnügt sich der RFH nicht mit der Feststellung, für selbsterstellte Patente käme nur eine Aktivierung in Höhe der Herstellungskosten in Betracht; er unternimmt vielmehr den Versuch einer darüber hinausgehenden Konkretisierung: Nur solche Aufwendungen des Betriebes sind zu aktivieren, die mit den einzelnen Patenten in einem engen Zusammenhang stehen[4].

Dabei überschätzt der RFH den Erfolg seiner Konkretisierungsversuche nicht; im Regelfall wird die Steuerbehörde - wie der I. Senat betont - auf die pflichtgemäße Beur-

---

1) Vgl. RFH-Urteil vom 7.7.1927 VI A 217/27, StuW 1927, Sp.538 (544-545).

2) Vgl. RFH-Urteil vom 8.5.1929 VI A 1349/28, StuW II 1929, Sp.927 (929).

3) Vgl. ebenda Sp. 930.

4) Vgl. RFH-Urteil vom 28.11.1934 VI A 895/34, StuW II 1935, Sp.166 (166), sowie die Ausführungen von KÜHN zum Umfang der Aufwendungen bei selbsterstellten Gütern (vgl. KÜHN, Rolf, Die steuerliche Bewertung von Erfindungen (Mustern, Warenzeichen), sowie literarischen und künstlerischen Urheberrechten, in: StuW, Teil 1, 15.Jg. (1936), Sp.1153-1182, hier Sp. 1159-1160).

teilung des Steuerpflichtigen (hier ist es der Erfinder) angewiesen sein. Unter Bezugnahme auf das Urteil vom 30.6. 1927 schließt sich der VI. Senat der Auffassung an, daß "vom Standpunkt des vorsichtig überlegenden und vernünftig wirtschaftenden Kaufmanns beurteilt werden müsse, ob von den Aufwendungen auf die Erfindung ein wirtschaftlicher Nutzen über das Aufwendungsjahr hinaus zu erwarten sei und wieviel er etwa betrage." [1]

Die obigen Ausführungen lassen das Bestreben des RFH sichtbar werden, insbesondere den Umfang der Herstellungskosten nach oben hin zu begrenzen. Entsprechend dem sogenannten Realisationsprinzip, das nach Leffson "in der deutschen Bilanzliteratur mit Recht als eines der wichtigsten Bilanzierungs- und Bewertungsprinzipien" [2] gilt, soll der Ausweis unrealisierter Gewinne über die Aktivierung von Aufwendungen (sprich Ausgaben), die sich nicht ausreichend mit den einzelnen Wirtschaftsgütern in Verbindung bringen lassen, verhindert werden[3]. Handelt es sich aber

1) RFH-Urteil vom 8.5.1929 VI A 1349/29, StuW II 1929, Sp.927 (930).

2) LEFFSON, Ulrich, Die Grundsätze ordnungsmäßiger Buchführung, 4. Aufl., Düsseldorf 1976, S.184. In der fünften, völlig neubearbeiteten und erweiterten Auflage von 1980 finden sich diese Ausführungen zur Bedeutung des Realisationsprinzips nicht mehr (vgl. ebenda, S.225-230, insbes. S.229). Zur Problematik des Realisationsprinzips in Handels- und Steuerrecht siehe auch POHMER, Dieter, Die betriebswirtschaftliche Problematik der Gewinnrealisation und der Periodenabgrenzung unter dem Gesichtspunkt der Erfolgsbesteuerung, in: Wpg, 10.Jg. (1957), S.461-466, 498-501, 523-529 u. 551-553, und SCHNEIDER, Dieter, Realisationsprinzip und Einkommensbegriff, in: Bilanzfragen, Festschrift zum 65. Geburtstag von Ulrich LEFFSON, herausgegeben von Jörg BAETGE, Adolf MOXTER und Dieter SCHNEIDER, Düsseldorf 1976, S.101-117.

3) In Teilen der Literatur wird allerdings schon im grundsätzlichen Einsetzen von Aktiven für Forschungsergebnisse in Höhe der aufgewandten Kosten ein Ausweis noch nicht realisierter Gewinne gesehen, was zu einer Vorwegbesteuerung ebendieser Gewinne führt. (vgl. ACKERMANN, Eduard, "Forschungsergebnisse" und "Geschäftswert" im Einkommen- (Körperschaft-) Steuerrecht, in: StuW, Teil 1, 17.Jg. (1938), Sp.575-592, hier Sp.592, sowie ALBACH, Horst, Bewertungsprobleme des Jahresabschlusses nach dem Aktiengesetz 1965, in: BB, 21.Jg. (1966), S.377-382, hier S.378/379).

um die Frage eines gegenüber den Herstellungskosten niedrigeren Wertansatzes, so läßt der RFH dem kaufmännischen Ermessen einen großen Freiraum.

Zusammenfassend gilt: Der RFH verwendet den Begriff der "entstandenen Aufwendungen" synonym für Ausgabe, Auszahlung; maßgebender Indikator ist eine Geldleistung des Bilanzierenden. Besonders deutlich wird dies im Urteil vom 9.3.1938, in dem der VI. Senat die Termini "Geld" und "Aufwendung" verbindet und von "gegen eine Geldaufwendung" erworbenen Wirtschaftsgütern spricht[1]. Mit dieser Interpretation des steuerlichen Aufwandsbegriffs gerät der RFH in Widerspruch zum betriebswirtschaftlichen Schrifttum, nach dessen Selbstverständnis von Aufwendungen erst im Zusammenhang mit periodisierten Ausgaben gesprochen werden kann.

In einer Reihe von Urteilen, vor allem zu Anfang der dreißiger Jahre, findet man statt der Aufwendungen bzw. Geldleistungen den entgeltlichen Erwerb als Aktivierungsvoraussetzung genannt, teilweise unter expliziter Bezugnahme auf Anschaffungspreise. Dies als Zeichen für eine Wende in der Interpretation des Wirtschaftsgutkriteriums "entstandene Aufwendungen" zu werten (Verengung des Aufwandsbegriffs unter Ausschluß der selbsterstellten Güter), wäre jedoch voreilig. Der RFH hat in den Urteilen, denen Anschaffungsgeschäfte zugrundeliegen, auf das bei Anschaffungsgeschäften typische Merkmal der Aufwandsentstehung, auf den entgeltlichen Erwerb abgestellt und die hier nicht relevante Aufwandsentstehung durch Herstellungskosten vernachlässigt. Dies ist legitim, denn die Entscheidung Aufwand oder Nichtaufwand in den betreffenden Urteilen wird

1) Vgl. RFH-Urteil vom 9.3.1938 VI 122/38, StuW II 1938, Sp.361 (362).

durch die Beschränkung auf die Prüfung des entgeltlichen Erwerbs nicht beeinflußt. Nur in den Urteilen, in denen das Aufwandskriterium bei selbsterstellten Gütern zu überprüfen ist, muß der RFH das Kriterium der entstandenen Aufwendungen in seiner vollen Breite behandeln. Hier macht er deutlich, daß auch der Anfall von Herstellungskosten dem Kriterium der "entstandenen Aufwendungen" im Sinne der Wirtschaftsgutdefinition genügt. Der entgeltliche Erwerb stellt somit keine Einengung des Wirtschaftsgutkriteriums "entstandene Aufwendungen" dar, sondern bezeichnet lediglich eine Form der Aufwandsentstehung.

2. Das Wert-Nutzenkriterium

a) Die Ablehnung der externen Wertsteigerung als Bestimmungsfaktor der Aktivierung

Für das Vorliegen eines aktivierungspflichtigen Wirtschaftsgutes hat das Kriterium der entstandenen Aufwendungen die Funktion einer notwendigen V o r b e d i n g u n g , als ausreichendes Aktivierungskriterium wird es jedoch nicht angesehen[1]. Über die Frage der Aktivierung oder Nichtaktivierung entscheidet letztlich, wie schon an früherer Stelle erwähnt[2], ob nach der Verkehrsauffassung das Wirtschaftsgut einer selbständigen Bewertung zugänglich ist und einen wesentlichen, über

---

1) Es gibt zwar ohne Aufwendungen keine Aktivierung (vgl. RFH-Urteil vom 15.7.1931 VI A 899/29, StuW II 1931, Sp.690 (690), insbesondere Zusammenfassung Pkt 2 am Anfang des Urteils, sowie RFH-Urteil vom 19.12.1934 VI A 1514, 1515/32, StuW 1935, Sp.172); aber nicht jede betriebsbedingte Aufwendung bzw. Ausgabe des Steuerpflichtigen führt zu einem Aktivum (vgl. RFH-Urteil vom 16.1.1929 I A a 707/28, StuW II 1929, Sp.831 (831)).

2) Vgl. oben, Abschnitt A II 2 b im 2. Kapitel.

die Dauer des einzelnen Steuerabschnitts hinausreichenden Wert besitzt. Im folgenden Abschnitt soll die letzte Forderung im Mittelpunkt stehen, d.h. die Frage, was versteht der RFH unter dem Begriff des über den einzelnen Steuerabschnitts hinausgehenden Wertes?

Im Urteil vom 12.11.1924 stellt der RFH fest, daß nach kaufmännischer Auffassung alle Ausgaben, für die kein Gegenwert in das Vermögen der Gesellschaft hereinkommt, als abzugsfähige, den Gewinn mindernde Kosten gelten[1]. Strutz folgert aus diesem Urteil, die kaufmännische Bilanz sei eine Bestandsbilanz, der Kaufmann müsse daher in seinen Büchern, die die Grundlage der Bilanz bilden, alle Ausgaben, für die kein Gegenwert in das Betriebsvermögen hereinkommt, als den Gewinn mindernde Kosten ansehen und bei einem Konto in seinen Büchern in irgendeiner Weise abbuchen. Die kaufmännische Bilanz habe somit nur mittelbar "mit den einzelnen Ausgaben der Bilanzperiode zu tun."[2]

Berücksichtigt man in diesem Zusammenhang das Urteil vom 21.10.1931, dann scheinen die Ausführungen von Strutz zur kaufmännischen Bilanz auch für die Steuerbilanz zu gelten: Der RFH spricht hier von Aufwendungen, die entweder "als Werbungskosten (§16 Abs.1) voll abzugsfähig oder mit ihrem Gegenwert beim Vermögensvergleich (§ 13 des EinkStG.) zu berücksichtigen sind."[3] Etwas später heißt es weiter:" ... daß als Gegenstück zur vollen Abzugs-

---

1) Vgl. RFH-Urteil vom 12.11.1924 ZA.I A 32/24, StuW 1925, Sp.520 (522).

2) STRUTZ, Georg, a.a.O., Anm. 11 zu §13 (S.724).

3) RFH-Urteil vom 21.10.1931 VI A 2002/29, StuW II 1932, Sp.492 (493).

fähigkeit der Ausgaben der etwa erworbene Gegenstand in das Vermögensverzeichnis aufzunehmen ist (Aktivierungspflicht)."[1]

Die Übereinstimmung in der Terminologie bei der Frage des Aktivierungsgegenstandes in Handels- und Steuerbilanz verwundert nicht, denn auch das Einkommensteuergesetz fordert in § 13 die Beachtung der (kaufmännischen) GoB bei der Gewinnermittlung der buchführungspflichtigen Kaufleute; nach allgemeiner Auffassung in Rechtsprechung[2] und Literatur[3] ist die Steuerbilanz lediglich eine "abgeleitete" (korrigierte) Handelsbilanz.

Wer aber glaubt, aus dem Urteil vom 21.10.1931[4] herauslesen zu können, der RFH knüpfe mit den Termini Vermögensvergleich, Gegenwert die Aktivierung an eine Vermögensmehrung im Sinne von "Zugang eines als Einzelheit

---

1) RFH-Urteil vom 21.10.1931 VI A 2002/29, StuW II 1932, Sp.492 (493). Gewinn wird dabei definiert als Vermehrung des Betriebsvermögens während des Bilanzzeitraums (vgl. RFH-Urteil vom 15.9.1937 VI A 534/37, StuW II 1937, Sp.959 (960)).

2) Vgl. RFH-Bescheid vom 17.4.1929 VI A 879/27, StuW II 1929, Sp.1113 (1115), sowie die RFH-Urteile vom 11.2.1930 I A 807/28, StuW II 1930, Sp.838 (839); vom 28.3.1933 I A 297/30, StuW II 1933, Sp.1202 (1206, 1207); vom 19.12.1934 I A 108/33, StuW II 1935, Sp.395 (400); vom 23.5.1935 I A 110/33, StuW II 1935, Sp.1476 (1480, 1481); vom 28.4.1936 I A 138/35, StuW II 1936, Sp.754, (755 u. 756), und das Urteil des BFH vom 8.2.1952 I 10/52 S, BFHE 56, S.176(177).

3) Vgl. u.a. AUFERMANN,(Ewalt), Der steuerliche Bilanzgewinn, in: WT, 3.Jg. (1934), S.123-128, hier S.123; BEUCK, W., Handelsbilanz und Steuerbilanz, in: ZfB, 12.Jg. (1935), S.23-58, hier S.38; BRÖNNER, Herbert, Die Bilanz nach Handels- und Steuerrecht, 4.Aufl., Stuttgart 1952, S.32-33; LION, Max, Bilanzberichtigung nach Handels- und Steuerrecht, in:DStZ, 17.Jg. (1928), Sp.869-879 u. 984-995, hier Sp.870; MEHRMANN, (o. Vn.), Die Bedeutung der einzelnen Bilanzauffassungen, in: DStZ, 25.Jg. (1936), S.1494-1506, hier S. 1500; NICKLISCH,(Heinrich), Das Verhältnis der Einkommen- und Körperschaftsteuerbilanzen zu den handelsrechtlichen, in: WT, 3.Jg. (1934), S.25-28, hier S.25.

4) Vgl. RFH-Urteil vom 21.10.1931 VI A 2002/29, StuW II 1932, Sp.492.

wertbesitzenden Gegenstandes", der muß seine (voreilige) Schlußfolgerung bald revidieren. Der RFH hat nämlich schon recht früh, noch in den zwanziger Jahren, festgestellt, daß für die Frage, ob und inwieweit Aufwendungen auf Anlagegegenstände zu aktivieren sind, der Gesichtspunkt der Wertsteigerung nicht ausschlaggebend ist:
"... Auch würde bei diesem Ausgangspunkte die Notwendigkeit der Aktivierung letzten Endes doch immer wieder vom Vorliegen einer Wertsteigerung abhängig gemacht werden, die als maßgebender Gesichtspunkt bereits oben abgelehnt worden ist. Es entspricht den Grundsätzen einer richtigen kaufmännischen Wirtschaftsführung und einer daraus sich ergebenden ordnungsgemäßen Buchführung, daß die Anschaffungskosten für einen Anlagegegenstand nicht ausschließlich dem Jahre der Außerbetriebsetzung zur Last gelegt, sondern durch die Vornahme regelmäßiger Abschreibungen auf die Zeit der nutzbaren Verwendung der Sache verteilt werden. Aus diesem Grundsatz der Lastenverteilung folgt aber auch gewissermaßen als Ausstrahlung eines bereits im Wesen der Abschreibung enthaltenen Gedankens, daß auch alle ein gewisses Maß übersteigenden nachmaligen Aufwendungen auf einen Anlagegegenstand aktiviert werden müssen, damit sie mit den Anschaffungskosten von den jährlichen Abschreibungen ergriffen und so von mehreren Jahren getragen werden."[1]

Nun könnte man einwenden, im vorliegenden Urteil gehe es primär um die Frage der Abschreibung; für die Aktivierung habe das Urteil daher nur geringe Bedeutung.

---

1) RFH-Urteil vom 7.7.1926 VI A 727/25, StuW 1926, Sp.1268 (1273). Vgl. hierzu auch die Urteile vom 21.11.1928 VI A 1239/28, StuW II 1929, Sp.17 (18), vom 24.6.1926 VI A 212/26, StuW 1926, Sp.1651 (1654), vom 30.10.1935 VI A 755/35, StuW II 1935, Sp.1725; vom 4.1.1939 VI 719/38, StuW II 1939, Sp.195.

Daß dieser Einwand sich nicht bestätigt, ergibt sich aus dem Urteil des RFH vom 16.1.1929. Unter Bezugnahme auf die Grundgedanken des Urteils vom 7.7.1926 betont der RFH, daß nicht nur die Vermögensmehrung[1], sondern auch die Notwendigkeit der Verteilung auf mehrere Jahre einer gewinnmindernden Berücksichtigung von Aufwendungen im Jahre des Aufwands- (Ausgaben-)Anfalls entgegensteht[2], mit anderen Worten: neben einer Vermögensmehrung kann auch die Verteilungsnotwendigkeit Aktivierungsgrund sein.

Das Nebeneinander von Vermögensmehrung und Verteilungsnotwendigkeit bedeutet nicht, daß sich beides wechselseitig ausschließt. So wie Becker für den Gegenstand der steuerlichen Aktivierung feststellt, daß dieser in den meisten Fällen eine Sache, eine Forderung oder ein Recht ist, also ein Gegenstand im Sinne des bürgerlichen Rechts[3], fällt auch die Verteilungsnotwendigkeit über mehrere Perioden in der Regel mit einer Vermögensmehrung zusammen. Wichtig ist nur, daß man dieses Zusammentreffen als rein zufällig erkennt und die Aktivierung nicht an eine Sache oder Recht bzw. an eine Vermögensmehrung bindet, da andernfalls eine zu enge Auffassung über die Möglichkeiten der Aktivierung befürchtet werden muß[4].

---

1) Vermögensmehrung bedeutet in diesem Zusammenhang nicht, daß sich ein stichtagsbezogener Mehrwert über die getätigten Ausgaben hinaus ergibt, sondern daß der Ausgabe ein (Vermögens-) "Gegenwert" gegenübersteht. Der Terminus "Vermögensverschiebung" würde dem besser gerecht werden (vgl. Tomfohrde, Klaus, a.a.O., S.90).

2) Vgl. RFH-Urteil vom 16.1.1929 I A a 707/28, StuW II 1929, Sp.831 (831).

3) Vgl. BECKER, Enno, Einkommensteuerrecht: Fragen der Aktivierung und der Passivierung. Insbesondere der Gegenstand der einzelnen Aktivierung und Passivierung, in: StuW, Bd.1, 8.Jg. (1929), Sp. 141-182 u. 253-302, hier Sp. 151.

4) Vgl. ebenda, Sp.151.

Der RFH hatte sich somit nicht nur vom alten, bürgerlich-rechtlichen Gegenstandsbegriff zu trennen, sondern insbesondere darauf zu achten, daß sich bei den einzelnen Wirtschaftsgutdeterminanten nicht überkommenes bürgerlichrechtliches Gedankengut durchsetzt. Aus diesem Grund ist es verständlich, ja einsichtig, wenn er die alte, statisch motivierte Auffassung, die Aktivierung setze eine Wertsteigerung (Vermögensmehrung) durch einen einzelnen Gegenstand des Betriebsvermögens voraus, ablehnt[1)] und neben der Vermögensmehrung die Verteilungsnotwendigkeit als Aktivierungsvoraussetzung anerkennt. Ein Festhalten an der isolierten Wertsteigerung würde die mit dem Wirtschaftsgutbegriff verfolgten Absichten (Ausweitung des Aktivierungsumfangs) neutralisieren.

Besonders deutlich wird die oben skizzierte Entwicklung in den späteren Urteilen des RFH, in denen nur noch (äußerst) selten die Frage der Vermögensmehrung überhaupt angesprochen wird[2)], grundsätzlich geht die Rechtsprechung bei der Aktivierung von der Verteilungsnotwendigkeit über mehrere Jahre aus[3)]. Zur Begründung verweist sie regelmäßig auf § 16 Abs.2 des EinkStG von 1925 bzw., ab 1934, auf die §§ 6 und 7 des neuen EinkStG, die sich von § 16 Abs.2 lediglich im Wortlaut, nicht aber im Inhalt unterscheiden[4)].

---

1) Vgl. WALTHER, Alois, a.a.O., S.76.

2) So z.B. im RFH-Urteil vom 17.5.1939 VI 73/39, StuW II 1939, Sp. 577 bzw. im Urteil vom 30.10.1935 VI A 755/35 StuW II 1935, Sp. 1725.

3) Vgl. RFH-Urteil vom 23.10.1929 , VI A 952/28, StuW II 1930, Sp. 152 (154); vom 19.12.1931 VI A 1751/31, StuW II 1932, Sp.803 (804); vom 7.8.1935 VI A 749/34, StuW II 1935, Sp.1410 (1410), und vom 4.1.1939 VI 719/38, StuW II 1939, Sp.195 (195).

4) Vgl. MASSENKEIL, Jürgen, Die steuerrechtliche Aktivierungspflicht in der höchstrichterlichen Rechtsprechung, Diss. jur. Mainz 1963, S.53.

In § 16 Abs.2 heißt es: "Aufwendungen für die Anschaffung oder Herstellung von Gegenständen, deren Verwendung oder Nutzung durch den Steuerpflichtigen sich bestimmungsgemäß auf einen längeren Zeitraum erstreckt, dürfen nicht in dem Steuerabschnitte der Anschaffung oder Herstellung voll abgezogen werden. Sie können vielmehr für einen Steuerabschnitt höchstens mit dem Betrage berücksichtigt werden, der sich bei der Verteilung auf die Gesamtdauer der Verwendung oder Nutzung ergibt."[1)]

Wenn auch die Verteilungsnotwendigkeit immer stärker in den Mittelpunkt der Betrachtung rückt, bleibt doch offen, zumindest an dieser Stelle noch, welche Kriterien ein über mehrere Perioden zu verteilendes Aktivum zu erfüllen hat.

b) Der Wert-(Vermögens-)Begriff des RFH und seine Konkretisierung

aa) Die Interpretation der Aktiva als betriebsindividuelle Werte

Als Ergebnis des vorangegangenen Abschnitts ergab sich, daß der RFH die Aktivierung nicht vom Vorliegen einer Wertsteigerung abhängig macht. Diese Aussage könnte zu dem Irrtum (ver-)führen, daß für die steuerliche Aktivierung die Frage der Wertsteigerung bzw. der Vermögensmehrung irrelevant ist. Dies gilt um so mehr, wenn man

---

1) § 16 Abs. 2 des REinkStG von 1925.

berücksichtigt, daß der RFH im Urteil vom 1.10.1930 allein auf die Verteilungsnotwendigkeit der Ausgaben abstellt, also eine "reine" Argumentation von der Aufwandsseite her vornimmt, ohne auf den durch die Ausgabe entstandenen Wert näher einzugehen.

Nach Auffassung des VI. Senats im Urteil vom 1.10. 1930 hat die in § 13 EinkStG 1925 geforderte Beachtung des § 16 Abs.2 EinkStG "in der Weise zu geschehen, daß für die Ausgabe (es handelt sich um die Kosten des Umbaus eines gemieteten Ladens) ein Aktivum in der Bilanz aufgeführt wird und jedes Jahr dieses Aktivum um einen der Benutzungsdauer entsprechenden Betrag vermindert wird, um die Ausgabe auf die Gesamtdauer der Benutzung zu verteilen." [1] Ziel der Verteilung ist es, die Aufwendungen nicht nur im Jahr des Anfalls gewinnmindernd zu berücksichtigen, sondern in Beziehung zu setzen zu einer Reihe von Jahren[2].

Das Urteil vom 1.10.1930 ist jedoch nicht typisch für die Rechtsprechung des RFH. Genausowenig wie das Urteil vom 7.7.1926, das gleichfalls von der Ausgabenseite her argumentiert[3], zur Abkehr von einer (noch näher zu bestimmenden) vermögensorientierten Bilanzierungsweise führt, leitet das Urteil vom 1.10.1930 eine diesbezügliche Wende ein. Beide Entscheidungen müssen als Einzelfälle gewertet werden.

---

1) RFH-Urteil vom 1.10.1930 VI A 173/30, StuW II 1930, Sp.1907 (1907), in Klammer Anmerkung des Verfassers.

2) Vgl. ebenda, Sp.1907.

3) Vgl. oben, Abschnitt B II 2 a im 2. Kapitel.

An dem gerade festgestellten Ergebnis ändert auch die Tatsache nichts, daß der RFH in einzelnen Urteilen von einer dynamischen Denkweise ausgeht und eine Aktivierung für notwendig erachtet, weil Ausgaben (Aufwendungen) vorliegen, deren Nutzen sich über einen längeren Zeitraum erstreckt[1], woraus die Verteilungsnotwendigkeit resultiert; denn die dynamisch beeinflußte Argumentationsebene wird vom RFH in den weiteren Ausführungen wieder verlassen. Wenn es heißt "Als Gegenstand im Sinne des § 16 gilt nach der ständigen Rechtsprechung des RFH jedes wirtschaftliche Gut, das der Steuerpflichtige erlangt..."[2], dann zeigt dies die Relativierung der dynamischen Ausgangsposition durch gegenstands (wert-) bezogenes Denken. Für die Bilanz gilt eben nicht der Grundsatz der Ausgabenaktivierung, sondern der der Gegenwertbilanzierung.

Über die beiden genannten Urteile hinaus bringt der RFH das in fast allen Urteilen zum Ausdruck: Zu aktivieren ist das Erlangte, der Gegenwert[3], wobei es ohne Bedeutung ist, ob man diesen in den verschiedenen Urteilen als Wert[4], Vorteil[5], wirtschaftliches Gut[6] oder als

---

1) Vgl. RFH-Urteil vom 20.11.1929 VI A 1328/29, StuW II 1930, Sp. 154 (154) und vom 19.12.1931 VI A 1751/31, StuW II 1932, Sp.803 (804).

2) RFH-Urteil vom 20.11.1929 VI A 1328/29, StuW II 1930, Sp.154 (154/155). Im Urteil vom 19.12.1931 VI A 1751/31, StuW II 1932, Sp.803(804), heißt es noch präziser: "Als Gegenstand der Aktivierung gilt ..."

3) "Zu entscheiden ist, ob und in welcher Höhe der Gegenwert zu aktivieren ist " (RFH-Urteil vom 15.9.1937 VI A 531/37, StuW II 1937, Sp.960 (961)).

4) Vgl. RFH-Urteil vom 17.10.1935 VI A 706/35, StuW II 1935, Sp. 1726 (1728), und vom 12.10.1943 I 65/43, RStBl 1943, S.813 (813).

5) Vgl. RFH-Urteil vom 9.4.1930 VI A 434/29, StuW II 1930, Sp.1156 (1158), und vom 22.1.1936 VI A 911/34, StuW II 1936, Sp.519 (520).

6) Vgl. RFH-Urteil vom 19.12.1931 VI A 1751/31, StuW II 1932, Sp. 803 (804), und vom 9.3.1938 VI 122/38, StuW II 1938, Sp.361(363).

Wirtschaftsgut[1] bezeichnet, der RFH meint immer das gleiche[2]. Wichtig ist nur, daß es sich um einen Wert für den Betrieb, für den Steuerpflichtigen handelt[3].

Die steuerliche Aktivierung hängt somit nicht davon ab, ob ein anderes Unternehmen dem im betreffenden Unternehmen gebundenen Gut einen Wert beimißt, es kommt vielmehr auf die subjektiv innerbetriebliche Wertschätzung an[4]. Sehr deutlich bringt dies der RFH im Urteil vom 20.3.1930 zum Ausdruck, das zur Frage der Aktivierung der Ausgaben für Reklametafeln ergangen ist. Hier heißt es: "Nach den Grundsätzen des EinkStG sind alle werteschaffenden Aufwendungen, die auf Kosten des Betriebs gehen, zu aktivieren. Dies gilt auch dann, wenn die Aufwendungen nicht unmittelbar, sondern nur mittelbar durch den mit den Aufwendungen geschaffenen Gegenstand den Betrieb und seinen Umsatz zu fördern bestimmt sind. Dies trifft bei den Reklametafeln zu. Sie sind bestimmt, ...die Betriebseinkünfte zu erhalten oder zu steigern ... Sie sind also durchaus ein geldwertes Gut im wirtschaftlichen Sinne."[5]

---

1) Vgl. RFH-Urteil vom 19.5.1932 VI A 2068/31,StuW II 1933, Sp.392 (393), und vom 6.5.1936 VI A 24/35, StuW II 1936, Sp.715 (716).

2) Im Urteil vom 12.10.1943 (I 65/43, RStBl 1943 S.813) heißt es: "Die Vereinbarung eines Wettbewerbverbots schafft für den Berechtigten einen aktivierungspflichtigen Wert. Regelmäßig wird dieser Wert durch ein selbständiges Wirtschaftsgut verkörpert."

3) Vgl. RFH-Urteil vom 16.1.1929 I A a 707/28, StuW II 1929, Sp.831 (832) und vom 18.6.1929 I A 403/28, StuW II 1929, Sp.1507 (1507).

4) Vgl. HELPENSTEIN, Franz, Die steuerliche Erfolgsbilanz und ihre Beziehung zu den Grundsätzen ordnungsmäßiger Bilanzierung, in: Die Bilanzen der Unternehmungen , Festgabe für Julius ZIEGLER, herausgegeben von Karl MEITHNER, Berlin - Wien 1933 , S.812-859, hier S.842.

5) RFH-Urteil vom 20.3.1930 VI A 147/30, StuW II 1930, Sp.737 (738).

Wenn der RFH im Urteil vom 7.7.1926 explizit die Wertsteigerung als Aktivierungsvoraussetzung ablehnt, dann ist dies, wie die obigen Ausführungen zeigen, nicht so zu verstehen, daß die Aktivierung völlig von der Wertfrage getrennt wird. Der RFH faßt in dem betreffenden Urteil (und auch in späteren Entscheidungen)[1] den Begriff der Wertsteigerung vielmehr außerbetrieblich auf; nur von dieser Interpretation der Wertsteigerung löst er sich. Er verknüpft aber weiterhin die Aktivierung mit einer Wertsteigerung, wenn man diese innerbetrieblich auffaßt, d.h. auf den (Gesamt-) Wert des Unternehmens für den Besitzer im Sinne einer höheren zukünftigen Einnahme- (Gewinn-) Erwartung abstellt.

Aus der Tatsache, daß die Rechtsprechung keine tatsächlich nachweisbare Vermögenssteigerung (am Bilanzstichtag) durch ein nach außen hin einzeln verwertbares Gut fordert - die Ablehnung der freien (Einzel-)Veräußerbarkeit in einzelnen Urteilen ist hierfür Zeugnis[2]-, kann aber nicht gefolgert werden, der RFH vertrete den Standpunkt, die Aktivierung einer Ausgabe hafte nicht an der Gegenstandseigenschaft des Erworbenen, sondern es komme allein auf die Verteilungsnotwendigkeit der Ausgabe, also auf eine rein "geldmäßige Einstellung" an [3].

Zugegebenermaßen orientiert sich die Rechtsprechung an einer Auslegung des Begriffs Gegenstand (§ 16 Abs.2 Eink StG 1925), der über den handelsrechtlichen Gegenstands-

---

1) Vgl. zum Beispiel die Urteile des RFH vom 21.11.1928 VI A 1239/38, StuW II 1929, Sp.17, und vom 30.10.1935 VI A 755/35, StuW II 1935, Sp.1725.

2) Vgl. RFH-Urteil vom 16.1.1929 I A a 707/28, StuW II 1929 Sp.831 (832), sowie vom 9.3.1938 VI 122/38, StuW II 1938, Sp.361 (363).

3) Dies glaubt HELPENSTEIN aus der Rechtsprechung erkennen zu können (vgl. HELPENSTEIN, Franz, Wirtschaftliche und steuerliche Erfolgsbilanz, Berlin 1932, S.238).

bzw. Vermögensbegriff hinausgeht. Trotzdem ist dies nicht als Übergang zur Ausgabenaktivierung, d.h. zur dynamischen Bilanzierungsweise zu werten, denn mit der Bilanzierung des "Erlangten" (des Gegenwerts der Ausgabe) anstatt des "Gegebenen" (der Ausgabe als solche) verläßt der RFH den Boden einer grundsätzlich vermögensorientierten Bilanzierung nicht. Eine solche Bilanzierungweise, die an der Gegenstandseigenschaft des Erworbenen anknüpft, bezeichnet der RFH in seinem Urteil vom 2.3.1932 selbst als statisch, im Gegensatz zur dynamischen Bilanzierung, bei der die Ausgaben und deren Verteilungsnotwendigkeit im Vordergrund stehen[1].

Als statisch gilt somit jede gegenstandsbezogene Bilanzierung, gleichgültig, ob man im streng statischen Sinne nur Sachen und Rechte als Aktiva ansieht oder, wie der RFH, sich an einem weiten Vermögensbegriff orientiert und über das Vorliegen eines Gegenstandes aufgrund subjektiv innerbetrieblicher Wertgesichtspunkte befindet. Entscheidend ist nur, daß die Aktivierung von der Vermögensseite her angegangen wird (statt von der Gewinn- und Verlustrechnung).

Die statische Grundorientierung des RFH wird auch darin sichtbar, daß er Aufwendungen (Ausgaben) nur bis zur Höhe des für den Betrieb erzielten Vorteils aktiviert wissen will[2] und dabei (explizit) auf den Teilwert abstellt: "Der Senat hat aus den §§ 19, 20 des EinkStG den Satz entwickelt, daß Aufwendungen auf aktivierbare Güter in der Regel aktiviert werden müssen, soweit sie am Stichtag den Teilwert des durch die Aufwendungen beschafften oder hergestellten Gutes nicht übersteigen."[3]

---

1) Vgl. RFH-Urteil vom 2.3.1932 VI A 2137/30, StuW II 1932, Sp. 829 (829).

2) Vgl. RFH-Urteil vom 22.1.1936 VI A 911/34, StuW II 1936, Sp. 519 (520), und vom 17.6.1942 VI 102/42, StuW II 1942, Sp.310 (311).

3) RFH-Urteil vom 30.9.1931 VI A 837/31, StuW II, 1931, Sp.1819 (1820).

bb) Der zukünftige betriebliche Nutzen als Wertindikator

Worauf beruht aber nun konkret die Werteigenschaft eines Gegenstandes am Bilanzstichtag, insbesondere, an welchen Indikatoren kann man feststellen, ob nach der allgemeinen Verkehrsauffassung ein wesentlicher, über den Steuerabschnitt hinausgehender Wert vorliegt?

Nach Auffassung des RFH ist eine Aktivierung grundsätzlich dann zu bejahen, wenn am Bilanzstichtag der durch die Aufwendung entstandene Nutzen noch nicht erschöpft ist, d.h. der Nutzen sich über den Steuerabschnitt hinaus auswirkt[1]. Dieser zukünftige Nutzen ist es, der den wirtschaftlichen Wert eines Gutes am Bilanzstichtag ausmacht, der darüber entscheidet, ob überhaupt ein wirtschaftlicher Wert im Sinne der Wirtschaftsgutdefinition vorliegt. "Eine Sache empfängt nicht durch den Schutz der Rechtsordnung seinen wirtschaftlichen Wertcharakter, der aus dem Ding ein Wirtschaftsgut macht, sondern durch den Nutzen, den es dem Betrieb bringt."[2] In der Rechtsprechung des RFH sind es insbesondere drei Urteile, die dies recht deutlich machen, das Urteil vom 18.12.1928, das vom 20.3.1930 und das vom 16.1.1929.

Im Urteil vom 18.12.1928 führt der I. Senat aus, daß ein Gut (es handelt sich hier um ein ungeschütztes Verfahren) nicht um seiner selbst willen einen wirtschaftlichen Wert besitzt, sondern um der wirtschaftlichen Vorteile willen, die aus dem betreffenden Gut bei der An-

---

1) Vgl. u.a. die Urteile des RFH vom 23.10.1929 VI A 952/28, StuW II 1930, Sp.152 (154); vom 20.11.1929 VI A 1328/29, StuW II 1930, Sp.154 (154), und vom 17.7.1930 VI A 1198/29, StuW II 1930, Sp. 1602 (1604).

2) MAY, Erich, a.a.O., S.26.

wendung fließen[1]. Anwendung heißt doch aber nichts anderes als Nutzung. Ohne Bedeutung ist hierbei, so der I. Senat weiter, ob der Gegenstand des Bilanzpostens als "das Verfahren" oder als "der wirtschaftliche Vorteil" bezeichnet wird, der sich bei der Anwendung des Verfahrens herausstellen soll[2]. Der erste Senat scheint hier auf die Nutzungsmöglichkeit (-absicht) durch das Unternehmen abzustellen und nicht auf einen tatsächlich eingetretenen Nutzen, was auch schwer möglich wäre, denn ob ein Vorteil (Nutzen) für das Unternehmen in Zukunft eintritt, läßt sich allenfalls prognostizieren, nicht aber mit Exaktheit bestimmen.

Im Urteil vom 20.3.1930[3] verdeutlicht der RFH den Zusammenhang zwischen Nutzungsmöglichkeit und wirtschaftlichem Wert: Der RFH stellt fest, daß es sich bei den Kosten von Reklametafeln um werteschaffende Aufwendungen des Betriebes handelt, die bestimmt sind, den Betrieb und seinen Umsatz zu fördern, d.h. die Betriebseinkünfte zu steigern bzw. zu erhalten. Die Aufwendungen für die Reklametafeln müssen daher, so der RFH weiter, aktiviert werden, wobei es ohne Bedeutung ist, daß die Aufwendungen nur mittelbar bestimmt sind, den Betrieb zu fördern, und sich der unmittelbare Nutzen nicht ohne weiteres quantifizieren läßt. Wichtig ist nur, der Wert darf sich bis zum Bilanzstichtag nicht verzehrt haben; beim nach § 13 EinkStG vorgeschriebenen Bestandsvergleich muß gegenüber dem Anfangsbestand ein Vermögensmehrwert bestehen.

Worin besteht nun aber der Vermögenswert? Eben in der noch nicht verzehrten Nutzenmöglichkeit (der Reklame-

---

1) Vgl. RFH-Urteil vom 18.12.1928 I A 274/28, StuW II 1929, Sp.531 (533 u. 534).

2) Vgl. RFH-Urteil vom 18.12.1928 I A 274/28, StuW II 1929, Sp.531 (534).

3) Vgl. RFH-Urteil vom 20.3.1930 VI A 147/30, StuW II 1930, Sp.737 (737 u. 738).

tafeln), die - so wird vom RFH angenommen - dem Betriebszweck dienlich ist, konkret , die Betriebseinkünfte günstig beeinflußt[1]. Als entscheidend für die Aktivierung der Reklametafeln sieht der RFH an, daß die Vorbehörden in tatsächlicher Beziehung festgestellt haben, "daß die Tafeln bestimmungsgemäß für eine längere Zeit zur Reklame dienen sollen und können."[2]

Ebenfalls auf die Nutzenmöglichkeit und die damit verbundene Chance der (positiven) Gewinnbeeinflussung stellt der RFH im Urteil vom 16.1.1929 ab: "Wenn durch die Kontingentserhöhung mehr produziert werden kann, kann auch mehr Geld verdient werden. Gewiß bildet das Brennrecht, wie die Bf'in hervorhebt, nur eine Chance, nur eine Gewinnmöglichkeit. Diese Eigenschaft teilt das Brennrecht aber mit allen anderen Gegenständen des Betriebsvermögens ... trotzdem wird kein Kaufmann auf den Gedanken kommen, seine Fabrik oder seine Maschinen deshalb nicht zu aktivieren, weil sie keine Gewinne v e r b ü r g e n."[3]

Spätestens an dieser Stelle wird sich der Betrachter der höchstrichterlichen Finanzrechtsprechung fragen, worin denn eigentlich beim Wert-Nutzenkriterium das (erhoffte) Mehr an Objektivierung zum Ausdruck kommt. Wenn der RFH - wie oben gezeigt - beim Wirtschaftsgutkriterium "wirt-

---

1) Vgl. hierzu auch das Urteil vom 17.10.1935 (VI A 706/35, StuW II 1935, Sp.1726 (1729)), in dem der RFH davon spricht, daß Betriebsaufwendungen regelmäßig auch dann zu aktivieren sind, wenn sie ihren Ertrag erst in späteren Jahren und bei entsprechenden Anstrengungen des Betriebsinhabers finden sollen, oder das Urteil vom 16.1.1929 (IA a 707/28, StuW II 1929, Sp.381), in dem der RFH auf die Chance, auf die Gewinnmöglichkeit durch den Erwerb des Brennkontingents hinweist.

2) RFH-Urteil vom 20.3.1930 VI A 147/30, StuW II 1930. Sp.737 (738).

3) RFH-Urteil vom 16.1.1929 I A a 707/28, StuW II 1929, Sp.831 (832), (Hervorhebung im Original).

schaftlicher Wert" auf die Werteinschätzung durch das Unternehmen abstellt und im zukünftigen, noch nicht verbrauchten Nutzen (konkret: der Nutzenmöglichkeit) den wirtschaftlichen Wert am Bilanzstichtag erblickt, dann geht die Konkretisierung des wirtschaftlichen Wertes nicht über das hinaus, was sich schon aus dem Urteil vom 21.9.1927 ergibt[1].

Die Hoffnung, über eine inhaltliche Konkretisierung der einzelnen (im Urteil vom 27.3.1928 genannten) Wirtschaftsgutkriterien das vom RFH für erforderlich gehaltene Objektivierungsmaß bestimmen zu können, erfüllt sich, zumindest was das Wert-Nutzenkriterium angeht, nicht. Der RFH sieht im Wert-Nutzenkriterium kein originäres Objektivierungsinstrument. Daran kann auch der Verweis auf die Verkehrsauffassung, wie der nächste Abschnitt zeigt, nichts ändern.

cc) Die getätigten Aufwendungen (Ausgaben) als Ausdruck einer objektivierten Nutzenvorstellung

α) Die Ausgabe als objektiviertes Nutzenmerkmal im Zugangszeitpunkt

Wie der vorangegangene Abschnitt zeigt, rekurriert der RFH bei der Frage des wirtschaftlichen Wertes auf den einzelnen Betrieb, auf dessen innerbetriebliche Wertschätzung. Hieraus zu folgern, die Rechtsprechung überlasse die Entscheidung, ob ein wirtschaftlicher Wert am Bilanzstichtag vorhanden sei, dem Bilanzierenden, wäre jedoch verfehlt.

---

1) Vgl. RFH-Urteil vom 21.9.1927 VI A 383/27, StuW 1927, Sp.803, sowie die Ausführungen in den Abschnitten A I 2 b und c des 2. Kapitels.

Unbestreitbar ist die Verknüpfung des Wirtschaftsgutkriteriums zukünftiger Nutzen mit der Person des Kaufmanns, mit dessen Wert- (Nutzen-) Einschätzung, in hohem Maß subjektiv und birgt die Gefahr der Ansatzmanipulation durch den Bilanzierenden[1]. Wenn der RFH aber in ständiger Rechtsprechung als Indiz für einen wirtschaftlichen Wert, für einen über die Rechnungsperiode hinausgehenden Nutzen, die Tatsache ansieht, daß von Seiten des Unternehmens Aufwendungen gemacht wurden, dann engt er den Freiraum des Bilanzierenden bei der Wertfeststellung erheblich ein. Das Vorliegen eines Wertes wird, zumindest im Zeitpunkt des Zugangs, weitgehend dem Ermessen des Kaufmanns entzogen. Dies gilt vor allem, wenn man bedenkt, daß es sich bei den entstandenen Aufwendungen im Sinne des RFH in der Regel um Geldleistungen (-zahlungen) im Rahmen von Anschaffungsgeschäften handelt, d.h. ein entgeltlicher Erwerb vorliegt[2].

In welchem Ausmaß will der RFH das Wert-Nutzenkriterium aber objektiviert wissen? Geht die Objektivierung über das in der ersten Wirtschaftsgutvoraussetzung der entstandenen Aufwendungen zum Ausdruck kommende Maß hinaus, oder handelt es sich auch beim "konkretisierten" Wert-Nutzenmerkmal um ein Kriterium, das isoliert betrachtet keine eigenständige (über das erste Wirtschaftsgutkriterium hinausgehende) Objektivierungsfunktion besitzt?

Im Urteil vom 16.1.1929 sieht der RFH im gewerblichen Brennrecht ein Wirtschaftsgut, obgleich, wie er selbst

---

1) Vgl. oben, Abschnitt B II 2 b bb im 2. Kapitel.

2) Vgl. oben, Abschnitt B II 1 b bb im 2. Kapitel.

betont, das Brennrecht seine "freie Veräußerlichkeit" eingebüßt hat. Dem widerspricht die Beschwerdeführerin (die klagende Brennerei). Nach Auffassung des RFH wird diese "aber schon durch ihre eigene Handlungsweise widerlegt, da sie doch nicht für etwas, was wirtschaftlich keinen Wert hat, ihr Geld ausgegeben haben wird."[1)]

Im Urteil vom 20.3.1930 findet sich in bezug auf die Ausgaben für Reklametafeln die gleiche Argumentation wieder: "Wenn sie (gemeint sind die Reklametafeln) für den Betrieb wertlos wären, würde der Kaufmann nichts dafür ausgeben. Sie sind also durchaus ein geldwertes Gut im wirtschaftlichen Sinne ..."[2)]

In beiden Urteilen geht der RFH von der Annahme aus, daß zumindest im Zeitpunkt des Erwerbs der Leistung des Unternehmens (der Geldzahlung) eine Gegenleistung (ein wirtschaftlicher Wert) gegenübersteht. Diese Vermutung ist nach Auffassung von Saur unter subjektiven, betriebsbezogenen Gesichtspunkten durchaus logisch; ein Unternehmen wird normalerweise nur für solche Dinge Aufwendungen machen, die ihm durch ihre Nutzung einen wirtschaftlichen Vorteil versprechen und damit für das Unternehmen einen Wert darstellen[3)]. Explizit zum Ausdruck bringt der RFH seine Annahme, daß im Wirtschaftsleben einer Leistung eine entsprechende Gegenleistung gegenüberzustehen pflegt, im Urteil vom 26.9.1939[4)].

---

1) RFH-Urteil vom 16.1.1929 I A a 707/28, StuW II 1929, Sp.831 (831).

2) RFH-Urteil vom 20.3.1930 VI A 147/30, StuW II 1930, Sp.737 (738), in Klammer Anmerkung des Verfassers.

3) Vgl. SAUR, Hans Rolf, a.a.O., S.45.

4) Vgl. RFH-Urteil vom 26.9.1939 I 422/38, StuW II 1940, Sp.20 (22).

β. Die Maßgeblichkeit des Zugangswertes für die Wertfeststellung am Bilanzstichtag

Für die Erfüllung des Wert-Nutzenkriteriums im Sinne der Wirtschaftsgutdefinition genügt das Feststellen eines wirtschaftlichen Wertes im Zugangs- (Erwerbs-)Zeitpunkt nicht; der wirtschaftliche Wert muß über den Steuerabschnitt (über den Bilanzstichtag) hinausreichen, nur dann kommt eine Aktivierung in Betracht.

Bei einem Teil der Urteile ist die Vermutung eines über den Steuerabschnitt hinausgehenden Wertes (Nutzens) zumindest nach Auffassung des RFH relativ unproblematisch, sie ergibt sich aus der "Natur der Sache", d.h. bei wirtschaftlicher Betrachtungsweise aus dem dem Urteil zugrundeliegenden Sachverhalt. Dementsprechend kann bei Reklametafeln[1], befristeten[2] und unbefristeten[3] Wettbewerbsverboten, Pauschalzahlungen zur Sicherung von Mietoptionen[4] und erworbenem Adressenmaterial[5] regelmäßig von einem über den Bilanzstichtag hinausreichenden Nutzen ausgegangen werden.

Daneben gibt es aber auch solche Urteile, in denen es der RFH für notwendig erachtet, sich näher mit dem über den Bilanzstichtag hinausgehenden Wert (Nutzen) zu beschäftigen. Im Urteil vom 1.10.1930 argumentiert der VI. Senat bei der Frage einer über den Steuerabschnitt hinaus-

---

1) Vgl. RFH-Urteil vom 20.3.1930 VI A 147/30, StuW II 1930, Sp.737.

2) Vgl. RFH-Urteil vom 31.10.1934 VI A 976/33, StuW II 1935, Sp.29, sowie vom 12.10.1943 I 65/43, RStBl 1943, S.813.

3) Vgl. RFH-Urteil vom 6.5.1936 VI A 24/35, StuW II 1936, Sp.715.

4) Vgl. RFH-Urteil vom 19.12.1931 VI A 1751/31, StuW II 1932, Sp.803.

5) Vgl. RFH-Urteil vom 9.12.1936 VI A 692/36, StuW II 1937, Sp.76.

gehenden Nutzungsdauer damit, "daß ein ordnungsmäßig wirtschaftender Kaufmann in der Regel nicht einen zweiten Laden dazumieten und mit großen Kosten umbauen wird, wenn er damit rechnet, daß die Aufwendungen nach seinem Voranschlag nur einem einzigen Jahre zugute kommen ..."[1)]

Auch das Urteil vom 19.5.1932 begründet unter anderem den über den Bilanzstichtag hinausgehenden Nutzen für den Betrieb aus der Beseitigung einer drohenden Verschärfung der Konkurrenzsituation mit der Höhe der dafür gemachten Aufwendungen (Ausgaben): "Es kann ... kein Zweifel darüber bestehen, daß die Bf'in durch die Beseitigung der ihr drohenden verschärften Konkurrenz und durch die Verbindung mit der Firma A ein wertvolles Wirtschaftsgut erlangt hat ... Da die Bf'in zur Erlangung des Wirtschaftsgutes 20 000 RM aufgewendet hat, spricht schon an sich die Vermutung dafür, daß das Gut Ende 1929 auch noch diesen Wert hatte."[2)]

Auf die Rationalität kaufmännischen Handelns beruft sich der RFH gleichfalls im Urteil vom 22.1.1936. Ein Taxiunternehmen hatte für die Übernahme von drei zugelassenen alten Taxen ein Vielfaches des wirklichen Wagenwertes gezahlt, zugleich verzichtete der Vorbesitzer auf die Konzessionen zum Halten der drei Kraftdroschken. Nach Auffassung des RFH führt dieser Vorgang zu einem Wirtschaftsgut "Kraftdroschkenkonzession", und zwar in Höhe der Differenz Zahlung abzüglich wirklicher Wert der Fahrzeuge.

Zur Begründung verweist der VI. Senat auf die tatsächliche Praxis der Konzessionserteilung. "Konzessionen wurden ... im allgemeinen erteilt, wenn ein anderer

---

1) RFH-Urteil vom 1.10.1930 VI A 173/30, StuW II 1930, Sp.1907 (1908).
2) RFH-Urteil vom 19.5.1932 VI A 2068/31, StuW II 1933, Sp.392 (393).

Droschkenbesitzer zugunsten des Bewerbers auf die Konzessionen verzichtete ... Der Käufer rechnete auf Grund der tatsächlichen Handhabung der Erlaubniserteilung durch die zuständige Behörde nicht nur mit der Möglichkeit, sondern mit der Wahrscheinlichkeit, daß er mit Rücksicht auf die Verzichtserklärung des Verkäufers die Konzession erhielt. Schon die Tatsache, daß der Bf. für die drei z u g e l a s s e n e n alten Wagen ein Vielfaches des wirklichen Wertes der Wagen zahlte, spricht dafür, daß er erfahrungsgemäß mit Sicherheit auf die Erteilung der Konzession rechnen konnte. Sein Handeln wäre sonst wirtschaftlich nicht verständlich."[1)]

Die drei letztgenannten Urteile zeigen deutlich: Auch bei der Frage nach der Dauer des zukünftigen Nutzens geht der RFH von der Ausgabe (der Zahlung) des Steuerpflichtigen aus. Für ihn stellt sich am Bilanzstichtag die Frage nach dem Wert, nach dem noch zu erwartenden Nutzen, ab einer gewissen Größenordnung des Ausgabebetrages nicht mehr. Unter Berufung auf den wirtschaftlich denkenden Kaufmann schließt er (einfach), ohne nähere Überprüfung, aus der Höhe des Ausgabebetrages im Zeitpunkt des Zugangs auf einen Wert am Bilanzstichtag, d.h. auf ein noch nicht verbrauchtes Nutzenpotential.

Nun wird auch klar, wie der RFH die Verkehrsauffassung beim Wert-Nutzenkriterium deutet: Nicht im Sinne eines induktiven GoB-Verständnisses - Verkehrsauffassung der beteiligten Wirtschaftskreise - , sondern in Anlehnung an die Rationalität kaufmännischen Handelns. Im wirt-

---

1) RFH-Urteil vom 22.1.1936 VI A 911/34, StuW II 1936, Sp.519 (521), Hervorhebung im Original.

schaftlichen Verkehr zahlt ein wirtschaftlich handelnder Kaufmann, so der RFH, keinen größeren Geldbetrag, wenn der Nutzen hieraus sich in der gleichen Periode erschöpft. Es entspricht deshalb der Verkehrsauffassung, bei der Zahlung eines größeren Geldbetrages anzunehmen, daß ein zukünftiger Nutzen, d.h. ein wirtschaftlicher Wert am Bilanzstichtag vorhanden ist.

γ) Die Unzulänglichkeit des Aufwandskriteriums bei der Aktivenkonkretisierung

Die Höhe der Ausgaben des Kaufmanns ist der Indikator für das Vorhandensein eines (Vermögens-) Wertes am Bilanzstichtag. Diese Annahme der Rechtsprechung ist jedoch - vor allem im Hinblick auf ihre Nachprüfbarkeit - sehr problematisch, denn gegen Aufwendungen zugeflossen ("erworben") ist letztlich alles, von den unentgeltlich überlassenen "Gütern" einmal abgesehen. Eine mehr als nur vage (tendenzielle) Festlegung dessen, was als Gegenstand der Bilanzierung auf der Aktivseite der Bilanz am Bilanzstichtag erscheint, wird nicht erreicht. Letztlich liegt die Entscheidung über einen vorhandenen, über den Bilanzstichtag hinausreichenden Nutzen im Ermessensbereich des RFH; er entscheidet autonom (Kritiker würden sagen selbstherrlich), ob einer Ausgabe in der Zukunft noch Ertrags- (Einnahmen-)wirksamkeit zukommt oder nicht, und damit über eine der Grundvoraussetzungen der steuerlichen Aktivierung.

Die an früherer Stelle schon betrachtete, dort aber nicht abschließend behandelte Frage nach der objektivierenden Wirkung der Verbindung des Wert-Nutzenkriteriums mit den vom Kaufmann getätigten Aufwendungen kann wie folgt be-

antwortet werden:

Im Bereich der steuerlichen A k t i v i e r u n g bringt die Bezugnahme auf die getätigten Aufwendungen zur Konkretisierung eines wirtschaftlichen Wertes, eines zukünftigen Nutzens, keinen sehr viel höheren Objektivierungsgrad. Der These, ob und in welcher Höhe ein Wert für den Kaufmann erwachse, bestimme sich nach dessen Ausgaben und deren Höhe, mag man vielleicht für den Zugangs- (Erwerbs-) Zeitpunkt noch ein gewisses Verständnis entgegenbringen; mehr als bedenklich dürfte es aber sein, wenn der RFH ohne nähere Betrachtung aus der Höhe der Aufwendungen im Zugangszeitpunkt auf einen zukünftigen Nutzen, auf einen über den Bilanzstichtag hinausgehenden Wert schließt. Die Aktivierung wird nicht mehr von der Vermögensseite her angegangen, sondern von der Aufwands-, der Ausgabenseite aus. Daß aber das Kriterium der entstandenen Aufwendungen nicht in der Lage ist, die Aktivenentstehung hinreichend zu objektivieren - die exakte Feststellung eines zukünftigen Nutzens mittels des Aufwandskriteriums ist am Bilanzstichtag nicht möglich-, wurde schon oben festgestellt.

Für die Funktion des Nutzenkriteriums im Rahmen der steuerlichen Aktivierung folgt hieraus: Die Bezugnahme auf die Ausgaben (bzw. auf die entstandenen Aufwendungen, wie der RFH die Ausgaben bezeichnet) als Merkmal des zukünftigen Nutzens am Bilanzstichtag ist letztlich nichts anderes als das Zurückgehen auf die erste (grundlegende) Wirtschaftsgutvoraussetzung; aus dem Anfall von Aufwendungen (Ausgaben) resultiert ab einer gewissen Höhe - quasi "automatisch" - ein zukünftiger Nutzen am Bilanzstichtag. Dem Wert-Nutzenkriterium kommt damit generell und in seiner "konkretisierten" Form keine eigenständige Objektivierungsfunktion zu.

Der RFH versucht mit dem Wert-Nutzenkriterium, sämtliche Ausgaben zu erfassen, die erst in Zukunft ertragswirksam werden, um ihrer "gewinnmindernden" Berücksichtigung im Interesse einer "periodengerechten" Gewinnermittlung entgegenzuwirken. Nach seiner Auffassung ist es nicht richtig, nur das Anfallsjahr mit den Aufwendungen zu belasten, wenn der mit den Ausgaben erworbene Nutzen sich am Bilanzstichtag noch nicht erschöpft hat. Durch den Ansatz eines Wirtschaftsgutes wird das Ziel der Periodenabgrenzung erreicht, der durch die Ausgabe bewirkte Vermögensabgang wird ausgeglichen, es erfolgt ein gewinnunwirksamer Aktiventausch[1].

Der Preis, den der RFH für die (angeblich) periodengerechtere Gewinnermittlung zahlt, ist hoch. Er besteht in der sehr schwierigen Faßbarkeit bzw. Überprüfbarkeit des Wirtschaftsgutkriteriums zukünftiger Nutzen, was sehr viel über die Bedeutung der Objektivierung bei der Aktivenkonkretisierung aussagt, zumindest was das Wert-Nutzenkriterium betrifft[2].

Welche Bedeutung der RFH dem Aspekt der Periodenverteilung einräumt, kann man auch daran ersehen, daß er die Aktivierung eines über die Periode hinausgehenden längerfristigen Nutzens (Wertes) dann nicht für notwendig erachtet, wenn die Ausgaben jährlich in etwa gleicher Höhe anfallen, es sich um sogenannte "laufende Aufwendungen" handelt[3]. Als Schulbeispiel hierfür wird oft

1) Vgl. MOXTER, Adolf, Steuerliche Gewinn- und Vermögensermittlung, in: HdF, 3. Aufl., unter Mitarbeit von Norbert ANDEL und Heinz HALLER herausgegeben von Fritz NEUMARK, Bd.2, Tübingen 1978, S.203-237, hier S.206.

2) SCHULTZE-SCHLUTIUS betont in diesem Zusammenhang schon 1936, daß den Wirtschaftsgutvoraussetzungen Aufwand, zukünftiger Nutzen bei der Aktivierung von wirtschaftlichen Vorteilen keine größere Bedeutung als "Ausschlußkriterium" zukommt (vgl. SCHULTZE-SCHLUTIUS, Hans G., a.a.O., Sp.25).

3) Vgl. RFH-Urteil vom 23.10.1929 VI A 952/28, StuW II 1930, Sp.152 (154), und vom 3.10.1934 VI A 438/33, StuW II 1934, Sp.1538 (1540).

auf die bilanzielle Behandlung von laufenden Werbeaufwendungen verwiesen[1].

δ. Die Objektivierungsnische des Aufwandskriteriums: im Rahmen der Bewertung im engeren Sinne als Wertobergrenze

Die mangelnde Eignung des Aufwandskriteriums zur Aktivenkonkretisierung darf aber nicht dazu (ver-)führen, dem Kriterium der entstandenen Aufwendungen jegliche Wertobjektivierung abzusprechen. Wenn auch die entstandenen Aufwendungen nicht zum objektivierten Wertnachweis (im Sinne von Vorhandensein eines Wertes) geeignet sind, so kommt ihnen doch bei der Bestimmung der Werthöhe, bei der Bewertung im engeren Sinn, eine erhebliche Objektivierungsfunktion zu.

Die entstandenen Aufwendungen (Ausgaben) des Steuerpflichtigen bilden bei der Bewertung im engeren (eigentlichen) Sinne die Wertobergrenze, d.h. ein höherer Ansatz als zu den Anschaffungs- bzw. Herstellungskosten - nur in Form einer dieser beiden Kostenarten können Ausgaben anfallen - ist nicht möglich. Der Ausweis unrealisierter Gewinne soll, wie in der Handelsbilanz, verhindert werden.

Bei der Durchsetzung dieses Zieles, das eine möglichst genaue Abgrenzung der Begriffe Anschaffungs- oder Herstellungskosten voraussetzt, ergeben sich jedoch erhebliche Probleme, die teilweise so gewichtig sind, daß sie die objektivierende Wirkung des Ausgabe- (Aufwand-) Kriteriums bei der Bewertung im engeren Sinn

1) Vgl. RFH-Urteil vom 26.1.1939 III 132/37, StuW II 1939, Sp.436 (441); vom 26.9.1939 I 422/38, StuW II 1940, Sp.20 und vom 29.1. 1942 III 39/41, StuW II 1942, Sp.145 (146), sowie die Ausführungen von ACKERMANN zur Behandlung von Reklameaufwendungen im Einkommensteuerrecht (vgl. ACKERMANN, Eduard, Reklameaufwand im Einkommensteuerrecht, in: StuW, Teil 1, 19.Jg. (1940), Sp.909-926).

beeinträchtigen, ja zum Teil unterlaufen. Dies gilt insbesondere für den Anfall von Aufwendungen in Form von Herstellungskosten.

Bei der Ermittlung der Herstellungskosten kann durch eine geschickte, nur schwer nachprüfbare Ausübung der Kostenzurechnungsmöglichkeiten (z.B. Gemeinkostenaufteilung) der Wert des betreffenden Aktivums in erheblichem Umfang von der jeweiligen Interessenlage des Bilanzierenden beeinflußt werden[1]. Die Wertquantifizierung hängt sehr stark von der Willkür des Kaufmanns ab, sie ist weitgehend in sein Ermessen gestellt. Besonders nachteilig wirkt sich die fehlende Objektivierung des "Bewertungsausgangsbetrages" dann aus, wenn für das jeweilige Gut kein (niedrigerer) Marktpreis vorhanden ist, der überhöhte Herstellungskosten nach unten korrigiert, bzw. wenn es sich um ein Aktivum handelt, das nicht der planmäßigen Abschreibung unterliegt, weil dann der Bewertungsausgangsbetrag "ewiger" Bilanzwert ist, sieht man von der Möglichkeit der Teilwertabschreibung einmal ab. Daß gerade bei den Herstellungskosten aufgrund der Manipulationsspielräume der Bilanzierenden die Gefahr des Ausweises nicht rea-

---

1) Vgl. zum Umfang der Herstellungskosten in Handels- und Steuerrecht und ihrer Ermittlungsproblematik u.a. WEGNER, Gustav A., Über die Aktivierung der Gemeinkosten von selbsterstellten Anlagen und Waren gemäß HGB § 261, in: ZfhF, 27.Jg. (1933), S.442-445; ECKSTEIN, Hanns, Zur Frage der steuerlichen Herstellungskosten, in: StuW,Teil 1, 19.Jg. (1940), Sp.391-404 und 1019-1030; VEIEL, Otto, Herstellungskosten und Steuerbilanz, Berlin und Leipzig 1940, insbes. S.14-23 und 33-52; VELDE, Kurt van der, Neues zur Ermittlung der Herstellungskosten, in: DB, 15.Jg. (1962), S.709-712, BUCHNER, Robert, Zur Frage der steuerlichen Herstellungskosten, in: ZfB, 33.Jg. (1963), S.710-717, sowie aus jüngerer Zeit die Arbeit von PIEPER, Werner, Steuerliche Herstellungskosten, Wiesbaden 1975. Zu den Möglichkeiten und Problemen der Bilanzpolitik im Rahmen des (gesamten)Jahresabschlusses vgl. auch BAETGE,Jörg; BALLWIESER,Wolfgang, Zum bilanzpolitischen Spielraum der Unternehmensleitung, in: BFuP, 29.Jg. (1977), S.199-215, und DIECKMANN, Karl, Steuerbilanzpolitik. Gegenwärtig bestehende Möglichkeiten und Grenzen der Beeinflussung des steuerlichen Jahreserfolges in der Bundesrepublik Deutschland, Wiesbaden 1972.

lisierter Gewinne sehr groß ist, hat auch der RFH erkannt; er versucht deshalb, die Herstellungskosten nach oben zu begrenzen. Ein Bestreben, dem allerdings nur ein sehr geringer Erfolg beschieden war, wie die Abgrenzungsversuche der als Herstellungskosten anzusetzenden Aufwendungen in einzelnen Urteilen zeigen[1].

Man erkennt: Auch bei der Bewertung im engeren Sinn führt die Bezugnahme auf die im Zugangszeitpunkt angefallenen Aufwendungen nicht in jedem Fall zu einer Beschränkung des kaufmännischen Ermessens. Für den Bereich der gegen Herstellungskosten geschaffenen Güter, den selbsterstellten, gilt, daß bei ihnen wegen der Manipulationsmöglichkeiten bei der Aufwandszurechnung dem Kriterium der entstandenen Aufwendungen keine bzw. nur eine sehr geringe Objektivierungsfunktion bei der Wertermittlung zukommt.

Ein anderes Bild ergibt sich, betrachtet man die Funktion des Kriteriums der entstandenen Aufwendungen bei der Wertermittlung im Rahmen von Anschaffungsgeschäften. Hier besteht die entstandene Aufwendung des Kaufmanns in der Regel in der Zahlung eines (einmaligen) klar abgrenzbaren Geldbetrages an einen Dritten. Dieses Entgelt ist in der Buchhaltung des Kaufmanns durch entsprechende Belege dokumentiert; die Wertobergrenze kann somit - von den Anschaffungsnebenkosten abgesehen - vom Bilanzierenden nur unter großen Schwierigkeiten manipuliert werden, schaltet man einmal so Extreme wie die Abhängigkeit des Käufers vom Verkäufer aus. Der relativ hohe Objektivierungsgrad des Aufwand (Ausgabe-) kriteriums[2]

---

1) Vgl. hierzu insbesondere das RFH-Urteil vom 28.11.1934 VI A 895/34, StuW II 1935, Sp.166 (166 u. 167), aber auch das Urteil vom 8.5.1929 VI A 1349/28, StuW II 1929, Sp.927 (930).

2) APRATH betont in diesem Zusammenhang, daß die aus Zahlungsvorgängen herrührenden Ausgaben eine sichere Bewertungsgrundlage auch für die Bilanz bilden (vgl. APRATH, Werner, Grundsätzliches zu Gewinnbegriff in Betriebswirtschaftslehre und Steuerrecht, in: StbJb 1950, S.135-148, hier S.146).

bei der Wertermittlung im Rahmen von Anschaffungsgeschäften ist um so bedeutsamer, als der RFH, wie schon an früherer Stelle festgestellt, von einer "weiten" Interpretation des Anschaffungs- (Erwerbs-)vorgangs ausgeht (Zahlung eines bestimmten Entgeltes an einen Dritten). Die Aufwandsentstehung im Rahmen von Anschaffungsgeschäften ist der Regelfall, die Aufwandsentstehung in Form von Herstellungskosten (bei Selbsterstellung) die Ausnahme.

Die gezahlten Entgelte, die getätigten Aufwendungen, besitzen aber nicht nur die Funktion einer objektivierten Obergrenze in dem Sinne, daß der durch die Aufwendungen (Ausgaben) erlangte Gegenwert nicht höher als zu den Anschaffungskosten angesetzt werden darf; die ständige Rechtsprechnung des RFH stellt vielmehr einen sehr viel engeren Zusammenhang zwischen den getätigten Aufwendungen beim Erwerb und dem Wert des Erlangten im Rahmen des Gesamtbetriebes her: "Die Rechtsauffassung des Finanzgerichts entspricht der feststehenden Rechtsprechung des RFH, wonach die Summe der Aufwendungen für den Erwerb eines Betriebsgegenstandes regelmäßig dem Wert entsprechen, den der Gegenstand als Teil des Betriebs hat."[1] In den Urteilen vom 8.5.1929[2], 26.11.1930[3] und vom 3.10.1934[4] unterstreicht der RFH

---

1) RFH-Urteil vom 30.4.1930 VI A 683/30, StuW II 1930, Sp.1158 (1159). Vgl. hierzu auch BECKER, (Enno), Erläuterungen zur Rechtsprechung, A. Allgemeines Steuerrecht. - Einkommensteuer. - Gewerbesteuer., in: StuW, Teil 1, 17.Jg. (1938). Sp.481-506, hier Sp.492.

2) Vgl. RFH-Urteil vom 8.5.1929 VI A 1349/28, StuW II 1929, Sp. 927 (930).

3) Vgl. RFH-Urteil vom 26.11.1930 VI A 814/30, StuW II 1931, Sp. 116 (118).

4) Vgl. RFH-Urteil vom 3.10.1934 VI A 438/33, StuW II 1934, Sp. 1538 (1539/1540).

diesen Grundsatz der höchstrichterlichen Bewertungslehre; in fast gleicher oder sinngemäßer Form wiederholt er die Ausführungen über die grundsätzliche Maßgeblichkeit der getätigten Aufwendungen für die Wertquantifizierung des erlangten Aktivums.

Das Aufwandskriterium wird somit vom RFH bei der Frage des wirtschaftlichen Wertes in zweifacher Hinsicht benutzt: zum einen dazu, das Vorhandensein eines wirtschaftlichen Wertes zu belegen, was erhebliche (Abgrenzungs-)Probleme aufwirft; zum anderen determiniert die Höhe der Aufwendungen den "Wert" des einzelnen wirtschaftlichen Gutes. Diese Art der Wertquantifizierung ist bei selbsterstellten Gütern in hohem Maß subjektiv. Erst bei Anschaffungsgeschäften kann das Aufwandskriterium seine objektivierende Funktion relativ voll entfalten, da der Kaufpreis dokumentiert ist und so einen objektivierten Bewertungsmaßstab, konkret einen objektivierten Bewertungsausgangsbetrag, darstellt.

In der Literatur ist die obige Betrachtungsweise, die die Ausgaben (wenn auch nicht direkt) zum zentralen Aktivierungs- und Bewertungskriterium erhebt, allerdings nicht unbestritten geblieben. So erinnert Ackermann mit dem Hinweis "Wertträger sind ja niemals die Ausgaben als solche, sondern nur die mittels ihrer erlangten Güter, ..."[1] an die ursprünglich vermögensorientierte Aktivierungskonzeption des RFH. Entsprechend dieser Überlegung ist es zumindest für ihn zweifelhaft, ob eine Aktiengesellschaft, die ein Minder-

---

1) ACKERMANN, Eduard, Versuchskosten im Einkommensteuerrecht, in: StuW, Teil 1, 18.Jg. (1939), Sp.1-14, hier Sp.12.

heitspaket eigener Aktien zu einem den gemeinen Wert (Kurswert) übersteigenden Preis kauft, um das Eindringen eines lästigen Konkurrenten abzuwehren, neben den Aktien einen Vorteil erwirbt, der ein steuerlich aktivierungspflichtiges Wirtschaftsgut darstellt, wie es der RFH in seinem Urteil vom 15.12.1936 behauptet[1]. Der Vermutung des RFH bei der Bewertung im engeren Sinne, daß der Wert zur Zeit des Zugangs den Aufwendungen entspricht, hält Ackermann entgegen: "Der Wert des Geopferten beweist fast nichts für den Wert des Erlangten."[2]

---

1) Vgl. RFH-Urteil vom 15.12.1936 I A 264/35, StuW II 1937, Sp. 207, und die Beurteilung Ackermanns (vgl. ACKERMANN, Eduard, Versuchskosten, a.a.O., Sp.12/13).

2) ACKERMANN, Eduard, Forschungsergebnisse, a.a.O., Sp.590.

c) Die faktische Ausgabenaktivierung und ihr Einfluß auf den Vermögenscharakter der Steuerbilanz

aa) Die Wert-Nutzenkonkretisierung des RFH und die dynamische Bilanzlehre Schmalenbachs

Faßt man die Rechtsprechung des RFH zum Wert-Nutzen-Kriterium zusammen, so sind folgende Grundstrukturen erkennbar:

Von seiner Intention her will der RFH nicht die Ausgabe als solche aktiviert wissen, sondern stellt auf den Gegenwert der Ausgabe, auf den erlangten Vorteil ab. Inwieweit ein solcher am Bilanzstichtag gegeben ist, hängt von zwei Voraussetzungen ab; zum einen darf es sich bei den Aufwendungen nicht um Erhaltungsaufwand handeln, zum anderen muß der durch die Aufwendungen erlangte Vorteil über den Bilanzstichtag hinaus für den Betrieb von Nutzen sein, d.h. gewinnwirksam wirken. Ob Dritte dem Erlangten einen Wert zuerkennen, ist dabei ohne Bedeutung, es kommt immer auf die subjektive, innerbetriebliche Wertschätzung des Bilanzierenden an.

Der RFH überläßt allerdings nicht dem Bilanzierenden die Entscheidung über das Vorhandensein eines zukünftigen, über den Bilanzstichtag hinausgehenden Nutzens. Aus der Überlegung, daß im Zeitpunkt des Erwerbs der Leistung des Kaufmanns (der Zahlung) eine Gegenleistung (ein geldwertes Gut) gegenübersteht, insbesondere aber aus der Höhe der vom Kaufmann getätigten Aufwendungen schließt der RFH auf einen über den Bilanzstichtag hinausgehenden Nutzen und damit auf einen wirtschaftlichen Wert am Bilanzstichtag. Ein wirtschaftlich denkender Kaufmann zahlt nicht - so die Argumentation der Rechtsprechung - eine große Summe Geldes, wenn sich der Nutzen noch im selben Jahr erschöpft.

Die Verknüpfung des wirtschaftlichen Wertes mit dem Nutzenaspekt und (de facto) mit den Ausgaben - aktiviert wird das in Geld ausgedrückte, noch nicht verbrauchte Nutzenpotential - wirft die Frage auf, ob nicht der RFH mit seiner faktischen Aktivierung von der Ausgabenseite aus den Vermögenscharakter der Steuerbilanz in Frage stellt. Dies gilt um so mehr, als sich bei einem Vergleich zwischen der Rechtsprechung des RFH und der dynamischen Bilanzlehre Schmalenbachs erstaunliche Parallelen hinsichtlich der Aktivierung abzeichnen.

Nach der dynamischen Bilanzlehre kommt der Bilanz nicht die Aufgabe zu, das Vermögen des Kaufmanns darzustellen, sie ist in erster Linie ein Instrument der Erfolgsermittlung. Im Rahmen dieser Zielsetzung, Ermittlung des Erfolgs als "die Zahl, die den in einer Periode erzielten Erfolg im Sinne einer guten Betriebssteuerung am zuverlässigsten ausdrückt"[1), gebührt der Gewinn- und Verlustrechnung der Vorrang[2); die Bilanz hat lediglich die Aufgabe, die schwebenden Posten aufzunehmen, die entstehen, soweit"...

---

1) SCHMALENBACH, Eugen, Dynamische Bilanz, 13. Auflage, a.a.O., S.51.

2) "Die Gewinn- und Verlustrechnung hat den Inhalt der Bilanz zu bestimmen und nicht die Bilanz den Inhalt der Gewinn- und Verlustrechnung" (SCHMALENBACH, Eugen, Dynamische Bilanz, 13. Aufl., a.a.O., S.51).

Ausgaben und Aufwand, Leistungen und Einnahmen zeitlich auseinanderfallen..."[1].

Nach der dynamischen Bilanzkonzeption ist die Bilanz somit keine Sammlung von einzelnen Vermögenswerten bzw. -belastungen wie in der statischen Theorie, sondern der Kräftespeicher des Unternehmens; man sieht aus ihr, was noch nicht "ausgelöst" wurde[2], d.h. welche Ausgaben noch nicht verbraucht und zu Periodenaufwand geworden sind. In diesem Sinne besteht die Aktivseite der Bilanz (das Kräftepotential) größtenteils aus Werten, an denen zukünftige Jahre noch Nutzen haben; diese Jahre müssen an den Kosten der betreffenden Werte den ihnen zukommenden Anteil tragen. Unerheblich dabei ist, ob die (Bilanz-)Werte auch volkswirtschaftliche Werte darstellen, es kommt allein auf das Unternehmen und seinen individuellen Nutzen in den Folgejahren an[3]. Schmalenbach verkennt allerdings nicht, daß bei einem großen Teil der zu aktivierenden Vorleistungen erhebliche Bewertungsschwierigkeiten entstehen, er verzichtet deshalb auf die Berücksichtigung dieser Leistungen in seiner dynamischen Erfolgsrechnung[4].

Die erste Verbindungslinie zwischen der dynamischen Bilanzlehre Schmalenbachs und der steuerlichen Bilanzierung liegt in der Zielsetzung: Sowohl die dynamische Bilanz als auch die Steuerbilanz dient zur Ermittlung

---

1) VELDE, Kurt van der, Der Umfang der Rechnungsabgrenzung in der Handelsbilanz und in der Steuerbilanz, in: Gegenwartsfragen des Steuerrechts, Festschrift für Armin SPITALER, herausgegeben von Gerhard THOMA, Köln, 1958, S.217-239, hier S.222.

2) Vgl. SCHMALENBACH, Eugen, Dynamische Bilanz, 13. Aufl., a.a.O., S.74.

3) Vgl. SCHMALENBACH, Eugen, Grundlagen dynamischer Bilanzlehre, 3. Auflage, Leipzig 1925, S.93.

4) Vgl. ebenda, S.98.

eines Periodenerfolgs. Für die dynamische Bilanz ergibt sich dies aus der obigen Charakterisierung der Schmalenbachschen Bilanztheorie, für die Steuerbilanz aus der amtlichen Begründung zum REinkStG von 1925. Dort heißt es:"In der Einkommensteuerbilanz, die keine Bestands-, sondern nur eine Erfolgsbilanz sei, sollten die tatsächlichen Geschehnisse innerhalb eines Steuerabschnitts ihren Ausdruck finden."[1]

Eine volle Übereinstimmung hinsichtliche der Zielsetzung von dynamischer Bilanz und Steuerbilanz kann allerdings nicht festgestellt werden. Während bei Schmalenbach nicht so sehr die absolute Höhe des Periodenerfolgs von Bedeutung ist, unter dem Gesichtspunkt der Vergleichbarkeit hält er die Veränderung der Gewinne im Zeitablauf für wichtiger, ist es bei der steuerlichen Gewinnermittlung gerade umgekehrt. Zur Feststellung einer richtigen Periodenbesteuerung muß hier zumindest versucht werden, den "wirklichen" ("richtigen") Gewinn einer Periode möglichst genau zu ermitteln, d.h. hier ist die absolute Höhe des Erfolgs entscheidend[2].

Auf der Aktivseite der Bilanz, bei der konkreten Ansatzfrage, scheint das Maß an Übereinstimmung zwischen der dynamischen Bilanzlehre und der Steuerbilanz sehr viel größer zu sein als hinsichtlich der Zielsetzung. Wenn der RFH für das Vorhandensein eines wirtschaftlichen Wertes am Bilanzstichtag auf den durch die Aufwendungen

---

1) Amtliche Begründung zum REinkStG von 1925, Verhandlungen des Reichstags, III. Wahlperiode, 1924, Bd.400, Drucksache Nr. 795, S.46, zitiert nach: BARTH, Kuno, Bilanzrecht, Bd.2, 1. Teilband, a.a.O., S.247.

2) Vgl. zum Unterschied zwischen der Zielsetzung von Steuerbilanz und dynamischer Bilanzlehre LEYKUM, Klaus-Dietrich, Wirtschaftsgut und dynamische Bilanzauffassung in der Steuerbilanz, in: ZfhF, NF, 15.Jg. (1963), S.397-413, hier S.399.

geschaffenen, am Stichtag aber noch nicht verbrauchten Nutzen rekurriert, dann ist die Aktivierung dieser erst in Zukunft gewinnwirksam werdenden wirtschaftlichen Werte (Vorteile) doch nichts anderes als der Schmalenbachsche Gedanke vom (Nutzen-)Kräftespeicher, der die noch nicht ausgelösten, d.h. zu Aufwand gewordenen Ausgaben des Kaufmanns enthält, weil diese erst in den Folgejahren den Periodenerfolg tangieren. Besonders deutlich wird dieser Grundgedanke im Urteil vom 18.6.1929, in dem der RFH ausführt: "Es kommt also darauf an, den Verzehr des laufenden Jahres zu ermitteln; was darüber hinausgeht, ist in der Regel zu aktivieren."[1)]

Man erkennt: Der RFH benutzt bei der Feststellung eines wirtschaftlichen Wertes am Bilanzstichtag die statische Terminologie, das Erlangte, der erlangte Gegenstand, der Gegenwert ist zu aktivieren; faktisch führt seine Interpretation des Erlangten als erlangter, noch nicht verbrauchter Nutzenvorrat und der Rekurs auf die Ausgaben als Nutzenindikator jedoch zu einer Betrachtungsweise des Wirtschaftskriteriums wirtschaftlicher Wert, die mit der dynamischen Theorie übereinstimmt.

Die These Leykums, im praktischen Ergebnis stimmten Wirtschaftsgut und dynamische Bilanzauffassung überein, nur ihre Begründung sei verschieden[2)], kann angesichts der obigen Schlußfolgerung - zumindest auf den ersten Blick - nicht als falsch bezeichnet werden. Dies gilt insbesondere dann, wenn man, wie John, die statische Bilanztheorie mit dem Merkmal der selbständigen Veräußerbarkeit bzw. der Beschränkung der aktivierungs-

---

1) RFH-Urteil vom 18.6.1929 I A 403/28, StuW II 1929, Sp.1507 (1507).

2) Vgl. LEYKUM, Klaus-Dietrich, a.a.O., S.404.

fähigen Wirtschaftsgüter auf Sachen und Rechte im bürgerlich-rechtlichen Sinne verknüpft[1].

Bei näherer Betrachtung kann den Ausführungen von John und Leykum zumindest an dieser Stelle und in ihrem recht starken Ausschließlichkeitsanspruch nicht zugestimmt werden. Es ist zwar richtig, daß aus der Verbindung der beiden Wirtschaftsgutkriterien Aufwand und Wert-Nutzen Aktivierungsvoraussetzungen folgen, die mit der dynamischen Bilanztheorie übereinstimmen; ob das steuerliche Aktivierungskriterium Wirtschaftsgut aber insgesamt statisch oder dynamisch zu interpretieren ist (soweit eine solche Charakterisierung überhaupt möglich ist), kann an dieser Stelle noch nicht festgestellt werden, hierzu bedarf es einer näheren Betrachtung des dritten Wirtschaftsgutmerkmals, des der selbständigen Bewertbarkeit. Dies übersieht Leykum bei seinen Ausführungen, erst nach seiner Feststellung der Übereinstimmung von Wirtschaftsgut und dynamischer Bilanzauffassung (auf S.404) geht er auf die selbständige Bewertbarkeit ein (ab S.405).

Zu John ist zu sagen, daß er ein zu enges Verständnis der Statik besitzt, wenn er diese mit dem Grundsatz der Einzelveräußerbarkeit bzw. mit der Beschränkung der Aktivierung auf Sachen und Rechte im bürgerlich-rechtlichen Sinne gleichsetzt. Wie im ersten Kapitel ausführlich dargestellt, haben sich schon die Vertreter der so bezeichneten "älteren" statischen Bilanztheorie von der Auffassung gelöst, in der Bilanz seien nur Sachen und Rechte im bürgerlich-rechtlichen Sinne anzusetzen. Dadurch, daß sie auch rein wirtschaftlichen Gütern unter

---

1) Vgl. JOHN, Gerd, Die Bewertung von Grund und Boden und Gebäuden in der Steuerbilanz, Köln - Berlin - Bonn - München 1964, S.26.

gewissen Voraussetzungen Vermögenscharakter zubilligten, sind sie aber doch nicht zu "Nichtstatikern" bzw. "Dynamikern" geworden, zumindest werden sie in der Literatur weiterhin als Statiker bezeichnet, in deren Bilanzkonzeptionen der Vermögenscharakter der Bilanz im Vordergrund steht[1].

Darüber hinaus ist an dieser Stelle noch zu fragen, ob es nicht im Umfeld des Wertkriteriums - vielleicht bei der Wertherabsetzung - Hinweise für eine wie auch geartete Vermögensorientiertheit des Wertkriteriums gibt. Erst wenn dies verneint werden muß, kann (vielleicht) eine Aussage über die bilanztheoretische Ausrichtung der steuerlichen Aktivierung vorgenommen werden. Zum jetzigen Zeitpunkt ist dies (noch) nicht möglich.

bb) Die Bezugnahme auf den potentiellen Erwerber im Rahmen der Teilwertabschreibung - Indiz einer vermögensorientierten Aktivierung?

Wie in den vorangegangenen Teilen immer wieder betont, geht der RFH in der Regel davon aus, daß der wirtschaftliche Wert eines Aktivums im Zeitpunkt des Zugangs grundsätzlich seinen Anschaffungs- bzw. Herstellungskosten entspricht. Dies gilt - entsprechend den sogenannten Teilwertvermutungen - bei den nichtabnutzbaren Gütern des Anlagevermögens auch für die späteren Bilanzperioden, bei den abnutzbaren stellt der RFH auf die fortgeführten

1) Vgl. MOXTER, Adolf, Bilanztheorien, in: HdWW, Bd.1, hrsg. von Willi ALBERS u.a., Stuttgart 1977, S.670-686, insbes. S.671-675. Vgl. hierzu auch SCHWEITZER, Marcell, Bilanztheorien, in: HWB, 4. Aufl., hrsg. von Erwin GROCHLA und Waldemar WITTMANN, Stuttgart 1974, Sp.927-947, hier Sp.933, sowie HÄCKER, Hans-Dieter, Der steuerrechtliche Begriff 'Wirtschaftsgut', Berlin 1980, S.61, und SAUR, Hans Rolf, a.a.O., S.17-24.

Anschaffungs- oder Herstellungskosten ab (Anschaffungs- bzw. Herstellungskosten vermindert um die Absetzungen für Abnutzung)[1]. Die Teilwertabschreibung besitzt in diesem Zusammenhang die Funktion eines Korrekturwertes. Bei den abnutzbaren Gütern des Anlagevermögens ist sie Abschreibungskorrekturwert, bei den nichtabnutzbaren Gütern, die nicht einer Regelabschreibung unterliegen, korrigiert sie direkt die überhöhten Anschaffungs- bzw. Herstellungskosten; man kann sie daher als eine Art Sonderabschreibung bezeichnen.

Für die Antwort auf die Frage, ob die Teilwertabschreibung ein Indiz für eine vermögensorientierte Bilanzierungsweise ist, sind zwei Unterfragen von Bedeutung:

a) was sind die Voraussetzungen einer Teilwertabschreibung und

b) auf welchen Wert darf (soll) beim Anlagevermögen abgeschrieben werden.

Im Urteil vom 16.1.1929 bezeichnet die Rechtsprechung den Wert, auf den abgeschrieben wird, als den gemeinen Wert. Nach Auffassung des I. Senats handelt es sich bei einem Brennrecht um ein nichtabnutzbares Wirtschaftsgut des Anlagevermögens, bei dem "nur Abschreibungen je nach dem Sinken des gemeinen Wertes vorgenommen werden können."[2] Dieser gemeine Wert ist lange Zeit als Einzelveräußerungspreis bei Fortbestand des Unternehmens de-

---

1) Zu den Teilwertvermutungen vgl. WÖHE, Günter, Betriebswirtschaftliche Steuerlehre, Bd.1, 5. Aufl., München 1978, S.456/457; ausführlich bei JACOB, Herbert, a.a.O., S.115-130.

2) RFH-Urteil vom 16.1.1929 I A a 707/28, StuW II 1929, Sp. 831 (832).

finiert worden[1], gegenüber höheren Anschaffungs- oder Herstellungskosten bzw. fortgeführten Anschaffungs- oder Herstellungskosten galt - so Koch - "die Herabbewertung bis auf den niedrigeren gemeinen Wert im Sinne des Einzelveräußerungspreises als zulässig".[2] Mit der Einführung des Teilwertgedankens in das Steuerrecht wird der (niedrigere) gemeine Wert nicht mehr als Einzelveräußerungspreis interpretiert, sondern als Wert, den ein etwaiger Erwerber des ganzen Betriebes für das betreffende Gut im Rahmen des Gesamtkaufpreises ansetzen würde, kurz als Teilwert[3].

Man erkennt: Auch mit seiner neuen Interpretation des gemeinen Wertes als Teilwert löst sich der RFH nicht von der Idee einer stichtagsbezogenen Bewertung. Wie der gemeine Wert im Sinne von Einzelveräußerungspreis geht der Teilwert von der Fiktion der Veräußerung am Bilanzstichtag aus, nur mit dem Unterschied, daß die Betriebsgebundenheit der Wirtschaftsgüter des Anlagevermögens bei der Ermittlung des Teilwertes zu berücksichtigen ist. Dornemann betont deshalb zu Recht, der Teilwertidee liege eine typisch vermögensrechnerische Vorstellung der Realisierbarkeit zugrunde, insoweit trage sie statische Wesenszüge[4].

Der statische Grundcharakter der Abschreibung auf den niedrigeren Teilwert wird jedoch durch die Rechtsprechung in Frage gestellt, zumindest aber verwischt, wenn diese für die Annahme eines gegenüber den Anschaf-

---

1) Vgl. oben, Abschnitt A I 2 c.

2) KOCH, Helmut, a.a.O., S.326.

3) Vgl. RFH-Urteil vom 14.12.1926 VI A 575/26, StuW 1927, Sp.109 (111).

4) Vgl. DORNEMANN, Richard, Dynamische Bilanzauffassung und Steuerbilanz, in: ZfhF, NF, 6.Jg. (1954), S.375-383, hier S.380.

fungs- oder Herstellungskosten (bzw. den fortgeführten Anschaffungs- oder Herstellungskosten) niedrigeren Teilwertes in vielen Urteilen voraussetzt, daß das jeweilige Geschäft sich als Fehlmaßnahme erweist[1], d.h. daß besondere, nicht vorhersehbare Umstände eingetreten sind, die den Nutzen des Geschäftes für den Betrieb und damit den Wert des Wirtschaftsguts am Bilanzstichtag sinken lassen.

Der Zusammenhang zwischen dem Nutzenaspekt und der Voraussetzung Fehlmaßnahme einer Teilwertabschreibung zeigt sich besonders deutlich im Urteil des RFH vom 15.9.1937 zur Frage des Ansatzes und der Bewertung eines erworbenen Milcheinzugsrechtes.

Nach Meinung des RFH stellt das Milcheinzugsrecht ein Wirtschaftsgut dar, "dessen Wert für den Unternehmer sich nicht mit einer gewissen Regelmäßigkeit innerhalb einer ungefähr bestimmbaren Zeit erschöpft." [2]; eine "Regel"abschreibung (Absetzung für Abnutzung) ist daher nicht zulässig. Im vorliegenden Fall schließt der VI. Senat des RFH eine Abschreibung auf den niedrigeren Teilwert allerdings nicht aus, da nach Erwerb des Milcheinzugsrechts der Molkerei ein Sahneherstellungsverbot auferlegt wurde[3]. Dieses Sahneherstellungsverbot war dem Erwerber im Zeitpunkt des Erwerbs nicht bekannt; der RFH sieht deshalb in ihm einen besonderen Umstand, der eine Teilwertabschreibung rechtfertigen kann.

---

1) Vgl. hierzu das Urteil des RFH vom 26.11.1930 VI A 814/30, StuW II 1931, Sp.116(118), und das vom 17.10.1935 VI A 706/35, StuW II 1935, Sp.1726 (1729).

2) RFH-Urteil vom 15.9.1937 VI A 531/37, StuW II 1937, Sp.960(962).

3) Vgl. ebenda, Sp.962.

Der nicht ausgesprochene Grundgedanke der Argumentation des RFH im Urteil vom 15.9.1937 ist: Durch das inzwischen ausgesprochene Sahneherstellungsverbot verringert sich der zukünftige Nutzen des Milcheinzugsrechtes für den Betrieb, was gleichbedeutend mit einer Verminderung der zukünftigen Gewinnwirksamkeit (der positiven Ertragswertbeeinflussung) ist; ein potentieller Erwerber des Gesamtbetriebes wird aus diesem Grund keinen Preis mehr für das Milcheinzugsrecht zahlen, der den Anschaffungskosten entspricht, sondern einen niedrigeren, einen in Höhe des Teilwertes.

Mit der Orientierung der Teilwertabschreibung am zukünftigen Nutzen, bzw. dessen nicht vorhersehbarer Veränderung (Verminderung), stellt der RFH auf ein Merkmal ab, das (wie oben gezeigt) in der dynamischen Bilanztheorie Schmalenbachs eine herausragende Bedeutung als zentrales Ansatz- und Bewertungskriterium einnimmt. Es kann daher nicht verwundern, daß die Literatur - je nachdem ob der Ursprung (die theoretische Konzeption) oder die praktische Handhabung stärker gewichtet wird - den Teilwertbegriff zum Teil statisch, zum Teil aber auch dynamisch deutet[1].

Berücksichtigt man allerdings, daß

1. in der dynamischen Bilanzlehre Sonderabschreibungen, wie z.B. die Teilwertabschreibung, möglichst vermieden werden sollen, da sie die Vergleichbarkeit der einzelnen Jahreserfolge beeinträchtigen[2], und

---

1) Vgl. hierzu DORNEMANN, Richard, Bilanzauffassung, a.a.O., S.379/80, und die dort genannte Literatur.

2) In der dynamischen Bilanz wirken Sonderabschreibungen wie "Fremdkörper", die man nur widerwillig toleriert (vgl. SCHMALENBACH, Eugen, Dynamische Bilanz, 13. Aufl., a.a.O., S.143, 145 und 168).

2. steuerlich neben der Fehlmaßnahme, die insbesondere bei Teilwertabschreibungen auf den Geschäftswert als Abschreibungsursache in Betracht kommt, auch das Sinken der Wiederbeschaffungskosten eine Teilwertabschreibung rechtfertigt[1], was aus dynamischer Sicht zumindest nicht ganz unbedenklich ist,

so dürfte doch mehr dafür sprechen, die Abschreibung auf den niedrigeren Teilwert als Ausdruck eines grundsätzlich vermögensorientierten (statischen) Bilanzdenkens zu werten.

Bedeutsam ist in diesem Zusammenhang, daß die Bezugnahme auf den zukünftigen Nutzen, die Idee von der Bilanz als noch nicht verbrauchtem Nutzenpotential, zwar seit der erstmaligen Veröffentlichung von Schmalenbachs dynamischer Bilanzlehre im Jahre 1919[2] als Kennzeichen der dynamischen Aktivierungslehre gilt; daß aber schon Mirre, der spätere Präsident des Reichsfinanzhofs, im Jahre 1913 in seinem grundlegenden Aufsatz zum Teilwert den zukünftigen Nutzen als wertbeeinflussenden (wertbegründenden) Faktor nennt[3], ohne vom Vermögenscharakter der Steuerbilanz abzugehen. Der zukünftige Nutzen muß somit nicht unbedingt Indikator für eine dynamische Bilanzierungsweise sein. Hieraus folgt: Das Wert-Nutzenkriterium ist nicht - quasi ex definitione - die dynamische Komponente des Wirtschaftsgutbegriffs.

In die gleiche (vermögensorientierte) Richtung gehen auch die in den dreißiger Jahren zu beobachtenden Ten-

---

1) Vgl. RFH-Urteil vom 22.1.1936 VI A 911/34, StuW II 1936, Sp. 519 (521).

2) als Aufsatz in der ZfhF (vgl. SCHMALENBACH, E(ugen), Grundlagen dynamischer Bilanzlehre, in: ZfhF, 13.Jg. (1919), S.1-60 u. 65-101).

3) Vgl. MIRRE, (Ludwig), Gemeiner Wert, a.a.O., insbes. S.170.

denzen der Rechtsprechung, bei der Frage nach dem Vorhandensein eines wirtschaftlichen Wertes am Bilanzstichtag nicht mehr auf den Zugangszeitpunkt und auf die Höhe der dort gemachten Aufwendungen zu rekurrieren, sondern unter Bezugnahme auf den Teilwertgedanken die Stichtagsbezogenheit der Wertfeststellung zu betonen. Dies führt zwar praktisch zu keiner Änderung der Rechtsprechung - ob ein potentieller Erwerber des Gesamtbetriebes das Vorliegen eines wirtschaftlichen Wertes bejaht und im Rahmen des Gesamtkaufpreises einen den Anschaffungs- bzw. Herstellungskosten entsprechenden Preis zu zahlen bereit wäre, kann am Bilanzstichtag nicht bestimmt werden -, trotzdem läßt sich aus dem Abstellen auf die Erhöhung des Gesamtkaufpreises des Unternehmens durch den betreffenden Wert die Orientierung der Rechtsprechung an einer, wenn auch noch nicht näher definierten statischen (vermögensorientierten) Bilanzkonzeption erkennen.

3. Das Kriterium der selbständigen Bewertbarkeit

a) Die Selbständigkeit der entstandenen Güter - Grundlage der Bewertbarkeit?

Dritte und letzte Voraussetzung für das Vorliegen eines aktivierungspflichtigen Wirtschaftsguts ist das Erfordernis der selbständigen Bewertbarkeit. Die Wirtschaftsgüter müssen, wie der RFH im Urteil vom 27.3.1928 betont, nach allgemeiner Verkehrsauffassung an und für sich einer besonderen Bewertung zugänglich sein[1]. Nach Mei-

---

1) Vgl. RFH-Urteil vom 27.3.1928 I A 470/27, StuW II 1928, Sp.705 (708).

nung der Literatur schlägt sich in dieser Forderung der handels- und steuerrechtlich maßgebende Grundsatz der Einzelbewertung nieder[1].

Bei der Frage nach der inhaltlichen Ausgestaltung des Kriteriums der selbständigen Bewertbarkeit - wovon letztlich dessen Bedeutung als Aktivierungsmerkmal abhängt - unterscheiden Teile des Schrifttums zwei weitgehend voneinander unabhängige Problemkreise:

a) Welche Gesichtspunkte sind für das Vorliegen eines selbständigen Wirtschaftsgutes entscheidend und

b) Welche Voraussetzungen sind für eine sichere Bewertbarkeit der selbständigen Güter notwendig[2]?

Bei der Entscheidung, ob ein selbständiges Wirtschaftsgut vorliegt, orientiert sich der RFH nicht an der juristischen Betrachtungsweise. Ebenso wie bei den anderen Wirtschaftsgutkriterien ist auch hier, beim Feststellen der Selbständigkeit eines Gutes, die w i r t s c h a f t l i c h e Betrachtungsweise maßgebend. Das heißt: Bürgerlich-rechtliche Sachbegriffe scheiden als Abgrenzungsmerkmal für das Kriterium Selbständigkeit aus, es kommt allein auf den wirtschaftlichen Gehalt und auf das hinter der äußeren Form stehende wirtschaftliche Gut an[3].

---

1) Vgl. FREERICKS, Wolfgang, Bilanzierungsfähigkeit, a.a.O., S. 151 und 318, sowie ROLAND, Helmut, Der Begriff des Vermögensgegenstandes im Sinne der handels- und aktienrechtlichen Rechnungslegungsvorschriften, Göttingen 1980, S.160.

2) Vgl. SAUR, Hans Rolf, a.a.O., S.46, und MAY, Erich, a.a.O., S.30.

3) Vgl. SAUR, Hans Rolf, a.a.O., S.46, und BECKER, Enno, Zum neuen Einkommensteuergesetz, a.a.O., Sp.1261-1264.

Entsprechend dieser Auffassung können Güter, die bürgerlich-rechtlich eine unteilbare Einheit bilden, voneinander unabhängige (selbständige) wirtschaftliche Werte darstellen[1]. Der RFH hat dies schon sehr früh im Urteil vom 10.7.1928 zum Ausdruck gebracht. Hier heißt es: "Gleichviel, ob derartige Anlagen bürgerlich-rechtlich (§§ 93,94 BGB.) als wesentliche Grundstücks-bestandteile gelten oder nicht, ist steuerrechtlich nichts dagegen zu erinnern (zu vgl. auch § 154 Abs.2 AO.), wenn der Kaufmann ihre Werte und den Wert des übrigen Grundstücks voneinander sondert und die Absetzungen wegen Abnutzung ... bei jedem dieser Sonderwerte gesondert in Ansatz bringt."[2]

Daß die selbständige Bilanzierung von bürgerlich-rechtlich unselbständigen Gütern sich nicht auf die Güter materiellen Charakters beschränkt wie im Urteil vom 10.7. 1928, hier ging es um die getrennte Aktivierung von Gebäude und dazugehörender Sammelheizung bzw. Fahrstuhlanlage, zeigt der RFH in einer Reihe von Urteilen zur Bilanzierung immaterieller Güter. So z.B. im Urteil vom 7.7.1935, in dem er in der Möglichkeit der Schaufensternutzung ein aktivierungspflichtiges immaterielles Wirtschaftsgut erblickt[3], im Urteil vom 9.3.1938, in dem

---

1) Denkbar wäre auch der entgegengesetzte Fall, wonach sachenrechtlich verschiedene Einheiten wirtschaftlich ein einheitliches Gut bilden. Dies ist aber die Ausnahme und in der Praxis ohne größere Bedeutung.

2) RFH-Urteil vom 10.7.1928 I A 192/28, StuW II 1928, Sp.1481 (1482). Acht Jahre später, im Urteil vom 27.5.1936, hat der RFH dann im gleichen Sachverhalt, Einbau einer Fahrstuhlanlage, kein selbständiges Gut mehr gesehen (vgl. RFH-Urteil vom 27.5.1936 VI A 221/36, StuW II 1936, Sp.823).

3) Vgl. RFH-Urteil vom 7.7.1935 I A 56/35, StuW II 1935, Sp.1487 (1489 und 1490).

er die Selbständigkeit des Branntweinbezugsrechts bejaht[1], und im Urteil vom 4.6.1942, in dem der dritte Senat die Selbständigkeit des Verlagsrechts anerkennt[2].

Fragt man nach den Kriterien, die für die wirtschaftliche Selbständigkeit eines bürgerlich-rechtlich unselbständigen Gutes maßgebend sind, so läßt sich aus der Rechtsprechung erkennen, daß der RFH insbesondere auf zwei Merkmale abstellt:

1. Die wirtschaftlichen Teileinheiten unterliegen in der Regel einer schnelleren Abnutzung als die Gesamteinheit.

2. Fast immer handelt es sich um selbständig zu würdigende Maßnahmen, die in der Mehrzahl der Fälle mit einem besonderen Risiko verbunden sind[3].

Die vorstehenden Kriterien stellen allerdings nur Anhaltspunkte bei der Prüfung der Selbständigkeit eines Gutes dar; letztlich entscheidend ist immer der jeweilige Tatbestand[4]. Dies bedeutet: Ob die Selbständigkeit eines Gutes gegeben ist, kann nicht anhand objektivierter Kriterien überprüft werden; der RFH setzt allenfalls "Grenzpfähle", innerhalb derer er - unter Ausnutzung eines gewissen Ermessens - "frei" urteilt.

Aus den bisherigen Ausführungen zur Frage der Selbständigkeit könnte man schließen, der RFH verlange, daß ein

---

1) Vgl. RFH-Urteil vom 9.3.1938 VI 122/38, StuW II 1938, Sp.361.

2) Vgl. RFH-Urteil vom 4.6.1942 III 89/40, StuW II 1942, Sp.413 (415-417).

3) Vgl. MAY, Erich, a.a.O., S.37/38.

4) Vgl. SAUR, Hans Rolf, a.a.O., S.49.

wirtschaftliches Gut als Einzelheit dem Unternehmen zugeht und dort als selbständiges Aktivum in die Bilanz eingestellt wird. Die Teilung des Kriteriums der selbständigen Bewertbarkeit bei SAUR und MAY in die Fragen, liegt überhaupt ein selbständiges Gut vor, und wenn ja, ist es auch sicher bewertbar, scheint - zumindest vordergründig - gerechtfertigt zu sein.

Bei näherer Betrachtung erweist sich die obige These, die der Selbständigkeit eine eigenständige Aktivierungsausschlußfunktion zubilligt (als Vorfrage der Bewertbarkeit), jedoch als falsch, denn nach ständiger Rechtsprechung des RFH können Aufwendungen nicht nur dann aktiviert werden, wenn durch sie ein selbständiges (Wirtschafts-)Gut entsteht, sondern auch dann, wenn ein selbständiges Wirtschaftsgut bereits vorhanden ist und es sich bei den betreffenden Aufwendungen um Aufwendungen auf ebendieses Wirtschaftsgut handelt.

Die vom RFH vorgenommene Interpretation des Selbständigkeitserfordernisses gestattet, daß, nach Erfüllung der anderen Wirtschaftsgutvoraussetzungen, die jeweiligen Senate die Aktivierung von Abstandszahlungen für die vorzeitige Räumung von Wohnungen[1] bzw. zur Vermeidung von Störungen bei einem beabsichtigtem Hauskauf[2] sowie von Straßenanliegerbeiträgen[3] als Grundstücksbestandteile fordern können; vor allem aber erlaubt sie die Aktivierung von Einzelaufwendungen auf das (Gesamt-) Wirtschaftsgut Geschäftswert[4]. Dies bedeutet: Steuerlich wird der

---

1) Vgl. RFH-Urteil vom 7.8.1935 VI A 749/34, StuW II 1935, Sp.1410.

2) Vgl. RFH-Urteil vom 30.4.1930 VI A 683/30, StuW II 1930, Sp.1158.

3) Vgl. RFH-Urteil vom 30.10.1935 VI A 755/35, StuW II 1935, Sp.1725.

4) Vgl. RFH-Urteil vom 30.9.1931 VI A 837/31, StuW II 1931, Sp.1819 (1820), und vom 7.7.1935 I A 56/35, StuW II 1935, Sp.1487 (1489/90).

Geschäftswertansatz nicht (wie im Handelsrecht) auf die Übernahme eines ganzen Unternehmens beschränkt. Im Bescheid des RFH vom 19.5.1932 zur Aktivierung von Aufwendungen zur Beseitigung einer Wettbewerbsgefahr als Geschäftswert[1] bzw. im Urteil vom 20.11.1934 zur Behandlung von Abfindungen an ausscheidende Gesellschafter über deren Kapitalkonten hinaus[2] kommt dies recht deutlich zum Ausdruck.

Die Aktivierung von Aufwendungen (Ausgaben) auf schon vorhandene Güter, gleichgültig, ob es sich hierbei um materielle Güter wie Grundstücke oder um immaterielle wie den Geschäftswert handelt, entspringt der Überlegung, daß die Aufwendungen den betriebsindividuellen Wert des einzelnen Gegenstandes verkörpern. Im Urteil vom 30.4.1930 heißt es: "Die Rechtsauffassung des Finanzgerichts entspricht der feststehenden Rechtsprechung des RFH., wonach die Summe der Aufwendungen für den Erwerb eines Betriebsgegenstandes regelmäßig dem Wert entsprechen, den der Gegenstand als Teil des Betriebs hat."[3] Zu dieser Summe der Aufwendungen gehören auch die später anfallenden.

Zusammenfassend gilt: Im Rahmen der steuerlichen Aktivierung prüft der RFH bei der Wirtschaftsgutdeterminante selbständige Bewertbarkeit nicht in einem ersten Schritt, ob durch die getätigten Aufwendungen ein selbständiges wirtschaftliches Gut entsteht, und erst danach, in einem zweiten Schritt, ob für dieses selbständige Gut eine

1) Vgl. RFH-Bescheid vom 19.5.1932 VI A 2068/31, StuW II 1933, Sp. 392.

2) Vgl. RFH-Urteil vom 20.11.1934 VI A 35/34, StuW II 1935, Sp.168.

3) RFH-Urteil vom 30.4.1930 VI A 683/30, StuW II 1930, Sp.1158 (1159).

sichere Bewertungsgrundlage gegeben ist. Wie die obengenannten Urteile zeigen, verbindet der RFH die Aktivierung nicht in jedem Fall mit der Entstehung eines selbständigen Gutes; es genügt vielmehr, wenn die Aufwendungen einem schon bestehenden Gut zugerechnet werden können. Die Trennung der selbständigen Bewertbarkeit in die beiden Komponenten Selbständigkeit und Bewertbarkeit und ihre isolierte Betrachtung durch einzelne Autoren ist daher nicht als adäquate Vorgehensweise anzusehen. Das Kriterium der selbständigen Bewertbarkeit wird von der Rechtsprechung als einheitliches Kriterium verstanden, dies ist auch bei einer Analyse der Rechtsprechung zu beachten.

b) Die einzelnen Voraussetzungen des Kriteriums der selbständigen Bewertbarkeit

aa) Der Anfall von zurechenbaren Aufwendungen im Zeitpunkt des Zugangs

Fragt man nach den konkreten Voraussetzungen, die zur Erfüllung des Kriteriums der gesonderten (selbständigen) Bewertbarkeit notwendig sind, dann zeigt sich im Gefolge des Urteils vom 27.3.1928, daß der RFH ein der besonderen Bewertung fähiges Gut als gegeben ansieht, wenn zur Erlangung dieses Gutes Geldzahlungen geleistet werden[1]. Sehr deutlich kommt die Bezugnahme auf den Zahlungsvorgang als Indikator für die selbständige Bewertbarkeit in den beiden Urteilen vom 20.11.1929 und vom 9.4.1930 zum Ausdruck.

---

1) Neben der Geldzahlung genügt dem RFH aber auch das Eingehen einer Verbindlichkeit.

Im Urteil vom 20.11.1929 heißt es: "Als Gegenstand im Sinne des § 16 gilt nach der ständigen Rechtsprechung des RFH. jedes wirtschaftliche Gut, das der Steuerpflichtige erlangt und das der besonderen Bewertung fähig ist. Daß die durch die Zahlung der Abstandsgelder erlangte Möglichkeit, die in Frage kommenden Geschäftsräume zu nutzen, ein solches wirtschaftliches Gut darstellt, unterliegt keinem Zweifel."[1)]

Etwas später, im Urteil vom 9.4.1930, geht der RFH noch einen Schritt weiter. Ohne das Kriterium der selbständigen Bewertbarkeit direkt anzusprechen, bejaht er im vorliegenden Fall das Entstehen eines immateriellen Wirtschaftsgutes, und zwar eines Geschäftswerts, da nach seiner Auffassung der über dem Wert der Waren und des Inventars gezahlte Kaufpreis einen wirtschaftlichen Vorteil verkörpert (Verhinderung des Eindringens eines Wettbewerbsunternehmens), der am Bilanzstichtag einen Wert besitzt und gegen Hingabe von Geld erworben wurde[2)].

Die vorstehenden Ausführungen zeigen, daß der RFH sich vor allem mit der Frage des wirtschaftlichen Wertes am Bilanzstichtag beschäftigt und die beiden anderen Wirtschaftsgutkriterien, das Vorliegen von Aufwendungen und die selbständige Bewertbarkeit, vernachlässigt. Statt ihrer verweist er auf den Erwerb durch Hingabe von Geld. Wenn der RFH trotzdem das Entstehen eines Wirt-

---

1) RFH-Urteil vom 20.11.1929 VI A 1328/29, StuW II 1930, Sp.154 (154/55). Im Urteil vom 19.12.1931 (VI A 1751/31, StuW II 1932, Sp.803 (804)) gebraucht der RFH fast die gleichen Worte als er auf die Frage eingeht, ob die Zahlung einer Pauschalsumme für die Möglichkeit, jederzeit Geschäftsräume gegen einen bestimmten Mietzins zu mieten, ein der besonderen Bewertung fähiges Wirtschaftsgut darstellt.

2) Vgl. RFH-Urteil vom 9.4.1930 VI A 434/29, StuW II 1930, Sp. 1156 (1158).

schaftsgutes bejaht, dann bedeutet dies, daß die Hingabe von Geld sowohl das Kriterium der entstandenen Aufwendungen als auch das der selbständigen Bewertbarkeit erfüllt.

Aus dieser Erkenntnis folgt: Das Kriterium der selbständigen Bewertbarkeit wird vom RFH in den genannten Urteilen zugangszeitpunktbezogen aufgefaßt. Es kommt nicht darauf an, ob ein Wirtschaftsgut einen selbständigen Wert als Einzelheit besitzt, sondern ob einem (durch die getätigten Aufwendungen) neu entstehenden oder schon bestehenden Wirtschaftsgut (z.B. Geschäftswert[1]) ein selbständiger, d.h. ein isolierter Wert zugerechnet werden kann[2]. Da, wie schon an früherer Stelle festgestellt, der RFH grundsätzlich in den getätigten Aufwendungen den Wert im Zugangszeitpunkt erblickt[3], genügt dem Erfordernis der selbständigen Bewertbarkeit, daß klar abgrenzbare und nachweisbare Aufwendungen entstanden sind.

Entsprechend der obigen Definition sieht der RFH das Kriterium der selbständigen Bewertbarkeit in den Urteilen als erfüllt an, in denen der Kaufmann etwas als Einzelheit erworben hat, denn die Zurechnung eines selbständigen (isolierten) Wertes zu einem bestehenden oder entstehenden Wirtschaftsgut ist nach Auffassung des RFH hier gesichert. Die selbständige Bewertbarkeit ist aber - wegen des Rekurses auf abgrenzbare und nachweisbare Aufwendungen - nicht nur bei derivativ zugegangenen

---

1) Vgl. hierzu die Ausführungen im vorangegangenen Abschnitt.

2) Vgl. FREERICKS, Wolfgang, Bilanzierungsfähigkeit, a.a.O., S. 318, sowie KOSSACK, Eberhard, Die immateriellen Wirtschaftsgüter und ihre Behandlung in der Bilanz, Wiesbaden 1960, S.38.

3) Vgl. hierzu Abschnitt B II 2 b cc des 2. Kapitels.

Gütern gegeben, auch wenn Anschaffungsgeschäfte (die Zahlung eines Entgelts an einen Dritten) den Regelfall darstellen, sondern auch selbsterstellte wirtschaftliche Güter,wie z.B. Patente, sind nach Meinung des RFH Wirtschaftsgüter im Sinne des Einkommensteuergesetzes und damit selbständig bewertbar (allerdings nur mit den Aufwendungen, die sich ausreichend mit dem einzelnen Gut in Verbindung bringen lassen[1], da nur diese in einem gewissen Umfang abgrenzbar und zurechenbar sind[2]).

In den oben genannten Urteilen hat sich der RFH beim Kriterium der selbständigen Bewertbarkeit allein am Zugangszeitpunkt orientiert. Selbständig bewertbar im Sinne von zurechenbar waren wirtschaftliche Werte, wenn sie einzeln beschafft werden konnten. Diese einseitige Ausrichtung am Zugangszeitpunkt wird vom RFH in seiner späteren Rechtsprechung nicht fortgeführt[3], neben die Einzelbeschaffbarkeit als Zugangskontrollinstrument - wobei an dieser Stelle noch ungeklärt bleibt, inwieweit die Einzelbeschaffbarkeit diese Funktion überhaupt erfüllen kann - setzt der RFH als zweite Komponente der selbständigen Bewertbarkeit die Greifbarkeit bei fiktiver Gesamtveräußerung. In diesem Zusammenhang stellt sich die Frage, ob er damit nicht, gewissermaßen als Pendant zur Zugangskontrolle, eine gewisse Abgangskontrolle sichern will. Ganz abwegig scheint diese These nicht zu sein, zu ihrer Verifizierung oder Falsifizierung bedarf es jedoch einer genaueren Betrachtung des Greifbarkeitserfordernisses.

---

1) Vgl. RFH-Urteil vom 28.11.1934 VI A 895/34, StuW II 1935, Sp. 166 (166).

2) Vgl. zur Problematik bei der Abgrenzung der Herstellungskosten eines selbsterstellten Gutes Abschnitt B II 2 b cc δ im 2. Kapitel.

3) Die ersten Anzeichen hierfür werden schon im Urteil vom 21.10.1931 (VI A 2002/29, StuW II 1932, Sp.492) sichtbar. Verstärkt zeigt sich dies jedoch später, in den Urteilen vom 22.1.1936 sowie vom 9.3.1938 (vgl. hierzu die Ausführungen im folgenden Abschnitt bb).

bb) Die "Greifbarkeit" im Rahmen des Gesamtbetriebs bei fiktiver Veräußerung am Bilanzstichtag

Im Urteil vom 21.10.1931 hat der RFH die Aktivierung einer persönlichen Schankkonzession verneint, weil die Verkehrsanschauung in einer persönlichen Wirtschaftskonzession kein selbständiges, sicher greifbares Gut sehe[1]. Fünf Jahre später, im Urteil vom 22.1.1936, muß sich der RFH wiederum mit einer persönlichen Konzession beschäftigen, und zwar mit der Erlaubnis zum Kraftdroschkenbetrieb. Interessant an diesem Urteil ist, daß der RFH noch einmal auf das Urteil vom 21.10.1931 eingeht und begründet, warum es sich bei der Schankkonzession um kein selbständiges, sicher greifbares Wirtschaftsgut handelt; weil ein Erwerber die gezahlte Schankkonzessionssteuer im Rahmen des Gesamtbetriebes nicht besonders vergüten würde, da er seinerseits bei Übernahme des Betriebes erneut Schankkonzessionssteuer zahlen müsse[2].

Im Gegensatz zur Schankkonzession sieht der RFH in besagtem Urteil jedoch in der persönlichen Konzession zum Betrieb von Kraftdroschken ein selbständiges Wirtschaftsgut. Zur Begründung verweist er auf die kaufmännische Praxis, in der sich die Konzession zum Fahren einer Kraftdroschke auch nach der Verkehrsauffassung als ein selbständiges Wirtschaftsgut herausgebildet habe. Konzessionen zum Betrieb von Kraftdroschken werden - so der VI. Senat weiter - im allgemeinen nur erteilt, wenn ein anderer Droschkenbesitzer zugunsten des Bewerbers auf die Konzession verzichtet. Deshalb zahlt der Käufer für eine

1) Vgl. RFH-Urteil vom 21.10.1931 VI A 2002/29, StuW II 1932, Sp. 492 (496), sowie Abschnitt B I 2 des 2. Kapitels.

2) Vgl. RFH-Urteil vom 22.1.1936 VI A 911/34, StuW II 1936, Sp.519 (520).

zugelassene Droschke mehr als für einen nicht zugelassenen Wagen. "Auch ein Käufer des gesamten Unternehmens würde mit Rücksicht auf die zugelassenen Droschken einen entsprechend höheren Kaufpreis bewilligt haben."[1])

Die beiden vorstehenden Urteile zeigen deutlich die Wichtigkeit, die das Kriterium der Greifbarkeit für den RFH bei der Feststellung der selbständigen Bewertbarkeit besitzt. Sowohl im Urteil vom 21.10.1931 als auch im Urteil vom 22.1.1936 ist die erste Komponente der selbständigen Bewertbarkeit, das Vorliegen von sicher zurechenbaren Aufwendungen, durch die Entgeltzahlung an Dritte erfüllt. Trotzdem sieht der RFH nur in der Kraftdroschkenkonzession ein selbständig bewertbares Wirtschaftsgut, da nur bei dieser - nach seiner Auffassung - das Kriterium der Greifbarkeit am Bilanzstichtag im Sinne von "Bestandteil des Verkaufspreises bei fiktiver Gesamtveräußerung" gegeben ist. Obgleich somit beide Urteile die Zugangskontrolle durch den entgeltlichen Erwerb erfüllen, kann die selbständige Bewertbarkeit nur dort bejaht werden, wo auch eine Abgangskontrolle möglich ist und sich das wirtschaftliche Gut als noch existent (weil greifbar) erweist.

Schon der RFH hat erkannt, daß es bei der Prüfung der selbständigen Bewertbarkeit nicht genügt, eine objektivierte Bewertbarkeit im Sinne von ermessensfreier (-beschränkender) Wertzurechnung im Zugangszeitpunkt zu gewährleisten bzw. anzustreben, sondern daß eine zweite Komponente, eine wie auch immer geartete Abgangskontrolle notwendig ist. Instrument der Abgangskontrolle ist für den RFH die Greifbarkeit, allerdings in einer besonderen,

---

1) RFH-Urteil vom 22.1.1936 VI A 911/34, StuW II 1936, Sp.519 (521).

am Teilwertgedanken orientierten Definition. Greifbar heißt nicht als Einzelheit herausnehmbar und als Einzelheit selbständig veräußerbar; greifbar heißt vielmehr zusammen mit dem Betrieb veräußerbar. Ein potentieller Erwerber wird für den Gesamtbetrieb einen höheren Kaufpreis zu zahlen bereit sein, wenn er den Betrieb einschließlich des betreffenden Gutes erwirbt als wenn er den Betrieb ohne dieses Gut kauft[1].

In einzelnen Urteilen geht der RFH sogar so weit, sich bei der Wirtschaftsgutdeterminante selbständige Bewertbarkeit (ebenso wie bei der Frage des wirtschaftlichen Wertes am Bilanzstichtag) direkt am potentiellen Erwerber des Gesamtbetriebs zu orientieren, ohne auf den Greifbarkeitsaspekt explizit Bezug zu nehmen, lediglich auf das Urteil vom 21.10.1931 wird verwiesen. Dies geschieht zum Beispiel im Urteil vom 4.1.1939. Für die Aktivierung, so der VI. Senat in besagtem Urteil, kommen grundsätzlich alle Wirtschaftsgüter in Frage, "die nach allgemeiner Verkehrsanschauung einer besonderen Bewertung zugänglich sind und einen wesentlichen, über die Dauer des einzelnen Wirtschaftsjahres hinausgehenden Wert für das Unternehmen besitzen. Das wird in der Regel dann der Fall sein, wenn ein Erwerber des ganzen Betriebs einen entsprechend höheren Preis zahlen würde (vgl. RFH. VI A 2002/29 com 21.X.1931 Bd.30 S.142, 145 = StW. 1932 Nr. 244)."[2]

An dieser Stelle ist nun zu fragen, wie sich das Greifbarkeitserfordernis, d.h. die Bezugnahme auf den potentiellen Erwerber des Gesamtbetriebes, der das betreffende

1) Sehr deutlich kommt die am Teilwertgedanken orientierte Definition der Greifbarkeit im Urteil zur Bilanzierung eines Branntweinbezugsrechtes vom 9.3.1938 VI 122/38, StuW II 1938, Sp.361 (363) zum Ausdruck.

2) RFH-Urteil vom 4.1.1939 VI 719/38, StuW II 1939, Sp.195 (195).

Gut im Gesamtkaufpreis vergüten würde, bei der Aktivierung, konkret bei der Feststellung der selbständigen Bewertbarkeit auswirkt. Welche Objektivierungs- (welche Aktivierungsausschluß-)Funktion kommt dem Kriterium der Greifbarkeit als Instrument der Abgangskontrolle zu?

Für die Wirtschaftsgutdeterminante wirtschaftlicher Wert am Bilanzstichtag (Wert-Nutzenkriterium) wurde an früherer Stelle als Ergebnis festgehalten, daß der Bezugnahme auf den potentiellen Erwerber bei der Wertfeststellung keine eigenständige Objektivierungsfunktion zukommt[1]. Diese Feststellung gilt bei der Konkretisierung der selbständigen Bewertbarkeit grundsätzlich auch für das Greifbarkeitserfordernis. Eine Abgangskontrolle im eigentlichen Sinne findet nicht statt. Das Urteil vom 21.10.1931, in dem der RFH in einer persönlichen Schankkonzession kein selbständig bewertbares, sicher greifbares Wirtschaftsgut sieht, kann in diesem Zusammenhang nicht als Beweis für eine eigenständige Objektivierungsfunktion der Greifbarkeit gelten, weil die Aktivierung im betreffenden Fall nicht am Kriterium der Greifbarkeit scheitert, sondern schon am Fehlen eines wirtschaftlichen Vorteils (Wertes bzw. Nutzens) für den Bilanzierenden[2]. Wie der RFH selbst feststellt, muß jeder nachfolgende Erwerber von neuem Schankkonzessionssteuer zahlen und würde deshalb dem derzeitigen Konzessionsinhaber die Schankkonzession nicht gesondert vergüten. Es bleibt damit nur noch zu prüfen, welche Bedeutung dem Verweis auf die Verkehrsauffassung bei der Interpretation des Kriteriums der selbständigen Bewertbarkeit zukommt.

---

1) Vgl. oben, Abschnitt B II 2 b cc im 2. Kapitel.

2) Vgl. RFH-Urteil vom 21.10.1931 VI A 2002/29, StuW II 1932, Sp. 492 (497).

cc) Der Verweis auf die Verkehrsauffassung

Mit der Forderung, die selbständige Bewertbarkeit müsse durch die Verkehrsauffassung bestätigt werden, schlägt die Rechtsprechung nach Auffassung von Teilen des Schrifttums eine Brücke zu den sowohl im Handelsgesetz als auch im Einkommensteuergesetz verankerten Grundsätzen ordnungsmäßiger Buchführung[1]. In dem Verweis auf die Verkehrsauffassung wird ein zusätzliches Kriterium gesehen, das die Aufgabe hat, die Ermessensbindung, d.h. den Objektivierungsgrad, bei der Feststellung der selbständigen Bewertbarkeit zu erhöhen[2].

Will man die beiden skizzierten Thesen der Literatur durch eine Analyse der Rechtsprechung überprüfen, so ergeben sich schon bei der ersten These, der des Brückenschlags zu den Grundsätzen ordnungsmäßiger Buchführung, gewisse Schwierigkeiten.

Auf den ersten Blick kann der These Freericks eine gewisse Berechtigung nicht abgesprochen werden. Der RFH stellt bei der Frage der selbständigen Bewertbarkeit auf die Verkehrsauffassung ab[3], und auch bei der Ermittlung der Grundsätze ordnungsmäßiger Buchführung kommt der Verkehrsauffassung eine große Bedeutung zu. Zwar ist die Verkehrsauffassung heute, in der Zeit einer

---

1) Vgl. FREERICKS, Wolfgang, Bilanzierungsfähigkeit, a.a.O., S.332. JACOBS drückte sich in diesem Zusammenhang vorsichtiger aus. Er sagt: "Der Hinweis auf die Verkehrsauffassung scheint eine Brücke zu den Grundsätzen ordnungsmäßiger Buchführung ... zu schaffen " (JACOBS, Otto H(elmut), Bilanzierungsproblem, a.a.O., S.84).

2) Vgl. RINGLING, Wilfried, a.a.O., S.103/104.

3) Vgl. u.a. RFH-Urteil vom 27.3.1928 I A 470/27, StuW II 1928, Sp.705 (708); vom 21.10.1931 VI A 2002/29, StuW II 1932, Sp.492 (495); vom 22.1.1936 VI A 911/34, StuW II 1936, Sp.519 (521), und vom 4.1.1939 VI 719/38, StuW II 1939, Sp.195 (195).

stärker deduktiv geprägten GoB-Interpretation[1], nur noch eine von mehreren Erscheinungsformen der Grundsätze ordnungsmäßiger Buchführung[2], in der Ära des Reichsfinanzhofs galt jedoch die Mehrheitsübung (Handelsbrauch) bzw. die Verkehrsauffassung der ehrenwerten Kaufleute als alleinige Quelle der Grundsätze ordnungsmäßiger Buchführung; zur damaligen Zeit bestand Übereinstimmung zwischen Gesetzgeber[3] und Literatur[4] darüber, daß

---

1) Vgl. ADLER/DÜRING/SCHMALTZ, Rechnungslegung und Prüfung der Aktiengesellschaft, Handkommentar, 4. Aufl., bearbeitet von Kurt SCHMALTZ, Karl-Heinz FORSTER, Reinhard GOERDELER und Hans HAVERMANN, Bd.1: Rechnungslegung, Stuttgart 1968, Erl. zu § 149 Tz 20; DÖLLERER, Georg, Grundsätze ordnungsmäßiger Bilanzierung, deren Entstehung und Ermittlung, in: BB, 14.Jg. (1959), S.1217-1221; KROPFF, in: Aktiengesetz, Kommentar, von Ernst GESSLER, Wolfgang HEFERMEHL, Ulrich ECKHARDT, Bruno KROPFF, Bd. 3: § 148-178, München 1973, Erl. zu §149 Amn.11; LEFFSON, Ulrich, Grundsätze, a.a.O., S.28; MOXTER, Adolf, Bilanzlehre, a.a.O., S.33, sowie das Urteil des BFH vom 31.5.1967 I 208/63, BFHE 89, S.191 (194), und den Beschluß des Großen Senats vom 3.2.1969 Gr.S. 2/68, BFHE 95, S.31 (34).
Die Vertreter der funktionsanalytischen (deduktiven) Methode der GoB-Ermittlung verkennen allerdings nicht die Grenzen und Schwierigkeiten, die auch mit dieser Methode verbunden sind (vgl. MOXTER, Adolf, Handelsrechtliche Grundsätze, a.a.O., S.262-264 und die dort genannte Literatur, sowie MAUL, Karl-Heinz, Offene Probleme der Ermittlung von Grundsätzen ordnungsmäßiger Buchführung, in: ZfbF, NF, 26.Jg. (1974), S.726-745, hier S. 730 u. 745).

2) Vgl. KRUSE, Heinrich Wilhelm, Grundsätze, a.a.O., S.100-101. Verkehrsanschauungen, Handelsbräuche werden jedoch nur insoweit als Basis für die Ermittlung von Grundsätzen ordnungsmäßiger Buchführung angesehen, soweit sie im deduktivem "Feld" liegen, d.h. nicht mit der Zielsetzung des jeweiligen Gesetzes kollidieren (vgl. KRUSE, Heinrich Wilhelm, Grundsätze, a.a.O., S.189, und GOERDELER/MÜLLER, in: HACHENBURG, Gesetz betreffend die Gesellschaften mit beschränkter Haftung, Großkommentar, 7. Aufl., 2.Bd: §§ 13-52, Berlin-New York 1979, Erl. zu §42 Rdnr.17).

3) Vgl. Entwurf eines Handelsgesetzbuchs mit Ausschluß des Seehandelsrechts nebst Denkschrift. Aufgestellt im Reichs-Justizamt. Amtliche Ausgabe, Berlin 1896, S.45 (der Denkschrift).

4) Vgl. SCHMALENBACH, E(ugen), Grundsätze, a.a.O., S.232, sowie ADLER/ DÜRING/ SCHMALTZ, Rechnungslegung und Prüfung der Aktiengesellschaft, Handkommentar, (1. Auflage), von Hans ADLER, Walther DÜRING und Kurt SCHMALTZ, Stuttgart 1938, Erl. zu § 129 Tz 25.

Grundsätze ordnungsmäßiger Buchführung nur auf induktivem Weg zu ermitteln sind[1]. Es ist daher nur allzu einsichtig, wenn der Verweis auf die Verkehrsauffassung in der Rechtsprechung von Teilen der Literatur als Brücke zu den Grundsätzen ordnungsmäßiger Buchführung gedeutet wird.

Bei näherer Betrachtung muß man die These von der Hinwendung zu den Grundsätzen ordnungsmäßiger Buchführung revidieren, zumindest erscheint sie vorschnell. Wie schon an früherer Stelle ausgeführt und wie die Definition des Begriffs Gegenstand im Handels- und Steuerrecht zeigt, kann der gleiche Terminus auf verschiedenen Rechtsgebieten nach Auffassung des RFH einen unterschiedlichen Inhalt besitzen[2]. Für die These Freericks heißt das: Von einer Brücke zu den Grundsätzen ordnungsmäßiger Buchführung kann erst dann gesprochen werden, wenn sich herausstellt, daß der RFH die Verkehrsanschauung bzw. -auffassung im gleichen Sinn interpretiert, wie das Handelsrecht die Verkehrsauffassung im Rahmen der GoB-Ermittlung.

Im Handelsrecht wird die Verkehrsauffassung als Meinung der beteiligten Wirtschaftskreise interpretiert. Dies war zuerst die Mehrheitsübung; als Grundsätze ordnungsmäßiger Buchführung galten diejenigen Grundsätze, die die Mehrheit der Kaufleute beim Führen von Büchern und bei der Bilanzierung im engeren Sinn beachteten. Später verlor dann die Mehrheitsübung ihre Bedeutung, als Grundsatz ordnungsmäßiger Buchführung galt nun, was die ehrenwerten und ordentlichen Kaufleute für richtig halten[3]. Immer aber bezog man sich bei der Ermittlung der Grund-

---

1) Diese induktiv gewonnenen Grundsätze ordnungsmäßiger Buchführung besitzen heute aber keine größere Bedeutung mehr (vgl. SCHNEIDER, Dieter, Geschichte betriebswirtschaftlicher Theorie, München-Wien 1981, S.452).

2) Vgl. oben, Abschnitt A I 2 a und b im 2. Kapitel.

3) Vgl. MOXTER, Adolf, Handelsrechtliche Grundsätze, a.a.O., S.256-258.

sätze ordnungsmäßiger Buchführung auf die Praxis. Und die scheint bei der Bilanzierung nach Handelsrecht im allgemeinen dann von der Selbständigkeit eines Gegenstandes auszugehen, wenn dieser selbständig, d.h. frei veräußerbar ist[1]; wie anders wäre es sonst zu erklären, daß der RFH sich immer wieder verpflichtet fühlt, die Irrelevanz der Selbständigkeit im Sinne von freier Veräußerbarkeit für die steuerliche Aktivierung zu betonen[2].

Untersucht man im nächsten Schritt, wie der RFH die Verkehrsanschauung bzw. -auffassung interpretiert, so zeigt sich, daß er bei ihrer Definition die Fiktion des gedachten Erwerbers des Gesamtbetriebes bemüht. Nach der Verkehrsauffassung einer gesonderten Bewertung zugänglich ist für ihn ein Wirtschaftsgut dann, wenn ein Erwerber des ganzen Betriebes für den Betrieb einschließlich des Wirtschaftsguts einen höheren Preis zahlen würde als bei einem Erwerb ohne das betreffende Wirtschaftsgut[3]. Der RFH orientiert sich somit bei der Interpretation der Verkehrsanschauung an dem originär steuerlichen Teilwertgedanken.

Für die These von der Brücke zu den Grundsätzen ordnungsmäßiger Buchführung bedeutet dies: Trotz der Gleichheit in der Terminologie kann der Verweis auf die Verkehrsauffassung in der Rechtsprechung des RFH nicht als Brücke zu den Grundsätzen ordnungsmäßiger Buchführung gewertet werden, da die Verkehrsauffassung im Rahmen der GoB-Er-

---

1) Diese Aussage gilt aber nur tendenziell, nicht absolut, denn es gibt eine Reihe von rein wirtschaftlichen Gütern, die - obgleich ihre freie Veräußerbarkeit zweifelhaft ist - bilanziell berücksichtigt werden können, wenn sie entgeltlich erworben wurden.

2) Vgl. u.a. RFH-Urteil vom 16.1.1929 I A a 707/28, StuW II 1929, Sp.831 (832), und vom 9.3.1938 VI 122/38, StuW II 1938, Sp.361.

3) Vgl. RFH-Urteil vom 4.1.1939 VI 719/38, StuW II 1939, Sp.195 (195).

Ermittlung induktiv verstanden wird, als Übung der Kaufleute bzw. als Meinung der soliden (ehrenwerten) Kaufleute, während der RFH die Verkehrsauffassung aus dem Teilwertgedanken ableitet (deduziert), was zur Folge hat, daß statt der Praxis letztlich der RFH entscheidet, ob ein Gut nach der Verkehrsauffassung selbständig bewertbar ist.

Unabhängig von der oben festgestellten verschiedenartigen Interpretation der Verkehrsauffassung spricht gegen die These von der Brücke zu den Grundsätzen ordnungsmäßiger Buchführung aber noch eine sehr viel grundsätzlichere Überlegung: Wenn der RFH - wie an früherer Stelle dargestellt - bei der steuerlichen Aktivierung von der Irrelevanz der handelsrechtlichen Bilanzierungsweise ausgeht und immer wieder die Eigenständigkeit des steuerlichen Aktivierungskriteriums betont[1], dann ist es geradezu widersinnig, wenn er sich bei einer Teilkomponente des Wirtschaftsgutes, dem Hinweis auf die Verkehrsauffassung, auf die die handelsrechtliche Bilanzierungsweise prägenden Grundsätze ordnungsmäßiger Buchführung beziehen würde. Denn der Preis für die Anbindung an die Grundsätze ordnungsmäßiger Buchführung wäre hoch, er bestünde in dem Verlust der Eigenständigkeit des steuerlichen Aktivierungsmerkmals Wirtschaftsgut.

---

1) Vgl. hierzu vor allem das Urteil des RFH vom 21.10.1931 (VI A 2002/29, StuW II 1932, Sp.492) sowie die Urteile vom 19.5.1932 (VI A 2068/31, StuW II 1933, Sp.392), vom 16.8.1934 (VI A 85/33, StuW II 1934, Sp.1288), vom 18.9.1934 (I A 217/33, StuW II 1934, Sp. 1604) und vom 9.3.1938 (VI 122/38, StuW II 1938, Sp.361), in denen sich der RFH bei der Begründung des steuerlichen Aktivierungskriterium Wirtschaftsgut auf § 16 Abs.2 des REinkStG bzw. auf die Grundsätze des EinkStG und der Rechtsprechung oder auf das Steuerrecht allgemein bezieht.

Mit den vorstehenden Ausführungen zur These vom Brückenschlag zu den Grundsätzen ordnungsmäßiger Buchführung läßt sich gleichzeitig die zweite These, der Verweis auf die Verkehrsauffassung besitze im Rahmen der Wirtschaftsgutdeterminante selbständige Bewertbarkeit eine zusätzliche (eigenständige) Objektivierungsfunktion, überprüfen. In Anbetracht der Tatsache, daß der RFH seine Interpretation der Verkehrsauffassung am Teilwertgedanken orientiert und eben dieser Teilwertgedanke schon früher, bei der Konkretisierung des Abgangskontrollinstruments "Greifbarkeit" Verwendung fand, kann der These von der zusätzlichen eigenständigen Objektivierungsfunktion der Verkehrsauffassung nicht zugestimmt werden. Der Verkehrsauffassung kommt lediglich deklaratorische Bedeutung zu, sie ist ein inhaltsleeres, ein "Schein"kriterium der Objektivierung.

Der Verweis auf die Verkehrsauffassung muß jedoch nicht unbedingt als Orientierung an den (induktiv ermittelten) handelsrechtlichen Grundsätzen ordnungsmäßiger Buchführung verstanden werden. Verkehrsauffassung kann auch bedeuten, daß man sich bei der Aktivenkonkretisierung daran orientiert, welche Ausgaben nach Meinung der Kaufleute typischerweise Ausgabenvorleistungen darstellen, d.h. Träger künftiger Einnahmen sind[1]. Eine solche Interpretation der Verkehrsauffassung hat nichts mehr zu tun mit den Bilanzierungsgewohnheiten der Kaufleute. "Maßgeblich ist, ob Ausgaben ... als 'einnahmenwirksam' gelten. Maßgeblich ist nicht, ob diese Art von Ausgaben aktiviert zu werden pflegt; denn für die Aktivierungsgewohnheiten der Kaufleute können andere Rücksichten bedeutsam sein."[2] Im Urteil vom 22.1.1936 scheint der

---

1) Vgl. MOXTER, Adolf, Betriebswirtschaftliche Gewinnermittlung, a.a.O., S.162.

2) MOXTER, Adolf, Betriebswirtschaftliche Gewinnermittlung, a.a.O., S.162.

RFH die Verkehrsauffassung in ebendiesem Sinne zu gebrauchen[1]. Nach Auffassung von Moxter bringt jedoch auch diese Interpretation der Verkehrsauffassung im konkreten Fall kein erhebliches Mehr an Objektivierung. Zum einen ist es fraglich, ob es zu allen auftauchenden Aktivierungsproblemen eine einheitliche Verkehrsauffassung gibt, zum anderen bringt der Rückgriff auf die Verkehrsauffassung nur eine Antwort auf die Frage, ob Ausgaben dieser Art "im allgemeinen" einnahmenwirksam sind; die Einnahmenwirksamkeit im konkreten Fall kann anhand der Verkehrsauffassung nicht geklärt werden[2]. Damit ändert auch die an der Einnahmenwirksamkeit orientierte Interpretation der Verkehrsauffassung nichts Wesentliches an dem schon oben festgestellten Ergebnis, daß der Verkehrsauffassung keine größere Objektivierungsfunktion zukommt.

c) Die Beurteilung der selbständigen Bewertbarkeit unter dem Gesichtspunkt der Objektivierung, am Beispiel der Geschäftswertbilanzierung

Faßt man die vorstehenden Ausführungen des RFH zusammen, so sind es zwei Kriterien, die bei der Konkretisierung der Wirtschaftsgutdeterminante selbständige Bewertbarkeit von Bedeutung sind: der Anfall von zurechenbaren Aufwendungen im Zeitpunkt des Zugangs als Instrument der Zugangskontrolle[3] und das Erfordernis der "Greif-

1) Vgl. RFH-Urteil vom 22.1.1936 VI A 911/34, StuW II 1936, Sp.519 (521).

2) Vgl. MOXTER, Adolf, Betriebswirtschaftliche Gewinnermittlung, a.a.O., S.162.

3) Regelmäßig handelt es sich hier um die Aufwandsentstehung im Rahmen von Anschaffungsgeschäften (entgeltlicher Erwerb); das Aufwandskriterium umfaßt aber auch die Aufwandsentstehung bei Selbsterstellung (Anfall von Herstellungskosten).

barkeit" am Bilanzstichtag als Instrument der Abgangskontrolle.

Beim ersten Kriterium, dem der zurechenbaren Aufwendungen, zeigt sich, daß der RFH die selbständige Bewertbarkeit im Sinne von isolierter Zurechenbarkeit versteht. Das Erfordernis der selbständigen Bewertbarkeit ist erfüllt, wenn im Zugangszeitpunkt einem schon bestehenden oder neu entstehenden Gut ein isolierter Wert zugeordnet werden kann. Die Judikatur bezieht sich damit bei der Feststellung der dritten Wirtschaftsgutvoraussetzung, der der selbständigen Bewertbarkeit, auf die erste (grundlegende) Voraussetzung eines Wirtschaftsguts, auf das Kriterium der entstandenen Aufwendungen. Dies bedeutet - zumindest für die Zeit bis 1931, in der die zurechenbaren Aufwendungen als alleiniges Kriterium der selbständigen Bewertbarkeit fungierten[1] - , daß der RFH der Wirtschaftsgutdeterminante selbständige Bewertbarkeit keine eigenständige Objektivierungsfunktion zuerkennt; das von der Rechtsprechung für erforderlich gehaltene Objektivierungsmaß geht nicht über das hinaus, was durch das Kriterium der entstandenen Aufwendungen an "Minimalobjektivierung"[2] erreicht wird.

Ab dem Urteil vom 21.10.1931 tritt neben das Erfordernis der isolierten Zurechenbarkeit der entstandenen Aufwendungen die Greifbarkeit als zweite Komponente der selbständigen Bewertbarkeit. "Greifbar" ist ein Wirtschafts-

---

1) Wenn man von dem Hinweis auf die Verkehrsauffassung einmal absieht, dem - wie oben gezeigt - nurmehr deklaratorische Bedeutung zukommt.

2) Das Vorliegen von Ausgaben (Aufwendungen) als Instrument der Minimalobjektivierung wird insbesondere von MOXTER betont (vgl. MOXTER, Adolf, Die Aktivierungsvoraussetzung "entgeltlicher Erwerb" im Sinne von § 5 Abs. 2 EStG, in: DB, 31.Jg. (1978), S. 1804-1809, hier S.1808).

gut für den RFH, wenn ein potentieller Erwerber des Gesamtbetriebs das betreffende Gut im Rahmen des Gesamtkaufpreises besonders vergüten würde. Der RFH fordert somit zwar die Verkehrsfähigkeit als Voraussetzung der selbständigen Bewertbarkeit, allerdings nicht in der aus dem Handelsrecht gewohnten Interpretation[1)] (d.h. nicht die E i n z e l verkehrsfähigkeit); mit der Bezugnahme auf den fiktiven Erwerber des Gesamtbetriebs stellt er auf eine f i k t i v e Verkehrsfähigkeit ab, orientiert am Teilwertgedanken.

Bezüglich der Frage nach der Bedeutung der Greifbarkeit als Konkretisierungsmerkmal der steuerlichen Aktivierung ist festzustellen, daß der RFH in der Greifbarkeit kein eigenständiges Objektivierungskriterium sieht. Dies macht schon -zumindest im Ansatz- das Urteil des RFH vom 21.10.1931 deutlich. Obgleich ein Entgelt gezahlt wurde, d.h. zurechenbare Aufwendungen vorliegen, verneint der VI. Senat die Aktivierung einer Schankkonzession mit der Begründung, es sei kein sicher greifbares Wirtschaftsgut entstanden. Bei näherer Betrachtung ist aber nicht die fehlende (sichere) Greifbarkeit Aktivierungsausschluß- und damit Objektivierungskriterium, der Ansatz der Schankkonzession scheitert vielmehr daran, daß kein wirtschaftlicher Wert (Vorteil) für den Kaufmann entsteht. Vor allem ist es aber die Rechtsprechung des RFH zur Geschäftswertbilanzierung, die die Unzulänglichkeit der Greifbarkeit als Objektivierungsinstrument sichtbar werden läßt.

Erinnert man sich des Urteils vom 21.10.1931, in dem der RFH die "Greifbarkeit" als Abgrenzungskriterium gegenüber dem good-will gebraucht - g r e i f b a r ist ein Gut, wenn es als Einzelheit ins Gewicht fällt oder dem Betrieb

1) Vgl. hierzu die Ausführungen bei ROLAND, Helmut, a.a.O., S.150-154.

für die Zukunft zugute kommt, sich aber nicht so "ins allgemeine" verflüchtigt, daß es nur den goodwill des ganzen Unternehmens erhöht - , dann scheint (zumindest auf den ersten Blick) der RFH im good-will, (also im Geschäftswert) kein Wirtschaftsgut zu sehen[1].

Für diese These spricht auch, daß der RFH zwar generell die Aktivierungspflicht mit dem Begriff Wirtschaftsgut verknüpft, dem Firmenwert im Urteil vom 22.12.1927 aber lediglich Aktivierungsfähigkeit und k e i n e Aktivierungspflicht zuerkennt[2]. Unter dem Gesichtspunkt der Ermessensbeschränkung kann ein solches Wahlrecht für den Firmenwert nur schwerlich gutgeheißen werden, es ist daher nur allzu verständlich, wenn der RFH in seiner späteren Rechtsprechung sich hiervon löst.

Erste Anzeichen für eine Änderung der Rechtsprechung zum Firmenwert werden (schon) in dem Aufsatz von Becker "Fragen der Aktivierung und Passivierung" sichtbar. Becker benutzt zum einen noch die Greifbarkeit für die Abgrenzung der aktivierungspflichtigen Werte vom goodwill[3], will aber zum anderen auch bei nichtgreifbaren Werten immer noch geprüft wissen, ob nicht eine Aktivierung als Aufwendung auf den good-will geboten ist[4]. Die Prüfung

---

1) Wenn die Greifbarkeit eine Komponente der selbständigen Bewertbarkeit ist, dann ist ein nichtgreifbares Gut - wie hier der goodwill - nicht selbständig bewertbar und damit kein Wirtschaftsgut.

2) Vgl. RFH-Urteil vom 22.12.1927 I A 276/27, StuW 1928, Sp.169 (170).

3) Grundsätzlich gilt, "daß jede Aufwendung, durch die ein Vorteil erlangt wird, der nicht unter den Erhaltungsaufwand fällt, in Höhe des Aufwandes, jedoch nicht über den erlangten Wert hinaus aktiviert werden muß, und daß hiervon ... nur dann abzusehen ist, wenn der erlangte Vorteil bei Veräußerung des ganzen Unternehmens nicht als besonderes Gut greifbar ist" (Becker, Enno, Fragen der Aktivierung und Passivierung, a.a.O., Sp.165).

4) Vgl. BECKER, Enno, Fragen der Aktivierung und Passivierung, a.a.O., Sp.165.

eines Gebotes zur Aktivierung als goodwill verpflichtet den Bilanzierenden aber in einem ungleich stärkeren Maß, als wenn ihm die Berechtigung zugesprochen wird, ein Firmenwertkonto zu führen, wie es im Urteil vom 22.12. 1927 der Fall ist.

Nun kann ein Gebot zur Aktivierung als goodwill nicht unbedingt gleichgesetzt werden mit der Pflicht zur Aktivierung als goodwill; daß jedoch dies das Ziel Beckers und der Rechtsprechung ist, zeigen die späteren Urteile und ihre Kommentierung durch den Präsidenten des entscheidenden Senats, durch Enno Becker. Bedeutsam für die Frage nach dem Gewicht des Greifbarkeitserfordernisses im Rahmen der Wirtschaftsgutdeterminante selbständige Bewertbarkeit ist aber nicht so sehr die Ausweitung der steuerlichen Aktivierungspflicht auf den Geschäftswert[1], sondern die Art und Weise, wie Becker und der RFH die Ausweitung begründen.

Im Gegensatz zu seinen Ausführungen aus dem Jahre 1929, nach denen die Frage der Aktivierung auf den goodwill erst dann geprüft werden muß, wenn der erlangte Vorteil nicht "greifbar" ist, d.h. wenn er nicht die Voraussetzungen für das Vorliegen eines Wirtschaftsguts erfüllt, geht Becker in seinen Kommentierungen der Rechtsprechung ab 1930 davon aus, daß es sich beim Geschäftswert um einen Gegenstand im Sinne des § 16 und der §§ 19, 20 EinkStG 1925, also um ein Wirtschaftsgut handelt: "Ich fasse also den Goodwill in dem Sinne des Mehrwertes, der

---

1) Vgl. BECKER, (Enno), Zur Rechtsprechung. A. Allgemeines Steuerrecht. Einkommensteuerrecht. Umsatzsteuer, in: StuW, Bd.1, 9.Jg. (1930), Sp.429-462, hier Sp.457; RFH-Urteil vom 30.9.1931 VI A 837/31, StuW II 1931, Sp.1819 (1820); RFH-Bescheid vom 19.5.1932 VI A 2068/31, StuW II 1933, Sp.392 (393); sowie vom 7.7.1935 I A 56/35, StuW II 1935, Sp.1487 (1487).

bei Veräußerung des ganzen Unternehmens über den Gesamtbetrag der für die einzelnen im Betriebe steckenden aktivierbaren Güter hinaus zu erzielen ist, als ein G u t oder einen G e g e n s t a n d im Sinne des § 16 und der §§ 19, 20 des EinkStG. und befinde mich damit in Übereinstimmung mit der Rechtsprechung ..."[1]. Handelt es sich beim goodwill aber um ein Wirtschaftsgut, dann erfüllt er auch (der Definition des Begriffs Wirtschaftsgut gemäß) das Erfordernis der Greifbarkeit und damit das der selbständigen Bewertbarkeit.

Die Beweggründe für die Deklarierung des Geschäftswerts (des goodwills) als Wirtschaftsgut und die damit verbundene Ausdehnung des Begriffs "Greifbarkeit" - wodurch die Greifbarkeit ihre Funktion als Abgrenzungskriterium zwischen aktivierungspflichtigen Gütern und goodwill verliert - resultieren aus der vom RFH mit der Schaffung des Wirtschaftsguts verfolgten Zielsetzung:

Der RFH wollte, wie schon an früherer Stelle dargestellt, mit dem Begriff Wirtschaftsgut die steuerliche Aktivierungspflicht positiv umschreiben, er wollte die Aktivierung in der Steuerbilanz auf eine objektivierte Grundlage stellen[2]. Eine enge Definition der Greifbarkeit, wie sie aus dem Urteil vom 21.10.1931 ersichtlich wird und die zur Deklarierung des Geschäftswerts als nichtgreifbares Gut führt, hätte zur Folge gehabt, daß der Geschäftswertansatz in das Ermessen des Bilanzierenden gestellt worden wäre[3]. Einen solchen Freiraum bei der steuerlichen Ge-

1) BECKER, (Enno), Zur Rechtsprechung, 1930, a.a.O., Sp.457, Hervorhebung im Original.

2) Vgl. oben, Abschnitt A II 1 im 2. Kapitel.

3) Wenn die steuerliche Aktivierungspflicht mit dem Begriff Wirtschaftsgut verknüpft wird, dann führt das Fehlen der Wirtschaftsgutvoraussetzung Greifbarkeit beim goodwill dazu, daß dieser kein Wirtschaftsgut darstellt und damit nicht der Aktivierungspflicht unterliegt.

winnermittlung konnte der RFH nicht tolerieren, was um so mehr gilt, als die Rechtsprechung steuerlich den Geschäftswert erheblich "weiter" faßt als handelsrechtlich[1]. Die von Becker 1929 vertretene Ansicht, auch nach dem Feststellen der Nichtgreifbarkeit bleibe immer noch zu prüfen, ob nicht eine Aktivierung als goodwill geboten sei, geht zwar in die Richtung, den Freiraum der Bilanzierenden bei der Aktivierung des Geschäftswerts einzuschränken bzw. zu beseitigen, hat aber den (entscheidenden) Nachteil, daß der RFH seinen Grundsatz von der positiven Umschreibung der steuerlichen Aktivierungspflicht mit dem Begriff Wirtschaftsgut durchbrechen müßte, um die Aktivierungspflicht für den Geschäftswert sicherzustellen, denn bei einer engen Definition der Greifbarkeit ist der Geschäftswert nicht greifbar und damit kein Wirtschaftsgut. Diesen Nachteil scheinen auch Becker und der RFH erkannt zu haben; ab 1930 deklarieren sie deshalb den Geschäftswert als Wirtschaftsgut und erreichen so die Aktivierungspflicht für den Geschäftswert bzw. für die Aufwendungen auf den Geschäftswert, ohne den Grundsatz von der Verbindung der steuerlichen Aktivierungspflicht mit dem Begriff Wirtschaftsgut zu "sprengen". Zur Feststellung der Greifbarkeit begnügt man sich dabei mit dem Verweis auf den potentiellen Erwerber des Gesamtbetriebes, der den Geschäftswert im Rahmen des Gesamtkaufpreises vergüten würde.

---

1) Handelsrechtlich beschränkt § 261 HGB auch nach Auffassung von BECKER und des RFH die Geschäftswertaktivierung auf den Fall der Unternehmensübernahme, es handelt sich hier um eine Ausnahme vom generellen Aktivierungsverbot für den Geschäfts- oder Firmenwert; steuerlich ist der Geschäftswert hingegen weiter gefaßt, auch spätere Aufwendungen auf den goodwill, die nicht mit der Übernahme eines Unternehmens zusammenhängen, sind zu aktivieren (vgl. BECKER, (Enno), Zur Rechtsprechung. Einkommensteuerrecht. Reichsabgabenordnung, in: StuW, Bd.1, 10.Jg. (1931), Sp.1405-1426, hier Sp.1407-1408 u. 14014; sowie RFH-Urteil vom 30.9.1931 VI A 837/31, StuW II 1931, Sp.1819 (1820)).

Für die Frage nach der Bedeutung der Greifbarkeit als Konkretisierungsmerkmal ergibt sich hieraus: Die Greifbarkeit besitzt als Instrument der Abgangskontrolle keine größere Bedeutung. Es ist zwar richtig, daß im Urteil vom 21.10.1931 die Aktivierung der Schankkonzessionssteuer auf den ersten Blick an der fehlenden Greifbarkeit der Schankkonzession scheitert, bei näherer Betrachtung besitzt die Greifbarkeit allerdings keine generelle, über das betreffende Urteil hinausgehende Objektivierungs-(Aktivierungsausschluß-)funktion. Dies beruht letztlich darauf, daß der RFH seine enge Interpretation der Greifbarkeit im Urteil vom 21.10.1931 - die Greifbarkeit dient zur Abgrenzung der aktivierungspflichtigen Wirtschaftsgüter gegenüber dem goodwill - nicht fortführt. Auch der goodwill wird in den einzelnen Urteilen als greifbares Wirtschaftsgut angesehen. Mit der weiten, am Teilwertgedanken orientierten Interpretation verliert die Greifbarkeit jedoch ihre Funktion, konkretes Abgangskontrollinstrument zu sein; es findet lediglich eine f i k t i v e Abgangskontrolle statt. Ob ein Erwerber des Gesamtbetriebes etwas für den goodwill zahlen würde, wird nicht tatsächlich geprüft, der RFH entscheidet hier in eigener Machtvollkommenheit, d.h. die Feststellung der Greifbarkeit ist weitgehend in sein Ermessen gestellt.

Wenn aber der Greifbarkeit keine eigenständige Objektivierungsfunktion zukommt, dann gilt dies auch für das Kriterium der selbständigen Bewertbarkeit, denn wie an früherer Stelle gezeigt[1], rekurriert die erste Komponente der selbständigen Bewertbarkeit, die der zurechenbaren Aufwendungen, auf die erste Wirtschaftsgutdeterminante, auf die der entstandenen Aufwendungen, und besitzt daher (ebenfalls) keine eigenständige Objektivierungsfunktion.

1) Vgl. oben, Abschnitt B II 3 b aa im 2. Kapitel.

Selbständig bewertbar ist ein Gut für den RFH, wenn ihm ein isolierter Wert einigermaßen sicher zugerechnet werden kann. Nur wenn diese Zurechnung nicht möglich ist, nimmt der RFH von einer Aktivierung Abstand. Sehr deutlich wird dies im Urteil vom 1.2.1933, in dem der RFH eine Aktivierung als Geschäftswert nur deshalb unterläßt, weil nach seiner Auffassung das Entgelt, eine Gewinnbeteiligung, keinen sicheren Maßstab für eine einigermaßen zuverlässige Schätzung der Gesamthöhe des durch die Gewinnbeteiligung verwirklichten Teils des Geschäftswertes darstellt[1].

C. Das im Wirtschaftsgutbegriff enthaltene Objektivierungsmaß: Die Sicherstellung einer ermessensfreien Wertzurechnung im Zugangszeitpunkt

Sieht man die einzelnen Ergebnisse aus der Analyse der Rechtsprechung des RFH zur steuerlichen Aktivierung nicht isoliert, wie in den vorangegangenen Abschnitten, sondern im Zusammenhang, ergibt sich - quasi mosaikartig - das Maß an Objektivierung, das der RFH bei der steuerlichen Aktivierung für notwendig erachtet.

Mit der Entwicklung einer eigenständigen steuerlichen Aktivierungslehre wollte der RFH zum einen die sogenannte wirtschaftliche Betrachtungsweise bei der steuerlichen Gewinnermittlung durchsetzen[2], zum anderen wollte er

---

1) Vgl. RFH-Urteil vom 1.2.1933 VI 945/31, StuW II 1933, Sp. 561 (565), sowie die Kommentierung von Schultze-Schlutius, Hans G., a.a.O., Sp.25-26.

2) Hierzu ist nach Auffassung des RFH die Lösung von der Handelsbilanz notwendig , da diese sich angeblich einseitig an bürgerlichrechtlichen Begriffen orientiert (vgl. hierzu auch die Ausführungen in Abschnitt A I 1 des 2. Kapitels).

verhindern, daß der auch nach seiner Auffassung vorhandene Freiraum des Kaufmanns bei der handelsrechtlichen Bilanzierung[1)] auf die Steuerbilanz übertragen wird. Aus diesen Gründen hat er die steuerliche Aktivierungspflicht proklamiert und sie mit dem von ihm geschaffenen Begriff Wirtschaftsgut verbunden.

Untersucht man, in welchem Umfang der unbestimmte Begriff Wirtschaftsgut von Objektivierungsgedanken geprägt ist, so zeigt sich recht bald, daß die vom RFH vorgenommene Interpretation des Wirtschaftsguts nur sehr bedingt geeignet ist, den Bilanzansatz auf eine objektivierte Grundlage zu stellen, d.h. das Ermessen der Beteiligten bei der Frage der Aktivierung auszuschalten.

Der RFH versucht zwar über die Einzelkriterien entstandene Aufwendungen, zukünftiger Nutzen, selbständige Bewertbarkeit den Wirtschaftsgutbegriff in einem gewissen Umfang zu konkretisieren (zu operationalisieren); wie die Betrachtung der einzelnen Wirtschaftsvoraussetzungen aber zeigt, kommt nur der ersten Wirtschaftsgutdeterminante, der der entstandenen Aufwendungen, eine grundsätzliche, eine eigenständige Objektivierungsfunktion im Rahmen der steuerlichen Aktivierung zu. Der Grund hierfür liegt darin, daß sich der RFH bei der inhaltlichen Ausgestaltung der beiden anderen Wirtschaftsgutdeterminanten, zukünftiger Nutzen und selbständiger Bewertbarkeit, auf die erste Wirtschaftsgutvoraussetzung der entstandenen Aufwendungen bezieht und/oder auf solche Kriterien wie Verkehrsanschauung, Greifbarkeit, denen in ihrer am Teilwert orientierten Interpretation keine "echte" (eigenständige) Ob-

---

1) Vgl. das Urteil des RFH vom 16.1.1923 I A 233/20, StuW 1923, Sp.552 (552/553).

jektivierungsfunktion zukommt. Mit einer Fiktion, der des Erwerbers des Gesamtbetriebes (Teilwertgedanke), kann nun einmal weder die Greifbarkeit noch die Verkehrsanschauung hinreichend objektiviert (ermessensfrei) festgestellt werden, was aber die Voraussetzung wäre, wenn das Kriterium der selbständigen Bewertbarkeit bzw. das des zukünftigen Nutzens materielle und nicht nur deklaratorische Bedeutung besitzen soll. In diesem Zusammenhang ist es jedoch fraglich, ob der RFH mit dem Wert-Nutzenkriterium überhaupt Objektivierungsziele verfolgt. Die Analyse des Wert-Nutzenkriteriums scheint vielmehr darauf hinzudeuten, daß der RFH mit ihm den Wirtschaftsgutbegriff nur allgemein beschreiben will, d.h. in ihm kein Objektivierungsinstrument sieht.

Insgesamt ergibt sich aus der Rechtsprechung des RFH zur steuerlichen Aktivierung folgendes Bild:
Der RFH bezieht sich bei der Frage des Wirtschaftsguts auf e i n relativ ermessensfreies Kriterium, auf das der entstandenen Aufwendungen[1], und auf z w e i weitere, auf das des zukünftigen Nutzens bzw. auf das der selbständigen Bewertbarkeit, über deren allgemeine, nicht nachprüfbare und nur schwer widerlegbare Konkretisierung er die Abgrenzung Aktivierung - Nichtaktivierung gleich Wirtschaftsgut - kein Wirtschaftsgut "steuern" kann. Zusammen mit der Verknüpfung der steuerlichen Aktivierungspflicht mit dem Begriff Wirtschaftsgut gelingt dem RFH damit zwar , das Ermessen des K a u f m a n n s bei der steuerlichen Ansatzfrage weitgehend auszuschalten, trotzdem führt dies nicht zu einer Objektivierung des Bilanzansatzes, da lediglich eine Verlagerung des Ermessens vorgenommen wird, vom Kaufmann auf die Rechtspre-

1) Ob Aufwendungen und in welcher Höhe getätigt wurden, läßt sich insbesondere im Regelfall der Aufwandsentstehung, bei Anschaffungsgeschäften, relativ genau nachweisen.

chung. Letztlich entscheidet der RFH über die Auslegung der einzelnen Wirtschaftsgutkriterien, inwieweit eine Aufwendung zu einem wirtschaftlichen Gut im Sinne des Einkommensteuergesetzes führt bzw. als Aufwendung auf ein schon vorhandenes zu aktivieren ist. Dabei wird deutlich, was der RFH objektiviert wissen will: nicht die Frage des Ansatzes, sondern die der Wertbeimessung. Es kommt nicht darauf an, ob etwas als Einzelheit einen Wert besitzt, sondern ob ihm ein einzelner (isolierter) Wert im Zugangszeitpunkt zugerechnet werden kann.

3. Kapitel
Objektivierungsgebot und Kreis der zu Aktivierenden Güter in der Rechtsprechung des Bundesfinanzhofs

A. Die Eigenständigkeit der steuerlichen Aktivierungslehre in den Entscheidungen vor der Aktienrechtsreform 1965

I. Das Wirtschaftsgut als dominantes steuerliches Aktivierungskriterium

1. Die Fortführung der weiten Wirtschaftsgutdefinition des Reichsfinanzhofs

Betrachtet man die Rechtsprechung des Bundesfinanzhofs, so zeigt sich, daß er in Fortführung der Rechtsprechung des Reichsfinanzhofs von der Eigenständigkeit der steuerlichen Aktivierungslehre ausgeht. Für die Frage der Aktivierung in der Steuerbilanz kommt es nach seiner Auffassung nicht darauf an, wie bestimmte Aufwendungen handelsrechtlich behandelt werden, sondern ob die Voraussetzungen für das Entstehen eines Wirtschaftsguts gegeben sind[1]. Der Begriff Wirtschaftsgut nimmt damit eine zentrale Stellung im Ertragsteuerrecht ein - in der Literatur spricht man von der Prädominanz des Wirtschaftsguts[2] -, hängt es doch

1) Vgl. BFH-Urteil vom 28.1.1954 IV 255/53 U, BFHE 58, S.516 (520).

2) Vgl. FLUME, Werner, Die Forschungs- und Entwicklungskosten in Handels- und Steuerbilanz, in: DB, 11.Jg. (1958), S.1045-1054, hier S.1050; JACOBS, Otto H(elmut), Rechtssicherheit, a.a.O., S.653, und ZYBON, Adolf, Das Verhältnis der höchstrichterlichen Finanzrechtsprechung zur dynamischen Bilanztheorie, in: ZfbF, NF, 21.Jg. (1969), S.610-624, hier S.617.

von seiner inhaltlichen Ausgestaltung letztlich ab, in welchem Umfang Ausgaben des Steuerpflichtigen zu aktivieren sind[1].

Eines der ersten Urteile, in dem sich die höchstrichterliche Finanzrechtsprechung nach 1945 mit dem Begriffsinhalt des Wirtschaftsguts beschäftigt, ist das Urteil des Obersten Finanzhofs vom 28.2.1948[2]. Ausgangspunkt für die Überlegungen des Obersten Finanzhofs sind die Bestimmungen der §§ 4 Abs.1 und 5 EStG, nach denen der Gewinn als Unterschiedsbetrag zwischen dem Betriebsvermögen am Anfang und am Ende des Wirtschaftsjahres zu ermitteln ist. Zur Ermittlung des Betriebsvermögens bedient man sich dabei der Bilanzen, die die Aufgabe haben, die dem Betrieb gewidmeten Wirtschaftsgüter nach bestimmten Regeln zu gruppieren und ihre Werte einander gegenüberzustellen. Die Grundsätze der dynamischen Bilanz können hierbei nach Auffassung des Obersten Finanzhofs nur insoweit Berücksichtigung finden, als sie mit diesen Bestimmungen nicht in Widerspruch stehen. "Das EStG gründet somit die Bilanz auf die Bewertung einzelner Wirtschaftsgüter. Alle Bilanzansätze müssen deshalb daraufhin geprüft werden, welches Wirtschaftsgut durch den Ansatz dargestellt wird ..."[3]. Das Ansatzkriterium Wirtschaftsgut umschreibt der Oberste Finanzhof dann folgendermaßen: "Der Begriff des Wirtschaftsgutes deckt sich nicht mit den bürgerlich-rechtlichen Begriffen Gegenstand, Sache, Recht. Er ist umfassender, da auch ideelle Güter, wie der Geschäftswert, Wirtschaftsgüter darstellen ...

---

1) Vgl. WALDNER, Wolfgang, Wirtschaftsgut und Rechnungsabgrenzung, in: BB, 13.Jg. (1958), S.1051-1055, hier S.1051.

2) Vgl. OFH-Urteil vom 28.2.1948 I 10/47, StuW II 1948, Sp.9.

3) OFH-Urteil vom 28.2.1948 I 10/47, StuW II 1948, Sp.9 (10).

Der Begriff des Wirtschaftsgutes setzt voraus, daß es sich um ein Gut handelt, das selbständig bewertungsfähig ist. Es ist möglich, daß ein Wirtschaftsgut nur in Verbindung mit anderen Wirtschaftsgütern handelsfähig ist, wie z.B. der Geschäftswert eines Unternehmens. Aber der Verkehr muß es als selbständiges Gut... ansehen. Der Begriff des Wirtschaftsgutes muß aus den Gegebenheiten des Wirtschaftslebens entwickelt werden."[1]

Der Bundesfinanzhof, als Rechtsnachfolger des Obersten Finanzhofs, beschäftigt sich recht ausführlich mit dem Inhalt des Wirtschaftsgutbegriffs im Urteil vom 28.1.1954. Der IV. Senat des Bundesfinanzhofs definiert das Wirtschaftsgut "als ein im wirtschaftlichen Verkehr nach der Verkehrsanschauung selbständig bewertbares Gut jeder Art ..., das in irgendeiner Form dem Betrieb dient oder zu dienen bestimmt ist. Die Wirtschaftsgüter in diesem Sinne umfassen Gegenstände, Rechte und alle sonstigen wirtschaftlichen Werte, die geeignet sind, Vermögen oder Bestandteile von Vermögen zu sein. Im Sinne des Einkommensteuerrechts sind Wirtschaftsgüter aber nur solche körperlichen und unkörperlichen Werte, die nach den Grundsätzen des Steuerechts bilanzierungsfähig sind. Das durch die Aufwendung Erlangte muß nach der allgemeinen Verkehrsanschauung einer besonderen Bewertung zugänglich sein. Nicht jeder gegen Entgelt erlangte wirtschaftliche Vorteil stellt ein aktivierungsfähiges Wirtschaftsgut dar. Es muß sich um ein solches handeln, dessen wirtschaftlicher Wert als Einzelheit von Bedeutung und bei einer Veräußerung greifbar ist, er darf sich nicht ins Allgemeine verflüchtigen ..."[2]. Die

---

1) OFH-Urteil vom 28.2.1948 I 10/47, StuW II 1948, Sp.9 (10/11).

2) BFH-Urteil vom 28.1.1954 IV 255/53 U, BFHE 58, S.516 (519/520).

in der Wirtschaftsgutdefinition genannten Einzelkriterien dienen dem Bundesfinanzhof auch in späteren Urteilen als Maßstab für das Vorliegen eines Wirtschaftsguts; entweder bezieht er sich ausdrücklich auf das Urteil vom 28.1.1954[1], oder er wiederholt in ähnlicher Form die dort vorgenommene Inhaltsbestimmung[2].

Die Umschreibung des steuerlichen Aktivierungsgegenstandes "Wirtschaftsgut" in der ständigen Rechtsprechung des Bundesfinanzhofs zeigt, daß der Bundesfinanzhof - ebenso wie zuvor der Reichsfinanzhof[3] - vom Vermögenscharakter der Steuerbilanz ausgeht. Nicht die entstandenen Aufwendungen, die Ausgaben bzw. Ausgabenreste sollen aktiviert werden, sondern das durch die Aufwendungen "Erlangte". Von der Literatur wird dies als Beweis für die statische Natur des Wirtschaftsgutbegriffs gewertet[4], zumindest sieht man darin aber ein Instrument, das ein Übergleiten der Steuerbilanz in eine reine Erfolgsrechnung verhindert[5].

---

1) Vgl. BFH-Urteil vom 13.3.1956 I 209/55 U, BFHE 62, S.401 (403), und vom 22.2.1962 IV 58/59 U, BFHE 75, S.275 (277/278).

2) Vgl. BFH-Urteil vom 19.7.1955 I 149/54 S, BFHE 61, S.175 (178); vom 25.9.1956 I 103/55 U, BFHE 63, S.396 (400); vom 15.4.1958 I 27/57 U, BFHE 66, S.677 (678); vom 16.5.1963 IV 379/60 U, BFHE 77, S.220 (222); vom 26.2.1964 I 383/61 U, BFHE 79, S.521 (523); vom 22.7.1964 I 188/62 U, BFHE 80, S.252 (254), und vom 29.4. 1965 IV 403/62, BFHE 82, S.461 (464/65).

3) Vgl. 2. Kapitel Abschnitt A II und B I.

4) Vgl. DORNEMANN, Richard, Aktivierung, a.a.O., S.101; GIMMY, Theodor, Grundsatzfragen aus dem Bilanzsteuerrecht und Gewinnermittlung, in: StKgR 1972, S.151-160, hier S.156, und ZYBON, Adolf, a.a.O., S.617-618.

5) Vgl. GRASS, Adolf, Das steuerrechtliche Problem des Wirtschaftsguts, in: DStR, 7.Jg. (1969), S.313-316, hier S.313. Im gleichen Tenor auch EVERDING, Karl F., Zum Begriff des Wirtschaftsguts und zur Rechnungsabgrenzung, in: StuW, Teil 1, 36.Jg. (1959), Sp.169-180, hier Sp. 172, und ANDERSON, Viktor, Grundsätze ordnungsmäßiger Bilanzierung in der Rechtsprechung der Finanzgerichte, Heidelberg 1965, S.66.

Die Begriffe "Vermögen" bzw. "das Erlangte" sind jedoch viel zu abstrakt, um eine Aussage über das vom Bundesfinanzhof für erforderlich gehaltene Objektivierungsmaß bei der Aktivierung und die dahinterstehende Vermögenskonzeption zuzulassen. Aus der Identität der Wirtschaftsgutdefinition des Bundesfinanzhofs und des Reichsfinanzhofs ergibt sich allenfalls die Hypothese, daß die Aktivierungslehre des Bundesfinanzhofs in den Jahren bis 1965 in den Grundzügen nicht wesentlich von der des Reichsfinanzhofs abweicht. Inwieweit diese Hypothese in der Rechtsprechung Bestätigung findet, muß noch geprüft werden. Hierzu bedarf es einer näheren Betrachtung der vom Bundesfinanzhof vorgenommenen Interpretation der einzelnen Wirtschaftsgutkriterien.

2. Die Konkretisierung der einzelnen Wirtschaftsgutdeterminanten in der Rechtsprechung

a) Das Aufwand-Nutzenkriterium

Grundsätzliche Voraussetzung für das Entstehen eines Wirtschaftsguts ist das Vorliegen von Aufwendungen (Ausgaben). Das Kriterium der "entstandenen Aufwendungen" erfordert allerdings nicht, daß der Kaufmann bei jeder von ihm getätigten Ausgabe prüft, ob sie zu einem Wirtschaftsgut führt - eine solche Vorgehensweise wäre praktisch unmöglich -, sondern der Bundesfinanzhof beschränkt durch die Forderung der "Einmaligkeit der Ausgabe" die Prüfung eines Aktivums auf einen ganz bestimmten Teil der Ausgaben, auf diejenigen, die nicht regelmäßig anfallen. Im allgemeinen geht die Rechtsprechung davon aus, daß regelmäßig wiederkehrende Ausgaben (z.B. Werbekosten) als laufende Betriebsausgaben abzugsfähig sind, nur wenn diese einmalig (stoßweise) anfallen, ergibt sich für den Bundesfinanzhof eine andere Rechtslage[1].

Einmalig anfallende Ausgaben sind jedoch lediglich ein erstes Indiz für das Vorliegen eines Wirtschaftsguts; der durch die Aufwendungen erlangte Vorteil muß außerdem noch nach der Verkehrsauffassung einen zukünftigen, sich über mehrere Jahre erstreckenden greifbaren Nutzen erbringen und nach der Verkehrsauffassung selbständig bewertbar sein.

Für den Bundesfinanzhof ist insbesondere die zweite Wirtschaftsgutvoraussetzung, die des zukünftigen Nutzens, von Bedeutung, da mit ihr die Ausweitung der steuerlichen Aktivierung gegenüber der handelsrechtlichen erreicht wird[2]. Über das Kriterium des zukünftigen Nutzens gelingt dem Bundesfinanzhof vor allem die Einbeziehung derjenigen immateriellen Güter in den Kreis der zu bilanzierenden Aktiva, die im eigenen Betrieb geschaffen wurden und deren Ansatz in der Handelsbilanz schon vor 1965 nach "bewährter kaufmännischer Übung" an ihrer ungenügenden Wertobjektivierung scheitert[3]. Klassische Beispiele hierfür sind nach Meinung

---

1) Vgl. BFH-Urteil vom 9.10.1962 I 167/62 U, BFHE 76, S.16 (18). Im Urteil vom 29.4.1965 IV 403/62 U, BFHE 82, S.462 (464), bejaht der IV. Senat die Aktivierung eines Wegebeitrags unter Hinweis auf die Einmaligkeit des gezahlten Betrages; im Urteil vom 29.10.1969 I 93/64, BFHE 97, S.350 (354), verneint er die Aktivierung von Vermittlungsprovisionen als Wirtschaftsgüter, weil es sich nicht um einmalige, sondern um laufende, regelmäßig wiederkehrende Aufwendungen handelt.

2) Vgl. CURTIUS-HARTUNG, Rudolf, Immaterielle Werte - ohne Firmenwert - in der Ertragsteuerbilanz, in: StbJb 1969/70, S.325-347, hier S.334.

3) Vgl. KROPFF, Bruno, Aktiengesetz, Textausgabe des Aktiengesetzes vom 6.9.1965 und des Einführungsgesetzes zum Aktiengesetz vom 6.9. 1965 mit Begründung des Regierungsentwurfs, Bericht des Rechtsausschusses des Deutschen Bundestages, Verweisungen und Sachverzeichnis, Düsseldorf 1965, S.244.

von Döllerer[1] die Aktivierung von besonderen (geballten) Werbeaufwendungen[2], von Treueprämien an Arbeitnehmer[3] und von Wegebeiträgen zur Teerung von Straßen[4].

Die Ausweitung des steuerlichen Aktivierungsumfangs hat zur Folge, daß insbesondere bei den durch die Ausweitung erfaßten immateriellen Gütern die Feststellung eines zukünftigen, über den Bilanzstichtag hinausgehenden Nutzens mit großen Schwierigkeiten verbunden ist. Wegen der Unbestimmtheit des Nutzenkriteriums und der am Bilanzstichtag unvollkommenen Information über die Zukunft kann das Vorliegen eines betrieblichen Vorteils am Bilanzstichtag nur vermutet werden[5]. Die Bestimmung eines greifbaren Nutzens ist eine intersubjektiv nicht nachprüfbare Annahme[6]. Der Bundesfinanzhof geht deshalb davon aus, daß die vom Bilanzierenden getätigten Aufwendungen, die Ausgaben, den betrieblichen Nutzen widerspiegeln. Im Gutachten vom 5.5.1953 stellt der I. Senat des Bundesfinanzhofs fest: "Betriebsausgaben werden von einem Kaufmann nur getätigt, um einen entsprechenden wirtschaftlichen Erfolg zu erzielen"[7], im Ur-

---

1) Vgl. DÖLLERER, Georg, Rechnungslegung nach dem neuen Aktiengesetz und ihre Auswirkungen auf das Steuerrecht, in: BB, 20.Jg. (1965), S.1405-1417, hier S.1408.

2) Vgl. BFH-Urteil vom 9.10.1962 I 167/62 U, BFHE 76, S.16.

3) Vgl. BFH-Urteil vom 18.3.1965 IV 116/64 U, BFHE 82, S.119.

4) Vgl. BFH-Urteil vom 29.4.1965 IV 403/62 U, BFHE 82, S.461.

5) Vgl. JACOBS, Otto H(elmut), Bilanzierungsproblem, a.a.O., S.87, und PAULICK, Heinz, Immaterielle Güter und Posten der Rechnungsabgrenzung, in: FR, 23. (50.)Jg. (1968), S.449-456 und 483-486, hier S.453-454.

6) Vgl. FREERICKS, Wolfgang, Bilanzierungsfähigkeit, a.a.O., S.331.

7) BFH-Gutachten vom 5.5.1953 I D 2/53 S, BFHE 57, S.583 (585).

teil vom 15.4.1958 heißt es: "Kaufleute pflegen als wirtschaftlich handelnde Menschen keine Aufwendungen zu machen, von denen sie nicht geschäftliche Vorteile erwarten"[1], und im Urteil vom 29.4.1965: "Sie (gemeint ist das Kiesgrubenunternehmen) ist Kaufmann; sie wird sich entsprechende Vorteile davon versprochen haben"[2].

Der Rückgriff auf die getätigten Aufwendungen zur Feststellung eines über den Bilanzstichtag hinausgehenden Nutzens beruht auf dem sogenannten Wirtschaftlichkeitsprinzip[3], d.h. auf der Annahme, daß ein rational handelnder Kaufmann in der Regel keine Aufwendungen tätigen wird, von denen er sich nicht zumindest einen Wert in Höhe dieser Aufwendungen verspricht. Dies führt letztlich zur Orientierung am "Gegebenen" (an den Aufwendungen) anstatt am "Erlangten" (am nachweisbaren Vermögensbestandteil) bei der steuerlichen Aktivierung und damit zu einer Denaturierung des Vermögenscharakters der Steuerbilanz. In der Literatur wird dies als Ausfluß der dynamischen Bilanzlehre Schmalenbachs gewertet[4].

Fraglich bleibt jedoch, ob die obige Auslegung des Nutzenkriteriums und die damit einhergehende Aktivierungsausweitung noch mit dem auch für die Steuerbilanz geltenden Prinzip einer vorsichtigen Bilanzierung[5]

---

1) BFH-Urteil vom 15.4.1958 I 27/57 U, BFHE 66, S.677 (678).

2) BFH-Urteil vom 29.4.1965 IV 403/62 U, BFHE 82, S.461 (464).

3) Vgl. FREERICKS, Wolfgang, Bilanzierungsfähigkeit, a.a.O., S.323.

4) Vgl. zum Beispiel DORNEMANN, Richard, Aktivierung, a.a.O., S. 101; MAY, Gerd, a.a.O., S.93-95, und SAUER, Hans Rolf, a.a.O., S.89.

5) Vgl. BFH-Gutachten vom 26.1.1960 I D 1/58 S, BFHE 70, S.508 (515), sowie BFH-Urteil vom 13.8.1957 I 46/57 U, BFHE 65, S. 307 (309).

vereinbar ist, denn wie die Urteile vom 13.3.1956[1] und vom 22.7.1964[2] zeigen, bejaht der Bundesfinanzhof selbst dann ein Wirtschaftsgut, wenn der zukünftige Nutzen (Vorteil) lediglich in einer Erhöhung der Gewinnmöglichkeiten bzw. in einer Steigerung der Gewinn chancen liegt. Diese äußerst vage Form der Nutzenkonkretisierung scheint jedoch selbst dem Bundesfinanzhof zu wenig faßbar zu sein. Er fordert deshalb, daß es sich um einen nachhaltigen, längerfristigen Nutzen handeln muß, der wesentlich über die Rechnungsperiode hinausgeht. Mit dieser Forderung, die nur bei immateriellen Anlagewerten erhoben wird, will der Bundesfinanzhof dem besonders unsicheren und schwer schätzbaren Charakter dieser Werte Rechnung tragen; sie ist Ausdruck des Vorsichtsgedankens[3]. Im konkreten Fall erbringt das Kriterium des längerfristigen Nutzens allerdings nur ein sehr geringes Mehr an Objektivierung. Zum einen ist der Terminus "längerfristig" zu unbestimmt, zum anderen ist es am Bilanzstichtag wegen der unvollkommenen Information über die Zukunft nicht möglich, die Nutzendauer eines immateriellen Vorteils vorauszusehen. Dies ist der Grund, warum der Bundesfinanzhof aus beträchtlichen Aufwendungen, die über die laufenden hinausgehen, auf einen längerfristigen Nutzen schließt[4].

Insgesamt zeigt sich: Dem Wert-Nutzenkriterium in seiner obigen Konkretisierung kommt in der frühen Rechtsprechung

---

1) Vgl. BFH-Urteil vom 13.3.1956 I 209/55 U, BFHE 62, S.401 (403).

2) Vgl. BFH-Urteil vom 22.7.1964 I 188/62 U, BFHE 80, S.252 (254).

3) Vgl. FREERICKS, Wolfgang, Bilanzierungsfähigkeit, a.a.O., S.324.

4) DÖLLERER spricht in diesem Zusammenhang vom Grundsatz der Gegenwertigkeit der Aufwendungen, der für die Ausweitung des Aktivierungsumfangs in der Steuerbilanz vor dem Inkrafttreten des Aktiengesetzes 1965 verantwortlich ist (vgl. DÖLLERER, Georg, Grundsätze ordnungswidriger Bilanzierung, in: BB, 37.Jg. (1982), S.777-781, hier S.777).

des Bundesfinanzhofs (bis 1965) die Funktion zu, auf einer ersten Stufe - und noch weitgehend unbelastet (unverfälscht) von Objektivierungserwägungen - die Aktivenkonzeption der höchstrichterlichen Finanzjudikatur darzustellen. Der Bundesfinanzhof zeigt, was bei wirtschaftlicher Betrachtungsweise auf der Aktivseite der Bilanz erscheinen sollte. Diese mehr theoretisch orientierte Umschreibung des Aktivierungsgegenstandes muß jedoch auf einer zweiten Stufe eine Konkretisierung erfahren, die seine Praktikabilität gewährleistet. In der frühen Rechtsprechung des Bundesfinanzhofs geschieht dies insbesondere durch das Wirtschaftsgutkriterium der selbständigen Bewertbarkeit.

b) Das Kriterium der selbständigen Bewertbarkeit

Das Kriterium der selbständigen Bewertbarkeit soll, wie oben dargestellt, die aus dem Aufwand-Nutzenkriterium resultierenden Aktivierungsmöglichkeiten einschränken, sie in einem gewissen Umfang objektivieren. Das Maß an Objektivierung zeigt sich dabei in der inhaltlichen Konkretisierung des unbestimmten Begriffs "selbständige Bewertbarkeit" durch die Rechtsprechung.

Ein wirtschaftlicher Vorteil ist nach Auffassung des Bundesfinanzhofs dann einer besonderen Bewertung fähig, wenn er sich nicht ins "Allgemeine verflüchtigt"[1] bzw. "nicht im allgemeinen Geschäftswert aufgeht"[2]. Mit

1) BFH-Urteil vom 28.1.1954 IV 255/53 U, BFHE 58, S.516 (519/20).

2) BFH-Urteil vom 15.4.1958 I 27/57 U, BFHE 66, S.677 (678).

dieser Negativabgrenzung der selbständigen Bewertbarkeit erreicht der Bundesfinanzhof den Ausschluß derjenigen immateriellen Werte, die im originären Geschäftswert aufgehen und deshalb nicht bilanzierungsfähig sind. Denn wie der Bundesfinanzhof im Urteil vom 5.8.1970 (unter Hinweis auf frühere Urteile) deutlich macht, entspricht es seiner ständigen Rechtsprechung, eine Aktivierung des Geschäftswerts auf den Fall der Unternehmensübernahme zu beschränken, wenn der Kaufpreis für das Unternehmen den Wert der einzelnen Wirtschaftsgüter abzüglich der Schulden übersteigt[1].

Über die obige Negativabgrenzung hinaus fordert der Bundesfinanzhof von einem selbständig bewertbaren Wirtschaftsgut, daß es als "Einzelheit von Bedeutung und bei einer Veräußerung greifbar ist."[2] Diese Umschreibung der selbständigen Bewertbarkeit kann als Indikator für die Rückbesinnung auf den Vermögenscharakter der Steuerbilanz gewertet werden[3]. Der in vielen Urteilen enthaltene Verweis auf die Verkehrsauffassung[4], der von Jacobs als Brücke zu den Grundsätzen ordnungsmäßiger Buchführung angesehen wird[5], scheint gleichfalls die These von der Vermögensorientiertheit des Kriteriums selbständige Bewertbarkeit zu bestätigen. Nicht zuletzt spricht hierfür auch, daß Schneider von der materiellen Identität des

---

1) Vgl. BFH-Urteil vom 5.8.1970 I R 180/66, BFHE 100, S.89 (91).

2) BFH-Urteil vom 28.1.1954 IV 255/53 U, BFHE 58, S.516 (519).

3) Vgl. auch HÄCKER, Hans-Dieter, a.a.O., S.78 mit weiteren Nachweisen.

4) Vgl. z.B. BFH-Urteil vom 13.3.1956 I 209/55 U, BFHE 62, S.401 (403), vom 15.4.1958 I 27/57 U, BFHE 66, S.677 (678), und vom 22.2.1962 IV 58/59 U, BFHE 75, S.275 (277).

5) Vgl. JACOBS, Otto H(elmut), Bilanzierungsproblem, a.a.O., S.84.

steuerlichen Aktivierungsmerkmals der selbständigen Bewertbarkeit und des handelsrechtlichen Aktivierungsgrundsatzes der Einzelveräußerbarkeit ausgeht[1].

Betrachtet man allerdings die Auslegung des Selbständigkeits- bzw. Greifbarkeitserfordernisses durch die höchstrichterliche Judikatur näher, so muß man erkennen, daß der Bundesfinanzhof sich nicht an einem Vermögensbegriff orientiert, der die Einzelveräußerbarkeit zum zentralen Aktivierungskriterium erhebt. Für den Bundesfinanzhof ist selbständig bewertbar nicht gleichbedeutend mit einzelveräußerbar.

Die Forderung, ein wirtschaftlicher Wert müsse als "Einzelheit" von Bedeutung sein, entspringt zwar dem auch für die Steuerbilanz geltenden Grundsatz der Einzelbewertung, gleichzeitig schränkt der Bundesfinanzhof dessen Bedeutung als Objektivierungskriterium wieder ein, weil es für die selbständige Bewertbarkeit eines Gutes (im Anschaffungszeitpunkt) nicht entscheidend ist, ob es einen Wert besitzt, sondern ob ihm ein Wert zugerechnet werden kann[2]. Entsprechend dieser Auslegung gilt das Kriterium der Einzelbewertung als erfüllt, wenn ein Betrag, der zur Erlangung eines wirtschaftlichen Vorteils aufgewendet wurde, sich klar und eindeutig von den übrigen Aufwendungen abgrenzen läßt und im Rahmen der sonstigen Aufwendungen nicht unbedeutend ist[3]. Ähnlich wie beim

---

1) Vgl. SCHNEIDER, Dieter, Sieben Thesen zum Verhältnis von Handels- und Steuerbilanz, in: DB, 23.Jg. (1970), S.1697-1705, hier S. 1700-1701.

2) Vgl. FREERICKS, Wolfgang, Bilanzierungsfähigkeit, a.a.O., S.318.

3) Vgl. BFH-Urteil vom 13.8.1957 I 46/57 U, BFHE 65, S.307 (309), vom 9.10.1962 I 167/62 U, BFHE 76, S.16 (18), vom 29.4.1965 IV 403/62 U, BFHE 82, S.461 (464), und vom 4.7.1968 IV 298/63, BFHE 93, S.66 (67), sowie den BFH-Beschluß vom 2.3.1970 Gr.S. 1/69, BFHE 98, S.360 (363).

Nutzenkriterium sind auch hier die Aufwendungen das entscheidende Merkmal; von ihrer Selbständigkeit und nicht von der des "Erlangten" hängt das Vorliegen eines selbständig bewertbaren Wirtschaftsguts ab.

Die zweite, den Vermögensgedanken berücksichtigende Bedingung für die Erfüllung des Kriteriums selbständige Bewertbarkeit bezieht sich auf den Abgangszeitpunkt; der wirtschaftliche Vorteil muß bei einer Veräußerung "greifbar" sein. Wegen der ausdrücklichen Bezugnahme auf die Verkehrsauffassung[1] - die über die Greifbarkeit eines Gutes entscheidet - ergibt sich nach induktivem GoB-Verständnis eine Verbindung zum handelsrechtlichen Aktivierungskriterium der Einzelverkehrsfähigkeit[2], das nach Meinung von van der Velde[3] und des Instituts der Wirtschaftsprüfer[4] als Einzelverkehrsfähigkeit im Verkaufszeitpunkt, als Einzelveräußerbarkeit zu interpretieren ist. Dieser stark objektivierenden Auslegung des Greifbarkeitserfordernisses ist der Bundesfinanzhof nicht gefolgt. In den beiden Urteilen vom 13.3.1956 und 22.7.1964 lehnt er explizit die selbständige (Einzel-) Veräußerbarkeit als Voraussetzung für die Aktivierung eines Wirtschaftsguts ab: " Es kommt nicht darauf an, ob ein Gut selbständig veräußer-

1) Vgl. u.a. BFH-Urteil vom 28.1.1954 IV 255/53 U, BFHE 58, S.516 (519); vom 13.3.1956 I 209/55, BFHE 62, S.401 (403); vom 15.4. 1958 I 27/57 U, BFHE 66, S.677 (678), und vom 22.2.1962 IV 58/ 59 U, BFHE 75, S.275 (277).

2) Vgl. NIEMANN, Ursula, Bilanzierungswahlrechte - Maßgeblichkeit handelsrechtlicher Wahlmöglichkeiten für die steuerrechtliche Gewinnermittlung, Institut Finanzen und Steuern, Heft 98, Bonn 1971, S.48.

3) Vgl. VELDE, Kurt van der, Zur Behandlung immaterieller Wirtschaftsgüter und Rechnungsabgrenzungsposten in der Handels- und in der Steuerbilanz, in: FR, 24. (51.) Jg. (1969), S.439-449, hier S.443.

4) Vgl. Institut der Wirtschaftsprüfer, Zur Frage der Bedeutung aktienrechtlicher Bewertungsvorschriften für das Steuerrecht, in: Wpg, 20.Jg. (1967), S.666-669, hier S.667.

lich oder vererblich ist"[1] bzw. "Hingegen kommt es nicht darauf an, ob ein Gut s e l b s t ä n d i g veräußerlich oder vererblich ist."[2] Für die Rechtsprechung ist ein Gut vielmehr nach der Verkehrsauffassung bei einer Veräußerung greifbar, wenn ein Erwerber des gesamten Betriebes nach kaufmännischer Übung einen durch A u f w e n d u n g e n g e - s c h a f f e n e n G e g e n s t a n d für so wertvoll halten würde, daß er dafür im Rahmen des Gesamtkaufpreises ein besonderes Entgelt ansetzen würde[3]. Durch die Übertragung des Teilwertgedankens (§ 6 Abs.1 EStG) auf die Aktivierung bekommt das Kriterium "Greifbarkeit" eine weite, enttypisierende Bedeutung, denn auch nicht selbständig handelsfähige (nicht verkehrsfähige) Güter können für einen potentiellen Erwerber des Gesamtunternehmens wertvoll sein[4].

Insgesamt zeigt sich: Mit dem Abstellen auf den fiktiven Käufer des Gesamtbetriebes ermittelt der Bundesfinanzhof die Greifbarkeit im Veräußerungszeitpunkt nicht empirisch, als Meinung der Kaufleute, sondern deduktiv, unter Berücksichtigung der steuerlichen Zielsetzung, der Bestimmung eines zumindest tendenziell "richtigen" Peri-

---

1) BFH-Urteil vom 13.3.1956 I 209/55 U, BFHE 62, S.401 (403).

2) BFH-Urteil vom 22.7.1964 I 188/62 U, BFHE 80, S.252 (254), Hervorhebung im Original. Vgl. in diesem Zusammenhang auch KUPSCH, Peter, Sind Zuschüsse und Abstandszahlungen immaterielle Anlagewerte (Wirtschaftsgüter)?, in: Wpg, 30.Jg. (1977), S.663-671, hier S.667.

3) Vgl. BFH-Urteil vom 16.5.1963 IV 379/60 U, BFHE 77, S.220 (222), Hervorhebung im Original. In gleicher oder ähnlicher Form findet sich diese Formulierung auch in den Urteilen vom 15.4.1958 I 27/57 U, BFHE 66, S.677 (678); vom 18.3.1965 IV 116/64 U, BFHE 82, S.119 (122) und vom 29.4.1965 IV 403/62 U, BFHE 82, S.461 (465).

4) Vgl. LEYKUM, Klaus-Dietrich, a.a.O., S.404 und 405.

odenerfolgs[1]. Dem Verweis auf die Verkehrsauffassung kommt somit nurmehr deklaratorische Bedeutung zu; er schlägt nicht die "Brücke" zum handelsrechtlichen Grundsatz der Einzelveräußerbarkeit. Im Urteil vom 29.4.1965 geht der Bundesfinanzhof sogar so weit, seine Interpretation des Wirtschaftsguts nicht nur steuerlich für maßgebend zu erklären, sondern auch den handelsrechtlichen Vermögensgegenstandsbegriff aus steuerlicher Sicht zu interpretieren:"Wenn ein Kaufmann zur Erlangung solcher betrieblicher Vorteile einen einmaligen Betrag aufwendet, der im Rahmen der sonstigen Aufwendungen des Betriebs nicht unbedeutend ist und sich klar und einwandfrei von den übrigen Aufwendungen abgrenzen läßt, so schafft er einen besonderen Wert, der sowohl handels- als auch steuerbilanzmäßig als Wirtschaftsgut (Vermögensgegenstand) zu erfassen ist."[2]

---

1) Vgl. JACOBS, Otto H(elmut), Bilanzierungsproblem, a.a.O., S.84 und 85, und FREERICKS, Wolfgang, Bilanzierungsfähigkeit, a.a.O., S.333. In der Rechtsprechung wird die Ermittlung des "richtigen" bzw. tendenziell "richtigen" Periodenerfolgs als Hauptzweck steuerlicher Bilanzierung vor allem in den Urteilen vom 14.1. 1960 IV 108/58 U, BFHE 70, S.365 (368), vom 29.1.1965 VI 317/63 U, BFHE 81, S.496 (502), und vom 3.2.1969 Gr.S. 2/68, BFHE 95, S.31 (36), betont. Das Urteil vom 29.1.1965 macht dabei die unterschiedliche Zielsetzung von Handels- und Steuerbilanz deutlich (siehe oben).

2) BFH-Urteil vom 29.4.1965 IV 403/62 U, BFHE 82, S.461 (464/465).

II. Die Durchbrechung der Prädominanz des Wirtschaftsguts bei der Bilanzierung von Rechnungsabgrenzungsposten

1. Die Grundsätze des Einkommensteuerrechts und der dynamischen Bilanzauffassung als Bestimmungsfaktor der Periodenabgrenzung

Obgleich schon bei der Frage der Aktivierung von immateriellen Wirtschaftsgütern in Einzelfällen auf die Grundsätze des Einkommensteuerrechts und der dynamischen Bilanzauffassung Bezug genommen wird[1], liegt die eigentliche Bedeutung dieser Grundsätze für die Ansatzfrage bei den Rechnungsabgrenzungsposten. Die meisten Urteile, in denen der Bundesfinanzhof die Grundsätze des Einkommensteuerrechts und der dynamischen Bilanzauffassung bemüht, sind zur Rechnungsabgrenzungspostenbildung ergangen[2]. Bedeutsam ist dabei, daß der Bundesfinanzhof grundsätzlich von der bilanziellen Eigenständigkeit der Rechnungsabgrenzungsposten ausgeht, d.h. nicht fordert, daß Rechnungsabgrenzungsposten die Wirtschafts-

1) Vgl. BFH-Gutachten vom 5.5.1953 I D 2/53 S, BFHE 57, S.583 (584); vom 26.2.1964 I 383/61 U, BFHE 79, S.521 (523), und vom 18.3.1965 IV 116/64 U, BFHE 82, S.119 (122). In den beiden letzten Urteilen wird jedoch auch auf die Wirtschaftsgutdefinition eingegangen.

2) So zum Beispiel in den Urteilen vom 28.1.1954 IV 255/53 U, BFHE 58, S.516; vom 19.12.1957 IV 432/56 U, BFHE 66, S.414; vom 13.5.1958 I 290/56 U, BFHE 67, S.154; vom 14.1.1960 IV 108/58 U, BFHE 70, S.365; vom 15.11.1960 I 189/60 U, BFHE 72, S.126, und vom 4.9.1962 I 198/61 U, BFHE 76, S.14.

guteigenschaften erfüllen müssen[1]. Lediglich in einigen wenigen Urteilen wird die gegenteilige Auffassung vertreten. Hier betont insbesondere der I. Senat, daß aktive und passive Rechnungsabgrenzungsposten nur zulässig sind, wenn sie sich auf positive oder negative Wirtschaftsgüter beziehen[2]. Diese Urteile sind jedoch als atypisch zu verstehen; sie ändern letztlich nichts daran, daß über die Grundsätze des Einkommensteuerrechts und der dynamischen Bilanzauffassung bei den Rechnungsabgrenzungsposten der Grundsatz der Prädominanz des Wirtschaftsguts im Rahmen der höchstrichterlichen Aktivierungslehre durchbrochen wird.

2. Die Prinzipien der Vorsicht und Vereinfachung als "Grenzpfähle" der Periodenabgrenzung

In Anbetracht der im vorangegangenen Abschnitt festgestellten Tendenz, die Aktivierung von Rechnungsabgrenzungsposten ausschließlich mit dem Grundsätzen des Einkommensteuerrechts und der dynamischen Bilanzauffassung zu begründen, stellt sich die Frage, inwieweit ein solches Tun mit dem Gesetz vereinbar ist, denn im Einkommen-

---

1) Vgl. vor allem BFH-Urteil vom 28.1.1954 (IV 255/53 U, BFHE 58, S.516 (523)), in dem der Bundesfinanzhof deutlich macht, daß Aufwendungen nur dann zu aktivieren sind, wenn ein besonders zu aktivierendes Wirtschaftsgut geschaffen wird oder ein "echter" transitorischer Rechnungsabgrenzungsposten vorliegt. Vgl. auch BFH-Urteil vom 1.4.1952 I 13/52 U, BFHE 56, S.365; vom 26.2.1957 I 196/56 U, BFHE 64, S.426; vom 22.5.1958 IV 222/56 U, BFHE 67, S.160, und vom 7.11.1963 IV 396/60 S, BFHE 78, S.311.

2) Vgl. BFH-Urteil vom 15.4.1958 I 27/57 U, BFHE 66, S.677 (679); vom 13.5.1958 I 290/56 U, BFHE 67, S.154 (158), und vom 9.10. 1962 I 167/62 U, BFHE 76, S.16 (18).

steuergesetz findet sich kein Hinweis auf die dynamische Bilanzauffassung bzw. auf die Grundsätze des Einkommensteuerrechts. Das Gesetz verlangt vielmehr das Vorliegen eines Wirtschaftsguts bei der Bilanzierung und die Beachtung der handelsrechtlichen Grundsätze ordnungsmäßiger Buchführung. Auf diesen Gesetzeswortlaut stützt sich die Kritik am Bundesfinanzhof, die ihm vorwirft, seiner Aktivierung von Rechnungsabgrenzungsposten über die Grundsätze des Einkommensteuerrechts und der dynamischen Bilanzauffassung fehle die gesetzliche Grundlage, es handle sich um eine Auslegung contra legem[1)].

Der Bundesfinanzhof antizipiert die an seiner Rechtsprechung zu den Rechnungsabgrenzungsposten geübte Kritik und stellt in den beiden Urteilen vom 1.4.1952 und vom 8.9.1953 die Verbindung zwischen den Grundsätzen ordnungsmäßiger Buchführung und der dynamischen Bilanzauffassung her, indem er die dynamische Bilanztheorie als Grundsatz ordnungsmäßiger Bilanzierung deklariert: "Nach den allgemeinen Bilanzierungsgrundsätzen, wie sie insbesondere in der Lehre von der Dynamischen Bilanz vertreten werden"[2)] bzw. "Die Regelung ... wird man solange anerkennen müssen, als nicht der Nachweis geführt wird, daß sie ordnungsmäßigem betriebswirtschaftlichen Denken und damit den Grundsätzen der dynamischen Bilanz widerspricht"[3)]. Eine Begründung für die Gleichsetzung von

---

1) Vgl. HÄCKER, Hans-Dieter, a.a.O, S.79. HARTZ spricht in diesem Zusammenhang davon, daß aus dem Gesetz nicht abzuleiten ist, "daß etwa die dynamische Bilanzlehre im Sinne SCHMALENBACHS die dem Bilanzsteuerrecht zugrunde liegende Bilanzbetrachtung sei" (HARTZ, (Wilhelm), Entwicklungen im Bilanzsteuerrecht, besonders zu Fragen der Ordnungsmäßigkeit der Buchführung, in: StKgR 1968, S.56-95, hier S.81) .

2) BFH-Urteil vom 1.4.1952 I 13/52 U, BFHE 56, S.365 (367).

3) BFH-Urteil vom 8.9.1953 I 33/53 U, BFHE 58, S.70 (78).

dynamischer Bilanzauffassung und den Grundsätzen ordnungsmäßiger Buchführung sucht man jedoch vergebens. In der Literatur wird die Interpretation der Grundsätze ordnungsmäßiger Buchführung bzw. Bilanzierung im Sinne der dynamischen Bilanzlehre z.T. heftig kritisiert[1]. Selbst der spätere Präsident des Bundesfinanzhofs von Wallis sieht in der dynamischen Bilanzauffassung nicht die Verkörperung eines Grundsatzes ordnungsmäßiger Buchführung[2].

Mit der Interpretation der Grundsätze ordnungsmäßiger Buchführung im Sinne der dynamischen Bilanztheorie entkräftet zwar der Bundesfinanzhof zumindest vordergründig den Vorwurf, seinem Rückgriff auf die Grundsätze der dynamischen Bilanzauffassung bei der Aktivierung von Rechnungsabgrenzungsposten fehle die rechtliche Grundlage. Die dynamische Argumentation hat jedoch zur Folge, daß der Aktivierungsumfang über den nur schwer faßbaren Grundsatz der Periodenabgrenzung weitgehend in das Ermessen der Beteiligten gestellt wird. Der Grundsatz der Periodenabgrenzung birgt die Gefahr einer unkontrollierten Ausweitung des Aktivierungsumfangs in sich. Der Bundesfinanzhof scheint dies erkannt zu haben, denn er betont immer wieder, daß der an sich richtige Grundsatz der

---

1) Vgl. ANDERSON, Viktor, Grundsätze, a.a.O., S.46-47 und S.57; HÄCKER, Hans-Dieter, a.a.O., S.79; MINZ, Willy, Grundsätze ordnungsmäßiger Bilanzierung und dynamische Bilanzlehre, in: Wpg, 18.Jg. (1965), S.148-151,und SAAGE, Gustav, Die Grundsätze ordnungsmäßiger Buchführung aus der Sicht des neuen Aktienrechts, in: NB, 20. Jg. (1967), S.1-20, hier S.8. Anderer Ansicht allerdings WEBER, Manfred, Zur Lehre vom Wirtschaftsgut, Berlin 1969, S.30-33, der die dynamische Interpretation der Grundsätze ordnungsmäßiger Buchführung bejaht.

2) Vgl. WALLIS, (Hugo) von, Die Grundsätze ordnungsmäßiger Buchführung und das Steuerrecht aus der Sicht des AktG 1965, in: NB, 20.Jg. (1967), S.21-31, hier S.23.

Periodenabgrenzung nicht überspannt werden darf, und setzt dem Prinzip der periodengerechten Aufwandsumrechnung die Grundsätze der Vorsicht und Vereinfachung als "Grenzpfähle" entgegen[1].

Wer allerdings glaubt, durch die beiden genannten Prinzipien der Vereinfachung und der Vorsicht ließen sich relativ ermessensfreie Grenzen der periodengerechten Aufwandsverteilung bestimmen, der wird angesichts der Auslegung dieser beiden Grundsätze durch die Rechtsprechung schnell eines Besseren belehrt. Mit dem Vorsichtsgrundsatz orientiert sich der Bundesfinanzhof zwar an einem der ältesten Grundsätze handelsrechtlicher Bilanzierung - Saage bezeichnet ihn als oberstes Prinzip handelsrechtlicher Rechnungslegung überhaupt[2] - , im konkreten Fall ordnet er jedoch den Vorsichtsgedanken dem dynamischen Grundsatz der Periodenabgrenzung unter[3]. Vorsichtig bilanzieren heißt für den Bundesfinanzhof bei Rechnungsabgrenzungsposten, dann von einer Abgrenzungspflicht abzusehen, wenn zwischen der vorangegangenen Ausgabe und dem Ertrag einer späteren Rechnungsperiode k e i n erkennbarer ursäch-

---

1) Vgl. BFH-Urteil vom 13.8.1957 I 46/57 U, BFHE 65, S.307 (309); vom 13.5.1958 I 290/56 U, BFHE 67, S.154 (159), und vom 9.10. 1962 I 167/62 U, BFHE 76, S.16 (18). Im Urteil vom 19.12.1957 geht der IV.Senat des Bundesfinanzhofs sogar so weit, die Warnung vor einer Überspannung des Grundsatzes der Periodenabgrenzung damit zu begründen, daß "das Einkommensteuerrecht den Grundsatz nicht kennt, daß steuerlich nur der betriebswirtschaftlich richtige Periodengewinn erfaßt werden darf" (BFH-Urteil vom 19.12.1957 IV 432/56 U, BFHE 66, S.414 (418)).

2) Vgl. SAAGE, Gustav, Grundsätze, a.a.O., S.6. Vgl. in diesem Zusammenhang auch das BFH-Urteil vom 25.8.1955 IV 510/53 U, BFHE 61, S.284 (286).

3) "Voraussetzung ist hierbei, daß die Stetigkeit der Gewinnermittlung nicht beeinträchtigt wird" (BFH-Urteil vom 19.12.1957 IV 432/56 U, BFHE 66, S.414 (418)).

licher Zusammenhang besteht, der es gestattet, die Ausgabe dem Ertrag des späteren Wirtschaftsjahres eindeutig abgrenzbar (als Aufwand) zuzurechnen[1]. Nur das fehlende objektivierte Verteilungs- (Zurechnungs-)kriterium hindert den Bundesfinanzhof in diesen Fällen, den an sich richtigen Grundsatz der periodengerechten Aufwandsverteilung durchzusetzen.

Ähnlich wie die Bedeutung des Grundsatzes der Vorsicht ist auch die Bedeutung des Grundsatzes der Vereinfachung zu sehen. Wie der Bundesfinanzhof im Urteil vom 13.5.1958 zum Ausdruck bringt, muß der mit der Abgrenzung einhergehende Buchungsaufwand in einem angemessenen Verhältnis zum Abgrenzungsziel der periodengerechten Aufwandsverteilung stehen. Bei regelmäßig wiederkehrenden und laufenden Ausgaben kann aus diesen Erwägungen heraus, "eine Pflicht zur Rechnungsabgrenzung entfallen ..., wenn sich die Ausgaben auf die Höhe des Erfolgs und auf das Bilanzbild nur in ganz unbedeutendem Umfang auswirken"[2]. Führt, wie im vorliegenden Urteil, eine Nichtaktivierung aber zu einer wesentlichen Veränderung des auszuweisenden Gewinns und damit zu einer Verzerrung der "Bilanzbilder" in einer mit den Grundsätzen dynamischer Bilanzbetrachtung nicht zu vereinbarenden Weise, dann ist von einer Aktivierungspflicht auszugehen. Dies gilt um so mehr, als der Aktivposten leicht zu ermitteln ist[3]. Der Vereinfachungsaspekt beinhaltet somit lediglich den Ausschluß geringfügiger Rechnungsabgrenzungsposten, die das Ziel der periodengerechten Aufwandsabgrenzung nicht wesentlich beeinträchtigen.

---

1) Vgl. BFH-Urteil vom 28.1.1954 IV 255/53 U, BFHE 58, S.516 (523); vom 19.12.1957 IV 432/56 U, BFHE 66, S.414 (417/418), und vom 13.5.1958 I 290/56 U, BFHE 67, S.154 (159).

2) BFH-Urteil vom 13.5.1958 I 290/56 U, BFHE 67, S.154 (159).

3) Vgl. BFH-Urteil vom 13.5.1958 I 290/56 U, BFHE 67, S.154 (159).

III. Das in der älteren Rechtsprechung des Bundesfinanzhofs zum Ausdruck kommende Objektivierungsmaß

Die in den vorangegangenen Abschnitten analysierte Rechtsprechung des Bundesfinanzhofs zu den immateriellen Wirtschaftsgütern und zu den Rechnungsabgrenzungsposten zeigt, daß der Bundesfinanzhof im immateriellen Bereich den Bilanzansatz unterschiedlich begründet. Bei der Aktivierung der immateriellen Wirtschaftsgüter rekurriert er auf die Wirtschaftsgutdefinition und prüft, ob die einzelnen Wirtschaftsgutdeterminanten erfüllt sind, bei der Aktivierung von Rechnungsabgrenzungsposten orientiert er sich an den Grundsätzen des Einkommensteuerrechts und der dynamischen Bilanzauffassung sowie an dem Vorsichts- bzw. Vereinfachungsgrundsatz.

Hinsichtlich des vom Bundesfinanzhof bei der Aktivierung für erforderlich gehaltenen Maßes an Objektivierung läßt sich bei der Gruppe der immateriellen Wirtschaftsgüter in der Tendenz eine Fortführung der alten RFH-Rechtsprechung feststellen: Das Wert-Nutzenkriterium dient zur Umschreibung des bei wirtschaftlicher Betrachtungsweise zu aktivierenden Vermögensteils, es ist Ausdruck einer theoretisch für wünschenswert erachteten Vermögenskonzeption und besitzt keine größere eigenständige Objektivierungsfunktion. Erst über die (weitere) Voraussetzung der selbständigen Bewertbarkeit erfährt das Ansatzkriterium Wirtschaftsgut seine eigentliche Konkretisierung. Die vom Bundesfinanzhof in diesem Zusammenhang vorgenommene Interpretation des Kriteriums der selbständigen Bewertbarkeit macht deutlich, daß der Bundesfinanzhof - ebenso wie schon der Reichsfinanzhof - eine objektivierte

Ansatzregelung (im Sinne einer Beschränkung des Kreises der Aktiva auf einzelveräußerbare Vermögensteile) ablehnt. Für ihn ist ein Gut vielmehr selbständig bewertbar, wenn ihm im Anschaffungszeitpunkt ein klar abgrenzbarer Wert z u g e r e c h n e t werden kann (Zugangskontrolle) und am Bilanzstichtag dieser Wert "als solcher" wirtschaftlich noch vorhanden ist. Das wirtschaftliche Vorhandensein am Bilanzstichtag wird dabei unter Rückgriff auf den Teilwertgedanken bestimmt, d.h. eine intersubjektiv nachprüfbare Abgangskontrolle findet nicht statt.

Die Objektivierung des Bilanzansatzes bei immateriellen Wirtschaftsgütern beschränkt sich in der frühen Rechtsprechung des Bundesfinanzhofs somit hauptsächlich auf den Zugangszeitpunkt (wenn man von der fiktiven Abgangskontrolle über den Teilwertgedanken einmal absieht). Im Zugangszeitpunkt fragt der Bundesfinanzhof aber nicht danach, ob ein selbständiger Wert als solcher entstanden ist, sondern sieht die selbständige Bewertbarkeit dann als erfüllt an, wenn die getätigten Aufwendungen sich klar und eindeutig von den sonstigen Aufwendungen abgrenzen lassen. Dies bedeutet: Aus der Ansatzobjektivierung wird eine Wertzurechnungs-, eine Bewertungsobjektivierung, die diejenigen längerfristig wirkenden Ausgaben von der Aktivierung ausschließt, die sich nicht eindeutig zurechnen lassen.

Die nicht auf den Begriff des Wirtschaftsguts rekurrierende Begründung des Ansatzes von Rechnungsabgrenzungsposten könnte vordergründig als eine Ausweitung der Aktivierung verstanden werden, die über den Begriff des Wirtschaftsguts hinausgeht. Bei näherer Betrachtung ist diese Feststellung jedoch nicht haltbar. Es scheint vielmehr so zu sein, daß der Bundesfinanzhof mit den Grundsätzen des Einkommensteuerrechts und der dynamischen Bilanzauffassung - ebenso wie bei der Wirtschaftsgutdefinition mit dem Wert-Nutzenkriterium - das theoretisch Wünschenswerte umschreiben will und dann - auf einer zweiten Stufe - praktikabilitätsbedingte Abstriche macht. Diese Abstriche werden mit dem Grundsatz der Vorsicht und der Vereinfachung begründet. Die aus dem Grundsatz der Vereinfachung resultierende Forderung, daß nur wesentliche Beträge abgegrenzt werden, ist auch im Wert-Nutzenkriterium enthalten, eine von der Bilanzierung der immateriellen Werte unterschiedliche Aktivenbegründung ist unter diesem Gesichtspunkt nicht zu rechtfertigen. Was hat den Bundesfinanzhof aber dann bewogen, sich bei den Rechnungsabgrenzungsposten von der Wirtschaftsgutdefinition zu lösen? Die Antwort gibt die Auslegung des Grundsatzes der Vorsicht durch den Bundesfinanzhof. Vorsichtig bilanzieren heißt für den Bundesfinanzhof, von der Pflicht zur Periodenabgrenzung abzusehen, wenn eine eindeutig abgrenzbare Zurechnung der Ausgabe zu den Erträgen der späteren Jahre nicht möglich ist. Dies bedeutet: Schwerpunkt der Objektivierungsbemühungen des Bundesfinanzhofs bei den Rechnungsabgrenzungsposten ist die Einschränkung der Manipulationsmöglichkeiten bei der Verteilung der Ausgaben auf die späteren Perioden.

Die Objektivierung ist sowohl bei den immateriellen Wirtschaftsgütern als auch bei den Rechnungsabgrenzungsposten als Bewertungsobjektivierung zu verstehen, insoweit ergeben sich keine Divergenzen. Unterschiedlich ist jedoch der Zeitpunkt, in dem eine objektivierte Bewertung möglich sein muß, damit die Aktivierungspflicht bejaht wird. Bei der Wirtschaftsgutdefinition als Ansatzvoraussetzung für immaterielle Werte dominiert der Zugangszeitpunkt. Im Zeitpunkt des Zugangs müssen sich die Aufwendungen für den betreffenden Vorteil klar und eindeutig von den sonstigen Aufwendungen abheben. Bei den Rechnungsabgrenzungsposten dominiert der Verteilungszeitraum; eine eindeutig abgrenzbare Zurechnung zu den Erträgen muß möglich sein. Die Durchbrechung der Prädominanz des Wirtschaftsguts als zentrales Ansatzkriterium bei den Rechnungsabgrenzungsposten kann somit nicht unbedingt als Ausfluß einer Aktivenerweiterung interpretiert werden; die unterschiedlichen Begründungsansätze resultieren vielmehr aus den Eigenarten der beiden Aktivpositionen immaterielle Wirtschaftsgüter und Rechnungsabgrenzungsposten, die nach Auffassung des Bundesfinanzhofs eine Bewertungsobjektivierung zu unterschiedlichen Zeitpunkten erfordern.

Die vom Bundesfinanzhof im Rahmen der Aktivierung für notwendig gehaltenen Objektivierungserfordernisse besitzen letztlich nur die Funktion von Mindestobjektivierungsinstrumenten, die im Interesse steuertechnischer Praktikabilitätsüberlegungen die Ansatzfrage von einer intersubjektiv nachprüfbaren Bewertung abhängig machen. Unter steuerlichen Gesichtspunkten (periodengerechte Gewinnermittlung) mag dem Bundesfinanzhof diese Mindestobjektivierung genügen, mit dem im Gesetz verankerten Prinzip der Maßgeblichkeit der handelsrechtlichen Grundsätze ordnungsmäßiger Buchführung ist eine solche Bilanzierungsweise aber nicht vereinbar, denn die handelsrechtlichen Grundsätze ordnungsmäßiger Buchführung sind nun einmal an den Zielen der Handelsbilanz ausgerichtet, und diese sind, wie der Bundesfinanzhof im Urteil vom 29.1.1965 selbst feststellt, die Wahrung der Interessen der Gesellschafter und der Schutz der Gläubiger und nicht (wie im Bilanzsteuerrecht) die vollständige und periodengerechte Erfassung des Betriebsgewinns[1]. Es ist daher nur allzu verständlich, wenn die Kritiker der BFH-Rechtsprechung die fehlende Beachtung der handelsrechtlichen Grundsätze ordnungsmäßiger Buchführung rügen und eine Rückbesinnung auf den "abgeleiteten" Charakter der Steuerbilanz fordern[2].

---

1) Vgl. BFH-Urteil vom 29.1.1965 VI 317/63 U, BFHE 81, S.496 (502).

2) Vgl. insbesondere ECKHARDT, der von bloßen Lippenbekenntnissen bei dem Bekenntnis zum Grundsatz der Maßgeblichkeit der Handelsbilanz für die Steuerbilanz spricht (vgl. ECKHARDT, Walter, Die Maßgeblichkeit der Handelsbilanz für die Steuerbilanz, in: BB, 15.Jg. (1960), S.1213-1216 hier S.1213), und FRIEDRICH, der angesichts der Rechtsprechung zur Aktivierung zum Ergebnis kommt, man könne glauben, daß es keinen § 5 EStG und keinen Maßgeblichkeitsgrundsatz gäbe (vgl. FRIEDRICH, Werner, Aktivierung in der Steuerbilanz bei handelsrechtlichem Aktivierungsverbot, in: BB, 13.Jg. (1958), S.921-924, hier S.921). Vergleiche zum Verhältnis von Steuerbilanzzielen und Maßgeblichkeitsprinzip auch SAELZLE, Rainer, Steuerbilanzziele und Maßgeblichkeitsprinzip, in: AG, 22.Jg. (1977), S.181-189.

B. Die Rückbesinnung auf den "abgeleiteten" Charakter der Steuerbilanz in der Rechtsprechung nach 1965

I. Der Einfluß der Aktienrechtsreform von 1965 auf den Aktivierungsumfang in der Steuerbilanz

Mit der Aktienrechtsreform von 1965 hat der Gesetzgeber in den §§ 152 Abs.9, 153 Abs.3 und 153 Abs.5 den Ansatz der nicht körperlichen Bilanzpositionen (Rechnungsabgrenzungsposten, immaterielle Anlagewerte und Geschäftswert) abschließend geregelt. Im Gefolge dieser Neufassung der aktienrechtlichen Aktivierungsnormen haben zwei Problemkreise an Gewicht gewonnen:

1. Die Frage, ob die obengenannten Vorschriften als Kodifizierung allgemein geltender Grundsätze ordnungsmäßiger Buchführung anzusehen und deshalb auch für andere Rechtsformen verbindlich sind, und

2. die Frage, welche Konsequenzen sich hieraus für das Bilanzsteuerrecht, d.h. für die Einkommensteuerbilanz, ergeben.

Die Meinungen im Schrifttum zu den beiden genannten Problemkreisen sind höchst unterschiedlich. So sprechen zum Beispiel Littmann[1], Barske[2] und Schrader[3] dem

---

1) Vgl. LITTMANN, Eberhard, Die aktienrechtlichen Rechnungslegungsvorschriften vom 6. September 1965 in der Sicht des Bilanzsteuerrechts, in: DStR, 4.Jg. (1966), S.233-241, hier S.236.

2) Vgl. BARSKE, K(urt), Gedanken zum Verhältnis der Handelsbilanz zur Steuerbilanz, in: DB, 17.Jg. (1964), S.1569-1570, hier S.1570.

3) Vgl. SCHRADER, Helmut, Zu den Auswirkungen des Aktiengesetzes 1965 auf das Bilanzsteuerrecht, in: DB, 19.Jg. (1966), S.1144-1147, hier S.1144-1145.

Aktiengesetz grundsätzlich jeglichen Einfluß auf die steuerliche Aktivierung ab, weil Bewertung u n d Ansatz in der Steuerbilanz allein nach den §§ 6 und 7 EStG zu beurteilen seien. Handelsrechtliche Grundsätze spielten hierbei "nicht die geringste Rolle"[1]; der Streit um den GoB-Charakter aktienrechtlicher Bilanzierungsnormen tangiere die Rechtsprechung des Bundesfinanzhofs nicht. Der überwiegende Teil der Autoren lehnt eine solche Interpretation ab. Unter Hinweis auf die in § 5 Satz 1 EStG verankerte Maßgeblichkeit der handelsrechtlichen Grundsätze ordnungsmäßiger Buchführung sehen sie diejenigen aktienrechtlichen Bilanzierungsvorschriften als steuerlich bedeutsam an, die als kodifizierter Ausdruck der allgemein geltenden handelsrechtlichen Grundsätze ordnungsmäßiger Buchführung gelten[2]. Dies bedeutet: Ob aktienrechtliche Gesetzesnormen einen Grundsatz ordnungsmäßiger Buchführung beinhalten, besitzt sehr wohl unmittelbare steuerliche Wirkung.

Nun gibt es bei der Feststellung des GoB-Charakters von aktienrechtlichen Rechnungslegungsvorschriften Maximalisten und Minimalisten. Die einen deklarieren sämtliche Aktivierung- und Passivierungsnormen bzw. sämtliche Bilanzierungsvorschriften des Aktiengesetzes als

---

1) SCHRADER, Helmut, a.a.O., S.1144.

2) Vgl. POUGIN, Erwin, Die Rechnungslegungsvorschriften des neuen Aktiengesetzes als Grundsätze ordnungsmäßiger Buchführung, in: Wirtschaftsprüfer im Dienst der Wirtschaft, Festschrift für Ernst KNORR, hrsg. von Erwin POUGIN und Klaus v. WYSOCKI, Düsseldorf 1968, S.215-255, hier S.224-228, sowie HERRMANN/HEUER, Kommentar zur Einkommensteuer und Körperschaftsteuer einschließlich Nebengesetze, von Carl HERRMANN, Gerhard HEUER u.a., 18. Aufl., Bd.3, Köln-Marienburg 1950/77, Erl. zu § 5 Anm.18 und die dort genannte Literatur.

Grundsätze ordnungsmäßiger Buchführung[1], die anderen nur einzelne[2]. Angesichts der vorliegenden Fragestellung nach dem Einfluß der Aktienrechtsreform auf den Aktivierungsumfang in der Rechtsprechung ist dieser Streit aber müßig, denn auch die Vertreter der eingeschränkten Maßgeblichkeit der aktienrechtlichen Bilanzierungsnormen (nur wenn diese kodifizierte Grundsätze ordnungsmäßiger Buchführung sind) gehen davon aus, daß die für die Aktivierung der immateriellen Güter relevanten §§ 153 Abs.3, 152 Abs.9 und mit Einschränkungen 153 Abs.5 allgemein geltende Grundsätze ordnungsmäßiger Buchführung darstellen[3].

---

1) Vgl. GAIL, Winfried, Steuerliche Anerkennung der aktienrechtlichen Aktivierungsverbote, in: Wpg, 22.Jg. (1969), S.273-277, hier S.274; RISSE, Heinz, Ordnungsmäßigkeit der Buchführung und Bilanzwahrheit, in: BB, 21.Jg. (1966), S.789-791, hier S.789; RÖVER, Maria, Sind die aktienrechtlichen Vorschriften Grundsätze ordnungsmäßiger Bilanzierung?, in: Wirtschaftsprüfung im neuen Aktienrecht, Bericht über die Fachtagung des Instituts der Wirtschaftsprüfer in Deutschland e.V. am 29. und 30. September 1966 in Frankfurt/M., Düsseldorf 1966, S.93-104, hier insbesondere S.103, und SAAGE, Gustav, Die Bedeutung der aktienrechtlichen Bilanzierungsvorschriften für die steuerliche Gewinnermittlung, in: DB, 21.Jg. (1968), S.361-368 u. 407-412, hier S.363/364.

2) Vgl. DÖLLERER, Georg, Rechnungslegung nach dem neuen Aktiengesetz und ihre Auswirkungen auf das Steuerrecht, in: BB, 20.Jg. (1965), S.1405-1417, hier S.1405 und 1417; KORMANN, Berthold, Bilanzrechtliche Thesen zur Aktienrechtsreform 1965, in: DB, 19.Jg. (1966), S.1777-1780, hier S.1777; STEINBACH, Adalbert, Die Rechnungslegungsvorschriften des Aktiengesetzes 1965 aus der Perspektive eines neuen Systems der "Grundsätze ordnungsmäßiger Bilanzierung" (GoB), Wiesbaden 1973, S.222-223; THIEL, Rudolf, Die Bilanzierungsnormen des Aktienrechts und ihre Bedeutung für die Steuerbilanz, in: StbJb 1969/70, S.255-285, hier S.265-266, und VOGEL, Horst, Auswirkungen des Aktiengesetzes 1965 auf das Bilanzsteuerrecht, in: DB, 19.Jg. (1966), S.909-912, hier S.910.

3) Vgl. hierzu insbesondere DÖLLERER, Georg, Steuerliche Bemerkungen zum neuen Aktienrecht, in: BB, 22.Jg. (1967), S.1261-1263, hier S.1261; aber auch KROPFF, Bruno, Grundsätze der Rechnungslegung nach dem Aktiengesetz 1965, in: NB, 19.Jg. (1966), S.58-62, hier S.59 u. 60, und PAULICK, Heinz, Der Einfluß des neuen Aktiengesetzes vom 6.9.1965 auf die steuerliche Gewinnermittlung, in: StKgR 1966, S.176-200, hier S.179-187 und S.198 (In der Bewertung des Geschäftswerts durch den Bundesfinanzhof sieht PAULICK allerdings eine Durchbrechung der Grundsätze ordnungsmäßiger Buchführung).

Neben der grundsätzlichen Bedeutung aktien- (handels-) rechtlicher Bilanzierungsnormen für das Bilanzsteuerrecht wird im Gefolge der Aktienrechtsreform 1965 in der Literatur aber noch ein zweiter Aspekt höchst kontrovers diskutiert, der materielle Gehalt der gesetzlichen Regelungen. Für den hier zu behandelnden Bereich der immateriellen Güter ist dies vor allem die Diskussion um den Inhalt der §§ 153 Abs.3 und 152 Abs.9 AktG 1965. Bei § 153 Abs.3 geht es hierbei um drei Einzelprobleme, um die Umschreibung des Aktivierungsgegenstandes[1], des Begriffs immaterieller Anlagewert, um die Definition der Ansatzvoraussetzung entgeltlicher Erwerb[2] und um

---

1) ADLER/DÜRING/SCHMALTZ und MELLEROWICZ-BRÖNNER gehen in diesem Zusammenhang von einer weiten Definition der immateriellen Anlagewerte aus (auch Werte die keine Rechte darstellen), während vor allem MOXTER unter Hinweis auf die Konkretisierung des Begriffs immaterielle Anlagewerte im Gliederungsschema (Position II A 8 Konzessionen, gewerbliche Schutzrechte und ähnliche Rechte sowie Lizenzen an solchen Rechten) eine enge Definition der immateriellen Anlagewerte vertritt und Nichtrechte von der Aktivierung ausschließt (vgl. ADLER/DÜRING/SCHMALTZ, a.a.O., Erl. zu § 153 Tz 115; MELLEROWICZ-BRÖNNER, Rechnungslegung und Gewinnverwendung der Aktiengesellschaft, Sonderausgabe aus "Aktiengesetz", Großkommentar, Bd.2 (3. Auflage), Berlin 1970, Erl. zu § 153 Anm.80, sowie MOXTER, Adolf, Aktivierungsgrenzen, a.a.O., S.821 u. 824).

2) Bei der Frage des entgeltlichen Erwerbs kann man grundsätzlich drei Interpretationsrichtungen unterscheiden. BIRCKHOLZ und MUTZE sehen den entgeltlichen Erwerb schon als erfüllt an, wenn beim Unternehmen Aufwendungen zur Schaffung eines immateriellen Vorteils anfallen (vgl. BIRCKHOLZ, HANS, Das neue Aktienrecht in steuerlicher Sicht, in: BB, 21.Jg. (1966), S.709-716, hier S. 710 u. 711; MUTZE, Otto, Grundsatzfragen der Bilanzierung und Aktienrechtsreform, in: Wpg, 18.Jg. (1965), S.169-178, hier S. 170). Demgegenüber betonen vor allem DÖLLERER, KROPFF und SAAGE, daß von einem entgeltlichen Erwerb nur dann gesprochen werden kann, wenn der immaterielle Anlagewert selbst Objekt des Erwerbsvorgangs gewesen ist, d.h. er muß als Einzelheit auf dem Markt gegen die Zahlung eines Entgelts von einem Dritten erworben sein (vgl. DÖLLERER, Georg, Maßgeblichkeit, a.a.O., S.505; KROPFF, Bruno, Übergangsfragen zu den Rechnungslegungsvorschriften des Aktiengesetzes 1965, in: DB, 19.Jg. (1966), S.669-677 u. 709-713, hier S.673; SAAGE, Gustav, Veränderte Grundlagen der Gewinnermittlung nach Handels- und Steuerrecht, in: DB, 22.Jg. (1969), S.1661-1667 u. 1709-1714, hier S.1710). Die dritte Interpretationsrichtung wird von MOXTER vertreten. Da für ihn die Konkretisierung des "Erworbenen" über § 151 Abs.1 Aktivseite II A 8 AktG erfolgt, sind diesbezügliche Versuche über den entgeltlichen Erwerb seiner Meinung nach abzulehnen. Entgeltlicher Erwerb heißt: Vorteilszugang ohne Rücksicht auf dessen Konkretisierung gegen Entgelt von einem Dritten (vgl. MOXTER, Adolf, Die Aktivierungsvoraussetzung "entgeltlicher Erwerb", a.a.O., S.1807).

die Frage, ob § 153 Abs.3 AktG ein "echtes" Ansatzwahlrecht beinhaltet oder lediglich die selbsterstellten Güter von der Aktivierung ausschließt (in Verbindung mit einer Ansatzpflicht für die derivativ erworbenen)[1]. Bei den Rechnungsabgrenzungsposten stehen sich im Grundsatz zwei Interpretationsrichtungen gegenüber, die besonders deutlich von Albach und Döllerer vertreten werden. Während Albach sich damit begnügt, daß Zahlungen erfolgt sind, die wirtschaftlich einer bestimmten Zeit in der Zukunft zurechenbar sein müssen, d.h. die bestimmte Zeit in den Vordergrund seiner Überlegungen rückt[2], verlangt Döllerer bei der Aktivierung von

1) Für ein Ansatzwahlrecht plädieren ADLER/DÜRING/SCHMALTZ, a.a.O., Erl. zu § 153 Tz 117 u. 118; CLAUSEN, in: Kölner Kommentar zum Aktiengesetz, von Kurt H. BIEDENKOPF u.a., hrsg. v. Wolfgang ZÖLLNER, Bd. 2, 1. Lieferung, Köln - Berlin - Bonn - München 1971, Erl. zu § 153 Rdnr. 29 und 30; FORSTER, Karl-Heinz, Möglichkeiten und Grenzen einer vorsichtigen Bewertung, in: Wirtschaftsprüfung im neuen Aktienrecht, Bericht über die Fachtagung des Instituts der Wirtschaftsprüfer in Deutschland e.V. am 29. und 30. September 1966 in Frankfurt/M., Düsseldorf 1966, S.21-34, hier S.26; GODIN/WILHELMI, Aktiengesetz vom 6. September 1965, Kommentar, 3. Aufl., bearbeitet von Hans WILHELMI und Sylvester WILHELMI, Berlin 1967, Erl. zu § 153 Anm.5; Hauptfachausschuß des Instituts der Wirtschaftsprüfer, Sonderausschuß Neues Aktienrecht, Stellungnahme NA 1/1968: Zum Ausweis und zur Bewertung von Gegenständen des Anlagevermögens, in: Wpg., 21.Jg. (1968), S.72-73, hier S.73; KROPFF, Bruno, Bilanzwahrheit und Ermessensspielraum in den Rechnungslegungsvorschriften des Aktiengesetzes 1965, in: Wpg, 19.Jg. (1966), S.369-380, hier S.374, und NIEMANN, Ursula, Die steuerliche Bilanzierung von immateriellen Wirtschaftsgütern und aktiven Rechnungsabgrenzungsposten unter Berücksichtigung des Aktiengesetzes 1965, hrsg. vom Institut Finanzen und Steuern, Brief Nr. 104, Bonn 1968, S.8. Eine andere Auffassung vertreten BOELKE, Wilfried, Die Bewertungsvorschriften des Aktiengesetzes 1965 und ihre Geltung für die Unternehmen in anderer Rechtsform, Berlin 1970, S.141; DÖLLERER, Georg, Rechnungslegung, a.a.O., S.1408; MAUL, Karl-Heinz, Immaterielle Anlagewerte im Jahresabschluß der Aktiengesellschaften - Ein Beitrag zur Interpretation des § 153 Abs.3 AktG, in: ZfbF, 25.Jg. (1973), S.16-28, hier S.27, und MOXTER, Adolf, Bilanzlehre, a.a.O., S.436. Die letztgenannten Autoren gehen davon aus, daß der Wortlaut des § 153 Abs.3 "dürfen nur" lediglich die selbsterstellten immateriellen Anlagewerte von der Aktivierung ausschließt und nicht zur Präjudizierung eines Ansatzwahlrechts dient. Eine Ansatzpflicht ergibt sich nach ihrer Auffassung aus dem Sinnzusammenhang, in dem § 153 Abs.3 AktG steht.

2) Vgl. ALBACH, Horst, Bewertungsprobleme, a.a.O., S.379.

Rechnungsabgrenzungsposten, "daß es sich um gegenseitige Verträge handelt, bei denen Leistung und Gegenleistung ihrer Natur nach zeitbezogen sind, zeitlich aber auseinanderfallen."[1] Neben die bestimmte Zeit tritt bei Döllerer somit die vertraglich fixierte noch ausstehende Gegenleistung als weitere Ansatzvoraussetzung, was den Kreis der Rechnungsabgrenzungsposten gegenüber der von Albach vertretenen Auffassung weiter einschränkt.

In Anbetracht der gerade aufgezeigten Divergenzen in der Literatur über die Auswirkungen der Aktienrechtsreform 1965 auf den Bereich der handels- und steuerrechtlichen Aktivierung kann es nicht verwundern, wenn sich die Unsicherheit über den Umfang der zu aktivierenden Güter auch auf die Rechtsprechung des Bundesfinanzhofs überträgt. Der VI. Senat des Bundesfinanzhofs sollte in einem Urteil darüber entscheiden, ob der (verlorene) Zuschuß an ein E-Werk zur Errichtung einer Trafostation in der Bilanz des Zuschußgebers zu einem Aktivum, zu einem Wirtschaftsgut führt. Er konnte dabei auf einen ähnlichen Fall im Jahre 1954 zurückgreifen, in dem der I. Senat des Bundesfinanzhofs entschieden hat, daß der Zuschuß an ein E-Werk ein aktivierungspflichtiges immaterielles Wirtschaftsgut darstellt[2]. Nach Auffassung des erkennenden VI. Senats ist es jedoch zweifelhaft, inwieweit diese Rechtsprechung, die sich auf eine weite Fassung des Begriffs "Wirtschaftsgut" gründet, nach dem Inkrafttreten des neuen Aktiengesetzes noch beibehalten werden kann[3]. Im Interesse der Einheitlichkeit der Rechtspre-

---

1) Döllerer, Georg, Rechnungslegung, a.a.O., S.1408.

2) Vgl. BFH-Urteil vom 2.3.1954 I 133/53 S, BFHE 58, S.573.

3) Vgl. BFH-Beschluß vom 3.2.1969 Gr.S. 2/68, BFHE 95, S.31 (32 u. 33).

chung (zum Zwecke der Rechtssicherheit) hält er deshalb die Anrufung des Großen Senats für geboten und legt diesem vier Fragen zur Beantwortung vor:

" 1. Ob und welche Auswirkungen haben die Vorschriften des Aktiengesetzes vom 6. September 1965 über die Ansetzung bzw. Nichtansetzung bestimmter Gegenstände in den Bilanzen der Aktiengesellschaften auf die allgemeinen steuerrechtlichen Vorschriften der §§ 4 bis 7 EStG 1961?

2. Ob und wieweit enthalten die Vorschriften des Aktiengesetzes allgemeine Grundsätze ordnungsmäßiger kaufmännischer Buchführung, die für alle gewerblichen Unternehmen maßgebend sind?

3. Soweit es sich um allgemeine Grundsätze ordnungsmässiger kaufmännischer Buchführung handelt: Gelten diese Grundsätze schon vor Inkrafttreten des neuen Aktiengesetzes?

4. Ist der Begriff 'Wirtschaftsgut' für die Bilanzierung in der Steuerbilanz enger auszulegen, als es bisher in der Rechtsprechung des Reichsfinanzhofs und des Bundesfinanzhofs geschehen ist?"[1)]

Wer aber glaubt, durch die Anrufung des Großen Senats würden die Streitfragen hinsichtlich der Bedeutung des § 153 Abs.3 AktG für das Steuerrecht und dessen materiellen Inhalt beseitigt, der muß sich angesichts des Beschlusses des Großen Senats vom 3.2.1969 recht schnell eines Besseren belehren lassen. Der Große Senat prüft nämlich nicht, ob § 153 Abs.3 AktG einen Grundsatz ordnungsmäßiger Buchführung verkörpert, sondern er begnügt sich mit der Feststellung, daß es in dem betreffenden Bilanzjahr keinen Grundsatz ordnungsmäßiger Buchführung

---

1) BFH-Beschluß vom 16.2.1968 VI 239/65, BFHE 92, S.264.

gab, der selbsterstellte immaterielle Anlagewerte von der Bilanzierung ausschloß. "Der Senat kommt nach alledem zu dem Ergebnis, daß handelsrechtlich vor dem Erlaß des AktG 1965 ein allgemein anerkanntes Verbot des Ausweises nicht entgeltlich erworbener immaterieller Wirtschaftsgüter nicht bestand."[1] Da es für die Aktivierung in der Steuerbilanz zum fraglichen Zeitpunkt genügt, wenn handelsrechtlich zumindest ein Ansatz möglich ist, befaßt sich der Große Senat mit dem entgeltlichen Erwerb nicht, er konnte ihn vernachlässigen. Allerdings hat der VI. Senat in seiner Entscheidung vom 26.6.1969, dem Anwendungsurteil zum Beschluß des Großen Senats, den entgeltlichen Erwerb geprüft, ja in ihm einen gewichtigen Indikator für die Aktivierungspflicht gesehen[2], obgleich dem entgeltlichen Erwerb im betreffenden Fall (er betraf das Jahr 1962) bei der Frage Aktivierung oder Nichtaktivierung (noch) keine Bedeutung zukam. Ganz abwegig scheint deshalb die These nicht zu sein, daß der Bundesfinanzhof für die Zeit nach 1965 entsprechend der handelsrechtlichen Regelung auch steuerlich die Aktivierung von immateriellen Wirtschaftsgütern auf die entgeltlich erworbenen beschränkt, d.h. in § 153 Abs.3 einen Grundsatz ordnungsmäßiger Buchführung sieht, der auch die Steuerrechtsprechung bindet. Eine befriedigende Antwort auf diese Frage, die über eine Hypothesenbildung hinausgeht, läßt sich jedoch vorerst nicht geben, weil es der Bundesfinanzhof in der kurzen Zeitspanne zwischen dem Aktiengesetz 1965 und dem Einkommensteueränderungsgesetz

---

1) BFH-Beschluß vom 3.2.1969 Gr.S. 2/68, BFHE 95, S.31 (35). Etwas später, im Urteil vom 12.12.1968 IV 27/64, BFHE 94, S.493 (495), beruft sich allerdings der IV. Senat auf ebendiesen entgeltlichen Erwerb, um für die Zeit v o r 1965 die Aktivierung eines Bierlieferungsrechts als mit den handelsrechtlichen Grundsätzen vereinbar zu erklären. Gegen die Auffassung des Großen Senats im Beschluß vom 3.2.1969 richten sich auch die Ausführungen von FREERICKS und PAULICK. Beide sehen in dem Aktivierungsverbot für originär entstandene immaterielle Wirtschaftsgüter einen Grundsatz ordnungsmäßiger Buchführung, der schon vor 1965 anzuwendendes Recht war (vgl. FREERICKS, Wolfgang, Der entgeltliche Erwerb immaterieller Anlagewerte, in: FR, 24.(51.)Jg. (1969), S.518-522, hier S.519, und PAULICK, Heinz, Immaterielle, a.a.O., S.451.

2) Vgl. BFH-Urteil vom 26.6.1969 VI 239/65, BFHE 97, S. 58 (61 u. 62).

1969 möglichst vermieden hat, zur Konkretisierung und zur Bedeutung des § 153 Abs.3 AktG für die steuerliche Bilanzierung Stellung zu nehmen, was ihm auch zumeist gelungen ist, da die Sachverhalte, um die es geht, in der Regel die Zeit vor der Aktiengesetznovellierung 1965 betreffen.

Ganz anders verhält es sich, wenn man die Rechtsprechung des Bundesfinanzhofs nach 1965 zu den Rechnungsabgrenzungsposten betrachtet. Der Bundesfinanzhof geht zwar weiterhin davon aus, daß der Ansatz von Rechnungsabgrenzungsposten sich nicht nach den für die Bewertung von Wirtschaftsgütern geltenden Grundsätzen richtet[1]. Bei der Frage der Aktivierung erkennt er jedoch die Maßgeblichkeit des § 152 Abs.9 AktG für die Steuerbilanz an, weil er in diesem eine gesetzliche Festlegung "schon bisher geltender Grundsätze ordnungsmäßiger Bilanzierung"[2] erblickt. Der Bundesfinanzhof begnügt sich aber nicht allein damit, die Bedeutung des § 152 Abs.9 AktG als allgemein geltenden Grundsatz ordnungsmäßiger Buchführung in seiner Rechtsprechung zum Ausdruck zu bringen und diejenigen Urteile zu nennen, die angesichts der Beschränkung der Rechnungsabgrenzungsposten auf transitorische Posten im engeren (ursprünglichen) Sinn (gemäß § 152 Abs.9 AktG) nicht mehr haltbar sind[3], sondern er beschäftigt sich auch mit der materiellen Auslegung des § 152 Abs.9 AktG 1965. Neben dem Kriterium der bestimmten Zeit stellt er dabei auf den gegenseitigen Vertrag ab, bei dem Leistung und Gegenleistung ihrer

---

1) Vgl. BFH-Urteil vom 20.11.1969 IV R 3/69, BFHE 97, S.418 (420).

2) BFH-Urteil vom 31.5.1967 I 208/63, BFHE 89, S.191 (194).

3) Vgl. BFH-Urteil vom 31.5.1967 I 208/63, BFHE 89, S.191 (194).

Natur nach zeitbezogen sind, zeitlich aber auseinanderfallen. "Aufgabe der Rechnungsabgrenzungsposten ist es in diesen Fällen, die Vorleistung des einen Teils in das Jahr zu verlegen, in dem die nach dem Vertrag geschuldete Gegenleistung des anderen Teils erbracht wird."[1)] Offen läßt das Urteil vom 29.10.1969 allerdings, ob das Vorhandensein einer noch ausstehenden Gegenleistung unabdingbare Voraussetzung für den Ansatz eines Rechnungsabgrenzungspostens ist und welche Konsequenzen die Rückbesinnung auf die transitorischen Posten im engeren Sinn für den Gesamtbereich der Aktivierung von Rechnungsabgrenzungsposten beinhaltet[2)].

Insgesamt zeigt sich: Dem Bundesfinanzhof gelingt in der kurzen Zeit zwischen dem Aktiengesetz 1965 und dem Einkommensteueränderungsgesetz 1969 keine hinreichende Konkretisierung seines neuen Verständnisses der Rechnungsabgrenzungsposten; es lassen sich lediglich gewisse Tendenzen hin zu einer rechtlichen Betrachtungsweise erkennen. Was er jedoch recht deutlich macht, ist die Abkehr von der alten, weiten Definition der Rechnungsabgrenzungsposten, die maßgebend von der dynamischen Bilanzlehre Schmalenbachs beeinflußt war. Bei den immateriellen Wirtschaftsgütern kann sich der Bundesfinanzhof noch nicht einmal zu einer Aussage über den GoB-Charakter des § 153 Abs.3 AktG entschließen. Lediglich indirekt, über die Prüfung des entgeltlichen Erwerbs im Urteil vom 26.6.1969,

---

1) BFH-Urteil vom 29.10.1969 I 93/64, BFHE 97, S.350 (352).

2) Im Urteil vom 29.10.1969 heißt es lediglich: "Der Anwendungsbereich liegt hauptsächlich auf dem Gebiet solcher gegenseitiger Verträge, bei denen Leistung und Gegenleistung..." (BFH-Urteil vom 29.10.1969 I 93/64, BFHE 97, S.350 (352)).

könnte sich ergeben, daß § 153 Abs.3 AktG 1965 zumindest für die Urteile, in denen es um Sachverhalte nach 1965 geht, von einer gewissen Relevanz ist. Eine solche Vermutung steht allerdings, zumindest an dieser Stelle, noch auf einem sehr schwachen Boden. Ob sie sich bewahrheitet, ergibt sich erst, wenn die spätere Rechtsprechung des Bundesfinanzhofs zu den immateriellen Gütern in die Analyse einbezogen wird.

II. Das Einkommensteueränderungsgesetz von 1969 und seine Konsequenzen für die Aktivierung

1. Die Intentionen des Gesetzgebers

Angesichts der höchst widersprüchlichen Meinungen im Schrifttum über die Auswirkungen des Aktiengesetzes von 1965 auf die steuerliche Aktivierung[1] hielt es der Gesetzgeber für erforderlich, in einer die Finanzverwaltung bindenden Form die Bedeutung der neuen aktienrechtlichen Regelungen für das Steuerrecht zu klären. In Zusammenarbeit mit den Bundesländern wollte die Bundesregierung in einem sogenannten koordinierten Ländererlaß festschreiben, daß

1. allein nach den handelsrechtlichen Grundsätzen ordnungsmäßiger Buchführung (§5 Satz 1 des EStG) zu beurteilen ist, ob ein Wirtschaftsgut vorliegt oder nicht, und

2. Rechnungslegungsvorschriften des Aktiengesetzes, soweit sie Ausdruck allgemein geltender Grundsätze ordnungsmäßiger Buchführung sind, unmittelbare steuerliche Wirkung besitzen, wobei insbesondere auf die Maßgeblichkeit der §§ 153 Abs.3 (immaterielle Anlagewerte) und 152 Abs.9 (Rechnungsabgrenzungsposten) abgestellt wird[2].

---

1) Vgl. den vorangegangenen Abschnitt I.

2) Vgl. Stellungnahme der Bundesregierung auf eine kleine Anfrage von Abgeordeneten des Bundestages zum Verhältnis von Handelsbilanz und Steuerbilanz, in: BB, 23.Jg. (1968), S.74. Die hier vertretene Auffassung ist zuvor aber schon von einzelnen Vertretern des Bundesfinanzministeriums in der Literatur geäußert worden (vgl. z.B. VOGEL, Horst, Auswirkungen des Aktiengesetzes 1965 auf das Bilanzsteuerrecht, in: DB, 19.Jg. (1966), S.909-912).

Da die Mehrheit der Länder einer solchen Regelung nicht zustimmte - nach ihrer Auffassung sollte auch weiterhin die Frage des Wirtschaftsguts unter Rückgriff auf § 6 EStG, d.h. rein steuerlich, ohne Berücksichtigung der handelsrechtlichen Bilanzierungsweise, entschieden werden - , blieb der Bundesregierung nur der Weg, über eine Änderung des Einkommensteuergesetzes die alleinige Maßgeblichkeit der handelsrechtlichen Grundsätze ordnungsmäßiger Buchführung bei der steuerlichen Ansatzfrage durchzusetzen[1]. So kam es zum Einkommensteueränderungsgesetz von 1969, das im Wortlaut der Regierungsvorlage am 16. Mai 1969 verkündet wurde.

Bedeutsam für die Beurteilung der Rechtsprechung des BFH auf der Basis des neuen Einkommensteuergesetzes ist es, welche Absichten der Gesetzgeber mit der Neufassung der §§ 5 und 6 EStG verfolgt; es läßt sich so überprüfen, ob die Judikatur die jeweiligen Gesetzesvorschriften in der gleichen Weise interpretiert, wie es vom Gesetzgeber intendiert war.

In seiner Stellungnahme zu den beiden vorgelegten Anträgen auf Änderung des Einkommensteuergesetzes teilt der Finanzausschuß des Bundestages die Auffassung der beiden Antragsteller, daß die Frage, ob ein Wirtschaftsgut in der Steuerbilanz anzusetzen ist, sich ausschließlich nach § 4 Abs.1 bzw. § 5 des Einkommensteuergesetzes entscheidet und nicht nach § 6 EStG, da § 6 nicht die Funktion einer eigenständigen steuerlichen Bilanzierungs- (Ansatz-)vorschrift besitzt, sondern nur die steuerrechtliche Bewertung

1) Vgl. DÖLLERER, Georg, Maßgeblichkeit, a.a.O., S.503, sowie VELDE, Kurt van der, Zur Behandlung, a.a.O., S.439.

der nach § 4 Abs.1 bzw. § 5 anzusetzenden Güter regelt[1]. Dies bedeutet: Nach dem erklärten Willen des Gesetzgebers ist der Rückgriff des Bundesfinanzhofs auf § 6 EStG und den dort genannten Begriff "Wirtschaftsgut" bei der Frage Aktivierung oder Nichtaktivierung künftig unzulässig; der Aktivierung von "Gütern", deren Ansatz in der Handelsbilanz nicht in Betracht kommt, fehlt damit die gesetzliche Grundlage.

Über die Änderung des Einleitungssatzes in § 6 EStG hinaus, der die Frage " w a s " zu bilanzieren ist, den handelsrechtlichen Grundsätzen ordnungsmäßiger Buchführung in § 5 zuweist, hält es der Gesetzgeber für erforderlich, die steuerrechtliche Maßgeblichkeit zweier ihm besonders wichtig erscheinender Bilanzierungsvorschriften des Handelsrechts, des § 153 Abs.3 AktG und des § 152 Abs.9 AktG, gesetzlich zu verankern[2]. Er übernimmt deshalb beide aktienrechtliche Gesetzesnormen in den § 5 des Einkommensteuergesetzes, wobei er in § 5 Abs.2 EStG die Termini "dürfen nur" durch "ist" und "immaterielle Anlagewerte" durch "immaterielle Wirtschaftsgüter" ersetzt, was jedoch insbesondere hinsichtlich des Gegenstandes der Aktivierung nach Auffassung des Gesetzgebers zu keiner materiellen Änderung gegenüber der entsprechenden Regelung des

---

1) Vgl. Deutscher Bundestag, 5. Wahlperiode, Drucksache V/3852, Schriftlicher Bericht des Finanzausschusses vom 12.2.1969 zu den Anträgen zur Änderung des Einkommensteuergesetzes, S.1; Deutscher Bundestag, 5. Wahlperiode, Drucksache V/2773, Antrag des Abgeordneten Dr. Eckhardt und der Fraktion der CDU/CSU, Entwurf eines Gesetzes zur Änderung des Einkommensteuergesetzes, S.2; Deutscher Bundestag, 5. Wahlperiode, Drucksache VI 3187, Antrag der Bundesregierung, Entwurf eines Gesetzes zur Änderung des Einkommensteuergesetzes, S.4.

2) Vgl. Deutscher Bundestag, 5. Wahlperiode, Drucksache V/3187, a.a.O., S.3.

Aktienrechts (§ 153 Abs.3) führt[1]. Diese Maßnahme war eigentlich nicht notwendig. Da die Begrenzung der Rechnungsabgrenzungsposten in § 152 Abs.9 und das in § 153 Abs.3 AktG kodifizierte Ausweisverbot für selbsterstellte immaterielle Werte einen für alle Kaufleute verbindlichen Grundsatz ordnungsmäßiger Buchführung beinhalten[2], sind beide Vorschriften schon über § 5 Abs.1 EStG von den Kaufleuten bei der Erstellung der Steuerbilanz zu beachten. Wenn der Gesetzgeber sie trotzdem im Einkommensteuergesetz festschreibt, so dient dies der Klarstellung. Im Interesse der Rechtssicherheit soll die steuerliche Bedeutung der beiden Ausweisverbote sichergestellt werden[3]. Angesichts der bisherigen Beachtung nicht im Einkommensteuergesetz kodifizierter Grundsätze ordnungsmäßiger Buchführung durch die steuerliche Judikatur ist dies eine durchaus verständliche Maßnahme.

Insgesamt zeigt sich: Der Gesetzgeber will mit der Änderung des Einkommensteuergesetzes von 1969 der vor allem von der Rechtsprechung des Bundesfinanzhofs getragenen Entwicklung entgegentreten, daß Steuer- und Handelsbilanz

---

1) Vgl. Deutscher Bundestag, 5. Wahlperiode, Drucksache V/3187, a.a.O., Anlage 3 (Gegenäußerung der Bundesregierung zur Stellungnahme des Bundesrates). Die gleiche Auffassung wird in der Literatur auch vertreten von GRASS, Adolf, Wandlungen im Bilanzsteuerrecht, in: StuW, 46.Jg. (1969), Sp.605-632, hier Sp.617; GAIL, Winfried, Steuerliche Anerkennung der aktienrechtlichen Aktivierungsverbote, in: Wpg, 22.Jg. (1969), S.273-277, hier S.275; NISSEN, Karl-Heinz, Änderung der §§ 5 und 6 des Einkommensteuergesetzes, in: DStZ, Ausg.A, 57.Jg. (1969), S.129-134, hier S.132; RAU, Hans-Gerd, Steuerliche Übernahme handelsrechtlicher Bilanzierungsvorschriften, in: DB, 22.Jg. (1969), S.676-680, hier S.677, sowie THIEL, Rudolf, Das Gesetz zur Änderung der §§ 5 und 6 EStG, in: FR, 24. (51.) Jg. (1969), S.165-168, hier S.166.

2) Vgl. Deutscher Bundestag, 5. Wahlperiode, Drucksache V/3187, a.a.O., S.4.

3) Vgl. Deutscher Bundestag, 5. Wahlperiode, Drucksache V/3187, a.a.O., S.4.

über die Unterschiede hinaus, die sich aus dem steuerlichen Bewertungsvorbehalt ergeben (§ 6 EStG), auch hinsichtlich der dem Grunde nach anzusetzenden Vermögenswerte auseinanderfallen. Unwägbare immaterielle Werte, die handelsrechtlich als sogenannte "Nonvaleurs" unter Strafandrohung außer Ansatz bleiben müssen, sollen künftig auch steuerlich nicht mehr berücksichtigt werden, weil dies zu einem Vermögensausweis führt, der nicht mit dem den handelsrechtlichen Grundsätzen ordnungsmäßiger Buchführung innewohnenden, konkurs- und strafrechtlich geschützten Vorsichtsprinzip entspricht[1]. Die steuerlichen Gewinnermittlungsvorschriften dienen zwar weiterhin a u c h der Erfassung des richtigen Periodengewinns, allerdings - und das ist entscheidend - nur im Rahmen der vom Gesetzgeber gezogenen Grenzen, d.h. unter Beachtung des Grundsatzes der Maßgeblichkeit der Handelsbilanz für die Steuerbilanz bei der Bilanzierung dem Grunde nach[2].

2. Die Rechnungsabgrenzung "neuer Art"

Obgleich die steuerliche Judikatur schon vor dem Einkommensteueränderungsgesetz 1969 die Abkehr von der weiten Interpretation der Rechnungsabgrenzungsposten einleitet[3],

---

1) Vgl. Deutscher Bundestag, 5. Wahlperiode, Drucksache V/2773, a.a.O., S.2 (Begründung).

2) Vgl. Deutscher Bundestag, 5. Wahlperiode, Drucksache V/3187, a.a.O., Anlage 3. Im Gegensatz zu den Ländern, die das Steueränderungsgesetz ablehnen, weil das Wesen der Gewinnermittlung, die richtige Periodenabgrenzung, zu stark beeinträchtigt würde (vgl. Deutscher Bundestag, 5. Wahlperiode. Drucksache V/3187, a.a.O., Anlage 2), geht der Gesetzgeber von der eingeschränkten Bedeutung der periodengerechten Gewinnermittlung.

3) Vgl. hierzu ausführlich Abschnitt B I im 3. Kapitel.

wird die materielle Bedeutung dieser Neuorientierung erst nach 1969 sichtbar, als der Bundesfinanzhof verstärkt über die Bildung von Rechnungsabgrenzungsposten entscheiden mußte, die die Jahre nach dem Inkrafttreten des Aktiengesetzes 1965 bzw. des Einkommensteueränderungsgesetzes 1969 betreffen, und dabei eine neue Definition der Rechnungsabgrenzungsposten entwickelt. Es kommt zur "Rechnungsabgrenzung neuer Art", wie es Beisse formuliert[1], die weniger von einer betriebswirtschaftlichen als von einer rechtlichen Betrachtungsweise beherrscht ist[2].

Eine der ersten Entscheidungen, die zur Konkretisierung des neuen Begriffsinhalts der Rechnungsabgrenzungsposten beiträgt, ist das Urteil vom 19.6.1973[3]. Entgegen seiner alten Auffassung vom 13.5.1958, nach der für die auf Anzahlungen entrichtete Umsatzsteuer ein Rechnungsabgrenzungsposten zu bilden ist[4], vertritt der I. Senat des Bundesfinanzhofs nunmehr die Meinung, die auf erhaltene Anzahlungen entrichtete Umsatzsteuer erfülle nicht die Voraussetzungen der Rechnungsabgrenzung. Maßgebend für den Bundesfinanzhof sind dabei folgende Überlegungen: Da es keinen Grundsatz der einheitlichen Behandlung des schwebenden Geschäfts des Inhalts gibt, daß ganz allgemein Aufwendungen im Rahmen eines schwebenden Geschäfts im Wege der Aktivierung in dasjenige Jahr zu verlagern sind, in dem die Erträge zufließen, kann dem Aktivierungsverlangen

---

1) Vgl. BEISSE, Heinrich, Handelsbilanzrecht in der Rechtsprechung des Bundesfinanzhofs, in: BB, 35.Jg. (1980), S.637-646, hier S.642.

2) Vgl. DÖLLERER, Georg, Die Rechtsprechung des Bundesfinanzhofs zum Steuerrecht der Unternehmen, in: ZGR, 4.Jg. (1975), S.294-318, hier S.295.

3) Vgl. BFH-Urteil vom 19.6.1973 I R 206/71, BFHE 110, S.116.

4) Vgl. BFH-Urteil vom 13.5.1958 I 290/56 U, BFHE 67, S.154.

des Revisionsklägers, des zuständigen Finanzamts, unter diesem Gesichtspunkt nicht zugestimmt werden. Entscheidend für die Aktivierung eines Rechnungsabgrenzungspostens ist vielmehr allein der Wortlaut des § 152 Abs.9 AktG 1965, der zwar originär nur den Ansatz von Rechnungsabgrenzungsposten in der aktienrechtlichen Bilanz regelt, wegen seines Charakters als allgemein geltender Grundsatz ordnungsmäßiger Buchführung aber über den engen Geltungsbereich des Aktienrechts hinaus unmittelbare handels- und steuerrechtliche Wirkung besitzt. In Anbetracht dieser Gesetzeslage verneint der I. Senat die Aktivierung der auf erhaltene Anzahlungen entrichteten Umsatzsteuer als Rechnungsabgrenzungsposten, weil die Umsatzsteuerzahlung das Kriterium der bestimmten Zeit nicht erfüllt; die Umsatzsteuer ist kein Aufwand für eine bestimmte Zeit nach dem Abschlußstichtag[1].

Über das Urteil vom 19.6.1973 hinaus lehnt der Bundesfinanzhof auch in den Urteilen vom 26.2.1975[2] und vom 24.3.1976[3] den Ansatz eines Rechnungsabgrenzungspostens mit der Begründung ab, in den betreffenden Fällen sei das Erfordernis "Aufwand für eine bestimmte Zeit nach dem Abschlußstichtag" nicht gegeben - im Urteil vom 26.2.1975 ging es um die Abgrenzung der auf Niederlagenbestände lastenden Biersteuer, im Urteil vom 24.3.1976 noch einmal um die Abgrenzung der gezahlten Umsatzsteuer auf Anzahlungen. Die bisher betrachteten Urteile zeigen, daß auch der Bundesfinanzhof, ähnlich wie die aktienrechtlichen Kommentare von Adler/Düring/Schmaltz[4] und Kropff[5],

---

1) Vgl. BFH-Urteil vom 19.6.1973 I R 206/71, BFHE 110, S.116.

2) Vgl. BFH-Urteil vom 26.2.1975 I R 72/73, BFHE 115, S.243 (249).

3) Vgl. BFH-Urteil vom 24.3.1976 I R 139/73, BFHE 118, S.453.

4) Vgl. ADLER/DÜRING/SCHMALTZ, 4.Aufl., a.a.O., Erl. zu § 142 Tz 182.

5) Vgl. KROPFF, in: Aktiengesetz, a.a.O., Erl. zu 142 Rdnr. 91 u. 92.

im Kriterium "Aufwand für eine bestimmte Zeit nach dem Abschlußstichtag" die wichtigste Voraussetzung erblickt, an die das Gesetz die Zulässigkeit von Rechnungsabgrenzungsposten knüpft.

Der Bundesfinanzhof erkennt allerdings schon recht früh, auch wenn er es erst im Urteil vom 4.3.1976[1] explizit zum Ausdruck bringt, daß dem Wortlaut des § 152 Abs.9 AktG 1965 nicht ohne weiteres entnommen werden kann, welche Bedeutung dem Begriff "Aufwand für eine bestimmte Zeit nach dem Abschlußstichtag" zukommt. Eindeutig ergibt sich nach seiner Auffassung nur, daß der Erfolg der Ausgabe eine bestimmte Zeit nach dem Abschlußstichtag betreffen muß. Vom Wortlaut her wäre es somit gerechtfertigt, für Vermittlungsprovisionen bei Kreditgeschäften einen aktiven Rechnungsabgrenzungsposten zu bilden, denn der Erfolg aus der Zahlung der Vermittlungsprovision wirkt sich in einer bestimmten Zeit nach dem Abschlußstichtag aus, während der Laufzeit des Darlehens. Eine solch weite Auslegung des § 152 Abs.9 AktG, die sich im Grundsatz auch weiterhin an einer (betriebs-)wirtschaftlichen Betrachtungsweise der Rechnungsabgrenzungsposten orientiert (im Sinne der dynamischen Bilanztheorie Schmalenbachs), lediglich eingeschränkt - objektiviert - durch die eindeutige Begrenzung des Verteilungszeitraums, hält der Bundesfinanzhof aber nicht für vereinbar mit dem Sinn und Zweck des § 152 Abs.9 AktG 1965[2]. Nach seiner ständigen Rechtsprechung erfordert der Ansatz eines Rechnungsabgrenzungspostens gemäß § 152 Abs.9 AktG 1965 bzw. § 5 Abs.3 EStG 1969 vielmehr, daß einer Vorleistung des einen Vertragspartners

---

1) Vgl. BFH-Urteil vom 4.3.1976 IV R 78/72, BFHE 121, S.318.

2) Vgl. hierzu BFH-Urteil vom 4.3.1976 IV R 78/72, BFHE 121, S.318 (321).

eine noch nicht erbrachte zeitbezogene Gegenleistung des anderen Vertragspartners gegenübersteht[1]. Die Rechnungsabgrenzung ist, wie der Bundesfinanzhof im Urteil vom 17.7.1974 feststellt, "nicht Ausdruck einer betriebswirtschaftlichen, sondern einer rechtlichen Leistungsbezogenheit"[2]. Etwas später heißt es dann noch: "Die Bilanz im Rechtssinne ist keine Kostenrechnung"[3].

Die materiellen Konsequenzen der neuen Interpretation der Rechnungsabgrenzungsposten werden besonders deutlich, wenn man diejenigen Urteile miteinander vergleicht, die vor und nach 1969 zu identischen Sachverhalten ergangen sind. Auf die Änderung der Rechtsprechung hinsichtlich der Aktivierung der auf erhaltene Anzahlungen entrichteten Umsatzsteuer wurde schon oben hingewiesen; im Jahre 1958 Bejahung der Abgrenzung der Umsatzsteuerzahlung unter Hinweis auf den Grundsatz der einheitlichen Behandlung des schwebenden Geschäfts bzw. auf die dynamische Bilanz-

---

1) Vgl. z.B. BFH-Urteil vom 7.3.1973 I R 48/69, BFHE 109, S.172 (179); vom 4.3.1976 IV R 78/72, BFHE 121, S.318 (321); vom 19.1.1978 IV R 153/72, BFHE 124, S.320 (323), und vom 26.6.1979 VIII R 145/78, BFHE 128, S.243 (245/246).

2) BFH-Urteil vom 17.7.1974 I R 195/72, BFHE 113, S.115 (119).

3) BFH-Urteil vom 17.7.1974 I R 195/72, BFHE 113, S.115 (119). Im Urteil vom 26.6.1979 bestätigt der Bundesfinanzhof seine Auffassung. Es heißt dort: "Es kann auf sich beruhen, ob und inwieweit die neue Umsatzsteuer (Mehrwertsteuer) betriebswirtschaftlich gesehen Kostencharakter hat. Denn die Bilanz im Rechtssinne ist keine Kostenrechnung, ... die betriebswirtschaftliche Betrachtung der neuen Umsatzsteuer (Mehrwertsteuer) ist einkommensteuerrechtlich nicht ausschlaggebend ..." (BFH-Urteil vom 26.6.1979 VIII R 145/78, BFHE 128, S.243 (245)).

auffassung[1], ab dem Urteil vom 19.6.1973 Verneinung des Ansatzes eines Rechungsabgrenzungsposten mit der Begründung, die Voraussetzungen des § 152 Abs.9 AktG bzw. des § 5 Abs.3 EStG 1969 seien nicht erfüllt[2]. In der Literatur ist die Meinung hierzu geteilt; während Schneider[3] und die der Rechtsprechung nahestehenden Autoren [4] die Entscheidung des Bundesfinanzhofs bejahen, stehen Forster[5], der Hauptfachausschuß des Instituts der Wirtschaftsprüfer[6] sowie die Kommissionen Rechnungswesen und Betriebswirtschaftliche Steuerlehre des Verbandes der Hochschullehrer für Betriebswirtschaft[7] der Nichtaktivierung der gezahlten Umsatzsteuer auf Anzahlungen kritisch gegenüber.

---

1) Vgl. BFH-Urteil vom 13.5.1958 I 290/56 U, BFHE 67, S.154, und BFH-Urteil vom 22.5.1958 IV 222/56 U, BFHE 67, S.160.

2) Vgl. BFH-Urteil vom 19.6.1973 I R 206/71, BFHE 110, S.116, BFH-Urteil vom 24.3.1976 I R 139/73, BFHE 118, S.453, sowie sehr detailliert BFH-Urteil vom 26.6.1979 VIII R 145/78, BFHE 128, S.243.

3) Vgl. SCHNEIDER, Dieter, Betriebswirtschaftliche Folgen der Umsatzsteuer auf Anzahlungen, in: BB, 35.Jg. (1980), S.273-277.

4) Vgl. z.B. DÖLLERER, Georg, Zur Bilanzierung der Umsatzsteuer auf Anzahlungen, in: DStZ, Ausgabe A, 68.Jg. (1980), S.99-100.

5) Vgl. FORSTER, Karl-Heinz, Keine Aktivierung der auf Anzahlungen entrichteten Mehrwertsteuer?, in: AG, 25.Jg. (1980), S.19-20.

6) Vgl. Stellungnahme des Hauptfachausschusses des Instituts der Wirtschaftsprüfer 1/1979: Zur bilanziellen Behandlung der Umsatzsteuer auf erhaltene Anzahlungen, in: Wpg, 33.Jg. (1980), S.80.

7) Vgl. Gemeinsame Stellungnahme vom 1.2.1980 der Arbeitskreise der Wissenschaftlichen Kommissionen "Betriebswirtschaftliche Steuerlehre" und "Rechnungswesen" des Verbandes der Hochschullehrer für Betriebswirtschaft e.V., Betreff: Umsatzsteuer auf Anzahlungen, in: Wpg, 33.Jg. (1980), S.278.

Bei der Frage der Aktivierung von Vermittlungsprovisionen ist die gleiche Entwicklung wie bei der Frage der Aktivierung der Umsatzsteuer auf Anzahlungen feststellbar. In der Ära der weiten Definition der Rechnungsabgrenzungsposten führte die Zahlung von Vermittlungsprovisionen an Handelsvertreter und Kreditvermittler zum Ansatz eines aktiven Rechnungsabgrenzungspostens[1]; bei der heutigen engen rechtlichen Betrachtungsweise ist dies nicht mehr der Fall. Man argumentiert nun, daß die Gegenleistung, die Vermittlung, schon erbracht wurde und damit eine der wesentlichen Voraussetzungen für die Aktivierung eines Rechnungsabgrenzungspostens fehle[2].

Im Gegensatz zu den gerade betrachteten Urteilen, in denen die Neuinterpretation der Rechnungsabgrenzungsposten zu einer Änderung der Rechtsprechung führt, nämlich zu einer Reduzierung des Kreises der Aktiven, müssen nach Auffassung des Bundesfinanzhofs das Damnum[3], die im Rahmen eines Bankdarlehens zu zahlenden Verwaltungsgebühren[4] sowie die Bearbeitungsgebühren einer Bürgschaft[5] auch weiterhin aktivisch abgegrenzt werden. Der Leistung des Kaufmanns steht hier eine noch

---

1) Vgl. BFH-Urteil vom 3.12.1964 IV 255, 256/64 U, BFHE 81, S.287, und BFH-Urteil vom 29.6.1967 IV 131/63, BFHE 89, S.377.

2) Vgl. BFH-Urteil vom 4.3.1976 IV R 78/72, BFHE 121, S.318, in dem der IV. Senat die Aktivierung eines Rechnungsabgrenzungspostens für Provisionen an Kreditvermittler ablehnt, sowie BFH-Urteil vom 4.8.1976 I R 145/74, BFHE 119, S.468, wonach ein Kaufmann Provisionsvorschüsse an Handelsvertreter, die er vor der rechtlichen Entstehung des Provisionsanspruchs zahlt, nicht mehr in Form eines Rechnungsabgrenzungspostens berücksichtigen darf. Allerdings erfolgt im letzteren Fall eine Aktivierung als Anzahlung gemäß § 151 AktG Aktivseite III B 1.

3) Vgl. BFH-Urteil vom 4.5.1977 I R 27/74, BFHE 123, S.20 (insbes. S.25).

4) Vgl. BFH-Urteil vom 19.1.1978 IV R 153/72, BFHE 124, S.320.

5) Vgl. BFH-Urteil vom 19.1.1978 IV R 153/72, BFHE 124, S.320.

nicht erbrachte zeitbezogene Gegenleistung des Vertragspartners gegenüber. Die im Zusammenhang mit den beiden letzten Urteilen von Kruse geäußerte Meinung, der Bundesfinanzhof gehe das Problem der Aktivierung des Damnums und der Verwaltungsgebühren eines Darlehens bzw. der Bearbeitungsgebühren einer Bürgschaft "mit dem dynamischen Mittel der Rechnungsabgrenzung an"[1], woraus er folgert, daß "dynamisches Bilanzdenken noch immer nicht der Vergangenheit angehört"[2], wird von Beisse, der selbst Richter am Bundesfinanzhof ist, zurückgewiesen. Die Aktivierung in den obengenannten Fällen erfolgt - so Beisse -, weil die gesetzlichen Begriffsmerkmale der aktiven Rechnungsabgrenzung erfüllt sind, und nicht etwa, weil die dynamische Bilanzauffassung eine Aktivierung fordert. Der Bundesfinanzhof wendet das Gesetz an; er kann daher schwerlich einer Vorschrift nur deshalb den Gehorsam versagen, weil sie der Gedankenwelt der dynamischen Bilanzlehre entstammt[3].

Die oben aufgezeigte Interpretation der Rechnungsabgrenzungsposten und die sich daraus ergebenden Konsequenzen im Anwendungsfall lassen erkennen, daß der Bundesfinanzhof von der inhaltlichen Übereinstimmung des § 152 Abs.9 AktG 1965 und des § 5 Abs.3 EStG 1969 ausgeht. Zur Bildung eines aktiven Rechnungsabgrenzungspostens bedarf es sowohl handelsrechtlich als auch steuerrechtlich einer Leistung (Zahlung) des Kaufmanns vor dem Abschlußstichtag,

---

1) KRUSE, Heinrich Wilhelm, Aktivierungsfragen - Von der dynamischen zur statischen Bilanzauffassung und zurück?, in: JbFfSt 1978/1979, S.172-185, hier S.181.

2) KRUSE, Heinrich Wilhelm, Aktivierungsfragen, a.a.O., hier S.182.

3) Vgl. BEISSE, Heinrich, Zur Bilanzauffassung des Bundesfinanzhofs, in: JbFfSt 1978/1979, S.186-198, hier S.193.

der eine noch nicht erbrachte zeitbezogene Gegenleistung des Vertragspartners gegenübersteht.

Wie schon an früherer Stelle ausgeführt, sprechen für die enge Fassung der Rechnungsabgrenzungsposten im Handelsrecht zum einen die dominante Zielsetzung handelsrechtlicher Bilanzierung, der Gläubigerschutzgedanke, zum anderen der Gesichtspunkt der Objektivierung[1]. Für den Bundesfinanzhof ist der Gläubigerschutzgedanke im Sinne der Konkursvorsorge von untergeordneter Bedeutung[2]. Ihm geht es mit der engen, rein rechtlich orientierten Auslegung der Rechnungsabgrenzungsposten darum, die Abkehr von der betriebswirtschaftlichen Betrachtungsweise im Sinne der dynamischen Bilanztheorie durchzusetzen[3]. Die wirtschaftliche Betrachtungsweise im Bilanzrecht ist, so Döllerer, für den Bundesfinanzhof keine betriebswirtschaftliche Betrachtungsweise, sondern eine rechtliche[4]. Entsprechend dieser neuen Interpretation müssen diejenigen Urteile, in denen über die Aktivierung aus betriebswirtschaftlicher Sicht, d.h. unter Rückgriff auf den Grundsatz der einheitlichen Behandlung des schwebenden Geschäfts entschieden wurde, revidiert werden. Interessant hierbei ist, daß sich der Bundesfinanzhof nicht damit begnügt, die Irrelevanz des Grundsatzes der einheitlichen Behandlung des schwebenden Geschäfts für die Zeit nach 1965

---

1) Vgl. hierzu Abschnitt A II und B II 1 im 3. Kapitel.

2) Vgl. DÖLLERER, Georg, Gedanken zur "Bilanz im Rechtssinne", in: JbFfSt 1979/1980, S.195-205, hier S.198-200.

3) Vgl. BEISSE, Heinrich, Steuerliche Entwicklungstendenzen im Bilanzrecht, in: Bericht über die Fachtagung des Instituts der Wirtschaftsprüfer in Deutschland e.V. am 11.10.1978 in Bonn, Düsseldorf 1979, S.75-86, hier S.84-85.

4) Vgl. DÖLLERER, Georg, Gedanken, a.a.O., S.202.

bzw. 1969 festzustellen. Er geht vielmehr davon aus, daß es auch vor 1965 einen solchen Grundsatz nicht gegeben hat[1]. Der Bundesfinanzhof macht damit etwas sehr Seltenes, er stellt die Rechtmäßigkeit der in der "dynamischen Ära" der Judikatur gefällten Urteile in Frage, die den Ansatz eines Rechnungsabgrenzungspostens unter Hinweis auf den Grundsatz der einheitlichen Behandlung des schwebenden Geschäfts bejaht haben.

3. Die Konkretisierung der Ansatzvoraussetzungen für immaterielle Werte in der jüngeren Rechtsprechung des Bundesfinanzhofs

a) Das Erfordernis des entgeltlichen Erwerbs

Im vorangegangenen Abschnitt konnte man erkennen, daß der Bundesfinanzhof bei der Bildung von Rechnungsabgrenzungsposten sowohl handels- als auch steuerrechtlich auf die gleichen Ansatzkriterien abstellt. Die Judikatur entspricht damit den mit dem Einkommensteueränderungsgesetz 1969 beabsichtigten Intentionen des Gesetzgebers, **die** Übereinstimmung zwischen Handels- und Steuerbilanz hinsichtlich der Bilanzierung dem Grunde nach sicherzustellen[2]. Diese Feststellung bezieht sich jedoch nur auf die Rechnungsabgrenzungsposten; sie gilt - zumindest an dieser Stelle - noch nicht für die Ansatzfrage insgesamt. Hierzu

---

1) Vgl. BFH-Urteil vom 24.3.1976 I R 139/73, BFHE 118, S.453, mit weiteren Verweisen.

2) Vgl. oben, Abschnitt B II 1 im 3. Kapitel.

bedarf es einer näheren Betrachtung der neueren Rechtsprechung zu den immateriellen Anlagewerten, denn wie Groh feststellt, lag früher neben den Rechnungsabgrenzungsposten bei den immateriellen Anlagewerten die Einfallspforte für eine dynamische Aktivierung[1]. Bevor somit eine Aussage zur Ansatzfrage insgesamt möglich ist, muß die vom Bundesfinanzhof vorgenommene Konkretisierung der einzelnen Aktivierungsvoraussetzungen für immaterielle Anlagewerte und das darin enthaltene Objektivierungsmaß herausgearbeitet und mit der Auslegung des § 153 Abs.3 AktG 1965 im handelsrechtlichen Schrifttum verglichen werden, da § 153 Abs.3 AktG als allgemein geltender Grundsatz ordnungsmäßiger Buchführung die Aktivierung von immateriellen Anlagewerten im Handelsrecht regelt. Wie im Handelsrecht[2] stehen für den Bundesfinanzhof dabei zwei Problemkreise im Mittelpunkt:

a) Das Erfordernis des entgeltlichen Erwerbs und
b) Die Umschreibung des einzelnen Gegenstandes der Aktivierung.

Eines der ersten Urteile, das nach 1969 die Frage des entgeltlichen Erwerbs aufgreift, ist das vom 24.8.1971 zur Aktivierung eines verlorenen Baukostenzuschusses für die Errichtung einer Trafostation[3]. In diesem Urteil setzt sich der VIII. Senat des Bundesfinanzhofs zwar nicht mit dem Inhalt des Begriffs entgeltlicher Erwerb auseinander, bedeutsam ist aber, daß der VIII. Senat

---

1) Vgl. GROH, Manfred, Zur Bilanztheorie des BFH, in: StbJb 1979/80, S.121-140, hier S. 130/31.

2) Vgl. oben, Abschnitt B I im 3. Kapitel.

3) Vgl. BFH-Urteil vom 24.8.1971 VIII R 17/66, BFHE 103, S.416.

die im Urteil vom 26.6.1969 vom VI. Senat geäußerte Meinung, die Zahlung eines Zuschusses an ein E-Werk zur Sicherstellung der Stromversorgung erfülle das Kriterium des entgeltlichen Erwerbs[1], nicht bestätigt. Der VIII. Senat läßt im vorliegenden Fall die Frage offen, ob es sich beim verlorenen Baukostenzuschuß um Aufwendungen für ein entgeltlich oder nicht entgeltlich erworbenes immaterielles Wirtschaftsgut handelt, weil im Wirtschaftsjahr 1963 der entgeltliche Erwerb noch nicht zu den Aktivierungsvoraussetzungen für immaterielle Werte zählt[2]. Entgegen dem Urteil vom 26.6.1969, das ebenfalls ein Wirtschaftsjahr vor dem Inkrafttreten des Aktiengesetzes 1965 bzw. das Einkommensteueränderungsgesetz 1969 betraf, vermeidet der Bundesfinanzhof nunmehr, im Urteil vom 24.8.1971, eine eindeutige Aussage zum entgeltlichen Erwerb bei Zuschüssen an E-Werke. Es stellt sich die Frage, warum er so vorsichtig argumentiert.

Die Zurückhaltung des VIII. Senats im Urteil vom 24.8. 1971 wird verständlich, wenn man die Konsequenzen bedenkt, die aus der Bejahung des Erwerbskriteriums bei Zuschüssen an E-Werke für die inhaltliche Konkretisierung der Ansatzvoraussetzung entgeltlicher Erwerb resultieren. Wie oben ausgeführt, geht Döllerer von einer engen Interpretation des entgeltlichen Erwerbs aus; er bezweifelt, ob Zuschüsse an E-Werke für die Sicherstellung der Stromversorgung das Erfordernis des entgeltlichen Erwerbs er-

---

1) Vgl. BFH-Urteil vom 26.6.1969 VI 239/65, BFHE 97, S.58.

2) Vgl. BFH-Urteil vom 24.8.1971 VIII R 17/66, BFHE 103, S.416 (418).

füllen[1]. Würde nun der Bundesfinanzhof weiterhin den entgeltlichen Erwerb bei Zuschüssen an E-Werke als gegeben ansehen, dann wäre dies letztlich gleichbedeutend mit einer (gegenüber Döllerer) weiten Auslegung des entgeltlichen Erwerbs[2]. Es käme zu einer vorzeitigen Konkretisierung des Erwerbskriteriums in Urteilen, die zur Rechtslage vor Inkrafttreten des Aktiengesetzes 1965 bzw. des Einkommensteueränderungsgesetzes 1969 ergangen sind, d.h. zu einer Rechtslage, die auf den entgeltlichen Erwerb als Aktivierungsvoraussetzung verzichtet. Um eine solche Präjudizierung zu verhindern, hat der Bundesfinanzhof im Urteil vom 24.8.1971 die Frage des entgeltlichen Erwerbs bei Baukostenzuschüssen für Trafostationen bewußt offen gelassen. Welchen Inhalt und welche Bedeutung das Erfordernis des entgeltlichen Erwerbs besitzt, läßt sich somit erst anhand derjenigen Urteile untersuchen, die die Zeit nach Inkrafttreten des Aktiengesetzes 1965 bzw. des Einkommensteueränderungsgesetzes 1969 betreffen.

Grundlegend für die inhaltliche Konkretisierung der Ansatzvoraussetzung "entgeltlicher Erwerb" sind zwei Urteile des I. Senats des Bundesfinanzhofs vom 26.2.1975; im einen geht es um die bilanzielle Behandlung von Mieterein- und -umbauten[3], im anderen um die Aktivierung von Zuschüssen einer Brauerei zur Erlangung von Bierlieferungsrechten[4]. Im Urteil zu den Mieterein- und -umbauten läßt es der I. Senat dahingestellt sein,

---

1) Vgl. DÖLLERER, Georg, Maßgeblichkeit, a.a.O., S.505.

2) Vgl. hierzu auch MOXTER, Adolf, Aktivierungsvoraussetzung, a.a.O., S.1805, der ebenfalls darauf hinweist, daß im Falle des Zuschusses zum Bau einer Trafostation kein entgeltlicher Erwerb im Sinne DÖLLERERS vorliegt.

3) Vgl. BFH-Urteil vom 26.2.1975 I R 32/73, BFHE 115, S.238.

4) Vgl. BFH-Urteil vom 26.2.1975 I R 72/73, BFHE 115, S.243.

ob als Folge der Umbauaufwendungen beim Mieter ein immaterielles Wirtschaftsgut entsteht, weil diese Frage nicht geprüft werden muß, wenn es am Merkmal des entgeltlichen Erwerbs (§153 Abs.3 AktG, § 5 Abs.2 EStG) fehlt. Ein entgeltlicher Erwerb liegt nach Auffassung des Bundesfinanzhofs "nicht schon dann vor, wenn dem Mieter im Zusammenhang mit dem Erwerb des immateriellen Wirtschaftsgutes Aufwendungen entstanden sind. Das Entgelt muß vielmehr auf den Vorgang des abgeleiteten Erwerbs (...) des immateriellen Wirtschaftsgutes als solchen bezogen sein."[1] Bei Mieterein- und -umbauten sieht der I. Senat dieses Erfordernis nicht als erfüllt an. Wann kann aber nun, so bleibt an dieser Stelle zu fragen, von einem abgeleiteten Erwerb des immateriellen Wirtschaftsgutes als solchem gesprochen werden? Eine Antwort hierauf gibt der Bundesfinanzhof im zweiten Urteil vom 26.2.1975.

Am Anfang seiner Ausführungen zur Frage des entgeltlichen Erwerbs bei Bierlieferungsrechten stellt der I. Senat noch einmal klar, daß der originäre Erwerb durch interne Aufwendungen (Herstellungskosten) nicht unter den entgeltlichen Erwerb im Sinne der §§ 153 Abs.3 AktG bzw. 5 Abs.2 EStG fällt[2] und kommt dann zur Konkretisierung des abgeleiteten Erwerbs: "Voraussetzung für den entgeltlichen Erwerb ist danach bei Zuschüssen der vorliegenden Art, daß sie sich nach dem Inhalt des Vertrags (§§ 133, 157 BGB) oder jedenfalls nach den Vorstellungen beider Vertragsteile (subjektive Geschäftsgrundlage) als Gegenleistung für die erlangten Vorteile erweisen. Einseitige

---

1) BFH-Urteil vom 26.2.1975 I R 32/73, BFHE 115, S.238 (242).

2) Vgl. BFH-Urteil vom 26.2.1975 I R 72/73, BFHE 115, S.243 (246).

Erwartungen des Zuschußgebers genügen nicht."[1] Mit den gleichen oder ähnlichen Worten bestätigt der Bundesfinanzhof auch in späteren Entscheidungen[2] die in den beiden Urteilen vom 26.2.1975 vorgenommene Auslegung des entgeltlichen Erwerbs.

Vergleicht man die Ausführungen des Bundesfinanzhofs zum entgeltlichen Erwerb mit der Konkretisierung des entgeltlichen Erwerbs bei Döllerer[3], so zeigt sich eine fast wörtliche Übereinstimmung. Die Aktivierungsvoraussetzung entgeltlicher Erwerb wird vom Bundesfinanzhof in seiner jüngeren Rechtsprechung genauso eng interpretiert wie von Döllerer. Dieses Ergebnis kann nicht überraschen, wenn man bedenkt, daß die beiden obengenannten Urteile vom 26.2.1975 dem I. Senat zur Entscheidung vorlagen und Döllerer zu dieser Zeit als Mitglied dem I. Senat angehörte. Ein weiteres Indiz für die Prägung der Rechtsprechung des Bundesfinanzhofs zum entgeltlichen Erwerb durch Döllerer sind die Urteile vom 21.2.1978 zur Aktivierung von Mieterein- und -umbauten[4] und vom 26.2.1980 zum Wegebeitrag[5]. In beiden Urteilen äußert sich der VIII. Senat in gleicher Weise zum entgeltlichen Erwerb wie vorher der I. Senat. Dies kann Zufall sein, allerdings war Döllerer in der Zwischenzeit vom I. zum VIII. Senat gewechselt.

---

1) BFH-Urteil vom 26.2.1975 I R 72/73, BFHE 115, S.243 (246).

2) Vgl. BFH-Urteil vom 25.11.1976 IV R 90/72, BFHE 120, S.499 (510); vom 4.5.1977 I R 27/74, BFHE 123, S.20 (23/24); vom 21.2.1978 VIII R 148/73, BFHE 124, S.454 (456); vom 8.11.1979 IV R 145/77, BFHE 129, S.260 (261), vom 26.2.1980 VIII R 80/77, BFHE 130, S. 155 (157), und vom 23.6.1981 VIII R 43/79, BFHE 134, S.255 (260).

3) Vgl. DÖLLERER, Georg, Maßgeblichkeit, a.a.O., S.505.

4) Vgl. BFH-Urteil vom 21.2.1978 VIII R 148/73, BFHE 124, S.454.

5) Vgl. BFH-Urteil vom 26.2.1980 VIII R 80/77, BFHE 130, S.155.

b) Die Auslegung des Begriffs Wirtschaftsgut

aa) Die Umschreibung des Aktivierungsgegenstandes als vermögenswerter Vorteil

Angesichts des in den Ausschußprotokollen zum Einkommensteueränderungsgesetz 1969 relativ eindeutig zum Ausdruck kommenden Willens des Gesetzgebers, Handels- und Steuerbilanz hinsichtlich der Bilanzierung dem Grunde nach anzugleichen, und zwar so, daß der steuerliche Begriff des Wirtschaftsguts nicht weitergehen kann als der handelsrechtliche Begriff des Vermögensgegenstandes, konnte der Bundesfinanzhof seine These von der Eigenständigkeit des steuerlichen Ansatzkriteriums Wirtschaftsgut (gegenüber dem handelsrechtlichen Ansatzkriterium Vermögensgegenstand) nicht mehr aufrechterhalten Er geht deshalb in seiner jüngeren Rechtsprechung davon aus, daß "nach den Grundsätzen ordnungsmäßiger Buchführung zu beurteilen ist, ob ein (bilanzierungsfähiges) Wirtschaftsgut ... vorliegt und welche Wirtschaftsgüter im Rahmen des der steuerlichen Gewinnermittlung dienenden Vermögensvergleichs anzusetzen sind; wie sie im einzelnen zu bewerten sind, bestimmt sich nach § 6 EStG."[1)]

Der Bundesfinanzhof erkennt somit, entsprechend den Intentionen des Gesetzgebers, die Maßgeblichkeit der handelsrechtlichen Grundsätze ordnungsmäßiger Buchführung

---

1) BFH-Urteil vom 28.5.1979 I R 1/76, BFHE 128, S.367 (372). Vgl. hierzu auch BFH-Urteil vom 6.12.1978 I R 35/78, BFHE 126, S.549, sowie vom 26.2.1975 I R 72/73, BFHE 115, S.243.

für die steuerliche Ansatzfrage an; für eine rein steuerliche Betrachtungsweise ist kein Raum mehr, denn § 6 EStG bestimmt lediglich die Bewertung der nach § 5 EStG anzusetzenden Güter. Die Maßgeblichkeit der handelsrechtlichen Grundsätze ordnungsmäßiger Buchführung bzw. der Handelsbilanz wird lediglich durchbrochen bei den handelsrechtlichen Aktivierungs- und Passivierungswahlrechten. Nach Auffassung des Bundesfinanzhofs gelten die im Beschluß des Großen Senats des Bundesfinanzhofs vom 3.2.1969 angeführten Gründe gegen die steuerliche Anerkennung handelsrechtlicher Wahlrechte auch für die Rechtslage nach dem Inkrafttreten des neuen Aktiengesetzes und der §§ 5, 6 EStG 1969[1]. In der Literatur wird dies zum Teil als Verstoß gegen das Maßgeblichkeitsprinzip gewertet, dem nicht zugestimmt werden könne[2]. Charakteristisch für die Rückbesinnung des Bundesfinanzhofs auf die Maßgeblichkeit der handelsrechtlichen Grundsätze ordnungsmäßiger Buchführung bei der steuerlichen Aktivierung ist die Feststellung im Urteil vom 26.2.1975:

---

1) Vgl. BFH-Urteil vom 26.2.1975 I R 72/73, BFHE 115, S.243 (245), sowie BFH-Beschluß vom 3.2.1969 Gr.S. 2/68, BFHE 95, S.31. Im Urteil vom 2.4.1980 heißt es bezüglich der Aktivierung: "Die Vorschrift (gemeint ist § 5 Abs.1 EStG) hat nicht den Sinn, daß steuerrechtlich nur solche Wirtschaftsgüter zu bilanzieren wären, deren Ansatz handelsrechtlich geboten ist. Vielmehr genügt es, daß der Ansatz handelsrechtlichen Grundsätzen nicht widerspricht" (BFH-Urteil vom 2.4.1980 I R 75/76, BFHE 131, S.196 (198), in Klammer Anmerkung des Verfassers).

2) Vgl. KAMMANN, Evert, "Bilanzansatzwahlrechte" in der einkommensteuerlichen Gewinnermittlung nach § 5 EStG, in: StuW, 55. (8.) Jg. (1978), S.108-125, hier S.116-119; MAASSEN, Kurt, Gilt der Maßgeblichkeitsgrundsatz nicht für Bilanzierungswahlrechte?, in: DB, 23.Jg. (1970), S.1285-1290, hier S.1288 u. 1289; NIEMANN, Ursula, Bilanzierungswahlrechte, a.a.O., S.27-28, und THIEL, Rudolf, Bilanzierungsnormen, a.a.O., S.277-278.

"In der Frage der Aktivierbarkeit kann daher - darin stimmt der Senat der Klägerin zu - der steuerrechtliche Begriff des Wirtschaftsguts (§§ 4, 5, 6 EStG) nicht weitergehen als der handelsrechtliche Begriff des Vermögensgegenstands (§§ 38, 39, 40 HGB), zumal auch das steuerrechtliche Wirtschaftsgut nach dem Wortlaut des Gesetzes zum Betriebsvermögen gehört und insofern ein 'Vermögensgegenstand' ist."[1]

Wer aber glaubt, aus der Anerkennung der Identität der Begriffe Wirtschaftsgut und Vermögensgegenstand resultierten Konsequenzen für den Inhalt des Begriffs Wirtschaftsgut, der muß sich angesichts der Auslegung des Begriffs "Wirtschaftsgut" durch die Judikatur bald eines Besseren belehren lassen. Im Schrifttum wird zwar überwiegend die Meinung vertreten, das Einkommensteueränderungsgesetz beinhalte eine Eingrenzung des Begriffs Wirtschaftsgut (Grass[2] und Rau[3] prüfen z. B. an Urteilen der fünfziger und sechziger Jahre die Auswirkungen des "geläuterten" Begriffs Wirtschaftsgut (wie es Grass bezeichnet) auf den Aktivierungsumfang in der Steuerbilanz; Döllerer[4] bezweifelt in Anbetracht der Neufassung der §§ 5 und 6 EStG nicht nur den entgeltlichen Erwerb bei der Zuschußgewährung zum Bau von Hotels, zur Errichtung von Straßen und Trafostationen, sondern auch das Vorliegen eines selbständigen Wirt-

---

1) BFH-Urteil vom 26.2.1975 I R 72/73 BFHE 115, S.243 (245).

2) Vgl. GRASS, Adolf, a.a.O., hier Sp. 626-631.

3) Vgl. RAU, Hans-Gerd, a.a.O., S.676-680.

4) Vgl. DÖLLERER, Georg, Maßgeblichkeit, a.a.O., S.505.

schaftsguts an sich); trotzdem kann sich der Bundesfinanzhof nicht zu einer Übernahme der (herrschenden) Literaturmeinung entschließen. In den beiden Urteilen vom 7.8.1970[1] und vom 9.11.1973[2] verdeutlicht der III. Senat des Bundesfinanzhofs, daß die Novellierung des Einkommensteuergesetzes, und hier insbesondere die Neufassung des § 5 Abs.2 EStG, den Begriff des Wirtschaftsguts als solchen nicht einschränkt. Zur Begründung verweist der III. Senat auf Littmann, nach dessen Meinung die Änderung der §§ 4,5 und 6 EStG keinen Einfluß auf die Begriffsbestimmung des Wirtschaftsguts besitzt[3].

Die beiden genannten Urteile des III. Senats sind jedoch nur sehr bedingt geeignet, die Frage nach den Folgen des Einkommensteueränderungsgesetzes 1969 für die Umschreibung des steuerlichen Aktivierungsgegenstandes zu beantworten, da es sich beim III. Senat um den sogenannten "Bewertungssenat" handelt, der primär für das Bewertungsrecht, für die Vermögensaufstellung zuständig ist und eben nicht für das Einkommensteuerrecht, für die Einkommensteuerbilanz. Die Aussagen des III. Senats zum Wirtschaftsgut sind deshalb allenfalls als Hypothese, als vorsichtige Tendenzanzeige zu werten, die es anhand von Entscheidungen der Einkommensteuersenate zu falsifizieren oder zu verifizieren gilt.

---

1) Im Urteil vom 7.8.1970 heißt es: "Aus dem Wortlaut des § 5 Abs.2 EStG n.F. ist zudem eindeutig zu entnehmen, daß der Begriff des Wirtschaftsguts auch immaterielle Werte umfaßt; die Neufassung schränkt damit den Begriff als solchen nicht ein" (BFH-Urteil vom 7.8.1970 III R 119/67, BFHE 100, S.122 (125)).

2) Vgl. BFH-Urteil vom 9.11.1973 III R 12/72, BFHE 110, S.541 (543).

3) Vgl. LITTMANN, Eberhard, Abstandszahlungen zur Freimachung von Räumen beim Grundstückserwerb - nicht Anschaffungskosten, sondern selbständig bewertbares Wirtschaftsgut, in: DStR, 8.Jg. (1970), S.391-393, hier S.393.

Mit dem Inhalt des Aktivierungskriteriums Wirtschaftsgut befaßt sich der I. Senat des Bundesfinanzhofs im Urteil vom 28.5.1979. "Der BFH faßt den Begriff 'Wirtschaftsgut' in ständiger Rechtsprechung (vgl. zuletzt Urteil I R 72/73) weit und versteht darunter nicht nur Gegenstände i.S. des bürgerlichen Rechts (Sachen und Rechte), sondern auch tatsächliche Zustände, konkrete Möglichkeiten und Vorteile für den Betrieb, deren Erlangung der Kaufmann sich etwas kosten läßt und die nach der Verkehrsauffassung einer besonderen Bewertung zugänglich sind. Nach dieser Rechtsprechung sind das Vorhandensein eines Wirtschaftsguts und dessen Bilanzierung insbesondere davon abhängig, ob ein wirtschaftlicher Wert vorliegt, eine selbständige Bewertung möglich und ein greifbarer, längerfristiger Nutzen gegeben ist."[1] Der I. Senat des Bundesfinanzhofs versteht, wie die obigen Ausführungen zeigen, das Wirtschaftsgut nach 1969 im gleichen weiten Sinn wie vor 1969; sowohl die Terminologie als auch die einzelnen Wirtschaftsgutkriterien im Urteil vom 28.5.1979 unterscheiden sich grundsätzlich nicht von der Umschreibung des steuerlichen Aktivierungsgegenstandes in vorangegegangen Urteilen[2].

Der IV. Senat des Bundesfinanzhofs orientiert sich im Urteil vom 9.2.1978[3] bei der Umschreibung des steuerlichen Aktivierungsgegenstandes vor allem am Vorteilscharakter des Wirtschaftsguts. Ausgangspunkt seiner Überlegungen ist für den IV. Senat die sich nach den handels-

---

1) BFH-Urteil vom 28.5.1979 I R 1/76, BFHE 128, S.367 (372).

2) Vgl. Abschnitt A I 1 im 3.Kapitel.

3) Vgl. BFH-Urteil vom 9.2.1978 IV R 201/74, BFHE 124, S.520.

rechtlichen Grundsätzen ordnungsmäßiger Buchführung ergebende Bilanzierungsweise in der Handelsbilanz. Auf der Aktivseite der Bilanz sind hiernach grundsätzlich sämtliche Vermögensgegenstände anzusetzen, die dem Kaufmann gehören, wobei sowohl das Verbot des Ausweises nicht realisierter Gewinne zu beachten ist als auch die Tatsache, daß sich die Aktivierung von Vermögensgegenständen in der Handelsbilanz in erster Linie nicht nach rechtlichen, sondern nach wirtschaftlichen Gesichtspunkten richtet. Im Wege des Maßgeblichkeitsprinzips gilt dies auch für das Steuerrecht; allerdings mit zwei Modifikationen: Handelsrechtliche Aktivierungswahlrechte begründen in der Steuerbilanz eine Aktivierungspflicht, und in der Steuerbilanz werden nicht sämtliche Vermögensgegenstände angesetzt, sondern die Summe der Wirtschaftsgüter. Als Wirtschaftsgüter sieht der IV. Senat alle vermögenswerten Vorteile eines Betriebes an, "einschließlich tatsächlicher Zustände und konkreter Möglichkeiten, die einer selbständigen Bewertung fähig sind... Maßgebend ist dabei nicht, ob eine Forderung oder ein Anspruch fällig oder ein Recht realisierbar ist, sondern ob der Vermögensvorteil wirtschaftlich ausnutzbar ist und damit einen realisierbaren Vermögenswert darstellt."[1)] Zur Begründung seiner Definition des Wirtschaftsguts verweist der IV. Senat auf das Urteil des Bundesfinanzhofs vom 25.9.1956 zur Aktivierung von Anwartschaften auf Umsatzvergütungen[2)] sowie auf das Urteil vom 29.4.1965 zur Aktivierung des Wegebeitrags[3)], d.h. auf Entscheidungen, die in der Ära des weiten, vom Handelsrecht unabhängigen Wirtschaftsgutbegriffs getroffen wurden.

---

1) BFH-Urteil vom 9.2.1978 IV R 201/74, BFHE 124, S.520 (522/523).

2) Vgl. BFH-Urteil vom 25.9.1956 I 103/55 U, BFHE 63, S.396 (400).

3) Vgl. BFH-Urteil vom 29.4.1965 IV 403/62 U, BFHE 82, S.461 (464).

Daß der Bundesfinanzhof seinen Wirtschaftsgutbegriff am vermögenswerten Vorteil für den Betrieb ausrichtet, zeigt sich auch in einer Reihe von anderen Urteilen. So betont der III. Senat des Bundesfinanzhofs zusammen mit dem I. Senat in ständiger Rechtsprechung, daß bei Güterfernverkehrsgenehmigungen nicht das Recht, Güterfernverkehr zu betreiben, das selbständige Wirtschaftsgut darstelle, sondern der mit der Genehmigung verbundene Vorteil, der darin liege, auf einem behördlich begrenzten Markt Gewinne zu erzielen[1].

Auch im Urteil vom 4.3.1976 zur Frage der Bilanzierung von Provisionszahlungen betont der IV. Senat den Wirtschaftsgutcharakter eines durch Aufwendungen erlangten konkreten betrieblichen Vorteils, wenn die Aufwendungen dem Kaufmann einen sich über mehrere Wirtschaftsjahre erstreckenden greifbaren Nutzen bringen, was er jedoch bezüglich der Provisionszahlungen verneint[2]. Auf den betrieblichen Vorteil, den ein Kaufmann durch Zahlung einer Abfindung an einen stillen Gesellschafter zwecks vorzeitiger Aufhebung des Gesellschaftsverhältnisses erzielt, stellt der IV. Senat gleichfalls im Urteil vom 10.8.1978 ab, um das Vorliegen eines Wirtschaftsguts zu bejahen[3].

---

1) Vgl. BFH-Urteil vom 30.5.1974 III R 75/73, BFHE 113, S.50 (52), und vom 23.6.1978 III R 22/76, BFHE 125, S.297 (299), sowie BFH-Urteil vom 18.12.1970 VI R 99/67, BFHE 101, S.100 (103), und vom 9.10.1974 I R 122/73, BFHE 114, S.198 (201).

2) Vgl. BFH-Urteil vom 4.3.1976 IV R 78/72, BFHE 121, S.318 (321/322).

3) Vgl. BFH-Urteil vom 10.8.1978 IV R 54/74, BFHE 126, S.185 (190). Vergleiche in diesem Zusammenhang auch die BFH-Urteile vom 28.8. 1974 I R 66/72, BFHE 113, S.448 (450), und vom 17.3.1977 IV R 218/72, BFHE 122, S.70 (75), in denen der Bundesfinanzhof ebenfalls auf den betrieblichen Vorteil bei der Feststellung eines Wirtschaftsguts verweist.

bb) Der implizite Bestimmungsfaktor des Wirtschaftsgutcharakters vermögenswerter Vorteile: das Recht bzw. die rechtsähnliche Position

Die Betonung des vermögenswerten Vorteils (für den Betrieb) zur Umschreibung des Wirtschaftsguts ermöglicht auf den ersten Blick eine derart weite Fassung des Wirtschaftsgutbegriffs, die die These Grohs von der Ausgabenaktivierung ohne jede gegenständliche Objektivierung des Bilanzansatzes[1] zu bestätigen scheint. Bei näherer Betrachtung der Rechtsprechung bestätigt sich die These Grohs jedoch nicht. Mit der Formulierung "vermögenswerter Vorteil" billigt der IV. Senat zwar ebenso wie der I. Senat mit dem Terminus "tatsächliche Zustände, konkrete Möglichkeiten und Vorteile für den Betrieb" den rein wirtschaftlichen Gütern Wirtschaftsgutcharakter zu[2], eine Ausgabenaktivierung im Sinne Grohs folgt daraus aber nicht, denn wie die Rechtsprechung zeigt, steht der Bundesfinanzhof einer Aktivierung von vermögenswerten Vorteilen, die weder mit einem Recht noch mit einer rechtsähnlichen Position in Verbindung stehen, sehr kritisch gegenüber. Dies wird vor allem im Urteil vom 18.6.1975 deutlich, in dem es um die Frage der bilanziellen Behandlung der sogenannten Redaktionskosten zur Herstellung von Druckvorlagen einer Zeitschrift geht[3].

---

1) Vgl. GROH, Manfred, Bilanztheorie, a.a.O., S.130.

2) Der Begriff "tatsächliche Zustände, konkrete Möglichkeiten und Vorteile für den Betrieb" steht in der Wirtschaftsgutformel für die rein wirtschaftlichen Güter (vgl. hierzu MOXTER, Adolf, Immaterielle, a.a.O., S.1104).

3) Vgl. BFH-Urteil vom 18.6.1975 I R 24/73, BFHE 116, S.474.

Der I. Senat verneint im vorliegenden Fall das Vorhandensein von immateriellen Wirtschaftsgütern, weil es bereits an der Voraussetzung eines Wirtschaftsguts fehle. "Dafür wäre erforderlich, daß ein fremder Erwerber die Druckvorlagen - in fertigem oder unfertigem Zustand - im Falle der Fortführung des Unternehmens als Vermögenswert bei der Kaufpreisbemessung berücksichtigen würde, vorausgesetzt, daß das Unternehmen in gleicher Weise wie bisher weiterbetrieben würde. Wird ein Herstellungsbetrieb im ganzen veräußert, so erweisen sich in aller Regel auch die seinem Betriebsvermögen zugehörigen selbst geschaffenen immateriellen Wirtschaftsgüter als 'greifbare Werte', die bei der Bemessung des Kaufpreises 'als Einzelheit ins Gewicht fallen', es sei denn, daß sie im allgemeinen Geschäftswert aufgehen."[1] Von einer Greifbarkeit im Sinne der Wirtschaftsgutdefinition kann bei Druckvorlagen nach Meinung des Bundesfinanzhofs jedoch nicht gesprochen werden. Die Druckvorlagen fallen bei einer Veräußerung des Betriebes im ganzen nicht als "Einzelheit" ins Gewicht, sie sind keine Wirtschaftsgüter[2].

Im Gegensatz zur Verneinung der Wirtschaftsguteigenschaften bei dem rein wirtschaftlichen Gut "Druckvorlagen einer Zeitschrift" bejaht der IV. Senat im Urteil vom 10.8.1978 bei dem ebenfalls rein wirtschaftlichen Gut " Abfindung an einen ausscheidenden Gesellschafter" das Vorliegen eines Wirtschaftsguts, da die Zahlung einer Abfindung an einen stillen Gesellschafter zwecks Aufhebung des Gesellschaftsverhältnisses nach Auffassung des IV. Senats einen betrieblichen Vorteil für den Kaufmann darstellt[3]. Der Kaufmann erwirbt im vorliegenden Fall

---

1) BFH-Urteil vom 18.6.1975 I R 24/73, BFHE 116, S.474 (478).

2) Vgl. BFH-Urteil vom 18.6.1975 I R 24/73, BFHE 116, S.474 (478).

3) Vgl. BFH-Urteil vom 10.8.1978 IV R 54/74, BFHE 124, S.185 (190).

zwar kein Recht und auch keine rechtsähnliche Position, das zugegangene rein wirtschaftliche Gut entsteht aber in Verbindung mit der Aufgabe eines Rechts durch einen Dritten (des stillen Gesellschafters), wodurch es in einem Maß konkretisiert wird, daß es sich zu einem selbständig bewertbaren vermögenswerten Vorteil und damit zu einem Wirtschaftsgut verdichtet.

Über die beiden obengenannten Urteile hinaus wird die Vorsicht des Bundesfinanzhofs bei der Anerkennung von rein wirtschaftlichen Gütern als Wirtschaftsgüter insbesondere in der Rechtsprechung zur Frage der bilanziellen Behandlung der Vorteile deutlich, die im Zusammenhang mit der Ausschaltung eines Konkurrenten entstehen.

In der einen Gruppe der Urteile erwirbt der Kaufmann mit dem Unternehmen ein Wettbewerbsverbot[1)]. Der Verkäufer verpflichtet sich für eine bestimmte oder unbestimmte Zeit (bis zum Tode), jedweden Wettbewerb zu unterlassen. Dieses Wettbewerbsverbot stellt nach Auffassung des Bundesfinanzhofs ein selbständiges Recht dar, das mindestens zusammen mit dem Unternehmen veräußert werden kann[2)]. Das Vorliegen eines selbständigen Rechts, auch wenn es zeitlich befristet ist, reicht für das Entstehen des selbständigen Wirtschaftsguts "Wettbewerbsverbot" jedoch nicht aus. Wie der Bundes-

---

1) Vgl. z.B. BFH-Urteil vom 26.7.1972 I R 146/70, BFHE 107, S.118, und vom 14.2. 1973 I R 89/71, BFHE 109, S.222. Auch der Reichsfinanzhof sieht in der Vereinbarung eines Wettbewerbsverbots einen aktivierungspflichtigen Wert, der regelmäßig durch ein selbständiges Wirtschaftsgut verkörpert wird (vgl. RFH-Urteil vom 12.10.1943 I 65/43, RFHE 54, S.566).

2) Vgl. BFH-Urteil vom 31.3.1976 I R 85/74, BFHE 118, S.456 (458), und vom 25.1.1979 IV R 21/75, BFHE 127, S.180 (184).

finanzhof deutlich macht, muß die Erlangung des Wettbewerbsverbots sich als wesentliche Grundlage für die Übernahme des Unternehmens erweisen[1]. Dies ist der Fall, wenn "das Wettbewerbsverbot als besonderer Vermögensgegenstand in Erscheinung getreten ist, sich in seiner wirtschaftlichen Bedeutung heraushebt und wenn dieser Umstand in den getroffenen Vereinbarungen, vor allem in der Bemessung eines besonderen Entgelts neben dem Kaufpreis für das Unternehmen klar zum Ausdruck gelangt ist."[2] Man erkennt: Bei Wettbewerbsverboten genügt dem Bundesfinanzhof das Entstehen eines Rechts bzw. einer rechtsähnlichen Position nicht als Voraussetzung für ein selbständiges Wirtschaftsgut; er fordert vielmehr, daß das Wettbewerbsverbot als solches in seiner materiellen Bedeutung für den Kaufmann derart konkretisiert wird, daß sich sein Charakter als vermögenswerter Vorteil und seine Wertzumessung im Anschaffungszeitpunkt anhand objektivierter Kriterien - zum Beispiel durch den Kaufvertrag - bestimmen läßt[3].

Erwirbt jedoch ein Kaufmann mit der Übernahme eines Unternehmens kein Wettbewerbsverbot, sondern schaltet den lästigen Konkurrenten dadurch aus, daß er die Mehrheit der Anteile des Unternehmens aufkauft und das

1) Vgl. BFH-Urteil vom 14.2.1973 I R 89/71, BFHE 109, S.222 (223/224).

2) BFH-Urteil vom 26.7.1972 I R 146/70, BFHE 107, S.118 (121).

3) Vergleiche in diesem Zusammenhang auch das Urteil vom 16.11.1977, in dem der I. Senat bei der Frage des Wirtschaftsgutcharakters (und damit der Aktivierbarkeit) eines obligatorischen Nutzungsrechts sich nicht mit dem Vorliegen einer gesicherten Rechtsposition begnügt, sondern zusätzlich fordert, daß das Recht bzw. die rechtsähnliche Position einen feststellbaren wirtschaftlichen Wert haben muß (vgl. BFH-Urteil vom 16.11.1977 I R 83/75, BFHE 124, S.501 (504)).

Unternehmen dann stillegt, wie im Urteil vom 31.3.1976[1), so kann der Preis, der über dem Wert der Anteile einer Liquidationsgesellschaft liegt, als Preis für die wirtschaftlichen Vorteile angesehen werden, die dem Kaufmann durch das Ausschalten des Konkurrenten entstehen. Nach Auffassung des Finanzamts und des Finanzgerichts führen diese Vorteile zur Aktivierung eines immateriellen Wirtschaftsguts. Hiergegen wendet sich der Kaufmann mit der Begründung, im Streitfall sei kein Wettbewerbsverbot vereinbart worden, die von dem Kaufmann (hier ist es eine GmbH) erlangten Vorteile seien rechtlich nicht abgesichert gewesen und müßten sich daher früher oder später verflüchtigen[2)]. Der I. Senat des Bundesfinanzhofs bestätigt im Grundsatz die Auffassung des Kaufmanns. Er verneint zwar nicht, daß dem Kaufmann mit der Ausschaltung des Konkurrenten Vorteile entstehen, seiner Meinung nach können diese in ihrer Bedeutung für den Kaufmann aber nicht genau umrissen werden. Daher fehle es an einem Vorteil, der bei der Bewertung des Unternehmens des Kaufmanns als Einzelheit feststellbar ("greifbar") wäre und damit an einem selbständig bewertbaren Wirtschaftsgut[3)]. Zur Begründung führt der I. Senat zum einen das Urteil vom 18.6.1975 an, in dem er den Wirtschaftsgutcharakter des rein wirtschaftlichen Gutes "Druckvorlagen einer Zeitung" ebenfalls an der fehlenden Greifbarkeit scheitern läßt[4)]; zum anderen verweist er

---

1) Vgl. BFH-Urteil vom 31.3.1976 I R 85/74, BFHE 118, S.456.

2) Vgl. BFH-Urteil vom 31.3.1976 I R 85/74, BFHE 118, S.456 (457).

3) Der Bundesfinanzhof sieht in der Ausschaltung eines Konkurrenten durch Aufkauf und Stillegung dessen Betriebs lediglich eine Stärkung des eigenen Geschäftswerts. Da der eigene Geschäftswert originär geschaffen wurde, kann hierfür jedoch kein Aktivum angesetzt werden (vgl. in diesem Zusammenhang auch das Urteil des Bundesfinanzhofs vom 23.6.1981 VIII R 43/79, BFHE 134, S.255).

4) Vgl. BFH-Urteil vom 18.6.1975 I R 24/73, BFHE 116, S.474 (478).

auf den Unterschied zwischen den Vorteilen, die aus der Ausschaltung eines Konkurrenten durch Kauf und Stillegung des gekauften Unternehmens resultieren, und einem Wettbewerbsverbot: "Er (gemeint ist der Vorteil) kann auch nicht einem unbefristeten Wettbewerbsverbot gleichgestellt werden. Denn bei diesem handelt es sich um ein selbständiges Recht (§ 241 BGB), das zusammen mit dem Unternehmen veräußert werden kann (...)."[1]

Eines der jüngsten Urteile, das sich mit der Aktivierung eines rein wirtschaftlichen Gutes beschäftigt, stammt vom 26.2.1980[2]. Der VIII. Senat hatte darüber zu befinden, ob ein Zuschuß zum Ausbau einer gemeindeeigenen Straße zur Aktivierung eines immateriellen Wirtschaftsguts beim Zuschußgeber führt. Bedeutsam ist dieses Urteil deshalb, weil der VIII. Senat trotz der Tatsache, daß der mit dem Zuschuß erlangte wirtschaftliche Vorteil (das rein wirtschaftliche Gut "verbesserter Betriebszugang") keinerlei Verbindungen zu einem Recht aufweist, das Entstehen eines immateriellen Wirtschaftsguts nicht ausschließt[3]. Diese, in Anbetracht der obigen Ausführungen auf den ersten Blick überraschende Feststellung des Bundesfinanzhofs kann jedoch nicht als Indiz dafür gewertet werden, daß die Rechtsprechung nunmehr auch rein wirtschaft-

---

1) BFH-Urteil vom 31.3.1976 I R 85/74, BFHE 118, S.456 (458).

2) Vgl. BFH-Urteil vom 26.2.1980 VIII R 80/77, BFHE 130, S.155.

3) "Wohl hat die Klägerin mit dem Ausbau der Straße einen wirtschaftlichen Vorteil erlangt, der als immaterielles Wirtschaftsgut angesehen werden könnte" (BFH-Urteil vom 26.2.1980 VIII R 80/77, BFHE 130, S.155 (157)).

liche Güter im eigentlichen Sinn - also solche, die nicht durch ihre Verbindung mit einem Recht zumindest formal in einem gewissen Maß konkretisiert sind - verstärkt als Wirtschaftsgüter ansieht, da diese Fragestellung im Urteil vom 26.2.1980 ohne größere Bedeutung ist, weil die Aktivierung des "Wegebeitrags" nach Auffassung des Bundesfinanzhofs schon am Fehlen des entgeltlichen Erwerbs scheitert. Im Gegensatz zu den Urteilen vom 18.6.1975 (Druckvorlagen) und vom 31.3.1976 (Ausschaltung eines Konkurrenten durch Aufkauf und Stillegung des Unternehmens) konnte der Bundesfinanzhof im vorliegenden Fall die Frage der Entstehung eines immateriellen Wirtschaftsguts vernachlässigen, ja bewußt offen lassen, da von ihrer Beantwortung nicht die Entscheidung Ansatz oder Nichtansatz abhing.

Der Terminus "vermögenswerter Vorteil eines Betriebes" zeigt zwar die generelle Orientierung der Rechtsprechung an einer betriebsindividuellen, wirtschaftlichen Interpretation des Wirtschaftsguts; in den einzelnen Urteilen hat der Bundesfinanzhof jedoch den Wirtschaftsgutcharakter derjenigen wirtschaftlichen Vorteile, die nicht im Zusammenhang mit einem Recht, einer rechtsähnlichen Position oder der Aufgabe eines solchen Rechts stehen, grundsätzlich verneint mit der Begründung, der wirtschaftliche Vorteil könne in seiner Bedeutung für den Kaufmann nicht genau umrissen werden, er sei nicht "greifbar"[1]. Indirekt bezieht sich der Bundesfinanzhof somit auch bei seiner wirtschaftlichen Betrachtungsweise des Gegenstands der Aktivierung auf Rechte oder rechtsähnliche Positionen, um festzustellen, ob ein wirtschaftlicher Vorteil als

---

1) Vgl. BFH-Urteil vom 31.3.1976 I R 85/74, BFHE 118, S.456 (458), und vom 18.6.1975 I R 24/73, BFHE 116, S.474 (478).

"greifbarer" Wert, als Vermögenswert und damit als Wirtschaftsgut anzusehen ist. Dies bedeutet: Nicht nur bei Rechnungsabgrenzungsposten, auch bei dem Gegenstand der Aktivierung, dem Wirtschaftsgut, zeigt sich, daß die wirtschaftliche Betrachtungsweise des Bundesfinanzhofs keine betriebswirtschaftliche Betrachtungsweise (im Sinne der dynamischen Bilanztheorie Schmalenbachs) ist , sondern eine rechtliche.

Die gerade festgestellte rechtliche Orientierung des Bundesfinanzhofs bei der Frage des Wirtschaftsguts bedeutet jedoch nicht, daß der Bundesfinanzhof nur solche vermögenswerten Vorteile als Wirtschaftsgüter ansieht, die am Bilanzstichtag mit einem bereits voll entstandenen Recht oder einer rechtsähnlichen Position verbunden sind. Wie der IV. Senat des Bundesfinanzhofs im Urteil vom 9.2.1978 am Beispiel von erwarteten Umsatzprämien deutlich macht, besitzen auch solche Umsatzprämien Wirtschaftsgutcharakter, die unter dem Vorbehalt der Freiwilligkeit und unter Ausschluß eines Rechtsanspruchs gewährt werden. "Maßgebend ist dabei nicht, ob eine Forderung oder ein Anspruch fällig oder ein Recht realisierbar ist, sondern ob der Vermögensvorteil wirtschaftlich ausnutzbar ist und damit einen realisierbaren Vermögenswert darstellt... Danach sind entgegen der Auffassung der Klägerin nicht nur Rechtsansprüche, insbesondere bestehende Geldforderungen zu aktivieren, sondern auch im abgelaufenen Wirtschaftsjahr wirtschaftlich verursachte künftige Ansprüche ..."[1]

Im Urteil vom 6.12.1978 zur Aktivierung des Anspruchs auf verbilligten Nachbezug von Rohstoffen bejaht der

---

1) BFH-Urteil vom 9.2.1978 IV R 201/74, BFHE 124, S.520 (523).

I. Senat des Bundesfinanzhofs gleichfalls die Aktivierung eines am Bilanzstichtag noch nicht (voll) entstandenen Forderungsrechts, wenn "die für seine Entstehung wesentlichen wirtschaftlichen Ursachen im abgelaufenen Geschäftsjahr gesetzt worden sind"[1]. Im Gegensatz zum IV. Senat, der diese Voraussetzung bei Umsatzprämien als gegeben ansah, verneint der I. Senat das Vorliegen dieser Voraussetzung bei den Ansprüchen auf verbilligten Nachbezug von Rohstoffen. Inwieweit hierin eine unterschiedliche Auffassung zwischen I. und IV. Senat zur Frage der wirtschaftlichen Entstehung auf der Aktivseite zum Ausdruck kommt, kann nicht verläßlich überprüft werden. Döllerer zumindest sieht in den unterschiedlichen Urteilen mehr einen Zufall, der darauf beruht, daß sich das wirtschaftliche Entstehen von Ansprüchen weniger scharf abgrenzen läßt als das rechtliche Entstehen[2]. Für die Auffassung Döllerers spricht auch, daß der I. Senat in zwei anderen Urteilen, vom 2.4.1980[3] und vom 3.12.1980[4], die Aktivierung eines nur tatsächlich gesicherten Anspruchs auf Gewinnausschüttung bejaht, obgleich dieser sich noch nicht zu einem Rechtsanspruch verdichtet hat. In den beiden genannten Urteilen ging es um die Frage, ob die Muttergesellschaft den Anspruch auf Dividendenausschüttung gegen die Tochtergesellschaft erst nach dem Vorliegen eines Gewinnverteilungsbeschlusses der Tochter bilanziell berücksichtigen muß, d.h. wenn ein verfügbarer Rechtsanspruch auf einen Gewinnanteil vor-

---

1) BFH-Urteil vom 6.12.1978 I R 35/78, BFHE 126, S.549 (552).

2) Vgl. DÖLLERER, Georg, Die Rechtsprechung des Bundesfinanzhofs zum Steuerrecht der Unternehmen, in: ZGR, 9.Jg. (1980), S. 374 - 398 , hier S.377.

3) Vgl. BFH-Urteil vom 2.4.1980 I R 75/76, BFHE 131, S.196.

4) Vgl. BFH-Urteil vom 3.12.1980 I R 125/77, BFHE 132, S.80.

liegt, oder ob der Anspruch schon früher, in der Bilanz des abgelaufenen Geschäftsjahrs, zu einem Aktivum führt. Unter Berufung auf die gebotene wirtschaftliche Betrachtungsweise hat sich der I. Senat in beiden Entscheidungen für eine Aktivierung der Dividendenansprüche in der Bilanz des abgelaufenen Geschäftsjahres ausgesprochen. Zur Begründung verweist er darauf, daß angesichts des zugrunde liegenden Sachverhalts der Anspruch auf die ausgeschüttete Dividende schon am Bilanzstichtag als gesichert erscheinen kann. Im Urteil vom 2.4. 1980 besitzt die Muttergesellschaft zwar nur einen Anteil von 47,5% an der Tochtergesellschaft, beherrscht diese aber zusammen mit einem weiteren Aktionär. Zusammen mit ihm war sie in der Lage, die von ihr gewünschte Gewinnverteilung durchzusetzen, so wie es in den vorangegangenen Jahren der Fall war. Diese Argumentation wird vom I. Senat auch im Urteil vom 3.12.1980 benutzt; hier hält der Aktionär sogar einen Anteil von 50% an der Tochtergesellschaft.

Die genannten Urteile zu Forderungsrechten zeigen, dem Bundesfinanzhof geht es primär darum, solche Ansprüche des Unternehmens zu aktivieren, die am Bilanzstichtag als gesichert erscheinen, die - um die Terminologie des IV. Senats im Urteil vom 9.2.1978 zu benutzen - einen gesicherten wirtschaftlich ausnutzbaren Vermögensvorteil und damit einen realisierbaren Vermögenswert darstellen. Bei Dividendenansprüchen ist diese wirtschaftliche Sicherung recht einfach nachzuweisen; sie resultiert aus der beherrschenden Stellung der Muttergesellschaft gegenüber der Tochtergesellschaft; außerdem entsteht mit dem Gewinnverteilungsbeschluß ein Rechtsanspruch. Bei rein wirtschaftlichen Gütern ist der Nachweis einer solchen Sicherung höchst problematisch. Ob ein Vorteil sich als gesicherter wirtschaftlich ausnutzbarer Vermögensvorteil, als realisierbarer Vermögenswert erweist, kann nur schwer bestimmt werden. Der Bundesfinanzhof rekurriert deshalb hier über das Wirtschaftsgutkriterium "Greifbarkeit" auf die Verbindung des wirtschaftlichen Vorteils mit einem Recht, einer rechtsähnlichen Position oder der Aufgabe einer solchen, um den Wirtschaftsgutcharakter und damit die Vermögenseigenschaft des wirtschaftlichen Vorteils bejahen zu können.[1)]

Die in der Rechtsprechung des Bundesfinanzhofs festgestellte Entwicklung von der wirtschaftlichen zu einer rechtlichen Betrachtungsweise der Aktivierung beruht somit letztlich auf Objektivierungsüberlegungen[2)]. Der Bundesfinanzhof beschränkt die Aktivierung von immateriellen Gütern nicht etwa deshalb auf Rechte und rechtsähnliche Positionen, weil er eine rechtlich orientierte Aktiveninterpretation als die theoretisch richtige Konzeption anerkennt, sondern weil er den Ansatz der immateriellen Aktiva auf eine objektivierte Grundlage stellen will. Welches Maß an Objektivierung der Bundesfinanzhof aber bei der Aktivierung von immateriellen Werten für erforderlich hält, ergibt sich erst, wenn die Aktivierungskriterien für immaterielle Vermögensgegenstände bzw. Wirtschaftsgüter nicht isoliert, sondern im Zusammenhang gesehen werden. Erst dann kann auch eine Wertung darüber vorgenommen werden, inwieweit die Beibehaltung der weiten Wirtschaftsgutdefinition mit der These von der Identität der Begriffe Wirtschaftsgut und Vermögensgegenstand vereinbar ist.

---

1) Vgl. MOXTER, Adolf, Betriebswirtschaftliche Gewinnermittlung, a.a.O., S. 137. MOXTER stellt fest, daß es jeweils die gleichen Posten sind, auf die man in Handels- und Steuerbilanz objektivierungsbedingt verzichtet: es sind die rein wirtschaftlichen Güter und Lasten.

2) Vgl. hierzu auch MOXTER, Adolf, Bilanzierung, a.a.O., S.22.

III. Die Ausprägung des Objektivierungsgebots in der jüngeren Rechtsprechung und das Prinzip der Maßgeblichkeit der handelsrechtlichen Grundsätze ordnungsmäßiger Buchführung

1. Die Bedeutung der rechtlichen Betrachtungsweise bei der Aktivierung von Rechnungsabgrenzungsposten

Betrachtet man die neue Rechtsprechung zu den Rechnungsabgrenzungsposten unter dem Gesichtspunkt der Objektivierung, so muß man anerkennen, daß die enge, über den Wortlaut des § 152 Abs.9 AktG 1965 bzw. § 5 Abs.3 EStG 1969 hinausgehende Definition der Rechnungsabgrenzungsposten ein hohes Maß an Objektivierung beinhaltet. Wie in der Problemstellung deutlich wurde, heißt Objektivierung des Bilanzansatzes, daß sich die Frage Ansatz oder Nichtansatz anhand intersubjektiv nachprüfbarer Kriterien möglichst ermessensfrei beantworten läßt. Im Interesse der Rechtssicherheit sollen die Steuerpflichtigen im Idealfall selbst entscheiden können, ob der vorliegende Tatbestand zu einem Aktivum führt oder nicht[1]. Diese Anforderungen an einen objektivierten Bilanzansatz sind bei den Rechnungsabgrenzungsposten neuer Art weitgehend erfüllt. Mit dem Kriterium der bestimmten Zeit und der Beschränkung der Aktivierung auf Vorleistungen, bei denen die Gegenleistung des Vertragspartners noch aussteht, hat der Bundesfinanzhof im Gegensatz zu seiner früheren Rechtsprechung den Ansatz von Rechnungsabgrenzungsposten auf eine objektivierte Grundlage gestellt. Wenn daher Groh

1) Vgl. hierzu JACOBS, Otto H(elmut), Rechtssicherheit, a.a.O., S.634.

betont, die Rechtsprechung des Bundesfinanzhofs zu den Rechnungsabgrenzungsposten zeige deutlich das Spannungsverhältnis zwischen buchhalterischer Abgrenzung und juristischem Objektivierungsstreben[1], so ist dem zuzustimmen.

Eine untergeordnete Rolle spielt in diesem Zusammenhang die Frage, wie die enge Definition der Rechnungsabgrenzungsposten bilanztheoretisch einzuordnen ist. Sieht man die Rechnungsabgrenzungsposten als Beweis für die Berücksichtigung dynamischen Bilanzdenkens im geltenden Recht, wie Kruse[2], dann kann man allenfalls eine statische Auslegung der Rechnungsabgrenzungsposten konstatieren im Sinne der objektivierungsbedingten Statik von Groh[3]. Eine solche Charakterisierung der Rechnungsabgrenzungsposten - vom Grundsatz her dynamisch motiviert, lediglich statisch orientierte Interpretation - ist aber nicht zwingend. Schneider hat erst jüngst im Schrifttum nachgewiesen, daß bilanzgeschichtlich auch in den als statisch geltenden Bilanzen bzw. bei den statischen Bilanztheoretikern (explizit verweist er auf Hermann Veit Simon) der Ansatz von Rechnungsabgrenzungsposten möglich war[4]. Die Aktivierung von Rechnungsabgrenzungsposten kann somit nicht unbedingt als Ausdruck eines dynamischen Bilanzverständnisses gewertet werden.

Ungeachtet der bilanztheoretischen Zuordnung zeigt die restriktive Auslegung der § 152 Abs.9 AktG 1965 bzw. § 5 Abs.3 EStG 1969 aber eines deutlich: Vordergründig objektiviert der Bundesfinanzhof mit den relativ klaren und

---

1) Vgl. GROH, Manfred, Zur Bilanztheorie, a.a.O., S.134.

2) Vgl. KRUSE, Heinrich Wilhelm, Aktivierungsfragen, a.a.O., S.184.

3) Vgl. GROH, Manfred, Zur Bilanztheorie, a.a.O., S.129.

4) Vgl. SCHNEIDER, Dieter, Bilanzrechtsprechung, a.a.O., S.1230. Zu der hier nicht näher behandelten Problematik der Abgrenzung von Rechnungsabgrenzungsposten und immateriellen Wirtschaftsgütern vgl. insbesondere MELLWIG, Winfried, Erfolgssteuerliche Aktivierungsprobleme bei Mobilien-Leasingverträgen, in: BB, 36.Jg. (1981), S.1808-1815, hier S.1810 u. 1811.

eindeutigen Ansatzkriterien nur den Ansatz von Rechnungsabgrenzungsposten. Weitaus wichtiger als dies sind jedoch die sich daraus ergebenden Konsequenzen. Der Bundesfinanzhof verhindert, daß Ausgaben, die bei anderen Positionen nicht aktiviert werden können, auf dem Umweg über die Rechnungsabgrenzung doch noch Eingang in die Bilanz finden. Das hohe Maß an Objektivierung bei Rechnungsabgrenzungsposten vereitelt somit die Umgehung des vom Gesetzgeber bei anderen Bilanzpositionen für erforderlich gehaltenen Objektivierungsgrads. Dies betrifft vor allem diejenigen immateriellen Werte, die nach § 153 Abs.3 AktG 1965 bzw. § 5 Abs.2 EStG 1969 nicht ansatzfähig sind, nämlich die selbsterstellten.

Obgleich, wie gerade gezeigt wurde, für die enge, rechtlich orientierte Interpretation der Rechnungsabgrenzungsposten gewichtige Gründe sprechen, bleibt doch zu fragen, ob diese Auslegung noch mit dem Wortlaut des § 152 Abs.9 AktG 1965 bzw. des § 5 Abs.3 EStG 1969 übereinstimmt. Hat nicht der Bundesfinanzhof an dieser Stelle den Boden einer Argumentation de lege lata verlassen und sich in den Bereich der Rechtsfortbildung, der Argumentation de lege ferenda begeben?

In der betriebswirtschaftlichen Literatur wird die Bindung der Aktivierung von Rechnungsabgrenzungsposten an das Vorliegen eines gegenseitigen, noch nicht erfüllten Vertrages vor allem von Albach heftig kritisiert. Nach seiner Auffassung findet eine solche, insbesondere von Döllerer vertretene Interpretation des § 152 Abs.9 AktG 1965 im Gesetz keine Stütze[1]. Dies scheint gleichfalls die Meinung von Geßler, einem der Bearbeiter

1) Vgl. ALBACH, H(orst), Rechnungslegung im neuen Aktienrecht, in: NB, 18.Jg. (1965), S.178-192, hier S.187, sowie DÖLLERER, Georg, Rechnungslegung, a.a.O., S.1408-1409. Zum gleichen Ergebnis wie ALBACH kommt auch AHRENS, Dieter, Rechnungsabgrenzung nach neuem Aktienrecht, in: DB, 21.Jg. (1968), S.273-275, hier S.274.

des Aktiengesetzes von 1965 zu sein, wenn er sagt: "In der Abgrenzung der Rechnungsabgrenzungsposten trete ich Albach bei."[1] Im Wirtschaftsprüferhandbuch von 1981[2] sowie im Kommentar von Adler/Düring/Schmaltz[3] findet man zwar die Feststellung, daß den Rechnungsabgrenzungsposten im allgemeinen (so das WP-Handbuch) bzw. meist (so Adler/Düring/Schmaltz) gegenseitige Verträge zugrunde liegen; eine ausschließliche Bindung von Rechnungsabgrenzungsposten an Verträge läßt sich hieraus jedoch nicht ableiten. Bedeutsam dürfte in diesem Zusammenhang vor allem aber sein, daß selbst Richter am Bundesfinanzhof, wie Groh, bezweifeln, ob die über den Wortlaut von § 152 Abs.9 AktG bzw. § 5 Abs.3 EStG hinausgehende Beschränkung der Aktivierung von Rechnungsabgrenzungsposten durch den Bundesfinanzhof rechtens ist[4].

Bei sehr enger Anlehnung an den Gesetzeswortlaut kann den Argumenten der Literatur eine gewisse Berechtigung nicht abgesprochen werden. Es ist jedoch fraglich, ob eine stärker am Wortlaut orientierte, weite Interpretation des § 152 Abs. 9 AktG noch mit dem Sinn und Zweck dieser Vorschrift vereinbar ist. Wird nicht dadurch das an dieser Stelle angesichts fehlender Bewertungsvorschriften besonders notwendige hohe Objektivierungsmaß negiert?[5]

---

1) GESSLER, E(rnst), Rechnungslegung im neuen Aktienrecht, in: NB, 18.Jg. (1965), S.193-197, hier S.196.

2) Vgl. Wirtschaftsprüfer-Handbuch 1981, bearbeitet von Wolfgang Dieter Budde u.a., herausgegeben vom Institut der Wirtschaftsprüfer in Deutschland e.V., Düsseldorf 1981, S.739.

3) Vgl. ADLER/DÜRING/SCHMALTZ, 4. Auflage, a.a.O., Erl. zu § 152 Tz 182.

4) Vgl. GROH, Manfred, Zur Bilanztheorie, a.a.O., S.133/134, sowie KLEIN, Walter, Die Rechnungsabgrenzung nach dem Aktiengesetz in der Rechtsprechung des Bundesfinanzhofes, in: BB, 24.Jg. (1969), S.908-910, hier S.910.

5) Dies ist zumindest die Auffassung des Bundesfinanzhofs (vgl. MOXTER, Adolf, Bilanzierung, a.a.O., S.66).

2. Das in der Rechtsprechung zu den immateriellen Gütern enthaltene Objektivierungsmaß

a) Das Wirtschaftsgut als allgemeines Ansatzkriterium

Die Konkretisierung der Ansatzvoraussetzungen für immaterielle Werte hat gezeigt, daß neben dem speziell für immaterielle Güter geltenden Aktivierungskriterium des entgeltlichen Erwerbs der Ansatz eines Rechts oder rein wirtschaftlichen Gutes auch davon abhängt, ob es überhaupt als Wirtschaftsgut Teil des im Bestandsvergleich zu berücksichtigenden Vermögens ist. Bei der Prüfung dieser Frage geht der Bundesfinanzhof von einer weiten Definition des Begriffs "Wirtschaftsgut" aus. Als Gegenstand der Aktivierung tritt nicht die Sache bzw. das Recht in Erscheinung, sondern, entsprechend der immer wieder betonten wirtschaftlichen Betrachtungsweise in Handels- und Steuerrecht[1], der vermögenswerte Vorteil.

Mit der Umschreibung des Ansatzkriteriums Wirtschaftsgut als vermögenswerter Vorteil für den Betrieb scheint der Bundesfinanzhof auf den ersten Blick seine alte, weite Wirtschaftsgutinterpretation (nicht nur Sachen und Rechte, sondern auch tatsächliche Zustände, konkrete Möglichkeiten und Vorteile für den Betrieb) fortzuführen, denn ein vermögenswerter Vorteil im Sinne des Bundesfinanzhofs liegt dann vor, wenn ein potentieller Erwerber des Gesamtbetriebs den betreffenden Vorteil bei der

---

1) So zuletzt im BFH-Urteil vom 1.4.1981 I R 27/79, BFHE 133, S.386 (389).

Kaufpreisbestimmung berücksichtigen würde, und auf ebendiesen potentiellen Erwerber wird schon in der alten Wirtschaftsgutdefinition Bezug genommen, um die Frage des wirtschaftlichen Wertes am Bilanzstichtag zu beantworten. Die vom Bundesfinanzhof für erforderlich gehaltenen Objektivierungsanforderungen an den Gegenstand der Aktivierung sind nach dem Einkommensteueränderungsgesetz 1969 anscheinend die gleichen wie zuvor. Bei näherer Betrachtung kann dieser These jedoch nicht zugestimmt werden. Wie an früherer Stelle gezeigt[1], hat der Bundesfinanzhof erkannt, daß die am potentiellen Erwerber orientierte wirtschaftliche Betrachtungsweise der Aktivierung in hohem Maß subjektiv ist. Im konkreten Fall ist oftmals nicht oder nur sehr schwer feststellbar, ob ein vermögenswerter Vorteil für den Betrieb vorliegt. Dies gilt vor allem für diejenigen Güter, die keine Sachen und Rechte darstellen, für die sogenannten rein wirtschaftlichen Güter. Um nun zu verhindern, daß die Aktivierung weitgehend an der individuellen Sicht des Steuerpflichtigen ausgerichtet wird, und so für steuerliche Gewinnmanipulationen in Anspruch genommen werden kann, verzichtet der Bundesfinanzhof grundsätzlich auf eine Aktivierung von rein wirtschaftlichen Gütern. Wirtschaftsgut und damit Aktivum sind nur solche vermögenswerten Vorteile, die durch ein Recht, durch eine rechtsähnliche Position oder durch die Aufgabe einer solchen hinreichend konkretisiert sind; nicht ohne Grund spricht der Bundesfinanzhof auch von konkreten betrieblichen Vorteilen, um die "bloßen Spekulationen" von den konkretisierten vermögenswerten Vorteilen zu trennen[2].

Der generelle Ausschluß der rein wirtschaftlichen Güter von der Aktivierung und die darin zum Ausdruck kommende Abkehr von der wirtschaftlichen Betrachtungsweise bein-

1) Vgl. oben, Abschnitt B II 3 b bb im 3. Kapitel.
2) Vgl. BFH-Urteil vom 24.3.1976 I R 139/73, BFHE 118, S.453 (456).

halten zwar ein beträchtliches Maß an Objektivierung, allerdings ist dieses mehr formaler Natur. Was der Bundesfinanzhof mit der faktischen Beschränkung des Bilanzansatzes von immateriellen Gütern auf Rechte oder rechtsähnliche Positionen erreicht, ist der Nachweis des tatsächlichen Vorhandensein eines Gutes[1]. Ob dieses Recht auch ein Gut im wirtschaftlichen Sinn darstellt, d.h. einen ausnutzbaren vermögenswerten Vorteil, läßt sich hierdurch jedoch nicht bestimmen[2]. Gerade dies glaubt jedoch der Bundesfinanzhof, wenn er grundsätzlich beim Vorliegen eines Rechts die Voraussetzungen des Wirtschaftsguts bejaht. Aus der formalen Konkretisierung (Recht) schließt er auf die materielle (vermögenswerter Vorteil, der als Wirtschaftsgut zu aktivieren ist).

Daß es sich bei dem generellen Ausschluß der rein wirtschaftlichen Güter von der Aktivierung um eine objektivierungsbedingte Zurückdrängung der wirtschaftlichen Betrachtungsweise handelt und nicht um eine grundsätzliche, zeigt sich bei der Aktivierung von Forderungsrechten. Da hier eine Objektivierung des vermögenswerten Vorteils gegeben ist - der Anspruch auf Dividende kann angesichts des zugrunde liegenden Sachverhalts als gesichert erscheinen -, muß mit der Aktivierung des Dividendenanspruchs nicht gewartet werden, bis dieser sich

---

1) "Rechte, welcher Art auch immer, lassen sich im allgemeinen ungleich einfacher nachweisen als rein 'tatsächliche' Positionen (Nichtrechte) " (MOXTER, Adolf, Aktivierungsgrenzen, a.a.O., S.824).

2) Man kann nur vermuten, daß Rechte bzw. Rechtsverbindlichkeiten (auf der Passivseite) Ertragswert-Beiträge darstellen (vgl. MOXTER, Adolf, Betriebswirtschaftliche Gewinnermittlung, a.a.O., S.91). Daß aus dem Vorliegen eines Rechts nicht unbedingt auf das Vorliegen eines ökonomischen (wirtschaftlichen) Wertes geschlossen werden kann, macht auch MAUL deutlich (vgl. MAUL, Karl-Heinz, Die §§ 283 ff. StGB als Grundlage für die Ableitung von Grundsätzen ordnungsmäßiger Buchführung, in: DB, 32.Jg. (1979), S. 1758-1762, hier S.1760).

zu einem Recht verdichtet; er kann vielmehr schon in der Bilanz des Jahres berücksichtigt werden, in dem er wirtschaftlich entstanden ist[1].

b) Der entgeltliche Erwerb als besonderes Objektivierungskriterium bei immateriellen Gütern

Obgleich der Bundesfinanzhof schon bei der Frage des Wirtschaftsguts die besondere Objektivierungsproblematik der immateriellen Güter berücksichtigt[2], ist das auf die Besonderheiten der immateriellen Güter speziell eingehende Objektivierungskriterium der entgeltliche Erwerb; nur für die immateriellen Güter des Anlagevermögens ist er notwendige Ansatzvoraussetzung. Der Bundesfinanzhof begründet das Erfordernis des entgeltlichen Erwerbs ähn-

1) Interessant ist in diesem Zusammenhang, daß der Bundesfinanzhof bei der Aktivierung von Forderungsrechten den Ansatz eines noch nicht voll entstandenen, aber wirtschaftlich im vergangenen Jahr verursachten Rechts mit den gleichen Worten begründet wie an anderer Stelle die Passivierung von wirtschaftlich im vergangenen Jahr verursachten, aber noch nicht voll entstandenen ungewissen Verbindlichkeiten und dabei zur Begründung auf die Urteile zur Rückstellungsbildung verweist (vgl. BFH-Urteil vom 6.12.1978 I R 35/78, BFHE 126, S.549 (552)). Zur Auslegung der wirtschaftlichen Verursachung im Rahmen der Passivierung vgl. MOXTER, Adolf, Rückstellungskriterien nach neuem Bilanzrecht, in: BB, 34.Jg. (1979), S.433-440, hier insbesondere S.435 u. 436, und DÖLLERER, Georg, Grundsätzliches zum Begriff der Rückstellungen, in: DStZ, Ausg. A, 63.Jg. (1975), S.291-296; DÖLLERER, Georg, Rückstellungen in der Steuerbilanz - Abkehr von der dynamischen Bilanz, in: DStR, 17.Jg. (1979), S.3-7; MÜLLER, Welf, Gedanken zum Rückstellungsbegriff in der Bilanz, in: ZGR, 10.Jg. (1981), S.126-144, SEBIGER, Heinz, Tendenzen der Rückstellungsbildung, in: DStR, 13.Jg. (1975), S.333-340, sowie als wichtiges Urteil aus der jüngsten Rechtsprechung BFH-Urteil vom 20.3.1980 IV R 89/79, BFHE 130, S.165.

2) Vgl. den vorangegangenen Abschnitt.

lich wie zuvor der Regierungsentwurf zum Aktiengesetz 1965. "Der Vorschrift (gemeint ist § 5 Abs.2 EStG) liegt die Erwägung zugrunde, daß immaterielle Anlagewerte in der Regel schwer schätzbar und daher unsichere Werte sind; erst wenn sie aufgrund eines gegenseitigen Geschäfts Gegenstand des Geschäftsverkehrs geworden sind, entfällt die Unsicherheit in der Wertbestimmung."[1] Berücksichtigt man in diesem Zusammenhang, daß die immateriellen Güter den Oberbegriff sowohl für Rechte als auch für rein wirtschaftliche Güter darstellen und daß früher der entgeltliche Erwerb nur als Aktivierungsvoraussetzung für rein wirtschaftliche Güter galt[2], so kann dessen Übernahme auch für Rechte als Zeichen eines Erkenntnisprozesses gewertet werden. Gesetzgeber und Bundesfinanzhof haben erkannt, daß die formale Zugangskonkretisierung durch das Recht nur sehr wenig zu einer objektivierten Wertbestimmung beitragen kann; sie fordern deshalb neben einer formalen Zugangskonkretisierung eine materielle in Form von Anschaffungskosten[3]. Denn entsprechend der schon vom Reichsfinanzhof betonten und vom Bundesfinanzhof übernommenen These von der grundsätzlichen Ausgewogenheit von Leistung und Gegenleistung[4],

---

1) BFH-Urteil vom 8.11.1979 IV R 145/77, BFHE 129, S.260 (261), sowie KROPFF, Bruno, Aktiengesetz, Textausgabe, a.a.O., S.244.

2) Vgl. MOXTER, Adolf, Immaterielle, a.a.O., S.1103.

3) Der entgeltliche Erwerb ist aber nicht ausschließlich Instrument der materiellen Zugangskonkretisierung. Durch das Abstellen auf den gegenseitigen Vertrag und die anstehende Gegenleistung beinhaltet er auch sehr starke formale Konkretisierungselemente.

4) Das zugegangene Gut ist grundsätzlich das "wert", was der Kaufmann dafür gezahlt hat, wobei der Bundesfinanzhof grundsätzlich davon ausgeht, daß der Tausch (z.B. bei Güterverkehrskonzessionen) auch als entgeltlicher Erwerb im Sinne des Einkommensteuergesetzes anzusehen ist (vgl. BFH-Urteil vom 13.7.1971 VIII 15/65, BFHE 103, S.61 (63), und BFH-Urteil vom 9.10.1974 122/73, BFHE 114, S.198 (201)).

bringt der entgeltliche Erwerb mit den Anschaffungskosten eine relativ klare Ausgangsbewertung, das heißt einen relativ eindeutigen Zugangsbetrag[1].

Aus dem Zusammenwirken des allgemeinen Ansatzkriteriums Wirtschaftsgut und dem nur für immaterielle Güter geltenden Ansatzkriterium entgeltlicher Erwerb ergibt sich im immateriellen Bereich folgendes Objektivierungsmaß: Mit der Beschränkung des Wirtschaftsgutcharakters von immateriellen Gütern auf solche vermögenswerte Vorteile, denen ein Recht oder eine rechtsähnliche Position zugrunde liegt, erreicht der Bundesfinanzhof eine Zugangsobjektivierung, die mehr formaler Natur ist, er erreicht, daß eine "greifbare" Vermögensposition vorhanden ist, der ein Wert zugerechnet werden kann[2]. Eine materielle Zugangskonkretisierung erfolgt dadurch jedoch nicht. Dies gelingt ihm erst mit dem zweiten Ansatzkriterium, dem entgeltlichen Erwerb. Mittels des Kriteriums entgeltlicher Erwerb trennt der Bundesfinanzhof zwischen den immateriellen Wirtschaftsgütern, bei denen eine Konkretisierung des Zugangswerts möglich ist, d.h. eine objektivierte Wertbestimmung im Zugangszeitpunkt, und denjenigen immateriellen Wirtschaftsgütern, bei denen eine solche objektivierte Wertbestimmung nicht möglich ist. Zur ersten Gruppe zählt er die entgeltlich erworbenen immateriellen Wirtschaftsgüter, zur zweiten Gruppe die selbsterstellten.

Die in der Ausschaltung der selbsterstellten Wirtschaftsgüter (Rechte und rechtsähnliche Positionen) zum Ausdruck kommenden hohen Objektivierungsanforderungen

---

1) Vgl. MOXTER, Adolf, Immaterielle, a.a.O., S.1105.

2) Dabei unterstellt der Bundesfinanzhof, daß das Recht einen wirtschaftlichen (vermögenswerten) Vorteil für den Betrieb darstellt, denn sonst könnte er nicht das Vorliegen eines Wirtschaftsguts bejahen.

der Rechtsprechung an die Aktivierung von immateriellen Wirtschaftsgütern gelten aber nur für den Zugangszeitpunkt, für die Zugangskontrolle, und nicht für den Zeitpunkt des Abgangs. Durch die Beschränkung auf Rechte und rechtsähnliche Position kann zwar in späteren Perioden überprüft werden, ob ein vermögenswerter Vorteil formal noch vorhanden ist, nicht jedoch, ob er auch wirtschaftlich noch einen Vermögenswert für den Kaufmann verkörpert. Dies beruht letztlich darauf, daß der Bundesfinanzhof die Einzelveräußerungsfähigkeit als Ansatzkriterium ablehnt[1], ihrer bedarf es aber, wenn die Abgangskontrolle nicht nur formaler Art sein soll.

Offen bleiben an dieser Stelle noch zwei Fragen: Erstens, wie die Geschäftswertbilanzierung mit der faktischen Beschränkung des Wirtschaftsguts auf durch Rechte bzw. rechtsähnliche Positionen konkretisierte vermögenswerte Vorteile zu vereinbaren ist, denn daß es sich beim Geschäftswert um ein Nichtrecht handelt, steht außer Zweifel. Zweitens, wie der Bundesfinanzhof seine Rechtsprechung zu den immateriellen Wirtschaftsgütern und zu den Rechnungsabgrenzungsposten mit der Maßgeblichkeit der handelsrechtlichen Grundsätze ordnungsmäßiger Buchführung bei der Bilanzierung dem Grunde nach in Einklang bringt. Beide Problemkreise werden im nächsten Abschnitt behandelt.

---

1) So sehr deutlich im BFH-Urteil vom 26.2.1975 I R 72/73, BFHE 115, S.243 (245).

3. Die Rechtsprechung des Bundesfinanzhofs und die handelsrechtlichen Grundsätze ordnungsmäßiger Buchführung

In Anbetracht der weitgehenden Negierung des Maßgeblichkeitsgrundsatzes durch die weite, vom Handelsrecht unabhängige Umschreibung des steuerlichen Ansatzkriteriums Wirtschaftsguts vor 1965 bzw. 1969 hätte man erwartet, daß nach 1969 die Rückbesinnung auf die Maßgeblichkeit der handelsrechtlichen Grundsätze ordnungsmäßiger Buchführung zu einer Neudefinition des Wirtschaftsgutbegriffs führt[1]. Um so mehr muß es erstaunen, wenn der Bundesfinanzhof an der weiten Umschreibung des Wirtschaftsgutbegriffs festhält, so als hätte es keine Novellierung des Einkommensteuergesetzes im Jahre 1969 gegeben[2]. In diesem Zusammenhang stellt sich die Frage, wie die Rechtsprechung es erreicht, sowohl die weite Wirtschaftsgutdefinition beizubehalten als auch das Gebot der Maßgeblichkeit der handelsrechtlichen Grundsätze ordnungsmäßiger Buchführung bei der Bilanzierung dem Grunde nach zu beachten.

Betrachtet man die Konkretisierung des Begriffs "Vermögensgegenstand" durch die Judikatur, so zeigt sich, daß der Bundesfinanzhof auch bei der Frage der Aktivierung von Vermögensgegenständen in der Handelsbilanz von

---

1) Dies gilt vor allem deshalb, weil der Bundesfinanzhof in seinem Urteil vom 26.2.1975 nunmehr selbst von der Identität der Begriffe Wirtschaftsgut und Vermögensgegenstand ausgeht: "In der Frage der Aktivierbarkeit kann daher ... der steuerrechtliche Begriff des Wirtschaftsguts (§§ 4,5,6 EStG) nicht weitergehen als der handelsrechtliche Begriff des Vermögensgegenstands (§§ 38,39,40 HGB)" (BFH-Urteil vom 26.2.1975 I R 72/73, BFHE 115, S.243 (245)).

2) Vgl. oben, Abschnitt B II 3 b aa im 3. Kapitel.

einer wirtschaftlichen Betrachtungsweise ausgeht. "Die Aktivierung von Vermögensgegenständen in der Handelsbilanz richtet sich in erster Linie nicht nach rechtlichen, sondern nach wirtschaftlichen Gesichtspunkten."[1)] Entsprechend dieser wirtschaftlichen Betrachtungsweise, definiert der Bundesfinanzhof den Begriff Vermögensgegenstand weit, und zwar so weit, daß er inhaltlich mit der alten Wirtschaftsgutdefinition übereinstimmt. Die Meinung von Steuerpflichtigen, das Vorliegen eines Vermögensgegenstandes erfordere das Merkmal der selbständigen Verkehrsfähigkeit (im Sinne von Einzelveräußerungsfähigkeit), lehnt er dabei explizit ab; unter Verweis auf die Aktivierung des Firmenwerts und des Warenzeichens bezeichnet er eine solche Interpretation des Vermögensgegenstandes als zu eng, sie enspräche nicht der wirtschaftlichen Wirklichkeit[2)]. Die weite Fassung des handelsrechtlichen Vermögensbegriffs wird auch im Urteil vom 28.5.1979 deutlich, in dem der I. Senat des Bundesfinanzhofs zwar von der Identität der Begriffe Vermögensgegenstand und Wirtschaftsgut ausgeht "(Zum Verhältnis des Begriffes Wirtschaftsgut zum Begriff Vermögensgegenstand vgl. BFH-Urteil I R 72/73)"[3)], den Begriff Wirtschaftsgut und damit auch den des Vermögensgegenstandes aber dann durch die alte Wirtschaftsgutformel "nicht nur Gegenstände i.S. des bürgerlichen Rechts ... , sondern auch tatsächliche Zustände, konkrete Möglichkeiten und Vorteile für den Betrieb, deren Erlangung sich der Kaufmann etwas kosten läßt und die nach der Verkehrsauffassung einer besonderen Bewertung

---

1) BFH-Urteil vom 9.2.1978 IV R 201/74, BFHE 124, S.520 (522).

2) Vgl. BFH-Urteil vom 26.2.1975 I R 72/73, BFHE 115, S.243 (245).

3) BFH-Urteil vom 28.5.1979 I R 1/76, BFHE 128, S.367 (372).

zugänglich sind"[1], umschreibt. In konkreten Fall hat dies zur Folge, daß steuerliche Ansatzkriterien wie z.B. die Wirtschaftsgutdeterminante "Greifbarkeit" über das Vorliegen eines Vermögensgegenstands entscheiden[2] und der Bundesfinanzhof den durch die Zahlung einer Abfindung erlangten betrieblichen Vorteil nicht nur als abnutzbares Wirtschaftsgut im einkommensteuerrechtlichen Sinn , sondern auch als Vermögensgegenstand im handelsrechtlichen Sinn ansieht[3].

Insgesamt zeigt sich: Der Bundesfinanzhof nimmt eine Angleichung des steuerlichen Aktivierungskriteriums Wirtschaftsgut an das handelsrechtliche Aktivierungskriterium Vermögensgegenstand vor, allerdings nicht in einer Art und Weise, wie es der Gesetzgeber für erstrebenswert hält. Um in der Steuerbilanz seinen weiten Wirtschaftsgutbegriff trotz der Maßgeblichkeit der handelsrechtlichen Grundsätze ordnungsmäßiger Buchführung beizubehalten, unterlegt er schon der Handelsbilanz eine weite, am vermögenswerten Vorteil orientierte Aktivendefinition. Dies führt in letzter Konsequenz zu einer Umkehrung des Maßgeblichkeitsprinzips, nicht die handelsrechtliche Aktivierung prägt die steuerliche, sondern die steuerliche Aktivierung prägt die handelsrechtliche.

In der Literatur wird die von der Rechtsprechung vorgenommene Auslegung des Vermögensgegenstandes von Angehörigen des Bundesfinanzhofs unterschiedlich begründet.

---

1) BFH-Urteil vom 28.5.1979 I R 1/76, BFHE 128, S.367 (372).

2) Im Urteil vom 18.6.1975 heißt es: "Die Greifbarkeit erst erweist das Wirtschaftsgut und rechtfertigt (handelsrechtlich) und gebietet (steuerrechtlich) seine Aktivierung, soweit nicht nunmehr die Vorschriften des § 153 Abs.3 AktG und des § 5 Abs.2 EStG entgegenstehen" (BFH-Urteil vom 18.6.1975 I R 24/73, BFHE 116, S.474 (478)).

3) So z.B. im Urteil vom 10.8.1978 IV R 54/74, BFHE 126, S.185 (190).

Beisse geht zwar davon aus, daß im Handelsrecht ursprünglich eine am Gläubigerschutzgedanken orientierte Bestimmung des Vermögensgegenstandes vorgenommen wurde, die auf die Greifbarkeit im Insolvenzfall und damit auf die Einzelverwertbarkeit (Einzelveräußerbarkeit) abstellt. Diese enge Fassung des Vermögensgegenstandsbegriffs habe aber im Laufe der Zeit eine Ausweitung erfahren und decke sich heute mit dem Begriff des Wirtschaftsguts[1]. Döllerer lehnt ebenfalls die selbständige Verkehrsfähigkeit (Einzelveräußerbarkeit) als Voraussetzung des Vermögensgegenstandes ab. Er spricht von einer Fehleinschätzung des Gläubigerinteresses, wenn die Aktivierung an die Möglichkeit des Gläubigerzugriffs gebunden würde[2].

Die Konkretisierung des Begriffs Vermögensgegenstand durch die Rechtsprechung bzw. in der von Bundesfinanzrichtern stammenden Literatur ist jedoch problematisch und nicht vereinbar mit der Auffassung weiter Teile des Schrifttums. Die handelsrechtliche Rechnungslegung wird beherrscht vom Gläubigerschutzgedanken[3], woran auch

---

1) Vgl. BEISSE, Georg, Entwicklungstendenzen, a.a.O., S.78.

2) Vgl. DÖLLERER, Georg, Bilanz im Rechtssinne, a.a.O., S.199.

3) Vgl. MELLWIG, Winfried, Rechnungslegungszwecke und Kapitalkonten bei Personengesellschaften, in: BB, 34.Jg. (1979), S.1409-1418, hier S.1410; FEDERMANN, Rudolf, Bilanzierung nach Handels- und Steuerrecht, 3. Aufl., München 1977, insbes. S.62; GLADE, Anton, Die Verletzung handelsrechtlicher Bilanzierungsgrundsätze in der Steuerbilanz, in: StbJb 1966/67, S.375-406, hier S.377 u. 381; GNAM, Arnulf, Handbuch des Bilanzsteuerrechts, Freiburg 1960/71, Erl. zu Stichwort 25 Bilanz, S.6; GROSSFELD, Bernhard, Bilanzrecht, Heidelberg - Karlsruhe 1978, S.23; KRUSE, Heinrich Wilhelm, Grundsätze, a.a.O., S.201; MAUL, Karl-Heinz, Handelsrechtliche Rechnungslegung, Frankfurt 1978, S.12-13. Vgl. zur historischen Entwicklung des Gläubigerschutzgedankens vor allem PENNDORF, B(alduin), Die historische Entwicklung der Bilanz, in: Die Bilanzen der Unternehmungen, Festgabe für Julius ZIEGLER, hrsg. von Karl MEITHNER, Bd.1, Berlin-Wien 1933, S.125-147, und TER VEHN, A(lbert), Die Entwicklung der Bilanzauffassungen bis zum AHGB, in: ZfB, 6.Jg. (1929), S.161-169, 241-253, 329-345 u. 431-445.

die Aktienrechtsreform von 1965 nichts Grundsätzliches ändert, da mit ihr lediglich neben dem Gläubigerschutz der Aktionärsschutz als zweite Zielkomponente aktienrechtlicher Rechnungslegung gesetzlich verankert wurde[1], wobei allerdings bei eventuell auftretenden Zielkonflikten (trotz der besonders schutzwürdigen Interessen der Anteilseigner bei Aktiengesellschaften) von der relativen Dominanz des Gläubigerschutzaspekts auszugehen ist[2]. Aus dem Gläubigerschutzprinzip folgt, wie Gutenberg schon 1926 erkennt, der Gedanke zerschlagener Unternehmen "und aus diesem Denkprozeß erwachsende Bilanzen"[3]. Der Begriff Vermögensgegenstand wird dementsprechend eng ausgelegt, zentrales Ansatzkriterium ist die selbständige (einzelne) Veräußerbarkeit[4]. Fehlt diese Eigenschaft , wie beim Geschäftswert, dann ist die Aktivierung grundsätzlich als Bilanzierungshilfe zu ver-

---

1) Vgl. FORSTER, Karl-Heinz, Vom Gläubigerschutz zum Aktionärsschutz - der Wandel in den Bewertungsbestimmungen des Aktienrechts, in: Wpg, 17.Jg. (1964), S.422-429, insbes. S.426 u. 427, sowie KROPFF, Bruno, Leitgedanken der Bewertungsvorschriften des künftigen Aktienrechts, in: Wpg, 17.Jg. (1964), S.565-575, und das Urteil des Bundesfinanzhofs vom 29.1.1965 317/63 U, BFHE 81, S.496 (502).

2) Vgl. MOXTER, Adolf, Bilanzlehre, a.a.O., S.415-417, sowie GESSLER, Ernst, Der Bedeutungswandel der Rechnungslegung im Aktienrecht, in: 75 Jahre Deutsche Treuhand-Gesellschaft, hrsg. von Volkmar MUTHESIUS, Frankfurt 1965, S.129-164, hier S.159. GESSLER geht zwar(zunächst)von der Gleichrangigkeit des Prinzips des Gläubigerschutzes und des Aktionärsschutzes aus, betont dann aber, daß bei Konfliktsituationen dem Prinzip des Gläubigerschutzes der absolute Vorrang gebührt.

3) GUTENBERG, Erich, Bilanzwerte, a.a.O., S.506.

4) Vgl. GOERDLER/MÜLLER, in: HACHENBURG, Gesetz betreffend die Gesellschaften mit beschränkter Haftung (GmbHG), a.a.O., Erl. zu § 42 Rdnr. 53 und die dort genannte Literatur.

stehen [1] und kann nicht, wie der Bundesfinanzhof glaubt, als Zeichen für einen weiten Vermögensgegenstandsbegriff gewertet werden. "Es gäbe keinen vernünftigen Grund, einen 'regulären' bilanzrechtlichen Vermögensgegenstand derartigen Sondervorschriften (gemeint ist das Ansatzwahlrecht und die strenge Normierung der Abschreibungsfrist) zu unterwerfen."[2] Mellwig betont deshalb zu Recht, der Bundesfinanzhof gehe von einer sehr fragwürdigen Interpretation des Vermögensgegenstandes aus, um die geforderte Übereinstimmung zwischen den Begriffen Vermögensgegenstand und Wirtschaftsgut herzustellen[3].

---

1) Vgl. MOXTER, Adolf, Der Einfluß der EG-Bilanzrichtlinie auf das Bilanzsteuerrecht, in: BB, 33.Jg. (1978), S.1629-1632, hier S. 1631. Den Charakter des Geschäftswerts als Bilanzierungshilfe betonen im Schrifttum auch DÖLLERER, Georg, Maßgeblichkeit, a.a.O., S.504; DORALT, Werner, Der Firmenwert in der Handels- und Steuerbilanz, Berlin 1976, S,18; GREIFFENHAGEN, Hermann, Widersprüchliche Entwicklungstendenzen zwischen Handels- und Steuerrecht, in: Entwicklungstendenzen des Handels- und Steuerrechts, Bericht über die Fachtagung des Instituts der Wirtschaftsprüfer in Deutschland e. V. am 30. und 31. Januar 1964 in München, Düsseldorf 1964, S.51-63, hier S.55; KNOBBE-KEUCK, Brigitte, Bilanz- und Unternehmenssteuerrecht, 2. Aufl., Köln 1979, S.47 u. 77; MAUL, Karl-Heinz, Bilanzierungshilfen im künftigen Bilanzrecht, in: AG, 25.Jg. (1980), S.233-240, hier S.237; MÜLLER-DAHL, Frank P., Die Bilanzierung des Goodwill - betriebswirtschaftlich sowie handels- und steuerrechtlich unter Berücksichtigung des Vorentwurfs eines Bilanzrichtlinie-Gesetzes, in: BB, 36.Jg. (1981), S.274-284, hier S. 277, und SCHNEIDER, Dieter, Aktienrechtlicher Gewinn und ausschüttungsfähiger Betrag, in: Wpg, 24.Jg. (1971), S.607-617, hier S.609.

2) MOXTER, Adolf, Die Geschäftswertbilanzierung in der Rechtsprechung des Bundesfinanzhofs und nach EG-Bilanzrecht, in: BB, 34.Jg. (1979), S.741-747, hier S.747, in Klammer Anmerkung des Verfassers.

3) Vgl. MELLWIG, Winfried, Erfolgssteuerliche Aktivierungsprobleme, a.a.O., S.1814 Fn 26.

Daß die Deklarierung des Geschäftswerts als Vermögensgegenstand und die sich daraus ergebende weite Definition des handelsrechtlichen Vermögensgegenstandsbegriffs aber selbst bei Bundesfinanzrichtern gewisse Bedenken hervorrufen, zeigen die Ausführungen Beisses. Im Gegensatz zum Urteil vom 26.2.1975[1] und der Auffassung Döllerers[2] handelt es sich seiner Meinung nach beim Geschäftswert zwar nicht um einen Vermögensgegenstand; trotzdem müsse er aktiviert werden, da § 6 Abs.1 Nr.2 EStG ihn als Wirtschaftsgut ausweise[3]. Ganz auf dieser Linie liegt auch eines der jüngsten Urteile zur Geschäftswertaktivierung vom 25.11.1981[4]. Ohne auf das Urteil vom 25.2.1975 überhaupt einzugehen, läßt es der I. Senat nunmehr dahingestellt bleiben, ob der Geschäftswert handelsrechtlich einen Vermögensgegenstand oder eine Bilanzierungshilfe darstellt, wichtig sei nur, daß handelsrechtlich ein Aktivierungswahlrecht besteht und aus § 6 Abs.1 Nr.2 EStG die rechtspolitische Wertentscheidung des Gesetzgebers herzuleiten ist, den derivativen Geschäftswert als aktivierungspflichtiges Wirtschaftsgut anzusehen. Schuhmann bezeichnet eine solche Vorgehensweise als Erweiterung des Begriffs Wirtschaftsgut durch den Gesetzgeber gegenüber dem Handelsrecht[5].

---

1) Vgl. BFH-Urteil vom 26.2.1975 I R 72/73, BFHE 115, S.243 (245).

2) Vgl. DÖLLERER, Georg, Die Vierte EG-Richtlinie und das Steuerrecht, in: JbFfSt 1981/1982, S. 369-388, hier S.375.

3) Vgl. BEISSE, Heinrich, Bilanzauffassung, a.a.O., S.194. Eine Aktivierung des Geschäftswerts über § 6 Abs.1 Nr.2 EStG befürworten auch HERRMANN-HEUER, a.a.O., Erl. zu § 6 Anm. 865; LITTMANN, Eberhard, Das Einkommensteuerrecht, Kommentar zum Einkommensteuergesetz, 13. Aufl., Stuttgart 1981, Erl. zu den §§ 4,5 Rdnr.386, und RID, Max, Die Behandlung des Geschäftswerts im Ertragsteuerrecht, in: DStR, 16.Jg. (1978), S.659-663, hier S.659.

4) Vgl. BFH-Urteil vom 25.11.1981 I R 54/77, BFHE 134, S.434.

5) Vgl. SCHUHMANN, Helmut, Zur steuerlichen Abschreibung vom Geschäftswert, in: StBp, 17.Jg. (1977), S.149-154, hier S.152.

Die vorstehenden Ausführungen zur Begründung der Geschäftswertaktivierung zeigen deutlich das Dilemma, in dem sich der Bundesfinanzhof befindet: Geht er, entsprechend den Intentionen des Gesetzgebers, von der materiellen Identität der Begriffe Vermögensgegenstand und Wirtschaftsgut aus, dann muß er, um die Aktivierung des Geschäftswerts zu sichern, diesen als Vermögensgegenstand deklarieren, was ihm den Vorwurf einer steuerlich ausgerichteten, der handelsrechtlichen Zielsetzung nicht gerecht werdenden Interpretation des Begriffs Vermögensgegenstand einträgt. Begründet er den Wirtschaftsgutcharakter des Geschäftswerts jedoch über § 6 Abs.1 Nr.2 EStG und nicht über den Maßgeblichkeitsgrundsatz, dann trifft ihn der Vorwurf, die vom Gesetzgeber mit dem Einkommensteueränderungsgesetz gewollte Übereinstimmung zwischen dem handelsrechtlichen Aktivierungskriterium Vermögensgegenstand und dem steuerlichen Aktivierungskriterium Wirtschaftsgut zu verletzen. Der Bundesfinanzhof scheint sich in der neueren Rechtsprechung für den zweiten Weg zu entscheiden. Handelsrechtlich ist damit zumindest klar, daß der Begriff Vermögensgegenstand nicht so weit zu interpretieren ist, wie der Bundesfinanzhof noch im Urteil vom 26.2.1975 feststellen zu können glaubte.

Die zweite Frage, mit der es sich näher zu beschäftigen gilt, ist die, ob der Ansatz des derivativ erworbenen Geschäftswerts nicht der These von dem Ausschluß der Nichtrechte (von der Aktivierung) widerspricht, denn der Geschäftswert ist kein Recht oder eine rechtsähnliche Position, muß aber trotzdem bei derivativem Erwerb angesetzt werden. Auf den ersten Blick fehlt es einer solchen Argumentation nicht an einer gewissen Schlüssigkeit, bei näherer Betrachtung erweist sie sich jedoch als unzutreffend.

Der grundsätzliche Ausschluß der Nichtrechte von der Aktivierung ist objektivierungsbedingt und gilt, wie oben gezeigt wurde, für die Gruppe der sogenannten immateriellen Einzelwirtschaftsgüter, d.h. für diejenigen vermögenswerten Vorteile, die dem Grundsatz der Einzelbewertung unterliegen. Durch die Beschränkung des Ansatzes auf solche vermögenswerten Vorteile, die mittels eines Rechts, einer rechtsähnlichen Position oder der Aufgabe einer solchen hinreichend konkretisiert sind, gelingt dem Bundesfinanzhof neben einer Kontrolle des Zugangs eine (wenn auch nur formale) Kontrolle des Abgangs. Diese Abgangskontrolle ist insbesondere bei den immateriellen Einzelwirtschaftsgütern von besonderer Bedeutung, denn das Erfordernis der selbständigen Bewertbarkeit setzt in späteren Perioden den objektiven Nachweis voraus, daß überhaupt noch "etwas" (ein vermögenswerter Vorteil) vorhanden ist, das es selbständig zu bewerten gilt.

Beim Geschäfts- oder Firmenwert ist die Sachlage anders. Er stellt, wie Moxter betont, eine Ausnahme von dem sonst das Gesetz völlig beherrschenden Einzelbewertungsgrundsatz dar[1]. Dies zeigt sich zum einen darin, daß man ihn als "immaterielles Gesamtwirtschaftsgut" bezeichnet, das in die Bilanzlücke tritt, "die dadurch entsteht, daß das Entgelt für das erworbene Unternehmen einen Überhang gegenüber dem Wert der einzelnen zu diesem Betriebsvermögen gehörenden (aktivierten oder nicht aktivierten) Wirtschaftsgüter nach Abzug der Schulden aufweist."[2] Zum anderen zeigt sich die Ausnahme vom

---

1) Vgl. MOXTER, Adolf, Geschäftswertbilanzierung, a.a.O., S.741.

2) RID , Max, a.a.O., S.659. Vgl. hierzu auch FREERICKS, Wolfgang, Der Geschäftswert in der Steuerbilanz, in: Festschrift für Heinz PAULICK zum 65. Geburtstag, hrsg. von Heinrich Wilhelm KRUSE, Köln-Marienburg 1973, S.375-390, hier S.376, und GLADE, Anton, Zur Behandlung des Firmenwertes in der Ertragsteuerbilanz und nach dem Bewertungsgesetz, insbesondere Bewertungs- und Berechnungsmethoden, in: StbJb 1969/70, S.287-324, S.292 und 297.

Einzelbewertungsgrundsatz bei der Bilanzierung des Geschäftswerts in späteren Perioden, in seiner Deklarierung als nichtabnutzbares Wirtschaftsgut[1] und in der Erschwerung (Ausschaltung) der Teilwertabschreibung mittels der sogenannten Einheitstheorie[2].

Die mit der Aktivierung des Geschäftswerts verbundenen und aus seinem Charakter als nicht einzelbewertbares Aktivum resultierenden Sonderregelungen haben zur Folge, daß der Frage der Abgangskontrolle keine größere Bedeutung zukommt. Der Bundesfinanzhof muß nicht, wie bei den immateriellen Einzelwirtschaftsgütern, in späteren Perioden das Vorhandensein eines vermögenswerten Vorteils zum Zwecke der Einzelbewertung immer wieder von neuem prüfen. Aus diesem Grund kann er die objektivierungsbedingte, insbesondere die Abgangskontrolle sichernde Beschränkung der Aktivierung auf durch Rechte

---

1) Vgl. BFH-Urteil vom 15.4.1958 I 61/57 U, BFHE 67, S.151, und vom 2.2.1972 I R 96/70, BFHE 104, S.442. In der neueren Rechtsprechung betont der BFH diese "Selbstverständlichkeit" nicht mehr explizit. Er geht davon aus, daß nur die Abschreibung auf den niedrigeren Teilwert zulässig ist,und prüft deren Voraussetzungen (vgl. BFH-Urteil vom 9.2.1977 I R 130/74, BFHE 121, S.436, und vom 16.11.1977 I R 212/75, BFHE 123, S.564). Der Bundesfinanzhof steht damit ganz in der Tradition des Reichsfinanzhofs, wie dessen Rechtsprechung zeigt (vgl. RFH-Urteil vom 29.7.1931 VI A 1265/29, StuW II 1931, Sp.1816; vom 21.12.1938 VI 669/38, StuW II 1939, Sp.47; und vom 14.10.1942 VI 215/42, StuW II 1942, Sp.474. Zur Begründung dieser Regelung vgl. auch die Ausführungen von MIRRE, (Ludwig), Subjektives Recht und Wirtschaftsgut, in: StuW, Teil 1, 21.Jg. (1942), Sp.545-552, insbes. 549-550).

2) Vgl. HERRMANN-HEUER, Kommentar zur Einkommensteuer, a.a.O., Erl. zu § 6 Anm. 862. Zur Kritik an der Einheitstheorie vgl. insbesondere die in Anmerkung 864 bei HERRMANN-HEUER genannte Literatur, sowie PAULICK, Heinz, Das Steuerrecht als Teil der Gesamtrechtsordnung und die Rechtsprechung des Bundesfinanzhofs, in: DStR, 13. Jg. (1975), S.564-577, hier S.575; LITTMANN, Eberhard, Der steuerliche Gewinnbegriff im Lichte statischer und dynamischer Bilanzauffassung, in: StuW, 25.Jg. (1948), Sp.617-655, hier Sp.641; SPITALER, Armin, Die Lehre von der Einheit des Geschäftswerts, in: StbJb 1959/60, S.443-462, hier S. 448-450, und WÖHE, Günter, Zur Bilanzierung und Bewertung des Firmenwertes, in: StuW, 57.(10.)Jg. (1980), S.89-108, hier S.106-107.

konkretisierte vermögenswerte Vorteile aufgeben, und bei Erfüllung der notwendigen Zugangskonkretisierung - die nach seiner Auffassung durch den derivativen Erwerb gegeben ist[1] - die Aktivierung des Geschäftswerts bejahen.

Die Abkehr von der rechtlichen Betrachtungsweise bei der Bilanzierung des "Nichtrechts" Geschäftswert ist somit als Ausnahme zu verstehen, die aus der Sonderstellung des Geschäftswerts resultiert. Die Aktivierung des Geschäftswerts ist kein Argument, das die grundsätzlich rechtliche Orientierung des Bundesfinanzhofs bei der Bilanzierung von immateriellen Wirtschaftsgütern widerlegen könnte.

---

1) Schon ZITZLAFF betont in diesem Zusammenhang bei der Besprechung des Urteils vom 28.7.1942: "Ebenso wird bei der Einkommensteuer ein Geschäftswert nur dann aktiviert, wenn in dieser Höhe Zahlungen geleistet worden sind. Es wäre steuerlich ein anderer Weg auch kaum je gegeben, da man irgendwelche Unterlagen für die Ermittlung des Geschäftswerts in der Regel nicht hat und die verschiedenen Sachverständigen sich über die Höhe des Geschäftswerts doch nicht einigen würden." (ZITZLAFF, (Franz), Erläuterungen zur Rechtsprechung, A. Allgemeines Steuerrecht. Einkommensteuer. Gewerbesteuer, in: StuW, Teil 1, 21.Jg. (1942), Sp.699-714, hier Sp.703).

Thesenförmige Zusammenfassung

1. Vor der Errichtung des Reichsfinanzhofs ist das Objektivierungsbedürfnis im Rahmen der steuerlichen Gewinnermittlung identisch mit dem im Handelsrecht. Wie die Analyse der Entscheidungen des Preußischen Oberverwaltungsgerichts zeigt, wird die Maßgeblichkeit der Handelsbilanz für die steuerliche Gewinnermittlung auch vom damals höchsten preußischen Steuergericht anerkannt. In Übereinstimmung mit Simon, Staub und der Rechtsprechung des Reichsgerichts zum Handelsrecht geht das Preußische Oberverwaltungsgericht in Staatssteuersachen davon aus, daß zum Kreis der zu aktivierenden Güter nicht nur Sachen und Rechte gehören, sondern auch rein wirtschaftliche Güter (Nichtrechte), soweit sie auf derivativem Weg zugegangen sind, d. h. entgeltlich erworben wurden. Dies bedeutet: Die Aktivierungsgrenzen in Handels- und Steuerbilanz stimmen überein. Man verzichtet aus Objektivierungsgründen jeweils auf die gleichen Bilanzpositionen, auf die originär erworbenen rein wirtschaftlichen Güter.

2. Mit der Begründung, auch bei der Aktivierung müsse die immer stärker hervortretende wirtschaftliche Betrachtungsweise des Einkommensteuerrechts berücksichtigt werden, leitet der Reichsfinanzhof in den Jahren 1920 bis 1928 die Trennung zwischen handels- und steuerrechtlicher Aktivenkonzeption ein. Es kommt zur Herausbildung einer eigenständigen, vom Handelsrecht unabhängigen steuerlichen Aktivierungslehre, die der Reichsfinanzhof mit dem Begriff des Wirtschaftsguts verbindet. Zur allgemeinen Umschreibung seiner Aktivenkonzeption benutzt der Reichsfinanzhof den Teilwertgedanken: Als

Wirtschaftsgüter und damit als Aktiva im Sinne des Einkommensteuergesetzes gelten grundsätzlich all diejenigen Güter (Werte), die ein potentieller Erwerber des gesamten Unternehmens im Rahmen des Gesamtkaufpreises gesondert vergüten würde.

3. Bei der Bestimmung der Aktivierungsgrenzen des neuen steuerlichen Ansatzkriteriums Wirtschaftsgut begnügt sich der Reichsfinanzhof mit einem Mindestmaß an Objektivierung. Er macht die Frage der Aktivierung nicht davon abhängig, ob etwas als Einzelheit einen Wert besitzt, sondern davon, ob einem neu entstehenden oder schon bestehenden Wirtschaftsgut (bei letzterem stellt er auf den Geschäftswert ab) ein isolierter Wert im Zugangszeitpunkt zugerechnet werden kann. Maßgebend für die isolierte Wertzurechnung ist dabei der Anfall von klar abgrenzbaren Ausgaben beim Bilanzierenden. Die Ansatzobjektivierung reduziert sich damit im Grundsatz auf eine Bewertungsobjektivierung im Zugangszeitpunkt. Auch das vermeintliche Instrument einer Abgangskontrolle - die Greifbarkeit bei fiktiver Gesamtveräußerung - kann an dieser Feststellung im Ergebnis wenig ändern, weil es sich bei der Greifbarkeit lediglich um eine fiktive ("fingierte") Abgangskontrolle handelt, der keine eigenständige Objektivierungsfunktion zukommt.

4. Bis zur Aktienrechtsreform 1965 ist die Rechtsprechung des Bundesfinanzhofs im Grundsatz eine Fortführung der Aktivierungsrechtsprechung des Reichsfinanzhofs. Entscheidend für die Aktivierung eines immateriellen Wirtschaftsguts ist auch für den Bundesfinanzhof die relativ ermessensfreie Wert- (Ausgaben-)Zurechnung im Zugangszeitpunkt. Die Durchbrechung der Prädominanz des Wirtschaftsguts bei den Rechnungsabgrenzungsposten

kann in diesem Zusammenhang nicht als Ausweitung des Aktivierungsumfangs gewertet werden; sie resultiert vielmehr aus den unterschiedlichen Objektivierungsschwerpunkten bei immateriellen Wirtschaftsgütern und Rechnungsabgrenzungsposten. Im Rahmen der Wirtschaftsgutdefinition begnügt sich der Bundesfinanzhof mit einer Wertzurechnungsobjektivierung im Zugangszeitpunkt, bei den Rechnungsabgrenzungsposten verlangt er hingegen eine Bewertungsobjektivierung in späteren Perioden, eine eindeutig abgrenzbare Zurechnung der Ausgaben als Aufwand zu späteren Erträgen muß möglich sein.

5. Mit dem Aktiengesetz 1965 und dem Einkommensteueränderungsgesetz 1969 endet die Ära der selbständigen Steuerbilanz, auch die höchstrichterliche Finanzjudikatur betont wieder den abgeleiteten Charakter der Steuerbilanz und die materielle Identität der Ansatzkriterien Vermögensgegenstand (im Handelsrecht) und Wirtschaftsgut (im Steuerrecht). Die von der dynamischen Bilanzlehre Schmalenbachs beeinflußte wirtschaftliche Betrachtungsweise im Bilanzsteuerrecht wird zurückgedrängt. In der Rechtsprechung dominiert die sogenannte rechtliche Betrachtungsweise.

6. Für die Aktivierung von Rechnungsabgrenzungsposten bedeutet die neue rechtliche Betrachtungsweise des Bundesfinanzhofs eine beträchtliche Erhöhung des Objektivierungsmaßes. Mit den beiden Ansatzvoraussetzungen der bestimmten Zeit und der noch ausstehenden Gegenleistung aus einem Vertragsverhältnis begrenzt die Rechtsprechung die Aktivierungsmöglichkeiten von Rechnungsabgrenzungsposten drastisch. Die große Anzahl von Urteilen, die nach 1965 die Bildung eines Rechnungsabgrenzungspostens

verneint, obgleich die betreffenden Sachverhalte vor 1965 abgrenzungsfähig waren, zeigt dies deutlich.

7. Der Bundesfinanzhof will auf der Aktivseite von Handels- und Steuerbilanz alle vermögenswerten Vorteile eines Kaufmanns erfassen. Objektivierungsbedingt verzichtet er jedoch grundsätzlich auf den Ansatz solcher vermögenswerter Vorteile, die nicht durch eine Sache oder ein Recht konkretisiert sind, um die Aktivierung "bloßer Spekulationen" zu verhindern. Der entgeltliche Erwerb ist in diesem Zusammenhang als Ausdruck eines besonderen Objektivierungsbedürfnisses bei immateriellen Wirtschaftsgütern zu werten, da es sich bei diesen um besonders schwer schätzbare und unsichere Werte handelt. Der Bundesfinanzhof fordert damit in seiner jüngeren Rechtsprechung ein Maß an Objektivierung, das weit über das hinausgeht, was vor der Errichtung des Reichsfinanzhofs von der Zivil- und Steuergerichtsbarkeit als notwendig angesehen wurde. Konnten früher auch Nichtrechte (rein wirtschaftliche Güter) aktiviert werden, wenn sie entgeltlich erworben waren, so wird eine solche Bilanzierungsweise vom Bundesfinanzhof heute nicht mehr toleriert. Aus Objektivierungsgründen beschränkt er die Aktivierung im immateriellen Bereich auf die entgeltlich erworbenen Rechte und rechtsähnlichen Positionen. Die Geschäftswertaktivierung ist in diesem Zusammenhang als Ausnahmeregelung zu verstehen; sie geschieht auf der Grundlage eines expliziten Ansatzgebots im Einkommensteuergesetz.

Literaturverzeichnis

ACKERMANN, Eduard, "Forschungsergebnisse" und "Geschäftswert" im Einkommen- (Körperschaft-) Steuerrecht, in: StuW, Teil 1, 17.Jg. (1938), Sp.575-592.

ACKERMANN, Eduard, Versuchskosten im Einkommensteuerrecht, in: StuW, Teil 1, 18.Jg. (1939), Sp.1-14.

ACKERMANN, Eduard, Reklameaufwand im Einkommensteuerrecht, in: StuW, Teil 1, 19.Jg. (1940), Sp.909-926.

ADLER/DÜRING/SCHMALTZ, Rechnungslegung und Prüfung der Aktiengesellschaft, Handkommentar, (1. Aufl.), von Hans ADLER, Walther DÜRING und Kurt SCHMALTZ, Stuttgart 1938.

ADLER/DÜRING/SCHMALTZ, Rechnungslegung und Prüfung der Aktiengesellschaft, Handkommentar, 4. Aufl., bearbeitet von Kurt SCHMALTZ, Karl-Heinz FORSTER, Reinhard GOERDELER und Hans HAVERMANN, Bd. 1: Rechnungslegung, Stuttgart 1968.

AHRENS, Dieter, Rechnungsabgrenzung nach neuem Aktienrecht, in: DB, 21.Jg. (1968), S. 273-275.

ALBACH, H(orst), Rechnungslegung im neuen Aktienrecht, in: NB, 18.Jg. (1965), S.178-192.

ALBACH, Horst, Bewertungsprobleme des Jahresabschlusses nach dem Aktiengesetz 1965, in: BB, 21.Jg. (1966), S.377-382.

Allgemeines Landrecht für die Preußischen Staaten, Erster Theil, Erster Band, Zweiter Titel, Berlin 1855.

ANDERSON, Viktor, Grundsätze ordnungsmäßiger Bilanzierung in der Rechtsprechung der Finanzgerichte, Heidelberg 1965.

APRATH, Werner, Grundsätzliches zum Gewinnbegriff in Betriebswirtschaftslehre und Steuerrecht, in: StbJb 1950, S.135-148.

AUFERMANN, (Ewalt), Der steuerliche Bilanzgewinn, in: WT, 3.Jg. (1934), S.123-128.

BAETGE, Jörg, Möglichkeiten der Objektivierung des Jahreserfolges, Düsseldorf 1970.

BAETGE, Jörg; BALLWIESER, Wolfgang, Zum bilanzpolitischen Spielraum der Unternehmensleitung, in: BFuP, 29.Jg. (1977), S.199-215.

BALL, Kurt, Steuerrecht und Privatrecht, in: StuW, 4.Jg. (1925), Sp.177-198.

BARSKE, K(urt), Gedanken zum Verhältnis der Handelsbilanz zur Steuerbilanz, in: DB, 17.Jg. (1964), S.1569-1570.

BARTH, Kuno, Die Entwicklung des deutschen Bilanzrechts, Bd.1: Handelsrechtlich, Stuttgart 1953.

BARTH, Kuno, Die Entwicklung des deutschen Bilanzrechts, Bd.2: Steuerrecht, 1. Teilband, Stuttgart 1955.

BECKER, Enno, Grundfragen aus den neuen Steuergesetzen. Die Werbungskosten nach dem Einkommensteuergesetz von 1925, in: StuW, Bd.1, 7.Jg. (1928), Sp.21-48, 177-222 u. 433-466.

BECKER, Enno, Steuerrundschau. Zur Rechtsprechung, in: StuW, Bd.1, 7.Jg. (1928), Sp.809-838.

BECKER, Enno, Die Entwicklung des Steuerrechts durch die Rechtsprechung seit 1926, in: StuW, Teil 1, 7.Jg. (1928), Sp.855-908.

BECKER, Enno, Einkommensteuerrecht: Fragen der Aktivierung und der Passivierung. Insbesondere der Gegenstand der einzelnen Aktivierung und Passivierung, in: StuW, Bd.1, 8.Jg. (1929), Sp.141-182 u. 253-302.

BECKER, (Enno), Zur Rechtsprechung. A. Allgemeines Steuerrecht. Einkommensteuerrecht. Umsatzsteuer, in: StuW, Bd.1, 9.Jg. (1930), Sp.429-462.

BECKER, (Enno), Zur Rechtsprechung. Einkommensteuerrecht. Reichsabgabenordnung, in: StuW, Bd.1, 10.Jg. (1931), Sp.1405-1426.

BECKER, (Enno), Zur Rechtsprechung. A. Allgemeines Steuerrecht. Zum Einkommensteuerrecht, in: StuW, Teil 1, 11. Jg. (1932), Sp.369-410.

BECKER, Enno, Rechtsgestaltung durch Gesetz und Rechtsprechung bei werdendem Recht: Legung der Grundlagen durch Gesetz; Ausbau durch die Rechtsprechung, in: StuW, Teil 1, 12.Jg. (1933), Sp.1217-1224.

BECKER, Enno, Zum neuen Einkommensteuergesetz, in: StuW, Teil 1, 13.Jg. (1934), Sp.1241-1264.

BECKER, (Enno), Erläuterungen zur Rechtsprechung. A. Allgemeines Steuerrecht.-Einkommensteuer.-Gewerbesteuer, in: StuW, Teil 1, 17.Jg. (1938), Sp.481-506.

BEISSE, Heinrich, Zur Bilanzauffassung des Bundesfinanzhofs, in: JbFfSt 1978/1979, S.186-198.

BEISSE, Heinrich,Steuerliche Entwicklungstendenzen im Bilanzrecht, in: Bericht über die Fachtagung des Instituts der Wirtschaftsprüfer in Deutschland e.V. am 11.10.1978 in Bonn, Düsseldorf 1979, S.75-86.

BEISSE, Heinrich, Handelsbilanzrecht in der Rechtsprechung des Bundesfinanzhofs, in: BB, 35.Jg. (1980), S.637-646.

BEISSE, Heinrich, Die wirtschaftliche Betrachtungsweise bei der Auslegung der Steuergesetze in der neueren deutschen Rechtsprechung, in: StuW, 58. (11.)Jg. (1981), S.1-14.

BEUCK, W., Handelsbilanz und Steuerbilanz, in: ZfB, 12.Jg. (1935), S.23-58.

BIRCKHOLZ, Hans, Das neue Aktienrecht in steuerlicher Sicht, in: BB, 21.Jg. (1966), S.709-716.

BOELKE, Wilfried, Die Bewertungsvorschriften des Aktiengesetzes 1965 und ihre Geltung für die Unternehmen in anderer Rechtsform, Berlin 1970.

BOUFFIER, Willy, Handelsbilanz und Steuerbilanz, Gutachten, in: Verhandlungen des Dritten Österreichischen Juristentages Wien 1967, hrsg. vom Vorstand des Österreichischen Juristentages, Bd.1, 4. Teil, Wien 1967.

BRÖNNER, Herbert, Die Bilanz nach Handels- und Steuerrecht, 4. Aufl., Stuttgart 1952.

BUCHNER, Robert, Zur Frage der steuerlichen Herstellungskosten, in: ZfB, 33.Jg. (1963), S.710-717.

CHMIELEWICZ, Klaus, Zum Verhältnis von Ausgaben, Aufwand und Kosten sowie Einnahmen, Ertrag und Leistung, in: ZfB, 38.Jg. (1968), S.917-922.

CLAUSEN, in: Kölner Kommentar zum Aktiengesetz, von Kurt H. BIEDENKOPF u.a., hrsg. von Wolfgang ZÖLLNER, Bd.2, 1. Lieferung, Köln-Berlin-Bonn-München 1971.

CLEMM, Hermann, Grenzen der zivilrechtlichen Betrachtungsweise für das Bilanzrecht - Kritische Würdigung der neueren BFH-Rechtsprechung, in: JbFfSt 1979/1980, S. 173-194.

CURTIUS-HARTUNG, Rudolf, Immaterielle Werte - ohne Geschäftswert - in der Ertragsteuerbilanz, in: StbJb 1969/70, S.325-347.

DEUTSCHER BUNDESTAG, 5. Wahlperiode, Drucksache V/2773, Antrag des Abgeordneten Dr. Eckhardt und der Fraktion der CDU/CSU, Entwurf eines Gesetzes zur Änderung des Einkommensteuergesetzes.

DEUTSCHER BUNDESTAG, 5. Wahlperiode, Drucksache V/3187, Antrag der Bundesregierung, Entwurf eines Gesetzes zur Änderung des Einkommensteuergesetzes.

DEUTSCHER BUNDESTAG, 5. Wahlperiode, Drucksache V/3852, Schriftlicher Bericht des Finanzausschusses vom 12.12. 1969 zu den Anträgen zur Änderung des Einkommensteuergesetzes.

DEUTSCHER BUNDESTAG, 9. Wahlperiode, Drucksache 9/1878, Gesetzentwurf der Bundesregierung, Entwurf eines Gesetzes zur Durchführung der Vierten Richtlinie des Rates der Europäischen Gemeinschaften zur Koordinierung des Gesellschaftsrechts (Bilanzrichtlinie-Gesetz).

DIECKMANN, Karl, Steuerbilanzpolitik. Gegenwärtig bestehende Möglichkeiten und Grenzen der Beeinflussung des steuerlichen Jahreserfolges in der Bundesrepublik Deutschland, Wiesbaden 1972.

DÖLLERER, Georg, Grundsätze ordnungsmäßiger Bilanzierung, deren Entstehung und Ermittlung, in: BB, 14.Jg. (1959), S.1217-1221.

DÖLLERER, Georg, Die neueste Rechtsprechung des Bundesfinanzhofes zum Bilanzrecht in handelsrechtlicher Sicht unter besonderer Berücksichtigung der Aktienrechtsreform, in: BB, 19.Jg. (1964), S.95-99.

DÖLLERER, Georg, Rechnungslegung nach dem neuen Aktiengesetz und ihre Auswirkungen auf das Steuerrecht, in: BB, 20.Jg. (1965), S.1405-1417.

DÖLLERER, Georg, Steuerliche Bemerkungen zum neuen Aktienrecht, in: BB, 22.Jg. (1967), S.1261-1263.

DÖLLERER, Georg, Die Maßgeblichkeit der Handelsbilanz für die Steuerbilanz, in: BB, 24.Jg. (1969), S.501-507.

DÖLLERER, Georg, Grundsätzliches zum Begriff der Rückstellungen, in: DStZ, Ausg.A, 63.Jg. (1975), S.291-296.

DÖLLERER, Georg, Die Rechtsprechung des Bundesfinanzhofs zum Steuerrecht der Unternehmen, in: ZGR, 4.Jg. (1975), S.294-318,

DÖLLERER, Georg, Rückstellungen in der Steuerbilanz - Abkehr von der dynamischen Bilanz, in: DStR, 17.Jg. (1979), S.3-7.

DÖLLERER, Georg, Gedanken zur "Bilanz im Rechtssinne", in: JbFfSt 1979/1980, S.195-205.

DÖLLERER, Georg, Zur Bilanzierung der Umsatzsteuer auf Anzahlungen, in: DStZ, Ausg.A, 68.Jg. (1980), S.99-100.

DÖLLERER, Georg, Die Rechtsprechung des Bundesfinanzhofs zum Steuerrecht der Unternehmen, in: ZGR, 9.Jg. (1980), S.374-398.

DÖLLERER, Georg, Die Vierte EG-Richtlinie und das Steuerrecht, in: JbFfSt 1981/1982, S.369-388.

DÖLLERER, Georg, Grundsätze ordnungswidriger Bilanzierung, in: BB, 37.Jg. (1982), S.777-781.

DORALT, Werner, Der Firmenwert in Handels- und Steuerbilanz, Berlin 1976.

DORNBACH, Eike-Goetz, Die Bedeutung und Funktion der "wirtschaftlichen Betrachtungsweise" in der höchstrichterlichen Rechtsprechung - Vergangenheit, Gegenwart, Zukunft, in: DStR, 15.Jg. (1977), S.3-13.

DORNEMANN, Richard, Dynamische Bilanzauffassung und Steuerbilanz,in:ZfhF, NF, 6.Jg.(1954), S.375-383.

DORNEMANN, Richard, Die Aktivierung in Bilanztheorie und Steuerbilanz, in: ZfB, 27.Jg. (1957), S.97-112.

DZIADKOWSKI, Dieter, Betriebswirtschaftliche Überlegungen zur Anpassung des deutschen Handelsbilanzrechts und Bilanzsteuerrechts an die EG-Bilanzrichtlinie, in: StuW, 56.(9.)Jg. (1979), S.228-236.

EBERBACH, Karl, Handelsbilanz und Steuerbilanz, Diss. rer. pol. Mannheim 1932.

ECKHARDT, Walter, Die Maßgeblichkeit der Handelsbilanz für die Steuerbilanz, in: BB, 15.Jg. (1960), S.1213-1216.

ECKSTEIN, Hanns, Zur Frage der steuerlichen Herstellungskosten, in: StuW, Teil 1, 19.Jg. (1940), Sp.391-404 u. 1019-1030.

EIBELSHÄUSER, Manfred, Der Bundesfinanzhof und die statische Bilanzauffassung, in: ZfbF, NF, 33.Jg. (1981), S.56-68.

Entwurf eines Handelsgesetzbuchs mit Ausschluß des Seehandelsrechts nebst Denkschrift. Aufgestellt im Reichs-Justizamt. Amtliche Ausgabe, Berlin 1896.

ESSER, Carl-Heinrich, Die Entwicklung des Verhältnisses Steuerrecht - Privatrecht unter besonderer Berücksichtigung der wirtschaftlichen Betrachtungsweise, Diss. jur. Würzburg 1966.

EVERDING, Karl F., Zum Begriff des Wirtschaftsguts und zur Rechnungsabgrenzung, in: StuW, Teil 1, 36.Jg. (1959), Sp.169-180.

FEDERMANN, Rudolf, Bilanzierung nach Handels- und Steuerrecht, 3. Aufl., München 1977.

FLECHTHEIM, (o.V.), Die Bedeutung der Rechtsprechung des Reichsfinanzhofs für das Handelsrecht, in: StuW, Teil 1, 12.Jg. (1933), Sp.401-420.

FLUME, Werner, Die Forschungs- und Entwicklungskosten in Handels- und Steuerbilanz, in: DB, 11.Jg. (1958), S.1045-1054.

FORSTER, Karl-Heinz, Vom Gläubigerschutz zum Aktionärsschutz - der Wandel in den Bewertungsbestimmungen des Aktienrechts, in: Wpg, 17.Jg. (1964), S.422-429.

FORSTER, Karl-Heinz, Möglichkeiten und Grenzen einer vorsichtigen Bewertung, in: Wirtschaftsprüfung im neuen Aktienrecht, Bericht über die Fachtagung des Instituts der Wirtschaftsprüfer in Deutschland e.V. am 29. und 30. September 1966 in Frankfurt/M., Düsseldorf 1966, S.21-34.

FORSTER, Karl-Heinz, Keine Aktivierung der auf Anzahlungen entrichteten Mehrwertsteuer?, in: AG, 25.Jg. (1980), S.19-20.

FREERICKS, Wolfgang, Der entgeltliche Erwerb immaterieller Anlagewerte, in: FR, 24. (51.)Jg. (1969), S.518-522.

FREERICKS, Wolfgang, Der Geschäftswert in der Steuerbilanz, in: Festschrift für Heinz PAULICK zum 65. Geburtstag, hrsg. von Heinrich Wilhelm KRUSE, Köln-Marienburg 1973, S.375-390.

FREERICKS, Wolfgang, Bilanzierungsfähigkeit und Bilanzierungspflicht in Handels- und Steuerbilanz, Köln-Berlin-Bonn-München 1976.

FRIEDRICH, Werner, Aktivierung in der Steuerbilanz bei handelsrechtlichem Aktivierungsverbot, in: BB, 13.Jg. (1958), S.921-924.

FRIAUF, Karl Heinrich, Möglichkeiten und Grenzen der Rechtsfortbildung im Steuerrecht, in: Grenzen der Rechtsfortbildung durch Rechtsprechung und Verwaltungsvorschriften im Steuerrecht, hrsg. im Auftrag der Deutschen Steuerjuristischen Gesellschaft e.V. von Klaus TIPKE, Köln 1982, S.53-69.

FUISTING, (Bernhard), Begriff und Bemessungsgrundlage des gemeinen Wertes im Sinne des Preuß. Ergänzungssteuergesetzes, in: DJZ, 4.Jg. (1899), S.27-31.

FUISTING, B(ernhard), Die preußischen direkten Steuern, Bd.1, Kommentar zum Einkommensteuergesetze, 6. Aufl., Berlin 1904.

GADOW-HEINICHEN, Aktiengesetz, Gesetz über Aktiengesellschaften und Kommanditgesellschaften auf Aktien vom 30.1.1937, Kommentar, bearbeitet von W(ilhelm)GADOW, E(duard) HEINICHEN u.a., Berlin 1939.

GAIL, Winfried, Steuerliche Anerkennung der aktienrechtlichen Aktivierungsverbote, in: Wpg, 22.Jg. (1969), S.273-277.

GEILER, Karl, Steuerrecht und Privatrecht, in: StuW, 6.Jg. (1927), Sp.497-524.

GESSLER, Ernst, Der Bedeutungswandel der Rechnungslegung im Aktienrecht, in: 75 Jahre Deutsche Treuhand - Gesellschaft, hrsg. von Volkmar MUTHESIUS, Frankfurt 1965, S.129-164.

GESSLER, Ernst, Rechnungslegung im neuen Aktienrecht, in: NB, 18.Jg. (1965), S.193-197.

GIMMY, Theodor, Grundsatzfragen aus dem Bilanzsteuerrecht und Gewinnermittlung, in: StKgR 1972, S.151-160.

GLADE, Anton, Die Verletzung handelsrechtlicher Bilanzierungsgrundsätze in der Steuerbilanz, in: StbJb 1966/67, S.375-406.

GLADE, Anton, Zur Behandlung des Firmenwertes in der Ertragsteuerbilanz und nach dem Bewertungsgesetz, insbesondere Bewertungs- und Berechnungsmethoden, in: StbJb 1969/70, S.287-324.

GNAM, Arnulf, Handbuch des Bilanzsteuerrechts, Freiburg 1960/71.

GODIN/WILHELMI, Aktiengesetz vom 6. September 1965, Kommentar, 3. Aufl., bearbeitet von Hans WILHELMI und Sylvester WILHELMI, Berlin 1967.

GOERDELER/MÜLLER, in Hachenburg: Gesetz betreffend die Gesellschaften mit beschränkter Haftung (GmbHG), Großkommentar, 7. Aufl., hrsg. von Carl BARZ u.a., 2. Bd.: §§ 13-52, Berlin-New York 1979.

GRASS, Adolf, Das steuerrechtliche Problem des Wirtschaftsguts, in: DStR, 7.Jg. (1969), S.313-316.

GRASS, Adolf, Wandlungen im Bilanzsteuerrecht, in: StuW, Teil 1, 46.Jg. (1969), Sp.605-632.

GREIFFENHAGEN, Hermann, Widersprüchliche Entwicklungstendenzen zwischen Handels- und Steuerrecht, in: Entwicklungstendenzen des Handels- und Steuerrechts, Bericht über die Fachtagung des Instituts der Wirtschaftsprüfer in Deutschland e.V. am 30. und 31. Januar 1964 in München, Düsseldorf 1964, S.51-63.

GROH, Manfred, Künftige Verluste in der Handels- und Steuerbilanz, zugleich ein Beitrag zur Teilwertdiskussion, in: StuW, 53.(6.)Jg. (1976), S.32-42.

GROH, Manfred, Zur Bilanztheorie des BFH, in: StbJb 1979/80, S.121-140.

GROSSFELD, Bernhard, Bilanzrecht, Heidelberg-Karlsruhe 1978.

GUTENBERG, Erich, Die Struktur der Bilanzwerte, in: ZfB, 3.Jg. (1926), S.497-511 u. 598-614.

HÄCKER, Hans-Dieter, Der steuerrechtliche Begriff 'Wirtschaftsgut', Berlin 1980.

HARTZ, (Wilhelm), Entwicklungen im Bilanzsteuerrecht, besonders zu Fragen der Ordnungsmäßigkeit der Buchführung, in: StKgR 1968, S.56-95.

HAST, Karl, Grundsätze ordnungsmäßiger Bilanzierung für Anlagegegenstände, Leipzig 1934.

HAUPTFACHAUSSCHUSS des Instituts der Wirtschaftsprüfer, Sonderausschuss neues Aktienrecht, Stellungnahme NA 1/1968: Zum Ausweis und zur Bewertung von Gegenständen des Anlagevermögens, in: Wpg, 21.Jg. (1968), S.72-73.

HAUPTFACHAUSSCHUSS des Instituts der Wirtschaftsprüfer, Stellungnahme 1/1979: Zur bilanziellen Behandlung der Umsatzsteuer auf erhaltene Anzahlungen, in: Wpg, 33.Jg. (1980), S.80.

HAX, Herbert, Der Bilanzgewinn als Erfolgsmaßstab, in: ZfB, 34.Jg. (1964), S.642-651.

HEIGL, A., Brauchen wir den Teilwert noch?, in: StuW, Teil 1, 46.Jg. (1969), Sp.462-490.

HEIN, Johannes, Steuerrecht und Handelsrecht, Berlin und Leipzig 1928.

HELPENSTEIN, Franz, Die steuerliche Erfolgsbilanz und ihre Beziehung zu den Grundsätzen ordnungsmäßiger Bilanzierung, in: Die Bilanzen der Unternehmungen, Festgabe für Julius ZIEGLER, hrsg. von Karl MEITHNER, Berlin-Wien 1933, S.812-859.

HELPENSTEIN, Franz, Wirtschaftliche und steuerliche Erfolgsbilanz, Berlin 1932.

HERBER, Rolf, Zum Regierungsentwurf eines Bilanzrichtlinie-Gesetzes, in: BB, 37.Jg. (1982), S.959-969.

HERRMANN-HEUER, Kommentar zur Einkommensteuer und Körperschaftsteuer einschließlich Nebengesetze, von Carl HERRMANN, Gerhard HEUER u.a., 18. Aufl., Bd.3: Erl. zu § 5-6, Köln-Marienburg 1950/77.

INSTITUT DER WIRTSCHAFTSPRÜFER, Zur Frage der Bedeutung aktienrechtlicher Bewertungsvorschriften für das Steuerrecht, in: Wpg, 20.Jg. (1967), S.666-669.

INSTITUT DER WIRTSCHAFTSPRÜFER in Deutschland e.V. (Hrsg.), Wirtschaftsprüfer-Handbuch 1981, bearbeitet von Wolfgang BUDDE u.a., Düsseldorf 1981.

INSTITUT FINANZEN UND STEUERN, Heft 121, Zur Maßgeblichkeit der Handelsbilanz für die Steuerbilanz - Entwicklung, Probleme und Vorschläge -, Bonn 1981.

JACOB, Herbert, Das Bewertungsproblem in der Steuerbilanz, Wiesbaden 1961.

JACOBS, Otto H(elmut), Zum Problem der Rechtssicherheit und Tatbestandsmäßigkeit der Besteuerung bei der Bilanzierung in der Ertragsteuerbilanz, in: StuW, Teil 1, 46.Jg. (1969), Sp.633-658.

JACOBS, Otto H(elmut), Das Bilanzierungsproblem in der Ertragsteuerbilanz, Stuttgart 1971.

JOHN, Gerd, Die Bewertung von Grund und Boden und Gebäuden in der Steuerbilanz, Köln-Berlin-Bonn-München 1964.

KAMMANN, Evert, "Bilanzansatzwahlrechte" in der einkommensteuerlichen Gewinnermittlung nach § 5 EStG, in: StuW, 55.(8.)Jg. (1978), S.108-125.

KLEIN, Walter, Die Rechnungsabgrenzung nach dem Aktiengesetz in der Rechtsprechung des Bundesfinanzhofes, in: BB, 24.Jg. (1969), S.908-910.

KNOBBE-KEUCK, Brigitte, Bilanz- und Unternehmenssteuerrecht, 2.Aufl., Köln 1979.

KOCH, Helmut, Zur Problematik des Teilwertes, in: ZfhF, NF, 12.Jg. (1960), S.319-353.

KORMANN, Berthold, Bilanzrechtliche Thesen zur Aktienrechtsreform 1965, in: DB, 19.Jg. (1966), S.1777-1780.

KOSIOL, Erich, Aufwand und Ertrag, in: HWB, Bd.1, 4. Aufl., hrsg. von Erwin GROCHLA und Waldemar WITTMANN, Stuttgart 1974, Sp. 309-315.

KOSSACK, Eberhard, Die immateriellen Wirtschaftsgüter und ihre Behandlung in der Bilanz, Wiesbaden 1960.

KROPFF, Bruno, Leitgedanken der Bewertungsvorschriften des künftigen Aktienrechts, in: Wpg, 17.Jg. (1964), S.565-575.

KROPFF, Bruno, Aktiengesetz, Textausgabe des Aktiengesetzes vom 6.9.1965 und des Einführungsgesetzes zum Aktiengesetz vom 6.9.1965 mit Begründung des Regierungsentwurfs, Bericht des Rechtsausschusses des Deutschen Bundestags, Verweisungen und Sachverzeichnis, Düsseldorf 1965.

KROPFF, Bruno, Übergangsfragen zu den Rechnungslegungsvorschriften des Aktiengesetzes, in: DB, 19.Jg. (1966), S.669-677 u. 709-713.

KROPFF, Bruno, Grundsätze der Rechnungslegung nach dem Aktiengesetz 1965, in: NB, 19.Jg. (1966), S.58-62.

KROPFF, Bruno, Bilanzwahrheit und Ermessensspielraum in den Rechnungslegungsvorschriften des Aktiengesetzes 1965, in: Wpg, 19.Jg. (1966), S.369-380.

KROPFF, in: Aktiengesetz, Kommentar von Ernst GESSLER, Wolfgang HEFERMEHL, Ulrich ECKHARDT, Bruno KROPFF, Bd.3: § 148-178, München 1973.

KRUSE, Heinrich Wilhelm, Grundsätze ordnungsmäßiger Buchführung, Köln 1970.

KRUSE, Heinrich Wilhelm, Ende oder neuer Anfang der wirtschaftlichen Betrachtungsweise? Anmerkungen zur Rechtsprechung des Bundesfinanzhofs, in: JbFfSt 1975/1976, S.35-51.

KRUSE, Heinrich Wilhelm, Aktivierungsfragen - Von der dynamischen zur statischen Bilanzauffassung und zurück?, in: JbFfSt 1978/1979, S.172-185.

KÜHN, Rolf, Die steuerliche Bewertung von Erfindungen (Mustern, Warenzeichen) sowie literarischen und künstlerischen Urheberrechten, in: StuW, Teil 1, 15.Jg. (1936), Sp.1153-1182.

KUHN, Klaus, Stand und Aufgaben der betriebswirtschaftlichen Bewertungslehre unter Berücksichtigung der steuerlichen Wertkonventionen, in: BFuP, 20.Jg. (1968), S. 1-23.

KUPSCH, Peter, Sind Zuschüsse und Abstandszahlungen immaterielle Anlagewerte (Wirtschaftsgüter)?, in: Wpg, 30.Jg. (1977), S.663-671.

LEFFSON, Ulrich, Die Grundsätze ordnungsmäßiger Buchführung, 4. Aufl., Düsseldorf 1976.

LEFFSON, Ulrich, Die Grundsätze ordnungsmäßiger Buchführung, 5. völlig neubearbeitete und erweiterte Aufl., Düsseldorf 1980.

LEYKUM, Klaus-Dietrich, Wirtschaftsgut und dynamische Bilanzauffassung in der Steuerbilanz, in: ZfhF, NF, 15.Jg. (1963), S.397-413.

LIEBS, Günter, Zur Maßgeblichkeit der Entscheidungen des Bundesfinanzhofs für die Wirtschaftsprüfer, in: AG, 23.Jg. (1978), S.44-50.

LION, Max, Das Bilanzsteuerrecht, 2. Aufl., Berlin 1923.

LION, Max, Bilanzberichtigung nach Handels- und Steuerrecht, in: DStZ, 17.Jg. (1928), Sp.869-879 u. 984-995.

LION, Max, Der Reichsfinanzhof und das Bilanzsteuerrecht, in: StuW, Bd.1, 7.Jg. (1928), Sp.1033-1094.

LITTMANN, Eberhard, Der steuerliche Gewinnbegriff im Lichte statischer und dynamischer Bilanzauffassung, in: StuW, Teil 1, 25.Jg. (1948), Sp.617-655.

LITTMANN, Eberhard, Die aktienrechtlichen Rechnungslegungsvorschriften vom 6. September 1965 in der Sicht des Bilanzsteuerrechts, in: DStR, 4.Jg. (1966), S.233-241.

LITTMANN, Eberhard, Abstandszahlungen zur Freimachung von Räumen beim Grundstückserwerb - nicht Anschaffungskosten, sondern selbständig bewertbares Wirtschaftsgut, in: DStR, 8.Jg. (1970), S.391-393.

LITTMANN, Eberhard, Das Einkommensteuerrecht, Kommentar zum Einkommensteuergesetz, 13. Aufl., Stuttgart 1981.

MAASSEN, Kurt, Gilt der Maßgeblichkeitsgrundsatz (§ 5 EStG) nicht für Bilanzierungswahlrechte?, in: DB, 23.Jg (1970), S.1285-1290.

MASSENKEIL, Jürgen, Die steuerliche Aktivierungspflicht in der höchstrichterlichen Rechtsprechung, Diss. jur. Mainz 1963.

MAUL, Karl-Heinz, Immaterielle Anlagewerte im Jahresabschluß der Aktiengesellschaften - Ein Beitrag zur Interpretation des § 153 Abs.3 AktG, in: ZfbF, NF, 25.Jg. (1973), S.16-28.

MAUL, Karl-Heinz, Offene Probleme der Ermittlung von Grundsätzen ordnungsmäßiger Buchführung, in: ZfbF, NF, 26.Jg. (1974), S.726-745.

MAUL, Karl-Heinz, Handelsrechtliche Rechnungslegung, Frankfurt am Main 1978.

MAUL, Karl-Heinz, Die §§ 283 ff. StGB als Grundlage für die Ableitung von Grundsätzen ordnungsmäßiger Buchführung, in: DB, 32.Jg. (1979), S.1758-1762.

MAUL, Karl-Heinz, Bilanzierungshilfen im künftigen Bilanzrecht, in: AG, 25.Jg. (1980), S.233-240.

MAY, Erich, Das Wirtschaftsgut, Wiesbaden 1970.

MEIS,Hans, Rechtsgrundsätze bei der Bilanzierung von immateriellen Werten, Diss. Köln 1935.

MEHRMANN, (o.Vn.), Die Bedeutung der einzelnen Bilanzauffassungen, in: DStZ, 25.Jg. (1936), S.1494-1506.

MELLEROWICZ-BRÖNNER, Rechnungslegung und Gewinnverwendung der Aktiengesellschaft, Sonderausgabe aus "Aktiengesetz", Großkommentar, Bd.2, (3.Aufl.), Berlin 1970.

MELLWIG, Winfried, Rechnungslegungszwecke und Kapitalkonten bei Personengesellschaften, in: BB, 34.Jg. (1979), S.1409-1418.

MELLWIG, Winfried, Erfolgssteuerliche Aktivierungsprobleme bei Mobilien-Leasingverträgen, in: BB, 36.Jg. (1981), S.1808-1815.-

MINZ, Willy, Grundsätze ordnungsmäßiger Bilanzierung und dynamische Bilanzlehre, in: Wpg, 18.Jg. (1965), S. 148-151.

MIRRE, (Ludwig), Gemeiner Wert und Ertragswert, in: Zeitschrift des deutschen Notarvereins, 13.Jg. (1913), S. 155-176.

MIRRE, (Ludwig), Schmalenbach: Grundlagen dynamischer Bilanzlehre, Leipzig 1925, in: StuW, 4.Jg. (1925), Sp. 939-948.

MIRRE, Ludwig, Das Privatvermögen in der Handelsbilanz, in: StuW, Teil 1, 21.Jg. (1942), Sp.1-4.

MIRRE, (Ludwig), Subjektives Recht und Wirtschaftsgut, in: StuW, Teil 1, 21.Jg. (1942), Sp.545-552.

MOXTER, Adolf, Bilanzlehre, 2. Aufl., Wiesbaden 1976.

MOXTER, Adolf, Grundsätze ordnungsmäßiger Unternehmensbewertung, Wiesbaden 1976.

MOXTER, Adolf, Bilanztheorien, in: HdWW, Bd.1, hrsg. von Willi ALBERS u.a., Stuttgart 1977, S.670-686.

MOXTER, Adolf, Aktivierungsgrenzen bei "immateriellen Anlagewerten", in: BB, 33.Jg. (1978), S.821-825.

MOXTER, Adolf, Der Einfluß der EG-Bilanzrichtlinie auf das Bilanzsteuerrecht, in: BB, 33.Jg. (1978), S.1629-1632.

MOXTER, Adolf, Die Aktivierungsvoraussetzung "entgeltlicher Erwerb" im Sinne von § 5 Abs.2 EStG, in: DB, 31.Jg. (1978), S.1804-1809.

MOXTER, Adolf, Steuerliche Gewinn- und Vermögensermittlung, in: HdF, 3. Aufl., unter Mitarbeit von Norbert ANDEL und Heinz HALLER herausgegeben von Fritz NEUMARK, Bd.2, Tübingen 1978, S.203-237.

MOXTER, Adolf, Die Geschäftswertbilanzierung in der Rechtsprechung des Bundesfinanzhofs und nach EG-Bilanzrecht, in: BB, 34.Jg. (1979), S.741-747.

MOXTER, Adolf, Immaterielle Anlagewerte im neuen Bilanzrecht, in: BB, 34.Jg. (1979), S.1102-1109.

MOXTER, Adolf, Rückstellungskriterien nach neuem Bilanzrecht, in: BB, 34.Jg. (1979), S.433-440.

MOXTER, Adolf, Die handelsrechtlichen Grundsätze ordnungsmäßiger Buchführung und das neue Bilanzrecht, in: ZGR, 9.Jg. (1980), S.254-276.

MOXTER, Adolf, Ist bei drohendem Unternehmenszusammenbruch das bilanzrechtliche Prinzip der Unternehmensfortführung aufzugeben, in: Wpg, 33.Jg. (1980), S.345-351.

MOXTER, Adolf, Betriebswirtschaftliche Gewinnermittlung, Tübingen 1982.

MOXTER, Adolf, Bilanzierung nach der Rechtsprechung des Bundesfinanzhofs, Tübingen 1982.

MÜLLER-DAHL, Frank P., Betriebswirtschaftliche Probleme der handels- und steuerrechtlichen Bilanzierungsfähigkeit, Berlin 1979.

MÜLLER-DAHL, Frank P., Die Bilanzierung des Goodwill - betriebswirtschaftlich sowie handels- und steuerrechtlich unter Berücksichtigung des Vorentwurfs eines Bilanzrichtlinie-Gesetzes, in: BB, 36.Jg. (1981), S.274-284.

MÜLLER, Welf, Gedanken zum Rückstellungsbegriff in der Bilanz, in: ZGR, 10.Jg. (1981), S.126-144.

MUTZE, Otto, Grundsatzfragen der Bilanzierung und Aktienrechtsreform, in: Wpg, 18.Jg. (1965), S.169-178.

NEUMARK, Fritz, Grundsätze gerechter und ökonomisch rationaler Steuerpolitik, Tübingen 1970.

NICKLISCH, (Heinrich), Das Verhältnis der Einkommen- und Körperschaftsteuerbilanzen zu den handelsrechtlichen, in: WT, 3.Jg. (1934), S.25-28.

NIEMANN, Ursula, Die steuerliche Bilanzierung von immateriellen Wirtschaftsgütern und aktiven Rechnungsabgrenzungsposten unter Berücksichtigung des Aktiengesetzes 1965, hrsg. vom Institut Finanzen und Steuern, Brief Nr. 104, Bonn 1968.

NIEMANN, Ursula, Bilanzierungswahlrechte - Maßgeblichkeit handelsrechtlicher Wahlmöglichkeiten für die steuerliche Gewinnermittlung, Institut Finanzen und Steuern, Heft 98, Bonn 1971.

NISSEN, Karl-Heinz, Änderung der §§ 5 und 6 des Einkommensteuergesetzes, in: DStZ, Ausg. A, 57.Jg. (1969), S. 129-134.

PASSOW, Richard, Die Bilanzen der privaten und öffentlichen Unternehmungen, Bd.1, 2.Aufl., Berlin-Leipzig 1918.

PAULICK, Heinz, Bindungsprobleme im Steuerrecht, in: StbJb 1964/65, S.351-398.

PAULICK, Heinz, Der Einfluß des neuen Aktiengesetzes vom 6.9.1965 auf die steuerliche Gewinnermittlung, in: StKgR 1966, S.176-200.

PAULICK, Heinz, Immaterielle Güter und Posten der Rechnungsabgrenzung, in: FR, 23. (50.)Jg. (1968), S. 449-456 u. 483-486.

PAULICK, Heinz, Das Steuerrecht als Teil der Gesamtrechtsordnung und die Rechtsprechung des Bundesfinanzhofs, in: DStR, 13.Jg. (1975), S.564-577.

PENNDORF, B(alduin), Die historische Entwicklung der Bilanz, in: Die Bilanzen der Unternehmungen, Festgabe für Julius ZIEGLER, hrsg. von Karl MEITHNER, Berlin-Wien 1933, S.125-147.

PIEPER, Werner, Steuerliche Herstellungskosten, Wiesbaden 1975.

POHMER, Dieter, Die betriebswirtschaftliche Problematik der Gewinnrealisation und der Periodenabgrenzung unter dem Gesichtspunkt der Erfolgsbesteuerung, in: Wpg, 10.Jg. (1957), S.461-466, 498-501, 523-529 u. 551-553.

POPITZ, Johannes, Einkommensteuer, in: HdSt, 4. Aufl., hrsg. von Ludwig ELSTER, Adolf WEBER und Friedrich WIESER, Bd.3, Jena 1926, S.400-491.

POPITZ, Johannes, Betrachtungen über Errichtung und Einrichtung des Reichsfinanzhofs, in: StuW, Bd.1, 7.Jg. (1928), Sp.971-986.

POUGIN, Erwin, Die Rechnungslegungsvorschriften des neuen Aktiengesetzes als Grundsätze ordnungsmäßiger Buchführung, in: Wirtschaftsprüfer im Dienst der Wirtschaft, Festschrift für Ernst KNORR, hrsg. von Erwin POUGIN und Klaus von WYSOCKI, Düsseldorf 1968, S.215-255.

RAU, Hans-Gerd, Steuerliche Übernahme handelsrechtlicher Bilanzierungsvorschriften, in: DB, 22.Jg. (1969), S. 676-680.

RECHTMANN, Eduard, Die Behandlung des Geschäftswertes der Unternehmung in der Bilanz, in: ZfhF, 20.Jg. (1926), S.101-132 u. 158-182.

REHM, Hermann, Privatvermögen und Bilanz, in: DJZ, 12.Jg. (1907), Sp.317-321.

REHM, Hermann, Die Bilanzen der Aktiengesellschaften, 2. Aufl., München-Berlin-Leipzig 1914.

RID, Max, Die Behandlung des Geschäftswerts im Ertragsteuerrecht, in: DStR, 16.Jg. (1978), S.659-663.

RING, Viktor, Das Reichsgesetz betreffend die Kommanditgesellschaften auf Aktien und die Aktiengesellschaften vom 18. Juli 1884, 2. Aufl., Berlin 1893.

RINGLING, Wilfried, Aktivierung und Passivierung in der Steuerbilanz, Frankfurt 1978.

RISSE, Heinz, Ordnungsmäßigkeit der Buchführung und Bilanzwahrheit, in: BB, 21.Jg. (1966), S.789-791.

RÖVER, Maria, Sind die aktienrechtlichen Vorschriften Grundsätze ordnungsmäßiger Buchführung?, in: Wirtschaftsprüfung im neuen Aktienrecht, Bericht über die Fachtagung des Instituts der Wirtschaftsprüfer in Deutschland e.V. am 29. und 30. September 1966 in Frankfurt/M., Düsseldorf 1966, S.93-104.

ROLAND, Helmut, Der Begriff des Vermögensgegenstandes im Sinne der handels- und aktienrechtlichen Rechnungslegungsvorschriften, Göttingen 1980.

SAAGE, Gustav, Die Grundsätze ordnungsmäßiger Buchführung aus der Sicht des neuen Aktienrechts, in: NB, 20.Jg. (1967), S.1-20.

SAAGE, Gustav, Die Bedeutung der aktienrechtlichen Bilanzierungsvorschriften für die steuerliche Gewinnermittlung, in: DB, 21.Jg. (1968), S.361-368 u. 407-412.

SAAGE, Gustav, Veränderte Grundlagen der Gewinnermittlung nach Handels- und Steuerrecht, in:DB, 22.Jg. (1969), S.1661-1667 u. 1709-1714.

SAELZLE, Rainer, Steuerbilanzziele und Maßgeblichkeitsprinzip, in: AG, 22.Jg. (1977), S.181-189.

SAUR , Hans Rolf, Die Aktivierung in der steuerlichen Erfolgsbilanz, betrachtet vom Standpunkt der statischen und dynamischen Bilanzauffassung, Diss. Frankfurt a.M. 1958.

SCHÄFER, Erich, Die Unternehmung, 10. Aufl., Wiesbaden 1980.

SCHLEGELBERGER-QUASSOWSKI, Aktiengesetz, Gesetz über Aktiengesellschaften und Kommanditgesellschaften auf Aktien vom 30.1.1937, Kommentar von Franz SCHLEGELBERGER, Leo QUASSOWSKI u.a., 2. Aufl., Berlin 1937.

SCHMALENBACH, E(ugen), Theoretische Studie über den gemeinen Wert, in: ZfhF, 12.Jg. (1917/18), S.129-151.

SCHMALENBACH, E(ugen), Grundlagen dynamischer Bilanzlehre, in: ZfhF, 13.Jg. (1919), S.1-60 u. 65-101.

SCHMALENBACH, E(ugen), Grundlagen dynamischer Bilanzlehre, 3. Aufl., Leipzig 1925.

SCHMALENBACH, E(ugen), Grundsätze ordnungsmäßiger Bilanzierung, in: ZfhF, 27.Jg. (1933), S.225-233.

SCHMALENBACH, Eugen, Dynamische Bilanz, 13. Aufl., bearbeitet von Richard BAUER, Köln und Opladen 1962.

SCHNEIDER, Dieter, Sieben Thesen zum Verhältnis von Handels- und Steuerbilanz, in: DB, 23.Jg. (1970), S. 1697-1705.

SCHNEIDER, Dieter, Aktienrechtlicher Gewinn und ausschüttungsfähiger Betrag, in: Wpg, 24.Jg. (1971), S.607-617.

SCHNEIDER, Dieter, Gewinnermittlung und steuerliche Gerechtigkeit, in: ZfbF, NF, 23.Jg. (1971), S.352-394.

SCHNEIDER, Dieter, Realisationsprinzip und Einkommensbegriff, in: Bilanzfragen, Festschrift zum 65. Geburtstag von Ulrich LEFFSON, hrsg. von Jörg BAETGE, Adolf MOXTER und Dieter SCHNEIDER, Düsseldorf 1976, S.101-117.

SCHNEIDER, Dieter, Steuerbilanzen, Wiesbaden 1978.

SCHNEIDER, Dieter, Betriebswirtschaftliche Folgen der Umsatzsteuer auf Anzahlungen, in: BB, 35.Jg. (1980), S.273-277.

SCHNEIDER, Dieter, Bilanzrechtsprechung und wirtschaftliche Betrachtungsweise, in: BB, 35.Jg. (1980), S.1225-1232.

SCHNEIDER, Dieter, Geschichte betriebswirtschaftlicher Theorie, München-Wien 1981.

SCHNEIDER, Dieter, Kritische Anmerkungen zur Bilanzauffassung des Bundesfinanzhofs, in: StbJb 1981/82, S. 175-194.

SCHRADER, Helmut, Zu den Auswirkungen des Aktiengesetzes 1965 auf das Bilanzsteuerrecht, in: DB, 19.Jg. (1966), S.1144-1147.

SCHUHMANN, Helmut, Zur steuerlichen Abschreibung vom Geschäftswert, in: StBp, 17.Jg. (1977), S.149-154.

SCHULTZE-SCHLUTIUS, Hans G., Marktbereinigung, in: StuW, Teil 1, 15.Jg. (1936), Sp.21-42 u.175-204.

SCHWEITZER, Marcell, Bilanztheorien, in: HWB, 4. Aufl., hrsg. von Erwin GROCHLA und Waldemar WITTMANN, Stuttgart 1974, Sp.927-947.

SEBIGER, Heinz, Tendenzen der Rückstellungsbildung, in: DStR, 13.Jg. (1975), S.333-340.

SIMON, Herman Veit, Die Bilanzen der Aktiengesellschaften und der Kommanditgesellschaften auf Aktien, 3. Aufl., Berlin 1899.

SPITALER, Armin, Die Lehre von der Einheit des Geschäftswerts, in: StbJb 1959/60, S.443-462.

STAUB, Hermann, Kommentar zum Gesetz betreffend die Gesellschaften mit beschränkter Haftung, Berlin 1903.

STAUB'S Kommentar zum Handelsgesetzbuch, 9. Aufl., bearbeitet von Heinrich KÖNIGE, Albert PINNER, Felix BONDI, Bd.1, Berlin 1912.

STEINBACH, Adalbert, Die Rechnungslegungsvorschriften des Aktiengesetzes 1965, aus der Perspektive eines neuen Systems der "Grundsätze ordnungsmäßiger Bilanzierung" (GoB), Wiesbaden 1973.

Stellungnahme der Bundesregierung auf eine kleine Anfrage von Abgeordneten des Bundestages zum Verhältnis von Handelsbilanz und Steuerbilanz, in: BB, 23.Jg. (1968), S.74.

STROMBECK, J. von, Zur Bilanzaufstellung der Aktiengesellschaften, in: Zeitschrift für das Gesamte Handelsrecht, Bd.28 (1882), (Neue Folge Bd.13), S.459-508.

STRUTZ, Georg, Kommentar zum Einkommensteuergesetz vom 10. August 1925 nebst Ausführungsbestimmungen, Bd.1: Einleitung - §§ 1-18, Berlin 1927.

TER VEHN, A(lbert), Die Entwicklung der Bilanzauffassungen bis zum AHGB, in: ZfB, 6.Jg. (1929), S.161-169, 241-253, 329-345 u. 431-445.

TIPKE, Klaus, In dubio pro fisco?, in: StKgR 1967, S.39-61.

THIEL, Rudolf, Das Gesetz zur Änderung der §§ 5 und 6 EStG, in: FR, 24.(51.)Jg. (1969), S.165-168.

THIEL, Rudolf, Die Bilanzierungsnormen des Aktienrechts und ihre Bedeutung für die Steuerbilanz, in: StbJb 1969/70, S.255-285.

TOMFOHRDE, Klaus, Die dynamische Bilanzauffassung und das Bilanzsteuerrecht, Düsseldorf 1959.

TRUMPLER, Hans, Die Bilanz der Aktiengesellschaft nach neuem Aktien- und Steuerrecht, Berlin u. Leipzig 1937.

VEIEL, Otto, Herstellungskosten und Steuerbilanz, Berlin u. Leipzig 1940.

VELDE, Kurt van der, Der Umfang der Rechnungsabgrenzung in der Handelsbilanz und in der Steuerbilanz, in: Gegenwartsfragen des Steuerrechts, Festschrift für Armin SPITALER, hrsg. von Gerhard THOMA, Köln 1958, S.217-239.

VELDE, Kurt van der, Neues zur Ermittlung der Herstellungskosten, in: DB, 15.Jg. (1962), S.709-712.

VELDE, Kurt van der, Zur Behandlung immaterieller Wirtschaftsgüter und Rechnungsabgrenzungsposten in der Handels- und in der Steuerbilanz, in: FR, 24.(51.)Jg. (1969), S.439-449.

Verband der Hochschullehrer für Betriebswirtschaft e.V., Gemeinsame Stellungnahme vom 1.2.1980 der Arbeitskreise der Wissenschaftlichen Kommissionen "Betriebswirtschaftliche Steuerlehre" und "Rechnungswesen", Betreff: Umsatzsteuer auf Anzahlungen, in: Wpg, 33.Jg. (1980), S.278.

VOGEL, Horst, Auswirkungen des Aktiengesetzes 1965 auf das Bilanzsteuerrecht, in: DB, 19.Jg. (1966), S.909-912.

VOGEL, Klaus, Perfektionismus im Steuerrecht, in: StuW, 57.(10.)Jg. (1980), S.206-212.

WALB, Ernst, Betrachtung über Wertarten und stille Reserven im Zusammenhang mit der Frage der Bewertung von Unternehmungen und Unternehmungsanteilen sowie der Gesellschafterabfindung, in: ZfhF, 34.Jg. (1940), S.1-13.

WALDNER, Wolfgang, Wirtschaftsgut und Rechnungsabgrenzung, in: BB, 13.Jg. (1958), S.1051-1055.

WALLIS, (Hugo) von, Die Grundsätze ordnungsmäßiger Buchführung und das Steuerrecht aus der Sicht des AktG 1965, in: NB, 20.Jg. (1967), S.21-31.

WALTHER, Alois, Das Aktivierungsproblem in Handelsbilanz und Steuerbilanz, Kaiserslautern 1939.

WEBER, Manfred, Zur Lehre vom Wirtschaftsgut, Berlin 1969.

WEGNER, Gustav A., Über die Aktivierung der Gemeinkosten von selbsterstellten Anlagen und Waren gemäß HGB § 261, in: ZfhF, 27.Jg. (1933), S.442-445.

WÖHE, Günter, Betriebswirtschaftliche Steuerlehre, Bd.1, 5. Aufl., München 1978.

WÖHE, Günter, Zur Bilanzierung und Bewertung des Firmenwertes, in: StuW, 57.(10.)Jg. (1980), S.89-108.

ZIMMERMANN, E(mil), Handelsrechtliche Bilanz und Steuerbilanz, in: StuW, 5.Jg. (1926), Sp.1857-1877.

ZITZLAFF, (Franz), Zur Entstehung des Teilwertbegriffs, in: StuW, Teil 1, 20.Jg. (1941), Sp.193-196.

ZITZLAFF, (Franz), Erläuterungen zur Rechtsprechung, A. Allgemeines Steuerrecht. Einkommensteuer, Gewerbesteuer, in: StuW, Teil 1, 21.Jg. (1942), Sp.699-714.

ZYBON, Adolf, Das Verhältnis der höchstrichterlichen Finanzrechtsprechung zur dynamischen Bilanztheorie, in: ZfbF, NF, 21.Jg. (1969), S.610-624.

Urteilsregister

Datum	Aktenzeichen	Fundstelle
I. Bundesverfassungsgericht		
14.2.1973	BvR 112/65	NJW 1973, S.1221
II. Reichs-Oberhandelsgericht		
3.12.1873	Rep. 934/73	ROHGE 12, S.16
III. Reichsgericht		
19.11.1879	V. Civilsenat	Gruchot, J. A., Beiträge zur Erläuterung des Deutschen Rechts, Bd. 24 (1880), S.409
27.4.1880	g.M. Rep. 842/80	RGSt 1, S.421
1.2.1882	g.R. Rep. 49/82	RGSt 5, S.407
18.2.1885	g.D.u.Gen. Rep. 1343/85	RGSt 13, S.354
10.1.1887	g.D. Rep. 3152/86	RGSt 15, S.174
25.6.1887	Rep. I 137/87	RGZ 19, S.111
28.11.1893	g.K. Rep. 2728/93	RGSt 25, S.3
16.3.1899	Rep. VI 428/98	RGZ 43, S.123
9.7.1901	160/1901 III	JW 1901, S.653
28.10.1901	Rep.I. 208/01	RGZ 49, S.141

Datum	Aktenzeichen	Fundstelle
10.1.1908	g K II 841/07	RGSt 41, S.41
3.6.1910	g.D.u.Gen. V 58/10	RGSt 43, S.407
5.11.1912	Rep. II 262/12	RGZ 80, S.330
9.10.1913	Rep. II 360/13	RGZ 83, S.172
27.6.1914	I 370/14	Leipziger Zeitschrift für Deutsches Recht, 9.Jg. (1914), Sp.231
19.11.1928	g.B.u.Gen. II 616/28	RGSt 62, S.358
23.1.1931	II 250/30	RGZ 131, S.192

IV. Preußisches Oberverwaltungsgericht

22.2,1923	I.C. 16/22	StuW 1923, Sp.651

V. Preußisches Oberverwaltungsgericht in Staatssteuersachen

21.11.1891	Rep.V. 5/92	Pr.OVG i.St. 1, S.44
10.2.1894	Rep.V.A. 2832/93	Pr.OVG i.St. 2, S.416
17.5.1897	Rep.E. 84/96	Pr.OVG i.St. 6, S.31
17.5.1897	Rep.E.XIIa 37/96	Pr.OVG i.St. 6, S.40
24.5.1897	Rep.VI. 9/97	Pr.OVG i.St. 6, S.117
25.11.1899	J.N.V.a.49-Rep.V. a.44. 50/99	Pr.OVG i.St. 8, S.86
2.7.1902	J.N.V.A.190-Rep.V. A. 136/01	Pr.OVG i.St. 10, S.295
24.3.1904	J.N.VI.G.392-Rep. VI.G. 263/02	Pr.OVG i.St. 11, S.419
5.6.1907	J.N.V.A.17-Rep. V.A. 12/07	Pr.OVG i.St. 13, S.244
20.10.1909	J.N.V.A.85-Rep. V.A. 64/09	Pr.OVG i.St. 14, S.231
18.2.1911	J.N.V.A.9-Rep. V.A. 69/10	Pr.OVG i.St. 15, S.343
20.12.1911	J.N.V.A.154-Rep. V.A. 129/10	Pr.OVG i.St, 15, S.262

Datum	Aktenzeichen	Fundstelle
24.6.1914	V.A. 52/14	Pr.OVG i.St. 17, S.286

VI. <u>Reichsfinanzhof</u>

10.5.1921	I A 44/21	RFHE 5, S.302
18.10.1921	V A 66 u. 105/21	RFHE 7, S.62
31.3.1922	I A. 10/22	StuW 1921/22, Sp.704
8.7.1922	I.A. 17/22	StuW 1921/22, Sp.1011
16.1.1923	I.A. 236/22	StuW 1923, Sp.307
16.1.1923	I.A. 233/20	StuW 1923, Sp.552
22.6.1923	II.A. 33/23	StuW 1923, Sp.775
12.11.1924	ZA. I A 32/24	StuW 1925, Sp.520
24.2.1925	I A 96/24	StuW 1925, Sp.808
24.6.1926	VI A 212/26	StuW 1926, Sp.1651
7.7.1926	VI A 727/25	StuW 1926, Sp.1268
14.12.1926	VI A 575/26	StuW 1927, Sp.109
15.2.1927	I D 5/26	StuW 1927, Sp.134
29.4.1927	I A 337/26	StuW 1927, Sp.962
11.5.1927	VI A 152/27	StuW 1927, Sp.216
18.5.1927	VI A 189/27	StuW 1927, Sp.354
30.6.1927	VI A 290/27	StuW 1927, Sp.530
7.7.1927	VI A 217/27	StuW 1927, Sp.538
21.9.1927	VI A 383/27	StuW 1927, Sp.803
14.12.1927	VI A 802/27	StuW II 1928, Sp.98
22.12.1927	I A 276/27	StuW II 1928, Sp.169
27.3.1928	I A 470/27	StuW II 1928, Sp.705
23.5.1928	VI A 554/28	StuW II 1928, Sp.787
10.7.1928	I A 192/28	StuW II 1928, Sp. 1481
21.11.1928	VI A 1239/28	StuW II 1929, Sp.17
18.12.1928	I A 274/28	StuW II 1929, Sp.531
16.1.1929	I A a 707/28	StuW II 1929, Sp.831
17.4.1929	VI A 625/28	StuW II 1929, Sp.955

Datum	Aktenzeichen	Fundstelle
17.4.1929	VI A 879/27	StuW II 1929, Sp.1113
8.5.1929	VI A 1349/28	StuW II 1929, Sp.927
18.6.1929	I A 403/28	StuW II 1929, Sp.1507
23.10.1929	VI A 952/28	StuW II 1930, Sp.152
20.11.1929	VI A 1328/29	StuW II 1930, Sp.154
11.2.1930	I A 807/28	StuW II 1930, Sp.838
20.3.1930	VI A 147/30	StuW II 1930, Sp.737
9.4.1930	VI A 434/29	StuW II 1930, Sp.1156
30.4.1930	VI A 683/30	StuW II 1930, Sp.1158
17.7.1930	VI A 1198/29	StuW II 1930, Sp.1602
1.10.1930	VI A 173/30	StuW II 1930, Sp.1907
15.10.1930	VI A 1053/30	StuW II 1931, Sp.124
26.11.1930	VI A 814/30	StuW II 1931, Sp.116
15.7.1931	VI A 899/29	StuW II 1931, Sp.1690
29.7.1931	VI A 1265/29	StuW II 1931, Sp.1816
30.9.1931	VI A 837/31	StuW II 1931, Sp.1819
21.10.1931	VI A 2002/29	StuW II 1932, Sp.492
19.12.1931	VI A 1751/31	StuW II 1932, Sp.803
2.3.1932	VI A 2137/30	StuW II 1932, Sp.829
19.5.1932	VI A 2068/31	StuW II 1933, Sp.392
1.2.1933	VI A 945/31	StuW II 1933, Sp.561
28.3.1933	I A 297/33	StuW II 1933, Sp.1202
16.8.1934	VI A 85/33	StuW II 1934, Sp.1288
18.9.1934	I A 217/33	StuW II 1934, Sp.1604
3.10.1934	VI A 438/33	StuW II 1934, Sp.1538
31.10.1934	VI A 976/33	StuW II 1935, Sp.29
20.11.1934	VI A 35/34	StuW II 1935, Sp.168
28.11.1934	VI A 895/34	StuW II 1935, Sp.166
19.12.1934	VI A 1514, 1515/32	StuW II 1935, Sp.172
19.12.1934	I A 108/33	StuW II 1935, Sp.395
10.1.1935	VI A 657/34	StuW II 1935, Sp.481
30.1.1935	VI A 1012/33	StuW II 1935, Sp.490
23.5.1935	I A 110/33	StuW II 1935, Sp.1476

Datum	Aktenzeichen	Fundstelle
7.7.1935	I A 56/35	StuW II 1935, Sp.1487
7.8.1935	VI A 749/34	StuW II 1935, Sp.1410
17.10.1935	VI A 706/35	StuW II 1935, Sp.1726
30.10.1935	VI A 755/35	StuW II 1935, Sp.1725
22.1.1936	VI A 911/34	StuW II 1936, Sp.519
28.4.1936	I A 138/35	StuW II 1936, Sp.754
6.5.1936	VI A 24/35	StuW II 1936, Sp.715
27.5.1936	VI A 221/36	StuW II 1936, Sp.823
9.12.1936	VI A 692/36	StuW II 1937, Sp.76
15.12.1936	I A 264/35	StuW II 1937, Sp.207
15.9.1937	VI A 534/37	StuW II 1937, Sp.959
15.9.1937	VI A 531/37	StuW II 1937, Sp.960
18.11.1937	IV 412/34	StuW II 1938, Sp.25
9.3.1938	VI 122/38	StuW II 1938, Sp.361
14.9.1938	VI 565/38	StuW II 1938, Sp.987
21.12.1938	VI 669/38	StuW II 1939, Sp.47
4.1.1939	VI 719/38	StuW II 1939, Sp.195
26.1.1939	III 132/37	StuW II 1939, Sp.436
17.5.1939	VI 73/39	StuW II 1939, Sp.577
26.9.1939	I 422/38	StuW II 1940, Sp.20
27.8.1941	VI 266/41	StuW II 1941, Sp.329
29.1.1942	III 39/41	StuW II 1942, Sp.145
4.6.1942	III 89/40	StuW II 1942, Sp.413
17.6.1942	VI 102/42	StuW II 1942, Sp.310
14.10.1942	VI 215/42	StuW II 1942, Sp.474
12.10.1943	I 65/43	RStBl 1943, S.813

VII. <u>Oberster Finanzgerichtshof</u>

28.2.1948	I 10/47	StuW II 1948, Sp.9

Datum	Aktenzeichen	Fundstelle

VIII. Bundesfinanzhof

Datum	Aktenzeichen	Fundstelle
8.2.1952	I 10/52 S	BFHE 56, S.176 BStBl III 1952, S.71
1.4.1952	I 13/52 U	BFHE 56, S.365 BStBl III 1952, S.143
5.5.1953	I D 2/53 S	BFHE 57, S.583 BStBl III 1953, S.224
8.9.1953	I 33/53 U	BFHE 58, S.70 BStBl III 1953, S.318
28.1.1954	IV 255/53 U	BFHE 58, S.516 BStBl III 1954, S.109
2.3.1954	I 133/53 S	BFHE 58, S.573 BStBl III 1954, S.129
19.7.1955	I 149/54 S	BFHE 61, S.175 BStBl III 1955, S.266
25.8.1955	IV 510/53 U	BFHE 61, S.284 BStBl III 1955, S.307
13.3.1956	I 209/55 U	BFHE 62, S.401 BStBl III 1956, S.149
25.9.1956	I 103/55 U	BFHE 63, S.396 BStBl III 1956, S.349
26.2.1957	I 196/56 U	BFHE 64, S.426 BStBl III 1957, S.160
13.8.1957	I 46/57 U	BFHE 65, S.307 BStBl III 1957, S.350
19.12.1957	IV 432/56 U	BFHE 66, S.414 BStBl III 1958, S.162
15.4.1958	I 27/57 U	BFHE 66, S.677 BStBl III 1958, S.260
15.4.1958	I 61/57 U	BFHE 67, S.151 BStBl III 1958, S.330
13.5.1958	I 290/56 U	BFHE 67, S.154 BStBl III 1958, S.331
22.5.1958	IV 222/56 U	BFHE 67, S.160 BStBl III 1958, S.333
14.1.1960	IV 108/58 U	BFHE 70, S.365 BStBl III 1960, S.137

Datum	Aktenzeichen	Fundstelle
26.1.1960	I D 1/58 S	BFHE 70, S.508 BStBl III 1960, S.191
15.11.1960	I 189/60 U	BFHE 72, S.126 BStBl III 1961, S.48
22.2.1962	IV 58/59 U	BFHE 75, S.275 BStBl III 1962, S.367
4.9.1962	I 198/61 U	BFHE 76, S.14 BStBl III 1963, S.7
9.10.1962	I 167/62 U	BFHE 76, S.16 BStBl III 1963, S.7
16.5.1963	IV 379/60 U	BFHE 77, S.220 BStBl III 1963, S.400
7.11.1963	IV 396/60 S	BFHE 78, S.311 BStBl III 1964, S.123
26.2.1964	I 383/61 U	BFHE 79, S.521 BStBl III 1964, S.423
22.7.1964	I 188/62 U	BFHE 80, S.252 BStBl III 1964, S.565
3.12.1964	IV 255,256/64 U	BFHE 81, S.287 BStBl III 1965, S.93
29.1.1965	VI 317/63 U	BFHE 81, S.496 BStBl III 1965, S.179
18.3.1965	IV 116/64 U	BFHE 82, S.119 BStBl III 1965, S.289
29.4.1965	IV 403/62 U	BFHE 82, S.461 BStBl III 1965, S.414
31.5.1967	I 208/63	BFHE 89, S.191 BStBl III 1967, S.607
29.6.1967	IV 131/63	BFHE 89, S.377 BStBl III 1967, S.670
16.2.1968	VI 239/65	BFHE 92, S.264 BStBl II 1968, S.518
4.7.1968	IV 298/63	BFHE 93, S.66 BStBl II 1968, S.681
12.12.1968	IV 27/64	BFHE 94, S.493 BStBl II 1969, S.238
3.2.1969	Gr.S. 2/68	BFHE 95, S.31 BStBl II 1969, S.291
26.6.1969	VI 239/65	BFHE 97, S.58 BStBl II 1970, S.35

Datum	Aktenzeichen	Fundstelle
29.10.1969	I 93/64	BFHE 97, S.350 BStBl II 1970, S.178
20.11.1969	IV R 3/69	BFHE 97, S.418 BStBl II 1970, S.209
2.3.1970	Gr.S. 1/69	BFHE 98, S.360 BStBl II 1970, S.382
5.8.1970	I R 180/66	BFHE 100, S.89 BStBl II 1970, S.804
7.8.1970	III R 119/67	BFHE 100, S.122 BStBl II 1970, S.842
18.12.1970	VI R 99/67	BFHE 101, S.100 BStBl II 1971, S.237
13.7.1971	VIII 15/65	BFHE 103, S.61 BStBl II 1971, S.731
24.8.1971	VIII R 17/66	BFHE 103, S.416 BStBl II ----------
19.1.1972	I 114/65	BFHE 104, S.422 BStBl II 1972, S.392
2.2.1972	I R 96/70	BFHE 104, S.442 BStBl II 1972, S.381
26.7.1972	I R 146/70	BFHE 107, S.118 BStBl II 1972, S.937
14.2.1973	I R 89/71	BFHE 109, S.222 BStBl II 1973, S.580
7.3.1973	I R 48/69	BFHE 109, S.172 BStBl II 1973, S.565
19.6.1973	I R 206/71	BFHE 110, S.116 BStBl II 1973, S.774
9.11.1973	III R 12/72	BFHE 110, S.541 BStBl II 1974, S.81
30.5.1974	III R 75/73	BFHE 113, S.50 BStBl II 1974, S.654
17.7.1974	I R 195/72	BFHE 113, S.115 BStBl II 1974, S.684
28.8.1974	I R 66/72	BFHE 113, S.448 BStBl II 1975, S.56
9.10.1974	I R 122/73	BFHE 114, S.198 BStBl II 1975, S.258
26.2.1975	I R 72/73	BFHE 115, S.243 BStBl II 1976, S.13

Datum	Aktenzeichen	Fundstelle
26.2.1975	I R 32/73	BFHE 115, S.238 BStBl II 1975, S.443
18.6.1975	I R 24/73	BFHE 116, S.474 BStBl II 1975, S.809
4.3.1976	IV R 78/72	BFHE 121, S.318 BStBl II 1977, S.380
24.3.1976	I R 139/73	BFHE 118, S.453 BStBl II 1976, S.450
31.3.1976	I R 85/74	BFHE 118, S.456 BStBl II 1976, S.475
4.8.1976	I R 145/74	BFHE 119, S.468 BStBl II 1976, S.675
25.11.1976	IV R 90/72	BFHE 120, S.499 BStBl II 1977, S.467
9.2.1977	I R 130/74	BFHE 121, S.436 BStBl II 1977, S.412
17.3.1977	IV R 218/72	BFHE 122, S.70 BStBl II 1977, S.595
4.5.1977	I R 27/74	BFHE 123, S.20 BStBl II 1977, S.802
16.11.1977	I R 83/75	BFHE 124, S.501 BStBl 1978, S.386
16.11.1977	I R 212/75	BFHE 123, S.564 BStBl II 1978, S.103
19.1.1978	IV R 153/72	BFHE 124, S.320 BStBl II 1978, S.262
9.2.1978	IV R 201/74	BFHE 124, S.520 BStBl II 1978, S.370
21.2.1978	VIII R 148/73	BFHE 124, S.454 BStBl II 1978, S.345
23.6.1978	III R 22/76	BFHE 125, S.297 BStBl II 1978, S.521
10.8.1978	IV R 54/74	BFHE 126, S.185 BStBl II 1979, S.74
6.12.1978	I R 35/78	BFHE 126, S.549 BStBl II 1979, S.262
25.1.1979	IV R 21/75	BFHE 127, S.180 BStBl II 1979, S.369
28.5.1979	I R 1/76	BFHE 128, S.367 BStBl II 1979, S.734

Datum	Aktenzeichen	Fundstelle
26.6.1979	VIII R 145/78	BFHE 128, S.243 BStBl II 1979, S.625
8.11.1979	IV R 145/77	BFHE 129, S.260 BStBl II 1980, S.146
26.2.1980	VIII R 80/77	BFHE 130, S.155 BStBl II 1980, S.687
20.3.1980	IV R 89/79	BFHE 130, S.165 BStBl II 1980, S.297
2.4.1980	I R 75/76	BFHE 131, S.196 BStBl II 1980, S.702
3.12.1980	I R 125/77	BFHE 132, S.80 BStBl II 1981, S.184
1.4.1981	I R 27/79	BFHE 133, S.386 BStBl II 1981, S.660
23.6.1981	VIII R 43/79	BFHE 134, S.255 BStBl II 1982, S.56
25.11.1981	I R 54/77	BFHE 134, S.434 BStBl II 1982, S.189

Hrsg. Ludwig G. Poth/Gudrun S. Poth

MARKTFAKTOR DESIGN

Hrsg. Ludwig G. Poth/Gudrun S. Poth

MARKT FAKTOR DESIGN

Grundlagen für die Marketingpraxis

Unter Mitarbeit von:

Richard Bachinger
Rido Busse
Dieter Gaul
Lydia Grabosch
Fritz Hahne
Udo Koppelmann
Erich Küthe
Heribert Meffert
Christoph Rudolph
Wolfgang Schmittel
Albrecht Schultz
Rudolph Schwarz
Christian Steguweit

verlag moderne industrie

CIP-Kurztitelaufnahme der Deutschen Bibliothek

Marktfaktor Design: Grundlagen für d.
Marketingpraxis / Ludwig Poth; Gudrun Poth (Hrsg.). –
Landsberg am Lech: Verlag Moderne Industrie, 1986.
ISBN 3-478-21490-4
NE: Poth, Ludwig G. [Hrsg.]

Satz: Fotosatz Pfeifer, Germering
Druck, Bindearbeiten: Kessler Verlagsdruckerei GmbH, Bobingen
Schutzumschlag: Hendrik van Gemert
Printed in Germany 210490 / 786 1501
ISBN 3-478-21490-4

Inhaltsverzeichnis

Vorwort

In jüngster Vergangenheit haben Fragen nach der Stellung der Unternehmung im Markt und nach den zentralen Erfolgsfaktoren sowie den langfristigen Überlebenschancen zunehmend an Bedeutung gewonnen. Diese Entwicklung vollzieht sich vor dem Hintergrund stärkeren Wettbewerbs, begrenzter Ressourcen und enger werdender Märkte. Dabei wird speziell durch die zunehmende Homogenisierung der Produkte der Marketingfaktor Design in ein neues Licht gerückt. Lange Zeit als Randproblem der Produkt- und Verpackungsgestaltung angesehen, entwickelt sich das Design immer mehr zum eigenständigen Erfolgsfaktor, der zunehmend zur Profilierung der Unternehmung im Wettbewerbsumfeld beiträgt. Beispiele wie Lamy, Rosenthal, Braun, Olivetti oder Erco belegen diese Entwicklung sehr anschaulich.
Als ein wesentliches Instrument des Marketing-Mix erfüllt das Design eine multifunktionale Aufgabenstellung. Es visualisiert nicht nur die zu vermarktende Funktion und den Symbolwert des Produktes, sondern stellt das Produkt sowie die produktbezogene Kommunikation durch die Bezüge zur Erlebnisqualität und zu den Werthaltungen der Konsumenten konsequent auf die Zielgruppe ein. Darüber hinaus kann Design dazu beitragen, spontane Aufmerksamkeit und positive Einstellungen hervorzurufen. Damit wird deutlich, daß Design das Produkt auf direktestem Wege positioniert und dadurch die Alleinstellung der Unternehmung im Markt ermöglicht.
Güter und Dienstleistungen sowie die marktgerichtete Kommunikation sind darüber hinaus wesentlicher Bestandteil der Gesamterscheinung einer Unternehmung. Ein strategisches Unternehmungsimage kann deshalb nur dann konsequent und zielgerichtet aufgebaut und erhalten werden, wenn Design und Corporate-Identity im Einklang stehen. Damit erhält das Design auch eine Corporate- und gleichzeitig eine strategische Funktion.
Allerdings kommen die Wirkungen des Design erst dann zur vollen Entfaltung, wenn es stringent in die gesamte Marketingkonzeption der Unternehmung eingebettet ist. Ohne unternehmens- und marketingstrategischen Hintergrund bleibt Design eine kreative Spielerei. Dieser Gefahr versucht der vorliegende Reader zu begegnen. Erstmals wird das

Management des Marketingfaktors Design in umfassender Weise systematisch dargestellt. Ausgehend von einer notwendigen Inhaltsbestimmung, die insbesondere das Produkt- und Kommunikationsdesign in den Vordergrund der Analyse stellt, untersucht der erste Beitrag die strategischen, marketingspezifischen und organisationalen Grundlagen des Design. Ein besonderer Schwerpunkt liegt dabei auf dem Produkt-Design sowie auf dem Corporate-Design. Diese beiden Schwerpunkte werden in den folgenden Beiträgen weiter vertieft, bevor abschließend die rechtlichen Aspekte des Design abgehandelt werden.
Der Reader verbindet in anschaulicher Weise die Informations-, die Planungs- und die Aktionsseite des Marketingfaktors Design. In Verbindung mit den organisatorischen und rechtlichen Grundüberlegungen und unter Einbezug mehrerer Fallbeispiele liefert er dem interessierten Praktiker wertvolle Anregungen für die eigene Designpolitik.

Prof. Dr. Heribert Meffert
Direktor des Instituts für Marketing, Münster

Einleitung

Dieses Buch beschäftigt sich mit einem Thema, das fachliterarisch noch nicht behandelt wurde. Es geht um die Querschnittsfunktionen des Design, die sowohl mikro- als auch makroökonomischen Charakter haben. Die unternehmensbezogene Seite des Themas steht im folgenden im Vordergrund. Die Verfasser ließen sich von dem Grundsatz leiten, daß sie kritisch sein, aber nicht belehren, sondern helfen wollen. Ob dieser Versuch gelungen ist, muß einzig und allein der Leser entscheiden, der von dem Thema in der Praxis betroffen ist.

Der ökonomische Aspekt kommt zu kurz

Damit ist auch schon klargelegt, daß sich die Schrift weniger an die sogenannte Theorie wendet als vielmehr an die Praxis. Das hat mehrere Gründe. Der erste Grund ist, daß die Theorie zu dem Thema bislang nichts beigetragen hat. Der zweite Grund ist, daß die Designer nicht einer bestimmten Fakultät zugeordnet werden können. Das muß eigentlich nicht schädlich sein. Aber es hat sich in Praxis und Theorie schädlich ausgewirkt, und zwar dadurch, daß der ökonomische Aspekt nicht oder zu wenig berücksichtigt wurde.

Als Ausgangshypothese wird formuliert: Heute und in Zukunft bestimmt nicht die Theorie die Praxis, sondern die Praxis die Theorie. Es wäre einer Untersuchung wert, der Frage nachzugehen, ob dies nicht immer schon so war.

Notwendigkeit einer fundierten Theorie ...

Dem Mißverständnis, daß die Praxis demzufolge die Theorie nicht braucht, muß jedoch in gleicher Vehemenz begegnet werden. Gerade das „ökonomische Design“ benötigt dringend eine fundierte Theorie, die es in der Praxis in die Lage versetzt, gegen andere Theorien substantiiert zu argumentieren.

Dieses Buch muß sich zwangsläufig *zwischen* Theorie und Praxis bewegen. Es muß einerseits thematische Theoriegrundlagen schaffen und sie andererseits immer orientieren an den praktischen Bedürfnissen. Diesen schmalen Pfad immer sicher zu gehen, ist nicht leicht, zumal dann nicht, wenn man (wie die Herausgeber) kein Praktiker ist. Um so mehr brauchen wir aber die Praxis. Deshalb sind die Fallstudien essentiell für die Durchdringung des Themas. Sie sind weder ein Exkurs noch eine

... und einer konzeptionellen Praxis

Bestätigung der theoretischen Grundlagen, sondern sollen das Thema in seinen wesentlichen theoretischen Einzelfacetten dokumentieren und begleiten.

Die Fälle haben jeder in seiner Art Vorbildcharakter und sind daher nicht repräsentativ für die deutsche Designpraxis. Ihr exemplarischer Wert jedoch kann helfen, dem wichtigen Designgedanken in der Praxis zum Durchbruch zu verhelfen. An Fällen lernt man bekanntlich schneller und leichter. Sie visualisieren Problemlösungen. Und das soll ja Design auch realisieren, so daß praxisorientierte Cases zum unverzichtbaren Bestandteil einer Designschrift gehören.

Gang der Arbeit

Die theoretischen Grundlagen als Hintergrund folgen dem Ablauf: Konzeption, Inhalt, Marketing, Strategie und Organisation. Der Gang der Arbeit weist schon auf die thematischen Schwerpunkte hin, wie die Verfasser sie sehen. Design wird als strategisch-konzeptionelles Marketinginstrument mit Corporatefunktion verstanden. Wir hoffen, so auch eine Lücke in der Marketingtheorie zu schließen, die bislang Design nur als Marktforschungs-Design oder als ein Randproblem der Produkt- und Packungsgestaltung sieht.

Betrachtung aus Marketingsicht

Das war für uns die Herausforderung, uns mit dem Thema näher zu beschäftigen, und zwar nicht aus Design-, sondern aus strategischer Marketingsicht. Dazu mußten theoretische Grundlagen erarbeitet werden, die bei weitem noch nicht als gesichert gelten können. Sie entstanden rein gedanklich und haben deduktiven Charakter. Die empirische Untermauerung, so etwa im Marketing-, Strategie- und Organisationsbereich, steht noch aus und müßte alsbald nachgetragen werden. Die Splittung des Gesamtthemas in Einzelthemen und die vorgeführten Fälle erleichtern sicherlich den induktiven Einstieg in das Thema.

Dank an die Mitstreiter

Deshalb gilt unser erster Dank den Mitautoren aus der Designtheorie und -praxis. Ohne sie und ihre Mitarbeit hätten wir als Nichtkenner der Materie nicht den Mut gehabt, das Thema anzugehen. Ein engagierter Helfer war auch der ehemalige Leiter des „Internationalen Designzentrums" (IDZ) in Berlin, F. Burkhardt. Er hat uns die Türen zur Praxis geöffnet und dafür gesorgt, daß die Publikation nicht versandet. Hierzu gilt unser Dank auch dem verlag moderne industrie, der das verlegerische Innovationsrisiko spontan übernommen hat.

Last but not least möchten wir uns bei Dr. Heinz Zimmermann, dem Leiter des Berliner Instituts für Weiterbildung von Führungskräften der Wirtschaft (BIF), bedanken, der uns als fachfremde Marketingtheoretiker auf die Spur gesetzt und nicht eher lockergelassen hat, als bis die Schrift stand. Er war unser geschätzter Mentor, dem das eigentliche

Verdienst gehört, daß Ihnen, sehr geehrter Leser, die Publikation „Marktfaktor Design“ jetzt vorliegt.
Wir laden Sie zur Lektüre und Kritik, aber auch zum Weiterdenken und Realisieren ein.

Ludwig G. Poth Gudrun S. Poth

Teil I

Marketingfaktor Design

Ludwig G. Poth, Gudrun S. Poth

Inhalt

I. Konzeptionelle Grundlagen

Was Design ist, weiß keiner so recht. Man traut den Italienern gutes Design zu und den Deutschen eben nicht. Ob dies in Realität stimmt oder nicht, wird wortreich und in mehr oder weniger überdehnten Hypothesen erklärt. Hilfreich für die Praxis ist das alles nicht und definiert auch nicht den Stellenwert des Design als Marktfaktor.

1. Definitionen

Genausowenig hilfreich wie die allgemeinen und unbewiesenen Statements sind die theoretischen Ergüsse der Definitionsbestimmung von Design. Aus der Fülle der Definitionsversuche seien nur drei Stimmen zitiert, deren Inhaltsgehalt einigermaßen ernst zu nehmen ist.

Unklare und allgemeine Definitionen

„Design ist das Aktionsfeld für jede planvolle, schöpferische Aktivität, die auf der Grundlage eines Arbeitsmodells darauf abzielt, zur Ordnung, Verbesserung und Bereicherung des menschlichen Lebens und der menschlichen Umwelt beizutragen" (Müller-Krauspe, Gerda: Design = Design? (I) – Plädoyer für zwei Fremdworte, in: „form", 1966, Nr. 35, S. 27). Diese Definition beschreibt gleichermaßen die allgemeine menschliche Hoffnung und Not in Industriegesellschaften in moderner und individuell maroder Ausprägung.

Der technische Ansatz ...

Man sollte meinen, daß uns die Definition des ICSID (International Council of Societies of Industrial Design) aus dem Inhaltsnotstand erlöst. Nach ICSID ist Design „eine schöpferische Tätigkeit mit dem Ziel, die formalen Qualitäten der von der Industrie zu produzierenden Objekte zu bestimmen. Diese formalen Qualitäten beschränken sich nicht nur auf die äußere Gestalt, sondern prinzipiell auch auf die strukturellen und funktionellen Beziehungen, durch die ein System in eine zusammenhängende Einheit verwandelt wird; dies vom Gesichtspunkt des Herstellers und Benutzers" (Black, Misha: Zum Standort des Industrial Design – Wechselwirkungen der Kunst und Technik auf das Industrial Design, in: „form", 1968, Nr. 42, S. 27).

... in Verbindung mit der Kunst

Der dominante Hinweis auf die formalen Qualitäten und funktionellen Beziehungen deutet darauf hin, daß sich Design offensichtlich nur an der Ratio des Menschen orientieren soll. Kunde, Nutzer oder Benutzer werden jedoch eigentümlicherweise nur marginal angesprochen. Die Emotion derer, um die es eigentlich geht, scheint völlig nebensächlich zu sein. Darauf weist M. Black im Untertitel der zitierten Schrift signifikant hin. Danach ist Design scheinbar nur ein Problem der Optimalität der Wechselwirkungen zwischen Kunst und Technik und ihrer Einflüsse auf das Design.

Eine überwiegende Verbraucherignoranz der Designpraxis

Die Recherche zum Thema hat die vorgenannte Käufer- und Verbraucherignoranz der Designpraxis weitgehend bestätigt, von wenigen Ausnahmen abgesehen, die an zwei Händen abgezählt werden können. Doch gilt im eigentlichen nicht die Kritik der Praxis, sondern der sogen. Theorie und Lehre. Entweder hat man es mit Kreativen zu tun, die offensichtlich der Meinung sind, daß klare Inhaltsbestimmungen ihrer Kreativität schaden, oder mit handwerklichen Technikern, die brillant über Goldene Schnitt-Regeln Auskunft geben können. Dazwischen bewegen sich eigentümliche Ästheten, die das Thema nur aus eigener Frustration begreifen.

Halten wir fest: Das Beziehungsgeflecht „Kunst und Technik“ bietet offenbar auch keine Möglichkeit, das Thema „Design“ aus Verbraucher- und Marktsicht in den Griff zu nehmen. Künstler und Techniker arbeiten vielfach am Markt vorbei und belobigen sich gegenseitig als motivationales Surrogat in fünf deutschen Designwettbewerben. Doch was soll die Praxis damit anfangen?

Ein erster Marketingansatz

Den ersten definitorisch pragmatischen Ansatz versucht Bernd Löbach (Industrial Design – Grundlagen der Industrieproduktgestaltung, München 1976, S. 14, 19), wenn er meint: Design ist „... der Prozeß der Anpassung industriell herstellbarer Gebrauchsprodukte an die physischen und psychischen Bedürfnisse der Benutzer und Benutzergruppen.“ Und weiter: „Design ... sollte in einer auf die Bedürfnisse der Menschen ausgerichteten Problemlösung enden.“ Warum nicht anfangen, fragt man sich!

Dominanz der Produktorientierung

Zwei Dinge fallen auf, die vielleicht gerade für die deutsche Designpraxis signifikant sind: Erst einmal *haben* wir ein Produkt, das dann auf die Verbraucherbedürfnisse getrimmt werden muß (wenn nicht umgehbar auch mit Hilfe von Design!). Und zweitens haben wir es mit dem „homo anonymus“ (dem Menschen) zu tun, der zudem auch noch ein „homo oeconomicus“ ist, und nicht mit unterschiedlichsten Zielgruppen, die sich rational, emotional *und* situativ auch zeitbedingt sehr unterschiedlich in ihren Kaufentscheiden verhalten. Dieses „Phänomen“ scheint den deutschen Designern noch nicht bewußt geworden zu sein – aus welchen Gründen auch immer.

Hilflosigkeit der reinen Lehre

Der Marketing-Freak folgert daraus inhaltlich sinnig, aber in der allgemeinen Form praktisch noch wertlos: Design ist ein auf den Absatzmarkt und seine Zielgruppen ausgerichtetes produkt- und kommunikationspolitisches Marketinginstrument. Das stimmt nach Philip Kotler immer und im konkreten Fall fast nie. Die „Falschheit“ ergibt sich aus den unterschiedlichen Unternehmens- und Marketingkonzeptionen. Zwei Beispiele aus dem Lebensmittel-Einzelhandel: Das einzige, was Aldi und Käfer gemeinsam haben, ist, daß sie Designs *sind*. Kann die allgemeine Marketing-Designdefinition dies erklären? Wohl doch nur sehr ungenau!

Der marketing-pragmatische Ansatz

Daraus folgert schlicht und ganz pragmatisch: Design ist, was gefällt, d. h. was eine Problemlösung bietet, angenommen und bezahlt wird, wobei aus Anbietersicht auf die Umsatzrendite besonderer Wert zu legen ist. Zwei thematisch wichtige Stichworte sind gefallen: Gefallen im Sinne einer Annahme von Problemlösungen und Bezahlen. Stichworte und Thema lassen sich auch in die Frage kleiden: Was gefällt wem in welcher Situation, und wieviel Geld ist er (die Zielgruppe!) bereit, in bestimmten situativen Phasen für spezifische Problemlösungen, die z. B. im Gebrauchsgüterbereich stark emotional determiniert sind, auszugeben?

Die situative und Zielgruppenbedingung

Die zunächst kompliziert klingende Frage als Designdefinition reduziert sich auf: Wer tut was wann? Auf diese Frage müssen sich Marketing und Design als Marktinstrumente zurück- und vorbesinnen. Design hat einen sehr einfachen Inhalt. Es spiegelt Konsumentenbedürfnisse wider und nicht, wie in der Praxis erkennbar, Designer- und Produktionerbedürfnisse.

Design als Problemlöser

Der Nachfrager ist ein Problemlösungs-Suchender. Design kann ein Problemlöser sein, muß es aber nicht. Mit dieser Tatsache muß sich das Design abfinden, ohne zu resignieren. Denn: Design ist insgesamt sicher ein Wirtschafts- (im internationalen Konkurrenzverbund) und ein Marktfaktor (im vornehmlich nationalen Wettbewerbsverbund).

Der Marktfaktor als Marketingfaktor

Wenn man dieser Gedankenkette folgt, ist Design eine ökonomische und weniger eine künstlerische und technische Größe. Der Marktfaktor ist ein Marketingfaktor, über den es im folgenden zu referieren gilt. Es geht nicht um den mehr oder weniger kreativen Schnick-Schnack und auch nicht um rationale Technikerlösungen, sondern um die Marketing- und betriebswirtschaftliche Frage, was durch Design mit welchem Aufwand und kalkulierbaren Ertrag möglich ist. Das „Was“ bezieht sich auf die Zielfunktion des Unternehmens, woraus weiter folgt, daß Design kein Ersatz für eine unverwechselbare Unternehmens-, Marketing- und Kommunikationsstrategie ist.

Mit handwerklichen betriebswirtschaftlichen Bordmitteln wollen wir im folgenden versuchen, in das augenscheinlich „grundlose“ Thema Grund zu bringen. Hierbei ist vorab anzumerken, daß es rein um die ökonomische Facette des Themas geht. Zweitens wird „Marktfaktor“ als „Marketingfaktor“ mit Corporateanspruch interpretiert. Und drittens wird das Designproblem auch als ein Organisations- und Führungsproblem gesehen.

2. Querschnittsfunktion

Unter diesen Voraussetzungen hat Design zunächst und primär eine betriebswirtschaftliche Querschnittsfunktion, die es zu erklären gilt. Der zweite Themenkreis bewegt sich um die Produkt-, Entwicklungs- und Segmentationspolitik, die eng mit dem Design verbunden sind. Drittens sind auch die Verbindungen zur Kommunikation unverkennbar. Und nicht zuletzt sind es Strategie, Planung und Organisation, die dem Design erst das systematische Gefüge geben.

Design als Schnittstellenfunktion

Der entscheidende Denkansatz für eine erfolgreiche Designpolitik ist die gewollte und verarbeitete Einsicht, daß Design eine betriebswirtschaftliche Querschnittsfunktion hat bzw. haben muß. Hier sind in erster Linie die warenwirtschaftlichen Funktionen Beschaffung, Produktion und Absatz gemeint (vgl. Abb. 1).

Damit beginnen aber auch schon die Probleme, wenn man z. B. an die Zusammenarbeit von Entwicklung, Produktion und Design denkt. Aus Praxiserfahrungen ist es nicht abstrus, wenn man behauptet, daß im warenwirtschaftlichen Funktionskreis (ohne Design!) eher ein Gegeneinander als ein Miteinander vorherrscht. In diesem Spiel hat Design lediglich die Funktion eines Notnagels oder Prügelknaben.

Es hapert an der interdisziplinären Zusammenarbeit

Nimmt man noch den Management-Funktionskreis mit den wichtigsten Teilfunktionen Zielsetzung, Planung und Kontrolle hinzu, so verdüstert sich die Designszene zusehends. Design scheint dem neutralen Beobachter eher ein kreatives Zufallsprodukt zu sein als eine zielgeplante Unternehmens- und Programmstrategie. Dabei sollten doch gerade die Managementfunktion „Zielsetzung" und die damit verbundenen Orientierungsdaten das Design und die langfristige Designpolitik bestimmen.

Wenn man jetzt noch bedenkt, daß Warenwirtschafts- und Management-Funktionskreis einen integrierten Regelkreis bilden müssen, dann wird das eigentliche Dilemma des Design überdeutlich.

Designprobleme sind Managementprobleme

Das wiederholt vorgetragene deutsche Designproblem ist ein Managementproblem, wobei sich das Hauptproblem auf die Ziel-Orientierungslosigkeit der Unternehmen reduzieren und konzentrieren läßt.

Damit besitzen wir eine erste thematische und operationale Zusammenfassung:

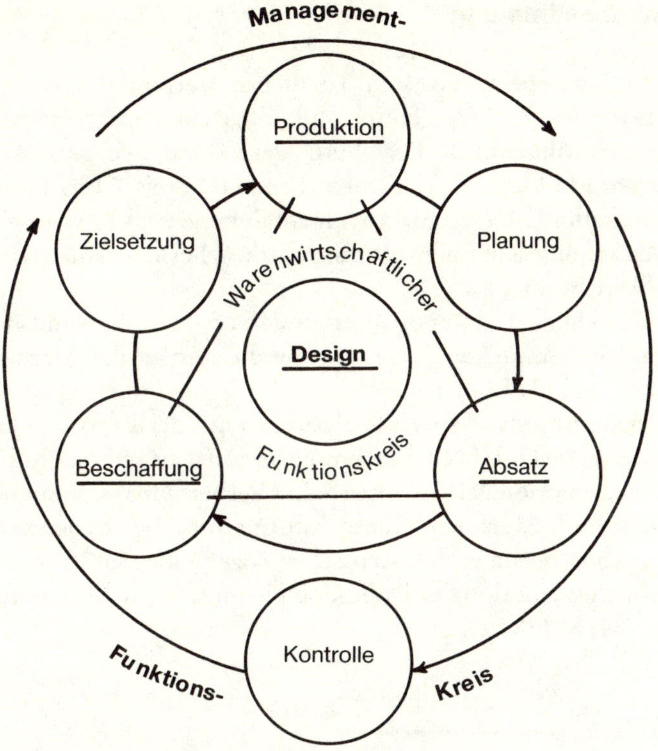

Abb. 1: Design als betriebswirtschaftliche Querschnittsfunktion

Der Kreislauf

Design ohne unternehmens- und marketingstrategischen Hintergrund bleibt eine kreative Spielerei und produziert bestenfalls Zufallstreffer, wird aber nicht als scharfe Marketingwaffe im zunehmend härter werdenden Wettbewerb der Me too's genutzt und konzeptionell eingesetzt. Ergebnis ist ein Preiskrieg der immer blasser blinkenden Sternchen, deren Flimmern nur von betroffenen Insidern als Strahlen fehlinterpretiert wird. Das sind dann die Fälle, in denen ein Glamour-Relaunch den nächsten jagt, was als Re-Design bezeichnet wird.

Die Verblendung der Blender

Design wird als Marketinginstrument gründlich mißverstanden, wenn man es als Blendwerk für den Verbraucher mißbraucht. Die Konsumgüterpackungen bieten hierzu ein trauriges und signifikantes Anschauungsmaterial. Ein Glück, daß die Verbraucher keineswegs so dumm sind, wie einige Produkt- und Kommunikationsstrategen annehmen. Vielleicht ist dies auch eine Erklärung für das Aufkommen von Generics oder No Names. Hierüber sollten die Marketingprofis einmal nachdenken und auch die Verbindung zwischen Design und Produkt- bzw. Innovationspolitik herstellen.

3. Inhaltsbestimmung

Damit sind wir beim nächsten Themenschwerpunkt. Design ist als Marktfaktor ein Marketingfaktor und (aktiv eingesetzt!) ein wichtiges Marketinginstrument. In Beziehung gesetzt zu den entscheidungsorientierten Marketing-Mixfaktoren Produkt, Preis, Distribution und Kommunikation ist Design instrumentalübergreifend, wenngleich es der Produkt- und Kommunikationspolitik sicherlich näher steht als etwa der Distribution.

Produkt und Kommunikation haben den höchsten Stellenwert ...

Die entscheidenden Komponenten des Industriedesign sind das Produkt- und Kommunikationsdesign, die zusammen das Marketingdesign bilden (vgl. Abb. 2).

Vergleichen wir erneut die Anforderungen mit der Praxis, so fällt auf, daß das deutsche Design eher technisch-rational als ästhetisch-kommunikativ mit emotionalen Inhalten ist. Hierbei wird Kommunikation verstanden als bedürfnisrelevante Information. W. Kroeber-Riel ist recht zu geben, wenn er dem deutschen Design im großen und ganzen ein erhebliches emotionales Defizit bescheinigt (siehe Marketing Journal, H. 2/84, S. 138 ff.).

... und ein emotionales Defizit

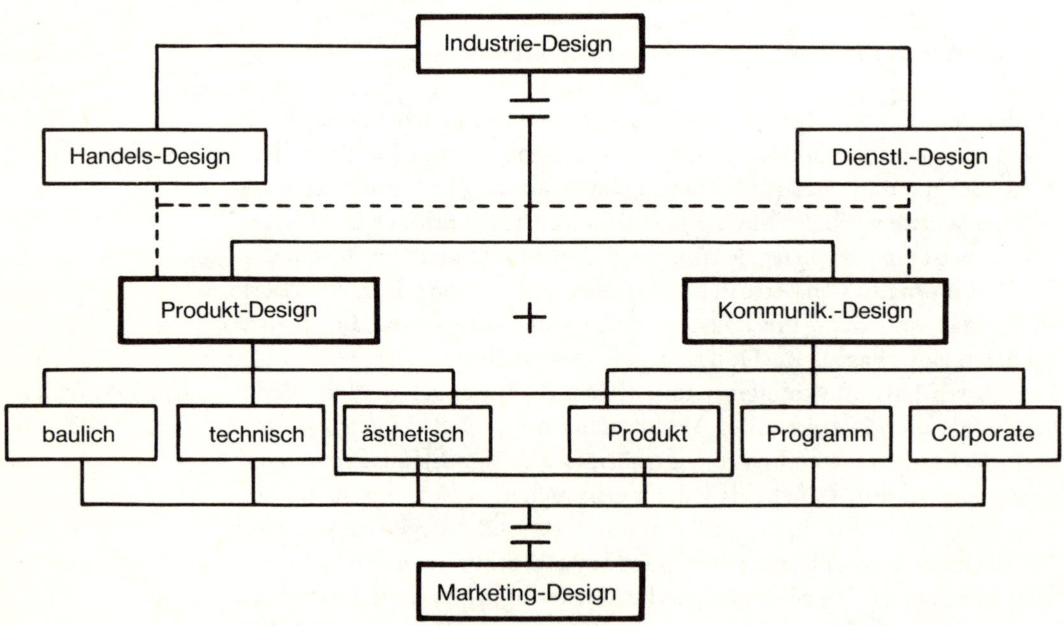

Abb. 2: Inhaltsbestimmung von Design

II. Inhaltliche Grundlagen

1. Nutzwertanforderungen

Die inhaltlichen Grundlagen werden durch die Nutzwertanforderungen bestimmt, die an das Design gestellt werden (vgl. Abb. 3). Sie sind unternehmensbezogener, volkswirtschaftlicher und verbraucherorientierter Art. Die Unternehmensnutzwerte werden gebildet aus dem physikalischen Nutzwert (etwa die Rohstoffbeschaffung und -verarbeitung), dem fertigungstechnischen Nutzwert (etwa die Herstellkosten) und dem insgesamt wirtschaftlichen Nutzwert (etwa die Produktrentabilität).

Auch hier stellt sich die Frage, wo in der Praxis die Schwerpunkte gesetzt werden. Leider dominant auf den fertigungstechnischen Nutzwert. Das führt dazu, daß vielfach die Produktion das Design bestimmt und damit das Design seine wichtige Dispositionsfunktion verliert. Der Designer wird zum „Umverpacker" oder zum optischen Aufheller. Über die nur kurzfristige Blendwirkung einer solchen Arbeit wurde bereits kurz referiert.

Die Blockade der Produktioner ...

Wenn man es kritisch besieht, beherrschen die Produktioner immer noch die Managementetagen, und zwar vornehmlich in den Branchen, die sich durch Innovationsarmut, dafür aber durch autoritäre Organisations- und Führungsstrukturen auszeichnen.

... und ihre Autorität

Die Nutzwerte

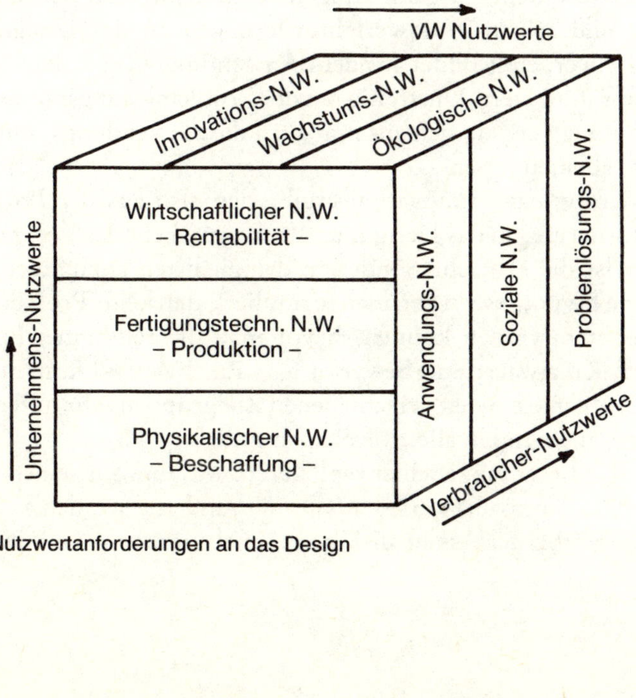

Abb. 3: Nutzwertanforderungen an das Design

Der Faktor „Innovation" ...

Das weist auf die gesamtwirtschaftliche Nutzwertanforderung an das Design hin. Sie setzt sich zusammen aus dem Innovationsnutzwert, dem Wachstums- und dem ökologischen Nutzwert. Der Innovationsnutzwert hat hierbei den höchsten Rangwert, da sich aus ihm die übrigen gesamtwirtschaftlichen Nutzwerte ergeben. Insofern ist es auch wenig sinnvoll und hilfreich, einen künstlichen Widerspruch zwischen Design und Ökologie aufzubauen, wie dies W. Kroeber-Riel (a. a. O., S. 141) tut.

... beeinflußt das Innovationsdesign

Entscheidend ist doch die Tatsache, daß die deutsche Wirtschaft in den letzten Jahren nicht gerade mit Innovationsreichtum auf breiter industrieller Front aufgewartet hat. Dieser Tatbestand hat auch etwas mit unserem Thema zu tun. Denn wie soll man Innovationsdesign betreiben ohne Innovation?

Die mehr rhetorische Frage im Sinne eines Statements läßt sich positiv einfach beweisen durch den Vergleich erfolgreicher Designs und Produktinnovationen. Negativ ist Gleiches möglich, wenn man sich historische Design-Innovationsvorbilder mit ehemals hohem Produkt-Innovationsvorsprung heute anschaut, wo sie produktinnovatorisch nichts mehr zu bieten haben.

Die Vorbilder verlieren an Glanz, ...

An dieser Stelle könnten berühmte Namen genannt werden, was der Sache jedoch wenig dienlich ist. Entscheidend ist der dokumentarische und systembedingte Zusammenhang zwischen Design und Produktinnovation. Verkürzt läßt sich auch so formulieren: Ohne Innovation ist kein dauerhaft erfolgreiches Design möglich.

Man kann nach dem „Warum" fragen. Und damit sind wir beim Verbraucher und seinen Nutzwertanforderungen an das Design. Seine Nutzwerte werden gebildet aus dem Anwendungs-, sozialen und Problemlösungsnutzwert. Unstreitig hat der Problemlösungsnutzwert den höchsten Rangwert, da sich aus ihm auch die Anwendungs- und sozialen Werte ableiten lassen.

... weil sie keine Problemlösungen mehr bieten

Die Forderung nach Innovation ergibt sich also aus der Problemlösungsanforderung an das Design, und zwar aus Sicht des Verbrauchers. Und hier ist die kritische Sonde am dringlichsten anzusetzen. Es ist wohl keine Hypothese, wenn man formuliert, daß keine Problemlösungen angeboten werden können, bevor man die relevanten Probleme analysiert, kanalysiert und bewertet hat. Erschwerend kommt hinzu, daß die Probleme bei den verschiedenen Zielgruppen sehr unterschiedlich sein können und in aller Regel auch sind.

Der Verbraucher setzt die Maßstäbe ...

... und wird sträflich vernachlässigt

Der geneigte Leser möge selber replizieren, was ihm aus seinem Unternehmen dazu sinnvollerweise einfällt. Wo und wie werden z. B. Probleme aus Verbrauchersicht diskutiert, analysiert und evaluiert? Wer entwickelt daraus Problemlösungen für sehr spezifische Zielgruppen? Und wo und wie findet der Transfer zum Design statt? Fragen über Fragen, auf die viele deutsche Unternehmen ehrlicherweise keine schlüssige Antwort geben können, da sie sie nicht wissen. Das erklärt vielleicht auch z. T. den internationalen Wettbewerbsgap der deutschen Industrie, der immer angepaßt-passiv erklärt bzw. entschuldigt wird.

Zweifel an der Gegenwart und Hoffnung für die Zukunft

Daraus ergibt sich die zweite und sicherlich auch nur vorläufige thematische Zusammenfassung:
Design ist ein komplexes Gebilde von unterschiedlichen Nutzwertanforderungen, die unternehmensspezifisch, gesamtwirtschaftlich und marketingstrategisch konkret bestimmt sein sollten. Hier stellen sich Zweifel an der gegenwärtigen, aber auch Hoffnungen für die künftige deutsche Designpraxis ein. Auf den einfachsten und sicherlich sehr rigiden Nenner gebracht, heißt das: Dem deutschen Design fehlen weitestgehend noch die unternehmerische Vision, langfristige Zielfunktion und klare Strategien. Die Designinhalte sind entweder noch nicht vollständig erkannt oder werden in der Designpolitik noch nicht konsequent umgesetzt.

Der Mangel an Visionen, Zielen und Strategien

2. Systemkomponenten

Rastern wir weiter in die Komponenten der Entwicklung von Designs auf, so sind der Mensch (die Zielgruppe), die Technik, das Unternehmen, die Zeit, die Ökonomie und das Umfeld die entscheidenden Systemkomponenten für die Designentwicklung (vgl. Abb. 4).

Die wesentlichen Voraussetzungsfelder ...

Die systemtragenden Komponenten sind hierbei der Mensch (Designadressat), die Technik, die Zeit und die Ökonomie. Sie bilden die Voraussetzungsfelder „Ökonomische Ressourcen“ und das „Verhalten“ der Verbraucher „in der Zeit“, das erheblichen Veränderungen unterliegt. In die beiden Felder ist das Unternehmensumfeld eingeschlossen, das sehr differenziert ausgestaltet ist. Es enthält Faktoren wie Unternehmensgröße, aber auch staatliche Regularien, die die Entwicklung von Designs fördern, aber auch hemmen können.

3. Funktionsverbund

Design kann nur gedeihen im kooperativen Funktionsverbund. Der Verbund bezieht sich auf die betrieblichen Funktionen: Marketing, Bedarfsforschung, Technische Forschung, Entwicklung, Konstruktion

... und ihre Rangfolge

und Produktion (vgl. Abb. 5). Die Reihenfolge ist eine systematische Stufenfolge. Design beginnt beim Verbraucher und nicht in der Produktion. Und das heißt auch, daß der Absatzmarkt über die Güte des Design entscheidet und nicht die Designer und ihre Preise.

Beziehungszusammenhänge

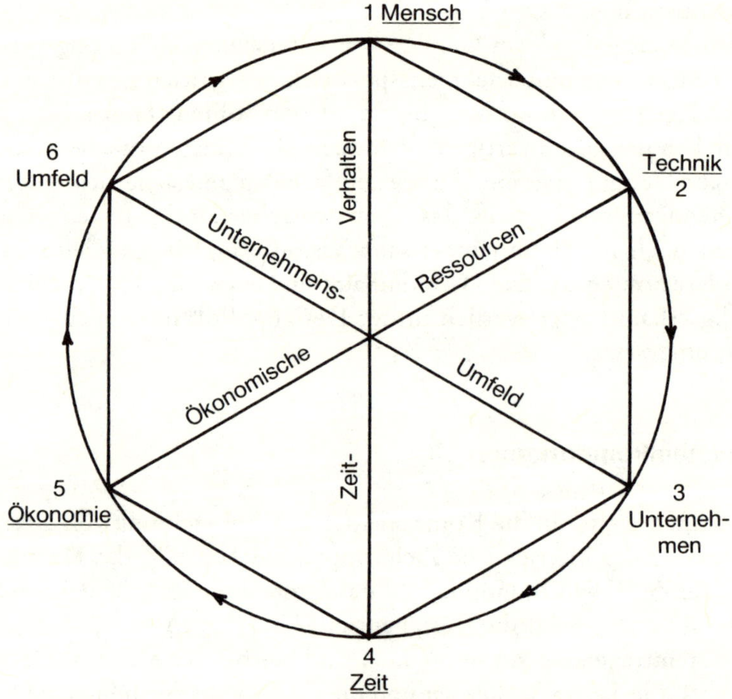

Abb. 4: Komponenten der Entwicklung von Designs

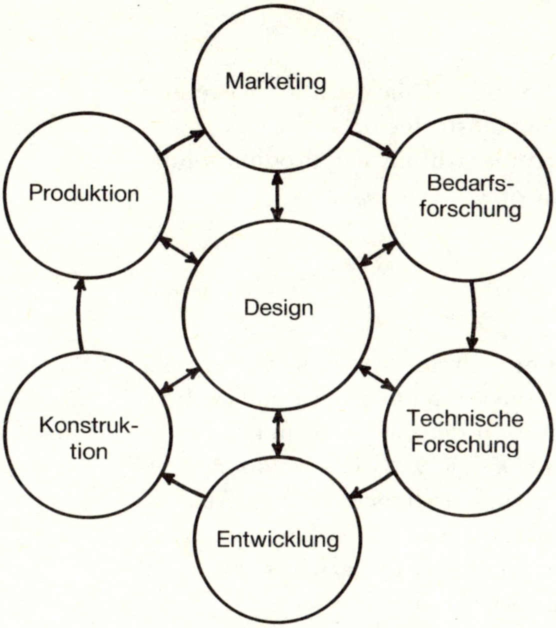

Funktionsverbund

Abb. 5: Design im kooperativen Funktionsverbund

Ohne Bedarfsforschung geht nichts

Die Bedarfsforschung ist der Dreh- und Angelpunkt im Regelkreis des Funktionsverbundes. Der zweite neuralgische Punkt ist die Entwicklung, was auf die enge Verzahnung von Design und Produktpolitik hinweist, auf die schon mehrfach verwiesen wurde. Bezogen auf die Forderung, ist der Praxis ein erneuter Verweis zu erteilen. Die Zusammenarbeit von Design und Produktpolitik ist in vielen Fällen desolat, was den Stellenwert des Design im Marketingverbund ungebührlich mindert.

III. Marketing-Grundlagen

Deshalb sei nochmals und wiederholend auf die wichtige Klammerfunktion des Design über alle Marketinginstrumente hinweg hingewiesen. Die direkteste Verknüpfung ergibt sich mit der Produktpolitik. Diese Verknüpfung hat die erste Priorität.

1. Marketing-Mix

Design klammert Produkt und Kommunikation

Der zweite Verknüpfungspunkt ist der mit der Kommunikationspolitik. Er erhält seine Bedeutung durch die Produktwerbung und die Imagewerbung, die eine Corporate Identity realisieren. Eingebunden in die Corporate Identity ist das Corporate Design, was die Verbindung zwischen Design und Kommunikationspolitik dokumentiert (vgl. Abb. 6). Das weist auch schon darauf hin, daß Design einen Corporateanspruch hat, auf den noch näher einzugehen sein wird. Er bezieht sich sowohl auf das Unternehmen als auch auf die Marktumwelt.

Marketing-Mix

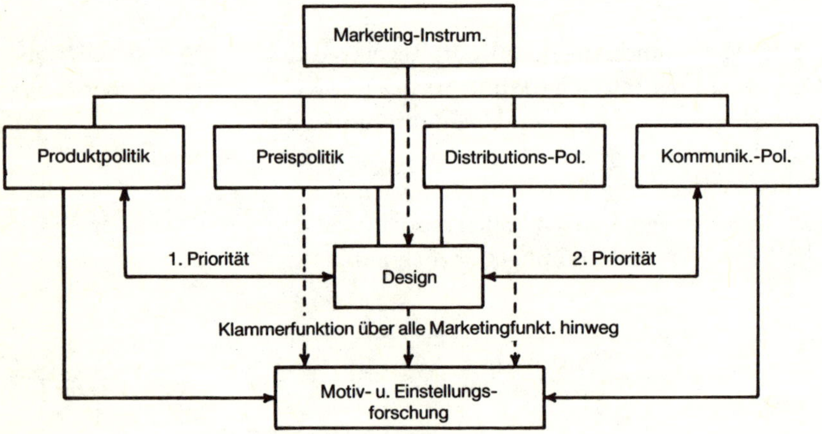

Abb. 6: Position des Design im Marketing-Mix

2. Design - Markenartikel

Die Verwandtschaft von Design und Markenartikel erhärtet die Marketingbedeutung des Design. Die Verwandtschaft resultiert aus den Eigenschaftsmerkmalen (vgl. Abb. 7). Design ist Signum, d. h. Zeichen, das dominante Merkmal des Markenartikels ist die Marke, d. h. die Markierung. Design schlägt sich in der Produktgestaltung nieder, ein charakteristisches Merkmal des Markenartikels ist seine Aufmachung, seine Einheitlichkeit und Unverwechselbarkeit.
Der Nutzwert des Design ergibt sich aus seiner Anmutungsqualität, der Nutzwert des Markenartikels aus seiner gleichbleibenden Qualität. Unverwechselbares Design führt zur Brand- und Corporate Identity, der Markenartikel zeichnet sich durch Verkehrsgeltung und Ubiquität aus.
Man kann aus dem vorstehenden Vergleich den Schluß ziehen, daß Design und Markenartikel im wesentlichen systemgleich sind. Man kann weiter folgern, daß Design und Markenartikel untrennbar miteinander verbunden sind und Design ohne Markenartikel nicht möglich ist. In diese Aussage ist eingeschlossen, daß auch die Handelsmarke sehr wohl Markenartikelcharakter haben kann. Einige Handelsunternehmen führen das exzellent vor.

Die eineiigen Zwillinge ...

Zeichen + Produktgestalt + Anmutungsqualität + Brand- und Corporate Identity bilden die Wertfunktion des Design, auch im Sinne einer Marktgeltungsfunktion. Marke + Markierung + Aufmachung + Einheitlichkeit + Unverwechselbarkeit + Qualität + Werbung + Verkehrsgeltung + Ubiquität bilden die Wertfunktion des Markenartikels, *auch* im Sinne einer Marktgeltungsfunktion.

Die verwandtschaftlichen Beziehungen zwischen Design und Markenartikel werden deshalb so extensiv ausgedeutet, um die Hypothese zu unterfüttern, daß gerade die Markenartikler aufgerufen und prädestiniert sind, sich des Design als Marketingthema und -instrument verstärkt anzunehmen. Berücksichtigt man, daß die klassischen Markenartikel zweifelsfrei von den Konsumgütern abstammen, so muß eine kritische Bestandsaufnahme der Designpraxis in der Konsumgüterindustrie statthaft sein.

... wurden getrennt ...

Das Ergebnis einer solchen Istaufnahme ist ernüchternd. Ein langweiliges Einerlei herrscht vor. Im Design gleichen sich Waschmittel und Vogelfutter bis ins farbige Detail, meint W. Kroeber-Riel (a. a. O., S. 137). Und dies ist keineswegs überspitzt. Den Marketingfachleuten, die das nicht wahrhaben wollen, sei die dringende Empfehlung gegeben, wieder einmal selbst für die Familie einzukaufen und auf die Unver-

... und verkümmern seit dieser Zeit

Design und Markenartikel

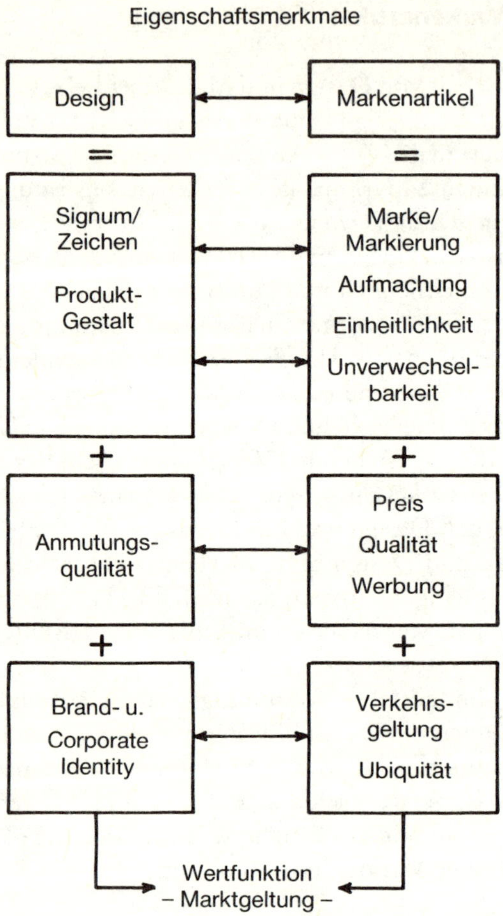

Abb. 7: Systemverbund „Design - Markenartikel"

wechselbarkeit der Produktgestalten zu achten. Diese Praxis würde manch einen aufwendigen Test entbehrlich machen. Doch das nur nebenbei.

Die Brand-Identity ging verloren

Thematisch noch interessanter dürfte für den Marketingprofi sein, daß er sein eigenes Produkt vielfach nicht findet und davorsteht. Man gebe daran nicht voreilig der Plazierung die alleinige Schuld. Hier liegt sicherlich auch einiges im argen. Doch der Einwand greift um so weniger, als es dann erst recht vonnöten ist, die eigenen Produkte unverwechselbar und signalstark dem Kaufpublikum darzubieten. Zudem ist auch dies ein wesentliches Stück Kommunikationsarbeit.

Daraus folgt die dritte Zusammenfassung:
Wenn man die Forderung aufstellt, daß Design eng mit dem Produkt verbunden ist, so werden gerade die Markenartikler im Konsumgüterbereich beifällig nicken und vielleicht sogar die kritische Frage stellen, was denn diese Binsenweisheit eigentlich soll. Fast alle werden mit Sicherheit auch erklären, daß sie diese Beziehung nicht nur sehen, sondern ihr Produktmarketing voll danach ausrichten. Nur sieht eben die Praxis leider anders aus.

Und was tun die Markenartikler dagegen?

3. Produktpolitik

Um eine plausible Erklärung für die offensichtliche Diskrepanz zwischen Einstellung und Wirklichkeit geben zu können, müssen wir in die konkreten Formen der Produktpolitik eintauchen und versuchen, eine instrumentelle Zuordnung vorzunehmen. Das heißt konkret: Es geht um die Frage, welche Arten der Designpolitik den produktpolitischen Aktivitäten entsprechen.
Die Produktpolitik wird gebildet aus den Teilbereichen Produktdifferenzierung, Produktrelaunch und Produktinnovation (vgl. Abb. 8). Das sogen. Innovationsdesign bezieht sich auf Teile des Produktrelaunch und auf die Produktinnovation. Das sogen. Re-Design bezieht sich auch auf Teile des Produktrelaunch (mehr im Sinne eines Facelifting) und auf die Produktdifferenzierung.

Re-Design steht in der Praxis vor Innovationsdesign

Facelifting – eine Alternative? ...

Als Ergebnis gilt: Re-Design konzentriert sich im wesentlichen auf die Produktveränderung, Innovationsdesign auf die Produktentwicklung. Damit ist die Erklärung für den vorgenannten scheinbaren Widerspruch gegeben. Die Marketingpraxis betreibt zu viel Produktveränderung und zu wenig Produktinnovation. Das Design ist im wesentlichen Re-Design und beschränkt sich vielfach sogar auf ein reines Facelifting.
Überdies entpuppt sich vieles, was den hochtrabenden Anspruch „Relaunch" (im Sinne eines totalen Product Polish) erhebt, im Markt dann als einfacher Neuanstrich. Design also nur bessere Makulatur? Leider muß die Frage in vielen Fällen bejaht werden. Der bereits an anderer Stelle hergestellte Zusammenhang zwischen Innovation und Design wird erneut bekräftigt.

... Oder nur eine Makulatur?

Noch ein anderer, und zwar betriebswirtschaftlicher, Zusammenhang ist nicht minder interessant. Man hat nicht selten den Eindruck, daß Innovation und Innovationsdesign vielfach aus Marktrisikogründen gescheut werden. Was man hat, weiß man, was man bekommt und mög-

Die Interpretation der sogen. Risiken

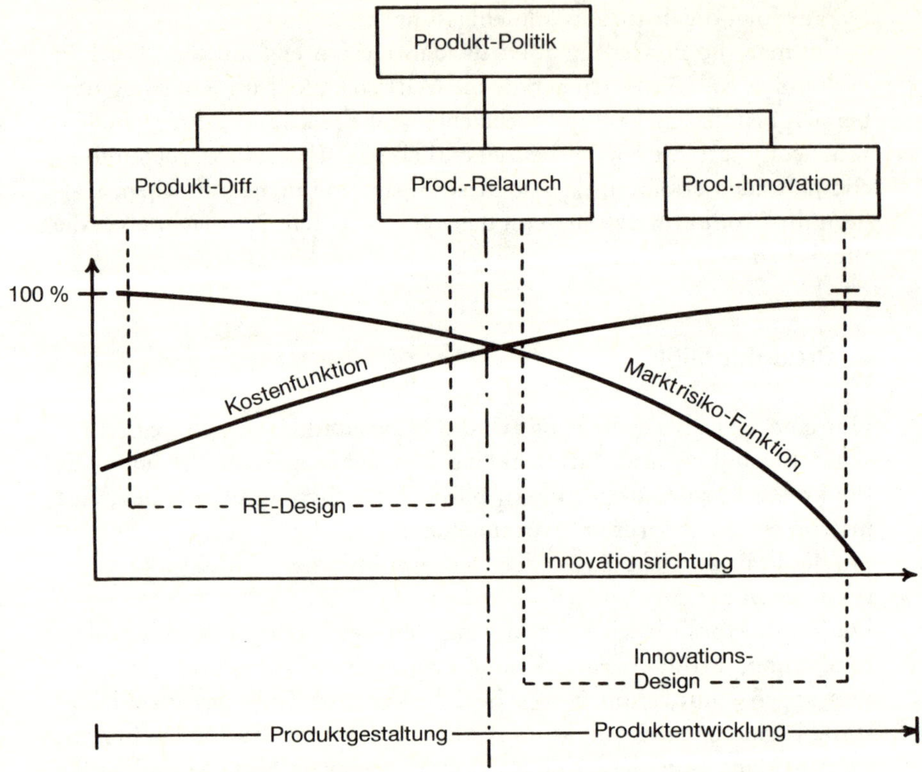

Design und Produktpolitik

Abb. 8: Design und Produktpolitik

licherweise hinzugewinnt, kann man nur schätzen. Das ist eine typische Praktikerthese, die durch Kostenkalkulationen für die Innovationen untermauert wird, und dazu führt, daß an den alten Produkten lediglich herumgeflickt wird und letztlich alles beim alten bleibt.

Wer sind die Verlierer und Gewinner?

Man kann aber auch eine andere These formulieren: Was man verliert, wenn man alles beim alten beläßt, kann man mit Hilfe der Trendextrapolation berechnen; was man erhält, wenn man im Produkt- und Designbereich investiert, kann man bei den Marktgewinnern ablesen.

Vorsicht, wenn die variablen Kosten „argumentieren"!

Diese Formel ist deutlich realistischer als die erste und verkehrt die Ausgangsthese in ihr glattes Gegenteil. Mit der Innovationsrichtung nimmt die Marktrisikofunktion ab, und die steigenden Kosten müssen als Marktinvestitionen definiert werden, die kostentheoretisch fixen Charakter haben. Nicht die fixen Kosten sind der Marketingtod, sondern das „Kaputtvariabilisieren"!

Pretest als Marketing-Totschläger

Sogen. Konzeptions- oder Pretests tun noch ein Übriges, neue Ideen im Produkt-, Design- und auch Kommunikationsbereich möglichst schnell zu killen. Das hat einen einfachen Erklärungshintergrund. Der Proband kann nur das bewerten, was er kennt. Er urteilt nach Erfahrungen mit alten Produkten. Das ist verständlich. Unverständlich ist hingegen, daß aus solchen Tests die Leitlinien der künftigen Produkt-Marketingstrategien entwickelt werden. Daraus kann nichts Neues kommen und erklärt sich die Neigung zu wiederholten Produktveränderungen und, auf das Thema bezogen, zu Re-Designs.

Man gewinnt den Eindruck, daß die Marketingmanager im Zweifelsfalle lieber etwas unterlassen als unternehmen!

Unterlassen ist einfacher, als unternehmen, ...

Auch hierfür gibt es eine einfache Erklärung. Als alles gut ging, hatte man es nicht nötig, und nachdem es schlecht geht, hat man kein Geld mehr. Hier schlägt wieder die erste These voll durch, und die Kostenrechner stehen bereit, die scheinbare Richtigkeit mit Zahlen zu untermauern. Der schüchterne Hinweis, daß man so nicht zu neuen Markt- und Renditeufern kommen kann, wird weggewischt. Die Losung heißt: Weitermachen wie bisher, und zwar mit vollem Dampf, koste es, was es wolle! Die Kosten dieses Verhaltens treten „glücklicherweise" erst später auf.

... und die Folgen trägt der Nachfolger

Der Mangel an qualifiziertem „Risk Management" betrifft sicherlich alle Betriebsfunktionen, vor allem aber das Produktmarketing und mit nachgerade fataler Wirkung das Innovationsdesign in Kombination mit der Produktinnovation. Es wird sträflich negiert oder vergessen, daß Design ein wichtiger produkt- und programmpolitischer Faktor ist.

4. Programmpolitik

Die zeitlichen Ansatzpunkte für eine gezielte Designpolitik müssen phasengerecht im Produktlebenszyklus gesetzt werden (vgl. Abb. 9). Wende- und Scheitelpunkte im Absatz-, Umsatz- und Gewinnverlauf sind signifikante Stellen für zu erwägende Designmaßnahmen. Hierbei darf der Programmaspekt nicht außer acht gelassen werden, weil man sich ansonsten in produktpolitischen Einzelaktionen verheddert und zersplittert.

Analysiert man konkrete Produktlebenszyklen in der Praxis, so ist erneut und nachhaltig die Forderung zu stellen: Es muß permanent und nicht nur sporadisch in Produktinnovationen und Innovationsdesign investiert werden. Die praxisüblichen laufenden Produktveränderungen und Re-Designs rücken hingegen die Angebote immer mehr in die gefährliche Nähe von Me too's.

Die Antworten von Produktlebenszyklen

Der programmatische Ansatz ...

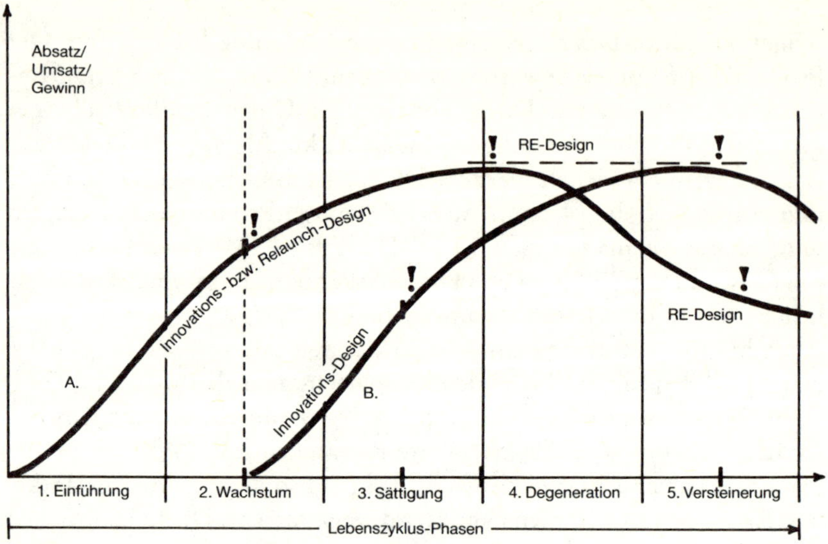

Abb. 9: Design als produkt- und programmpolitischer Faktor

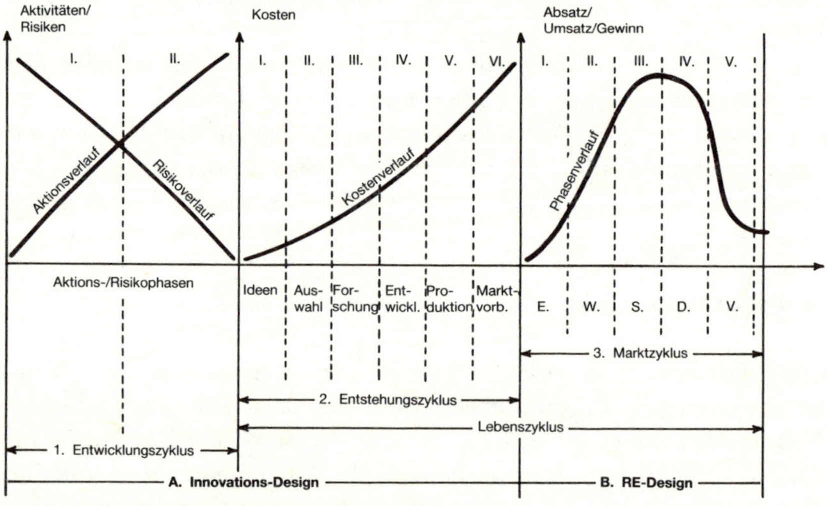

Abb. 10: Design als Produktentwicklungsfaktor

Quelle: Entwickelt nach Pfeiffer, Werner/Bischof, Peter, „Produktlebenszyklen – Instrument jeder strategischen Produktplanung", in: Horst Steinmann (Hrsg.), Planung und Kontrolle, Probleme der strategischen Unternehmensführung, München 1981, S. 136.

... führt zur Produktentwicklung

5. Entwicklungspolitik

Design ist so gesehen auch ein Produkt-Entwicklungsfaktor. Design sollte schon möglichst frühzeitig in den Entwicklungs- und Entstehungszyklus von neuen Produkten eingreifen bzw. auf sie Einfluß nehmen können (vgl. Abb. 10). Das bedeutet im Klartext: Nicht erst produzieren und dann erst designen! Ein augenscheinlich noch weiter Weg von der Marketingforderung zur Entwicklungs- und Produktionspraxis.

Die vierte thematische Zusammenfassung ist dann auch so etwas wie ein Produktmarketing-Fazit:

Das Produktmarketing-Fazit ...

Design muß von Anbeginn in die umfassende Produktpolitik integriert sein.

... und seine Managementkonsequenzen

Das hat auch organisationale Konsequenzen, auf die noch einzugehen sein wird. So wird man sich etwa von klassischen Stab-Linien-Organisationen und auch von Objektegliederungen trennen müssen, die zu sehr auf das Produktmanagement fixiert sind.

Das hat seinen einfachen Grund darin, daß Design und das gesamte Marketinginstrumentarium auf die Zielgruppen (Verbraucher) und nicht auf unternehmensinterne Gegebenheiten oder Friktionen ausgerichtet sein müssen. Das vergessen Techniker, Organisatoren und Kostenrechner oft, zum Schaden des Design.

Marketing an der Wende

Und auch die Marketingmanager haben so ihre liebe Not, das Design in seinem Stellenwert zu begreifen und zu akzeptieren. Sie empfinden es als erfolgreicher, Materialschlachten in der Produktwerbung, Verkaufsförderung oder im Vertrieb über den Preis zu führen, zu denen nur in den seltensten Fällen Erfolgskontrollen angestellt werden – mit dem Hinweis auf ihre Unmöglichkeit.

All das gilt nicht als Kritik am klassischen Marketinginstrumentarium und an seinem Einsatz, sondern soll verstanden werden als Ermunterung, sich in Zukunft wieder mehr am Verbraucher zu orientieren. Und zu dieser Verbraucherorientierung gehört unverzichtbar das Design, und zwar notwendiger denn je.

Der Handel führt die Industrie vor

Facheinzelhändler haben den Verbraucherrun auf sogen. „Designer-Produkte" erkannt und setzen ihn in klingende Münze um. Dies erscheint einigen Marketingprofis in der Industrie eigentümlich, hat man doch gelernt, daß sich ihr Geschäft in schwieriger werdenden Zeiten um das vermeintliche Preis-Leistungs-Verhältnis dreht. Der Irrtum besteht darin, mit Me too's und Preiskrieg Märkte gewinnen oder zurückgewinnen zu wollen.

Der Run der Me too's um das magere Kalb

Der Gewinn bleibt aus, weil in den meisten Konsumbereichen kein Wachstum mehr existiert. Das heißt, die primäre Preiselastizität wird zunehmend starrer. Die Marktverdrängung gelingt auch immer weniger, weil die Wettbewerber auf dem Fuße mit gleichen Politiken folgen, so daß die sogen. sekundäre Preiselastizität auch nicht mehr so recht greifen will. Ergebnis ist, daß alle Mitspieler im Nullsummenspiel an Rendite verlieren und die Marktanteilsrelation der Spieler zueinander die gleiche bleibt.

6. Verbraucherverhalten

Das Phänomen, das dahintersteckt, ist schnell erklärt. Es hat etwas zu tun mit dem veränderten Verbraucherverhalten, über das alle Welt als Wertedynamik redet, das aber offensichtlich die wenigsten (außer den Verbrauchern selbst!) begriffen haben. Der Verbraucher unterscheidet heute (und in Zukunft noch mehr!) in der Verteilung seines (z. T. geringer werdenden) Ausgabenbudgets sehr wohl und kritisch nach den Kategorien: Standardbedarf, gehobener Bedarf mit stark individualprestige-orientierter Note und Dienstleistungsbedarf, der z. T. unvermeidbaren Charakter hat.

Die Wertedynamik ...

Es ist auch kein Geheimnis mehr, daß im Standardbedarf gespart und für den gehobenen und Dienstleistungsbedarf entspart wird. Um es plastischer zu machen: Der gleiche Verbraucher ist ein Aldi-, Erco-, Rodier-, OBI-, Tchibo-, Bogner-, Karstadt-, Divi-, Ikea-, Tante Emma- etc. Kunde, der sich situativ sehr unterschiedlich verhält – je nach Problem und angebotener Problemlösung. Die Kombinationen lassen sich beliebig erweitern und auch in der Rang- und Reihenfolge verändern. Entscheidend ist allein die Erkenntnis, daß es *den* Verbraucher oder *den* Kunden nicht gibt.

... schlägt sich in den Ausgaben nieder

Der ungeneigte Leser wird sich fragen, was dies noch mit dem Thema „Design" zu tun hat. Wir meinen, sehr viel und werden dies im folgenden zu begründen versuchen. Zunächst halten wir fest, daß es *den* Kunden nicht gibt, aber möglicherweise (und empirisch gesicherte) Verbrauchertypen bzw. -typologien, die sich näherungsweise bei bestimmten Kaufentscheiden gleichgerichtet verhalten. An diesen Erkenntnissen sollte sich Design orientieren.

Der Kunde ist ein Marktforschungs-Homunculus

7. Diffusion

Ein fast schon nostalgischer Ansatz stammt von E. M. Rogers und nennt sich Diffusionstheorie. Vereinfacht: Innovationen, und damit auch Innovationsdesigns, diffundieren, d. h. verteilen sich nur dann und schnell im Markt, wenn die richtigen Zielgruppen (Innovatoren und Frühübernehmer) per Angebot und Kommunikation getroffen werden, die als Adopter den Diffusionsprozeß in Gang setzen. Bei den Innovatoren und Frühübernehmern muß das Innovationsdesign ansetzen, wobei der entscheidende Marketingansatz die Produktinnovation und die Kommunikation sind.

Wer sind die Innovatoren und Frühübernehmer?

Dazu ein Beispiel, das den Zusammenhang klarer macht. Das Rosenthal-Design z. B. wurde zunächst auch nicht von einer breiten Mehrheit angenommen. Es bedurfte avantgardistischer Innovatoren, die trotz Neigung zur Modernität klassische Formen in der Keramik bevorzugen. Diese Innovatoren, die oft fälschlicherweise mit Meinungsführern gleichgesetzt werden, verhalfen dem Rosenthal-Design zur breiten Marktakzeptanz, so daß heute fast jeder Verbraucher weiß, was Rosenthal ist. Der Begriff „Rosenthal" steht für Design. Die Designkompetenz des Unternehmens ist unbestritten und ein Corporatedesign realisiert, das kongruent ist mit der Unternehmensidentität. Besser kann ein Beispiel nicht unsere Thematik dokumentieren und unsere Aussagen stützen.

Die Avantgarde muß angesprochen werden

8. Segmentation

Mit der Diffusion ist die Brücke geschlagen zur Segmentation, die die Zielgruppenorientierung auch aus Designsicht weitertreibt. Die Segmentationsstrategien werden in undifferenzierte, differenzierte und konzentrierte Strategien unterschieden (vgl. Abb. 11). Legt man auf die differenzierten und konzentrierten Strategieformen die differenzierten Marketinginstrumente, so ergeben sich durch die Kombination für das Innovationsdesign die Design-Teilstrategien: Produktdesign, Qualitätsdesign, Qutletdesign und Corporatedesign.

Uniforme Jeansträger fühlen sich als etwas Besonderes, ...

Anknüpfend an die diffusionstheoretischen Aussagen sind der Kernpunkt das Produkt- und Corporatedesign. Das reine Re-Design wird in die undifferenzierte Segmentationsstrategie verwiesen. Hier sind lediglich „Designansätze" in der Produkt- und Preisdifferenzierung, im selektiven Vertrieb und in der massenmedialen Produktwerbung durch Facelifting möglich. Diese Versuche sind jedoch sattsam bekannt und in aller Regel als erfolglos und damit verlustbringend nachweisbar.

... auch wenn sie Masse sind

Dazu nochmals und wörtlich W. Kroeber-Riel: „Produkte gestalten heißt, Umwelten für spezielle Zielgruppen gestalten: für Hausfrauen, ... , für Kinder und für Alte, für Kranke, Manager usw." (a. a. O., S. 140). Fassen wir wiederum teilthematisch zusammen:

Das Design muß dichter an den Verbraucher heran. Ausschließlich das Verbraucher- bzw. Käuferverhalten bestimmt den Designerfolg. Hierbei kann jedoch von *dem* Verhalten sui generis nicht gesprochen werden. Das weist auf die Notwendigkeit hin, Segmentationsstrategien, d. h. zielgruppenbezogene Angebote, zu entwickeln. Nach den bishe-

Kunden- und Verbrauchernähe sind entscheidend

Design segmentiert

Instrumente / Strategien	Produkt/Programm	Preis	Distribution	Kommunikation
Undifferenziert	Differenzierung +	RE-Design **Relaunch**	Selektiver Vertrieb	Face-Lifting
Differenziert	Produkt-	**Innovations-Design** Qualitäts-	Outlet-	Corporate-
Konzentriert	Design	Design	Design	Design

Abb. 11: Marktsegmentation und Design

rigen Ausführungen dürfte klar geworden sein, daß Design eine wichtige Nahtstelle zwischen Produktangebot und Kommunikationstransfer bildet. Die Nahtstelle hat Nabelfunktion für den Unternehmenserfolg auf den Absatzmärkten.

Die sogen. „branchenbedingten Unterschiede" existieren nicht

Sie gilt für alle Branchen, ob für Konsum-, Investitionsgüter oder für Dienstleistungen. Die Fallstudien beweisen das und qualifizieren das Design als unverzichtbares Marketinginstrument, das in seiner Wertigkeit bei weitem noch nicht voll in der Praxis erkannt ist. Designpolitik muß verbraucherbezogene Innovations- und Kommunikationspolitik sein, die sich durch Kreativität auszeichnen und nicht durch tradierte und scheinbar erfolgsgesicherte Maßnahmen, die sich auf Produktveränderungen konzentrieren.

IV. Strategische Grundlagen

1. Interne Kommunikation

Eine u. E. nicht unwichtige „Verarbeitungsmöglichkeit“ bietet die Beschäftigung der Marketing- und Designpraxis mit der internen und externen Kommunikation – wie sie gehandhabt wird und wie sie in Zukunft gehandhabt werden sollte. Beginnen wir mit der internen Kommunikation in der Praxis, an der mehr scheitert, als man gemeinhin annimmt.

Der Spannungszustand: Forschung und Entwicklung, Produktion, Vertrieb, Marketing, Produktmanagement, Werbung, Design ist weitestgehend organisational etabliert und mindert die kreative Designleistung. Um es noch klarer zu machen: Die Produktioner bilden in der Praxis eine Front gegen die sogen. Marketer, wobei die Designer das letzte Glied (wenn überhaupt!) in der ohnehin schon intern gestreßten Marketerkette bilden.

Design - das letzte und schwächste Glied in der Marketingkette

Der Stellenwert des Design in der internen Kommunikation (sprich: Organisation) steht im diametralen Gegensatz zur Markt- und Marketingnotwendigkeit. Die Diskrepanz konzentriert sich auf die Formel: Produktion hat vielfach immer noch Vorrang vor Marketing!

Das Industrial Design steckt in dem Dilemma, entweder nicht kreativ zu sein oder unternehmensintern nicht zum Zuge zu kommen. Ausgehend von diesem Tatbestand kann man schwerlich die Marktakzeptanz und -effizienz eines progressiven Innovationsdesign abschätzen. Die eigentliche thematische Frage gilt also zunächst einmal der internen und dann erst der externen Kommunikation. Diesen auch Marketingzusammenhang haben viele Manager noch nicht begriffen. Aber diejenigen, die ihn begriffen haben, haben ihn auch in aller Regel in Markterfolge umgesetzt.

Warum bleiben Erfolge aus? ...

Für das Entwicklungskonzept des Design ist es zunächst notwendig, daß konkrete und nachvollziehbare Ziele und Aufgaben gesetzt werden. Daraus resultiert die Bestimmung der Gestaltfunktionen, die zur Produktgestalt führen. Es folgt das Durchsetzungskonzept mit Hilfe der Distribution und der kommunikativen Umsetzung (vgl. Abb. 12).

... Weil Ziele fehlen, ...

Entscheidend für die Realisierung von Entwicklungs- und Durchsetzungskonzept ist eine teamorientierte Organisation, die betriebsfunktionenübergreifend als Projektmanagement arbeitet. Gerade im Design

... die Durchsetzungskraft im Unternehmen fehlt

sind streng hierarchisierte Organisationsformen untauglich. Klassische Organisationsformen mindern das kreative Potential. (Auf die möglichen Organisationsformen für das Design kommen wir noch im Teil V. detailliert zurück.)

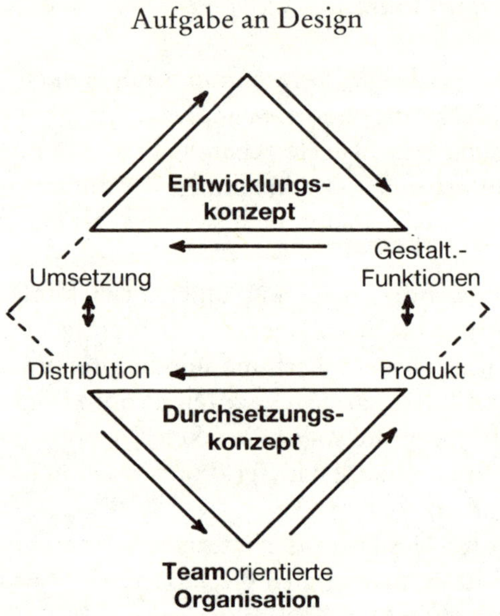

Abb. 12: Design als Entwicklungsmethodik und Kommunikationsmodell

... und die Techniker das Sagen haben

Verglichen mit der vorstehenden Kritik, führt die Praxis auch hier etwas anderes vor. Der Designer E. Muchenberger repetiert aus seinen Praxiserfahrungen: „Die Technik entwickelt einen Prototyp nach ausschließlich technischen Kriterien .... Der Prototyp wird (wenn überhaupt) zusammen mit einem Designer verschönert – entweder nach Rücksprache mit dem Marketing oder dem Verkauf oder auch ohne diese Rücksprache. Das Endergebnis wird dem Marketing dann feierlich ‚enthüllt'" (Marketing Journal, H. 6/83, S. 494).

Über die Konsequenzen einer solchen Praxis brauchen wir uns nicht länger zu unterhalten, wie auch nicht darüber, daß dies mit Sicherheit nicht der von uns vorgeschlagenen Realisierung von Entwicklungs- und Durchsetzungskonzept des Design entspricht.

Marketing muß sich gegen die Produktion durchsetzen

Nur sei erneut die Frage an die Marketingmanager gerichtet, ob sie nicht wissen, daß sie sich selbst einen Bärendienst erweisen, wenn sie sich nicht gegen die Techniker durchsetzen und Design nicht als Marketing-

instrument gezielt einsetzen. Sie nutzen damit nicht nur eine Chance nicht, sondern manövrieren sich selbst in erhebliche Produkt-Marketingprobleme hinein.
Insofern kann man es auch bald schon nicht mehr hören, wenn allenthalben von der Me too-Problematik gesprochen und wenig unternommen wird, um die Problematik qua Produktinnovationen und Innovationsdesign zu lösen. Die Argumentationen drehen sich im Kreis.
Und während wir noch diskutieren, zieht die ausländische Konkurrenz an uns vorbei. Selbst die Japaner, die mit Sicherheit nicht zur internationalen Elite der Designer gehören, haben mittlerweile begriffen, daß man Autos innovativ und nicht adaptiv stylen muß, um sie auf europäischen Märkten mit Erfolg verkaufen zu können. Elektro, Elektronik etc. werden folgen. Damit verbunden ist aber auch eine hohe Innovationsaktivität. Das heißt, die internationale Produktkonkurrenz hat ihren Höhepunkt bei weitem noch nicht erreicht.

Und wiederum: Die ausländische Konkurrenz schläft nicht

Die Konkurrenz spielt sich heute noch vornehmlich in der Preispolitik ab. Die Zeichen sind aber schon gesetzt für einen künftigen „qualitativen" Wettbewerb, der im innovativen Bereich stattfinden wird. Und dazu gehört auch das Design. Denn nochmals: Die quantitativen Wachstumszeiten sind zumindest in vollentwickelten Industriegesellschaften endgültig vorbei. Je eher sich diese Einsicht im Management, aber auch im Design durchsetzt, desto besser. Ein Wissensvorsprung ist immer auch ein Innovationsvorsprung.

Der qualitative Wettbewerb nimmt zu

2. Corporate-Anspruch

Die Entwicklungs- und Durchsetzungsproblematik des Design weist auf einen weiteren thematischen Schwerpunkt hin, den wir mit „Corporateanspruch" umschreiben wollen. Er ist sowohl extern (auf die Absatzmärkte hin) als auch intern (auf das Unternehmensinnere hin) gerichtet.

Hier vorn zu sein, heißt: mehr Erfolg zu haben

Wir stellen deshalb die Corporate Identity *nach innen* und das damit verbundene Human- und Labourdesign so prominent heraus, weil es sehr stiefmütterlich behandelt wird, in keiner Designpublikation erscheint und dennoch von eminenter Bedeutung ist, was den Stellenwert des Design im Unternehmen und Marketing und auch sein Selbstverständnis betrifft. Hier stellen sich für Personal- und Designfachleute aktuelle und drängende Aufgaben.

Das „Wirgefühl" muß wieder stärker werden

Vereinfacht: Es muß in den Unternehmen ein designgestütztes „Wirgefühl" entstehen, das den Erfolg herbeizieht. Auch hierfür braucht man Innovationen und nicht das Schielen auf und Adaptieren von etwa japanischen Mustern, die allein schon kulturgeschichtlich in Europa nicht nachvollzogen werden können und, wenn dennoch adaptiert, mit Mißerfolg belegt sein werden. Doch das verschärft nur die Forderung nach neuen Ideen aus Führungs- und Designsicht.

Der externe Corporateansatz betrifft die nicht minder wichtige Hinwendung zum Absatzmarkt. Das außengerichtete Corporate-Design besteht im wesentlichen aus dem Produkt- und Imagedesign.

Plädoyer für den Marketingansatz

In allen Überlegungen zum Corporate-Design bildet das Produktdesign den Ausgangspunkt. Zu einem Corporate-Design kann es aber nur dann kommen, wenn der Produktansatz zu einem kommunikativen und Marketingansatz erweitert wird (vgl. Abb. 13).

Um es deutlicher zu machen: Das Marketingmanagement war zu lang, und ist es vielfach immer noch, im klassischen Produktdenken verhaftet. Das erklärt auch die Produktionsdominanz bei Designfragen. Marketing und Design müssen erneut (oder vielleicht sogar erstmalig!) den Verbraucher (bzw. ihre Zielgruppen) erkennen und mit Problemlösungen bedienen.

Corporate Design

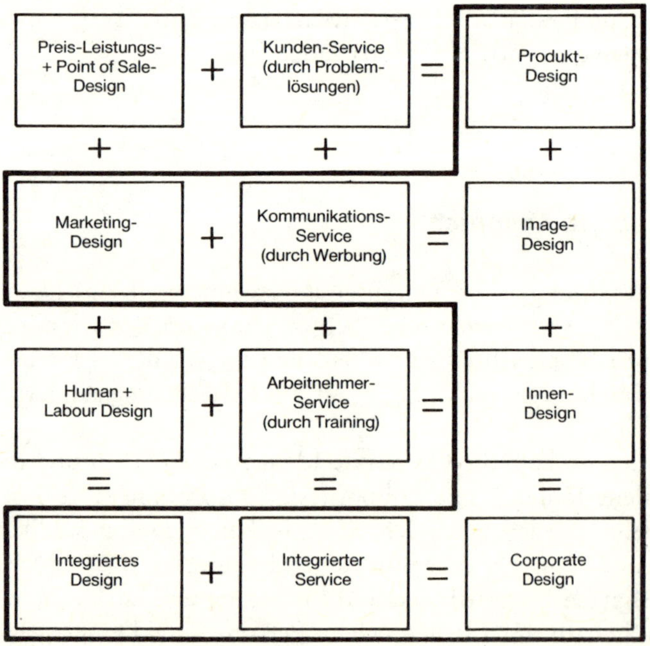

Abb. 13: Elemente des Corporate Design

Nicht wenige Händler meinen z. B., daß viele Hersteller mit viel Marketingaufwand exakt an den Verbraucherbedürfnissen vorbeiproduzieren. Man wird diese Kritik nicht mit einer Handbewegung beiseite schieben können. Auch ein Marketingfachmann in der Industrie sollte einsehen, daß der Handel den direktesten Kontakt zum Verbraucher besitzt. Indiz dafür, daß hier ein Sinneswandel einsetzt, ist die immer leiser werdende Behauptung, der Handel denke nur in Konditionen und nicht z. B. auch sortimentsstrategisch.

Das Attest der Händler

Zurück zum Corporate Design. Der Markt bestimmt das Produktdesign und entscheidet damit auch über die Chance, ein Corporate Design zu schaffen und zu einer Corporate Identity zu finden. Nicht der Verkomplizierung, sondern der Einsicht soll die folgende Marketingzusammenfassung des Themas dienen:

Design bringt Identitätsgewinn

Das Produktdesign bildet den Ausgangspunkt für das Corporate Design, das auf jeden Fall mehr sein sollte als ein einheitlicher und gestalteter Firmenbogen. Corporate Design ist der Verbund von nach außen gerichtetem (Marketing) und nach innen gerichtetem Design (Human und Labour Design).

Bei aller Kritik am deutschen Produktdesign, die gerechtfertigt ist, ist u. E. die eigentliche Designlücke das sogen. und definierte Innendesign, und damit ist auch die institutionelle organisatorische Verankerung des Design im Management gemeint. Denn, sollten die deutschen Designer wirklich so gravierend schlechter sein als z. B. ihre italienischen Kollegen? Die Bejahung der Frage mag so unmittelbar nicht einleuchten. Der Stellenwert des Design ist es, was den Unterschied ausmacht.

Mangel an Innendesign und zweckentsprechender Organisation

Den italienischen Designer empfinden wir als Künstler, dem gewisse „Narrenfreiheiten“ erlaubt und dessen Elaborate auch noch fürstlich honoriert werden. Selbst das schlimme Bertone-Dach auf einem verunglückten Coupé von Volvo findet noch seinen Käufer zu einem abstrusen Preis. Das sollte ein deutscher Designer einmal wagen. Emotionalität entscheidet und nicht Rationalität, was die Kroeber-Riel-These (a. a. O.) erneut untermauert. Denn am veralteten Fahrwerk, überholten Automatikgetriebe, an der schlechten Straßenlage etc., um im Beispiel zu bleiben, wird es wohl nicht liegen, daß mittlerweile für das Coupé schon Liebhaberpreise bezahlt werden. Jedes Beispiel hat seine Tücken. So auch sicherlich das vorstehende. Der Hinweis auf den Unterschied zwischen Groß- und Kleinserien ist ohne Zweifel auch für das Design wichtig.

Die Emotio entscheidet und nicht die Ratio

Das Beispiel sollte nur auf einen grundsätzlichen Unterschied aufmerksam machen. Die deutschen Designer werden als bessere Handwerker

Die nebensächlichen Handwerker und die hauptsächlichen Techniker

angesehen, über die kaum einer spricht und die ohnehin von den Technikern als nebensächlich betrachtet werden. Entscheidend ist bei uns der Techniker, und deshalb entscheidet er auch. Die Ernsthaftigkeit der These kann man schon dadurch belegen, daß man einfach in seinem Bekanntenkreis (sicherlich nicht repräsentativ) ungestützt nach bekannten Designern fragt. Die Nennungen kommen spontan, ungenau, haben aber immer italienische Namen zum Inhalt, die wir jetzt nicht noch zu allem Überfluß nennen wollen.

Das deutsche Design hat ein Designproblem

Das deutsche Design hat offensichtlich ein Corporate Design-Problem, wie auch seine Klientel. Der Streit darüber ist müßig, wer von beiden der Problemverursacher ist. Wir meinen: das Industriemanagement. Wir hoffen, dazu auch schon einige stichhaltige Begründungen gegeben zu haben. Sie reichen sicherlich nicht für einen exakten Beweis aus, der empirisch nachzuliefern ist. Sie sollten aber ausreichen, das Management nachdenklich zu stimmen und über Verbesserungsmöglichkeiten „im eigenen Hause“ nachzudenken. Damit wäre schon viel gewonnen.

3. Design-Lücke

Die deutsche Designlücke hat eine dreifache Erklärung: Sie ist (1.) kreativ-innovatorisch, (2.) organisations- und führungsbezogen, aber auch (3.) unternehmens-zielbezogen bestimmt und bedingt. Die zielbezogene Lücke soll im folgenden näher interpretiert werden (vgl. Abb. 14), nachdem die innovatorischen und organisationalen Gaps hinreichend „gewürdigt“ wurden.

Eine Meßlatte für Design

Um Design als Markt- und Marketingfaktor mit Erfolg einsetzen zu können, bedarf es einer Zielfunktion. Was soll Design unternehmenspolitisch bewirken? Ohne operationale Zielbildung ist eine Erfolgsmessung nicht möglich. Eine brauchbare Meßlatte für das Design könnte etwa sein prozentualer Beitrag zum Umsatz bzw. zum Ertrag sein. Hierbei muß die prozentuale Untergrenze ebenso klar definiert sein wie die prozentuale Zielfunktion.

Die Innovationslücke kann sich zur Schlucht ausweiten

Auf Basis der Zielfunktion können dann die Lücken zwischen Soll und Ist interpretiert und Maßnahmen getroffen werden, um sie zu schließen. Strategische Lücken können z. B. mit Hilfe des Innovationsdesign geschlossen werden. Es verbleibt eine ungedeckte Lücke, die in den meisten Fällen eine Produkt- bzw. Innovationslücke ist und die mit Design nicht geschlossen werden kann. Design ist mit Sicherheit kein Ersatz für eine innovative Produktpolitik. Darauf wurde schon mehrfach und unmißverständlich hingewiesen.

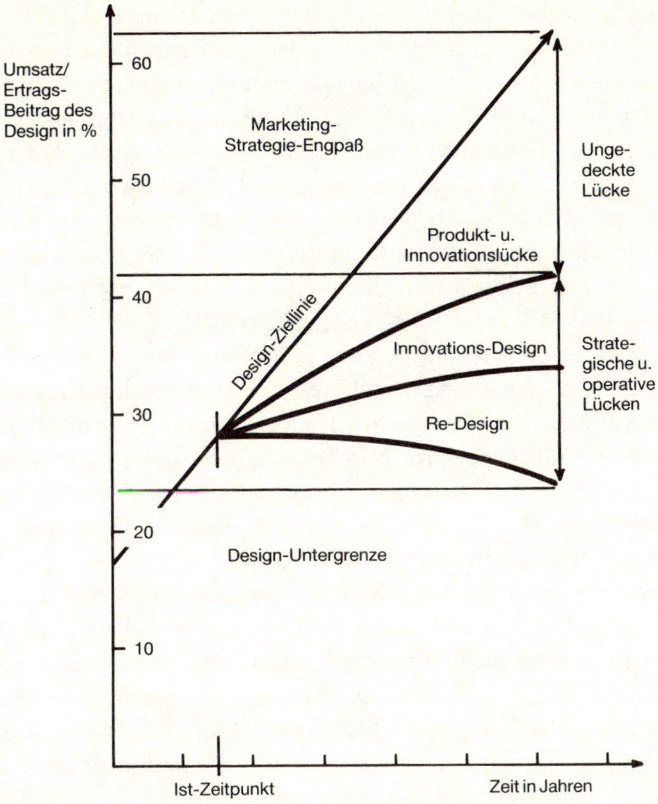

Abb. 14: Design-Gap-Analyse

Die Design-Lücke

Der Versuch einer Operationalisierung der Design-Gapanalyse ist lediglich ein erster gedanklicher Ansatz. Das sei vorsorglich all denjenigen spitzfindigen Kritikern zugerufen, die sich an der Ordinatenbestimmung aufhängen und wortreich erklären, daß Umsatz bzw. Ertrag keine geeignete Meßlatte für den Designerfolg darstellen. Noch größere Könner werden Fragen nach der Validität und Reliabilität des Verfahrens stellen. All das sei hin- und angenommen.

Wie wird Designerfolg heute gemessen?

Doch darf dann auch die Gegenfrage gestellt werden, wie denn heute in der Praxis der Designerfolg bewertet und gemessen wird. Die Antworten dazu fallen wiederum sehr wortreich, aber dafür um so dürftiger aus. Man muß sich schon (wie auch in der Marktkommunikation) im Design zu irgendwelchen ökonomischen Meßlatten durchringen. Denn das, was man in Werbung und Design tut, kostet ungeachtet der Qualität einen Haufen Geld.

Die Messung an der Außerökonomie ist keine ökonomische Messung

Es ist eigentümlich und für einen Betriebswirt unverständlich, wenn man für etwas Geld verlangt und sich dann nicht nach ihm messen lassen will. Das ist schon ein leidiges Thema in der Werbung seit Jahrzehnten. Budgetiert wird in Millionen DM, und der Werbeerfolg wird gemessen nach obskuren Bekanntheitsgraden, Recall-, Recognition- oder welchen Werten auch immer. (Selbst in der Theorie schreien einige Kollegen auf, wenn man einen Vergleich der Budgets mit den realisierten Deckungsbeiträgen vorschlägt. Andererseits findet man nichts dabei, daß mit größter Selbstverständlichkeit die verkäuferische Leistung am Umsatz oder Deckungsbeitrag gemessen wird.)

Ein angenehmes Budgetleben ...

In dieser Hinsicht haben Designer und Werber *noch* ein angenehmes Leben, da man sie weitestgehend in ihrer Arbeit noch nicht nach strengen und einfachen ökonomischen Kriterien mißt. Der entschuldigende und sicherlich differenzierte Hinweis auf den komplexen Marketing-Mixverbund hilft auch nicht weiter, wenn es darum geht, eine Entscheidung darüber zu treffen, ob z. B. erneut Millionen DM in ein Corporate Design-Konzept investiert werden sollen.

... Wann geht es zu Ende?

Die Praxis erwartet Antworten auf drängende Fragen

Hier erwartet der Praktiker zu Recht einfache Antworten auf nicht so ganz einfache Fragen, auch wenn die Antworten vielleicht nur etwas zu vereinfacht sein können. Entscheiden muß ohnehin der Manager, und er kann diese Aufgabe nicht auf die Theorie delegieren. Hier besteht offensichtlich ein gravierendes Mißverständnis der Praktiker zu allen Marketinginstrumenten, so auch zum Design, und ihrer exakten theoretischen Abstützung, was die Wirkung betrifft.

Die vorstehenden Ausführungen stehen nicht im Widerspruch zu der an anderer Stelle getroffenen Aussage, daß u. E. Design eine organisational längere Leine bekommen muß, um sich im Zusammenspiel mit anderen Unternehmensbereichen und Marketinginstrumenten voll entfalten zu können.

Ziel- und Budgetbestimmung wie auch Ziel- und Budgetkontrolle sind nicht dazu da, Kreativität und Innovationen zu bremsen. Sie sollten vielmehr als Herausforderung angenommen werden. Dazu ist notwendig, daß den Designern die Unternehmensziele und vor allem die Produkt-Marketingziele bekannt sind und der Stellenwert des Design im Ziel- und Strategiesystem eindeutig definiert ist.

Ziellücken sind auch Strategielücken ...

Die Designlücke ist nicht nur eine Ziellücke, sondern auch eine Strategielücke, denn Ziel- und Strategiebildung sind eng miteinander verbunden. Daraus folgt, daß Zielprobleme auch immer Strategieprobleme aufgeben. Dazu einige praktische Anmerkungen, die als Anregungen gedacht sind, bevor wir in die Diskussion möglicher Strategiealternativen eintreten.

Es zeugt z. B. von Ziellosigkeit und Strategiearmut, wenn ein Hersteller von hochwertigen Elektrogeräten für den Haushalt mit exzellentem Design in Massengütermärkte eintritt und versucht, sein Design-Imagepotential auf Standard-Bedarfsartikel zu übertragen. Hierdurch gehen Corporate Design und Identity auf Dauer unwiederbringbar verloren. Oder diejenigen, die erfolgreiches Design von Wettbewerbern schamlos kupfern und dafür von der „if“ auf der Hannover Messe auch noch einen Negativpreis kassieren müssen, der in der Fachpresse breitgetreten wird. Hier fragt man sich nach dem tieferen Sinn einer solchen sogen. Strategie. Leider sind die Positivbeispiele zu vereinzelt, als daß man über sie verallgemeinernd berichten könnte.

Beispiele aus der Praxis

4. Strategien

Nur auf einem generellen Ziel- und Strategiesystem können verschiedene Designstrategien aufgebaut werden, die in ihrer Wertigkeit untersucht und nach einer Wertskala geordnet werden müssen. Zur Analyse bietet sich eine Vierfelder-Matrix an, die jeweils wieder in Unterfelder zerlegt werden kann. Die vier Großfelder werden wie folgt definiert: 1. Rentables Feld, 2. Marktentsprechungsfeld, 3. Markt-Negativfeld und 4. Unrentables Feld (vgl. Abb. 15).

Die möglichen Design-Strategietypen werden den Feldern zugeordnet, wobei sich Überschneidungen ergeben können. Reine, leicht abgeschwächte und stark abgeschwächte Fertigungsstrategien (Typ I, II und III) sind im rentablen Feld positioniert, wobei sie aber längerfristig nicht marktentsprechend sind und damit auch an Rentabilität verlieren werden.

Strategiealternativen ...

Differenzierte Strategien sind auch sehr differenziert zu beurteilen (Typ IV und V). Sie laufen Gefahr, zu zerdifferenzieren, mit der Folge, daß sie entweder in das Markt-Negativfeld oder in die unrentable Zone abrutschen.

... Wieviel sind sie wert?

Die Segment- und die Verbraucher- bzw. Verwenderstrategien (Typ VI und VII hingegen sind marktentsprechend und haben dauerhaften Erfolg. Die Segmentstrategie nutzt die Vorteile der differenzierten Strategien und meidet ihre Nachteile, die dadurch gegeben sind, daß sie meist lediglich nur in den Produkten differenzieren (Produktdifferenzierung durch Re-Design).

Die Segmentstrategie ist eine zielgruppenspezifische Strategie, die ihre Erweiterung im Strategietyp VII findet. Zielpunkt für ein erfolgreiches Design ist 9.9 mit höchster Fertigungs- und Verbraucherorientierung.

Zielgruppenstrategie ist Favorit

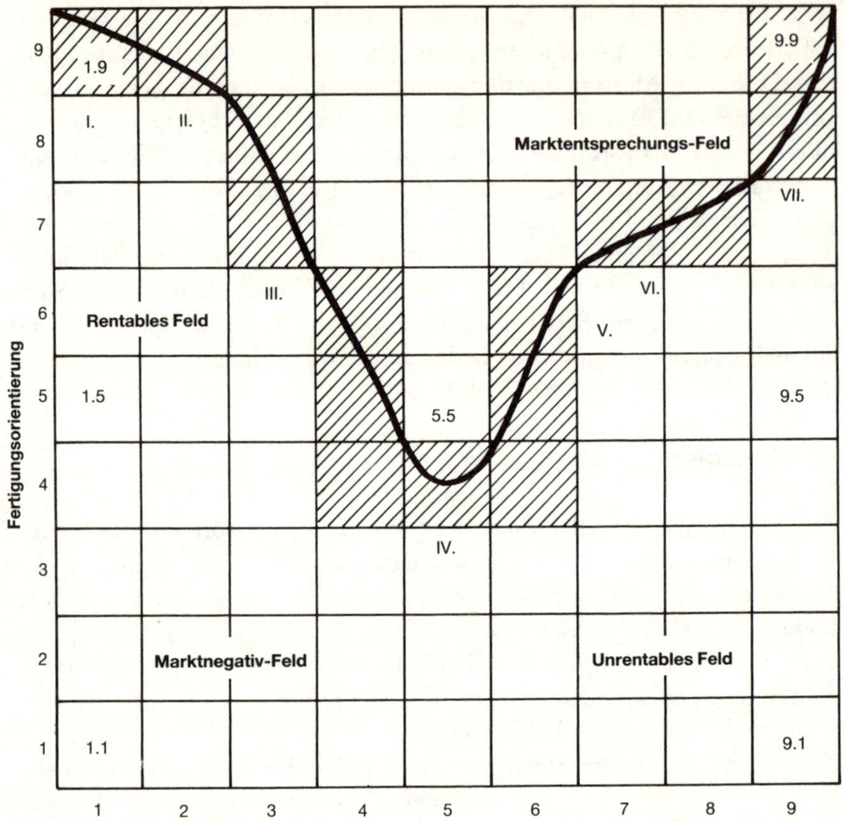

Design-Strategien

Abb. 15: Design-Strategien-Mix

Quelle: Entwickelt nach Moore, D.G., zitiert nach Bauer, Erich, Markt-Segmentierung als Marketing-Strategie, Berlin 1976, S. 137.

Die realistischen Strategiefelder werden durch die Koordinatenpunkte 5.5, 5.9, 9.9 und 9.5 als Eckpunkte bestimmt. Sie markieren das empfehlenswerte Design-Strategienfeld, in dem sich die extremen positiven und negativen Abweichungen ausgleichen (vgl. Abb. 15).

Die Portfolio-Matrix als Analyseinstrument, ...

Schaut man sich die Strategienmatrix einmal genauer an, so stellt man fest, daß es sich im wesentlichen um eine veränderte Portfolio-Matrix handelt. Das weist auch auf die Analysemöglichkeiten mit Hilfe dieser Methode hin. So wäre es z. B. in der Praxis sehr wohl möglich, daß man die Designnutzwerte bestehender Produkte nach dem eingangs entwickelten Nutzwertkatalog definiert und sie dann in die Matrix einordnet. Absatz-, Umsatz- oder auch Ertragsbedeutung der Produkte im Angebotsprogramm können durch unterschiedlich große Kreise markiert werden.

Zudem können auf Basis des Nutzwertkatalogs auch die Parameter verändert werden, etwa durch die Gegenüberstellung von Verbraucherorientierung und gesamtwirtschaftlicher Orientierung, wobei je nach Zielrichtung Teilnutzwerte, wie z. B. Innovations- oder auch ökologische Nutzwerte besonders herausgestellt und betrachtet werden können. Die einzelnen Parameter setzen sich immer aus mehreren Einzelfaktoren zusammen, die gewichtet werden müssen, was zwingend eine nach Fristigkeiten gegliederte Zielfunktion voraussetzt.

... Planungsinstrument ...

... und Entscheidungsinstrument

Ungeachtet der Vielzahl von Möglichkeiten der Koordinatenbestimmung ist u. E. die Gegenüberstellung von Verbraucher- und Fertigungsorientierung ein pragmatischer Ansatz, weil sie die wichtigsten Nutzwertanforderungen an das Design abgreift. In der Strategienmatrix sind zudem die wichtigen Teilfaktoren „Rentabilität" und „Marktentsprechung" eingeschlossen, wobei die letztere als Problemlösungs-Nutzwert interpretiert werden kann. Die genannten Teilwertfaktoren sind sicherlich interpretationsbedürftig, was auch für sie eine klare Definition notwendig macht.

Forderung nach differenzierter Betrachtung ...

Die eigentliche Erkenntnis aus der Design-Strategienmatrix ist jedoch eine sehr viel schlichtere und u. E. wichtigere. Im Design müssen die gleichen analytischen Bewertungsmethoden eingesetzt werden wie bei den anderen Marketingmitteln. Nur auf der Basis einer strengen ökonomischen Analytik lassen sich Normstrategien formulieren. Daran fehlt es der deutschen Designpraxis bislang weitestgehend. Ihre Erfolge können dementsprechend längerfristig nur Zufallstreffer sein. Und selbst die berühmten Design-Vorbild- und -Vorzeigunternehmen zehren z. T. mittlerweile an ihrer Substanz.

... und strenger ökonomischer Analytik

Fassen wir erneut zusammen:

Design braucht ein Strategiedenken auf Basis von Zielparametern, die erkennbar und dominant durch eine Innovationsorientierung bestimmt sein müssen. Diese Forderung verbindet die Unternehmens- mit den gesamtwirtschaftlichen und Verbrauchernutzwerten und gibt einen erneuten Hinweis auf die künftige Zielpriorität von Industrial Design.

Strategiedenken und Innovationsorientierung

Design benötigt zudem eine analytische Ist- und Zielbestimmung. Hier bietet sich der Einsatz bekannter und neuer Managementmethoden an. Zu nennen sind etwa die Portfolio- und Lebenszyklusanalyse, die wir bereits an anderer Stelle vorgestellt haben.

Man hat den Eindruck, daß sich nicht zuletzt auch die Designpraxis gegen eine ökonomische Bestimmung und Messung ihrer Arbeit wehrt. Und da ohne Ziel- und Strategiebestimmung auch eine Erfolgsmessung nicht möglich ist, sind offenbar die Designer selbst an einer exakten Zielplanung nicht sonderlich interessiert. Der erneute Vergleich mit den

Schließung der Management-Methodenlücke

Werbern drängt sich auf. Man wird aber für die Zukunft festschreiben müssen, daß es so nicht mehr geht. Das Design wird dadurch nicht verlieren, sondern vielmehr profitieren und sich im Unternehmen auch als Ertragsbringer profilieren können. Gerade deshalb sollten eigentlich die Designer die Promotoren für eine klare Ziel- und Strategiebestimmung ihrer Arbeit sein.

V. Organisationale Grundlagen

1. Ablaufplanung

Mit der Ziel- und Strategienotwendigkeit ist jedoch für das Design auch ein Planungszwang verbunden. Unstrukturiertes und unorganisiertes Arbeiten ist in allen Fällen ziellos, also auch im Design. Planung meint aber nicht den rigiden Einsatz von modernen Planungstechniken (wie etwa die Netzplantechnik etc.), um die Designarbeit in den Griff zu nehmen. Eine solche Vorgehensweise wäre für jedwede Kreativität und Innovation ein tödlicher Würgegriff.

Zur Strategie gehört auch Planung

Gemeint ist vielmehr ein Arbeits-Ablaufplan (vgl. Abb. 16). Er beginnt mit der Zielsetzung, die in eine Aufgabenplanung umgesetzt werden kann. Daran schließt sich die Festlegung eines Entwicklungsauftrags an, der die Grundlage für die Erstellung eines Konzepts darstellt, das dann zu einem Lösungskonzept weiterentwickelt wird. Es folgen Entwurf und Entwurffestlegung.

Das nächste große Arbeitsfeld umfaßt die Ausarbeitung, in die eine detaillierte Kostenplanung und permanente Kostenprüfung eingebunden sind. Die Designplanung wird abgeschlossen mit der Fertigung. Insgesamt bildet der Design-Ablaufplan ein Regelkreissystem mit Vor- und Rückkopplungen. Wichtig ist, daß an zentralen Knotenpunkten Entscheidungsstationen existieren. Anderenfalls läuft man Gefahr, den Ablauf zu schnell zu „durchlaufen“ und zu einem sehr späten Zeitpunkt vom Management eine Negativentscheidung zu erhalten.

Entscheidungen an Knotenpunkten

Der Design-Ablaufplan ist weder etwas Neues noch Besonderes. Er ist in seiner inhaltlichen und formellen Struktur identisch mit jedem sonstigen betrieblichen Funktionsplan. Wichtiger als die Interpretation und Wertung des vorgestellten Ablaufs ist die Frage, ob die Designpraxis mehrheitlich überhaupt nach einem detailstrukturierten Ablaufschema arbeitet. Die zweite entscheidende Frage ist, wie die Organisationsabläufe in der Designpraxis aussehen. Wer arbeitet mit wem wie zusammen? Die Beantwortung dieser Frage muß einer empirischen Untersuchung vorbehalten sein.

Übereinstimmung von Planungs- und Organisationsabläufen ...

Wir haben bereits an anderer Stelle die Forderung nach einer teamorientierten Arbeitsweise aufgestellt und wollen diese für den Strategie- und Planungsbereich nachdrücklich und hoffentlich auch nachhaltig wiederholen. Gerade das Design ist wegen seiner betrieblichen und marktlichen Komplexhaftigkeit verstärkt auf eine interdisziplinäre Gruppenarbeit angewiesen. Wie man diese organisational realisiert, ist eine ande-

... und die Konsequenzen

re Frage, die nicht minder interessant ist und ebenfalls empirisch zu untersuchen wäre.

Abb. 16: Design-Ablaufplan

Designplanung ...

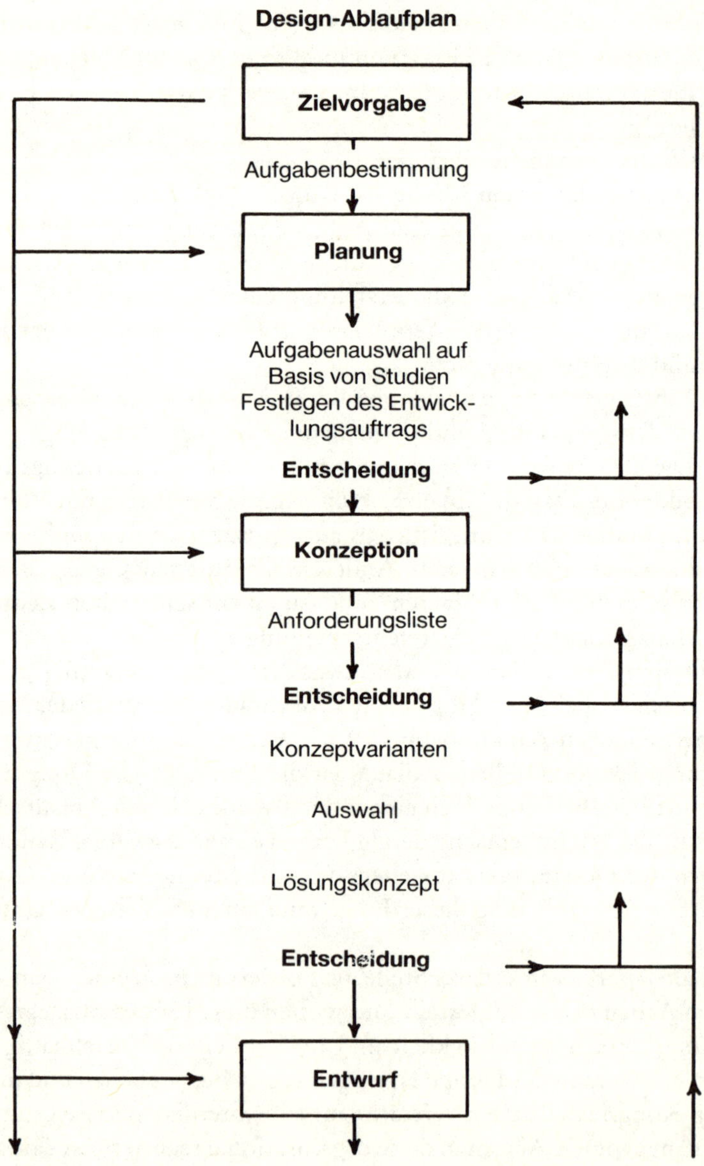

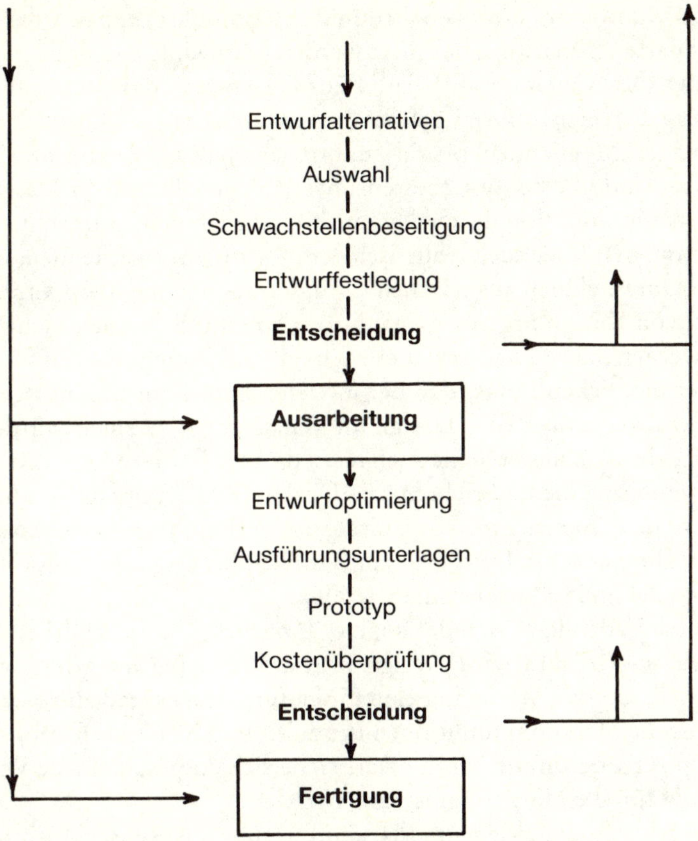

... im Ablauf

Quelle: Nach Seeger, Hartmut, Industrie-Designs, Grafenau 1983, S. 166.

2. Organisationsformen

Zur Eingliederung des Design in die betriebliche Organisation bieten sich mehrere Möglichkeiten an. Das wären einmal um bestimmte Designprojekte herumgruppierte interdisziplinäre Teams. Wir wollen diesen Ansatz *Projektansatz* nennen, der sich etwa für die Lösung von Innovations-Designproblemen eignet.

Der Projektansatz

Eine zweite Möglichkeit bietet sich durch den sogen. *Matrixansatz*. Hier arbeitet Design als Servicefunktion oder Zentralstelle im Team mit den anderen Services durch alle sogen. Strategischen Geschäftseinheiten

Der Matrixansatz

(SGE's) hindurch, die nach Produkten, Produktgruppen oder auch nach Sparten (Divisions) definiert werden können. Ein in praxi sehr anspruchsvolles Organisations- und Führungssystem, das sich für alle Designaufgaben eignet, aber „gelernt" sein will.

Der Corporateansatz

Die beiden Möglichkeiten sind zusammengefaßt ein organisatorischer *Corporateansatz*, der am ehesten unserer Vorstellung von Design als Querschnittsfunktion durch das ganze Unternehmen entspricht.

Die Organisation muß realistisch sein

Nun muß man aber auch realistisch genug sein, um zu erkennen, daß in vielen Unternehmen aus welchen Gründen auch immer der Corporateansatz von Design organisational kurzfristig mit Sicherheit nicht realisiert werden kann. Es wäre daher auch taktisch dumm, dies zu fordern, mit der möglichen Folge, daß der in vielen Fällen ohnehin nur geringe Goodwill gegenüber dem Design im Management verspielt würde. Insofern geht es an dieser Stelle auch nicht darum, Forderungen an die wenigen Unternehmen zu richten, die Design fundiert organisiert haben, sondern *den* Unternehmen organisatorische Entscheidungshilfen anzubieten, die zunächst Design in ein bestehendes Organisationskonzept praktikabel und schnell einfügen wollen.

Nicht Forderungen sind zu stellen, sondern Entscheidungshilfen zu geben

Der Marketingansatz

Für diese Fälle bietet sich der sogen. *Marketingansatz* als dritte Möglichkeit an. Bei ihm wird Design in das Marketing integriert, wobei unterstellt ist, daß Marketing eine Linienfunktion ist und als solche zumindest die Marketingfunktionen Produkt- und Kommunikationspolitik dispositiv bestimmt. Idealer wäre sicherlich die geschlossene Verantwortung für alle Marketinginstrumente.

Kleine Lösungen haben auch immer nur kleine Erfolge ...

Gehen wir von der „kleinen" Marketinglösung aus, so ist positiv anzumerken, daß Produkt-, Design- und Kommunikationspolitik miteinander verdrahtet sind. Das bietet entscheidende Ansatzpunkte für Produkt- und Designinnovationen. Im Vergleich zum Corporateansatz wird man jedoch die Problematik sehen müssen, daß Linienkämpfe zwischen Produktion, Marketing und Vertrieb auftreten können, die ohnehin nicht selten sind. Sie werden mit Sicherheit nicht dadurch geringer, daß man die „Problemfunktion Design" dem Marketing zuschlägt und evtl. der Technik (auf jeden Fall den Technikern!) „abnimmt".

... und lösen keine Hauptprobleme, sondern verschärfen sie, ...

Auch ist die Frage, ob sich dadurch wirklich das Problem löst, daß Techniker das Design bestimmen und nicht die Marketingverantwortlichen. Mit Organigrammen allein kann man keine inhaltlichen Probleme lösen; zumal dann nicht, wenn die inhaltlichen Probleme ihre Erklärung im Verständnis und in der Einstellung der Unternehmensleitung haben. So gesehen ist Design *auch* Chefsache!

Ein noch engerer Marketingansatz als vierte Möglichkeit verschärft die vorgenannten Probleme. Das betrifft die Fälle, in denen Design etwa dem Produktmanagement oder dem kommunikativen Bereich zugeordnet wird. Damit schwinden die Durchsetzungsmöglichkeiten des Design zusehends. Aus den Linien- werden Grabenkämpfe, die man z. B. aus den Zeiten der Produktmanagement-Installationen kennt. Grund hierfür sind die organisatorisch zugewiesenen Wertigkeiten für die Funktionen Produktmanagement und Werbung. Daraus folgt, daß eine Designinstallation im Unternehmen durch den *Marketing-Minimalansatz* ein äußerst problematischer Weg ist.

... wie z. B. der Marketing-Minimalansatz

Die fünfte Möglichkeit als sogen. *Stabsansatz* wird in einigen Fällen vom Top-Management präferiert. Die Gründe für die Präferenz sind nicht immer klar. *Eine* mögliche Erklärung könnte sein, daß die Unternehmensleitung in der schwierigen Zeit der Implementierung des Design die Zügel fest in der Hand behalten will. Eine andere Erklärung ist, daß die Unternehmensleitung dem Design einen zu hohen Stellenwert einräumt, als daß sie die Funktion in eine Linienabteilung entläßt. Das klingt sehr plausibel und entspricht auch unserer Auffassung, was den Stellenwert des Design betrifft. Nur haben wir so unsere Zweifel, ob dies die eigentlichen Grundgedanken sind, die für den Stabsansatz sprechen. Wir wollen auch nicht verhehlen, daß wir negative Vorurteile gegenüber Stabslösungen in die Bewertung einbringen. Stäbe sind ex definitione nicht tauglich, etwas durchzusetzen.

Der Stabsansatz ...

... Von Managern geliebt und als Erfolg nie nachgewiesen

Deshalb stellt sich uns die Kernfrage, ob eine Stabslösung dem Design „bekommt". Der Kompetenzanspruch qua Unternehmensleitung ist ohne Zweifel gegeben. So etwa durch die Konstruktion, daß einem Generalbevollmächtigten die Funktionen Werbung und Corporate Design unterstellt werden und er dem Vorstandsvorsitzenden direkt reportet. Das klingt gut, beantwortet aber noch lange nicht die Frage, wie diese Funktionen in der Linie durchgesetzt werden. Es wurde wiederholt betont, daß Design mit Durchsetzungsproblemen im Unternehmen wie auch im Markt zu kämpfen hat. Die Stabslösung ist ein untauglicher Ansatz, um mit den genannten Problemen umzugehen und sie einer Lösung zuzuführen. Zudem müßte in dem Stabsmodell auch die Anbindung des Produkt- an das Corporate Design definiert werden.

Das Eunuchentum der Stäbe ...

... Sie wissen, wie es geht, können es aber nicht tun

Über Organisationsansätze kann man lange und fruchtlos diskutieren, schon allemal dann, wenn es darum geht, Design organisatorisch im Unternehmen zu fundieren. Das gilt um so mehr, als es *die* ideale Organisation nicht gibt. Die Organisationsform muß sich danach richten, welche Inhalte man mit der Funktion verbindet. Nach unserer inhaltli-

Der Funktionsinhalt ist entscheidend

chen Designbestimmung empfehlen sich nur der Corporate- und Marketingansatz.

Die Marketingansätze sind Zwischenlösungen zum Corporateansatz

Hierbei wird die „kleine" Marketinglösung als Zwischenlösung gesehen. Eine „große" Marketinglösung unter Einschluß aller Marketinginstrumente könnte durchaus in Konkurrenz zu dem Corporateansatz treten, den wir dennoch letztlich präferieren. Er hat nämlich die Möglichkeit, funktionsübergreifend und -integrierend den geschlossenen Corporate-Designgedanken durch das Unternehmen hindurch- und in die Märkte und Zielgruppen hineinzutreiben.
Die Organisationsentwicklung des Design läßt sich auch in einem Stufenprogramm darstellen und in der Praxis realisieren (vgl. Abb. 17), wobei wir die alternativen Organisationsmöglichkeiten in der geschilderten Abfolge aus pragmatischen Gründen z. T. umkehren, was die vorstehende Wertung aber nicht berührt.

Organisationsentwicklung ist Evolution

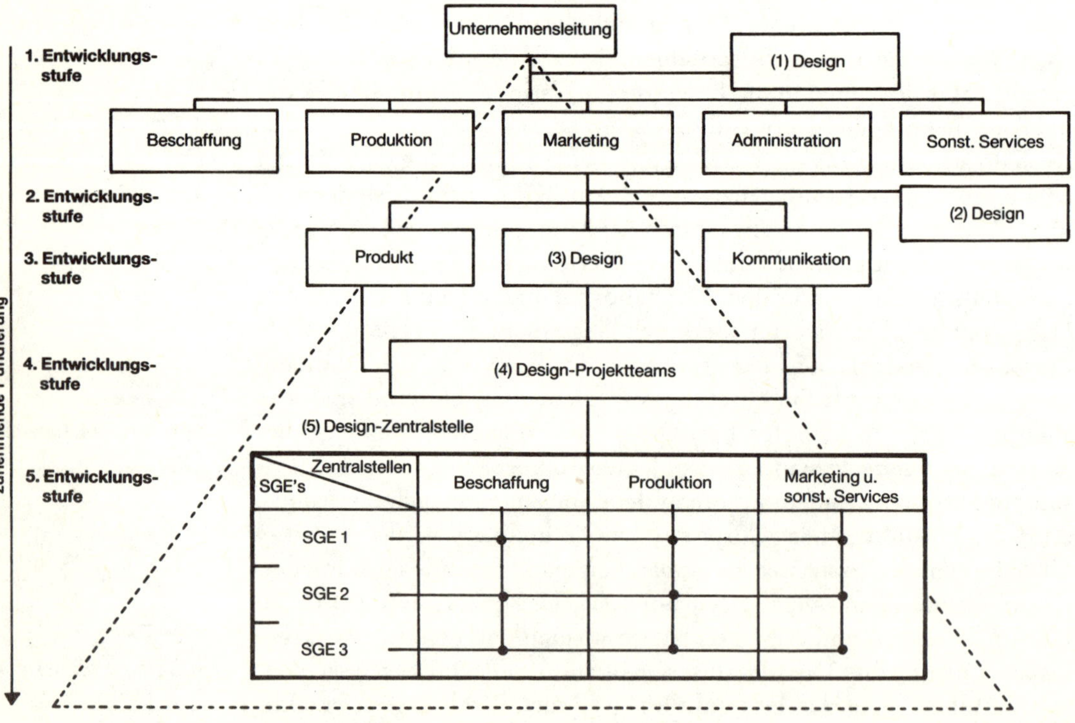

Abb. 17: Stufenprogramm der Design-Organisationsentwicklung

Die Stabsansätze (Stufen 1 und 2) sollten als Lernphasen und nicht als Dauerlösungen verstanden werden. Der Linien- und Projektansatz (Stufen 3 und 4) stehen ohne Zweifel in Konkurrenz zum Matrixansatz (Stufe 5), den wir aber trotz der erkannten Praxisrestriktionen als den zweckentsprechendsten organisationalen Designansatz bevorzugen. Der Weg dorthin sollte jedoch auf jeden Fall pragmatisch beschritten werden. Gewachsene Strukturorganisationen sind sehr sensible Gebilde, die ohne Not nicht ungestraft vorschnell verletzt werden dürfen. Das gilt insbesondere dann, wenn eine neue Funktion in die bestehende Organisation eingefügt werden soll. Problemverschärfend wirkt sich zudem aus, wenn es sich hierbei um ein Aufgabenfeld handelt, das im Unternehmen Querschnittsfunktion besitzen muß, um (wie das Design) erfolgreich arbeiten zu können.

Der Corporateansatz ist ein Matrixansatz

Die Forderung nach Pragmatismus ist immer zu stellen

Alle vorgestellten Organisationsalternativen kreisen um die Hierarchiestufen: Unternehmensleitung, Produktion, Marketing, Produktmanagement und Werbeleitung. Dieser schon beschriebene inhaltliche muß auch einen organisatorischen Zusammenhang finden. Ansonsten bleibt die Designaufgabe in allgemeinen Willenserklärungen hängen und erhält keine Vollzugsmöglichkeiten im Unternehmen. Der Stellenwert einer Funktion muß nicht nur inhaltlich klar definiert, sondern auch organisational eindeutig zugeordnet werden. Diese Forderung gilt verstärkt für das Design. Die Zuordnungsmöglichkeiten sind vorgeschlagen und mögen von der Praxis angenommen werden oder nicht.

Die Hierarchen müssen den Wert des Design erkennen

Die Macher benötigen klare Ziele und Aufgaben

Nur muß negativenfalls dann auch die Frage bedacht werden, wie es mit der deutschen Designpraxis in den kommenden Jahren weitergehen soll. Die Prognosen sind ohnehin düster und werden auch dadurch nicht heller, daß man an allgemeine „Wenden" glaubt. Sie finden schlicht nicht statt und können es auch nicht aufgrund der fast schon deterministischen gesamtwirtschaftlichen Entwicklung.

Design erhält damit eine innovative Aufgabe, die bislang in der Praxis weitestgehend noch zu wenig unterstützt und organisatorisch kaum fundamental wurde. Man hängt noch zu sehr an alten Zöpfen und glaubt an den Trugschluß, mit tradierten Organisations- und Führungssystemen besser zurechtzukommen als mit neuen und vielfach noch unerprobten Formen, die man nicht kennt und die in aller Regel gegen alle gelernten und geltenden „Goldene Regeln" verstoßen. Daraus kann man nur schließen, daß auch Organisation und Führung dringend Innovationsanstöße benötigen. Daß dazu auch unternehmerischer Mut gehört, braucht nicht näher belegt zu werden.

Die innovativen Aufgaben des Design und der Führung

Unstreitig in allen kontroversen Organisationsdiskussionen müßte aber sein, daß Design keinen autoritären Führungsstil verträgt, sondern zum

Design fordert Partizipation

Gedeihen einen partizipativen Führungsstil als Lebenselixier dringend benötigt. Wenn diese Forderung akzeptiert wird und im Unternehmen auch realisiert ist, ist die Organisationsform nur sekundär. Nur hat man vielfach das ungute Gefühl, daß krampfhaft nach Organisationslösungen gesucht wird, um die Partizipation de facto zu verhindern, sie aber öffentlichkeitswirksam herausstellen zu können.

Kommen wir zur vorläufig letzten teilthematischen Zusammenfassung: Design hat ohne Zweifel erhebliche Ziel-, Strategie-, Planungs-, Organisations- und Führungsprobleme. All diese Probleme können überwunden werden, wenn die Unternehmensleitungen konkret definieren, was sie wollen, was sie unter welchen Bedingungen (intern und extern) können und welchen Stellenwert sie hierbei dem Design geben. Ziel- und Identifikationslosigkeit können nicht durch auch noch so gute Designer kompensiert werden. Und damit sind wir erneut beim zentralen Corporate Design-Gedanken.

Was wollen wir, Was können wir, Was müssen wir tun? ...

Das Ganze scheint nicht zuletzt auch ein Kommunikationsproblem zu sein, mit dem sich gerade diejenigen schwertun, die Kommunikationsfachleute sind oder sein sollten, die von der Kommunikation leben und die in manchmal unverständlicher Weise ihren Nonkonformismus zu schnell und zu oft herauskehren. Wer will mit solchen Zeitgenossen schon dauerhaft kommunizieren? Und da gibt es noch die Kreativ-Introvertierten, die zur Kommunikation völlig unfähig sind, da sie nur zu sich selbst reden.

... Die Fragen können nur durch Kommunikation beantwortet werden, ...

Der Typenkatalog paßt sehr gut für die Beschreibung von Designern und um so besser, wenn sie auch noch Erfolg haben. Daraus folgt: Design muß mehr kommunizieren, und zwar sowohl unternehmensintern als auch extern in den Märkten. Die These sei gestattet: Die Designer kennen ihre Kommunikationspartner nur sehr ungenau, die da heißen: Linienmanager und Verbraucher in ihren emotionalen Bedürfnissen und damit ihren persönlichen Mangellagen.

... und zwar sowohl durch interne Kommunikation ...

Ausnahmsweise stehen die Manager *vor* den Verbrauchern, da sie die unternehmensbezogene künftige Entwicklung des Design bestimmen. Und diesen Managern, die vielfach nur Funktionärsformat haben, sei zugerufen, daß eine mechanistische Organisation nicht Führung und interne Kommunikation ersetzt, sehr wohl aber eine partizipative Führung und eine funktionierende Kommunikation vielen Organisationsunsinn entbehrlich machen.

... als auch durch externe Marktkommunikation

Den Designerfolg aber bestimmt ausschließlich derjenige, der das Produkt kauft. Dies ist eine Marketingregel, die nicht in Frage gestellt werden kann. Die Verbraucher bzw. Käufer sind für das Marketing insgesamt und für die Marketingfunktion „Design“ die entscheidenden

Kommunikationspartner. Das gilt insbesondere für Markenartikel, die unter verstärktem Wettbewerbs- und Handelsdruck stehen. Die Kommunikationspartner näher kennenzulernen, kann also dem Design nicht schaden. Und erfreulicherweise wird dadurch die Kreativität der Designer eher gefördert als gemindert.

Zusammenfassung

Versuchen wir eine komprimierte Zusammenfassung des Gesamtthemas, so sind folgende Statements gerechtfertigt, die hoffentlich von der Praxis (wenn auch nur in Teilen) inhaltlich angenommen werden:

Design hat eine wichtige betriebswirtschaftliche Querschnittsfunktion, d. h. betrifft das ganze Unternehmen. Design hat Corporatecharakter.

Design ist ein Marketinginstrument und eng gekoppelt an die Produkt- und Kommunikationspolitik.

Design ist ein Marketinginstrument mit Querschnittsfunktion

Design beginnt beim Verbraucher bzw. Kunden und nicht in der Produktion oder Entwicklung.

Das Innovationsdesign hat einen deutlich höheren Stellenwert als das Re-Design, das in vielen Fällen lediglich am Produkt herumflickt.

Design ohne Innovation ist Blendwerk

Design ist kein Surrogat für fehlende Produktinnovation. Innovationen sind gefragt und keine Vielzahl von läppischen Produktvarianten, die keiner mehr voneinander unterscheiden kann.

Zum Design gehören auch Corporate Design und Corporate Identity, nach außen wie nach innen.

Design gibt Identität

Die Design-Basis- bzw. -Normstrategien müssen primär auf Segmentation und Verbraucherorientierung beruhen.

Design muß genauso exakt geplant werden wie jede andere Marketingaktivität. Das beginnt mit der Zielplanung, setzt sich fort in der Durchführungsplanung und endet mit Kontrolle und Anpassung.

Design kann nur gedeihen und dauerhaften Erfolg haben in einer modernen teamorientierten Unternehmensorganisation, die partizipativ und nicht autoritär geführt wird.

Design braucht „organisatorische Luft“

Der organisatorische Corporateansatz und der Marketingansatz bieten die besten Voraussetzungen für die Designpraxis.

Design kann nur interdisziplinär arbeiten

Daraus folgt als Ergebnis:

Design ist nicht nur Zeichen, sondern setzt auch Zeichen, und zwar in der Volkswirtschaft und ihrer internationalen Wettbewerbsfähigkeit, im Markt und seinen Innovationen, bei den Verbrauchern und ihrem Verhalten, im Unternehmen und bei seinen Mitarbeitern.

Design ist Zeichen und setzt Zeichen – positiv wie negativ

An diesem Ergebnis und Anspruch gemessen, muß insgesamt das Signum „Deutsches Design“ noch erheblich optimiert werden.

Literaturhinweise

Das Literaturverzeichnis ist nur ein Ausschnitt aus allen thematisch relevanten Publikationen. Die Eingrenzung ist notwendig, um dem Leser eine Literaturhilfe zu geben. Eine noch weitere Ausdehnung auf benachbarte Marketinggebiete (wie etwa Kommunikation und Organisation) würde dieser Forderung nicht entsprechen.
Insofern ist die theoretische Vollständigkeit der Praktikabilität gewichen. Es war damit auch nicht vermeidbar, in den Text mehr Problemfelder aufzunehmen, als sie das Literaturverzeichnis abbildet.

1) AW-Design, Arbeitsgemeinschaft der Wirtschaft für Produkt-Design und Produkt-Planung (Hrsg.): Arbeitsunterlage 1, Planstufe: Impuls Produktidee, Beschaffungs- und Selektionsprozeß, 2. Aufl., Stuttgart 1970.
2) Bauer, Erich: Markt-Segmentierung als Marketing-Strategie, Berlin 1976.
3) Birkigt, Klaus; Stadler, Marinus M. (Hrsg.): Corporate Identity – Grundlagen, Funktionen, Fallbeispiele, 2. Aufl., Landsberg 1985.
4) Black, Misha: „Zum Standort des Industrial Design – Wechselwirkungen der Kunst und Technik auf das Industrial Design“, in: form, Nr. 42, 1968, S. 27.
5) Braun-Feldweg, W.: Industrial-Design heute – Umwelt aus der Fabrik, Reinbek 1966.
6) Bürdek, B.: „Design-Theorien, Design-Methoden, 10 methodische und systematische Verfahren für den Design-Prozeß“, in: form, Nr. 56, 1977, S. 9 – 14.
7) Design Council (Hrsg.): Design and Industry, The Effects of Industrialisation and Technical Change on Design, London 1980.
8) Doblin, Jay: One hundred great product designs, New York 1970.
9) Dorfles, Gillo: Gute Industrieform und ihre Ästhetik, München 1964.
10) Eames, Ch.: „Wie Designer über Design denken – 4 x 8 Antworten auf 26 Fragen des französischen Designcentre Paris zum Thema „Was ist Design?““, in: form, Nr. 49, 1970, S. 20 – 22.
11) Fuchs, Heinz; Burkhardt, Francois: Produkt Form Geschichte, 150 Jahre deutsches Design, Stuttgart 1985.
12) Geyer, Erich: „Industrial Design“, in: Management Enzyklopädie, Taschenbuchausgabe, Band 5, München 1975, S. 1527 – 1538.
13) Hansen, Ursula; Leitherer, Eugen: Produktgestaltung, Stuttgart 1962.
14) Hansen, Ursula: Stilbildung als absatzwirtschaftliches Problem der Konsumgüterindustrie, Berlin 1969.
15) Hiesinger, Kathryn B.: Design Since 1945, London 1983.
16) Homann, K.: Produktdesign, Anleitung zu einem methodischen Gesamtdesign, Essen 1979.
17) IHK Hagen (Hrsg.): Innovative Produktgestaltung 1985, Hagen 1985.
18) Klose, Odo: „Produktgestaltung – Industrial Design“, in: Marketing Enzyklopädie, Band 2, München 1974, S. 1115 – 1125.
19) Koppelmann, Udo: Grundlagen des Produktmarketing, zum quantitativen Informationsbedarf von Produktmanagern, Stuttgart etc. 1978.
20) Kroeber-Riel, Werner: „Produktdesign – Mit erlebnisbetonten Komponenten Produkt-Präferenzen schaffen“, in: Marketing Journal, H. 2/84, S. 138 ff.
21) Löbach, Bernd: Industrial Design – Grundlagen der Industrieproduktgestaltung, München 1976.
22) Löbach, Bernd; Schmidt, Helmut: Was ist Industrial Design?, Berlin 1977.

23) Löbach, Bernd: Produktgestaltung, Stuttgart 1981.
24) Maier, B.: Industrial Design, Diss., Mannheim 1977.
25) Muchenberger, Ernest: „Produkt-Design, Marketingreserven aktivieren“, in: Marketing Journal, H. 6/83, S. 493 – 494.
26) Müller-Krauspe, Gerda: „Design = Design? (I) – Plädoyer für zwei Fremdworte“, in: form, Nr. 35, 1966, S. 26 – 27.
27) Ohne Verfasser: „Gesammelte Argumente – Design bei Braun, Erfahrung mit Design ist Erfahrung mit Menschen“, in: form, Nr. 65, 1974, S. 58.
28) Pfeiffer, Werner; Bischof, Peter: „Produktlebenszyklen – Instrument jeder strategischen Produktplanung“, in: Horst Steinmann (Hrsg.), Planung und Kontrolle, Probleme der strategischen Unternehmensführung, München 1981, S. 136.
29) Poth, Ludwig G.: Unternehmensstrategie Design“, in: Wirtschaftswoche, Nr. 31/84 vom 27. Juli 1984, S. 43.
30) Poth, Ludwig G.: „Standort des Design in der Unternehmens- und Marketingpolitik“, in: IHK Hagen (Hrsg.), Innovative Produktgestaltung 1985, Hagen 1985, S. 13 – 15.
31) Poth, Ludwig G.: „Wirtschaftsfaktor Design – Optische Aufheller“, in: Wirtschaftswoche, Nr. 28/85 vom 5. Juli 1985, S. 70 – 74.
32) Poth, Ludwig G.: „Design und Kommunikation, Corporate Design – Gesamtschau aufs Unternehmen“, in: werben & verkaufen (w & v), Nr. 41/85 vom 11. Okt. 1985, S. 66 – 67.
33) Poth, Ludwig G.: „Optische Aufheller – Wirtschaftsfaktor Design“, in: Krupp Forschungsinstitut (Hrsg.), Design-Notizen, Nr. 8/85, S. 2.
34) Poth, Ludwig G.: „Der Zusammenhang von Design und Innovation“, in: EKH-Loseblattwerk, H. 12/85, Gr. 15, S. 823 – 830.
35) Rosenthal, Philip: „Design“, in: Marketing Enzyklopädie, Band 1, München 1974, S. 371 – 377.
36) Schmittel, Wolfgang: design, concept, realisation, Zürich 1975.
37) Seeger, Hartmut: Industrie-Designs, Basiswissen über das Entwickeln und Gestalten von Industrie-Produkten, Grafenau 1983.
38) Selle, Gert: Ideologie und Utopie des Design – Zur gesellschaftlichen Theorie der industriellen Formgebung, Köln 1973.
39) Selle, Gert: Die Geschichte des Design in Deutschland von 1870 bis heute, Entwicklung der industriellen Produktkultur, Köln 1978.
40) Wichmann, Hans (Hrsg.): System-Design, Bahnbrecher: Hans Gugelot 1920 – 1965, München 1984.
41) Wieselhuber, Norbert: Konzeption und Realisation von Produkt-Design in der Konsumgüterindustrie, Eine aktionsanalytische Untersuchung, Berlin 1981.
42) Wieselhuber, Norbert: „Strategische Konzepte des Produkt-Design“, in: Handbuch Strategisches Marketing, Hrsg. Norbert Wieselhuber und Armin Töpfer, Landsberg 1984, S. 199 – 212.
43) Winter, F. G.: Planung oder Design – Über die Chancen der Phantasie in einer sich wandelnden Gesellschaft, Ravensburg 1971.
44) Wyss, E.: Produktgestaltung – Eine Darstellung der Gestaltungsprobleme aus der Sicht des Unternehmers, Winterthur 1964.

Albrecht Schultz

Braun: Von der Design-Idee zum System der Produktgestaltung und Vertriebspolitik

Inhalt

1. Was heißt Produktgestaltung?

Der Wert eines Produktes liegt in seiner Leistung für den Menschen, bei technischen Gebrauchsgütern also in seiner Funktion. Sie stellt dem Design die Aufgaben. Ein Industrieprodukt muß so gestaltet sein, daß es all den verschiedenen Anforderungen, die sich aus dem Gebrauch ergeben, möglichst gut entspricht, daß man seine Funktion, seine Eigenschaften, seine Bedienung möglichst unmittelbar versteht.

Bestmögliche Gebrauchsqualität

Deshalb ist das Ziel der Produktgestaltung die *bestmögliche Gebrauchsqualität* für das jeweilige Produkt als Einheit von funktionaler Qualität und ästhetischer Qualität im vollkommenen Zusammenspiel von Material, Funktion, Form und Optik. „Produktdesign ist die Organisation der Gesamtgestalt eine Produkts (Form, Oberfläche, Farbe, Beschriftung) – und zwar so, daß das Produkt seinen jeweiligen Zweck möglichst gut erfüllt. Und daß seine Gestaltung zugleich den faktischen Gegebenheiten und Bedingungen entspricht, unter denen das Produkt produziert und auf den Markt gebracht wird." (Dieter Rams 1976, in: F. Burkhardt/I. Franksen (Hrsg.), Design: Dieter Rams etc., Berlin 1980, S. 185.)

Bei Produkten, die den Charakter einfacher Werk-Zeuge haben – dazu gehören beispielsweise Geschirr, Trinkgläser, Bestecke, Möbel, Wohnaccessoires – sind Funktion und Form weitgehend identisch, während bei Geräten mit dem Charakter von Maschinen – wie Elektrogeräten, den Geräten der Unterhaltungselektronik, Computern, Kraftfahrzeugen – die Funktion wesentlich von ihrer Technik abhängig ist.

Diese technischen Geräte müssen von innen nach außen, von ihrer technischen Funktion auf ihre dienende Funktion für den Menschen hin gestaltet werden. Dem Designer muß es gelingen, daß sich das Produkt selbst *aus*drückt, und er muß es vermeiden, ihm Aussagen *auf*zudrükken, die nicht aus dem Produkt selbst kommen. Die technische Innovation bestimmt bei diesen Produkten letztlich immer wieder neu die Aufgaben des Design.

Designer und Konstrukteur gemeinsam

Deshalb ist der Industrie-Designer im Produktentwicklungsprozeß von Anfang an der Partner des Konstrukteurs. Beide machen *gemeinsam* das Produkt. Ein Unternehmer, der seine Konstrukteure ohne den Designer arbeiten läßt, kann in der Regel nicht ein Konstruktionsergebnis erwarten, das dem Produkt die wirklich beste Gebrauchsqualität für den Verwender gibt. Erreichbar ist dies, wenn es dem Designer möglich und zur Pflicht gemacht ist, „sich in einem frühen Stadium des Produktplanungsprozesses einzuschalten ... Gerade an diesem Punkt liegt für den Designer eine wirkliche Chance, seine Fähigkeiten zu entfalten. Produktplanung bezieht sich nicht nur darauf, welches spezifische Produkt hergestellt werden soll, sondern wie das Produkt beschaffen sein soll, wie es funktioniert und wie es sich in die menschliche Umwelt eingliedern läßt … Der Unterschied zwischen einem Designer und einem Ingenieur oder Konstrukteur ist im Grunde genommen nichts anderes als ein technisches Unterscheidungsmerkmal zwischen Spezialisten wie Fertigungsingenieuren, Konstrukteuren und Physikern. Der Designer ist ein Konstrukteur, der den Menschen als Teil seines Systems mit einbezieht" (Hans Gugelot, Was ist Design?, in: Katalog zur Ausstellung „System-Design Bahnbrecher: Hans Gugelot 1920 – 1965", München 1984, S. 44).

Der Mensch ist das Maß

Für den Designer gilt das Prinzip: Der Gebraucher ist das Maß aller Dinge. Er muß sich in die Rolle des Gebrauchers hineindenken, hineinfühlen. Er muß die Interessen, die Bedürfnisse und Wünsche des Gebrauchers möglichst intensiv, detailliert und konkret kennenlernen und verstehen. Nur so kann es ihm gelingen, seinen Produkten den optimalen Gebrauchswert – materiell und ideell, also unter Einschluß der ästhetischen Qualität – zu geben.
„Die Mitarbeit des Industrial Designers wird in der Steigerung des Gebrauchswertes eines Artikels liegen. Durch seine koordinierende Tätigkeit, seine konstruktive Fähigkeit und seine Spezialisierung auf Mensch-Geräte-Beziehungen ist er der einzige im ganzen Team, der die endgültige Struktur des Produktes bestimmt. Ob der Designer nun eine Nähmaschine, ein Meßgerät oder einen Fotoapparat bearbeitet, er betrachtet das Gerät oder die Maschine immer nur im Zusammenhang mit dem Menschen" (Gugelot, a. a. O., S. 45).
Dies gilt in vollem Maße für die Auffassung, die Braun von den Aufgaben des Designers hat: „Die Designer bei Braun gehen nicht von der äußeren ästhetischen Form an die Dinge heran. Sie gehen vom Menschen aus und versuchen, ihm den Umgang mit unseren Geräten und ihre Handhabung einfach, unkompliziert und so wohltuend wie möglich zu machen. Sie achten bei einem Küchengerät darauf, daß es gut und bequem in der Hand liegt, daß der Schalter bequem zu bedienen ist, daß die einzelnen Teile gut auseinanderzunehmen und wieder zusammenfügbar sind und daß sie sich leicht reinigen lassen" (Fritz Eichler 1971, in: Firmenbroschüre „Ansichten zum Design", S. 20).

Einfach und unkompliziert

Bei technischen Gebrauchsgütern gibt gutes Design dem Produkt einen unverwechselbaren Charakter, der es aus dem Feld des breiten Angebots herauslöst und ihm in seiner individuellen Erscheinung Alleinstellungswert verleiht. Der Verwender soll sicher sein, daß er es mit einem Gegenstand zu tun hat, der nur so und nicht anders sein kann. Er will nicht mehr scheinen als sein, sondern genau das sein, was er scheint. Gutes Design überzeugt durch Eigenständigkeit, nicht durch Annäherung.

Ziel: Alleinstellung

Der Hersteller schafft damit die Voraussetzung, sein wichtigstes Marketingziel zu erreichen: *Alleinstellungswert im Markt.*

Je weniger technisch ein Produkt ist, desto mehr muß sich seine Eigenständigkeit in Materialbearbeitung, in Form und Aussehen darstellen. Viele Möglichkeiten der Differenzierung eröffnen sich dabei für die Produktgestaltung, die sicher nicht alle zu *gutem* Design führen. Künstlich gemachte Vielfalt der Formen, Farben und Gestalten, modisches „Styling“ bringt leicht Pseudo-Charaktere hervor, die wiederum auf die Geschmacksunsicherheit der Verbraucher spekulieren und den Alleinstellungswert mit zweifelhaften Mitteln – bis hin zur Täuschung des Verwenders – zu erreichen suchen.

2. Was leistet die Produktgestaltung für das Unternehmen?

Die Basis für eine langfristig erfolgreiche Design-Konzeption muß in der Corporate Identity, das heißt, in der Unternehmenspersönlichkeit begründet und abgesichert sein.

Die Väter des „Braun-Designs“

Die Weichen für die Unternehmensidentität wurden bei Braun vor über 30 Jahren gestellt, als die Brüder Erwin und Artur Braun ihre Entscheidung für die neue Design-Konzeption ihrer Produkte trafen.

Sie wollten keine Produkte mehr machen, die nur materielle Bedürfnisse erfüllen, aber die ästhetischen und geistigen Bedürfnisse unerfüllt lassen. Sie waren auf der Suche nach einer Idee, die auch jene Menschen ansprechen konnte, denen modisch „aufgestylte“ Produkte und der – wie Erwin Braun sagte – „Gigolo-Look aller elfenbein- und goldfarbenen Rasierer zuwider war“; Menschen, die den Wunsch nach dem Echten, Einfachen, Ehrlichen und Unprätentiösen hatten.

Einen entscheidenden Anstoß erhielt Erwin Braun 1953 durch einen Vortrag von Wilhelm Wagenfeld, der aus der Bauhaus-Tradition kommt und die Überzeugung vertrat, der verantwortliche Unternehmer müßte es sich zur Aufgabe machen, seine Produkte so zu gestalten, daß sie ihre Dienstfunktion für den Verwender auf beste Weise erfüllen und *Brauchbarkeit* die Leitlinie der Gestaltung ist. Das bedeutet Verzicht auf nur modische und dekorative Gestaltungselemente am Produkt und konstituiert eine eigenständige Kategorie der Warenästhetik, die sich eindeutig auf die Funktion des Produkts bezieht.

Diese Gedanken, von Erwin Braun – damals 32 Jahre alt – aufgenommen und von ihm als seine unternehmerische Mission verstanden, lösten den „Aufbruch zu einer radikalen Umstülpung der Produktion" aus – wie es der Design-Historiker Braun-Feldweg formuliert.
1954 kam Erwin Braun mit der neugegründeten Hochschule für Gestaltung in Ulm in Verbindung. Es begann eine intensive Zusammenarbeit, insbesondere mit Hans Gugelot und Otl Aicher, die schon in kurzer Zeit dazu führte, daß aus der Idee marktfähige Produkte wurden, und daß die gestalterischen Grundlagen entstanden, die für Braun weiterhin bestimmend sein sollten.

Ideen werden Produkte

1955 kam Herbert Hirche, damals Akademieprofessor in Stuttgart, als weiterer Designer hinzu.
Dr. Fritz Eichler hat in dieser Phase aufs engste mit den beiden Brüdern Braun und diesen Dozenten zusammengearbeitet und mitgewirkt, daß unter seiner Leitung 1955 eigene Gestaltungsabteilungen für Produktdesign und Kommunikation im Hause entstanden.
Er sorgte für die konsequente Durchsetzung und Einhaltung der neuen Grundsätze – ab 1968 als Mitglied des Vorstands –, und er tut das noch heute als freier Berater und Mitglied des Aufsichtsrats.
Dieter Rams wurde 1962 zum Leiter der Abteilung Produktgestaltung ernannt, der er seit 1956 angehört.
Der Aufbruch, der zu einem völlig neuen Gesicht der Firma führte, wurde getragen von einem die gesamte Mitarbeiterschaft beflügelnden „Wir-Gefühl". Dazu gehörte nicht zuletzt auch die gleichzeitige Einrichtung eines Gesundheitsdienstes für die Belegschaft – in einer damals für die Industrie völlig neuartigen Qualität –, der auch heute noch unter der Leitung des Dipl.-Sportlehrers und Physiotherapeuten Werner Kuprian steht.
Als Kriterium für die Neugestaltung der Produkte galt (und gilt es für die Geräte von Braun noch heute), daß die Produktgestalt dem Gerät die bestmögliche Gebrauchsqualität in seiner Leistung für den Menschen verleiht, dabei aber dienendes Element bleibt, das dem Bedürfnis nach einer ästhetischen täglichen Umwelt gerecht wird. „Unsere elektrischen Geräte", schrieb Erwin Braun, „sollen unaufdringliche Helfer und Diener sein." Sie sollen dem Verwender freiheitlichen Spielraum bei ihrer Nutzung lassen.

„Helfer und Diener"

Diese Überzeugung zum unternehmerischen Konzept gemacht und sie konsequent im gesamten Produktprogramm verwirklicht zu haben, ist eine Pioniertat der Brüder Braun. Man wollte dem Verbraucher möglichst gut und umfassend dienen, mit bis ins Detail durchdachten und gestalteten Geräten, die über das Gewohnte und Gewöhnliche hinausragten – und damit den Ertrag für die Arbeit und das eingesetzte Kapital im besten Sinne des Wortes *ver*dienen.

Die primäre Unternehmerentscheidung betraf also das „Was“: *Was* man künftig und ausschließlich machen wollte – und erst an zweiter Stelle kamen die Überlegungen zum „Wie“: *Wie* war diese Entscheidung ökonomisch zu verwirklichen?

Umstellung der Produktion

Obwohl sich Erwin und Artur Braun des Erfolges nicht sicher sein konnten, stellten sie den gesamten Produktionsapparat auf das neue und durchgehend verbindliche Konzept der Produktgestaltung um. Diese revolutionäre unternehmerische Tat gab nicht nur dem Unternehmen im ganzen eine neue Identität, die dann festgeschrieben wurde und zu der wir uns in der Unternehmens-Strategie bis hinein in den operationalen Bereich bekennen. Und das sind die wichtigsten Aspekte der Corporate Identity von Braun:

Braun Corporate Identity

Unternehmensidentität

Braun stellt elektrische und elektronische Gebrauchsgüter des täglichen Bedarfs her, die gehobenen Ansprüchen in der technischen Leistung und in der ästhetischen Gestaltung genügen und dem Käufer die *höchstmögliche Gebrauchsqualität* bieten.

Braun bekennt sich dabei zur Verpflichtung des Unternehmers, den Erfordernissen des Umweltschutzes und des Verbraucherschutzes in allen relevanten Bereichen der unternehmerischen Tätigkeit gerecht zu werden.

Braun-Produkte sollen innovativ und eigenständig und bis ins Detail durchdacht sein. Sie sollen sich unverwechselbar aus der Masse des Konkurrenzangebots herausheben und für sich einen *Alleinstellungswert* glaubhaft geltend machen. Voraussetzung dafür ist, daß jedes unserer Produkte die folgenden Forderungen erfüllt:

- Technische Qualität, Sicherheit und Zuverlässigkeit;
- Ökologische Qualität;
- Gebrauchsqualität, individuelle Erscheinung, Charakter;
- Überzeugendes, für den Konsumenten nachvollziehbares Preis-/Leistungsverhältnis.

Die Gebrauchsqualität wird durch die Produktgestaltung mitgeschaffen. Die Produktgestaltung spielt deshalb für Braun eine besondere Rolle als Alleinstellungsfaktor und begründet die visuelle Identität aller unserer Geräte.

Die *Produktgestaltung* verwirklicht unsere Überzeugung, daß Braun Produkte sachgerecht, materialgerecht, funktions-/gebrauchsgerecht und ästhetisch gestaltet sein sollen. Sie ist nicht spekulativ auf das schnelle „Mitnehmen" von Marktchancen aufgrund modischer Kurzzeit-Trends gerichtet.

Bei der Konzeption, Konstruktion und Gestaltung unserer Produkte orientieren wir uns auf eine durch Einstellung und Lebensstil profilierte *Zielgruppe* aufgeschlossener Menschen, die das Bedürfnis haben, sich mit gut gestalteten und vernünftigen Gegenständen zu umgeben, und die sich mit unseren Geräten identifizieren. Maßgeblich sind darunter Meinungsbildner (z. B. Architekten, Journalisten, Freiberufler) und junge Leute vertreten, die intelligent und natürlich sind und ein Gefühl für Echtheit und Qualität haben.

Zielgruppe

Die Identifikation der Verwender mit unseren Geräten ist für unseren Markterfolg entscheidend wichtig. Sie hat eine Multiplikatorwirkung auf weitere Zielgruppen durch das Vorbild, das persönliche Gespräch, durch die Wahl von Braun-Geräten als Geschenk etc.

Damit die Identifikation erhalten bleibt, muß jedes unserer Produkte die Erwartung der Zielgruppen in Funktion und Gestalt erfüllen. Sollten im Gebrauch Probleme auftreten, findet der Verwender bei unseren Partnern im Handel oder bei uns direkt verständnisvolle Beratung und schnellen Service. Seine Interessen und Bedürfnisse werden vom Unternehmen als eine Aufgabe gesehen, in deren Erfüllung es sich nicht übertreffen lassen will. Ein spezielles Verbraucher-Referat sorgt für die Beachtung der Grundregeln des Verbraucherschutzes im Unternehmen.

Die Verwender unserer Produkte und deren Macher bei Braun finden sich in einem gemeinsamen emotionalen Umfeld. So besteht ein Vertrauensverhältnis, das Professor Spiegel einmal als eine Art „Pakt mit dem Verbraucher" bezeichnete.

Abgeleitet aus der Corporate Identity ist die Produktgestaltung bei Braun die Unternehmensstrategie geworden, die im Zentrum unserer Markenpolitik steht:

Markenpolitik

- Sie prägt das Imageprofil der Marke.
- Sie fördert den Bekanntheitsgrad und die Wiedererkennbarkeit.
- Sie unterstützt die Überzeugungskraft der Produkte, insbesondere im ideellen Bereich ihrer Leistung.
- Und sie leistet einen wesentlichen Beitrag zur Alleinstellung.

Mit seinem verbindlichen Design-Konzept verfügt das Unternehmen über einen Kriterienkatalog zur Entscheidungsfindung bei der Entwicklung neuer Produkte und bei Produktweiterentwicklungen. Er ermöglicht eine Einengung des Suchfeldes bei der Gestaltung neuer Produkte, die Zeit und Kosten spart.

Lebenszyklus

Die Erfahrung zeigt, daß gut gestaltete Produkte meist einen langfristigen Lebenszyklus haben und über Jahrzehnte unverändert ihre Position halten können.

3. Was leistet die Produktgestaltung für den Verwender?

Gebrauchsqualität setzt bestmöglichen Gebrauchsnutzen voraus, den gutes Design schafft:
- in der Produktleistung,
- in der Handhabung,
- in der unkomplizierten Bedienung,
- in der einfachen Reinigung,
- in der praktischen Aufbewahrungsmöglichkeit,

um nur einige Punkte zu nennen, die bei Elektrokleingeräten wichtig sind.
„Produktdesigner entwickeln Gestaltungsvorschläge aus der Sicht des zukünftigen Benutzers ... Sie sind gehalten, dabei die Bedingungen des Unternehmens (Ziele und Potentiale), der Umwelt (rechtliche Restriktionen) und des Marktes (Kostenaspekte, Preise) zu beachten. Je genauer sie über die jeweilige Ausgangssituation Bescheid wissen und je mehr sie über den zukünftigen Benutzer des Produktes informiert wurden, um so besser kann der Gestaltungsvorschlag sein" (Albrecht Schultz/Udo Koppelmann, Produktdesign als Marketinginstrument, in: Marketing, ZFP, Heft 4/1983, S. 228).

Der technische Markenartikel

Der echte technische Markenartikel ist ein Produkt, das in seiner Funktionserfüllung, also seiner Leistung für den Verwender, in Technik, Materialqualität, Konstruktions- und Produktionsgüte auf eine langjährige Zweckerfüllung und ein langjähriges Verbleiben im Markt konzipiert ist. Seine Gestaltung ist von zeitloser Gültigkeit, er ist für viele Jahre Bestandteil des Herstellersortiments, er kann – durch gesicherte Servicebereitschaft – noch Jahre nach seinem Auslaufen aus der Produktion repariert werden, und er ist für einen bestimmten Preis und Zweck in Technik und Design jeweils die beste Produktlösung, die der Hersteller dem Verbraucher zu bieten vermag.
Der Bedingungsrahmen kann sich ändern. Er wird durch den technischen Fortschritt, den „State of the Art" jeweils neu bestimmt. Produktinnovation und Produktevolution sind deshalb wesentliche Faktoren unserer Produkt-Strategie.

Produktinnovation macht dem Verwender den technischen Fortschritt dienstbar. Innovative Produkte bieten dem Käufer ein reales Plus an Arbeitsentlastung, Vereinfachung, Produktleistung und/oder Aufwandsminderung. Braun ist ein innovationsdurchlässiges und innovationsaktives Unternehmen. Es hat eine ganze Reihe technischer Neuerungen als erstes auf den Markt gebracht, und dies oft mit richtungweisendem Design für die ganze Produktkategorie.

Produkt-innovation

Dabei geht es nicht um kurzlebige Pseudoinnovationen („Abstauber-Produkte"), sondern um Innovationen, die den Vorteil einer neuen Problemlösung mit einer langfristigen Verfügbarkeit im Markt verbinden. Auf Dauer kann ein Markenartikel nur erfolgreich sein, wenn er sich das beim Verbraucher und beim Handel erworbene Vertrauen langfristig erhalten kann. Deshalb muß sich das Markenartikelunternehmen auch für die Innovationspolitik zur Aufgabe machen, langlebige Produkte zu schaffen.

Nicht weniger wichtig als die Produktinnovation ist die *Produktevolution*, d. h. die Produktpflege in Form von Verbesserungen nach dem Stand der Technik oder der Weiterentwicklung eines Produkts zu einer Produktreihe. Produktevolution ist nötig, um einen existenten Markt zu pflegen. Sie unterstreicht die Kompetenz des designorientierten Unternehmens und dokumentiert die Ehrlichkeit seiner Absicht, dem Verbraucher immer das Bestmögliche zu einem gegebenen Zeitpunkt bieten zu wollen.

Produktevolution

Gut gestaltete Produkte werden nicht für den Tag, sondern für das Leben gestaltet. Dazu muß ihre Qualität in Material und Form ergänzt werden durch eine „zeitgemäße Zeitlosigkeit" in ihrer Erscheinung. Dann widerstehen Gegenstände mit gutem Design dem optischen Verschleiß. Sie verlieren auch in 20 und 30 Jahren nichts von ihrer ästhetischen Qualität und fügen sich in neue Umfelder ein, ohne ästhetische Dissonanzen zu erzeugen.

Eine gewisse Unterdeterminiertheit des Design ist die Voraussetzung für solch beständige, langlebige, zeitlose Produkte.

„Gutes Design heißt für uns: möglichst wenig Design. Nicht aus Sparsamkeit oder Bequemlichkeit. Es ist sicher eine der schwierigsten Aufgaben, zu einer überzeugenden und stimmenden Form mit geringen und einfachen Mitteln zu kommen ... Kompliziertere und nicht notwendige Formen sind nichts als Designer-Kunststücke, die sich selbst zur Schau stellen, anstatt Funktionen zu verwirklichen ... Die Sparsamkeit der Braun-Gestaltung ist eine Absage an diese Art von Design. Weil sie versucht, alles Überflüssige wegzulassen, kommt das Wesentliche um so eher zur Geltung: Die Formen werden ruhig, wohltuend, begreifbar und langlebig. ‚Mehr Design als nötig' ist heute fast immer modisches Styling. Der rasche Wechsel der Moden läßt es ebenso rasch veralten" (D. Rams 1975, a. a. O. 1980, S. 186 f.).

Unterdeterminiertheit ist auch Voraussetzung für die notwendige Kombinierbarkeit. Bei technischen Geräten kommt es bei jedem neuen Produkt auf seine Integrationsfähigkeit in ein über die Jahre wachsendes Programm an, das die Harmonie und Einheit der Lebenswelt des Verwenders nicht stört. So soll jedes neue Gerät ein neuer Baustein für ein bleibendes Milieu sein, das auch bei fortschreitender Technik seine Gültigkeit im persönlichen Bereich behält.

Integrationsfähigkeit

Solche Produkte vermitteln dem Verwender einen Mehr-Wert, der nicht nur in der funktionalen Leistung liegt, sondern auch einen höheren Grad an emotionaler Befriedigung bietet: Daraus ergibt sich eine Art ideeller Gebrauchsnutzen, der die positive Einstellung zu Produkt und Marke verstärkt.

Hier möchte ich auf einen Trend hinweisen, der eine verstärkte Zuwendung zum guten Design erkennen läßt. Kürzlich wurden die Ergebnisse eines sozialwissenschaftlichen Forschungsprogramms des Sinus-Instituts Heidelberg vorgestellt. Daraus geht hervor:

Wandel der Konsumorientierung

In der Konsumorientierung der Verbraucher zeigt sich ein Wandel, der das Kaufverhalten immer nachhaltiger beeinflussen wird: Viele Konsum- und Gebrauchsgüter beziehen ihre Attraktivität für den Verwender immer weniger aus der Faszination, die vom Gegenstand selbst ausgeht, sondern dienen zunehmend als Mittel, um andere, gefühlsmäßig stärker besetzte Lebensinhalte zu verwirklichen: z. B. kreative Betätigung, soziale Kontakte, Entspannung und Unterhaltung. Die Technik wird zum Diener, das Design gewinnt als Kriterium für die Kaufentscheidung Priorität.

Die Dinge des täglichen Gebrauchs sollen nicht ihr Umfeld dominieren. Sie lassen dem Menschen die Freiheit, von ihnen in individueller Weise Besitz zu ergreifen, und Spielraum genug, um sie im Sinne seines persönlichen Lebensstils zu gebrauchen: Freiraum für die individuelle Nutzung.

Individualität, Selbstdarstellung und soziale Abgrenzung zeigen sich im persönlichen Stil der Produktnutzung, nicht mehr des bloßen Produktbesitzes. Die Produktgestaltung muß deshalb dem Konsumenten möglichst viele Freiheitsgrade für die individuelle Verwendung belassen, und dies ist nur durch stilistische Einfachheit und Klarheit erreichbar.

Wir beobachten einen Prozeß fortschreitender Partikularisierung. Es entstehen neue Teilmärkte mit immer genauer definierten Bedürfnissen und Ansprüchen, denen mit einer gezielten Produktpolitik entsprochen

werden muß. Ohne Hilfe des Design wäre dies schwerlich möglich, zumal das Design immer mehr die Orientierungsfunktion für den Verbraucher übernommen hat: von der Vorselektion bei der Kaufentscheidung bis hin zur „Bedienerführung“ beim Gebrauch.
Was Produktgestaltung leisten soll und leisten kann, ist an einigen Beispielen zu verdeutlichen.
Ausgangspunkt sind Technik und Funktion.

Form folgt der Funktion

Vor 25 Jahren beispielsweise wurde als Alternative zum Ventilator üblicher Bauart mit Radialgebläse (Abb. 1, links im Bild) das Tangentialgebläse (rechts) entwickelt. Im gleichen Zug entstanden bei Braun entsprechend neue Formen für Heizlüfter und andere Gebrauchsgeräte mit Gebläse. Im Gestaltvergleich zweier (Abb. 2) Geräte ist unverkennbar, wie die Form der Funktion folgt: Braun-Haartrockner mit Radialgebläse (links) und mit Tangentialgebläse (rechts).
Auch beim Rasierer (Abb. 3) ergibt sich logischerweise aus dem technischen Aufbau (Motor + Scherkopf) die Grundform für das Design (Abb. 4). Weil bei diesem Gerät das ganze Gehäuse zugleich Griff ist, sind sowohl die Form als auch die Oberflächenstruktur dieses Rasierers auf gute Faßbarkeit hin gestaltet. Noppen aus weichem Kunststoff dringen durch die schlagfest harten Kunststoffschalen und verbessern die „Haptik“. Eine besondere Spritzgießtechnik wurde speziell dafür entwickelt.

Entscheidende Details

Oft entscheiden über gutes oder schlechtes Design die Details, die wichtigen Kleinigkeiten:
Bei elektrischen Geräten beispielsweise die einfache Reinigungsmöglichkeit. Bei der in Abb. 5 dargestellten Kaffeemühle wird der Kaffeebehälter wie eine Schublade aus- und eingeschoben: Das Gerät läßt sich bequem handhaben und einfach reinigen. Abb. 6 zeigt links die Braun Saftpresse in „alter Ausgabe“ (an der noch kein Designer mitgearbeitet hatte), mit ihren vielen Schmutzecken und -Fugen. Das neue Gerät (rechts) ist glatt, ohne schmutzfangende Ecken und Kanten, leicht abzuwischen und wirklich zeitlos im Design, denn seit zwei Jahrzehnten ist es praktisch unverändert: gebrauchsfreundlich und ästhetisch zugleich.
Gutes Design, das nicht nur fürs Schaufenster gemacht ist, berücksichtigt auch verborgene Stellen, bei einer Küchenmaschine (Abb. 7) zum Beispiel den Motorsockel unter der Rührschüssel. Das rechte Gerät ist leicht sauberzuwischen, das linke fängt den Schmutz mit vielen Kanten und Winkeln.
Die „große“ Braun-Küchenmaschine (Abb. 8), seit 25 Jahren im Design unverändert, hat auch außen glatte Flächen.

Beispiele für weitere Details, die über die Qualität des Designs entscheiden:

- Den Bedienungselementen, den Schaltern, Schiebern, Tasten usw. gilt das besondere Augenmerk des Designers. Bei diesem Rasierer (Abb. 9) ist nur ein einziges, zentrales Schaltelement über drei Stufen zu verschieben.
- Das Kunststoffgehäuse der Elektrozahnbürste (Abb. 10) ist vollkommen geschlossen, der Bedienungsring des Magnetschalters ist ohne mechanische Verbindung aufgesetzt.
- Bei dem in Abb. 11 dargestellten Feuerzeug ist die Bedienungstaste aus der elementaren Form des Zylinders heraus entwickelt: Ergonomie verbindet sich mit der „Ökonomie" der Form.
- Bei einer vielseitig programmierbaren Weck- und Terminuhr (Abb. 12) vermittelt das Graphic-Design dem Verwender die klare Information über Funktion und Bedienung des Geräts.
- Design informiert nicht nur durch Schrift und Symbol. Form und Formdetails selbst vermitteln Information. In Abb. 13: wie der Deckel aufzusetzen und mit welchem Schalter er zu verriegeln ist, um das Gerät im Betrieb doppelt zu sichern.
- Gutes Design findet auch für das Verstauen des Netzkabels eine Lösung (Abb. 14), die der speziellen Form des jeweiligen Geräts individuell Rechnung trägt.

Ästhetische Qualität

Im Hinblick auf die ästhetische Qualität von Industrieprodukten wirkt Design langfristig geschmacks- und stilbildend. Die Ehrlichkeit im Material und seine Bearbeitung, die Ausgewogenheit der Einzelelemente, die Sorgfalt der Gestaltung in den Details, das harmonische Zusammenspiel von Form, Farbe und Graphic-Design vereinen sich zu ästhetischer Evidenz (Abb. 15 und 16). Sie wird spontan erlebt, auch als die Einheit des Braun-Design quer durch alle Produktlinien und seine „zeitgemäße Zeitlosigkeit" über viele Jahre hinweg (Abb. 17).

Mit der Radio-Phono-Kombination SK4 von 1955, dem sogenannten „Schneewittchen-Sarg" (Abb. 18), der am Beginn dessen stand, was man heute Braun-Design nennt, leben noch heute viele Menschen zusammen, auch wenn das Gerät technisch überholt ist. Aber für sie ist es ein unverzichtbarer Bestandteil ihres Lebensumfeldes geworden. Im übrigen hat sich für dieses und andere Braun-Geräte bereits ein Gebrauchtmarkt mit durchaus antiquitätennahen Preisen entwickelt.

Auch im Bereich der Elektronik ist die Produktgestaltung von der Entwicklung der Technik und des Materialeinsatzes bestimmt (Abb. 19). Das Gerät links ist aus Stahlblech und Aluminium, rechteckig und gewinkelt, wie es dem Material entspricht. Vorn der jüngere Nachfolger mit einem Gehäuse aus Kunststoff, verrundet und „weich“, wie es dem verwendeten Spritzgießverfahren gemäß ist.

Bausteinsystem

Einen weiteren Entwicklungsschritt zu einem Bausteinsystem mit durchgehendem Formatraster zeigt Abb. 20.

Der Gebraucher spürt bei solchen Produkten ihre Umweltfreundlichkeit im ästhetischen Sinn. Er empfindet Harmonie und Gleichstimmung in der Gegenwart dieser Geräte in seiner persönlichen Sphäre (Abb. 21).

4. Was leistet die Produktgestaltung für den Handel?

Gute Produktgestaltung *folgt* nicht den Trends im Markt, sondern *formt* sie mit und ermöglicht es dem Hersteller, dem Handel trendgerechte Neuprodukte zur Verfügung zu stellen, mit denen bestimmte Verbrauchergruppen gezielt angesprochen werden. Die Identifikation kaufkräftiger Zielgruppen mit Produkten eines Design-Konzepts, das ihrer Einstellung entspricht, ermöglicht dem Handel eine Angebotspolitik, die nicht in die Breite, sondern in die Tiefe geht. Er wird nicht durch Me-too-Produkte belastet, die ihn zu einer mehr oder weniger vom Zufall bedingten Sortimentserweiterung zwingen. So kommt der Alleinstellungswert, den diese Produkte dem Verbraucher gegenüber aufbauen, auch dem Handel zugute.

Ein Vorteil für den Handel ist auch die Langlebigkeit gut gestalteter Produkte, die durch ihren langfristigen Lebenszyklus einen stabilen Kern im Sortiment bilden. Die Gefahr, auf Ladenhütern sitzenzubleiben, ist erheblich geringer als bei modisch gestylten Produkten.

Fachliche Profilierung

Die Handelsunternehmen, die sich mit Marke und Image gut gestalteter Produkte identifizieren und einzelne Sortimentsbereiche darauf ausrichten, verfügen damit über ein Instrument, sich fachlich zu profilieren, von Konkurrenten deutlich abzuheben und damit ihrerseits eine Alleinstellungsposition zu gewinnen, die über den direkten Einzugsbereich ihres Geschäfts hinausgeht. Die Verbraucher der Zielgruppe nehmen auch lange Wege zum Spezialisten, der ihre Designauffassung vertritt, in Kauf.

Produkte in gutem Design sind häufig beratungsintensiv und werden mit zuverlässigem Betreuungsservice nach dem Kauf angeboten. Das ermöglicht dem Fachhändler die Gewinnung neuer Kunden und die Erweiterung und Stabilisierung seines Stammkundenbestands. Eine entsprechende Selektion der Handelspartner nach ihrer Qualifikation für Beratungs- und Betreuungsservice ist dafür allerdings notwendig.

Kontinuität

Die Kontinuität des Design eines Produktprogramms über die Jahre hin läßt dies mit der Zeit zu einem „Stil" werden (man spricht z. B. vom „Braun-Stil"), der das ganze Programm zu einem Markenartikel eigener Art macht. Diesem „Markenartikel" als Programm kann der Fachhändler zur Förderung und Pflege eines wachsenden Dauergeschäfts eine eigene geschlossene Präsentation geben.
Förderlich für sein Geschäft ist außerdem, daß Konsumenten, die sich mit diesem Design identifizieren, der betreffenden Marke auch bei Zusatz- und Ersatzkäufen treu bleiben und neu eingeführte Produkte gern in ihre persönliche Lebenswelt aufnehmen.
Hinzu kommt, daß der Preis beim Kauf von Produkten, mit denen man sich identifiziert, als Entscheidungskriterium nicht an vorderer Stelle steht. Gutes Design verzichtet auf Materialien und Bauelemente, die den selbst gesetzten Qualitätsansprüchen nicht genügen, und verwendet nur gediegene und zuverlässige Bestandteile. Auch wenn sich dies in der Preisstellung auswirkt, ist ein möglicher höherer Preis durch die bessere Gebrauchsqualität und den gebotenen höheren – nicht nur materiellen, sondern auch ideellen – Wert gerechtfertigt. Gutes Design gibt dem Menschen mehr als nur den bloßen materiellen Wert, und der Preis findet seine Begründung im *Gesamt*wert des Produkts.

5. Wer soll Produktgestaltung machen?

Wenn sich ein Unternehmer entschlossen hat, seine Unternehmens- und Markenpolitik auf ein durchgängiges Design-Konzept einzustellen, um damit ein quantitativ definierbares Marktsegment zu besetzen, stellt sich die Frage, wer für ihn die Produktgestaltung machen soll und wer dafür verantwortlich ist.
Drei Lösungskonzepte haben sich dabei bewährt:

Design-Abteilung

Lösungstyp I ist eine vollausgebaute Produktgestaltungs-Abteilung im Unternehmen, wie man sie heute in allen größeren Unternehmen der Gebrauchsgüter-, aber auch der Investitionsgüter-Industrie kennt. Braun ist ein Beispiel dafür.
In vielen Fällen werden zusätzlich Designaufträge nach außen an freie Designer vergeben, um aus einem breiteren kreativen Potential schöpfen zu können, den Produktgestaltern im Unternehmen neue Anregungen zu vermitteln und auch Anregungen für die mögliche Weiterentwicklung der eigenen Design-Konzeption des Unternehmens zu gewinnen.

Lösung 2 ist insbesondere in mittelständischen Unternehmen üblich: Die Produktgestaltung wird von einem zwar freien, aber dem Unternehmen fest verbundenen Stammdesigner bestimmt, dessen Partner im Unternehmen meist der Unternehmensleiter selbst ist. Denn gerade im mittelständischen Unternehmen ist die Verantwortung für die Produktgestaltung kaum zu delegieren. Sie ist Bestandteil der Unternehmenspolitik, und deshalb ist immer der Unternehmer selbst gefordert.

Stammdesigner

Auch hier kann die Produktgestaltungsarbeit durch die zusätzliche Beauftragung anderer freier Designer ergänzt werden, – notwendigerweise dann, wenn innerhalb des gültigen Design-Konzepts innovative Designvarianten gefragt sind, um den bedienten Markt weiter zu segmentieren.

Lösung 3 ist schließlich die Beauftragung ausschließlich freier Designer durch einen verantwortlichen Ansprechpartner im Unternehmen. Diese Lösung empfiehlt sich dort, wo es auf eine gewisse Vielfalt individueller Designlösungen im Rahmen eines Gesamtkonzepts ankommt, wie z. B. bei vielen Möbel- und Textilherstellern.

Freie Designer

Für welche Lösung sich das Unternehmen entscheidet, ist abhängig von der durch das Konzept geforderten Designleistung, die die Auswahl des oder der geeigneten Designer bestimmt. Die Lösung des damit verbundenen organisatorischen Problems richtet sich nach der Größe und Leistungsfähigkeit des Unternehmens und ganz konkret auch nach dem Volumen der anfallenden Designarbeit. Allerdings ist darauf hinzuweisen, daß keines dieser Konzepte schematisch angewandt werden sollte, sondern ganz individuell dem einzelnen Unternehmen anzupassen ist. Die Qualität der Designarbeit ist hochempfindlich gegenüber allzu schematisch administrativer Behandlung.

6. Wie arbeitet die Produktgestaltung?

Wenn klargestellt ist, *wer* die Produktgestaltung macht, muß festgelegt werden, *wie* die Produktgestaltung arbeiten soll. Die Basis und dann auch der Maßstab, an der die gestalteten Produkte gemessen werden, ist die für das Unternehmen gültige Design-Konzeption. Sie ist langfristig festzuschreiben. Sie sollte aber auch periodisch überprüft werden, ob sie im Hinblick auf Veränderungen im Markt und im Verbraucherverhalten eventuell modifiziert werden muß. Eine zu starre Auslegung kann ebenso schädlich sein wie eine zu laxe. Philip Rosenthal hat einmal gesagt: „Der Unternehmer, der am guten Design Pleite geht, ist kein Held der Gestaltung."

Design in der Produktentwicklung

Ausgehend von dieser Basis ist die Grundlage für das einzelne Arbeitsprojekt ein Produktentwicklungs-Briefing, das im Zusammenwirken von Technik, Design und Marketing erarbeitet wird und dann für alle gültig ist. Das gilt selbstverständlich auch, wenn das Unternehmen mit externen Designern arbeitet. „Hat man sich entschlossen, Design in die Entwicklungsüberlegungen einzubeziehen, dann muß der Designer von dem Moment an in das Entwicklungsteam einbezogen werden, in dem die generelle Zielsetzung festgelegt worden ist" (Arnold Schürer, Design – Investition in Investitionsgüter, in: Katalog der 2. Hagener Design-Ausstellung der Südwestfälischen Industrie- und Handelskammer 1984, S. 11). So ist gewährleistet, daß die Produktgestaltung wirklich funktionsorientiert arbeiten kann und bei der Entwicklung des Produkts in ständigem Dialog mit der Technik steht.

„Der Designer muß von Anfang an bei der Entwicklung eines Produkts mitarbeiten können. Diese Kompetenz muß organisatorisch festgelegt und geordnet sein. Man darf nicht erwarten, daß die Designer fertigbringen, was keine andere Abteilung eines Industrieunternehmens heute und überhaupt schaffen kann: sich ‚spontan', ohne Absicherung in die Arbeit anderer zu mischen und sie zu beeinflussen" (Dieter Rams 1975, a. a. O. 1980, S. 190).

Zur organisatorischen Absicherung der Zusammenarbeit wird für jedes Projekt ein Entwicklungs-Team gebildet, dem – mindestens – ein Designer, ein Techniker und ein Marketingmann angehören. In kleineren Unternehmen ist auch oft der Unternehmer selbst Mitglied dieses Entwicklungsteams, das die Projektsteuerung, also die Verantwortung für das Projekt bis zur Produktionsreife, übernimmt.

Begleitende Tests

Um das Entwicklungsprojekt von Anfang an auf den Markt auszurichten, stützt man sich auf Gebrauchs- und Akzeptanz-Tests oder auch auf marktpsychologische Explorationen, die die Entwicklung begleiten und die Kriterien zur marktorientierten Optimierung von Technik und Produktgestaltung liefern.

7. Wer beurteilt die Produktgestaltung im Unternehmen?

Wer die Produktgestaltung beurteilt und darüber entscheidet, muß im Unternehmen klar und deutlich festgelegt sein. Denn dem Design geht es oft so wie der Werbung: Jeder glaubt, etwas davon zu verstehen, weil er als Konsument davon angesprochen wird. Aus dieser Zone subjektiver Urteile und oft auch Besserwisserei sollte man die Produktgestaltung tunlichst heraushalten.

„Man muß genau wissen, worum es geht. Und heute bedeutet das bei technischen Produkten, daß man sehr, sehr viel wissen muß. Ein Blick im Vorbeigehen – damit kann man nicht zu fundierten Bewertungen gelangen.

Bewertungskriterien

Bewerten von Qualität ist keine lineare, sondern eine kreisförmige oder spiralförmige Bewegung.

Man achtet beispielsweise auf die Anmutungsqualität – aber zugleich auch auf die Produktionskosten. Man gewichtet die Gebrauchseigenschaften – aber zugleich auch den Innovationsgrad des Entwurfs.

Dabei wird eine Eigenschaft ständig durch alle anderen beeinflußt. Ein Entwurf z. B., der eine völlig neuartige Designidee bringt, wäre ausgezeichnet, wenn er sich auch zu einem vernünftigen Preis produzieren ließe, wenn die Gebraucher ihn auch verstehen und – möglichst ohne Gebrauchsanleitung – mit ihm umgehen könnten. Totale Neuartigkeit, die aber ganz unbezahlbar ist, wäre für den Gebraucher weniger wert, als eine teilweise Neuartigkeit, die er sich auch leisten kann" (Dieter Rams).

Es ist klar, daß die ersten Entwürfe vom Leiter der Produktgestaltungs-Abteilung beurteilt werden bzw. vom Ansprechpartner der freien Designer, wenn keine verantwortliche Produktgestaltungs-Abteilung im Unternehmen existiert.

Entscheidungsstufen

Nach Auswahl der Alternativen, die weiterentwickelt werden sollen, werden die nunmehr detaillierten Entwürfe dem Entwicklungs-Team vorgelegt, das unter den Aspekten Design, Technik und Marketing und unter Berücksichtigung der Ergebnisse der begleitenden Gebrauchstests entweder selbst darüber entscheidet oder Empfehlungen für eine höhere Entscheidungsinstanz im Unternehmen (z. B. den Unternehmer selbst) ausarbeitet.

Wenn das Entwicklungs-Team seine Empfehlung für die Weiterarbeit gegeben hat, veranlaßt es darüber eine Managemententscheidung, mit der die Unternehmensleitung in die Verantwortung für die Entwicklung eintritt.

Logisch ist deshalb, daß in der nächsten Stufe, in der Muster vorgelegt werden, Entwicklungs-Team und Management gemeinsam zu entscheiden haben. Nicht zuletzt deshalb, weil jetzt die Entwicklung von Produkten einen bedeutenden Aufwand an Geld und Arbeitskapazität erfordert.

Bei Braun werden die Prototypen schließlich in einem dreistufigen Entscheidungsgang vom Entwicklungs-Team über Management bis zum Top-Management ausgewählt, und für den Produkttest bzw. die Phase der Arbeitsvorbereitung für die Null-Serie verabschiedet.

8. Wie werden gut gestaltete Produkte vermarktet?

Markenartikel-Politik

Die Entscheidung für gutes Design als Unternehmensstrategie ist in der Regel mit der vorhergehenden Unternehmensentscheidung für eine konsequente Markenartikelpolitik eng verbunden oder durch diese bedingt. Zum echten technischen Markenartikel gehören

- die absolut zuverlässige Qualität;
- die Nutzbarmachung des technischen Fortschritts für den Verbraucher durch Produktinnovation und Produktpflege (Produktevolution);
- die Reparaturfreundlichkeit;
- die Langlebigkeit der Produkte, die durch ihre Betreuung nach dem Kauf durch eine ausreichende Zahl von Servicestellen abgesichert ist;
- ein umweltfreundliches Design im ästhetischen und ökologischen Sinn, das sich in das Lebensumfeld der Gebraucher einfügt und „ressourcenfreundlich" arbeitet (Energieverbrauch, Verschleiß, Umweltbelastung durch Geräusch, Geruch etc., keine Wegwerfprodukte);
- ein Preis, der vom Verbraucher akzeptiert wird, und ein Absatzsystem, in dem die Handelspartner eine angemessene Vergütung für ihre jeweilige Leistung erhalten können.

Das Design gibt dem Produkt über die Gebrauchsqualität hinaus Charakter und Profil, macht es eigenständig und kann ihm Alleinstellungswert schaffen. Mit seiner Gebrauchsqualität muß das Produkt immer wieder die Kompetenz und Vertrauenswürdigkeit der Marke bestätigen, die das Design verspricht. Langfristige Kontinuität des Markenerscheinungsbilds im Produktdesign, im Produktauftritt am Verkaufsort, in Werbung und Verkaufsförderung sind zwingende Voraussetzungen, um in den besetzten Marktsegmenten Führerschaft zu gewinnen und zu behalten.

Segmentierung

Markenpolitik mit Produkten in gutem Design ist immer Segmentierungs-Strategie. Alleinstellungswert durch Design gewinnt man nur in Segmenten mit affinen Zielgruppen (die bei Braun in der Corporate Identity charakterisiert sind), aber man kann dann auch diese Segmente ganz für sich gewinnen.

Im Hinblick auf die bedienten Segmente ist eine gezielte Distributionspolitik notwendig, die die Erhältlichkeit der Produkte überall dort sichert, wo die Zielgruppen das Produkt erwarten. Dazu ist eine Segmentierung auch der Vertriebswege erforderlich. Man kann sie nur optimal nutzen, wenn man ihre jeweilige Kompetenz gegenüber den verschiedenen Verbraucherzielgruppen berücksichtigt und die eigene Vertriebspolitik darauf abstellt, daß sie diese Kompetenz erhalten und ausspielen können. Diese Aufgabe erfüllt eine unterschiedliche Gewichtung der Marketing-Maßnahmen des Herstellers und der Marketing-Unterstützung des Handels, differenziert nach Handelsformen.

Fachhandelsorientierung

Der Fachhandel ist für den technischen Markenartikel – welcher Branche auch immer – der wichtigste Absatzweg: Fachmännische Produktkenntnis, ein persönliches Verhältnis zum Design der Produkte, Beratungsqualifikation auch in Designfragen sind für die Durchsetzung progressiver Technik und guten Designs im Markt unerläßlich.

Um diese Funktion des Fachhandels – letztendlich zum Nutzen des Verbrauchers – zu erhalten, muß das Markenartikelunternehmen eine faire Handelspolitik betreiben, die die Bedingungen dafür schafft, daß mit den unterschiedlichen Partnern ein Konsens gefunden wird, um miteinander in richtiger Ausgewogenheit von Preis- und Qualitätswettbewerb mit ausreichenden Spannen konkurrieren zu können. Abgabepreise und Handelskonditionen sollten dem Grundsatz gleichen Entgelts für gleiche Leistung entsprechen. Im Vordergrund der Leistungsbemessung stehen Beratung, Produktpflege, Produktpräsentation, Servicefähigkeit: eben die Leistungen, die gebraucht werden, wenn Verbraucher an Markenartikeln in gutem Design nachhaltig interessiert werden sollen.

Kooperatives Marketing

Bei Braun wird die Zusammenarbeit mit dem Fachgroßhandel und dem Facheinzelhandel durch kooperatives Marketing verstärkt, indem Vertreter des Handels eine echte Beraterrolle ausüben und schon an der Entwicklung von gemeinsamen Aktionen für Hineinverkauf und Abverkauf beteiligt sind. Dabei geht es um gemeinsame Marketingaktionen, um die Betreuung, Schulung und Unterstützung ausgesuchter Partner im Fachhandel, um Werbekampagnen mit Anzeigen, die in Kooperation mit einzelnen Händlern geschaltet werden, und nicht zuletzt um die kontinuierliche Information über gutes Design gegenüber den Verbrauchern und gegenüber dem Handel und seinen Mitarbeitern, damit sich diese im Beratungs- und Verkaufsgespräch über Designfragen angemessen artikulieren können.

Vorverkauf

Die Stärke einer Marke beruht zu einem wesentlichen Teil auf dem Vorverkauf der Produkte durch Werbung, in der die Gebrauchsqualität, die Zuverlässigkeit, das gute Preis-/Leistungsverhältnis dem Verbraucher glaubhaft dargestellt und um sein Vertrauen geworben wird. Hohe Investitionen in den Vorverkauf durch Marketingkommunikation mit profilierter Werbekonzeption und eigenständigem, auf die Segmente ausgerichtetem Media-Mix sind notwendig, wenn man Marktführerschaft gewinnen und halten will. Ziel ist bei neuen Produkten der Auf-

Marketing-Kommunikation

bau, bei bestehenden Produkten die Aufrechterhaltung eines gezielten Nachfragesogs. Der Schwerpunkt der Kommunikations-Strategie von Braun liegt in der Vermittlung von Produktkenntnis und Markenphilosophie, und dies möglichst in einer Sprache, die wahr, ungekünstelt und nicht reklamig ist, so daß ein informatives Gespräch zum Verbraucher zustande kommt.

Der immaterielle Wert der Produkte wird durch Imagepflege gestärkt, die Markentreue der Verwender wird durch die Bestätigung ihrer Markenentscheidung unterstützt. Damit ist gleichzeitig eine sehr klare und wirksame Abgrenzung gegenüber Konkurrenzangeboten möglich. Außerdem entsteht ein Synergieeffekt, der die Position der Markenprodukte auch in den Vertriebswegen festigt.

Daß Design immer wieder gute Möglichkeiten für PR-Aktionen bietet, ist bekannt: Die Gelegenheiten reichen von den verschiedenen Design-Auszeichnungen bis zu den bedeutenden Ausstellungen in den verschiedenen Design-Zentren, oder auch im Museum of Modern Art und anderen Museen, die eine Abteilung für Industrieform eingerichtet haben.

Alle diese Aktivitäten sind der Marke förderlich und helfen, ihr Image hochzuhalten.

Design als Unternehmensstrategie

Zusammenfassend sei noch einmal betont: Die Entscheidung, gutes Design zu machen, muß eine Unternehmensentscheidung sein, und das ganze Unternehmen muß auf diese Entscheidung konsequent eingestellt werden. Dann ist gute Produktgestaltung eine festgeschriebene Unternehmensstrategie, die die Marketing-Konzeption mitbestimmt. Ob sie ihre Aufgabe erfolgreich erfüllt, hängt davon ab, daß sie vom Markt akzeptiert wird. Gut gestaltete Produkte müssen also den Markt von sich überzeugen. Sie müssen sich Marktnischen und Marktsegmente erschließen, um leben zu können. Sie müssen in genügender Menge absetzbar sein, damit sie rentabel produziert, vermarktet und unternehmerisch verantwortet werden können.

Design als Unternehmensstrategie bedeutet auch, daß es nicht genügt, einen Designer – oder auch mehrere – zu engagieren und ihre Werke in den gewohnten Bahnen zu vermarkten. Gutes Design nimmt die Kraft des ganzen Unternehmens in Anspruch – die Produktentwicklung und Produktion ebenso wie Marketing, Vertrieb und Werbung – und bedarf nicht zuletzt guter Partner im Handel, die bereit sind, sich voll für gut gestaltete Produkte einzusetzen, weil sie selbst daran glauben und Freude daran haben, zur ästhetischen Verbesserung unserer Umwelt beizutragen.

9. Das System der Produktgestaltung bei Braun

Unternehmensphilosophie

Die Design-Orientierung des Unternehmens ist in der Braun-Philosophie begründet und im Braun-Design-Konzept festgelegt.
Die Braun-Philosophie: Braun schafft Fortschritt zum Nutzen des Verbrauchers durch intelligente Technik und gebrauchsfreundliches Design, in Produkten mit Alleinstellungscharakter, die dem Unternehmen und seinen Partnern im Markt Ertrag bringen.

Das Braun-Design-Konzept

Gutes Design
- perfektioniert den Gebrauchswert bis ins Detail,
- folgt dem Prinzip „Ordnung",
- bevorzugt einfache Formen,
- gibt dem Produkt eine ausgewogene, zurückhaltend-neutrale ästhetische Qualität und damit unverwechselbaren Charakter.

Und so läßt sich das System der Braun-Produktgestaltung darstellen:

System der Produktgestaltung

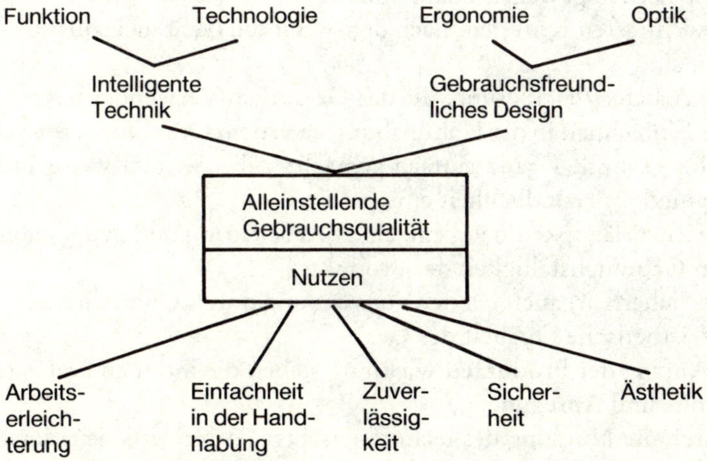

Funktion und Technologie der Produkte schließen sich zusammen zu dem, was wir intelligente Technik nennen. Darunter verstehen wir das innovative Element in der Funktion des betreffenden Geräts, das durch Nutzung des technologischen Fortschritts ermöglicht wird.

Intelligente Technik

Im gebrauchsfreundlichen Design der Braun-Geräte laufen Ergonomie und Optik zusammen, so daß sich hier wieder ein engster Zusammenhang zwischen der Technik und dem Design der Geräte herstellt.

Gebrauchsfreundliches Design

Eine besonders griffige und rutschfeste Oberfläche wurde für den Rasierer Braun micron plus universal durch eine langwierige und aufwendige Innovation der Verfahrenstechnik geschaffen: Die weichen Kunststoffnoppen dringen von innen durch das harte Edelstahlgehäuse nach außen und sorgen für angenehme und sichere Griffigkeit des Gerätes (Abb. 22).

Zahlreiche ergonomische Tests und die damit verbundene Modellentwicklung (Abb. 23: Modellstudien aus der Braun-Design-Abteilung) waren bei Haartrocknern die Grundlage zur optimalen Designlösung für den richtigen Winkel zwischen Gerätekorpus und Handgriff. Erst der abgewinkelte Griff macht beim Haartrocknen unverkrampftes Halten des Gerätes möglich (Abb. 24).

Ein drittes Beispiel ist schließlich die Design-Lösung für den Braun-Taschenrechner mit den nach oben gewölbten Tasten, die dadurch hohe Tippsicherheit gewährleisten (Abb. 25).

Die wichtigsten Kriterien, nach denen wir die Gebrauchsqualität beurteilen, sind

- die Arbeitserleichterung, die das Gerät dem Verwender bietet,
- die Einfachheit in der Handhabung nach dem Grundsatz „fortschrittliche Technik – ganz einfach gemacht", die beispielsweise auch die Reinigungsfreundlichkeit einschließt,
- die Zuverlässigkeit beim einzelnen Arbeitsgang und in der langfristigen Gebrauchsfähigkeit des Produkts,
- die Sicherheit, auch bei der Verwendung durch Unerfahrene,
- die ästhetische Qualität des Geräts.

Produktentwicklung

Am Anfang der Produktentwicklung stehen die internen und externen Anstöße und Anregungen,

- durch die Nutzung des technologischen Fortschritts neue Problemlösungen anbieten zu können;
- besetzte Märkte durch Produktinnovationen zu segmentieren und dort erfolgsträchtige Positionen aufzubauen;
- veraltete Produkte durch neue zu ersetzen;
- durch produktionstechnische Rationalisierung zu einem überlegenen Preis-/Leistungsverhältnis zu kommen;

- neue Bedarfstrends rechtzeitig durch das Angebot der richtigen Produkte zu nutzen;
- oder auch – als externe Innovationsanstöße – Anregungen aus dem Handel aufzunehmen und Produkte in den Markt zu bringen, die für spezielle Absatzmittlergruppen die Konkurrenzsituation verbessern und neue Marktchancen eröffnen.

Also eine Fülle von Anstößen, die sich zu *Produktideen* verdichten können.

Auswahlkriterien

Soweit diese Produktideen dem Kriterium genereller Machbarkeit entsprechen, werden ihre Marktchancen nach Marktattraktivität und relativer Wettbewerbstärke ermittelt.

Hinzu kommt nun die Einschätzung unseres Produktionspotentials, unseres Logistikpotentials und schließlich – wenn erforderlich – auch unseres Ressourcenpotentials im Vergleich zu den Konkurrenten, die den Markt bisher besetzt halten. Denn „der Designer muß mit der Formgebung die konkreten Bedingungen, unter denen ein Produkt entsteht, realistisch berücksichtigen und alle gegebenen Möglichkeiten nutzen. Er muß innerhalb eines gegebenen Kostenrahmens, mit gegebenem Material, gegebener Produktionstechnik, gegebener Zeit, gegebener Konkurrenzsituation jeweils versuchen, das Optimum zu erreichen." (Dieter Rams, unveröffentl. Manuskript).

Die Produkt-Konzeption wird einem Konzeptions-Test unterworfen. Er gibt eine – wenigstens vorläufige – Antwort auf die Frage, ob das Produkt in seinem Nutzenversprechen vom Verbraucher verstanden und akzeptiert wird.

Entwicklungs-Briefing

Die Ergebnisse des Konzeptions-Tests gehen mit ein in das Entwicklungs-Briefing, das nun als verbindliche Basis für die Produktentwicklung in Technik *und* Design gilt.

Das sehr enge Zusammenspiel zwischen Technik und Design zeigt sich auch darin, daß schon im Frühstadium der technischen Entwicklung die Designentwicklung beginnt. Falls sich im Laufe der Entwicklungsarbeit am technologischen Konzept etwas ändert, wird dies vom Design aufgenommen und berücksichtigt.

Auch wenn das Gerät technisch bereits „fertig" erscheint, ist die Design-Arbeit noch nicht abgeschlossen, denn in einem zweiten Akzeptanztest werden Funktion, Handhabung, Bedienungsfreundlichkeit usw. sehr genau und eingehend überprüft und die sich daraus ergebenden Korrekturen in der Produktgestaltung durchgeführt. Oft werden mehrere Design-Alternativen entwickelt und geprüft.

Die 4 Entwicklungsphasen mit den Einzelschritten im Detail zeigt die folgende Übersicht:

Erste Vorklärungsphase

Formulierung des Produktkonzepts
Entwicklungsvorklärung
Marketingvorklärung
Aufbau eines Prinzipmusters
Untersuchung der Machbarkeit
Schätzen der Entwicklungskosten
Schätzen der Herstellungskosten
Schätzen der Investitionen
Prüfung der Patentsituation
Überarbeitung des Konzepts
Festlegung von Prioritäten
Formulierung und Genehmigung des Projektauftrags

zweite Vorklärungsphase

Designkonzept
Ausstattungskonzept
Verpackungskonzept
Entwurfszeichnungen und Stücklisten
Vorläufiger Terminplan
Überprüfung der Projektzielsetzung

Entwicklungsphase

Funktionsmuster
Designmuster
Test Funktionsmuster
Akzeptanztest (Marketing)
Marktanalyse
Prüfung der Patentsituation
Planen des Fertigungsverfahrens
Festlegung der Qualitätsnormen
Kalkulation
Prototyp
Muster der Ausstattung
Muster der Verpackung
Bestätigung der Machbarkeit
Festlegung des Fertigungsverfahrens
Angebote für Teile, Werkzeuge, Prüfmittel einholen
Entscheidung über Teile-Einkauf oder Eigenherstellung
Überprüfung Projekt
Überprüfung Kosten
Überprüfung auf Schwachstellen
Abstimmung mit Kundendienst
Endgültige Zeichnungen, Stücklisten, Bauvorschriften
Entwicklung von Ausstattung, Verpackung
Festlegung der Verkaufsbezeichnung

Fertigungs-Vorbereitung

Beantragung und Genehmigung der Mittel
Beschaffung der Werkzeuge und Prüfmittel
Erstellung der Fertigungsprüfvorschriften
Planung der Fertigungskapazitäten
Aufstellen von Arbeitsplänen
Disposition der Teile
Bestellung von Einkaufsteilen
Einleitung der Approbation
Ersatzteillisten und Serviceanleitung erstellen
Fertigungsbereitschaft prüfen
Pilotserie, Nullserie
Nullserie testen
Korrekturen durchführen
Serienteile bereitstellen
Produktion freigeben

10. Fallbeispiel: Die Kompaktküchenmaschine Braun Multipractic Plus

Marktanalyse

Die Braun-Marktforschung hatte 1981 festgestellt, daß in der Bundesrepublik nur 18 % aller Haushalte Küchenmaschinen besaßen.
Als Gründe für diese sehr geringe Marktsättigung wurden ermittelt, daß die traditionellen Küchenmaschinen
- zuviel Platz wegnehmen,
- zu kompliziert sind,
- zu viele Teile haben, also viel Reinigungsarbeit erfordern,
- teuer sind.

Gleichzeitig wurde ein Markttrend zum platzsparenden Kompaktgerät gegenüber der traditionellen massiven Küchenmaschine mit vielen Zubehörteilen ermittelt, und eine Konkurrenzanalyse ergab, daß das Marktsegment Kompaktgeräte bei weitem noch nicht optimal besetzt war.
Braun sah deshalb eine *Marktchance* darin, eine einfache, kompakte, multifunktionale Küchenmaschine zu günstigem Preis auf den Markt zu bringen.

Die Marktsegmente, die damit angesprochen würden, waren die der
- traditionellen Küchenmaschinen,
- Food-Prozessoren,
- Universal-Zerkleinerer,
- Handrührer mit Stativ.

Produktkonzeption

Entscheidend für den Erfolg der Innovation mußte es sein, daß die Produktkonzeption für das Zielsegment stimmig war. Sie wurde folgendermaßen formuliert:

Eine kompakte, platzsparende Küchenmaschine,
- die alle Funktionen ohne Zusatzgeräte ausführt, auch Kneten und Rühren schwerer Teige,
- einfach in Bedienung und Reinigung,
- absolut gebrauchssicher,
- und in der Preisklasse von DM 200.- Endverbraucherpreis liegt.

Aus dem Forderungskatalog für die Leistungen, also die Gebrauchsqualität des Geräts, wurde das technische Konzept entwickelt:
- Starker Universalmotor: 400 W
- 2 Gänge + Momentstufe
- Dauerbetrieb
- Doppeltes Sicherheitssystem
- Große Kapazität
- Funktionsgerechte Arbeitsscheiben

Design-Konzept

Das Design-Konzept des neuen Geräts wurde nach der Leitlinie entwickelt:

Moderne, ausgefeilte Technik – für den Verwender ganz einfach gemacht – damit ein Angebot optimaler Gebrauchsqualität (Abb. 27).

Dazu im einzelnen:

Wesentliches technisches Merkmal der Multipractic Plus ist der ungewöhnlich starke Motor (Abb. 28). Er erlaubt es, das Gerät auf hohe Verarbeitungskapazität auszulegen, d. h. dem Arbeitsbehälter eine komfortable Größe zu geben. Andererseits läßt er sich nicht gut in den Sockel unter den Arbeitsbehälter legen. (Wo einige andere Geräte der Gattung ihre schmächtigeren Antriebsaggregate untergebracht haben.) Vielmehr erschien es vernünftig, ihn neben dem Topf in einem eigenen Motorgehäuse anzuordnen.

Die Braun Multipractic ist zwar nicht der einzige Food Processor mit derartigem Aufbau, aber der erste, bei dem der Aufbau für eine entscheidende Konsequenz genutzt wird: für die Anordnung des Schalters auf der Oberseite des Motorgehäuses neben dem Arbeitsbehälter (Abb. 29).

Schalter

Damit ist zweierlei gewonnen: Erstens läßt sich die unumgängliche Sicherheitsverriegelung, die dafür zu sorgen hat, daß der Schalter nur dann funktioniert, wenn der Deckel fest auf dem Behälter sitzt, auf kürzestem und störungsunanfälligstem Wege realisieren. Der Deckel der Multipractic Plus wird mit einer kurzen Drehung dadurch verriegelt, daß eine vorspringende Nase an seinem Rand in eine Nut des Gebäudes gleitet. Diese selbe Nase greift dort unmittelbar in den Mechanismus des Schalters ein, indem sie eine Sperre löst, die sonst den Schalter in der Aus-Position fixiert.

Zweitens macht die Anordnung des Schalters auf der Oberseite des Gehäuses das Gerät lageneutral in bezug auf die Bedienung. Der Schalter kann gleich gut rechts - wie linkshändig betätigt werden (Abb. 30 und 31); er kann – vom Benutzer gesehen – vor oder hinter oder neben dem Arbeitsgefäß liegen. Die Beschriftung des Schalters nimmt auf diese Lageneutralität Rücksicht. Sie ist zweifach ausgeführt und bleibt somit, von welcher Seite auch immer die Hand des Benutzers zugreift, wenigstens einmal unverdeckt sichtbar.

Die Verarbeitungsprozesse im Food Processor sind von sehr kurzer Dauer. Nur wenige – etwa das Teigrühren – dauern länger als eine Minute, die meisten zählen eher nach Sekunden und müssen zeitlich genau „dosierbar“ sein. Der Schalter spielt also eine zentrale Rolle bei diesem Gerät. Es war darum kein abwegiger Detail-Fanatismus, wenn sich die Designer der Braun Multipractic Plus sehr gründlich damit beschäftigten, wohin er gelegt und wie er geformt werden sollte.

Kabelstauraum

Das Motorgehäuse der Multipractic Plus hat annähernd rechteckigen Querschnitt. Formal steht es dadurch in einem gewissen – erwünschten – Spannungsverhältnis zu dem runden Arbeitsbehälter. Dem Konstrukteur schafft der rechteckige Querschnitt Platz für seitlich verlaufende „Dome“ zum Zusammenschrauben der Gehäuseschalen. Für den Benutzer springt als Bonus in der dem Topf abgewandten Fläche des Motorgehäuses ein Kabelstauraum heraus (Abb. 32). Dort ist er natürlich besser zugänglich, d. h. besser brauchbar als im Boden, wohin ihn Konstrukteure gerne verbannen, wenn sie ihn überhaupt vorsehen.

Topf und Griff

Für die Gestaltungsdetails des Topfes war die Forderung nach leichter Reinigung maßgebend (Abb. 33). Weitere Detailarbeit bezog sich auf den Behälterrand, der zum besseren (tropffreien) Ausgießen leicht angeschrägt wurde (Abb. 34); auf den Griff, der mit zwei Stegen unterschiedlicher Breite so gut in der Hand liegt wie ein voller Griffkörper, aber kostengünstiger zu produzieren ist (Abb. 35); auf den Knauf des Messereinsatzes, dessen haptische Gestaltung zugleich günstige Auswirkungen auf die Teigrührfunktion hatte.

Nachdem ein Gebrauchstest sowohl in der Einzelbewertung als auch in der Gesamtbeurteilung sehr gute Werte ergeben hatte, wurde die Maschine 1982 eingeführt. Bis 1985 waren bereits über 500 000 Geräte in Deutschland in Gebrauch. Das Marktsegment Kompaktküchenmaschinen wurde durch die Braun Multipractic Plus neu geschaffen, und sie spielt die dominierende Rolle.

Markteinführung

Der Marketingfaktor Design hat einen erheblichen Anteil an diesem Markterfolg.

11. Empfehlungen für Unternehmen, die designorientiert arbeiten wollen

Von Unternehmern, die das Produkt-Design als strategisches Instrument ihrer Unternehmenspolitik einsetzen wollen, wird oft gefragt: „Was soll ich tun, um die Produktgestaltung in meinem Unternehmen zu etablieren?“ Hier sind in 10 Statements Empfehlungen zusammengefaßt, die man als Antwort auf diese Frage geben kann:

Was tun?

1. Analysieren und bewerten Sie die bisherige Produktgestaltung in Ihrem Unternehmen im Vergleich zum Markt und zu Ihrer Unternehmensphilosophie.
2. Nutzen Sie bisherige Design-Leistungen Ihres Unternehmens – wenn vorhanden – für die Entwicklung einer verbindlichen Design-Konzeption – oder machen Sie tabula rasa.
3. Erarbeiten Sie eine für Ihr Unternehmen zukünftig gültige Design-Konzeption.
4. Informieren Sie Ihre Mitarbeiter gründlich über diese Design-Konzeption und die sich daraus ergebenden Konsequenzen, z. B. Qualitätssicherung, Vertriebspolitik, Werbekonzeption.
5. Schaffen Sie eine klare organisatorische Lösung für die Produktgestaltung: intern, extern oder kombiniert. Wer ist im Unternehmen der Verantwortliche? Welche externen Designer kommen in Frage?
6. Legen Sie den Ablauf der design-relevanten Arbeitsprojekte, die Entscheidungsstufen und die Entwicklungskompetenzen fest.
7. Bilden Sie ein gutes Entwicklungs-Team – das auch menschlich zusammenpaßt – aus Konstrukteur, Designer und einem kompetenten Mitarbeiter aus dem Marketing-/Vertriebsbereich. Lassen Sie dem Team ausreichenden kreativen Spielraum – sonst wird Ihr Design bald nicht mehr alleinstellend wirken.

8. Führen Sie das erste Projekt durch mit der erklärten Absicht, daran zu lernen und das Ablaufsystem zu justieren.
9. Überprüfen Sie Ihre Vertriebskonzeption und nehmen Sie gegebenenfalls Änderungen im Bereich Ihrer Handelspartner vor: Verbreiterung oder Einengung der Distribution, Vertriebsbindung für einzelne Sortimentsteile, Neuordnung des Konditionensystems etc.
10. Beobachten Sie den Markt genau: Wenn Ihr Design sehr gut ist, fühlt sich mancher „Me-too"-Marketer zum Plagiat aufgerufen. Tun Sie sofort etwas dagegen – sonst gefährden Sie die Alleinstellung Ihrer Produkte und die Kompetenz Ihrer Marken.

Die folgenden Charts geben in Stichworten eine Zusammenfassung des Inhalts und ermöglichen dem eiligen Leser eine schnelle Orientierung.

Was heißt Produktgestaltung?

Zusammenfassung

- **Bei technischen Gebrauchsgütern:**
  Gebrauchsqualität
  = Funktionale Qualität + Ästhetische Qualität

- **Zusammenspiel von**
  - ○ **Material**
  - ○ **Funktion**
  - ○ **Form**
  - ○ **Optik**

- **Designer + Konstrukteur**

- **Ziele:**
  1. **Optimaler Gebrauchswert, materiell und ideell (für den Verwender)**
  2. **Alleinstellungswert im Markt (für das Unternehmen)**

Was leistet die Produktgestaltung für das Unternehmen?

- Basis: Corporate Identity
- Faktor der Unternehmensstrategie und der Markenpolitik
  - ◯ Imageprofilierung
  - ◯ Bekanntheitsgrad
  - ◯ Wiedererkennbarkeit
  - ◯ Überzeugungskraft
  - ◯ Alleinstellung
- Gültiger Kriterienkatalog für die Entscheidungsfindung bei Neuprodukten oder Produktweiterentwicklungen
- Einengung des Suchfeldes bei der Gestaltung neuer Produkte
- Langfristige Lebenszyklen bestehender Produkte

Was leistet die Produktgestaltung für den Verwender?

- **Bestmöglicher Gebrauchsnutzen in**
  - ○ **Produktleistung**
  - ○ **Handhabung**
  - ○ **Bedienung**
  - ○ **Reinigung**
  - ○ **Aufbewahrung etc.**
- **Langlebigkeit der Produkte in**
  - ○ **Funktion und Leistung**
  - ○ **Technik und Materialqualität**
  - ○ **Konstruktions- und Produktionsgüte**
  - ○ **Zeitlos gültiger Gestaltung**
  - ○ **Servicebereitschaft**
- **Kombinierbarkeit und Integrationsfähigkeit**
- **Emotionale Wertigkeit**
  - ○ **ideeller Gebrauchsnutzen**
- **Verzicht auf Dominanz**
- **Freiraum für die individuelle Nutzung**
- **Gutes Design entspricht der neuen Konsumorientierung**

Was leistet die Produktgestaltung für den Handel?

- **Trendgerechte Neuprodukte**
- **Keine Belastung durch Me-too-Produkte**
- **Produkte mit langfristigem Lebenszyklus im Sortiment**
- **Fachliche Profilierung durch Identifikation mit Marke und Image gut gestalteter Produkte**
- **Kundengewinn und Stammkundenstabilisierung durch**
  - ○ **Beratungsservice (beim Kauf)**
  - ○ **Betreuungsservice (nach dem Kauf)**
- **Möglichkeiten des Systemverkaufs (alle Geräte des designorientierten Herstellers bilden ein ästhetisches System)**
- **Die hohe Wertigkeit der Produkte macht dem Konsumenten eine entsprechende Preisstellung glaubhaft**

Wer soll Produktgestaltung machen?

Lösung je nach Größe des Unternehmens und anfallender Designarbeit:

- **Produktgestaltungsabteilung im Unternehmen**
  - ○ **evtl. zusätzlich Vergabe von Designaufträgen nach außen**
- **Ein dem Unternehmer fest verbundener freier „Stamm"-Designer**
  - ○ **evtl. mit zusätzlicher Beauftragung freier Designer nach Notwendigkeit**
- **Ausschließlich freie Designer mit verantwortlichem Ansprechpartner im Unternehmen**

Wie arbeitet die Produktgestaltung?

- Basis generell:
  Die für das Unternehmen gültige Design-Konzeption

- Grundlage für das einzelne Arbeitsprojekt:
  Produktentwicklungs-Briefing
  - ○ gültig für Technik und Design
  - ○ gültig auch bei Beauftragung externer Designer

- Für jedes Projekt wird ein Entwicklungs-Team gebildet, dem ein Designer, ein Techniker und ein Marketingmann angehören.
  Dieses Entwicklungsteam übernimmt die Projektsteuerung bis zur Produktionsreife.

- Gebrauchs- und Akzeptanz-Tests begleiten die Entwicklung und liefern die Kriterien zur Optimierung von Technik, Funktion und Produktgestaltung

Wer beurteilt die Produktgestaltung im Unternehmen?

- **Erste Entwürfe:**
  - ○ **der Leiter der Produktgestaltungsabteilung**
  - ○ **bzw. der Ansprechpartner der freien Designer im Unternehmen**
- **Detaillierte Entwürfe:**
  - ○ **das Entwicklungs-Team, unter den Aspekten**
    - **Design**
    - **Technik**
    - **Marketing**
- **Vor der Weiterarbeit veranlaßt das Entwicklungs-Team eine Managemententscheidung**
- **Muster:**
  - ○ **Entwicklungs-Team + Management**
- **Prototypen:**
  - ○ **Entwicklungs-Team**
  - ○ **Management**
  - ○ **Top-Management**

Wie werden gut gestaltete Produkte vermarktet?

Der besondere Aufwand für gutes Design lohnt sich nur für Markenartikel, deshalb

Konsequente Markenpolitik:

- **Zuverlässige Produktqualität**
- **Produktinnovation und Produktpflege**
- **Reparaturfreundlichkeit**
- **Langlebigkeit der Produkte**
- **Umweltfreundliches Design**
- **Angemessener Preis**
- **Kompetenz der Marke**
- **Marktsegmentierung**
- **Gezielte Distribution**
- **Segmentierung der Vertriebswege**
- **Ausgewogene Handelspolitik**
- **Kooperatives Marketing**
- **Investitionen in den Vorverkauf und Unterstützung des Abverkaufs durch**
  - ○ **Publikums- und/oder Fachwerbung**
  - ○ **Kunden- und Handelsinformation**
  - ○ **PR**

Das System der Produktgestaltung bei Braun (I)

– Das Braun-Design-Konzept:

Gutes Design
- **perfektioniert den Gebrauchswert bis ins Detail,**
- **folgt dem Prinzip „Ordnung“,**
- **bevorzugt einfache Formen**
- **gibt dem Produkt eine ausgewogene, zurückhaltend-neutrale ästhetische Qualität und damit unverwechselbaren Charakter**

– Das System der Produktgestaltung:

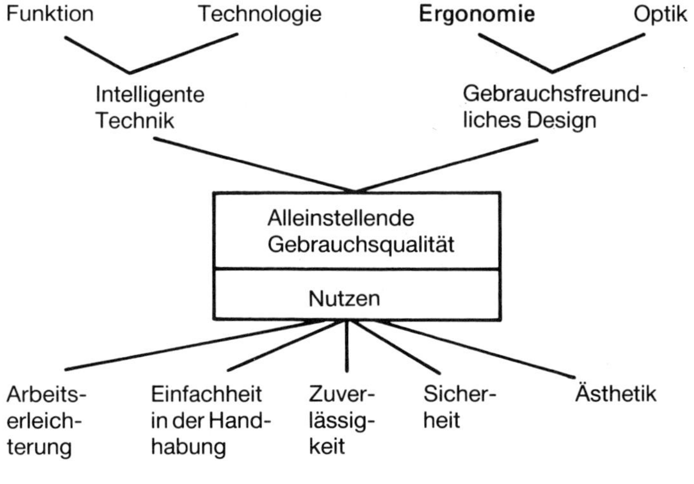

Das System der Produktgestaltung bei Braun (II)

- Das System im Ablauf:
  - ○ Marktbeobachtung und Situationsanalyse
  - ○ Projektanstöße
  - ○ Produktideen
  - ○ Potential- und Ressourcenprüfung
  - ○ Produktkonzepte
  - ○ Konzeptionstest
  - ○ Produktentwicklung
    - Technik
    - Design
  - ○ Tests, Bewertung, Auswahl der besten Alternativen
  - ○ Entscheidung

Empfehlungen für Unternehmen, die designorientiert arbeiten wollen

1. Analysieren und bewerten Sie die bisherige Produktgestaltung in Ihrem Unternehmen im Vergleich zum Markt und zu Ihrer Unternehmensphilosophie
2. Nutzen Sie bisherige Design-Leistungen Ihres Unternehmens – wenn vorhanden – für die Entwicklung einer verbindlichen Design-Konzeption – oder machen Sie tabula rasa.
3. Erarbeiten Sie eine für Ihr Unternehmen zukünftig gültige Design-Konzeption
4. Informieren Sie Ihre Mitarbeiter gründlich über diese Design-Konzeption und die sich daraus ergebenden Konsequenzen: z.B. Qualitätssicherung, Vertriebspolitik, Werbekonzeption.
5. Schaffen Sie eine klare organisatorische Lösung für die Produktgestaltung: intern, extern oder kombiniert. Wer ist im Unternehmen der Verantwortliche? Welche externen Designer kommen in Frage?
6. Legen Sie den Ablauf der design-relevanten Arbeitsprojekte, die Entscheidungsstufen und die Entwicklungskompetenzen fest.
7. Bilden Sie ein gutes Entwicklungs-Team – das auch menschlich zusammenpaßt – aus Konstrukteur, Designer und einem kompetenten Mitarbeiter aus dem Marketing-/Vertriebsbereich. Lassen Sie dem Team ausreichenden kreativen Spielraum – sonst wird Ihr Design bald nicht mehr alleinstehend wirken.
8. Führen Sie das erste Projekt durch mit der erklärten Absicht, daran zu lernen und das Ablaufsystem zu justieren.
9. Überprüfen Sie Ihre Vertriebskonzeption und nehmen Sie gegebenenfalls Änderungen im Bereich Ihrer Handelspartner vor: Verbreiterung oder Einengung der Distribution, Vertriebsbindung für einzelne Sortimentsteile, Neuordnung des Konditionensystems etc.
10. Beobachten Sie den Markt genau: Wenn Ihr Design sehr gut ist, fühlt sich mancher „Me-too"-Marker zum Plagiat aufgerufen. Tun Sie sofort etwas dagegen!

Empfehlungen

1

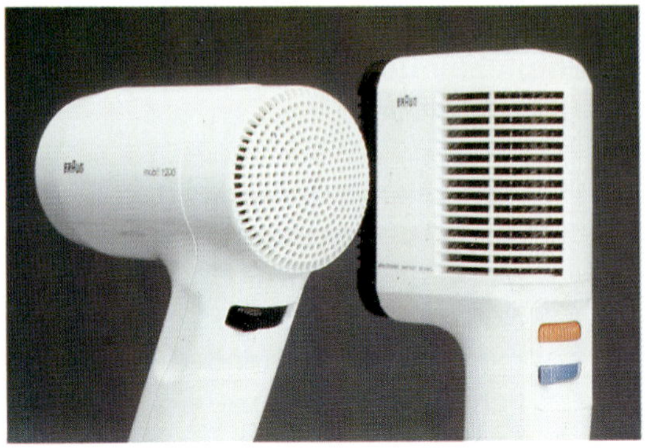

2

3

4

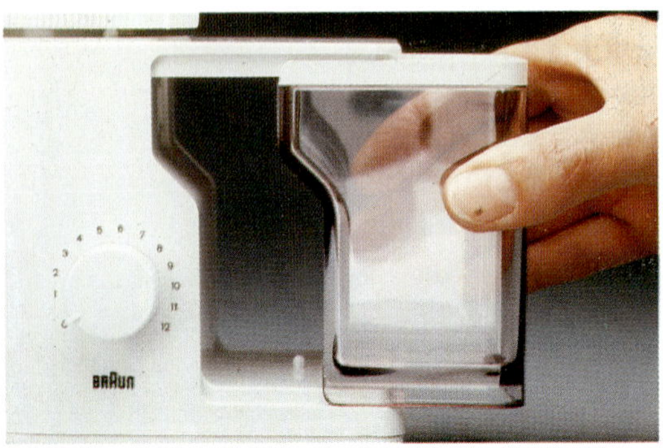

5

6

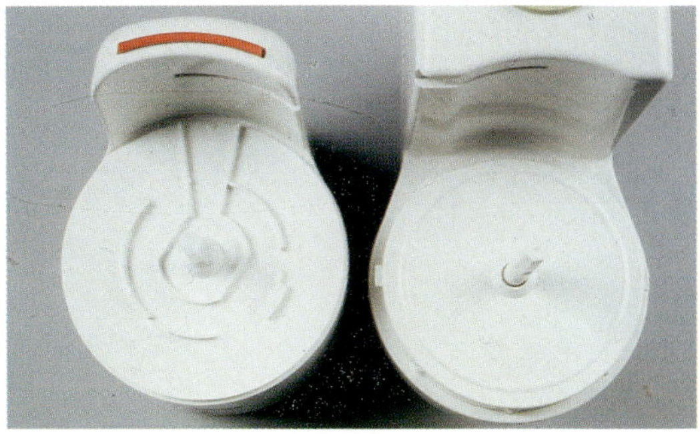

7

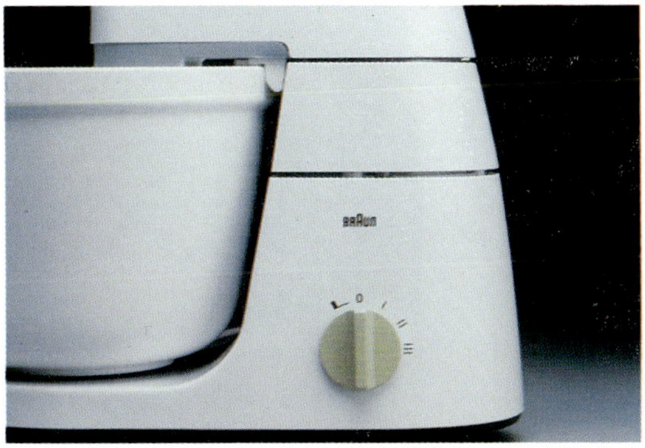

8

9

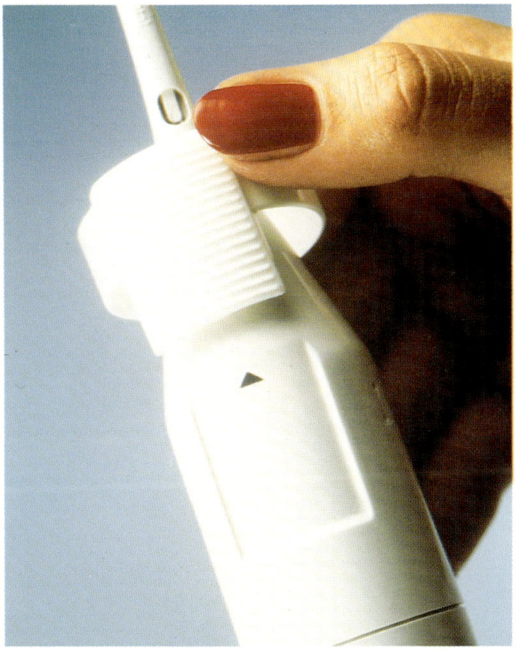

10

11

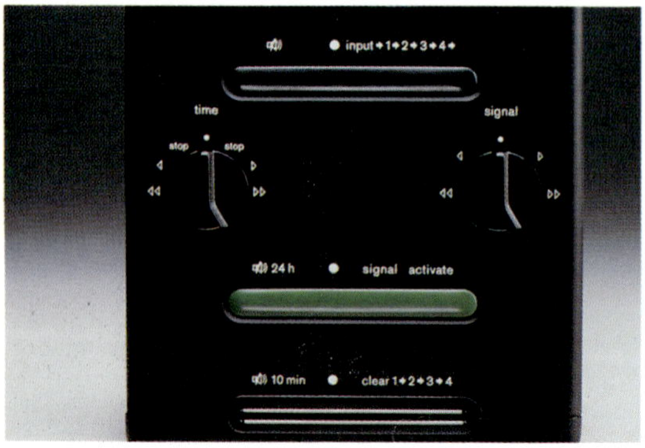

12

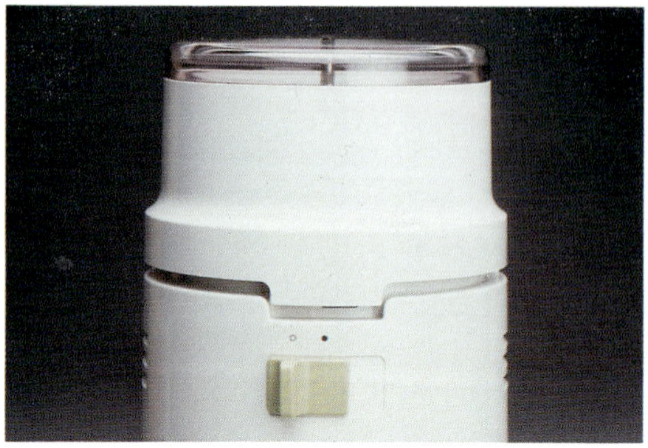

13

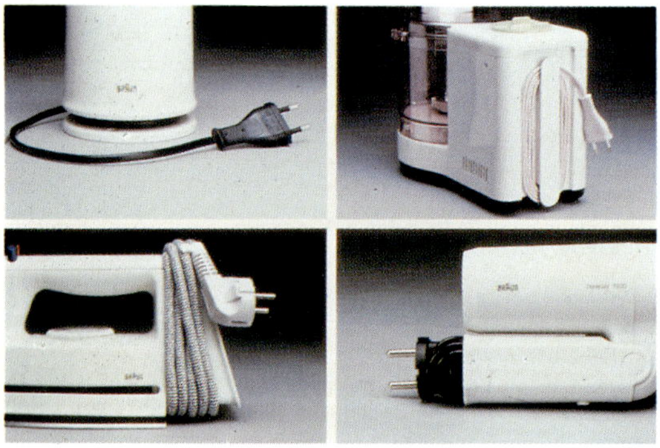

14

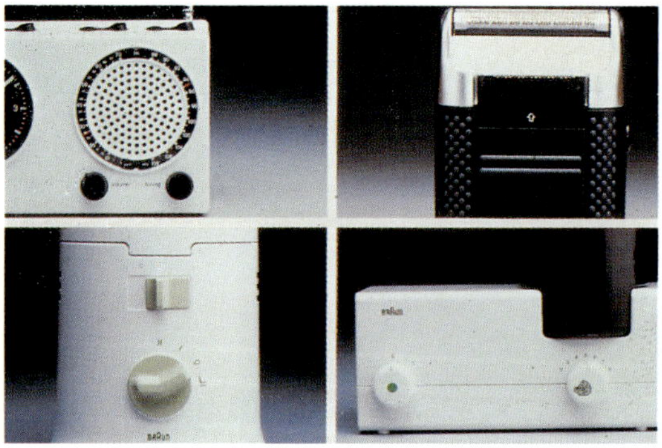

15

16

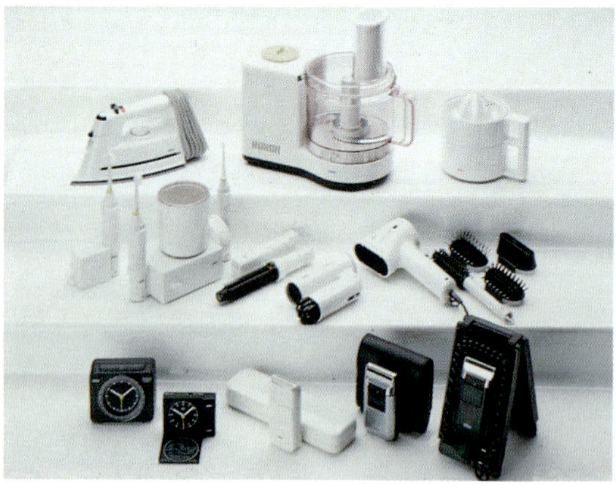

17

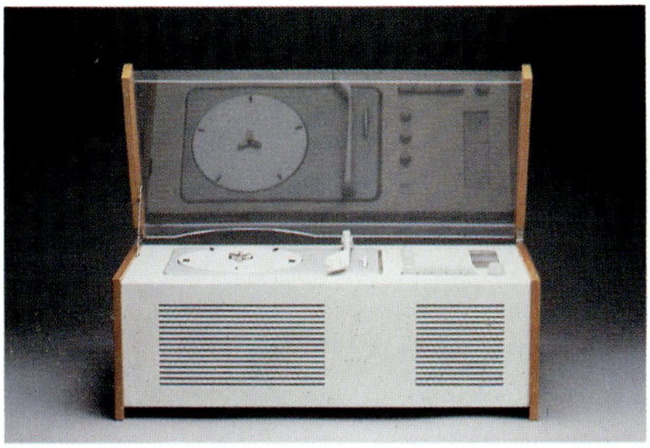

18

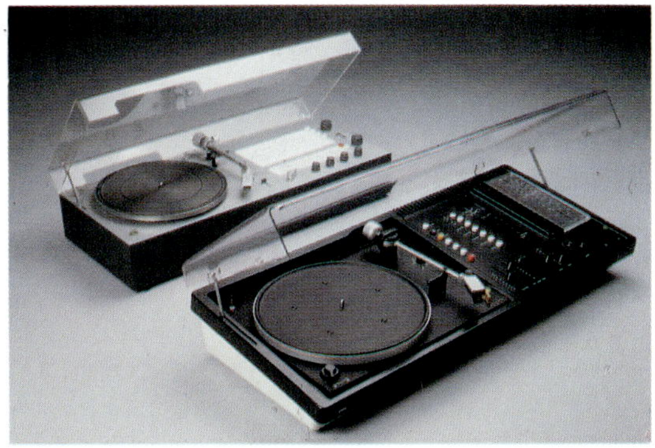

19

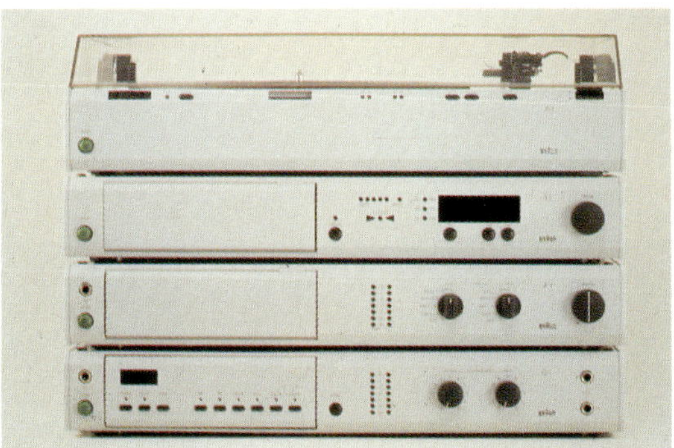

20

21

22

23

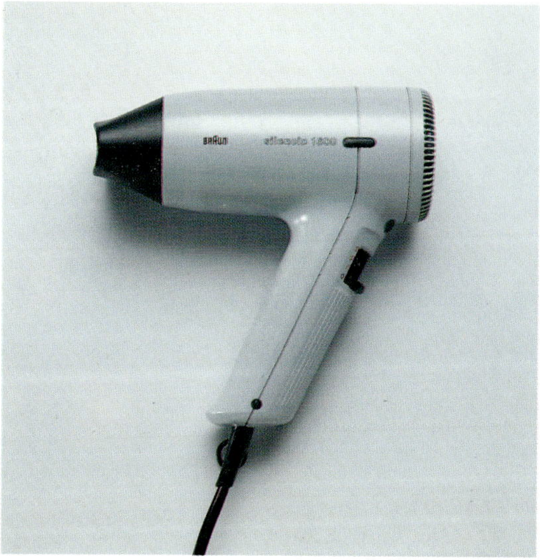

24

25

26

27

28

29

30

31

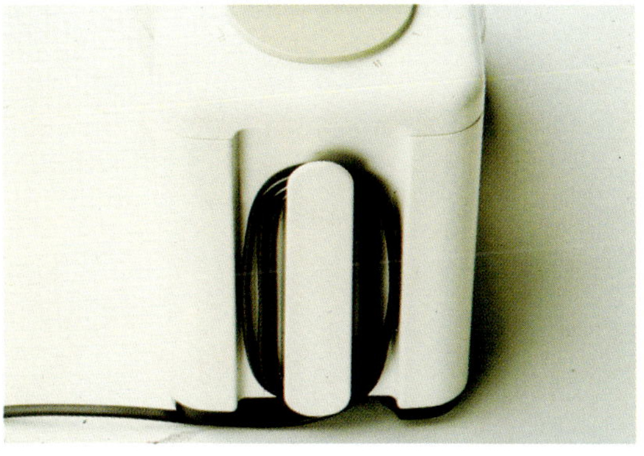

32

33

34

35

Teil II

Produktmarketing und Produktdesign

Erich Küthe, Udo Koppelmann

Inhalt

I. Standortbestimmung

Dieses einleitende Kapitel soll unsere Auffassung von „Produktmarketing“ und „Produktdesign“ erklären. Hierzu skizzieren wir zuerst eher statisch-semantisch die Termini, um anschließend die Funktion dynamisch-diskursiv zu beschreiben.

1. Was heißt Produktmarketing?

Marketing erleichtert Austauschprozesse

Man kann „Marketing“ sehr allgemein definieren: Marketing umfaßt die menschlichen Tätigkeiten, die darauf abzielen, Austauschprozesse zu erleichtern und durchzuführen.[1] Diese Umschreibung ist so breit angelegt, daß dabei mögliche „Werthaltungen“ ausgeklammert bleiben. Marketing können daher sowohl profitorientierte Unternehmen als

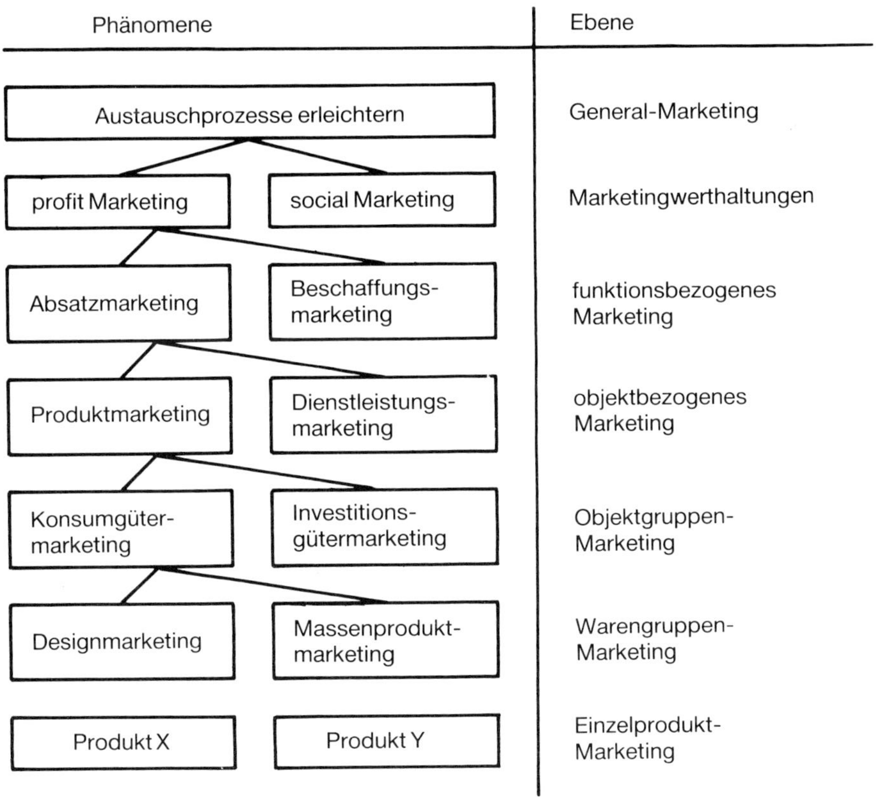

Abb. 1: Entwicklung des Produktmarketing

Produktmarketing ist objektorientiert

auch sozial engagierte Institutionen betreiben. Weiter verdichtet kann Marketing funktionsorientiert ausgedeutet werden. Wir unterscheiden insbesondere Beschaffungs- und Absatzmarketing.[2] Üblicherweise wird Marketing im engeren Sinne auf den Absatz bezogen.
Betrachtet man generalisierend die Objekte des Absatzes, kann man das Dienstleistungs- vom Produktmarketing abgrenzen. Differenziert man innerhalb des Produktmarketing, kann man von Objektgruppenmarketing sprechen: Marketing für Konsumgüter, Rohstoffe, Investitionsgüter usw.
Betrachten wir die Konzeption des Konsumgütermarketing, so kann man vielfältige Aktivitäten warengruppenbezogener Art erkennen: Design-Marketing, Massenprodukt-Marketing usw.
Letztendlich sind alle Marketing-Konzeptionen auf das Einzelprodukt zu fokussieren:
Damit ergibt sich die in Abb. 1 gezeigte formalisierende Darstellung.
Produktmarketing ist also als objektbezogenes Marketing zu charakterisieren. Die inhaltliche Ausgestaltung erlaubt die Transformation der Aussagen bis zum Einzelproduktmarketing.

2. Inhaltliche Struktur des Produktmarketing

Die folgende kurze zusammenfassend raffende Beschreibung[3] will den dynamischen Aspekt des Produktmarketing aufzeigen.
Das Konzept des Produktmarketing hat zwei charakteristische Merkmale:

- phasenorientierter Ablauf (von der Produktidee bis zur Vermarktungskontrolle)
- Flexibilität in der Anwendung (Neuprodukt, Produktvariation, Produktdifferenzierung usw.)

Das Gesamtmodell des Produktmarketing arbeitet mit drei Grundphasen:

- Phase der Aktionsanalyse
- Phase der Konzeptrealisation
- Phase der Realisationskontrolle

Vermarktungsrealisation verlangt Mix-Entscheidungen

Die erste Phase beginnt mit der Situationsanalyse. Bevor eine merkantile Aktivität (z. B. Neuproduktplanung) initiiert wird, sollten die relevanten betriebsinternen und -externen Einflußfaktoren isoliert und fixiert werden. Betriebsintern müssen die Unternehmensziele (vgl. Kapitel II. „Unternehmensziele und Produktdesign“) und die Potentiale (Marktpotential, Fertigungspotential, Finanzpotential usw.) herausgearbeitet werden.

Die Marktfelder (elitärer Markt, Massenmarkt usw.), die Konkurrenzlage, die wirtschaftliche Lage (z. B. Kaufkraft, Kaufkreise usw.) sowie Trends (z. B. Kauftrends, Konkurrenztrends usw.) sollten im Rahmen einer externen Analyse bestimmt werden.
Diese eher analysierend beschreibende Phase mündet in die empirisch zu fundierende Stufe der Anspruchsanalyse.

Anspruchsanalyse fixiert Anspruchskreise

Ausgehend von der Annahme, daß es spezielle Anspruchskreise mit signifikanten Anforderungen an Produkte (vgl. Kapitel III. „Ansprüche an designorientierte Produkte") gibt, müssen diese Segmente isoliert und im Hinblick auf die Einzelanforderungen an Produkte untersucht werden. Mit Hilfe geeigneter Methoden[4)] (z. B. Faktorenanalyse, morphologischer Kasten), läßt sich die Fülle der ermittelten Daten anschließend verdichten und fixieren.
Die aktionsanalytische Phase endet mit einem konkreten systematischen Anspruchskatalog, der im Rahmen der Konzeptrealisation nun materialisiert werden muß.
Die folgende Phase der Konzeptrealisation hat zwei Funktionen: Zum einen werden die isolierten Ansprüche in konkrete Produkte umgesetzt, zum anderen werden die so gestalteten Produkte produktspezifisch (aufgrund absatzwirtschaftlich bedeutsamer Merkmale) vermarktet.

Gestaltungsanalyse wählt Gestaltungsmittel aus

Betrachten wir nun diese wichtige Subphase der Gestaltungsrealisation etwas genauer. Im Mittelpunkt stehen die sogenannten Gestaltungsmittel (vgl. Kapitel IV. „Gestaltungshinweise für designorientierte Produkte"). Es handelt sich hierbei um Parameter wie Material, Form, Farbe usw., die es erlauben, den Gestaltungsprozeß des Produkts marktbezogen zu realisieren. Wichtig erscheint der Hinweis, daß nicht *ein* Merkmal (z. B. Edelstahl), *eine* Farbe (z. B. weiß) usw. Ansprüche befriedigt, sondern die sogenannten Leistungen, die den Gestaltungsmitteln zugesprochen werden. Solche „Leistungen" (als Pendant zu den Ansprüchen) sind häufig produktabhängig. Für eine Spüle aus Edelstahl z. B. sind solche Leistungen robust, unempfindlich, professionell. Eine „weiße Küche" hat z. B. die Leistungen kühl, zeitgemäß, praktisch usw. Die Gestaltungsrealisation hat die Aufgabe, die Gestaltungsmittel marktadäquat auszuwählen, d. h., die Leistungen zu antizipieren und im Hinblick auf Anspruchskompatibilität zu überprüfen.
Die Konzeptrealisation endet mit der Vermarktungsrealisation. Diese versucht, ein umfassendes System der Vermarktungsinstrumente aufzustellen.
Darüber hinaus werden Anwendungsregeln für die Kombination der Vermarktungsinstrumente entwickelt (Marketing-Mix).

In der Phase der Konzeptkontrolle werden Hinweise und Regeln zu laufender Produktbeobachtung im Markt (Produktmonitoring) entwickelt. Weiterhin werden Eliminationskriterien bereitgestellt, die es erlauben, sachbezogene Entscheidungen zur Produktionseinstellung eines Produktes zu treffen.
Die synoptische Darstellung in Abb. 2 faßt die geschilderten Strukturen des komplexen Modells „Produktmarketing" nochmals zusammen.
Diese vorgestellte Struktur hat den Vorteil – wie zu zeigen sein wird –, auch unmittelbar auf Entwicklung, Gestaltung und Vermarktung von designorientierten Produkten anwendbar zu sein. Die Fragenkomplexe und Realisationsregeln, die im Zusammenhang mit Themen wie Designmanagement, Designorganisation, Design-Methodologie oder Design-Planung auftauchen, sind hier ebenfalls integriert.[5)]

3. Was heißt Produktdesign?

Die Definitionen zum Begriff Design und verwandter Begriffe sind zahlreich und oft widersprüchlich. Wir wollen hier eine Beschreibung wählen, die den Marktbedingungen angepaßt ist (anspruchsadäquat) und die darüber hinaus relativ einfach zu handhaben ist.
Um Verwechslungen zu vermeiden und Angriffen von seiten der Designmethodologen zu entgehen, wählen wir die Bezeichnung *Produkt*design bzw. designorientierte Produkte.[6)]

Designorientierte Produkte sind praktisch, ästhetisch und kommunikativ

Drei Thesen verdeutlichen unseren Standpunkt:
- Designorientierte Produkte haben überlegte Gebrauchswerte.
- Designorientierte Produkte haben eine unverwechselbare Ästhetik.
- Designorientierte Produkte haben prägnanten sozialen Nutzen.

Die überlegten Gebrauchswerte spiegeln die sogenannte „praktische Funktion eines designorientierten Produktes" wider. Materialien, Formen (also die Gestaltungsmittel) sind nutzungsadäquat ausgewählt. Ergonomische, physiologische, technisch-konstruktive Empfehlungen und Bedingungen sind berücksichtigt.
Die „unverwechselbare Ästhetik" will auf die formalästhetische Funktion eines designorientierten Produktes verweisen. Fragen wie Gesamtgestalt, Gestaltelemente, Gestaltaufbau, Komplexität, Ordnung usw. gehören zu dieser Kategorie. Die äußerlich wahrnehmbare Erscheinung eines Produktes bedarf der marketingmäßigen Problematisierung.

Produktdesign verlangt eine „Geschichte"

Der soziale Nutzen eines designorientierten Produktes will einmal auf die kommunikative Funktion hinweisen. Im Gegensatz zu Massenprodukten sollte Produktdesign eine „Geschichte" haben. Der Designer und seine eingebrachten Ideen, das Unternehmen und seine Philosophie

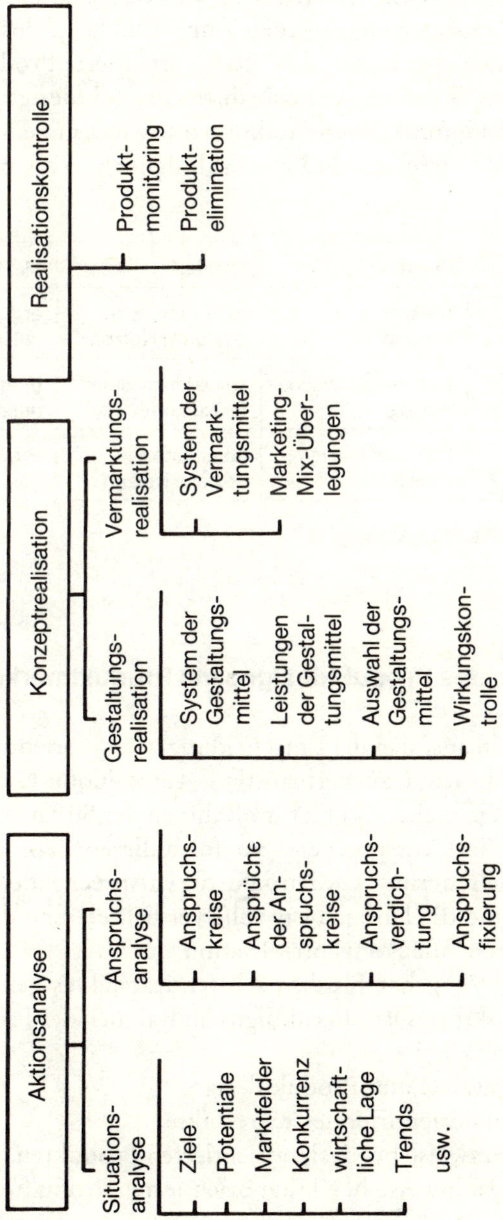

Abb. 2: Produktmarketing als Modell

usw. bieten Informationen, die den Nutzer interessieren. Man kauft eben nicht ein Produkt XY, sondern einen „Mies“ einen „Eams“ oder einen „Castiglioni“ (Beispiele aus dem Möbelbereich). Kurzum, Produkte, über die es sich nicht zu reden lohnt, sind keine designorientierten Produkte. Darüber hinaus sind designorientierte Produkte den gehobenen (oberen) Segmenten zuzuordnen. Produktdesign verträgt sich aufgrund der kommunikativen Funktion nur selten mit einem mittleren Level. Unsere Vorstellung von Produktdesign faßt Abb. 3 zusammen.

Charakteristika	Funktion	Nutzen	Merkmale
überlegte Gebrauchswerte	praktische Funktion	technisch-konstruktiver Nutzen	ergonomisch, nützlich
unverwechselbare Ästhetik	formal-ästhetische Funktion	visuell-individueller Nutzen	prägnant, neuer Stil
sozialer Nutzen	kommunikative Funktion	kommunikativ-sozialer Nutzen	Produkt-Story, oberes Segment

Abb. 3: Elemente des Produktdesign

4. Einbettung des Produktdesigns ins Produktmarketing

Entscheidungen über Ziele, Ansprüche und Vermarktung bestimmen das Produktmarketing

Wir gehen davon aus, daß die Entscheidung, designorientierte Produkte zu entwickeln (und zu vermarkten), *keine* bloße Gestaltungsentscheidung ist. Vielmehr sind hier im Rahmen der Situationsanalyse die Unternehmensziele entsprechend zu formulieren. Vor dem Hintergrund dieser Zielfixierung werden dann die entsprechenden Anspruchskreise isoliert und die Designansprüche verdichtet. Erst daran schließt sich die entsprechende Konzeptrealisation an.

Damit ist unser Vorgehen für die nächsten Kapitel festgelegt. Wir wollen die Kernpunkte des Produktdesigns im Rahmen des Produktmarketing näher herausarbeiten:

- Unternehmensziele und Produktdesign,
- Ansprüche an designorientierte Produkte,
- Gestaltungshinweise bei designorientierten Produkten,
- Vermarktungshinweise bei designorientierten Produkten.

II. Unternehmensziele und Produktdesign

1. Das System der Unternehmensziele

Es hat sich als zweckmäßig erwiesen, eine Hierarchisierung der Ziele durchzuführen. Hierbei wollen wir:
- Basisziele (obere Zielebene)
- Funktionsziele (mittlere Zielebene)
- Instrumentalziele (untere Zielebene)

unterscheiden.[7]

Ziele müssen hierarchisiert werden

Die Basisziele sind für unser Anliegen wenig von Interesse. Wir begnügen uns mit einer Übersicht (vgl. Abb. 4).

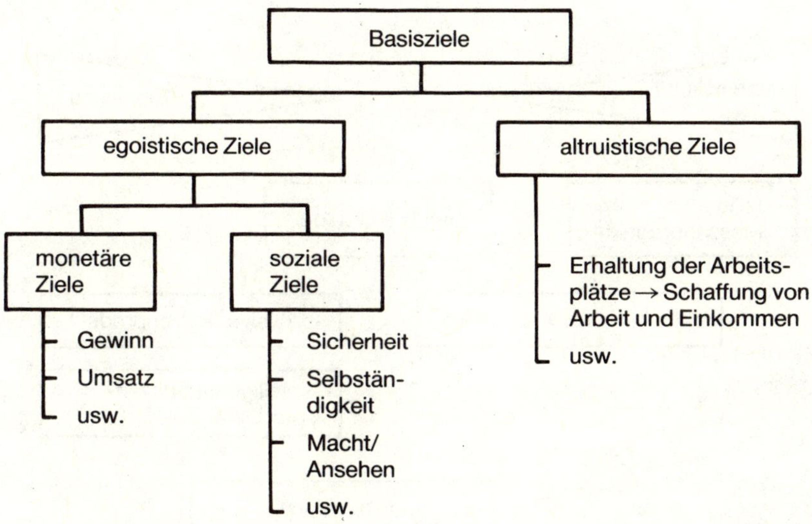

Abb. 4: System der Unternehmensziele

Die Funktionsbereiche der Unternehmung erfordern eine eigenständige Zielfixierung. Beschaffungs-, Produktions-, Absatzziele usw. unterscheiden sich signifikant.
Für den Funktionsbereich Absatz lassen sich z. B. Service-, Distributions-, Entgelt-, Kommunikations- und Produktziele formulieren.

Produktziele determinieren das Produktmanagement

Wir wollen uns den Instrumentalbereich der Produktziele herausgreifen und einer weiteren Analyse unterziehen. Es erscheint für die Gestaltung zukünftiger Produkte wichtig, Denkkategorien zu schaffen, die eine Entscheidung über eine ins Auge gefaßte Entwicklung ermöglichen. Solche produktbezogenen Entscheidungshilfen haben wir im folgenden formuliert. Wir sind dabei davon ausgegangen, daß diese Produktziele sich besser voneinander abheben, wenn man sie vor dem Hintergrund eines Marktniveaus (von Top bis Marginalität) gruppiert. Damit ergibt sich das in Abb. 5 dargestellte Bild:

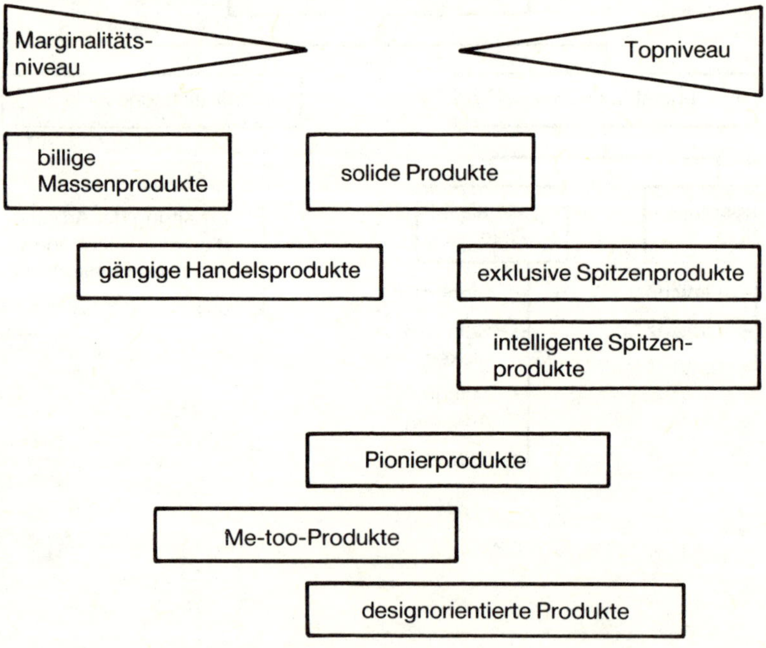

Abb. 5: Systematik der Produktziele

Eine weitergehende Erklärung ist für unser Anliegen hier nicht nötig. Der Hinweis, daß designorientierte Produkte überwiegend im Topniveau angesiedelt sein müssen, jedoch nicht unbedingt die Gestaltungshöhe der exklusiven und intelligenten Spitzenprodukte aufweisen, mag genügen.

2. Ausprägungen des Produktziels „Designorientierte Produkte"

Designmarketing als Produktziel verlangt Feinziele

Mit der Zielfixierung „Designorientierung" ist eine realitätsbezogene Konzeptrealisation noch nicht möglich, zu vielgestaltig sind die Möglichkeiten der Konkretisierung. Es ist nötig, „Feinziele" zu entwickeln. Wir haben in Kapitel I. 3 den Begriff Produktdesign durch die Dimensionen Nutzen, Ästhetik und Kommunikation fixiert. Wir gehen von der Überlegung aus, daß jedes dieser Merkmale nicht gleichgewichtig oder gleich signifikant als absatzwirtschaftliches Merkmal auftreten muß. Je nachdem, welche Designdimension vorherrscht, kann sich eine andere Nuance des Ziels „Designorientierung" ergeben.
Es dürfte in den wenigsten Fällen eine völlige Gleichgewichtigkeit von Nutzen, Ästhetik und Kommunikation vorliegen. Dieses „Idealdesign" wird umrankt von anderen Designauffassungen. Aus Platzgründen wollen wir in Matrixform die Feinziele (Designziele) kontrastieren (vgl. Abb. 6).

Designdimensionen / Feinziele	Nutzen	Ästhetik	Kommunikation
puristisches Design	X		
Formaldesign		X	
Prestigedesign			X
Idealdesign	X	X	X
Individualdesign	X	X	
repräsentativ-visuelles Design		X	X
repräsentativ-funktionales Design	X		X

X = Dimension überwiegt

Abb. 6: Feinziele des Design

3. Praxisbeispiele

Nicht alle Firmen, die designorientierte Produkte vermarkten, haben ihre Designfeinziele formuliert. Hin und wieder tauchen jedoch literarische Belege dafür auf, daß in der von uns propagierten Form gedacht wurde.

Beispiel für Prestigedesign (Saporiti)[8)]

Design bietet hier und jetzt Gelegenheit, Erfahrungen auszutauschen und sich mit Eindrücken, Methoden, Neuheiten auseinanderzusetzen.

Beispiel für Individualdesign (Braun)[9)]

Design dient der Funktion und reflektiert diese. Form und Farben sollen sparsam und überlegt verwendet werden.

Beispiel für puristisches Design (Vitsoe)[10)]

Wir haben uns bewußt um Produkte bemüht, die langlebig sind. Langlebig durch: ... ihre Gebrauchseigenschaften, ihre Wandlungsfähigkeit.

III. Ansprüche an designorientierte Produkte

1. Anspruchskreise bei designorientierten Produkten

Bei generalisierender Betrachtung wird man bei allen Konsumprodukten die Distributeure und die Verwender als anspruchstellende Instanzen zu berücksichtigen haben.
Zunehmend macht sich aber eine „dritte Macht“ als Marktfaktor bemerkbar, die Tester (z. B. bei Hifi-Geräten), die Kritiker und sonstige Beeinflusser. Auch bei designorientierten Produkten gilt es, die Ansprüche der Designkritiker zu antizipieren und bei der Produktgestaltung zu berücksichtigen.

1.1. Ansprüche der Designkritiker

Designkritiker als Marktfaktor

In zunehmendem Maße orientieren sich Verwender bei ihren Kaufentscheidungen an gewonnenen Designpreisen, Auszeichnungen, Designpublikationen usw., die von Verlagen, Design-Institutionen und -vereinigungen verliehen oder herausgegeben werden.
So sind z. B. die Kriterien einer „guten Industrieform“ umfassend dokumentiert. Jährlich zur Hannovermesse werden entsprechend gestaltete Industrieerzeugnisse ausgewählt, ausgestellt und mit dem if-Gütesiegel ausgezeichnet und in den if-Katalog aufgenommen. Die Designkriterien des gemeinnützigen Vereins Industrieform-Hannover e.V. sind[11]):

1. Hoher praktischer Nutzen,
2. ausreichende Sicherheit,
3. lange Lebensdauer,
4. ergonomische Anpassung,
5. technische und formale Eigenständigkeit,
6. Umfeld-Beziehungen,
7. Umwelt-Freundlichkeit,
8. Gebrauchs-Visualisierung,
9. hohe Gestaltungsqualität,
10. sinnlich-geistige Stimulanz.

Modifizierte Hinweise sind für den Bundespreis „Gute Form“ veröffentlicht.[12]) Designorientierte Produkte sollen sich demnach durch folgende Kriterien auszeichnen:

– Technische Funktion,
– ästhetische Funktion,
– Material/Herstellung,
– gesellschaftliche Funktion.

Kurzum, die Berücksichtigung dieser Kriterien bedeutet möglicherweise die Schaffung eines Forums für eine seriöse Produktpublizität.

Distributionsansprüche – eine unterentwickelte Kategorie

1.2. Ansprüche der Distributeure

Da die Produkte bis zum Nutzer eine Handelskette durchlaufen, hängt der merkantile Erfolg in starkem Maße davon ab, ob die Anforderungen der Handelspartner Berücksichtigung fanden.

In der Design-Literatur ist hier nur der Hinweis auf „ökonomische Aspekte" zu finden.[13)]

Die Literatur zum Produktmarketing gibt hier gezielte Hinweise. Folgende Listung verdeutlicht die Anspruchsschwerpunkte:

Anspruchsart	Begründung
– hohe Rabatte	geringe Umschlagsgeschwindigkeit
– konstante Preise	oft lange Kaufentscheidung der Konsumenten
– schnelle Lieferabwicklung	geringe Termintoleranz
– Sortimentseinpassung	Sortimentsprofilierung (trading up)
– Monopolisierung	Gebietsschutz
– geeignete Produktinnovation	Sortimentseinpassung
– hoher Individualisierungsgrad	Beratungsintensität
– langer Produktlebenszyklus	keine Produktveralterung
– Verkaufsunterstützung	Bedarfsweckung
– Verkäuferschulung	starke Erklärungsbedürftigkeit

Verwenderansprüche lassen sich übersichtlich gruppieren

1.3. Ansprüche der Verwender

Versucht man, empirisch die Ansprüche an designorientierte Produkte aus Verwendersicht zu erhellen, kann dabei folgende Liste herauskommen:

– Kein Zierrat,
– einfache Handhabung,
– geräuscharm,
– nicht für jeden,
– bequeme Handhabung,
– auffallend,
– sichtbar überlegen
usw.

Zur Verdeutlichung dient die Auflistung der wichtigsten Dimensionen der einzelnen Kauffaktoren in Abb. 9.

Affektive, kognitive und situative Faktoren bestimmen das Kaufverhalten designorientierter Produkte

Kaufverhaltensfaktor	Dimension
Affektive Faktoren	Emotionen Motive Einstellungen[15)] Involvement usw.
Kognitive Faktoren	Intelligenz Wissen Phantasie Informationsverarbeitung usw.
Physische Faktoren	Alter Geschlecht Gesundheitszustand usw.
Soziale Faktoren	Kultureinflüsse Schichteinflüsse Rolleneinflüsse Gruppeneinflüsse usw.
Situative Faktoren	zeitliche Aspekte räumliche Aspekte Ereignisse Ausgabenbereitschaft usw.

Abb. 9: Kauffaktoren und ihre Dimensionen

Aus der Vielzahl der Dimensionen und den möglichen Dimensionsvariablen haben sich drei als typbildend bei Käufern für designorientierte Produkte herausgestellt:
- Involvement (affektiv),
- Wissen (kognitiv) und
- Ausgabenbereitschaft (situativ).

Das Wissen über Design ist heterogen

2.2. Kaufdimensionen bei designorientierten Produkten
(1) Wissen

Es ist typisch für diese Produktgruppe, daß man sich vor dem Kauf, beim Kauf und besonders nach dem Kauf mit dem Produkt und seinen Merkmalen auseinandersetzt. Ziel dieses Lernprozesses ist es, den eigenen Wissensstand zu erhöhen. Zuerst spielt die *Art der* anzusammelnden *Kenntnisse* eine Rolle. Generell lassen sich vier Kenntnisarten unterscheiden:[16)]

- *Herkunftswissen* bezieht sich auf zeitbezogene Herstellungsangaben, Produktauffassung des Designers, Hersteller, Art der Herstellung usw.
- *Unterscheidungswissen* umreißt die Parameter der Gestaltungsmittel (vgl. Kapitel IV.2) wie Materialwahl, Farbgestaltung usw.
- *Applikationswissen* erstreckt sich auf den Problemkreis der Bedienung und Nutzung sowie die Erhaltung und Beseitigung.
- *Ästhetikwissen* kategorisiert Kriterien der visuellen Erscheinungsform des Produktes (ikonische, symbolische, indexikalische Funktion des Produktes).[17)]

Der *Wissensumfang* gibt an, welche Kenntnisarten den Designverstehens-Prozeß fundieren. Wir können folgende Unterscheidungen treffen (vgl. Abb. 10):

Wissensumfang und -arten bestimmen das Wissensmaß

	Kenntnisarten			
Wissensumfang	Herkunftswissen	Unterscheidungswissen	Applikationswissen	Ästhetikwissen
gering	X	(X)	(X)	
mittel	X	X	X	(X)
ausgedehnt	X	X	X	X

X = besonders ausgeprägt
(X) = teilweise vorhanden

Abb. 10: Wissensumfang und -arten

Eng mit dem Wissensumfang ist die *Verarbeitungstiefe* verbunden. Man versteht darunter die Fähigkeit, Teile des gelernten Designwissens auf neue, andersartige Produkte zu übertragen. Generell ist der Hinweis zu geben, daß alle Käufertypen, die für designorientierte Produkte in Frage kommen, sich durch ein hohes Transfermaß auszeichnen.

Auch der sogenannte *Lernprozeß*, also das Behalten bzw. Nichtvergessen des angesammelten Wissens, ist signifikant.
Wir können also zusammenfassend sagen, daß man die Käufer von designorientierten Produkten im Hinblick auf den Verhaltensfaktor Wissen durch die Wissensdimensionen, den Wissensumfang, die Verarbeitungstiefe und das Lernmaß charakterisieren kann. Die Ausprägungen können jeweils markant oder weniger deutlich sein.

(2) Involvement

„Involvement" gehört zu designorientierten Produkten

Ausgesprochen typisch für designorientierte Produkte ist diese verhaltensbestimmende Kategorie. Das innere Engagement, mit dem man sich diesen Produkten zuwendet, ist überdeutlich. Der hohe Grad des Interesses, die persönliche Prädisposition, sich mit dem interessanten Wissensfeld Design auseinanderzusetzen, ist zu diagnostizieren.
Normalerweise ist ein hohes Maß an Involvement besonders bei „Designneulingen" zu attestieren. Es können sich jedoch im Zeitablauf sogenannte wear-out-Effckte ergeben. Dieses Nachlassen von Engagement und Interesse hängt oft mit einem Einstellungswandel oder auch dem persönlichen Lebenszyklus zusammen.

(3) Ausgabenbereitschaft

Design verlangt hohe Preisbewilligungsbereitschaft

Beim Kauf von designorientierten Produkten ist eine hohe Preisbewilligungsbereitschaft ausgeprägt. Auch die relative Ausgabenhöhe (im Vergleich zum Haushaltsnettoeinkommen) ist überdeutlich. Beispiele aus der Praxis belegen diese Zusammenhänge.[18] Die Bereitschaft, einen hohen Kaufaufwand zu betreiben, ist nicht identisch mit dem sogenannten Snob-Effekt (inverse Preis-Absatz-Funktion). Vielmehr ist man durch Produktwissen und Involvement davon überzeugt, daß ein hoher Aufwand für designorientierte Produkte nötig ist. Man akzeptiert die Produktsprache „Design" häufig nur über den hohen Preis.

Drei Verhaltensdimensionen bestimmen sieben Käufertypen

2.3. *Typenbildung*

Man kann in einer Matrix die beschriebenen Verhaltensdimensionen miteinander kombinieren und Käufertypen daraus ableiten. Wir haben versucht, den einzelnen Typen jeweils plastische Namen zu geben. Damit ergibt sich die Übersicht in Abb. 11.

Käufertyp	Verhaltensdimensionen		
	Wissen	Involvement	Aufwand
distanzierter Kenner	X		
Mitreder		X	
Referenzkäufer			X
Designfreak	X	X	X
abgeklärter Kenner	X	X	
Design-Mitläufer		X	X
Beschaffertyp	X		X

Abb. 11: Bildung von Käufertypen

Wir haben weiterhin versucht, einige dieser Typen, die sich formal aus dieser Strukturanalyse ergaben, empirisch zu belegen. Es ergaben sich dabei folgende reale Typen:[19]

- Distanzierter Kenner,
- Design-Freak,
- Design-Mitläufer,
- Referenz-Typ,
- Mitreder.

IV. Gestaltungshinweise für designorientierte Produkte

1. Marktorientierte Gestaltungsrealisation

Produktgestaltung als Teamarbeit

Produktgestaltung ist prozeßorientiert und geschieht in Teamarbeit. Das autonome Design, die geniale Produktidee, auf die bestimmte Anspruchskreise schon lange warteten, ist immer seltener geworden. Auch designorientierte Produkte sollten unter der Regie eines marketingorientierten Produktmanagements entstehen; andere Unternehmensabteilungen sind entsprechend ihrer Funktion beteiligt. Abbildung 12 zeigt einen möglichen strukturellen Zusammenhang.

Gestaltungsmittel fundieren das Produktbild

Das Produktmanagement wird nur dann erfolgreich diese Leitungsfunktion erfüllen, wenn bestimmte Werkzeuge (Mittel), die die Gestaltung fundieren, eingebracht werden können und wenn zudem standardisierte Abläufe (Phasenschemata) bereitstehen, um den Prozeß der Realisation zu lenken. Im folgenden wollen wir dazu einige Hinweise geben.

2. Mittel der Produktgestaltung

Designer werden eine Gestaltungsaufgabe kreativer angehen als z. B. Konstrukteure. Ergonomen sehen andere Gestaltungsziele als absatzwirtschaftlich Tätige. Wenn neue Produkte jedoch unter der Federführung des Produktmanagements entwickelt werden, müssen wir die marktorientierte Sichtweise dieses Funktionsbereichs analysieren.

Gestaltungsmittel sind marktbezogen

Für den Produktmanager stellen sich zwei Zentralfragen. Zuerst benötigt er Aufschluß darüber, „*womit*" er die Produkte marktbezogen gestalten kann (Gestaltungsmittelanalyse). Dann braucht er Aussagen darüber, welche Leistungen den Gestaltungsmitteln von bestimmten Anspruchskreisen (oder Käufertypen) zugesprochen werden. Hierzu im folgenden einige Hinweise.

2.1. System der Gestaltungsmittel

Es hat sich als zweckmäßig erwiesen, nicht alle denkbaren Mittel, die zur Produktrealisation herangezogen werden können (z. B. ergonomi-

Produkt-
gestaltung

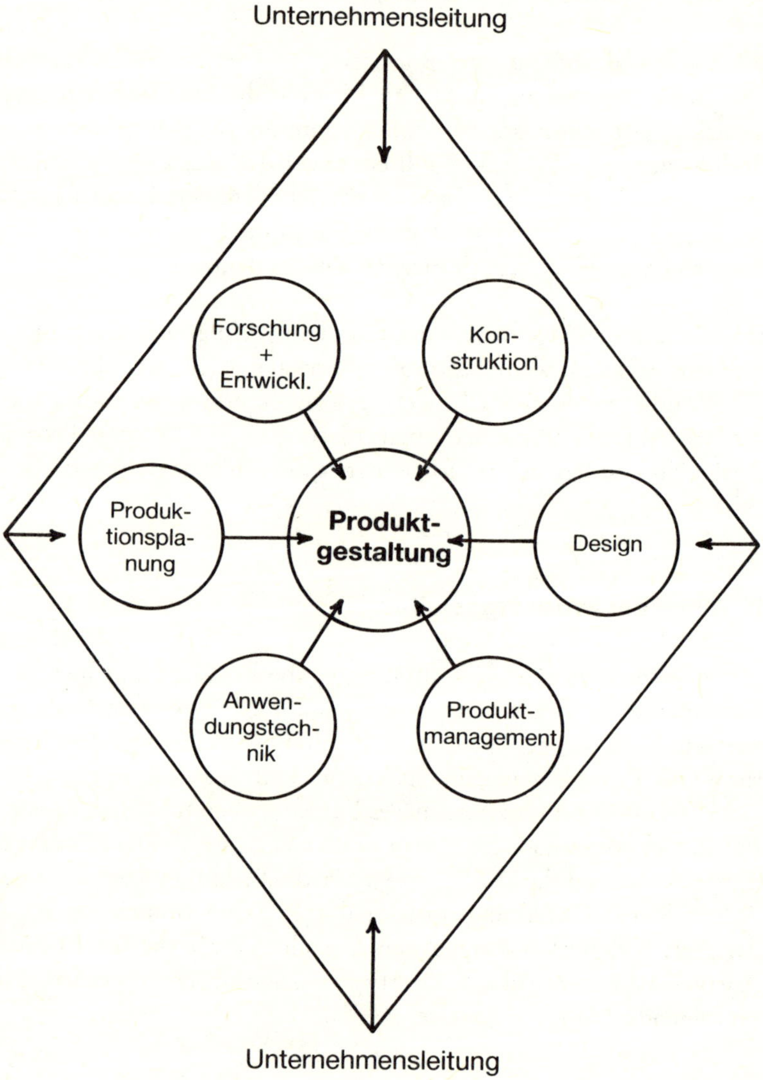

Abb. 12: Funktionsbereiche bei der Produktgestaltung

sche Daten, physiologische Tatbestände) in ein System zu bringen. Vielmehr erscheint es notwendig, mit einer handhabbaren, merkantil bewertbaren, absatzwirtschaftlich kommunizierbaren Menge von Gestaltungskategorien zu arbeiten.
Die Übersicht in Abb. 13 zeigt eine solche Gestaltungsmittelsystematik.

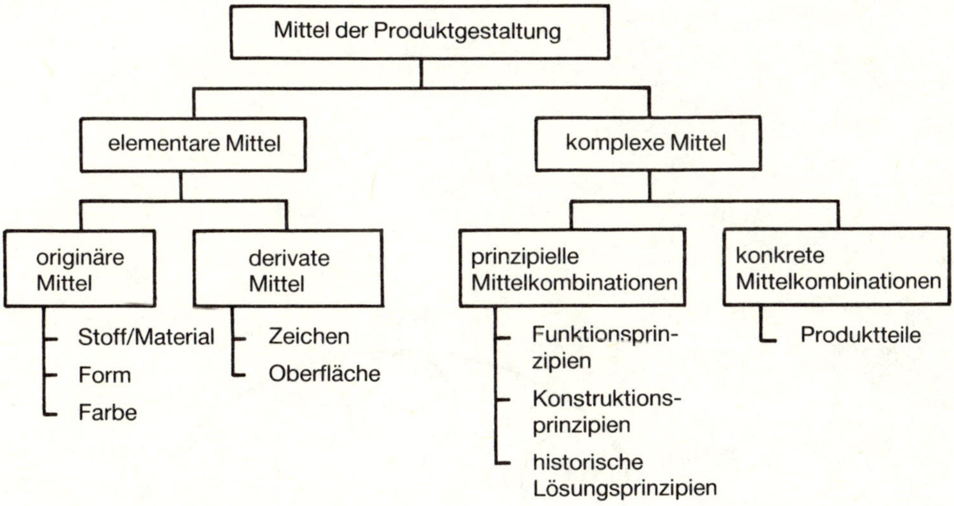

Abb. 13: Mittel der Produktgestaltung

Aus marktbezogener Sicht läßt sich also jedes neue Produkt durch die neun Gestaltungsmittel in Abb. 14 realisieren. Ergonomische Dimensionen (z. B. Tischhöhen) sind dann Formgesichtspunkte, statische Gegebenheiten werden den Konstruktionsprinzipien subsumiert.

2.2. Gestaltungsparameter und ihre Leistungen

Gestaltungsmittel lassen sich zerlegen

Es ist nötig, die Gestaltungsmittel in abgrenzbare, anspruchshomogene „Parameter“ zu zergliedern. Von Gestaltungsparametern sollte man also nur dann sprechen, wenn man diesen „Subgestaltungsmitteln“ Leistungen von signifikanten Anspruchssegmenten (Verwender, Distributeur, usw.) zuordnen kann.

Gestaltungsparameter haben Leistungen

Wir wollen das am Beispiel des Gestaltungsmittels „Farbe“[20] erklären. Für „rot“ zum Beispiel lassen sich keine Leistungen formulieren, da es sich um eine grelle, eine kräftige oder um eine pastellfarbige Nuance handeln kann. Es ist also nötig, für die bunten Farben Abstufungen zu schaffen. Für Pastellfarben, dezente Farben, mittelwertige Farben und kräftige Farben ist es dann möglich, für jeden Farbton (z. B. blaß-blau oder giftiges gelb) eine Leistungsangabe zu formulieren. Ein Beispiel, welches die Leistungen für „kräftige bunte Farben“ dokumentiert, ist in Abb. 14 dargestellt.

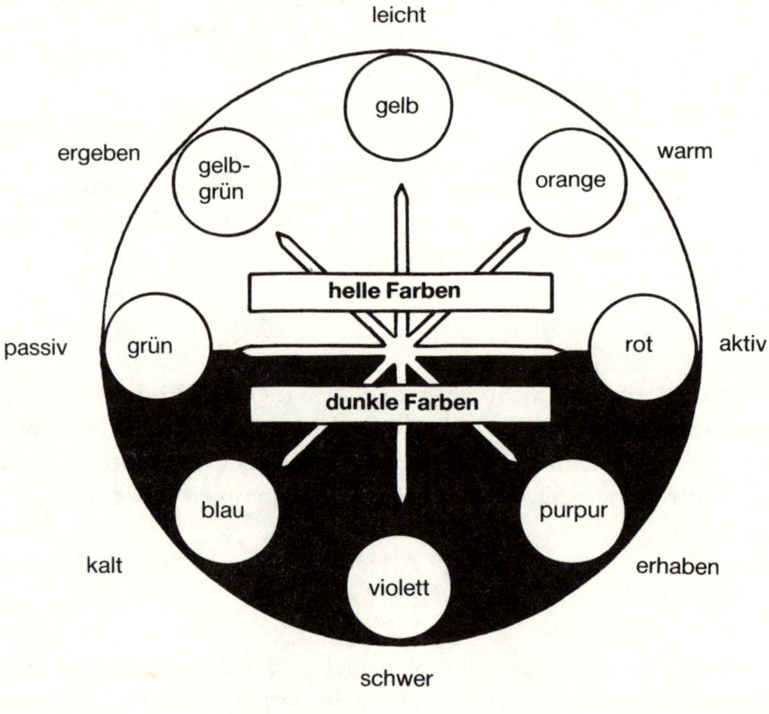

Abb. 14: Leistungen der kräftigen bunten Farben

Die generellen, verwenderbezogenen Leistungen wären dann z. B. leicht für gelb, schwer für violett usw.
Bei der Leistungsbestimmung der Gestaltungsmittel muß weiterhin die Produktgattung bedacht werden. Für einen Verwender wird die Nuance (weiß z. B.) bei Sanitärobjekten andere Leistungen haben als bei einem PKW.
Die Analyse der Leistungen der Gestaltungsparameter setzt also entweder ein gewachsenes Vorverständnis für die Anforderungen und Verhaltensweisen der Segmente voraus oder aber die Initiierung empirischer Studien.

3. Überlegungen zu einem diskursiven Modell der Gestaltungsanalyse

Der Gestaltungsprozeß ist zweigeteilt

Innerhalb des Produktmarketing hat es sich als zweckmäßig erwiesen, die Produktgestaltung nicht als Komplex anzugehen, sondern den Gestaltungsprozeß in zwei Gruppen zu zergliedern.
Ausgehend von der Überzeugung, daß es Sachansprüche (verstandesmäßig fundierte Produktanforderungen) und Anmutungsansprüche (gefühls- oder empfindungsgetönte Produktanforderungen) gibt, wird der Gestaltungsprozeß jeweils getrennt für Sach- und Anmutungsleistungsbündel durchgeführt.

Sachleistungen werden analytisch geplant und realisiert

Ohne näher auf die Einzelheiten einzugehen[21)], kann gesagt werden, daß Sachleistungsbündel durch Zerlegung (analytisch) gebildet werden. Dazu wird eine Produktidee in gestaltbare Komponenten (z. B. Bedienteile, Gehäuse) zergliedert. Für jede dieser Teilfunktionen werden die möglichen Gestaltungsmittelparameter aufgelistet. Danach werden die Leistungen der Parameter bestimmt (z. B. aus Erfahrung, durch Befragung usw.) und hierarchisiert. Am Ende steht dann eine Entscheidung für ein Gestaltungsmittel (weiß ist besser als hellgrün).
Nachdem alle Komponenten im Hinblick auf die Gestaltungsmittelleistungen untersucht werden, muß ein Harmonisierungsschritt erfolgen.

Anmutungsleistungen werden durch Looks realisiert

Die Anmutungsgestaltung verläuft entgegengesetzt, nämlich durch Verdichtung (→ Aggregation). Am Anfang steht hier eine Anmutungsidee in Form von „looks“ oder „Charakterdominanzen“.
Unter „looks“ verstehen wir komplexe Ausdrucksqualitäten von Produkten mit signifikantem Anmutungscharakter. Einige solcher „looks“ zeigt Abbildung 15.

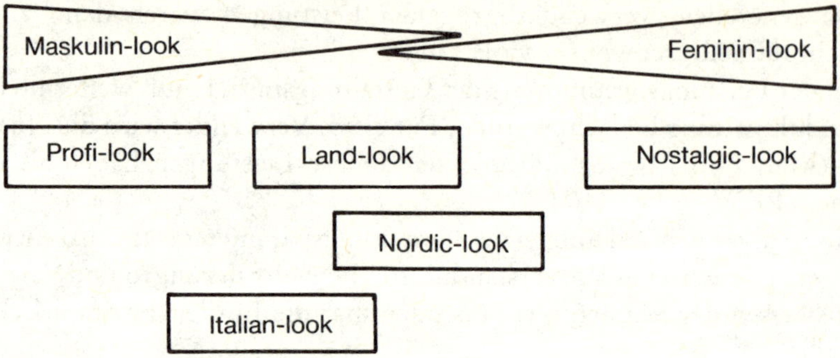

Abb. 15: Arten von Ausdrucksqualitäten (Looks)

Charakterdominanzen fundieren Looks

Charakterdominanzen sind weniger komplex; sie orientieren sich an den eindimensionalen Eindrucksqualitäten von Produkten. Hier jeweils als Gegensatz formuliert einige dieser Dominanzfaktoren:

gestreckt – gedrungen	eintönig – abwechselnd
kantig – geschwungen	leicht – schwer
eckig – abgerundet	ruhig – bewegt
verspielt – streng	groß – klein
kompakt – schlank	hoch – niedrig
lastend – schwebend	breit – schmal
wuchtig – leicht	rhythmisch – starr

Im Anschluß an die Formulierung der „looks“ oder „Dominanzen“ geht es darum, die Gestaltungsmittel auszusuchen, die in der Lage sind, den Charakter dieser Anmutungen zu *prägen*. Die Gestaltungsmittel, die keine unterstützende Funktion haben, müssen isoliert und ausgesondert werden.

Ein tabellarisches Beispiel dafür, wie Charakterdominanzen und Gestaltungsmittel aufeinander abgestimmt werden müssen, sei angeführt (vgl. Abb. 16).

Gestaltungsmittel / Charakterdominanz	Stoff	Form	Farbe	Zeichen	Funktionsprinzipien	Konstruktionsprinzipien	historische Lösungsprinzipien	Produktteile
Wertvolles	edle, bekannte, exquisite Werkstoffe, z.B. Veloursteppiche	traditionelle, handwerkliche Formen, z.B. geschwungene Holzarmaturenbretter	satte, dunkle Farben, Metallicfarben, z.B. Anthrazitmetallic	historische Zeichenformen, z.B. Mercedesstern	professionelle, perfekte Fp., z.B. mechan. Benzineinspritzung	solide, bekannte Kp., z.B. 8-Zylindermotor	massive, bewährte Bedienteile	allenf. i. unsichtbaren Bereich Normteile, wenig Produktteile nur b. hochqualif. Teilen
Zeitbetontes, z.B. Modernes	neue Werkstoffe, z.B. polyurethangeschäumte Stoßzonen	zeitgemäße Formen, z.B. Keilform	alle im Trend liegenden Farben, z.B. Sicherheitsfarben	im Trend liegende Zeichen, z.B. das „alte" Fordemblem	neue Fp., z.B. Turboaufladung	neuere, vorteilhafte Kp., z.B. Frontantrieb	im Trend liegende hist. Lp., z.B. Kippschalter	geringe Normteile, z.B. geschmiedete Alufelgen
Besonderheit	exotische Werkstoffe, z.B. Lederpolster	ausgefallene, exquisite Formen, z.B. Citroën CX-Form	auffällige, unübliche Farben, z.B. goldmetallic, schwarz	ungewöhnliche Zeichen, z.B. *f* von Pininfarina	seltene, raffinierte Fp., z.B. selbstanlegende Sicherheitsgurte	eigenwillige Kp., z.B. Mittelmotor	technisch neue hist. Lp., z.B. Check-up-Board	Zubehör, z.B. Zentralverriegelung
Ästhetisches, z.B. unter Aspekt „Harmonie"	der Form angepaßte Werkstoffe, „passende" Stoffkombinationen, z.B. Abstimmung d. Materials von Lenkrad u. Armaturenbrett (alles aus Holz)	ausgewogene Formen, z.B. „stimmiges" Armaturenbrett	Komplementärfarben, Farben desselben Entstehungsgrundes, z.B. Ausstattung Ton-in-Ton	–	–	–	Form u. Stoff angepaßte hist. Lösungsprinzipien z.B. nur Druckknöpfe	passende Produktteile, z.B. zur Leuchtenform passende Zusatzbeleuchtung
Atmosphärisches, z.B. Heiteres	leichte, unprätentiöse Werkstoffe, z.B. Jeansbezüge	leichte, verspielte, überraschende Formen, z.B. Sitzgestaltung im 2 CV	helle, bunte Farben, z.B. bunte Schonbezüge	lustige Inhalte, z.B. Buggy/Chopper	–	–	„spaßige" Bedienteile, bei Autos verboten	Golfball als Schaltknauf bei Golf GTI
Vertrauensvolles	haltbare, bekannte Werkstoffe, z.B. Chrom-Nikkel-Stoßstangen	traditionelle, solide Formen, z.B. Stufenheckform	keine popigen Farben, z.B. Beigetöne	Wortzeichen in antiqua, Wortinhalte mit Vergangenheit, z.B. VW-Derby	bekannte, bewährte Fp., z.B. Otto-Motor	bekannte Kp., z.B. 6-Zylinder-V-Motor	solide, hist. Lp., z.B. Drehschalter	viele Markenprodukte anderer Hersteller, z.B. Batterien, Vergaser
Überlegenes	„hochkarätige" Werkstoffe, z.B. Ganzalu-Motor	professionelle Formen, z.B. Front- u. Heckspoiler	keine bunten Farben, z.B. mattschwarze Motorhaube	bekannte, mit hohem Image versehene Zeichen, fremdsprachige Zeichen, z.B. Alpina-Aufklebefolie	professionelle Fp., z.B. thermogesteuerter Kühlventilator, z.B. Alpina-Zubehör	Kp. nach dem neuesten Stand der Forschung, z.B. 4-Zylinder-Boxermotor (Lancia)	professionelle hist. Lp., z.B. Leuchteneinstellung nach Lenkeinschlag	hochqualitatives Zubehör, z.B. Chromnickelstahl-Auspuff

Abb. 16: Ausgestaltung der Charakterdominanzen durch Gestaltungsmittel

Ablaufschema zur Realisation designorientierter Produkte

Es muß nochmals darauf hingewiesen werden, daß es nicht Aufgabe der im Design-Management tätigen Produktmanager sein kann, aktiv in den Gestaltungsprozeß einzugreifen. Ihnen obliegt eine analysierend, richtunggebende Funktion der Abstimmung. Abgestimmt werden müssen im Sachleistungsbereich die Gestaltungsmittelleistungen der einzelnen Produktkomponenten und im Anmutungsbereich die Gestaltungsmittel im Hinblick auf „looks" und „Charakterdominanzen".

Nach diesen Basisüberlegungen können wir nun ein handhabbares Ablaufschema zur Realisation von designorientierten Produkten vorschlagen.

1. *Entscheidung für ein Designziel (vgl. Kapitel II.)*
2. *Auswahl der Anspruchskreise für die geplanten designorientierten Produkte*

Neben den skizzierten Design-Anspruchskreisen wird es nötig sein, bestimmte Käufertypen zu berücksichtigen. Eine Überprüfung in tabellarischer Form (vgl. Abb. 17) nach folgendem Muster ist hilfreich.

Designziele / Käufertyp	puristisches Design	Formaldesign	Snobdesign	Idealdesign
distanzierter Kenner	X			
Mitreder		X		
Referenzkäufer			X	
Designfreak	X			X
abgeklärter Kenner	X	X		
Design-Mitläufer		X	X	
Beschaffertyp	X	X	X	X

Abb. 17: Zuordnung der Designziele zu Käufertypen

„Puristisches Design" wird eher den distanzierten Kenner oder den Freak ansprechen, weniger den Referenzkäufer. Eine empirische Überprüfung bzw. eine Plausibilitätsanalyse ist in diesem Stadium empfehlenswert.

3. *Festlegung der „looks" bzw. „Charakterdominanzen"* zum Zweck der ästhetischen Gestaltung.
4. *Prozedur zur Auswahl* geeigneter Gestaltungsmittelparameter.

5. *Festlegung der signifikanten Produktkomponenten* zum Zweck der Gebrauchswertgestaltung.
6. *Prozedur zur Auswahl* geeigneter Gestaltungsmittel.
7. *Harmonisierung* der vorgesehenen ästhetischen und gebrauchswertfundierenden Gestaltungsmittel.
8. *Festlegung des sozialen Produktnutzens*
   Beachtung der durch Entgelt- bzw. Kommunikationspolitik zu prägenden Produkteigenheiten (z. B. Schichtansprüche, Preisschwellen usw.).

V. Vermarktungshinweise designorientierter Produkte

Die Vermarktung ist der Gestaltung formal ähnlich. Zuerst wird geklärt, „womit", d. h. mit welchen Mitteln die Vermarktung durchgeführt wird; in einem zweiten Schritt beschreiben wir eine diskursive Schrittfolge zur Erstellung eines adäquaten Marketing-Mix.

1. Mittel der Vermarktung

Vermarktungsinstrumente lassen sich differenzieren

Die Vermarktung wird durch den Einsatz der sogenannten Vermarktungsinstrumente realisiert. Aus Gründen der Operationalität ist es zweckmäßig (ähnlich wie bei den Zielen), eine Hierarchisierung (Systematisierung) vorzunehmen.
Ausgehend von vier Zentralinstrumenten haben wir diese in Instrumentalvariable und diese wiederum in Variablenausprägungen gegliedert. Für konkrete Marketing-Mix-Entscheidungen sind also nur die Variablenausprägungen heranzuziehen (pragmatische Funktion), die anderen Kategorien haben systematische Funktion. Abb. 18 gibt eine Übersicht über die Instrumente.

2. Ein qualitatives Marketing-Mix-Modell

Bei der Erstellung von produktadäquaten Variablenausprägungsbündeln (Mix) geht es zuerst einmal darum, geeignete Produktcharakteristika zu finden, die eine absatzwirtschaftlich sinnvolle Auswahl und Zuordnung von Variablen ermöglichen.

2.1. Die charakteristischen Produktausstrahlungseffekte

Produktausstrahlungseffekte erlauben Mix-Entscheidungen

Wir nennen Produktcharakteristika die für diese Zuordnungsprozeduren nutzbar sind, Produktausstrahlungseffekte (PAE).
Solche PAE lassen sich insbesondere nach marktorientierten, aber auch nach produktzielbezogenen Kriterien entwickeln.
Die folgende Übersicht zeigt die marktbezogenen Produktausstrahlungseffekte im Überblick:

1. starke Produktkonkurrenz
2. hohes Produktleistungsniveau

Vermarktungsinstrumente	Instrumentalvariable	Variablenausprägungen
Servicepolitik	Lieferleistungspolitik	Zustellung/Abholen Lieferbereitschaft Lieferzuverlässigkeit Lieferqualität
	Kundendienstpolitik	Anpassung/Installation Pflege/Wartung Reparatur Ersatzteilversorgung Kundendienstselbstdurchführung Kundendienstdelegation
	Garantie-leistungspolitik	Garantieumfang Garantiedauer
Distributionspolitik	Distributionswege-politik	direkter Distributionsweg indirekter Distributionsweg
	Distributions-organpolitik	Reisende Vertreter Messen Spezialgroßhandlung Sortimentsgroßhandlung Spezialgeschäft Fachgeschäft, Fachhaus Warenhaus Kaufhaus/Verbrauchermarkt Diskontgeschäft
	Distributionslogistik	Zentrallager Außenlager eigene Transportmittel fremde Transportmittel schutzoptimale Verpackung transportgünstige Verpackung
Entgeltpolitik	Preispolitik	Durchdringungspolitik Abschöpfungspolitik Preissetzungspolitik Anpassungspolitik Preiskonstanz Preisvariabilität
	Rabattpolitik	Funktionsrabatte Mengenrabatte Treuerabatte Zeitrabatte
	Zahlungsbedingungen	Zahlungstermin Skonto Inzahlungnahme
	Kreditpolitik	Lieferantenkredit Leasing
Kommunikationspolitik	Werbepolitik	Einzelumwerbung Gruppenumwerbung Massenumwerbung Leistungswerbung Preiswerbung Basarwerbung distinguierte Werbung Einführungswerbung Erinnerungswerbung
	Verkaufsförderungs-politik	Produktleistungsschulung Produktpräsentationsschulung Propagandisten Präsentationsmittel/Verkaufsgeräte Displaymaterial Produktproben Preisausschreiben
	Anwendungsberatung	Anwendungsberater Gebrauchsanweisung

Abb. 18: Vermarktungsinstrumente und ihre Instrumentalvariablen und Variablenausprägungen

3. Marktneuheit
4. hohes Produktimage
5. hoher Individualisierungsgrad
6. starke Modeabhängigkeit
7. große Bedarfsdichte
8. starke Erklärungsbedürftigkeit
9. starker Produktleistungswandel
10. große Bedarfsintensität
11. große Bedarfsmenge
12. hohe Produktgefährdung
1.3 große Bedarfsweite

Die Produktziele, die als PAE zu verwenden sind, wurden in Kapitel II. vorgestellt.

2.2. Zuordnung der Variablenausprägungen

Aus der Analyse erfolgreicher Vermarktungsbemühungen von Produkten durch antizipiertes Wissen von Produktmanagern und durch Plausibilitätsannahmen ist es möglich, den genannten Produktausstrahlungseffekten Variablenausprägungen zuzuordnen.
Abb. 19 zeigt für vier ausgewählte Produktausstrahlungseffekte merkantil geeignet erscheinende Variablenausprägungen.

Zuordnung zu Zielen

Auch für das Produktziel „Designorientierung" lassen sich signifikante Variablenschwerpunkte formulieren. Das Produktziel „Designorientierung" legt bestimmte Variablenausprägungen nahe (Abb. 20).

2.3. Korrekturen und Schwerpunktbildung

Für ein konkretes Design-Feinziel (z. B. puristisches Design) wird man möglicherweise an dem eruierten Mix noch Korrekturen ausführen. Hierzu kann es nötig sein, einige marktbezogene PAE heranzuziehen, um das Standard-Mix zu korrigieren. Darüber hinaus kann es nötig sein, Traditionskorrekturen (Benutzung bestehender Situationen) oder Innovationskorrekturen (Nutzung neuer Variablenausprägungen) durchzuführen.
Für unser phasenorientiertes Vorgehen ist also eine dreigliedrige Abfolge nötig:
– Bewertung eines Produkts nach seinen PAE,

– Zuordnung von Variablenausprägungen zu den signifikanten PAE,
– Korrektur und Schwerpunktbildung der gewonnenen Variablenausprägungsbündel.

Produktleistungsniveau (hoch)	**Produktkonkurrenz (stark)**	Marktneuheit	Produktimage (hoch)
hohe Lieferzuverlässigkeit hohe Lieferqualität Pflege/Wartung/Inspektion lange Ersatzteilversorgung lange Garantiedauer weiter Garantieumfang	hohe Lieferbereitschaft hohe Lieferzuverlässigkeit verlängerte Garantiedauer u. -umfang	hohe Lieferbereitschaft hohe Lieferzuverlässigkeit längere Garantiedauer als bei ähnlichen Produkten größerer Garantieumfang (der sich auf das Neue erstreckt)	hohe Lieferzuverlässigkeit hohe Lieferqualität lange Ersatzteilversorgung lange Garantiedauer exakter Garantieumfang
direkter oder indirekter Distributionsweg Reisende Spezialgroßhandlung Spezialgeschäft Fachgeschäft Zentrallager eigene Transportmittel schutzoptimale Verpackung	direkter Distributionsweg Vertreter wenn indirekter Distributionsweg, dann mögl. viele EH-Formen Fachgeschäft Fachmarkt Warenhaus Kaufhaus/Verbrauchermarkt Diskontgeschäft Auslieferungslager fremde Transportmittel transportoptimale Verpackung	indirekter Distributionsweg Vertreter Messen Sortimentsgroßhandlung Spezialgeschäft Fachgeschäft Warenhaus Zentrallager fremde Transportmittel Abschöpfungspolitik Preissetzungspolitik Einführungsrabatte Leasing	indirekter Distributionsweg Reisende Spezialgroßhandlung Spezialgeschäft Fachgeschäft Zentrallager eigene Transportmittel schutzoptimale Verpackung
Abschöpfungspolitik Preissetzungspolitik Preiskonstanz hohe Funktionsrabatte	Preisanpassungspolitik Preisvariabilität Mengenrabatt Skonto Inzahlungnahme		Preissetzungspolitik Preiskonstanz enge Zahlungstermine
Einzelumwerbung Gruppenumwerbung Leistungswerbung distinguierte Werbung Produktleistungsschulung Präsentationsschulung Präsentationsmittel Anwendungsberater	Massenumwerbung Preiswerbung Basarwerbung Erinnerungswerbung Produktleistungsschulung Propagandisten Displaymaterial Preisausschreiben	Leistungswerbung Einführungswerbung Produktleistungsschulung Propagandisten Displaymaterial Produktproben Preisausschreiben Anwendungsberater Gebrauchsanweisung	Gruppenumwerbung Leistungswerbung distinguierte Werbung Präsentationsschulung Präsentationsmittel Anwendungsberater

Abb. 19: Variablenausprägung für vier signifikante Produktausstrahlungseffekte

Servicepolitik	Distributionspolitik
hohe Lieferzuverlässigkeit hohe Lieferqualität Pflege/Wartung/Inspektion lange Ersatzteilversorgung lange Garantiedauer weiter Garantieumfang	direkter oder indirekter Distributionsweg Reisende Spezialgroßhandlung Spezialgeschäft Fachgeschäft Zentrallager eigene Transportmittel schutzoptimale Verpackung
Entgeltpolitik	**Kommunikationspolitik**
Abschöpfungspolitik Preissetzungspolitik Preiskonstanz hohe Funktionsrabatte	Einzelumwerbung Gruppenumwerbung Leistungsumwerbung distinguierte Werbung Produktleistungsschulung Präsentationsschulung Präsentationsmittel Anwendungsberater

Abb. 20: Variablenausprägung für das Produktziel „Designorientierung"

Zusammenfassung

Die Grundaussagen dieser Arbeit lauten:

- Die Denkansätze und Strukturen des Produktmarketing lassen sich auch auf die Gestaltung und Vermarktung designorientierter Produkte unmittelbar übertragen.
- Ein formuliertes Design-Ziel „Designorientierung" läßt eine weitergehende Differenzierung in Feinziele zu.
- Für designorientierte Produkte lassen sich gezielte Anspruchskataloge getrennt nach Anspruchskreisen entwickeln.
- Bei der marktorientierten Gestaltung von designorientierten Produkten hat die Gebrauchswertgestaltung und die Realisation einer prägnanten Ästhetik nacheinander zu geschehen.
- Die Realisation des sozialen Nutzens ist primär eine Funktion der Entgelt- und Kommunikationspolitik.
- Die Vermarktung von designorientierten Produkten vollzieht sich durch den Einsatz eines Bündels von „Instrumentalvariablenausprägungen".
- Die Auswahl und Zuordnung geschieht durch Produktausstrahlungseffekte. Diese PAE ergeben sich aus marktbezogenen Produktcharakteristika oder den zugrundegelegten Produktzielen.

Literaturhinweise

1) P. Kotler, Marketing-Management, Stuttgart 1974, S. 12
2) Zum Beschaffungsmarketing vgl. insbesondere B. Biergans, Zur Entwicklung eines marketingadäquaten Ansatzes und Instrumentariums für die Beschaffung, Köln 1984 (Fördergesellschaft für Produktmarketing, Köln)
3) Die Aussagen fußen auf der umfassenden Darstellung von U. Koppelmann, Grundlagen des Produktmarketing, Stuttgart, Berlin, Köln, Mainz 1978
4) Vgl. R. U. Mayer, Produktpositionierung, Köln 1984 (Fördergesellschaft Produktmarketing)
5) Zu diesem Problem vgl. die Zusammenfassung bei B. Meier, Industrial design, Hochschulverlag Stuttgart 1978, S. 245 ff
6) Vgl. ausführlicher E. Küthe, Was Sie schon immer über Sortiment, Gebrauchswert, Ästhetik, Design, Technik von Elektrokleingeräten wissen wollten. Hrsg. Braun AG, Kronberg
7) Vgl. umfassender C. Maier, Beschaffungsziele, Köln 1986 (Fördergesellschaft Produktmarketing)
8) Montenapoleone, Hrsg. Saporiti, Italien o. Jg.
9) Kunst, Design, Wirtschaft, Hrsg. A. Lau, Bielefeld 1983, S. 195
10) a. a. O., S. 211
11) Vgl. H. Lindinger, Kriterien einer guten Industrieform, in: if 85, Katalog „Die gute Industrieform"
12) G. Brackert, Fünf Jahre Bundespreis „Gute Form" Versuch einer Bilanz, in: Fünf Jahre Bundespreis „Gute Form", hrsg. vom Rat für Formgebung, Darmstadt 1975, S. 78
13) Vgl. z. B. D. Zillmann, Industrial design in absatzwirtschaftlicher Bedeutung, in: Kriterium, Dez. 65 / Jan., 66 S. 12
14) Die folgenden Aussagen fußen auf U. Koppelmann, Produktwerbung, Stuttgart, Berlin, Köln, Mainz 1981, S. 135 ff
15) N. Breuer, Einstellungstypen für die Marktsegmentierung, Köln 1980 (Fördergesellschaft Produktmarketing)
16) E. Küthe, Einzelhandelsmarketing, Stuttgart, Berlin, Köln, Mainz 1981, S. 17 ff
17) Vgl. für Form, Farbe, Material G. Kerner, R. Duroy, Bildsprache 1, 6. Aufl. München 1985, S. 47 ff
18) Initiierte Befragungen des Seminars für Beschaffungs- und Produktlehre der Universität Köln für Sanitärkeramik und Küchen belegen diese Zusammenhänge
19) Auftragsforschung für den zweitgrößten Küchenhersteller, Institut für Beschaffungs- und Produktlehre, Universität Köln 1985
20) Für andere Gestaltungsmittel vgl. ausführlich V. Dörner, Die Produktform als Mittel der Anmutungsgestaltung, Köln 1976 (Fördergesellschaft Produktmarketing)
H. H. Schmitz-Maibauer, Der Stoff als Mittel anmutungshafter Produktgestaltung, Köln 1976 (Fördergesellschaft Produktmarketing),
C. Bergmann, Funktionsprinzipien als Mittel der Produktgestaltung, Köln 1979 (Fördergesellschaft Produktmarketing)
21) Vgl. hierzu ausführlicher U. Koppelmann, Grundlagen des Produktmarketing, (a. a. O.,) S. 191 ff

Fritz Hahne unter Mitarbeit von Rudolf Schwarz

Wilkhahn: Design – eine Chance für mittelständische Unternehmen

Inhalt

Mit dem Wort „Design" haben viele ihre Schwierigkeiten, obwohl es seit fast 40 Jahren bei uns geläufig und in alle Weltsprachen übernommen worden ist – russisch und japanisch eingeschlossen. Nun wird es ebenso verschwenderisch wie bedenkenlos gebraucht, um Erzeugnisse oder Leistungen der verschiedensten Art und Qualität sprachlich aufzuwerten: Man spricht von Graphic Design, Photo Design, Social Design oder gar Food Design.

Wertneutrale Herkunft ...

Es scheint mir im Rahmen dieses Beitrages sinnvoll, darauf zu verweisen, daß „Design" – die englische Vokabel für „Entwurf" – an sich ein wertneutraler Begriff ist, der beispielhafte ebenso wie mißratene Produkte bezeichnet. Im Gegensatz dazu verbindet sich in unserem Sprachgebrauch mit „Design" ein Qualitätsanspruch.

Durch das Bauhaus haben die Deutschen Grundlegendes und Wesentliches für die Entwicklung auch der Industriekultur in den 20er Jahren getan, ohne das Wort Design auch nur zu kennen. Dem Selbstverständnis derer, die sich in der Bauhaus-Ära als Reformer verdient gemacht haben, entsprachen Begriffe wie „Formgebung" oder „Gestaltung", die eine hohe Wertvorstellung vermitteln. Wenn im folgenden von Design die Rede ist, dann in diesem Sinn.

1. Design als Marktfaktor

Ganz allgemein ist die Feststellung erlaubt, daß sich der Einfallsreichtum von Unternehmen sowohl in unserer als auch in anderen Branchen in übersehbaren Grenzen hält. Beweise für diese Behauptung finden sich zahlreich auf allen Fachmessen – wie zum Beispiel auf der Internationalen Möbelmesse in Köln, wo sich die Angebote in mindestens zehn der insgesamt vierzehn Ausstellungshallen zum Verwechseln ähnlich sehen.

... und große Wirkung

Der Designer Rido Busse hat große Popularität und viel Zustimmung gefunden, als er den „Plagiarius" stiftete – einen schwarzen Gartenzwerg mit goldener Nase, der alljährlich durch eine Jury für das dreisteste Plagiat unter den Industrieerzeugnissen verliehen wird.

Ich vermute, daß allenfalls 10 oder 15 Prozent der Unternehmen aller Branchen „Kreativität" im Sinne des Wortes für sich in Anspruch nehmen können.

Wenn ich von Unternehmern spreche, so ist die Rede von einer Gruppe der mittelständischen Wirtschaft, die so heterogen ist wie kaum eine andere: Ob Schlachtermeister oder Geigenbauer, Fabrikant oder Verleger – alle sind Unternehmer. Es ist unschwer zu erkennen, daß es in dieser buntgemischten Berufsgruppe (wenn wir sie so bezeichnen wollen) ethisch und ästhetisch sensible Exemplare gibt, aber auch eine große Zahl von Leuten, für die „Right or wrong – my money!“ einzige Richtschnur allen Handelns ist.

Die Motivationen zur Kreativität …

In der ersten, kleinen Gruppe sind die zu finden, die aus innerem Antrieb oder auch aus Ehrgeiz kreative Kulturbeiträge leisten; die größere zweite Gruppe dagegen wird von denen gebildet, die durch (häufig obendrein schlechte) Kopien nur die Zivilisation bewegen. Offenbar hat diese Welt weniger Bedarf an gutem Design in unserem Sinne als an futuristisch-abenteuerlichen oder nostalgisch-sentimentalen Kreationen: Auch dabei spricht man gern und häufig von „Design“.

So sind ganz zweifelsfrei die Menschen – und Produzenten oder Händler sind auch solche – in der Regel keine Moralisten, sondern eher Opportunisten, die dem Bedarf nachspüren des Geldverdienens wegen und weniger wegen ihres Seelenheils.

Das gilt auch und ausgeprägt für die Möbelwirtschaft. Seit zwanzig Jahren ist festzustellen, daß sich gut gestaltete Produkte im Einrichtungsbereich durch hohe Preise und exklusives Umfeld auszeichnen. Sie sind im großen und ganzen auf eine wohlhabende, häufig intellektuelle Käuferschicht beschränkt. Gelegentliche Ausnahmen sind zwar hier und da festzustellen, aber eben nur als Ausnahmen von dieser allgemein gültigen Beobachtung.

… sind vielfältig

Die Zahl potentieller Käufer so gearteter Erzeugnisse ist durch diese Prämisse also sehr begrenzt. Die Masse der Käufer kann oder will es sich nicht leisten, angesichts der heutzutage noch immer gültigen Vorstellungen von Sozialprestige auf Dinge zu verzichten, die „etwas hermachen“: das Auto zum Beispiel durch eindrucksvolle, wenn auch in der Verkehrspraxis hinderliche Größe und Pseudo-Rasse, die Möbel durch voluminöse Gediegenheit. Der Mangel an Gestandensein und Selbstbewußtsein hat beim Hausbau und der Einrichtung Erscheinungen hervorgebracht, die man als eine Art „permanenten Fasching“ bezeichnen könnte. Es ist dies letztlich nichts anderes als der Ausdruck verbreiteter und tiefer Verunsicherung.

Das Prestigebedürfnis ist menschlichem Wesen zugehörig wie Hunger oder Durst und wegen dieser Natürlichkeit nicht Gegenstand von Kritik. Prestigestreben und Niveau stehen aber in einer Relation zur Bildung: Je geringer der Bildungsgrad, desto vordergründiger sind die Daseinsäußerungen.

Produkte des Industrial Design sind meist anspruchsvoll und engen dadurch den Kreis der Interessenten erheblich ein. Möbel dieser Art eignen sich kaum dazu, auf die Mehrheit der Mitmenschen Eindruck zu machen. Man muß deshalb nicht gleich so weit gehen wie der Schriftsteller Oswald Wiener, der bei einer Veranstaltung im Internationalen Design-Zentrum Berlin provokativ sagte, daß er seine Wohnung *trotz* Design einrichte und der Beruf des Designers seiner Meinung nach höchst überflüssig sei, weil er die eigenen Entfaltungsmöglichkeiten behindere.

Die grundlegenden Betrachtungen bis hierher sollen zeigen, daß – beginnend bei der Begriffsverwirrung bis hin zur gängigen Marktpraxis – keine Gefahr besteht, Design in unserem Sinne werde sich alsbald auf breiter Front durchsetzen und traditionelle oder betont prestigeträchtige Produktformen ablösen.

Diese Feststellung scheint negativ zu sein – in Wahrheit ist sie es nicht.

Anspruchsvoll muß nicht elitär sein

Damit komme ich zum Thema: Es gibt keinen Anlaß, Produkte etwa deshalb bewußt weniger anspruchsvoll zu gestalten, um eine breitere Käuferschicht zu erreichen. Es ist dies durchweg nur eine Umschreibung der Unfähigkeit, die Dinge besser zu machen.

Unternehmen, in denen diese Einsicht die Grundlage des Handelns ist, haben mit zeitnahen Erzeugnissen die Chance, sich zu profilieren und damit die beste Voraussetzung auch für wirtschaftlichen Erfolg. Der Markt für Design-Produkte des gehobenen Anspruchs mag relativ eingeschränkt sein, aber er ist stabil – auch in konjunkturell schwierigen Zeiten – und er ist durchaus ausbaufähig, weil es sich um einen „Nischenmarkt" handelt.

Allerdings ist es ein verbreiteter Irrtum zu glauben, daß der „Marktfaktor Design" sich durch Direktionsbeschluß herbeizaubern ließe – etwa nach dem Motto: „Holen wir uns einen Designer, der soll uns dann mal was ganz Neues machen!" Der Effekt wird in solchem Fall eher negativ sein, weil das Neue, auch im Unternehmen selbst nicht mit Überzeugung akzeptiert, von Handel und Kunden als Paradiesvogel angesehen wird, mit dem keiner so recht etwas anzufangen weiß. Der Hersteller läuft Gefahr, unglaubwürdig zu erscheinen – ganz abgesehen davon, daß mangelnde Erfahrung mit originären Produkten und die fehlenden Vergleichsmöglichkeiten das Risiko von Flops heraufbeschwören.

Wer im Einrichtungsmarkt mit dem Pfund „Design" wuchern will, muß sich ganzheitlich darauf einstellen. Es braucht dazu eine Unternehmensführung, die hingestimmt, sensibel und lernfähig ist. Die Design-Politik sollte die Unternehmensphilosophie widerspiegeln und sie ist dann wirklich überzeugend, wenn sie Ausdruck einer ethischen Grundhaltung ist.

Mit Erzeugnissen, die dem entsprechen, die professionell in den Markt übertragen und für den Käufer glaubwürdig interpretiert werden, ist sehr wohl wirtschaftlicher Erfolg zu realisieren. Um so mehr, als sie – ihrem Wesen entsprechend – lange Zeit auf dem Markt bleiben, wenn sie sich durchgesetzt haben.

Ganzheitliches Denken ...

Das so ausgerichtete, ganzheitliche Denken ist die Voraussetzung dafür, daß Unternehmenskultur entsteht. Sie wiederum ist das geistige Umfeld, in dem Kreativität gedeiht und von Außenstehenden akzeptiert wird. Auch auf dem Gebiet des Design gilt, daß man Kompetenz sich nicht selbst beimessen kann – sie muß von den Vertriebspartnern und vor allem von der Käuferschaft zuerkannt werden.

So konsequent entwickelt, ist eine Design-Politik ein hervorragendes Instrument zur Zukunftssicherung des Unternehmens: weil damit gleichzeitig Unverwechselbarkeit einhergeht und weil sich aus der Marktnische heraus ein verläßlicher Käuferstamm entwickelt.

2. Die ersten Schritte zum Wilkhahn-Design

Wenn ich im folgenden an unserer Unternehmensgeschichte und -gegenwart die Praxis beleuchte, dann nicht aus Gründen der Schleichwerbung, sondern zum einen, weil ich über andere Branchen nicht kompetent reden kann und zum anderen, weil mir die Entwicklung bei Wilkhahn in den letzten 35 Jahren exemplarisch erscheint:

... betimmt unsere Philosophie

Wir arbeiten unweit von Hannover in einer Gegend, in der bis vor ein paar Jahrzehnten an die 100 Klein- und Mittelbetriebe Stühle herstellten – aus dem traditionellen Werkstoff Holz und überwiegend in den Formen, die vom Geschmack des Großbürgertums der 20er und 30er Jahre geprägt waren. Von den vielen haben nur ein halbes Dutzend Firmen überlebt. Die anderen fielen dem Generationswechsel und/oder dem Wandel vom Verkäufer- zum Käufermarkt zum Opfer.

Für die Entwicklung von Wilkhahn, 1907 von den verschwägerten Tischlermeistern Wilkening und Hahne gegründet, waren die 50er Jahre bestimmend. In dieser Zeit ziemlich mühelosen Absatzes machte jeder Betrieb in etwa den gleichen Stuhltyp. Angesichts des immensen Nachholbedarfs war weder der Zwang zur Differenzierung noch zur Rationalisierung gegeben.

Der Ehrgeiz, Individuelleres zu produzieren, ließ mich Kontakt suchen zu den Deutschen Werkstätten, die unter Leitung von Walter Heyn von Hellerau bei Dresden nach Westdeutschland übergesiedelt waren. Wir übernahmen in der Folgezeit die Fertigung der Sitzmöbel- und Tischkollektionen der DeWe. So bekam der Betrieb Erfahrung im Umgang mit Innenarchitekten und Designern.

Die ersten Kontakte zum Design ...

Parallel dazu führte der intensive Kontakt zu namhaften Gestaltern jener Zeit – Georg Leowald etwa, Roland Rainer oder Herbert Hirche – zu einer Produktpalette von zeitgemäßer Auffassung. Durch dieses Angebot gewannen wir Architekten und aufgeschlossene Handelspartner als Mittler des Absatzes. Die Erzeugnisse waren eine Novität in der Zeit des Wiederaufbaus. Zum besseren Verständnis sei daran erinnert, daß die deutsche Einrichtungsindustrie jener Tage Nierentische, Cocktailsesselchen und Tütenleuchten produzierte, vor allem aber verballhornte Stil-Nachahmungen. In Fragen des guten Möbelgeschmacks galten die Skandinavier als tonangebend, die uns die Teakholz-Welle bescherten. Als junge Leute gleichermaßen experimentierfreudig wie von missionarischem Eifer beseelt, profitierten wir vor allem moralisch und weniger kommerziell von der damaligen Hochkonjunktur. Die Freude, ständig Neues zu machen, ließ uns allzuoft schon wieder mit einem noch neueren Produkt davoneilen, wenn beim letzten gerade die Kasse zu klingeln begann. Aus Überzeugung auch verzichteten wir zum Beispiel darauf, Möbel aus Vierkantstahlrohr zu produzieren, wie sie Ende der 50er Jahre „in" waren und schlossen uns damit – aus heutiger Sicht unnötigerweise – von der Teilnahme an diesem Boom aus. Heute würden wir einen solchen Markttrend aufnehmen und in die Sprache unserer Produkte umsetzen.

... führten zu Experimenten ...

Die 60er Jahre waren bei Wilkhahn vor allem eine Zeit des Experimentierens mit einem im Möbel eben noch neuen Material: glasfaserverstärktes Polyester. Neben Erfolgen lieferten wir auch unseren Anteil an Flops: die Sitz-Tisch-Einheit „Coupé", von der Designerin Annie Triebel für das Kellerrestaurant eines Pariser Theaters entwickelt, war nur dort sinnvoll zu verwenden. Ein anderes Beispiel waren unsere Polyester-Strandkörbe, die viel Komfort boten, aber den natürlichen Gegnern dieser Entwicklung – den Korbflechtereien – Aufwind verschafften. Nach einer Sturmflut veröffentlichten die „Kieler Nachrichten" ein Foto von Wilkhahn-Strandkörben, die munter im Salzwasser dümpelten. Wir entwickelten dekorative Fassadenelemente aus Polyester, die jedoch – bei Licht besehen – wegen der Brandschutzbestimmungen ein unabsehbares Risiko darstellten.

... und auch Flops

Es sind dies nur einige spektakuläre Beispiele von Fehlschlägen, und ich erwähne sie nicht wegen des anekdotischen Charakters, sondern um zu belegen, weshalb ich zuvor von den Risiken sprach, die man bei völlig neuartigen Erzeugnissen eingeht.

3. Design als Konzept

Anfang der 60er Jahre kam es zu ersten Kontakten mit der Hochschule für Gestaltung in Ulm, wo man in der Tradition des Bauhauses neue Wege ging – in meinen Augen eine der bei weitem wichtigsten kulturtragenden Institutionen in Deutschland nach dem Krieg. In der Folge ergab sich eine außerordentlich fruchtbare Zusammenarbeit, die für die Entwicklung des Unternehmens von entscheidender Bedeutung war. Die Ulmer Philosophie ist noch heute, gut fünfzehn Jahre nach Schließung der Hochschule, bei uns spürbar – sie ist nach wie vor Maßstab unseres Denkens. Unter diesem Einfluß trafen wir damals vor allem drei wichtige Festlegungen.

„Ulm" wurde zum Konzept

Erstens: Wir zügelten den „Enthusiasmus der frühen Jahre" bei der Produktplanung und -entwicklung. Statt dessen fixierten wir die für uns relevanten Marktsektoren und begannen von nun an, dafür zielgerichtete Produkte zu schaffen.

Das Streben nach „Wahrhaftigkeit" der Erzeugnisse wurde festgeschriebener Teil einer Unternehmensphilosophie. Wir verstehen darunter Produkte, in denen sich hoher ästhetischer und praktischer Nutzen verbinden, die formal und funktional langfristig gültig und Ausdruck des Zeitgeistes im positiven Sinne sind.

Zweitens: Wir begannen, ein visuelles Erscheinungsbild zu schaffen, das dem Charakter und dem Anspruch der Erzeugnisse angemessen ist. Vom Firmenzeichen bis zum Briefbogen, vom Prospekt bis zum Messestand und der Fahrzeugbeschriftung gab es eine einheitliche, klare Handschrift. Wo irgend möglich, legten wir die gleichen Kriterien auch bei der Gestaltung unserer eigenen Arbeitswelt an. Ohne daß wir diesen Begriff damals kannten, entstand ein „Corporate Design", welches das gesamte Umfeld des Unternehmens kennzeichnet.

Corporate Design

Drittens: In jener Zeit entschieden wir uns endgültig, uns auf zwei Marktbereiche zu konzentrieren – auf die Einrichtung von Büros, Verwaltungsgebäuden und Banken einerseits und andererseits auf die Objekteinrichtung, also von Bauten, die im weiten Sinn sozialen oder kulturellen Zwecken dienen.

Wir bewegen uns damit in einem Markt, in dem wir es mit Architekten zu tun haben, die anspruchsvoll und urteilsfähig sind, und mit Fachhändlern, von denen uns die meisten partnerschaftlich eng verbunden sind. Unsere Ausgangsbasis unterscheidet sich damit erheblich von der Praxis im Wohnmöbel-Markt, in dem modische Trends das Bild dominant prägen.

In der weiteren Konsequenz dieser Angebotsorientierung verschwanden Einzelprodukte mit Modellcharakter aus unserem Programm. An ihre Stelle traten vollständige Produktfamilien, die eine durchgängige Linie bei der Einrichtung ermöglichen – bildlich gesprochen: vom Besucherstuhl im Empfang einer Verwaltung bis zum Sessel des Top-Managers und dem Konferenzsaal.

Dieses Programmdenken ist zumindest in unserer Branche ein eminent wichtiger Design-Aspekt im Hinblick auf die Bedürfnisse des Marktes.

Programmdenken

Natürlich ist leicht einzusehen, daß es ungleich einfacher ist, ein in Form und Funktion neues Einzelstück auf die Beine zu stellen als eine komplette Reihe sich ergänzender und aufeinander bezogener Produkte, von denen jedes für sich einen Schritt nach vorn darstellt.

Inzwischen war längst erkennbar, daß das Industrial Design einen weiteren Aspekt beinhaltet, der unseren Erfolg entscheidend beeinflußte. Ich spreche von der weltweiten Akzeptanz: Gutes Design ist international, nationale Eigentümlichkeiten spielen bei Erzeugnissen dieses Anspruches eine denkbar geringe Rolle. Diesem Umstand verdanken wir einen Exportanteil, der sich auf die 50 Prozent-Marke zubewegt.

Kreativität als unternehmerische Tugend ist wieder gefragt und für mittelständische Unternehmen ein sicherer Weg, um sich international zu behaupten.

4. Design als Instrument

Ganz offensichtlich sind die Chancen mittelständischer Unternehmen mit eigenem Profil stark steigend. Sie wurden, wie die Erfahrung lehrt, in der Vergangenheit nur nicht genutzt, weil der Mut zur Profilierung fehlte und die größere Beweglichkeit gegenüber Konzernen durch eine zu starre Organisation lahmgelegt wurde. Ich denke an die 70er Jahre, in denen nicht selten die EDV-Leiter die eigentlichen Unternehmensführer waren. Das Primat der Datenverarbeitung führte vielfach zu unnötig komplizierten und unflexiblen Organisationsstrukturen, die zwar dem betriebsinternen Ansehen der EDV-Fachleute dienlich waren; für die Zukunft der Unternehmen hingegen konnten sie äußerst hinderlich sein, weil damit der Vorteil des mittelständischen Betriebes, seine Flexibilität, verlorenging.

Marketing ist kein Designersatz

In designorientierten Großunternehmen ersetzt zunehmend das Marketing die Rolle des designengagierten Unternehmensleiters, nicht aber seine Funktion als Motor und Protagonist moderner Produkte. Naturgemäß ist beim professionellen Marketing das Vorgehen nüchterner und häufig auch risikoloser. Dagegen ist es im Mittelbetrieb vorzuziehen, wenn Komponenten wie Gefühlsbetontheit, Enthusiasmus und Impulsivität spürbar werden.

Für das große Unternehmen, das sich um gut gestaltete Produkte zum Beispiel im Haushaltsbereich bemüht, ist das Design Teil des Marketing und nicht, wie weiter oben ausgeführt, festgeschriebener Bestandteil einer Unternehmensphilosophie. Wie viele Beispiele aus der Praxis zeigen, ist das ein durchaus erfolgreicher und adäquater Weg. Demgegenüber will ich herausarbeiten, daß es ein Vorzug mittlerer und kleiner Unternehmen ist, wenn das Engagement des oder der Verantwortlichen bis in den Markt hinein deutlich wird. Gerade in dieser Zeit, in der sich die Devise „Small is beautiful" zunehmend durchsetzt, liegt in der Personifizierung eine Chance – es ist jene Note, die Leben und Lebendigkeit spiegelt und auf Käufer sympathisch wirkt.

Engagement von oben nach unten

Selbst nicht mehr in der vordersten Front der Unternehmensführung stehend, sondern mehr mit strategischen Fragen und unverändert stark mit der Produktentwicklung befaßt, stelle ich fest, daß meine Vorstellungen von einem neuen Erzeugnis gelegentlich von denen im Unternehmen abweichen. Die sich daraus ergebenden Diskussionen sind fruchtbar. Dabei stehe ich zu Recht im Verdacht, die Produktentwicklung manchmal zu sehr durch meinen Enthusiasmus beeinflußt zu haben, wo eine rationalere Betrachtungsweise angebrachter gewesen wäre.

Das andere Extrem wäre eine „seelenlose" Produktstrategie, in der dem Design lediglich eine Erfüllungsfunktion des Marketing zukommt.

Das Richtige liegt meines Erachtens in der Mitte, und dahin haben wir uns bei Wilkhahn bewegt.

Produkte von hohem ästhetischem Niveau, die aber keinen kommerziellen Erfolg haben, sind gleichwohl geeignet, das Image eines Unternehmens positiv zu prägen – vorausgesetzt, sie werden nicht zur Regel. Auch wir sind dagegen bei aller Erfahrung nicht gefeit. Da werden Design-Ideen geboren, die uns faszinieren und den spontanen Wunsch wecken: Das machen wir! Die Begeisterung der eigenen Mannschaft ist schon ein gut Teil des späteren Erfolges. Natürlich spielt bei der Entscheidung über die Entwicklung eines neuen Produktes die Persönlichkeit des Designers eine Rolle: Ist er ein gestandener Mann mit Erfahrung und gut für zunächst schwierig zu realisierende Ideen, dann ist man naturgemäß eher geneigt, sich mit seinem Entwurf intensiv auseinanderzusetzen. Fehleinschätzungen sind möglich – aber wenn man dazu neigt, vorrangig die Schwierigkeiten zu sehen, die der Realisierung einer Idee entgegenstehen, sollte man die Finger davon lassen und sich bewährten, risikolosen Produkten zuwenden.

Zur Zusammenarbeit mit Designern möchte ich hier einige grundsätzliche Überlegungen äußern: Optimal wird die Zusammenarbeit dann sein, wenn der Verantwortliche im Unternehmen Design-erfahren ist und ausreichend Autorität genießt und wenn andererseits der Designer Erfahrung im Umgang mit Unternehmen hat, eine schon bekannte „Handschrift" und Bezug zur jüngeren Generation. Besonders kritisch wird die Konstellation, wenn ein autoritärer Unternehmertyp mit einem unerfahrenen Designer zu arbeiten beginnt. Unternehmer dieser Kategorie verdanken ihren Erfolg ihrer Intuition und ihrem bestimmenden Durchsetzungsvermögen. Diese Persönlichkeitsmerkmale lassen kaum einen wirklichen Gedankenaustausch mit einem Kreativen zu, der ein völlig anderes Selbstverständnis mit entsprechenden Wertvorstellungen hat.

Es kommt hinzu, daß die andersartigen, modernen Produkte meistens auch andere Vertriebskanäle brauchen als die, über die solche tradierten Unternehmen verfügen. So gelangen sie über Verkäufer traditionellen Zuschnitts zu einer Händlerschaft, die andere Zielgruppen anspricht und werden schließlich als unverkäuflich abgestempelt, ohne es vielleicht wirklich zu sein. Die falsche, dem Produktanspruch nicht adäquate Marktansprache hat in zahllosen Fällen auch guten Produktideen ein frühes und unverdientes Ende bereitet.

Wichtig ist eine konsequente Politik, ...

Die Quintessenz all dessen heißt, daß es nur eine relativ begrenzte Zahl von Unternehmen gibt, die eine konsequente Design-Politik zur tragfähigen Grundlage ihres Erfolges machen sollten. Sie setzt eine flexible Organisation voraus. Und es müssen Persönlichkeiten da sein, die das nötige Engagement aufbringen und eine gewachsene Autorität haben, um die Dinge durchzusetzen; die aber auch sensibel genug sind, um abzuwägen und die auf Leute hören, welche mehr von der Materie verstehen. Für mich, der ich demokratischen Spielregeln auch im Unternehmen den Vorzug gebe, liegt in dieser Personenbeschreibung ein gewisser Widerspruch. Ich weiß jedoch aus Erfahrung, daß das Resultat unweigerlich mittelmäßig ist, wenn über Produkt-Design in Gremien „demokratisch" abgestimmt wird. Der Grund liegt auf der Hand: In einem solchen Kreis ist der Einzelne gefordert, eine Meinung kundzutun, und es entspricht normalen Verhaltensmustern, daß er sich absichern möchte. Folglich wird er auf vertrautem Boden bleiben und die Interessen seines Fachgebietes im Auge haben. Ist er Verkäufer, wird er das zur Diskussion stehende Design loben – freilich mit der Einschränkung, daß „ein paar Veränderungen hier und da" die Verkäuflichkeit erhöhen würden. Die Änderungen, die er vorschlägt oder wünscht, entsprechen häufig den Vorstellungen eines Verkäufers, der zwar den Markt von ge-

stern und morgen kennt, aber nicht darin geübt ist, sich gedanklich vom Heute zu lösen.
Handelt es sich dagegen um einen Techniker, so wird er konstruktive oder produktionstechnische Details problematisieren, obwohl gerade sie sehr oft ästhetisches Merkmal des neuen Produkts sind und die eigentliche Innovation ausmachen.

... die nicht in Gremien bestimmt wird

Man braucht nicht viel Phantasie, um sich auszumalen, was von dem Design-Projekt am Ende übrigbleibt, wenn jeder in der Runde seine Wünsche vorgetragen hat und abgestimmt wird. Auf solche nivellierenden Entscheidungsprozeduren trifft Christian Morgenstern's schöner Vers zu:

Ein Hündchen wird gesucht,
das weder bellt noch beißt,
das Dreck und Steine frißt
und Diamanten sch...!

Ganz ähnliche Beobachtungen sind zu machen, wo in Städten und Gemeinden paritätisch besetzte „Kunstkommissionen" über den Ankauf zeitgenössischer Skulpturen oder Brunnenplastiken zur Bereicherung des Ortsbildes befinden: Man einigt sich schließlich auf den kleinsten gemeinsamen Nenner – aus Unsicherheit und um des lieben Friedens willen; das künstlerische Niveau bleibt dabei leider oft auf der Strecke.
Es ist also kein gangbarer Weg, über Design in den Unternehmen durch Stimmenzählung zu entscheiden. Die Entscheidungsfindung muß einem kleinen, kompetenten Kreis vorbehalten bleiben. Diese Feststellung steht nicht im Widerspruch zu der, daß in autoritär geführten Organisationen das zarte Pflänzchen „Design" ebensowenig gedeihen kann.

Keine Anweisung ohne Begründung

In Firmen, die zeitnahe Dinge herstellen und erfolgreich vermarkten, herrscht nach meiner Erfahrung auch ein entsprechendes menschliches Klima, das geprägt ist von einem eher partnerschaftlichen Führungsverhalten. Bei Wilkhahn ist dies durch die scheinbar simple Maxime „Keine Anweisung ohne Begründung" umrissen, und folgerichtig ist für mich, daß wir bei der heute auf breiter Ebene diskutierten Mitarbeiterbeteiligung vorangegangen sind: Seit 1970 sind die Wilkhahn-Mitarbeiter mit 50 Prozent am jährlichen Betriebsergebnis nach Steuern als Stille Gesellschafter beteiligt.
Natürlich muß ein solches Vorgehen keine Grundvoraussetzung sein, um Design zu produzieren. Aber wenn ich zuvor von der menschlichen Komponente beim Umgang mit Designern und Design sprach, die als Ausdruck der Unternehmenshaltung auch bei den Käufern Sympathien und Bereitschaft weckt, dann ist klar, daß sie sich nicht auf einige ausge-

wählte Bereiche beschränken darf: Sie muß im ganzen Unternehmen wirksam und vom ganzen Unternehmen ausgehend spürbar sein. Es ist eine Frage der Glaubwürdigkeit, daß das ethisch motivierte Bemühen um bessere, ehrlichere Produkte vor dem Hintergrund einer entsprechenden Sozialethik steht. Ich bin überzeugt, daß dieser Zusammenhang in den Diskussionen über geänderte gesellschaftliche Wertvorstellungen künftig auch in der Öffentlichkeit weitaus schärfer gesehen wird als in den Jahren, in denen ungehemmtes Wachstum den Kern unternehmerischer Philosophie bildete.

5. Design und Publikumsgeschmack

Es war schon davon die Rede, daß so manches Design-Produkt zwar im Sinn des Wortes „schön und gut" war, aber dennoch kein Markterfolg wurde.

Man ist sich heute in Insiderkreisen weitgehend darüber einig, daß das Design des Bauhauses elitär geblieben ist, obwohl die Gestalter jener Zeit im allgemeinen genau das Gegenteil erreichen wollten: Sie wollten Produkte schaffen, die ehrlich und ohne Schnörkel waren, und die dem Mann mit kleinem Einkommen nicht den Blick durch eine „hübsche Fassade" vernebelten. Heute finden wir die Schaufenster des exklusiven Einrichtungshandels bestückt mit klassischen Produkten der Bauhauszeit, und zwar in elitärer Preislage.

Leitbilder bestimmen den Geschmack

Die Gestalter des Bauhauses hatten offenbar nicht bedacht, daß die Psyche armer und meistens weniger gebildeter Menschen eine eigene Gesetzlichkeit hat: Wer wirklich arm und arm dran ist, empfindet seine materielle Benachteiligung als Schande. Insofern unterscheidet er sich vom Proletarier vergangener Jahre, der Armut fast als eine Art Standessymbol empfand, und von den intellektuellen Aussteigern unserer Zeit, die ganz bewußt den Poor-Look pflegen. Der minderbemittelte Zeitgenosse wird im allgemeinen – mehr noch als der Normalbürger – bestrebt sein, seinen Status zu kaschieren. Er wird die Nachfolgeerzeugnisse des Gelsenkirchener Barock kaufen und keine Ikea-Möbel, deren Marktanteil trotz des riesigen Erfolges übersehbar und eher in gebildeten Schichten zu suchen ist.

Kaufentscheidungen werden in hohem Maß unter dem Einfluß von Leitbildern getroffen, und wir wissen alle, daß besonders die Werbung hier oft eine ziemlich verhängnisvolle Rolle bedenkenlos spielt. Ein ebenso verbreiteter wie in seiner Plumpheit schamloser Slogan aus den 60er Jahren macht die Denkweise deutlich: „Haste was, biste was!"

Daß sich die Leitbilder ändern und allmählich ein Umdenken einsetzt, ist nicht zu übersehen. Insbesondere die jüngere Generation steht unter dem Einfluß einer Zeitströmung, in der das Protzige, das materielle Wohlstandsattribut zunehmend suspekt erscheint. Aber bis zum Beweis des Gegenteils bin ich der Meinung, daß ästhetischer Anspruch in einem reziproken Verhältnis zur Bildung steht: Je weniger gebildet ein Zeitgenosse ist, desto mehr ist er auf vordergründiges Prestige aus. Mit höherem Bildungsgrad werden geistige Werte in der Regel zunehmend zum Ausweis der Persönlichkeit und die Umgebung, in der man lebt, kann mehr auf die wirklichen Bedürfnisse und Lebensgewohnheiten reduziert sein.

Daß andererseits selbst hohe Intelligenz nicht zwangsläufig mit gutem Geschmack gepaart ist, läßt sich tagtäglich beobachten.

Nicht alles für alle

Da wir nicht davon ausgehen können, daß sich der Geschmack des breiten Publikums in absehbarer Zeit prinzipiell ändern wird, müssen wir mit den hier (zwangsläufig grob vereinfacht) dargestellten sozialpsychologischen Gegebenheiten leben. Für das einzelne Unternehmen, das ja – wie in unserer Branche – in einem riesigen Markt arbeitet, ist daraus allerdings keine pessimistische Folgerung zu ziehen: Gemessen am Marktvolumen ist der Marktanteil selbst einer sehr erfolgreichen mittelständischen Firma nur gering. Angesichts der Vielfältigkeit des Bedarfs und der Käuferwünsche bleiben dem Unternehmen genügend Entfaltungsmöglichkeiten, die in dieser Größenordnung nicht von den beherrschenden Markttrends abhängig sind, sondern von der individuellen Fähigkeit, sein gewähltes Marktsegment professionell anzugehen. Entsprechend groß ist die Chance, innovative Produkte von kulturellem Wert anzubieten – mit begründeter Aussicht auf Erfolg!

6. Design und Marketing

Herausforderung an das Marketing ...

In solcher Situation ist das Marketing mit seinem Instrumentarium – von der Marktanalyse bis zur Produktwerbung – gefordert. Die Aufgabe ist sensibel anzugehen, weil es für Erzeugnisse in hochklassigem Design keine homogene Zielgruppe gibt. Die Käufer zeitnaher Dinge finden sich in den verschiedensten sozialen Einkommens- und Altersschichten.

Unter dieser Prämisse kommt der Werbung naturgemäß eine erhebliche Bedeutung zu, womit ich weniger das Volumen als vielmehr ihre Inhalte meine. Ein Produkt, das typischer und gültiger Ausdruck der zeitgenössischen Kultur ist, bedarf subtilerer Darstellung als ein Allerweltsartikel. Die potentiellen Käufer eines solchen Erzeugnisses, geistig über dem Durchschnitt stehend und entsprechend zu eigenem Urteil fähig, haben erfahrungsgemäß ein feines Gespür für falsche Töne. Anders als in der üblichen „Reklame“ muß die Werbung für Design auch die Produktphilosophie einleuchtend darstellen – und sie muß jene menschliche Note haben, die sie anderen glaubwürdig und sympathisch erscheinen läßt.

... und an seine Sozialverantwortung

Ich gehe so weit zu sagen, daß Werbung in diesem Sinn eine erhöhte gesellschaftliche Verantwortung trägt. Sie soll vor allem den Menschen, die zwar Freude an modernem Design, aber ihren persönlichen Stil noch nicht eindeutig gefunden haben, den entscheidenden Impuls und die innere Überzeugung vermitteln, sich für das anspruchsvollere Produkt zu entscheiden. Bei allem absatzwirtschaftlichen Interesse kommt der werblichen Kommunikation hier also auch eine Bildungsfunktion zu, die man weder unterschätzen noch vernachlässigen darf.

Auch das kann für ein Unternehmen, das auf Design setzt, erhebliche Konsequenzen haben und gänzlich andere Formen der Selbstdarstellung erforderlich machen als die bisher praktizierten. Dabei spielt natürlich die Frage der Identifikation mit dem, was man tut, eine wesentliche Rolle. Unter dem Stichwort „Beruf und Berufung auf einen Nenner bringen“ mischt sich die unternehmerische Aufgabe stark mit einem ethischen Aspekt – frei von jedem missionarischen Impetus.

Ganz unabhängig vom Design als Marktfaktor ist es eine tiefe Befriedigung, Dinge zu produzieren, die einen kulturellen Wert haben, und es ist eine der seltenen Möglichkeiten, anspruchsvolle Ziele im Bereich der Produkt- und zugleich auch der Sozialpolitik zu realisieren.

Das ist keine leichte Übung, aber eine ungeheuer reizvolle Aufgabe, und die Ergebnisse sind Beiträge zur Kultur unserer Zeit. Diese Feststellung setzt den Maßstab, an dem wir gemessen werden wollen.

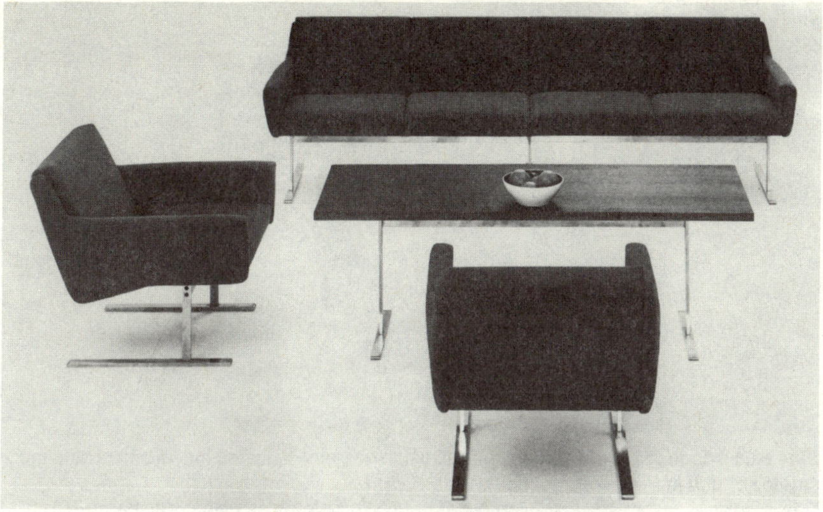

In seiner Zeit berühmt wegen seiner formalen Qualität und einer fortschrittlichen Federungstechnik: „Flexor". Das Programm entstand Anfang der 50er Jahre.

Design Georg Leowald

Schichtholzstuhl 401 – ein Wilkhahn-Klassiker.

Der Prototyp dieses Stuhls entstand 1957 als Diplomarbeit des damaligen Absolventen und späteren Lehrers an der Ulmer Hochschule für Gestaltung, Wilhelm Ritz.

Eine Rückschau auf 30 Jahre Wilkhahn-Design gab eine Ausstellung, die im „Haus Industrieform" und in Hannover gezeigt wurde.
Das jeweilige, zeittypische Ambiente war nach Werbefotos aus alten Wilkhahn-Prospekten nachgestellt worden.
Im Bild: Die 50er Jahre.

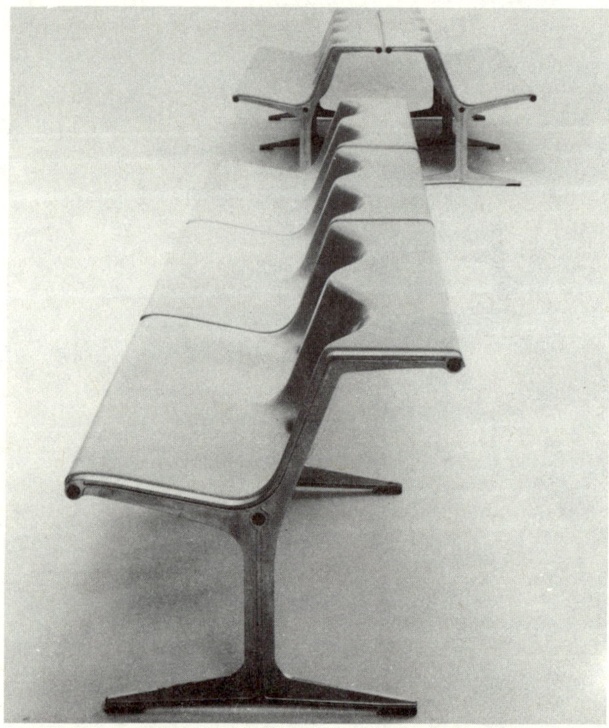

Design Friso Kramer

Banksystem 120 aus glasfaserverstärktem Polyester. In großem Maßstab erstmals in den Münchener U-Bahnhöfen zur Olympiade 1972 eingesetzt.

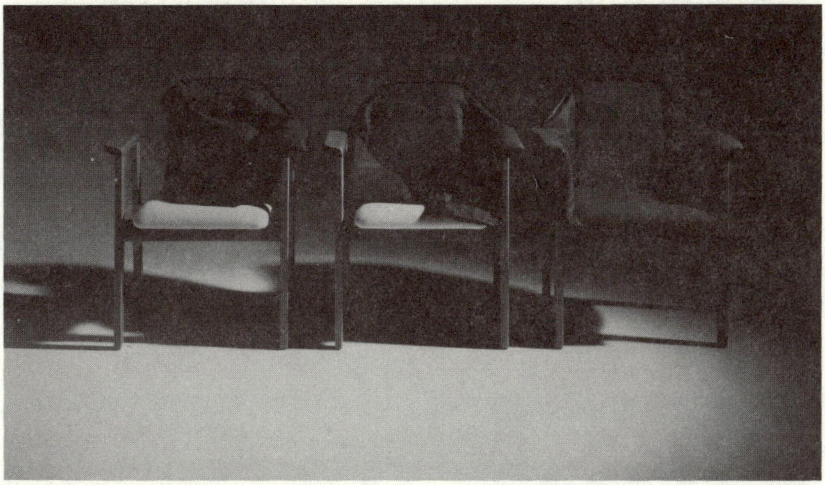

Wilkhahn Programm 360 „Pelerine"

Die Gestelle aus massiver Buche tragen saloppe Pelerinen aus feinem Tuch, die abnehmbar sind. Stühle, Sofas, Tische und Stehpult ergänzen das umfangreiche Programm.

Design PER-Produktentwicklung Roericht

„Raum 900" von Wilkhahn

Mit zahllosen Kombinationsmöglichkeiten bildet dieses Polsterprogramm in Warte-, Aufenthalts- und Transitbereichen „Inseln der Privatheit".

Design PER Produktentwicklung Roericht

Für Konferenzen auf hohem Niveau:
Sessel aus dem Wilkhahn-Programm 2000 und Konferenztischanlagen 520.

Werkfoto: Wilkhahn

Gelenkig verbundene Träger, die beliebige Winkel bilden können und auf flachen Kegelfüßen ruhen, tragen die bequemen Sitze des Polsterbanksystems Basis von Wilkhahn. Die runden Ablageplatten sind integriert.

Design Franck/Sauer

Foto Wilkhahn

Durch Ausstattung, Farb- und Materialkombinationen wird das Polsterbanksystem Basis von Wilkhahn unterschiedlichen Ansprüchen an Komfort und Wertigkeit gerecht.

Design Franck/Sauer

Foto Wilkhahn

„Uno“-Arbeitspult und Drehsessel aus der FS-Linie von Wilkhahn.

Design: Franck/Sauer

„O-Linie“ von Wilkhahn

Geknüpftes Polyesternetz auf Rahmen aus Aluminium: die Sessel sind ebenso bequem wie robust.

Design: Herbert Ohl

„Lamina“ von Wilkhahn:

Bequeme Freischwinger für Besucher-, Besprechungs-, Konferenzbereiche und Personalcasinos, und variables Konferenztischsystem.

Design: wiege Wilkhahn Entwicklungsgesellschaft Franck/Sauer

Einer der charakteristischsten Stühle, die Wilkhahn jemals herstellte: Modell 351, Mitte der 50er Jahre entstanden, wurde wahlweise mit leder- oder textilbezogenem oder geflochtenem Sitz geliefert.

Design: Georg Leowald

Sitzen auf Netzen: Die „=-Linie" von Wilkhahn.

Design: Herbert Ohl

Drehstuhl 211 aus der FS-Linie von Wilkhahn

Durch eine Synchronautomatik passen sich die Stühle und Sessel jeder Körperhaltung des Benutzers selbsttätig an. Das Design folgt dem Prinzip der „sichtbaren Funktion".
Die FS-Linie ist das derzeitige Kernprogramm von Wilkhahn und weltweit außerordentlich erfolgreich.

Design: Klaus Franck/Werner Sauer

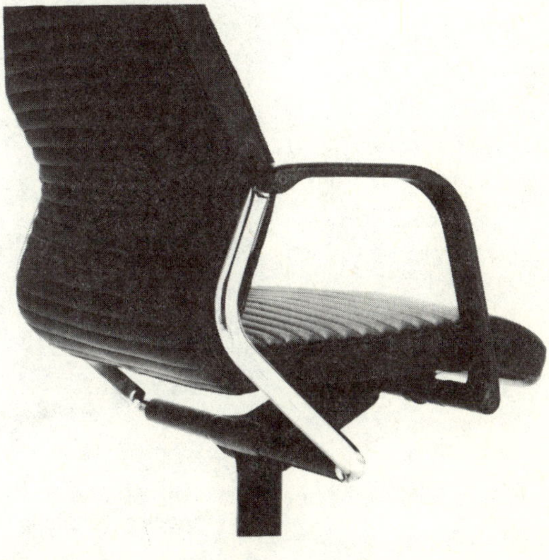

Sichtbare Funktion ist das Designprinzip, nach dem die FS-Linie gestaltet werden.

Design: Franck/Sauer

Werkfoto: Wilkhahn

Programm 360 „Pelerine“ von Wilkhahn
PER-Produktentwicklung Roericht

Christoph Rudolph

ERCO: Licht statt Leuchten – ein Konzept und sein Design

Inhalt

Am Anfang stand nichts Geringeres als: eine neue Idee.

Die Grundidee

Die Grundidee nämlich, Licht zu verkaufen und nicht Leuchten, sich also einem Medium zu widmen, das sichtbar macht, aber selbst nicht sichtbar ist. Eine folgenreiche Idee, wie sich im Laufe der 16 Jahre herausstellen sollte. Sie mündete nicht nur in eine neue technische Design-Philosophie, sondern auch in eine neue Auffassung von künstlichem Licht in der Architektur, als ihre vierte Dimension gewissermaßen.

Bis in die Mitte der 60er Jahre beschränkte sich die Aufgabe der Architekten bei der Beleuchtung von Gebäuden im wesentlichen darauf, möglichst schöne Leuchten für die Architektur zu finden und sie mehr nach Gefühl denn nach technischen Überlegungen in die von ihnen gebaute Architektur zu installieren.

Licht als Element einer ganzheitlichen Architektur prägte von Anfang an unsere Unternehmenspolitik und damit auch unsere Designpolitik.

Wie sah das aus? Und wie hat es sich entwickelt?

Licht und Beleuchtung wurden getrennt von der Form der Artefakte wie Hängeleuchte, Tisch- und Stehleuchte, Lüster, also überhaupt von Möbelstücken, die eine bestimmte modische Richtung hatten. Licht wurde ein selbständiges Element. Ein Element, das für jeden Beleuchtungszweck dienstbar werden sollte. Auch für bis dahin ungedachte oder für unmachbar gehaltene Anwendungsfälle. Licht wurde zu einer Qualität an sich. In unseren Augen zum ersten Mal.

... und ihre Folgen

Genutzt wurden für diese Idee alle technischen Möglichkeiten, die sich im Laufe der Jahre anboten. Von der einfachen Glühlampe bis zur Niedervolt-Halogenlampe. Von der Dreibanden-Leuchtstofflampe, der modernen kompakten Leuchtstofflampe bis hin zu den letzten Entwicklungen der Hochdruck-Entladungslampen, der Lampengeneration der Zukunft. Neue Lichtwirkungen lassen sich zaubern, neue Akzente setzen, Architektur neu gliedern und Raumerlebnisse eindrucksvoll inszenieren. Künstliches Licht wurde zu einem Gestaltungselement der Architektur, so wie es Tageslicht für den Architekten schon immer war.

Zu dieser völlig neuen Denkweise, den Begriff Design vom Produkt auf die Gestaltung ganzer Räume mit Licht auszubreiten, kam Klaus J. Maack, Geschäftsführer und verantwortlich für die Produktgestaltung im Haus Erco, im Gedankenaustausch mit einem der führenden amerikanischen Lichtplaner mit dem bezeichnenden Namen Edison Price.

Dieser Lichtdesigner, besser noch, dieser Lichtarchitekt, war damals – und ist es noch heute – der Berater großer Architekten wie zum Beispiel Philip Johnson, Mies von der Rohe, I. M. Pei, Marcel Breuer, Skidmore, Owings and Merill, Harry Seidler und vieler anderer.

Bis heute fühlen wir uns diesem Pionier menschlich und fachlich verbunden, obwohl wir heute auch mit einigen Schülern von ihm ebenso gut zusammenarbeiten.
Das Konzept wurde und wird mit Hilfe von international tätigen Designern, wie Ettore Sottsass, Roger Tallon, Terence Conran, Dieter Witte und später mit Emilio Ambasz, Giancarlo Piretti, Mario Bellini und Alois Dworschak realisiert.
Grund für die Internationalität des Designerteams war, daß das Unternehmen ERCO einen hohen Prozentsatz seines Umsatzes (zur Zeit 48 Prozent) außerhalb der Bundesrepublik tätigt.

1. Zusammenarbeit mit Designern

Von Anfang an war die Zusammenarbeit mit den Designern der Unternehmensleitung unterstellt. So engagiert sich Klaus J. Maack in dieser Arbeit in einem besonderen Maße. Grund dafür ist, daß er eine exakte Vorstellung über die langfristigen Ziele des Unternehmens hat.

Konstruktion und Design

Ein neuralgischer Punkt ist oft die schwierige Zusammenarbeit zwischen Konstrukteuren und Designern. Daß Designer nicht notwendigerweise auch gute Konstrukteure sind, und umgekehrt gute Konstrukteure oft nicht auch gute Designer – beide zusammen aber gemeinschaftlich eine Aufgabe lösen müssen – hat zur Folge, daß sich beide Parteien häufig konträr gegenüberstehen.
Hier ist es die Aufgabe des Unternehmers oder dessen Beauftragten – vermittelnd – aus einer möglichst objektiven Sicht sich einzuschalten, um zu versuchen, zwischen den Interessenlagen der einzelnen Parteien einen Konsens herbeizuführen.
Wir haben festgestellt, daß sich im Laufe der Jahre bei unseren Konstrukteuren ein Design-Bewußtsein entwickelt hat, das zu einer positiven und konstruktiven Einstellung zum Design führte und damit erreicht worden ist, daß die Intentionen des Designers in guter Weise von den Konstrukteuren umgesetzt werden. Umgekehrt hat sich ergeben, daß das konstruktive Bewußtsein der Designer sich weiterentwickelt hat und sie heute bereit sind, den berechtigten Wünschen der Konstruktion entgegenzukommen.
Eine solche unproblematische Zusammenarbeit ist nicht selbstverständlich. Der Designer ist aufgrund seiner Ausbildung oft zu einem Formendogmatiker erzogen worden, und es fällt ihm daher vielfach sehr schwer, sich mit dem notwendigen Pragmatismus an die jeweilige Aufgabe heranzuwagen.

Nun sind Ideologien und Dogmen bei der Arbeit in Industriebetrieben nicht gerade praktisch, so daß gerade die dogmatische Einstellung vieler Designer die Zusammenarbeit belastet hat.

Der Konsument entscheidet

Unser Motiv zur Entwicklung neuer Produkte ist das starke Bedürfnis der Konsumenten nach besserem und wirtschaftlicherem Licht. Dieser Forderung fühlen wir uns verpflichtet, und wir haben uns die Aufgabe gestellt, Leuchten mit Effektivität und hohem Sehkomfort zu entwickeln. Dabei entstanden Produkte, deren guter Rang durch international gültiges Design zum Ausdruck kommt.

Um diese Aufgaben lösen zu können, haben wir freie internationale Designer zur Mitarbeit hinzugezogen:

Ettore Sottsass, Italien,
Giancarlo Piretti, Italien,
Emilio Ambasz, Argentinien,
Roger Tallon, Frankreich.

2. Design und Marketing

Ein anderes Problem ist die Beziehung des Design und des Designers zur Marketingabteilung. Es hat sich immer wieder herausgestellt, daß selbst in Unternehmen, die außerordentlich stark designorientiert sind, die Erwartungen der Marketing- und Verkaufsleute in ein Produkt stark unterschiedlich sind von den Lösungen, die der Designer als Formgestalt entwickelt.

Das liegt zunächst einmal darin begründet, daß Marketingleute oft unproblematische und schnellverkäufliche Produkte haben wollen. In der Regel bedeutet dies, daß der Erwartungshorizont eines Marketing-Mannes an das Produkt entscheidend geprägt ist durch die Formen der Wettbewerbsprodukte, die bereits im Markt sind.

Design im Wettbewerb

Der Designer aber interessiert sich häufig bewußt nicht für die im Markt existenten Produkte, um sich nicht in seiner Kreativität zu behindern. Die Folge ist, daß er mit Lösungen kommt, die unkonventionell und neu sind.

Wir haben uns bei ERCO, um die Problemkreise „Design und Konstruktion“ und „Design und Marketing“ möglichst konfliktarm zu halten, dazu durchgerungen, sehr exakte Briefings für den Designer zu entwickeln. Diese Briefings umfassen neben den konstruktiven Parametern auch schon Fragen des Design. So beschreiben wir, in welcher Form der Architektur der Einsatz erfolgen soll, welche Farbe wir verwenden wollen, welche Lampen zum Einsatz kommen und welche Differenzierung wir zu eventuell bestehenden Wettbewerbsprodukten wünschen.

Briefing für den Designer

Die Methoden des exakten Briefing setzen wir für alle möglichen Aufgaben ein, in denen es um gestalterische Fragen geht – sei es bei dem Einsatz von Fotographen oder Graphikern, Zeichnern oder eben auch Produktdesignern.
So gibt es bei ERCO eine totale Durchdringung mit dem „Design-Geist“ in allen kommunikativen Bereichen des Unternehmens.

3. Kommunikationsdesign

Für unser Produktkonzept wurde eine neue Kommunikationsstrategie notwendig, um die potentiellen Benutzer von ERCO-Produkten mit dem Gedankengang vertraut zu machen, daß Architektur durch Licht interpretiert werden kann, daß Sehkomfort wichtiger ist als der Glitzereffekt einer Leuchte und daß die optimale Ausnutzung der Energie der Lichtquellen Voraussetzung für ein wirkungsvolles Energiemanagement in Gebäuden darstellt.
Das Kommunikationskonzept wurde von Otl Aicher im Rahmen eines Corporate Identity-Programmes gestaltet mit dem Ziel, Licht als vierte Dimension der Architektur zu verkaufen.
Die enge Beziehung zwischen Licht und Architektur ins Bewußtsein der Kunden zu rücken, wurde noch dadurch beschleunigt, daß eine Fülle von neuen Leuchtmitteln auf den Markt kam. Man denke nur an die Entwicklung kompakter Leuchtstofflampen.

4. Licht und Design

Unternehmenspolitik Unternehmensziele

In den letzten 16 Jahren hat das Unternehmen ERCO durch eine Neuformulierung seiner Unternehmenspolitik und seiner Unternehmensziele durch Klaus J. Maack dazu beigetragen, daß sich das Lichtbewußtsein bei Architekten, Planungsingenieuren, Bauherren und auch Konsumenten massiv gewandelt hat. Waren es vorher nur rein ästhetische Gesichtspunkte, die beim Kauf von Leuchten eine Rolle spielten, so sind heute neben formalen hauptsächlich lichtfunktionstechnische Überlegungen bei der Planung von Beleuchtungsanlagen wesentlich.
Wir entschieden uns in unserem Unternehmen seinerzeit, statt Leuchten Licht zu verkaufen. Damit ergab sich die Notwendigkeit, Produkte zu entwickeln, die spezifischen, von uns definierten Lichtfunktionen gerecht werden mußten.

Wir entwickelten eine breite Produktpalette von zur Zeit über 2 000 Modellen, für die eine völlig neue Formensprache gefunden werden mußte. Diese andersartigen Formen, im Vergleich zu einem Kronleuchter oder einer Stehleuchte, mußten dem Verbraucher sowie dem Architekten und Planungsingenieur vermittelt werden.
Daß die Vermittlung solcher neuen – durch echte Innovation geprägten – Produkte eine außerordentlich schwierige Marketingaufgabe darstellt, ist sicherlich verständlich.
Die Art, in der wir diese Aufgabe in unserem Unternehmen gelöst und realisiert haben, brachte uns im Jahre 1980 den Deutschen Marketing-Preis ein. Dieser Preis war die offizielle Bestätigung unseres Unternehmenskonzeptes.

Integration des Lichtes

Die Integration des Lichtes in die Architektur ist ein Ziel unserer Arbeit. Das andere Ziel, das wir uns gesteckt haben, ist das richtige Licht für den Menschen. Licht und Form, Licht und Farbe, Licht und Material sind für uns zusammengehörende Komponenten. Licht und Raum ergeben das richtige Raumerlebnis.
So entstand die Idee vom gerichteten Licht. Ein Ergebnis unserer Überlegungen war bereits damals, Produktsysteme anstelle von Einzelprodukten zu schaffen.
Mit dem ERCO-Lichtsystem wurden dem Planer wie dem Anwender die Möglichkeiten eröffnet, durch den flexiblen Einsatz von Stromschienen und Strahlern Licht kreativ und entsprechend den jeweiligen Bedürfnissen variabel einzusetzen.
Eine weitere wichtige Produktgruppe stellen die Downlights dar. Sie verkörpern insofern eine revolutionäre Idee, da sie Licht geben, ohne selbst sichtbar zu sein.
Diese Entwicklung brachte eine Wende in der Architekturbeleuchtung – nämlich das *Denken* in Licht (vgl. folgende Abb.).

Heute weiß man, Licht gezielt einzusetzen mit all seinen dramaturgischen Möglichkeiten. Wie reizlos und langweilig wären Wohnräume, Galerien, Schaufenster, Museen ohne die stimulierende Atmosphäre des Lichts.

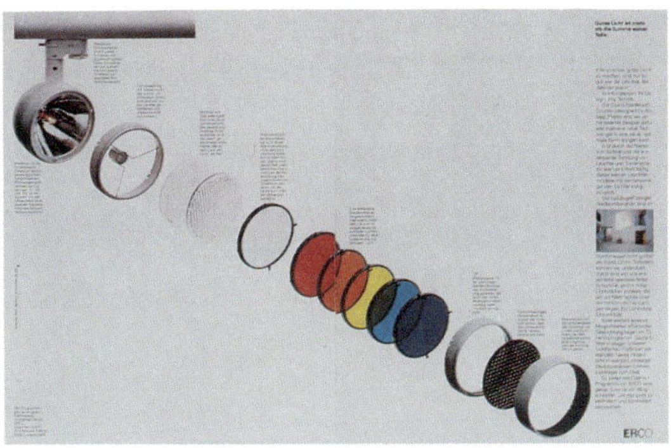

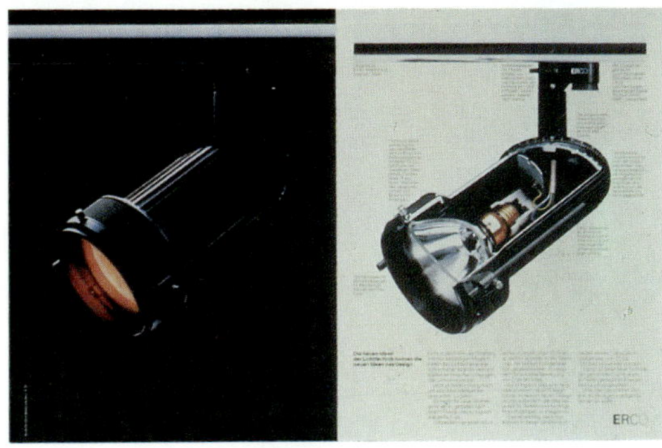

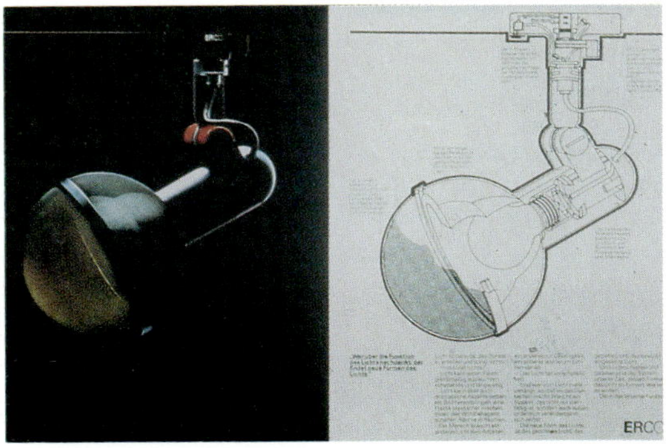

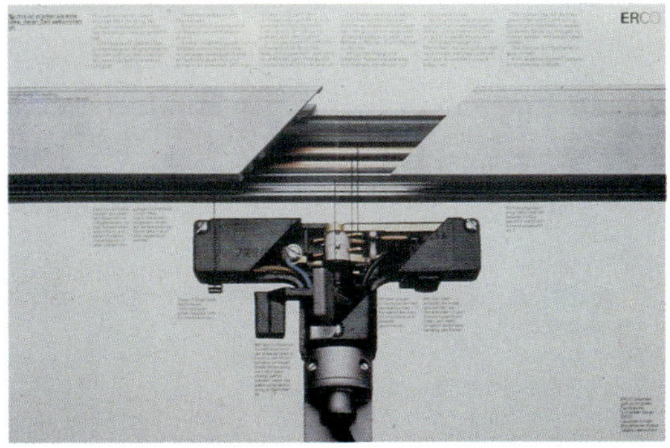

Wir haben immer versucht, unseren Produkten eine Form zu geben, die der Ästhetik des neuen Lichts entspricht. So wie wir das Licht heute in einem anderen Licht sehen, so sehen unsere Strahler und Leuchten auch anders aus als „Lampen“ konventioneller Art. Die Form unserer „Lichtmaschinen“ ist immer Ausdruck ihrer technischen und architektonischen Funktion. Darum sind unsere Produkte auch nicht modisch, sondern modern.

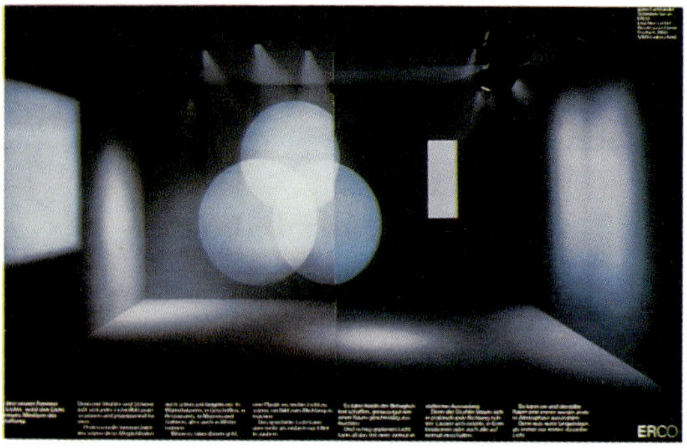

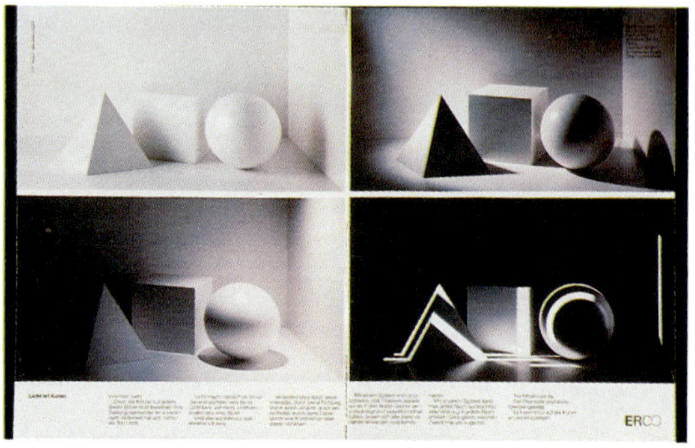

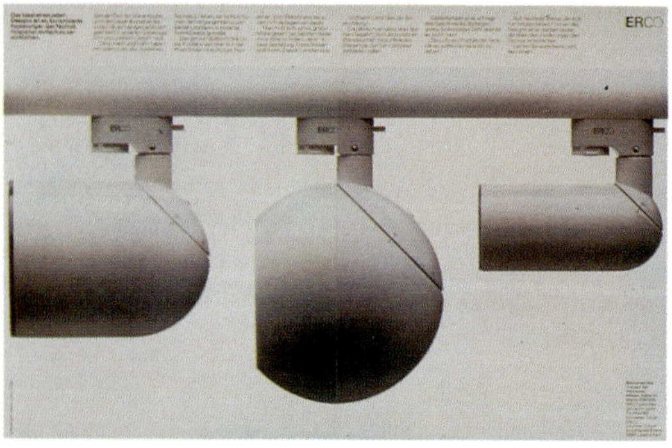

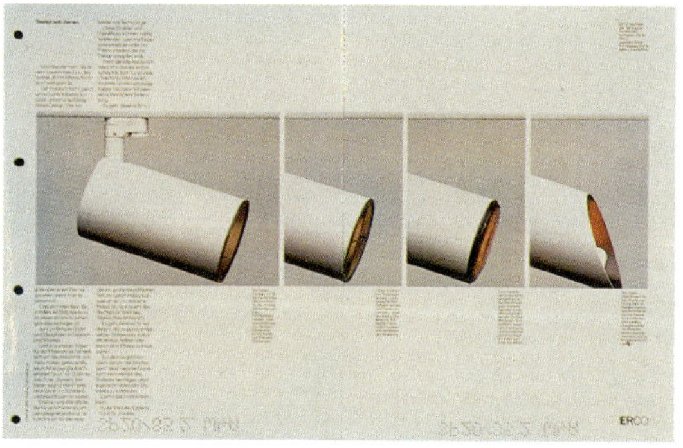

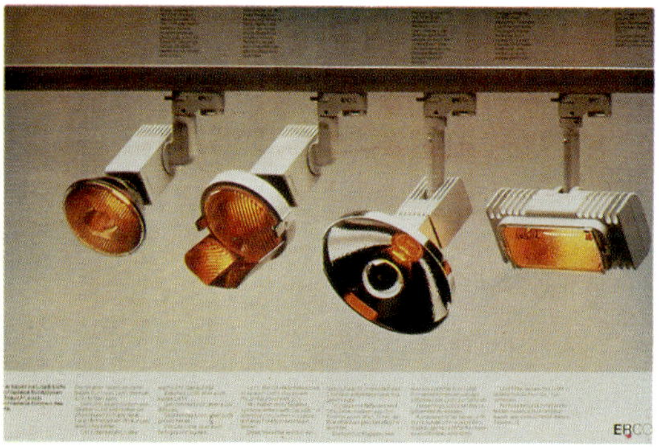

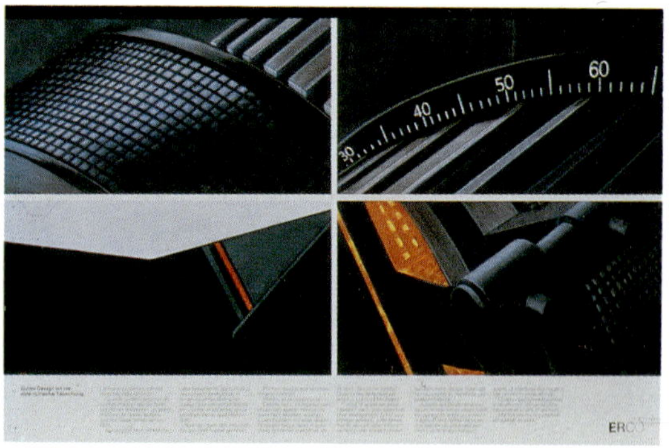

5. Grundsätze des Produktdesign bei ERCO

Das ERCO-Produktdesign orientiert sich nicht an der jeweiligen Einrichtungsmode. Modische Trends sind bei ERCO durch eine Formensprache ersetzt worden, die zehn Jahre und länger gültig sein muß. Nur so kann ein unverwechselbares ERCO-Design im Bewußtsein des Konsumenten entstehen.

Die Einführung von modischen Produkten in den Markt in kurzen Zyklen erfordert Investitionen, die so schnell gar nicht wieder hereingeholt werden können. Auch aus dieser Erkenntnis heraus resultiert die Notwendigkeit, daß das Design so angelegt ist, daß es eine hohe Lebensdauer eines Produktes im Formalen garantiert. Entwicklungs- und Einführungskosten können so langfristig amortisiert werden.

Design-Lebensdauer

Unsere Vorstellungen von Licht und Leuchten lassen sich präzisieren:

1. Die Beleuchtung muß in die Architektur integrierbar sein.
2. Sie muß wirtschaftlich sein, d. h. im Verhältnis zum Energieverbrauch einen hohen Wirkungsgrad haben.
3. Sie muß flexibel sein und damit veränderten Raumnutzungen angepaßt werden können.
4. Sie muß montage- und wartungsfreundlich sein.
5. Sie muß eine hohe physiologische Effektivität haben, d. h. die Beleuchtung muß angenehm und blendfrei sein.

6. Das Raum-Design

Wie eindrucksvoll mit Licht gestaltet, optisch inszeniert und differenziert werden kann, kennt man seit jeher von der Bühne.

Es lag nahe, diese vielfältigen Formen der Lichtgestaltung auch in die Architektur zu übertragen. Vorbild war hier vor allem das gerichtete, integrierte Licht. Licht pur, sozusagen.

Design in der Architektur

Mit dem Einsatz von Spotlights und Downlights auf der Basis eines dinglichen Design wurde es möglich, in der Architektur neue, bühnenähnliche Lichtpunkte zu setzen, ohne daß der Beleuchtungskörper zu sehr in den Vordergrund tritt.

Das ist immer dann besonders wichtig, wenn es so vieles andere zu sehen gibt, das interessanter ist. So zum Beispiel Bilder und Skulpturen in Galerien und Museen. Denn gerade das gerichtete Licht, das als technisches Medium für viele Zwecke zu einer neuen Architektur mit Licht beigetragen hat, hat im Museum seine besondere Bedeutung.

So ist durch die Fortschritte in der Lichttechnik der Einfluß auf die Architektur immer stärker geworden.

Technologie und Design

Neue Technologien und Entwicklungen haben neue vielfältige Möglichkeiten der Lichtplanung und Raumgestaltung eröffnet. Dem Architekten bieten die neuen Lichtsysteme eine Fülle von Möglichkeiten, seine Ambitionen auf besonders schöne und eindrucksvolle Weise ins rechte Licht zu rücken.

7. Corporate Design – Industriekultur

Das von Otl Aicher entwickelte Corporate Design-Programm hatte einen entscheidenden Anteil bei der Durchsetzung unseres eingangs schon erwähnten Unternehmenszieles, „Licht statt Leuchten" zu verkaufen. Es hat aber auch entscheidenden Anteil daran, zu einem guten und sicheren Umgang mit Graphikern, Industriedesignern, Architekten und Fotographen zu kommen und half, den Weg zu bereiten für etwas, was man mit Industriekultur bezeichnen könnte.

Industriekultur

Ein Industriebetrieb hat zunächst einmal einen unmittelbaren Einfluß auf die Region, auf die Gemeinde, in der er steht, da viele Familien von ihm leben, er die Umwelt prägt, vielleicht sogar belastet, seine Mitarbeiter motiviert oder deprimiert, die Kreativität seiner Mitarbeiter fördert oder behindert, sie stolz auf ihre Arbeit macht oder gleichgültig gegenüber ihrer Arbeit werden läßt.

Eine Firma ist dadurch auf vielschichtige Art und Weise Bestandteil der Regional- oder auch Landeskultur und sollte sich der Verantwortung bewußt werden, die aus dieser Erkenntnis wächst. Dazu gehört auch ganz sicher die Förderung des Design und des Designnachwuchses.

Teil III

Corporate Identity und Corporate Design

Wolfgang Schmittel

Inhalt

I. Thematische Grundlagen

Wie das meist so geht mit dem Neuen:
Es ist gar nicht so ganz neu – hat aber einen schönen neuen Namen. Vielleicht gefällt mir der neue Begriff der „CI" und „CD" sogar besser, aber in den inhaltlichen Strukturen ist alles schon zu lesen in Domizlaffs's Klassiker:
„Die Gewinnung des öffentlichen Vertrauens".

Markentechnik ...

Er nannte es damals Markentechnik, was wir heute als Begriff etwas weiter fassen, indem wir die Marke als Teil, als Unterbegriff in die Gesamtinstitution einbringen.
Domizlaff schrieb schon 1937:
„Die Kunst der Erzeugung eines zuverlässigen Markenvertrauens ist nicht nur innerhalb der Weltwirtschaft für den Wettbewerb in Leistungssteigerungen und der Ideenauslese von größter Wichtigkeit, sondern zugleich auch für die Selbstbehauptung großer Gemeinschaften der Politik, der Wissenschaften und der Kultur gegen den Ansturm einer strukturlosen Flut rationalistischer Entartungen. Leider ist diese schwerwiegende Tatsache fast unbekannt, und nachdem die klassischen Kristallisationspunkte der alten Denkordnungen fast gänzlich verloren gegangen sind, scheint es mir dringend notwendig zu sein, massenpsychologische Gesetzmäßigkeiten mit kaufmännischen Gebrauchsanweisungen darzustellen, die auf das ganze menschliche Dasein übertragen werden können. Solche Überlegungen bildeten den ersten Anlaß zu einer Beschreibung der Besonderheiten der Markentechnik."

... Vorläufer von CI und CD

Ersetzen wir die Wortverbindungen „Marke" durch „Unternehmens-Identität", so hat sich eigentlich nichts Neues getan.
Weshalb tun sich dann heute so viele Designer wie Marketingleute so schwer mit der Corporate-Identity – der CI? Weil der Begriffswirrwarr und das Mißverstehen vorherrschen – selbst in eben den sogenannten Fachkreisen.

1. Was Design nicht ist

Lassen Sie mich zuerst sagen, was Corporate-Identity und Corporate-Design nicht sind:

- Corporate-Identity ist *nicht* das *Erscheinungsbild* einer Institution,
- und Corporate-Design ist *nicht* das *Image des Unternehmens.*

1. Zur Identität einer Person – einer Persönlichkeit – gehört neben Äußerlichkeiten, wie Kleidung und Benehmen, der *Charakter*, ja, der macht erst die Identität aus!
2. Ein Image kann man nicht gestalten! Ein Image entsteht als Spiegelbild, gleichermaßen aus unserem gewollten, bewußt „designtem“ Bild und aus Ungewolltem, Unbeabsichtigtem, ja oft sogar Zufälligem!

Unser Image kann also ganz anders sein, als wir es anstreben.
Eine Reihe von Faktoren macht es für uns alle sehr schwer abzuschätzen, wie unser Aussehen und unsere Aktivitäten auf andere wirken.
Selbst Schauspieler, die doch von berufswegen täglich mit ihrer Wirkung kalkulieren, liegen oft weit daneben, und erst ein guter Regisseur (als *außenstehend* Beobachtender quasi) führt die Handlung wieder auf die Form zurück, die vom Zuschauer auch so verstanden wird, wie sie gemeint ist!

Image und Corporate Design

Um diesen Gedanken auf ein Corporate Design zurückzuführen, stelle ich als erstes Beispiel einige „Zeichen“ vor, die als Aushängeschilder die Corporation symbolisieren und repräsentieren sollen:
Von Verlagen aus der DDR:

- Staatsverlag der Deutschen Demokratischen Republik
- Dietz Verlag
- Kinderbuch Verlag
- Sportverlag DDR
- Union Verlag

- VEB Postreiter Verlag
- VEB Landwirtschaftsverlag
- Transpress VEB VEB Verlag für Verkehrswesen
- Verlag für die Frau

Bezeichnenderweise sind gerade die illustrativsten Symbole, die mit einem Bildchen ganz besonders deutlich machen wollen, für welche Sparte sie stehen oder wer der „Absender“ ist, auch die dümmsten und

Signen und keine Zeichen

grafisch schlechtesten. Und bezeichnenderweise haben gerade die auf Aushängeschild-Wirkung bedachten Flaggen des Staatsverlages z. B. die größte Peinlichkeit.
Nun haben aber die DDR-Verlage keineswegs das Provinzniveau eines Corporate-Design gepachtet! Obwohl es dort noch am ehesten verständlich wird, weil sie von internationalem Standard quasi abgenabelt sind und damit auch ihre „Wirkung“ auf Weltniveau nicht abschätzen. Die Gewerkschaftsverbände der Bundesrepublik Deutschland stehen ihnen in nichts nach. Beispiel Industriegewerkschaft Chemie-Papier-Keramik:

Der Hauptvorstand der Industriegewerkschaft Druck und Papier hat eine Freigabe zur Veröffentlichung seines Signets abhängig gemacht von *meinen* „begleitenden Texten“, andere Gewerkschaften haben sie grundsätzlich verweigert.
Ich frage mich also, ob man sich dort seiner Identität, seines Aussehens schämt? Oder ob man zumindest fühlt, wie bei den meisten Verbänden eine Diskrepanz klafft zwischen angestrebter Wirkung um modernste weltoffene Sachlichkeit des 20. Jahrhunderts und dem tatsächlichen Aussehen!

Schließlich hängen die Metzger von heute doch auch keinen Schweine- oder Ochsenkopf vor ihre Tür.

Köpfe sind nicht immer ein Kopf

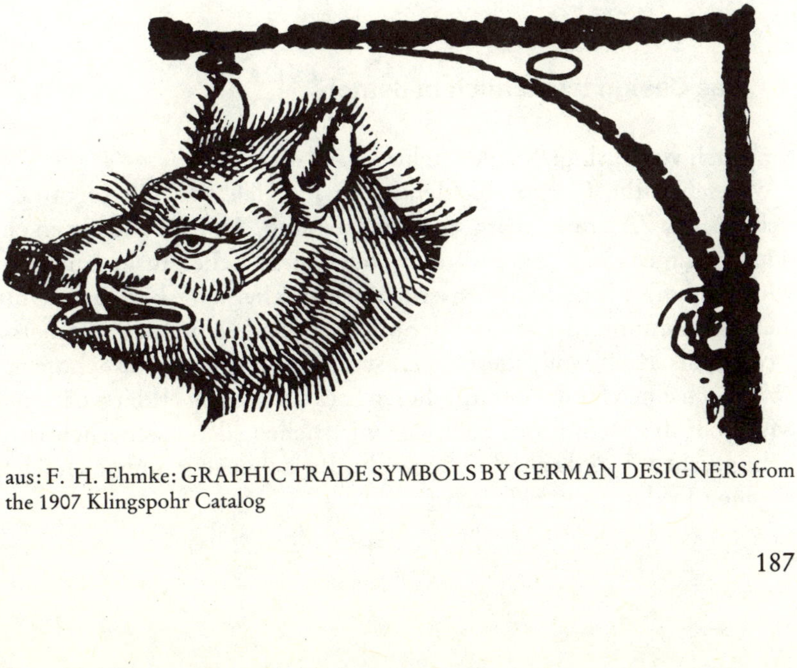

*) aus: F. H. Ehmke: GRAPHIC TRADE SYMBOLS BY GERMAN DESIGNERS from the 1907 Klingspohr Catalog

So richtige schöne Spießigkeiten fand ich bei der Vorbereitung dieses Buchbeitrages bei den „Emblemen“ der „Häusles-Bauer“, der *Gemeinschaft „Das Markenhaus“.*
Fast jeder hat mit seinem Namen ein hübsches Häuschen gebaut, und kaum einer hat auf ein „Dächelchen“ verzichtet:

So wird in den meisten Fällen zuerst einmal Corporate-Identity interpretiert, und *so* wird sie als Corporate-Design gestaltet: *ein Zeichen, ein Bildchen.*
Wenn das aber nicht CI ist und wenn es nur ein *ganz kleines* Mosaiksteinchen eines Corporate-Design ist, wofür stehen dann diese beiden Begriffe?

2. Was Design tatsächlich bedeutet

Design hat Inhalte

Im Buch von Birkigt/Stadler steht:
„Wir sehen die Corporate-Identity in Parallele zur Ich-Identität als schlüssigen Zusammenhang von Erscheinung, Worten und Taten eines Unternehmens mit seinem Wesen, oder spezifischer ausgedrückt, von Unternehmensverhalten, Unternehmenserscheinungsbild und Unternehmenskommunikation mit der hypostasierten *Unternehmenspersönlichkeit* als dem manifestierten Selbstverständnis des Unternehmens.“
Wenn ich einen fände, der mir diesen Satz mal richtig erklärt, hätten wir vielleicht die Definition, nach der wir suchen; denn sicherlich ist das sehr gescheit, was da geschrieben steht. Bis dahin aber muß ich mich mit eigenen Erklärungen behelfen:

„*corporate*“ = vereinigt, verbunden, vereinte Bemühung, auch Gilde, Zunft, Handelsgesellschaft – und ...
„*identity*“ = die Identität, die Gleichheit, Individualität.
Nach meiner Meinung macht eine Corporate-Identity demnach das aus:
***Gleiche* Bemühungen aller Verantwortlichen. Kumulative Wirkung. Intensives Auftreten. Mehr Glaubhaftigkeit. Größere Überzeugungskraft. Erfolgreicheres Wirtschaften, aber vor allem andern:**
Sympathie!

In der Projektgruppe „Corporate-Identity“ des BDW haben wir es in etwa so formuliert:

... und auch CI

„Inhaltliche Erklärung des Begriffs Identität bzw. CI

- Metaziel von *CI* ist die eigenständige Profilierung des Unternehmens – die Unverwechselbarkeit.
- Das Konzept, das der *CI* zugrunde liegt, hat eine zeitliche Konstanz, d. h. die Grundidee bildet den Orientierungsrahmen und erlaubt innerhalb dieses Rahmens Modifikationen, ohne daß dadurch die wesenbestimmenden Werte verändert werden.
- *CI* wird in der Praxis marktabhängig und kulturabhängig gesehen und gehandhabt.
  Die Grundwerte von CI sollten jedoch einem „overall-Ziel“ des Unternehmens folgen und sind damit markt- und kulturunabhängig zu formulieren.
- *Identität* entsteht nicht aus sich heraus, sie ist erst dann entwicklungsfähig, wenn ein Konzept, eine Leitidee existiert.
- *Identität* resultiert aus der Identifikation sowohl der Mitarbeiter als auch der Kunden mit dem Unternehmen, seinen Produkten und Dienstleistungen.“

Identität ist Identifikation

Keinesfalls ist somit die Corporate-Identity gleichzusetzen mit dem Corporate-Design, und schon gar nicht darf diese Identität durch ein Design ersetzt werden.

3. Eine vorläufige Zusammenfassung

Corporate-Design ist Ausdruck der Corporate-Identity!

1. In jedem Angebot – ob Produkt oder Service:
   – Form und
   – Funktion

2. in allen Bereichen der Kommunikation:
   - verbal und
   - visuell
3. bei allen Fragen der Haltung, als Ausdruck des Charakters:
   - Auftritt und
   - Benehmen.

Damit will ich deutlich machen:
Corporate-Design kann gar nicht nur eine Sache von eingekauftem Designerfleiß sein!

CD ist weder nur Handwerk

Corporate-Design-Fabriken können der Puppe Ophelia kein Leben einhauchen! Es werden immer aufgesetzte, vordergründige Grafiker-Arabesken bleiben müssen:

... noch „Olympia“

The Equitable Life Assurance Society of the United States. The figure of „Protection“ was introduced in 1963. The final version was done
by several men,
among them the sculptors Henry Kreis and Paul Fjelde and the painters Robert Riger, Eugene Karlin and John Morning.

Die Konzept-armut ...

Sahara-hotel (1960) by Gould & associates, Inc.

... wenn da kein vernünftiges, *inhaltliches Konzept* vorliegt ...

„Shultzys" delicatessen 1969

Hercules, Inc. (name changed from Hercules Powder Co. in 1966). 727 was designed in 1963 by Gerald Stahl, Inc. The old figure of Hercules (726) was first used in 1877.

Planters Peanuts „Mr. Peanut" first used 1916

„The Meat Man", meatstore 1966

… wenn da kein vernünftiges, *inhaltliches Konzept* vorliegt …

420

… grassiert

dieses „SWP“ ist eine Farbe? oder ein Umweltverschmutzer?
(Sherwin-Williams Company. Trademark)

… wenn da kein vernünftiges, wahrhaftiges, seriöses *unternehmerisches* Konzept vorliegt.

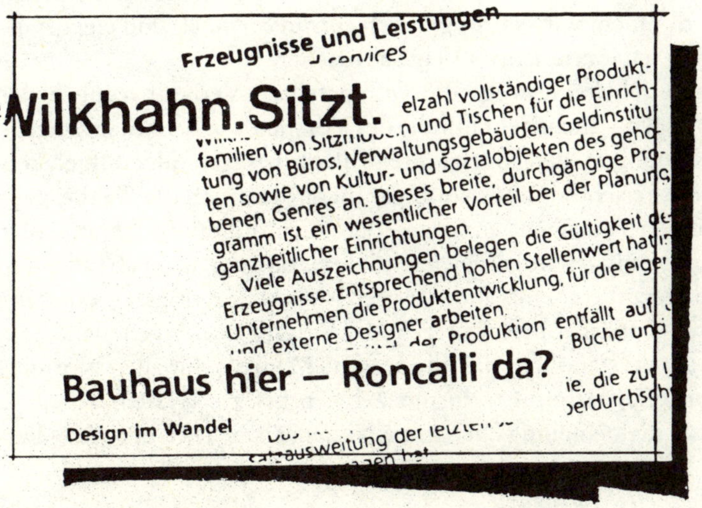
Erzeugnisse und Leistungen

Wilkhahn.Sitzt.

familien von Büros, Verwaltungsgebäuden, Geldinstitu-
tung von Büros, Verwaltungsgebäuden, Geldinstitu
ten sowie von Kultur- und Sozialobjekten des geho-
benen Genres an. Dieses breite, durchgängige Pro-
gramm ist ein wesentlicher Vorteil bei der Planung
ganzheitlicher Einrichtungen.
Viele Auszeichnungen belegen die Gültigkeit de-
Erzeugnisse. Entsprechend hohen Stellenwert hat i
Unternehmen die Produktentwicklung, für die eige
und externe Designer arbeiten.

Bauhaus hier – Roncalli da?

Design im Wandel

Corporate-Design ist visueller Ausdruck des Selbstverständnisses. Das Credo in Bilder gefaßt:

ist: *umgesetzte CI.*
In allen Bereichen eines sogenannten Erscheinungsbildes.

CD hat etwas mit Wahrheit zu tun

Corporate Design
ist visueller Ausdruck des Selbstverständnisses
ist: *umgesetzte Corporate-Identity*

1. Verbal

Hierin müssen wir alles einschließen, was von der jeweiligen Institution hörbar wird, indem wir es typografisch *entsprechend* (!) und eigenständig, einmalig, charakteristisch sichtbar machen.

CD ist umgesetzte CI

Damit meine ich keineswegs die wohlgefeilten Verlautbarungen der PR-Abteilungen – auch nicht nur die des Vorstands in banküberzeugenden Aufrechnungen, den sogenannten Bilanzanzeigen oder aufgetakelten Geschäftsberichten, und schon gar nicht meine ich die Werbesprüche in schönen Anzeigen, sondern eben auch die raunzigen Pförtner z. B., oder die unwissenden Telefonfräuleins und vor allem aber die vielen Mitarbeiter, die abends ihren Ärger nach Hause tragen – oder andersrum ihre Zufriedenheit weiteren Meinungsbildnern mitteilen.
So ist es auch verständlich, daß die Design-Manuals mit allen Normierungen von Hausfarbe über Firmenzeichen bis zur System-, Auto-, Haus- oder Filialbemalung eben nur ein kleiner Teil des Corporate-Design sind:
der kleinste vielleicht sogar!

2. Visuell

Hierin müssen wir alles einschließen, was von dem Unternehmen als nonverbale Kommunikation sichtbar wird.
Entscheidend ist dabei die Gesamtanmutung! Die Übereinstimmung zwischen Aussage oder Botschaft und dem „Bild", wie das Gesagte präsentiert wird. Beispielsweise finden leider oft die schön und edel gestalteten Drucksachen im Text nicht ihre adäquate Entsprechung, oder umgekehrt werden vernünftige Botschaften von hirnlosen „Reklamebüros" und ihren „Art Directoren" zur Spielwiese für vereitelte Künstler. Leider ist deshalb noch öfter auch keine Konkurrenz zwischen Werbung und den übrigen Firmenauftritten zu finden.
Zur Gesamtanmutung gehört aber auch eine *Übereinstimmung von allem Gedruckten bis hin z. B. zur Bürolandschaft*, der Architektur und anderem Dreidimensionalen, wie z. B. den Produkten, ihrer Verpakkung, den Werbegeschenken und vielem mehr! Und das dürfen keine Eintagsfliegen sein:

Kollege Theuer hat einmal gesagt: „Kurzfristig Angenehmes erzeugt im Regelfall langfristig Schädigendes."

Ich habe deshalb meinen weiteren Ausführungen erst einmal die CI-Begriffe und das darin eingebundene Corporate-Design für eine gemeinsame Plattform, für ein gleiches Verständnis aufgelistet:

I. Unternehmens-Identität

Die CI-Begriffe

1. Name
- Zusatz zum Namen
- Bild des Namens

2. Hintergrund
- historisch Gewachsenes
- Selbstverständnis

3. Zieldefinition

- z. B. Diversifikation
- Veränderung usw.

II. Unternehmens-Verhalten

1. Produkt oder Serviceangebot

- Qualität, Sicherheit, Zuverlässigkeit
- Gebrauchs- oder Nutzungswert
- Preis/Leistungs-Verhältnis
- Servicefreundlichkeit

2. Vertriebskonzeption

- Handelsbeziehungen
- Konsumentenbeziehungen

3. Außendienste

- Vertreter
- Dekorationsdienst
- Kundendienst (Reparatur, Reklamation) etc.

4. Finanzmanagement

5. Personalpolitik

(Zugehörigkeitsgefühl: Stolz!)

- Gehalt, Soziales, Verträge, Zeugnis, Urkunde, Auszeichnung, Glückwunsch, „Goldene Nadel", etc.
- Betriebsversammlung
- Schulungsprogramm, Weiterbildungsseminar, etc.
- Vergünstigungen („fringe benefits") Firmenwagen, verbilligter Einkauf, Firmenkurheime, etc.
- Vorschlagswesen
- Abteilungsbezeichnung
- „Schwarzes Brett", etc.

III. Unternehmens-Erscheinungsbild

1. Leitbild

- Design-Manual, Firmenphilosophie
- Organisationsbroschüre

2. Marke

- Signet, Zeichen
- Logotype

... und ihre Verbindung zeigen CD

3. Gestaltungs-/Identifikationsmerkmale

- Hausfarbe, Farbsystem
- Typografische Prinzipien, Schriftart
- Prinzipien der Materialauswahl
- Sprache, Sprachregelungen
- Selektionsprinzipien für Medien
- Gestaltungsprinzipien

IV. Unternehmens-Kommunikation

1. Externe Kommunikation

- Werbung
  TV-Spot, Film, Dia-Tonbildschau, Rundfunkspot, Produkt-/Serviceanzeige, Imagewerbung (auch Personalanzeige und Bilanzveröffentlichung), Plakat, Broschüre, Katalog, Prospekt, Verpackung, Displaymaterial, Fensterkleber, Außenwerbung, Direct-Mail usw.
- Geschäftsbericht

Die Verbindung zu den Corporate Communications ...

2. Public Relations/Öffentlichkeitsarbeit

- Kommunalverhalten
- Zeitungsartikel, Fernsehberichte
- Umweltbewußtsein

- Allgemeine Korrespondenz
- Telefonmeldung, Begrüßung
- Eintrag in Branchen- und Telefonbüchern

3. Interne Kommunikation

- Hausmitteilung, Organisationsverfügung, Bericht, Formular, Stempel, etc.
- Betriebs-/Hauszeitschrift

4. Hausdrucksachen/Verschiedenes

- Geschäftsdrucksachen, Briefpapier, Briefumschlag, Versandhülle, Aufkleber, Formular, Rechnung, Vertrag, Auftragsbestätigung, Information, Rundschreiben, Visitenkarte, Empfehlung, Angebotsmappe, Vertreterfolder etc.
- Spezielle branchenbezogene Erfordernisse (z. B. bei Banken) Sparbuch, Kontoauszug, Scheckkarte, Scheckbuch, etc.
- Produktbegleitendes Material (z. B. bei Hardware Produzenten), Gebrauchsanleitung, Garantiekarte, Versandpapiere, etc.

... zeigt „Außenauftritt"

- Werbegeschenke
- Messe, Ausstellung
- Vortrag, Veranstaltung (Aktionärsversammlung)
- „Dienst"-Kleidung, Namensschild

5. Architektur (Gebäude-, Firmen- und Filialkennzeichnung)

- Rezeption, Besprechungsraum
- Büro
- Fertigungsstätten
- Kasino, Kantine, Waschräume
- Orientierungselemente (Farbleitsystem, Hinweisschilder)
- Firmenschilder, etc.

6. Fahrzeuge

- Marke: Prestige!
- Bemalung, Beschriftung

„Allerdings ist gerade dieses wichtige Thema „Corporate-Identity“ einer derartigen Verwissenschaftlichung zum Opfer gefallen“ sagt Ralph Schneider, „daß sich die auf Praxisnähe bedachten und auf Verständlichkeit angewiesenen Geschäftsleitungen mittlerer und kleinerer Betriebe eher abgestoßen als angesprochen fühlten von dem Rummel, den einige Kreise der Werbewirtschaft hier entfacht hatten.“
Sehr richtig!

the children's place

Der Wissenschafts-rummel ...

„The Children's Place, department store chain for children“
Designed by George Nelson & Co.

Sie werden es kaum glauben, dies ist ein eingetragenes Warenzeichen „registered“® Trademark.

Kaum waren nämlich vor nicht allzu langer Zeit die Begriffe CI und des Corporate-Design aufgekommen und gar nicht richtig verstanden worden, da hatten die smarten amerikanischen Consultants schon wieder neue Begriffe eingebracht:

z. B. die Corporate-Culture,
die Unternehmens-Kultur –

Was ist denn nun das schon wieder?
In einem Artikel von „fortune“ konnte ich 1983 lesen (frei übersetzt), daß die Kunst japanischen Managements, gemeint ist eben diese Firmen-Kultur, sich schon in dem nicht zu übersehenden Erfolg Toyota's und dem jeden Morgen angestimmten „company-song“ ausdrückt (!) Baden-Württemberg hat kürzlich einem „Landesliedle“ sein Plazet gegeben, das an Einfältigkeit Konkurrenten sucht. Wenn ich mir vorstelle, daß ich das jeden Morgen demnächst mitsingen müßte, würde ich die Corporate-Identity des Landes in Frage stellen: Elektronik-Technologie modernsten Zuschnitts – zukunftsweisende Industrien mit „Viertele-Gemüt“!

... schadet dem Inhalt

Nochmal „fortune“ (diesmal wörtlich):
„... have hammered home the idea that companies with a record of outstanding financial performance often have powerful corporate cultures. The books also helped clarify what *culture* is: a system of shared values (what is important) and beliefs (how things work) that interact with a company's people, organizational structures, and control systems to produce behavioral norms (the way we do things around here). For example, at IBM customer service is a dominant value that keeps everyone, from the chairman to the factory worker, pulling in the same direction.“
Und in der schweizerischen "ATAG“ Unternehmensberatung wird in Seminaren und Druckschriften den „Unternehmern und Mitgliedern der Geschäftsleitung“ mitgeteilt:
„Unternehmenskultur, eine Schlüsselgröße des Erfolges wird faßbar.“

Wir von der Projektgruppe CI des BDW meinen allerdings:

1. *Kultur* ist zunächst etwas Unspezifisches, das überall dort entsteht, wo Menschen zusammenleben.
2. Die *Kultur* eines Unternehmens ist das Resultat aus historischen Gegebenheiten, formellen und informellen Strukturen eines Unternehmens.

... und ist kulturlos

3. *Corporate-Culture* entsteht, wenn ein Ziel hinzukommt, eine „intelligente Leistung“, mit der sich die Mitarbeiter solidarisch erklären.

Dies soll den einleitend theoretisierenden Teil beenden und mit dem Versuch einer CD-Entwicklung für eine fiktive Corporation etwas faßbarer die Problematik einer solchen Gestaltungsphase aufzeigen.
Natürlich wird das sehr stark durch meine ureigensten Erfahrungen gefärbt sein und damit auch von anderen anders gesehen werden.
Sogar der Teufel zitiert die Heilige Schrift, wenn es *ihm* in den Kram paßt.

II. Ein simuliertes Fallbeispiel

Für alle Designer bleiben die Spielregeln gleich, ob sie in Japan arbeiten oder in Amerika, ob sie für eine städtische Kommune ein Erscheinungsbild entwickeln oder einem Unternehmen der Hardware-Produktion ein „Gesicht" verleihen; und die Qualität einer visualisierten „CI" von internationalem Standard hängt nun mal vom Können und Wissen dieses Designers ab.

Everything, that doesn't happen by accident happens by design.

Eine vereinfachte Hypothese

Die Gestaltung einer Hypothese:
Ich unterstelle, daß wir unabhängig genug, sozusagen aus einem Wolkenkuckucksheim heraus, tun können, was wir wollen:

- Wir sind nicht weisungsgebundener Teil eines größeren Konzerns.
- Wir haben die unglaubliche Freiheit, bis zu einem weit fernen „Break-even" von unseren Aktionären oder unserer Bank in Ruhe gelassen zu werden.
- Wir fangen mit einer neuen Sache an und müssen uns nicht auf gewisse geschichtlich gewachsene Gegebenheiten einstellen.
- Unser Angebot ist qualitativ konkurrenzfähig, hat ein vernünftiges Preis-Leistungsverhältnis, oder ist sogar innovativ.
- Wir haben ein Team von begeisterten und – fast unglaublich – *gleichgesinnten* (!) Experten.

1. Zeichen und dennoch kein Signum

Also: Da muß doch erst mal ein Zeichen her!
Nicht wahr?
Steht doch auch an vorderster Stelle meiner Auflistung der Unternehmensidentität:

Ein Zeichen muß her ...

(einen Namen braucht's,
einen Zusatz zum Namen) und ein:
Bild des Namens.
Unser Produkt soll schließlich ein *Markenartikel* sein.
Dieses Ziel bzw. die Definition dieses Ziels ist jedoch nicht der „CC" zuzurechnen, sondern erfolgt *im Rahmen der CI-Strategie* eines Unternehmens.
Ich will absichtlich diesem verquasten Begriff der „culture" innerhalb eines Unternehmens im Rahmen dieser Abhandlung nicht mehr Raum geben, weil er sich ohnehin selbst ad absurdum führen wird – davon bin

ich überzeugt, vergeht doch kaum ein Monat, ohne daß wir es nicht mit immer neuen Begriffen zu tun haben, z. B. nur die:

- Corporate-Personality
- Corporate-Communication etc.

Stimmen wir also lieber allmorgendlich die „Culture-Hymne" aller CI-Gläubigen an:

„Wir sind alle Gottes Kinder;
warum verteilt er die Alimente so ungleichmäßig?"
(Volker Erhardt)

... das dem Vorstand gefällt

Damit habe ich nun endlich die Berechtigung nachgewiesen, über das Thema Corporate-Identity und Design so zu sprechen, wie ich es sehe – worin die culture, die Kultur der corporation auch eingeschlossen ist und die Corporate-Communication, um nur die sakrosankten Anzeigen zu erwähnen, die der Vorstand so liebt und mit Wohlgefallen betrachtet, und was es da sonst noch für Corporate-„Spitzentänzer" geben mag:

Man fragt den Mann von Mannesmann

Nennen wollen wir die Neugründung *„d'or"*, weil wir grafisch mit dem *„O"* so schön spielen können:

O

Originalschnitt
60 pt. Helvetica
Light-Haas

Nun entwerfen wir also ein schönes „O",
aber, was ist das?

O

Originalschnitt
60 pt. Helvetica
Medium-Haas

Die Marke „dor"

Wir müssen erfahren, daß es bereits ein Putzmittel namens „dor" gibt, wobei die phonetische Ähnlichkeit mit *unserem* „d'or" zunächst zufällig und absichtslos ist …
Unsere Rechtsabteilung, die den Gebrauchsmusterschutz beantragen sollte, hat vorher noch entdeckt, daß die britische Zementfirma *„blue circle"* ein Zeichen hat, das unserem zum Verwechseln ähnlich sieht …

BLUE CIRCLE

The symbol

ja, weiter noch, daß die deutschen Augenoptiker dieses Zementding *nur umgedreht* haben:

Leistungsgemeinschaft
Deutscher Augenoptiker

Dabei ist doch unser Grafiker beileibe kein Plagiator! Er hat vielleicht auch nicht gewußt, daß „consolidated food“ eine rechtslaufende Spirale hat, als er „Klöber“ sehr ähnlich linksdrehte:

CONSOLIDATED
FOODS CORPORATION

klöber
Die Freiheit,
besser zu sitzen.

Rechts- und Linksdreher ...

Oder hat er gar nicht anders können: Weil eine Spirale nun mal nicht geschützt werden kann und sich deshalb selbst potenzierend vermehrt, wie die Meerschweinchen im Käfig der „Feldmühle“:

Feldmühle
Aktiengesellschaft

Oder auch der „boiler factory“ CIPAG/S.A. aus Vevey, wo man sich wirklich fragen muß, was das „Ding“ mit Boilern zu tun hat:

Oder ist er einfach einer Mode aufgesessen:

WERBEAGENTUR oder
DRUCKVORLAGENHERSTELLER

... im Meerschweinchenkäfig

Evangelische
Erwachsenenbildung
im Ostalbkreis

„europcar"

Wissen Sie, daß wir in *Westdeutschland allein* mehr als 277 000 eingetragene Warenzeichen haben?

Collage aus: world of Logotypes „the trademade encyclopedia."
Titel von Al Cooper, Art Direction Book Company, N.V. 10036

Dabei ist nicht einmal der ausgezeichnete Entwurf von Heinz Falkenstein, Ratingen, mitgezählt, den ich in irgendeiner Programmzeitschrift fand.

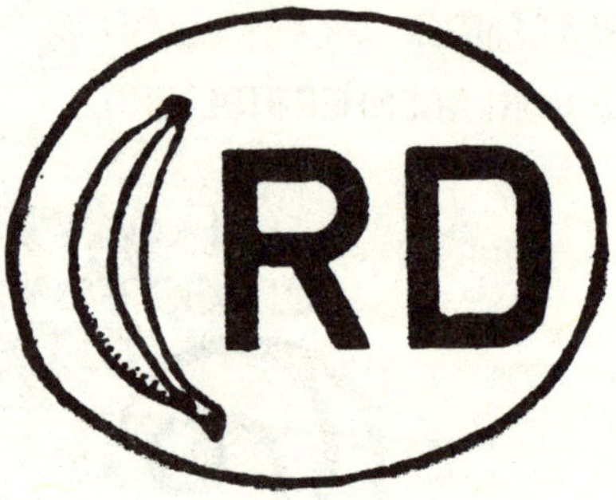

H. Heiderhoff sagt zu den „hübschen“ Zeichenentwürfen von Felix Beltram:

„Eine Werbung, die sich zur Einsetzung symbolischer Logikzeichen entschließt, rechnet geradezu mit einem intelligenten Konsumenten. In diesem Sinne ist solche Werbung zukunftweisend …

Da müßte der Smiley ...

... so bleibt intelligente Werbung bisweilen noch dem vertrauteren Umgang mit Symbolen im Weiteren und Symbolzeichen (Bildern) in der herkömmlichen Fassung des engeren Sinnes treu."
(Um *noch* einmal auf S. 199 darauf hinzuweisen:
Warenzeichen (Trademark) für „the children's place")
Das ist doch blanker Unsinn! Und trotzdem habe ich es so breit zitiert, weil es mir symptomatisch scheint für Denken und Arbeitsstil mancher CD-„Designfabrik" – wie ich sie mal nennen möchte:

... eigentlich weinen

Firm: *Bettfeder Gemeinschaftswerbung*
Add.: *Stuttgart*
Act.: *Advertising agency*
Des.: *Hace Frey*
Year: *1961*

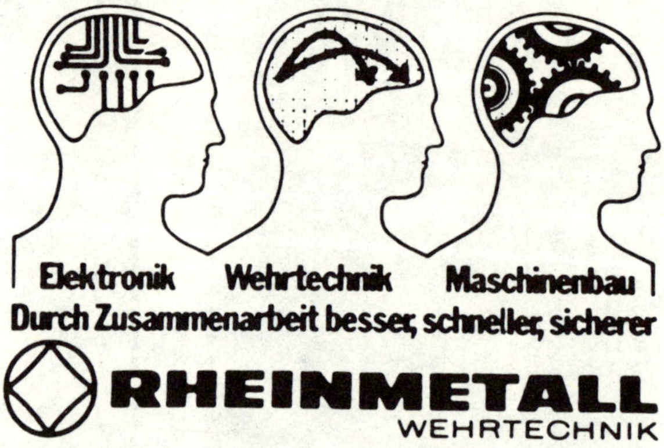

Es wäre grundfalsch, für unsere fiktive Firma mit dem Zeichen zu beginnen.
Ich halte es mit David Ogilvy:
„Markenzeichen und Symbole waren in früherer Zeit sehr wertvoll, denn so konnten selbst Analphabeten Ihre Anzeige erkennen. Aber das Analphabetentum ist in den Vereinigten Staaten nunmehr verschwunden, und *Sie können sich ruhig darauf verlassen, daß man gedruckte Wörter versteht.*"
Vielleicht hat man bei „Alcantara" Ogilvy gelesen und deshalb noch zum Signet geschrieben, daß „Alcantara, das Zeichen für Marke" sei. Was denn eigentlich sonst?

Das Analphabetentum ist ausgestorben

alcantara®

DAS
ZEICHEN
FÜR DIE
MARKE

Ganz sicher aber war es für Zeiss nötig zu erklären, was das „Symbol“ bedeuten soll:
freilich: „Qualität“.

Symbol für Zeiss Qualität.

Oder besser noch:

... und die Verständnislosigkeit wächst

Burlington
THE SIGN OF STYLE

Das „Zeichen“, das Signal, der Hinweis von (auf?) „style“, von *Stil*??? Ja, aber trotz aller Einwände – die Geschäftsleitung sagt: „Eine *Marke muß her!*“ Und wenn wir unser kosmopolitisches Denken demonstrieren und den Mief der Provinzialität von unserem Produkt streifen wollen, dann muß die Weltkugel dran glauben:

Dennoch: Eine Marke muß her

LURGI

Armer Designer!
Jetzt kannst du *nur* noch Eigenständigkeit herbeizeichnen, wenn du den „Laden“ wenigstens in die *Mitte* der Kugel setzt – wie das die NMB Bank mit Amsterdam tut – oder die Universität von Hawai oder – eigentlich doch noch viel besser – wenn du wie die Norfactors Bank gleich alles außer Skandinavien von der Kugel wegradierst.

Hurra, wer könnte denn jetzt noch die Kompetenz unserer neuen Marke anzweifeln? Oder gar das feinsinnige Einfühlen unserer CI-Agentur? Bauen wir doch das „O“ von unserem hypothetischen „d'or“ in die Weltkugel.

Und die Weltkugel gibt's her

Originalzeichen von: „damals ...“, historische Lesezeitschrift

Sieht doch gut aus? Oder?
Ist ein richtiges „O“ und zeigt Welt-„O“-ffenheit.

Vielleicht hat aber auch unsere CI-Agentur schon etwas von solcher Problematik vernommen und sagt uns, daß der heutige Grafiker – selbst bei bestem Willen – nicht mehr in der Lage ist, etwas Neues, Originäres zu schaffen. Ja, daß diese ganze Zeichenwut sogar etwas tödlich Verstaubtes hat.
Und jetzt sagt uns diese Agentur, smart wie sie nun mal ist:
Sie müssen ihren *Namen* zum Zeichen erheben! Oder doch wenigstens eine Abkürzung davon, wie das kommunikationsunfreundliche „BDF"
… das ja – wie natürlich jedermann weiß – Beiersdorf heißen soll:

BDF

Nomen est Omen?

Daß das nicht so ganz gut funktioniert, zeigen *diese* wenigen Beispiele, die in ihrer Ähnlichkeit, Gleichförmigkeit und Uniformität Dutzendware sind und verwechselbar, wie die Lemminge:

BASF
BDF
DGB
RICOH
OSRAM
BOSCH

BDF hat deshalb – nehme ich an – noch 4 Punkte dazu erfinden lassen: das, wie es so schön heißt, *corporate design element:*

BDF ●●●●

Herr Weiland von BDF sagt denn folgerichtig auch in dem „BDF"-Gestaltungshandbuch:
„Das *CI-Element* in seiner Gestaltung und Stellung ist eine verbindliche Vorgabe für die Gestaltung einer Anzeige, *ist Bestandteil der Anzeige.*"
Na, dann muß das doch auch funktionieren:

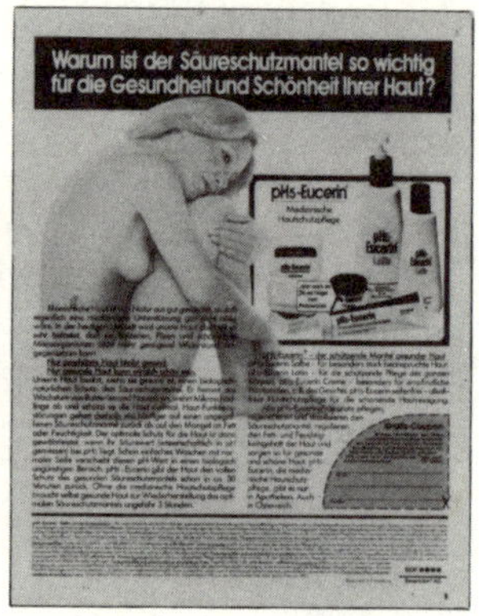

1. Nivea hat die vier Punkte rechts unten – zwar sehr klein, bescheiden, aber immerhin.
2. Tesafilm hat sie – ziemlich g'schamig versteckt – auch rechts unten. Na bitte, scheint doch System drin zu sein.
3. Schlittenfahrer überfahren sie konsequent in den CI-Richtlinien, rechts unten.
4. pH5-Eucerin hat sie, rechts unten.

Aber sieh an:
Hier bricht der Herr Product Manager aus! Hansaplast hat die Punkte links? Das möchte ich Verletzung der CD-Regeln nennen?

Punkte sind kein CI-Raster

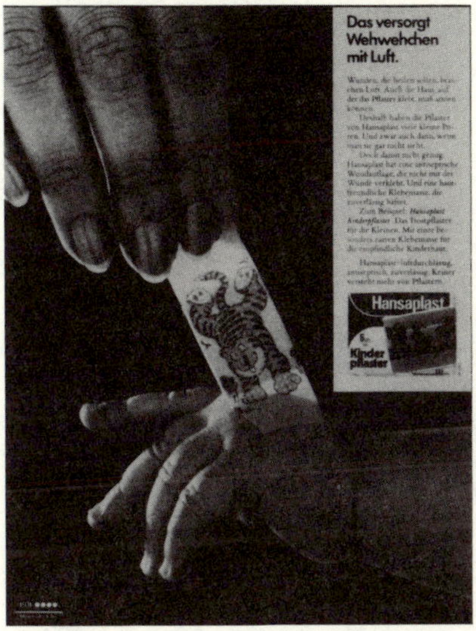

Nun *so* scheint's mir eben viel zu vordergründig und rein formalistisch. Ich meine: Die vier Punkte, die am Fuß *jeder* Anzeige stehen, schaffen *keine Identity* – geben kaum den Zusammenhalt und die Einheitlichkeit im Sinne eines sich gegenseitig unterstützenden und stärkenden Firmenauftritts.
(Zumal ich ohne langes Suchen noch mehr Unternehmen mit ähnlichen Punkten fand.)

BLAUPUNKT

DREIPUNKT

Dreipunkt
Polstermobelfabrik
artCollection
Postfach 80, 7322 C

Trinkaus & Burkhardt
Bank seit 1785

Hamburger Werkstatt
für Behinderte GmbH

Das Fehlen einer gemeinsamen *Haltung* wird nicht nur in der unterschiedlichen Ausformung durch verschiedene Product-Manager in den Anzeigensujets sichtbar, es zeigt sich auch in der Vielgestaltigkeit der Packungsanmutungen. Ein wiedererkennbares, zusammenhängendes Gesamtbild fehlt:

Wenn das Gesamtbild also nicht ebenfalls Beiersdorf signalisiert, kommt es trotz gleicher Punkte-Unterschrift zu keiner eindeutigen Identifizierung:

Diese wundersame Zeichengläubigkeit unserer Zeit hat uns Dozenten erlaubt, immer mehr Grafiker auszubilden, die ihre vielfältigen Wünsche visualisieren.
Das sollten sich alle Unternehmen vor Augen halten, die ihre Identity mit einem Zeichen beginnen wollen. Selbstverständnis, *Gesamtstil! und Eigenart* sind die Voraussetzung für einen überzeugenden Auftritt! Nichts anderes!

2. Rückbesinnung auf das unternehmerische Konzept

Das unternehmerische Konzept ...

Also müßte doch wohl erst einmal etwas über die Philosophie unseres Fiktivunternehmens fixiert sein, über sein Credo, über seine Stellung im Markt, seine Absichten, sein Produktkonzept beispielsweise und so weiter.
Ich weigere mich grundsätzlich, mit der Gestaltungsarbeit eines CD zu beginnen, wenn wir nicht vorher gemeinsam einen Grundsatz formuliert haben, der unsere Haltung faßt und der von allen so verstanden wird und auch so *unterschrieben* ist. Vom Vertriebsvorstand etwa genauso wie von den Entwicklungsingenieuren.
Für die Braun AG habe ich als verantwortlicher Direktor für Kommunikation die Company-Philosophie „our convictions“ in einer Broschüre festgehalten, so daß auch den neuen Mitarbeitern verständlich wurde, was wir wollten, und warum wir es so und nicht anders wollten.

Ich habe es in drei Bereiche gefaßt:
1. Unser Selbstverständnis (internes Bild)
2. Verständnis des Gebrauchers (externes Bild)
3. Schlußfolgerung

Aus dem letzten Punkt will ich hier die Zusammenfassung wiedergeben:

Braun Produkte sind technische Gebrauchsgüter, die mit der Person des Gebrauchers in enger Beziehung stehen.

Braun's Kunde will ebenfalls mit ihm entsprechenden Produkten und Herstellern in einer solchen engen Beziehung stehen.

Braun's Kommunikation, visuell und verbal, hilft diese enge Beziehung herzustellen und zu vertiefen.

Braun's Unternehmensbild drückt diese Beziehung und Kommunikation dadurch aus, daß es dauernd und in allen seinen Dimensionen nach folgenden glaubwürdigen Eigenschaften strebt:

1. Unternehmerische Dimension

... ist die Ausgangsbasis

(Technik und Wirtschaftsleistung)
- technisch innovativ und führend
- auf Präzision bedacht
- in Problemlösungen intelligent und originell
- als Unternehmen leistungsfähig und rentabel
- als Arbeitgeber vorbildlich

2. Qualitäts-Dimension

(Niveau und Wettbewerbsvergleich)
- ausschließlich auf Qualitätsprodukte eingestellt
- auf Qualitätskunden eingestellt
- erstklassig im Design (sowohl funktional und ergonomisch als auch ästhetisch)
- der Umwelt gegenüber verantwortungsvoll

3. Menschliche Dimension

(Integrität und Auftreten)
- ehrlich und verantwortlich
- rational und informativ
- unaufdringlich
- menschlich und natürlich

Zurück zu unserer hypothetischen CD-Entwicklung *„d'or"*. Ich unterstelle also einmal, wir wollen unser Unternehmen oder unser Produkt „d'or" nennen, weil wir mit Gold handeln, oder nehmen wir an, wir produzieren Goldschmuck oder sind eine Devisenbank mit Krügerrand, oder was weiß ich. Jedenfalls hat's was mit Geld, Preciosen – mit Exclusivität und „teuer" zu tun. Es richtet sich an einen kleinen Käuferkreis – ist demnach nicht Massenware.

... und nicht das Zeichen

Damit ist doch schon manches im Design unseres Erscheinungsbildes so klar umrissen, daß es direkt zwingend für die visuelle Ausformung wird! Und nicht nur das. Auch die Orte unseres Auftretens sind schon fixiert! Es wäre doch undenkbar, eine Anzeige für unsere Exclusiv-Firma „d'or" in „Bild" oder „Revue" zu plazieren, und auch eine Postwurfsendung an Apo-Opas wäre deplaziert.

Und noch etwas ist evident:

Wir können nicht sprechen wie der billige Jakob, der noch ein Paar Ohrringe dazulegt, wenn wir für 1.99 Mark seinen Fleckentferner kaufen.

Ergo!

Dann ist doch klar, daß das Zeichen, unser Signet, das allerletzte ist, was entstehen sollte! Wie die Töne der einzelnen Instrumente in einem Orchester zusammenklingen, so muß ein Gleichklang entstehen von der Werbung über „PR" bis zu Geschäftsdrucksachen, Katalogen usw. Nur so wird ein Wohlklang entstehen.

Jeder hat mal in der Schule von den kommunizierenden Röhren gehört:

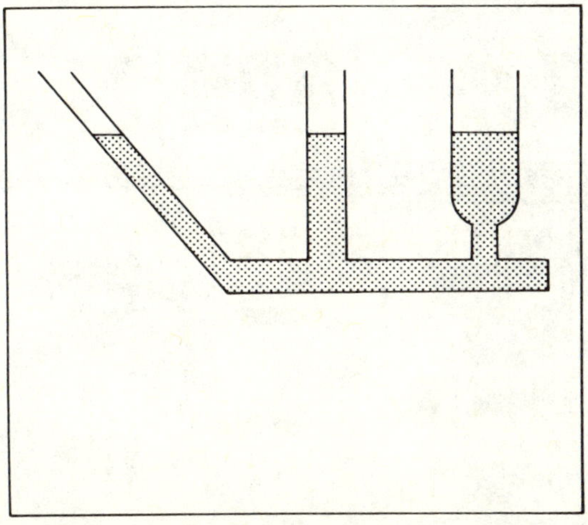

Kommunizierende Röhren, untereinander verbundene, mit Flüssigkeit gefüllte Röhren oder Gefäße. Die Flüssigkeit stellt sich in allen Röhren gleich hoch ein. Abweichungen können bei sehr engen Gefäßen als Folge der → Kapillarität auftreten.

Die Flüssigkeit steht gleich hoch in allen „Formen“. Es ist völlig gleichgültig, wieviel Wasser in das dünne Rohr gegossen wird – oder in das dicke –, der Wasserstand ist stets in allen Röhren gleich hoch. Der Zusammenhang ist unübersehbar, obwohl jede Röhre ihre individuelle Ausformung hat.

Das meine ich, wenn ich Einheitlichkeit propagiere!
Nicht Uniformität um jeden Preis!

Dies will ich jetzt mit einem positiven und gekonnten Beispiel streifen: Die Grafik zeigt in anschaulicher Weise anhand des „Mazda-Baumes“, wie die einzelnen Designfaktoren übergreifend in alle Bereiche der Firmenpräsentation ein gleichartiges Erleben mit einer Firma vermitteln können – eben nicht nur mit dem *einen* Element: dem Schriftzug. Ich glaube, das Bild spricht für sich selbst. (Ich komme ohnehin noch einmal auf das Thema der *Gesamtanmutung* zurück).

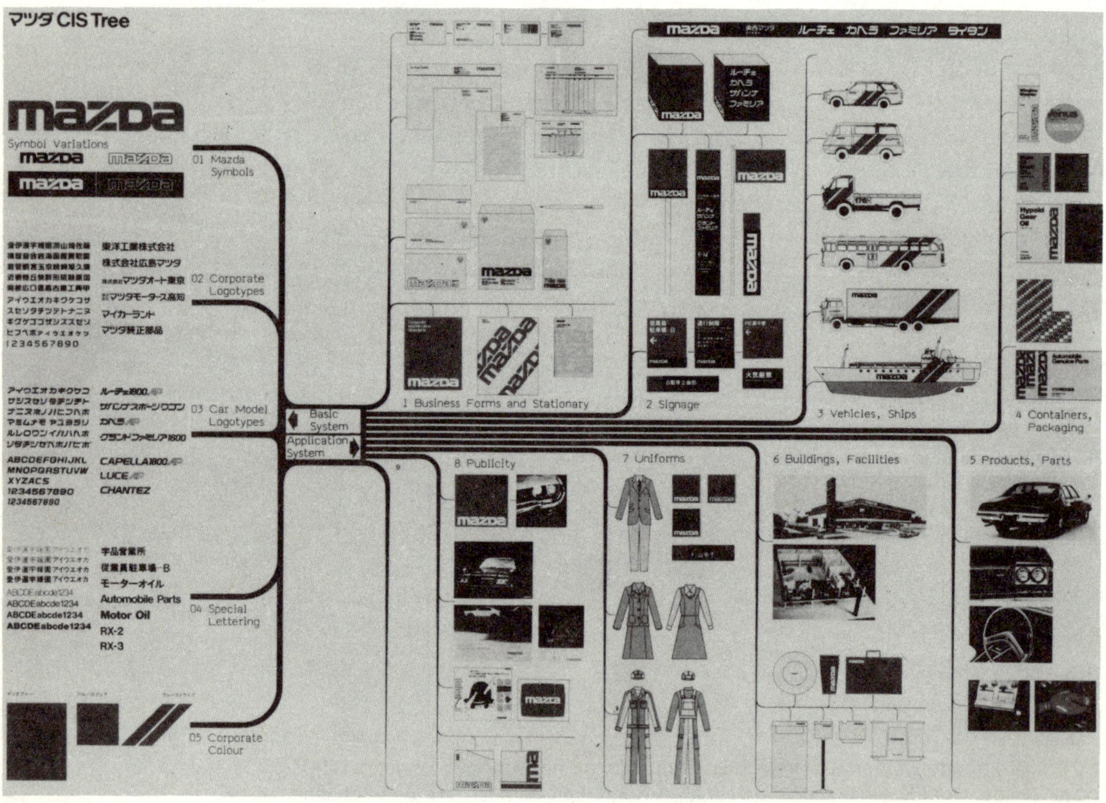

(aus Band 1 der „Basic Design Elements and Their Systems“)

Deutlich wird jedenfalls, daß man eine Identität – CI – mit einem *CD-Konzept* macht: Produkt, Kommunikation *und* Peripherie ergeben das Signal: *hier spricht Mazda zu Ihnen*! Und hier steht nicht nur das Mazda-Zeichen; denn selbst Zeichen, die uns oft begegnen, werden nicht korrekt erinnert und Zeichen, die wir seltener sehen, stellen oft gar keine Assoziation zu dem Produkt her.

CD macht CI

R. Mielke sagt in dem Buch „Corporate Identity“: „... lediglich 10 % der Befragten konnten aus der Erinnerung das *Aral-Zeichen* richtig skizzieren.“ Und Sie werden doch zugeben, daß das ein sehr simples und einprägsames Zeichen ist, das sogar noch den Vorzug hat, den *Namen* zu enthalten.

Wenn Sie aber glauben, keineswegs ohne ein Symbol auskommen zu können, dann halten Sie daran unerschütterlich fest! *Jahrelang*! Keine Änderung! Auch nicht die geringste:

Halten Sie sich vor Augen, daß allein schon eine Positiv-Negativ-Umkehrung den Charakter verändert, die Erinnerungsfähigkeit stark mindert:

Weißes Kreuz auf rot heißt Schweizer Flagge – aber umgekehrt, rotes Kreuz auf weißem Grund ist die internationale Hilfsorganisation.

Eine Konstante nämlich – das Emblem – muß unter allen Umständen *Ihre CD* tragen, wenn schon die Aussagen wechseln – und ...

... wechseln müssen!

oder auch nicht

Wie es also dem Weinreklamebüro passieren konnte, in der *einen* (!) Anzeige das Zeichen gleich zweimal anders zu zeigen, ist mir ein Rätsel.

Zumal in der Anzeige selbst steht:

Achten Sie beim Weinkauf auf das Sonnenmännchen

Im Rechtsstreit „adidas“ versus „METRO“ haben die Richter in zweiter Instanz 1985 entschieden, daß es nicht genügt, aus den 3 Streifen, die „adidas“ *sein eigen nennt*, eine „neue“ Marke werden zu lassen, indem man sie leicht anwinkelt:

Streifen und Kuller ...

(adidas) (METRO)

Wer wird denn da noch so kurzsichtig sein, das *eigene* Zeichen – und sei es noch so geringfügig – zu variieren?

Zurück zu meinem erfundenen Fallbeispiel *„d'or"*.

Ein Kreis allein genügt demzufolge nicht.
(Frage ich mich immer noch, wie denn eine Abgrenzung blue-circle gegen Augenoptiker und consolidated food gegen Klöber durchgeht, wenn die Anwälte dieser Firmen aufpassen?)
„Für den Urheber eines Design oder dessen Rechtsnachfolger kommt es darauf an, die eigenen schöpferischen Ideen und Leistungen gegenüber Mitbewerbern soweit wie möglich abzusichern. Andererseits sollte ein Unternehmen Möglichkeiten und Grenzen kennen, fremde Leistungen ohne Makel unerlaubter Nachahmung nutzen zu dürfen" (Prof. Dr. Dieter Gaul).

... produzieren nur Probleme ...

Hier das neue – eben „unser" Symbol. Sinnvollerweise wenigstens – wie ganz zu Beginn schon dargelegt – eine Kombination aus Name *und* Zeichen:

... und Me too's

oder sinnvollerweise –
der Anmutung wegen – vielleicht besser so:

Gleich mit der ersten Publikation sind unsere potentiellen Kunden in der Lage, unseren Namen zu *lesen*, müssen nicht erst durch einen langen und sehr teuren Lernprozeß geführt werden – wie das bei allen abstrakten Zeichen der Fall ist – und haben noch dazu gleichzeitig eine Idee, was wir machen. Wie gesagt, Goldschmuck beispielsweise.
Oder ich hätte natürlich auch die (unter Typografen) weltweit bekannte „Illustration" von 1969 aus einer französischen Anzeige als „Zeichen" nehmen können:

Weitere Spielbälle und ...

aber: es ist ohnehin nur ein „Spielball".

Also: Unser CD-Schmied hat Arbeit von Weltklasse geleistet. Dafür müssen wir dann zunächst die ersten X00.000.– Mark hinlegen – nehmen wir einmal an. Jetzt wird er uns eine *Hausschrift* verpassen. Er sagt, es sei die Handschrift der Institution und diene der Identifikation über die verschiedensten Medien hinweg und man brauche sie, der Durchgängigkeit wegen:

«Olive»

Er hat ein faible für die „Olive“, weil die seit der „alle reden vom Wetter“-Kampagne der Bundesbahn *außer Dienst* ist und alle „Olive“-Fans auf *die Rundschrift* umschwenkten, die das Zweite Deutsche Fernsehen, das „ZDF“, mit seinem neuen Erscheinungsbild populär gemacht hat:

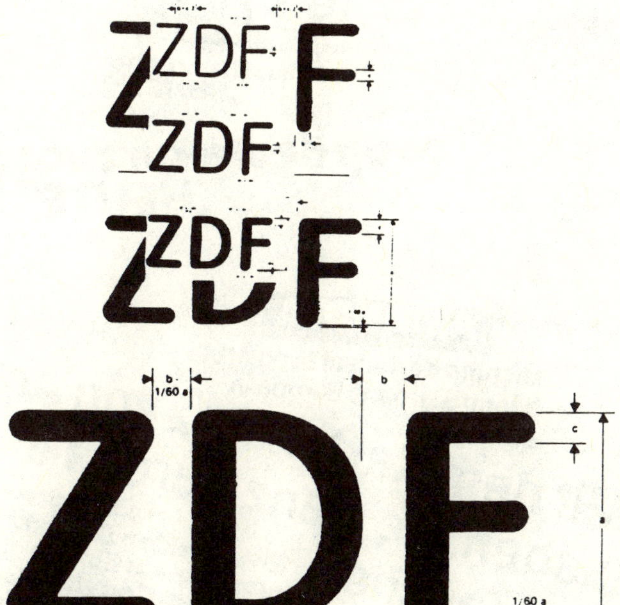

... ihre runden Ausformungen

Die Leute von ARAL, die von V.A.G., die von BDF für Nivea, die von CO-OP und viele mehr:

Beispiele

So, das kostet den zweiten Hunderttausender; denn er wird das säuberlich in einem Design-Manual abdrucken, als ob's nicht Schriftmusterbücher genug gäbe.

Das kostspielige Design-Manual

Daraus entwickelt er uns schließlich: Briefbogen, Zweitbogen, Visitenkarten (sehr wichtig!), und Autobemalungen – vor allem Autobemalungen – und was es da für andere „standards" geben mag:

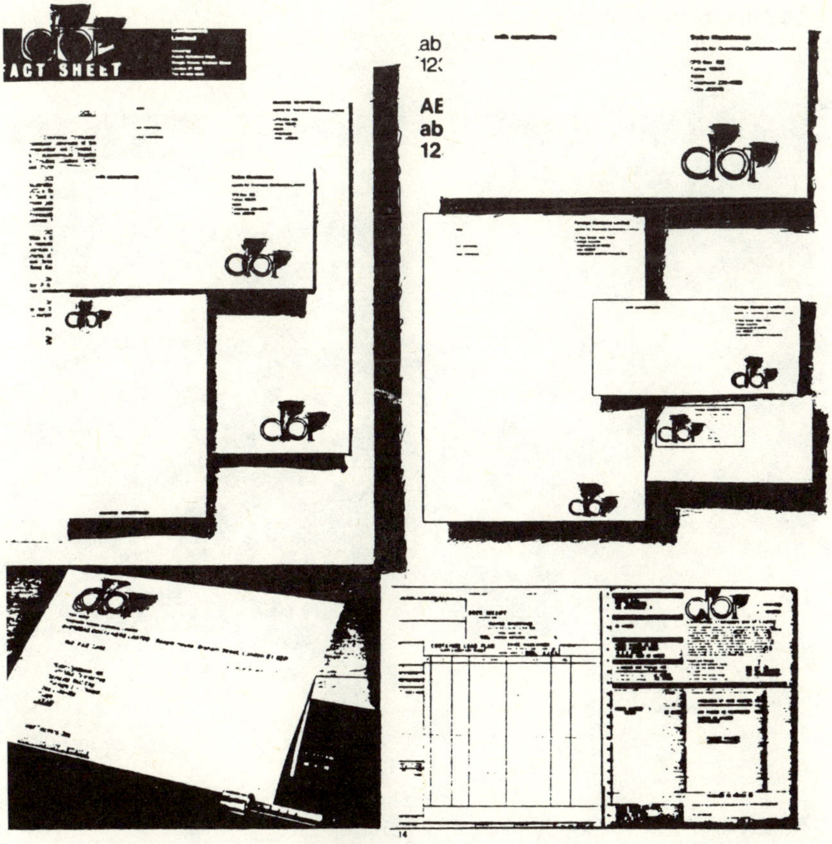

Wo bleibt die Marketing-Kommunikation?

Das ist dann nicht mehr ganz so teuer, weil unser CD-Schmied ja noch die ßKosten für eine Farbkennung einbringen muß, die ist nämlich neben dem Zeichen des Grafikers Lieblingskind.
Jetzt macht er das Manual fertig mit einem sogenannten Typographie-Raster für Hausdrucksachen und Maßangaben für das Zeichen, sowie einer Systematik für die Beschriftung von allerlei Beschilderung.
Nun steht das Regelwerk – wir haben als Teil unserer CI *ein CD* und können loslegen.
Aber wo ist denn unsere Werbung geblieben? Wir könnten doch unsere Anzeigen so aussehen lassen:

ein bißchen erotisch …

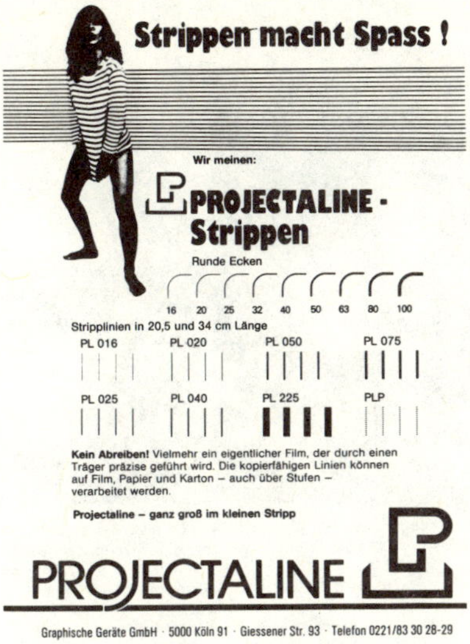

Da?

oder – wie rechts – technisch rationale *Spitzentechnik* wörtlich nehmen und mit emotionaler Aufladung visualisieren:

Wir haben ja nicht fixiert, ob wir laut:

Da?

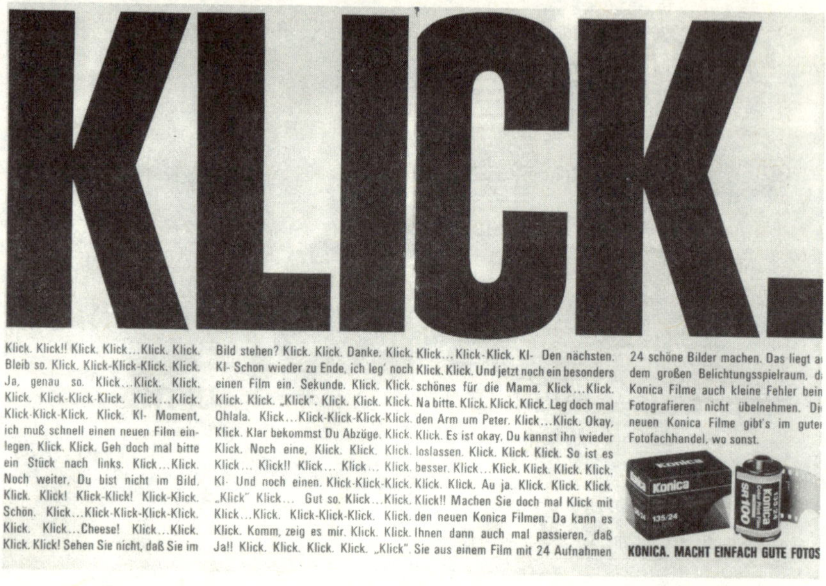

Oder leise sein wollen:

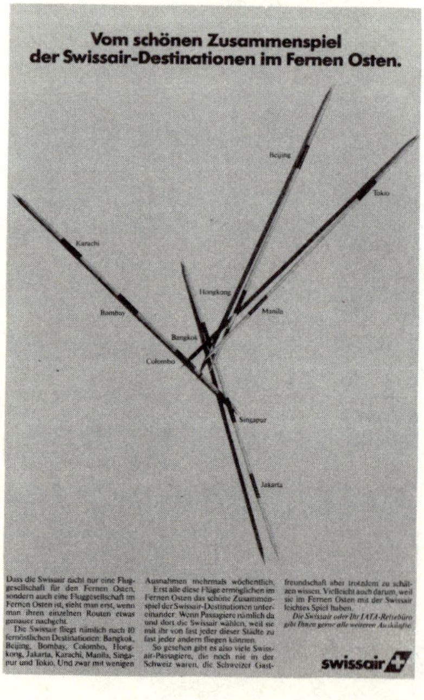

Wir haben ja nichts festgelegt, was die sogenannte *Anmutung* angeht – ob, wie hier, beispielsweise ein *Idi Amin* für Wein repräsentieren darf:

Werbung für deutschen Wein

Oder makaber dort?

Fehlendes oder verblasenes Selbstverständnis führt zu einem verlogenen Bild oder aufgesetztem „Corporate Design".
Oder, was noch schlimmer ist: Es entsteht gar kein Firmen-Erscheinungsbild, sondern es gibt von *Werbekampagne zu Werbekampagne eine neue „advertising personality"*.

„Advertising“ Personality mit und durch …

… eine „advertising-personality“
mit z. B. – ist doch sehr naheliegend (?) – Pyramiden für so unterschiedliche Produkte wie BASF-Videobänder, weil sie nun mal Spitze sind, und Opel, weil dann halt die Welt nicht die Welt kostet.

(anzumerken ist:
beide Anzeigen sind *gleichzeitig* in der „HÖRZU“ Nr. 51 vom 14.12.84 erschienen.)

und Suzuki-Autos:

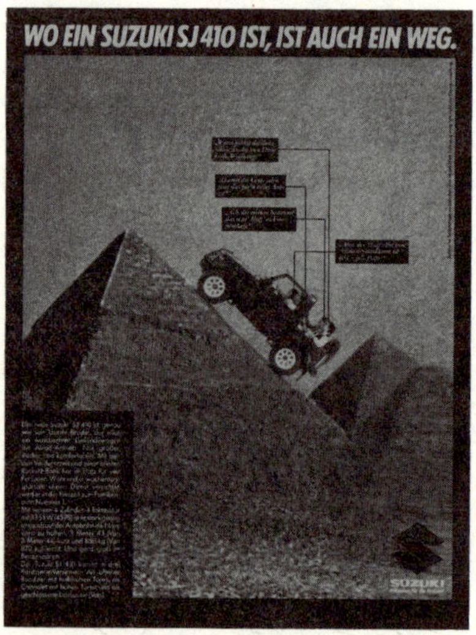

und „Hebel-Bautechnik: (*die* allerdings mehr Berechtigung haben: *hebeln* sie doch die Pyramiden! sogar auf der großen „Cheops“; siehe Zeichen (und nicht nur die Anzeige):

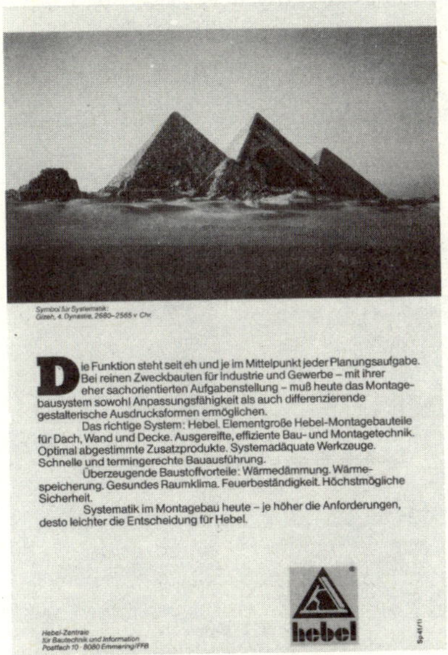

... Pyramiden oder ...

und auch ...
... British Airways:

und ... beliebig fortzusetzen.

Das ist nicht nur dumm, es ist unternehmerisch unökonomisch! Eine wahrhaftige Unternehmens-Identity bildet sich nicht in einer Werbeagentur, kann dort gar nicht entstehen!
Schauen Sie, wie auch Astronauten heute gern von den Agencies „genommen" werden, weil das so pfiffig, flott, modern und futuristisch ist. 4 Beispiele nur: Mitsubishi Videorecorder, Pioneer-Radios, Fuji-Cassetten ... und General Motors auf dem Mond:

... im Astronautenlook

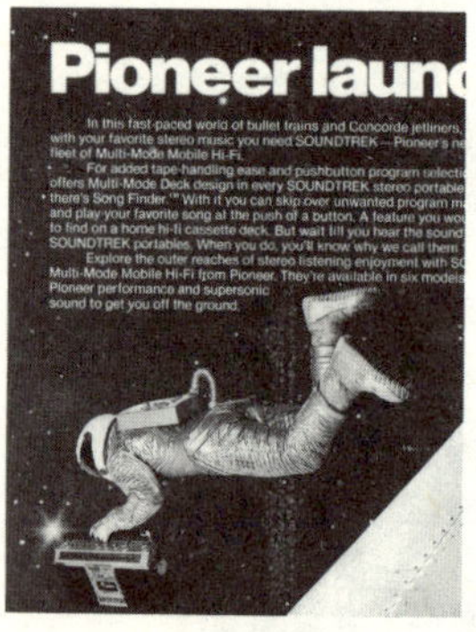

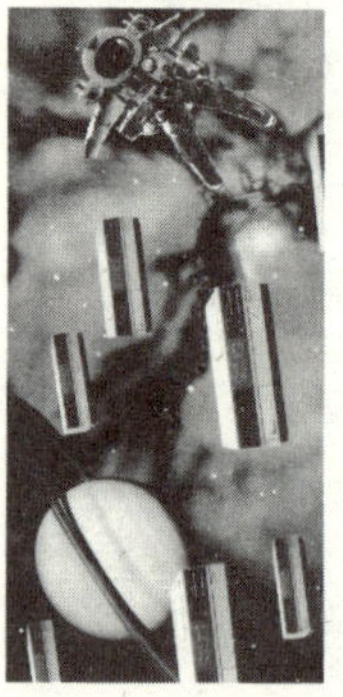

Spektakuläre *Werbeauftritte* wirken einer Identity sogar entgegen, sie verwischen die Eigenheit des Unternehmens.

Spektakuläre Werbeauftritte – wie hier für einen extrem teuren Schreibcomputer „Bitsy“ – ziehen die Qualität des Produktes sogar runter: zum lächerlich Billigen! …

Das ist billig …

… Wir haben ja nicht fixiert, um sechs Seiten zurückzugreifen, ob wir – ebenso geschmackvoll – Qualität ausstrahlen wollen:

… und primitiv

Wir haben nichts fixiert darüber, wie wir *sprechen* wollen. Im launigen Jargon der „Mietmäuler“ in den Agenturen:

Beispiele

oder mit Insider-Stolz:

Beispiele

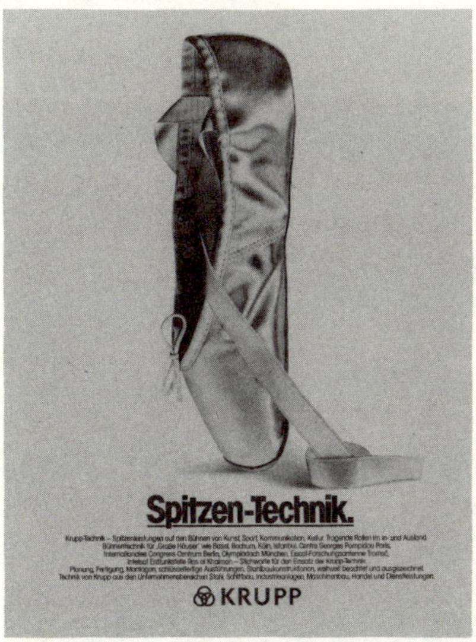

Oder noch ein wenig dümmer:

Beispiel eins:

Beispiele

Beispiel zwei:

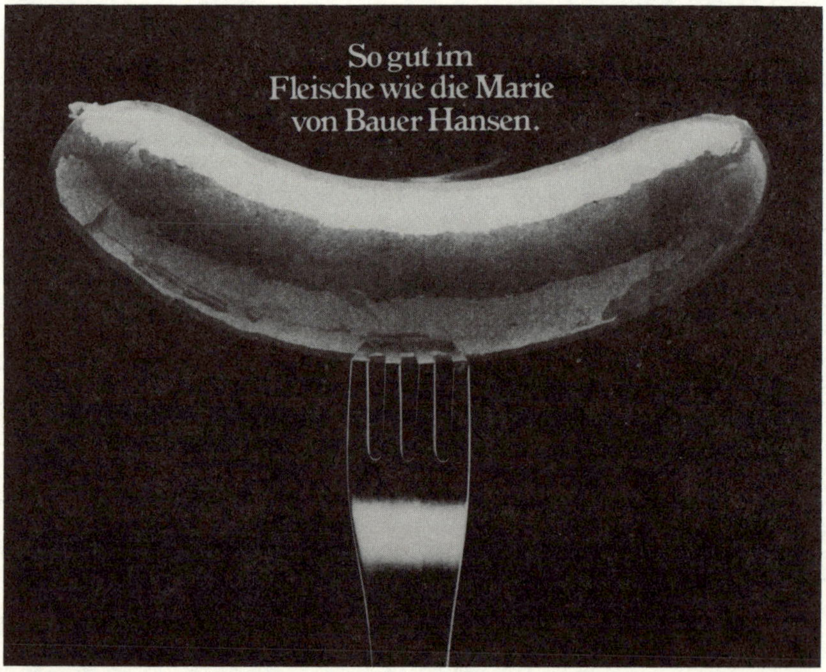

Ausschnitt von Anzeige „Böklunder“ das Würstchen vom Lande

Oder wir können auch mit schlichtem Gemüt unseren Kunden versichern, daß nur Christine Kaufmann schöner ist als der Glanz von:

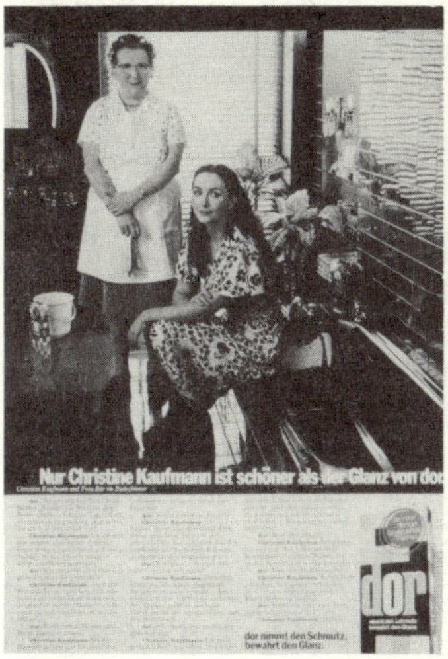

Beispiele

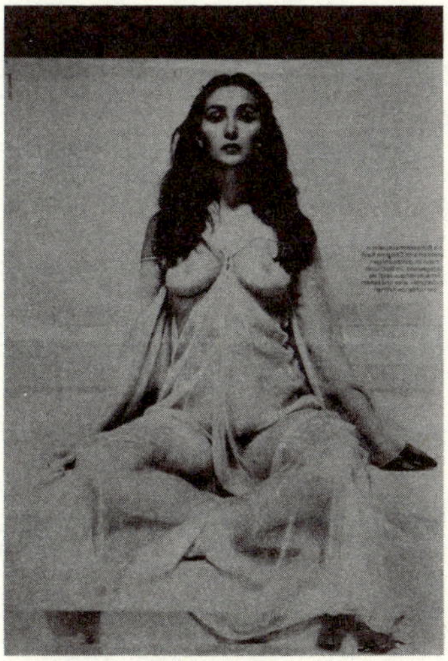

Beide Bilder von Christine Kaufmann
1. Die auf der Badewanne von „dor"
2. Die Selbstdarstellung (und ist *die* nicht doch noch viel schöner als der Glanz von „dor")
Beide Bilder fand ich in derselben Ausgabe vom „stern"-Magazin nur fünf Seiten voneinander getrennt!

Der Blöde ist immer der Dumme

Entblöden die Reklamemacher sich doch nicht, für „Sana“, „Rama“ und „Gerstel“ heutzutage im Trend des Joggens gleichermaßen ein properes Pärchen im Fernsehen durchs taufrische Grün wetzen zu lassen, bis sie schließlich überglücklich am Frühstückstisch ankommen und sich die Margarine mit strahlendem Lächeln aufs Brötchen schmieren, das sie mit dem oben erwähnten Kaffee runterspülen.
Der identische Werbeapproach macht die Identität des jeweiligen Produktes austauschbar und vereitelt so jegliche Identifikation.
Ich hörte von der renommierten (wie man sagt) CI-Agentur, die die CD-Richtlinien für Renault bastelte, daß ihr Designprogramm *nicht für die Werbung gelte*, sondern daß Reklame eine Sache der Werbeagenturen und somit *unabhängig* von der Entwicklung ihres Erscheinungsbildes sei!
Das muß man sich doch erst mal richtig vorstellen! Für diese Herren gibt's Schildermalerei als CI und Formulargestaltung als CD? Und das ist alles?
Im Heft der Gestaltungsrichtlinien von „Merck“ ist z. B. ausdrücklich vermerkt: „In der aktuellen *Produktwerbung (!)* sind gestalterische Abweichungen von der Grundlinie möglich und nötig.“
Wirklich? Ich finde das ganz und gar nicht. Dann ist es keine Identity. *Dann braucht man keine Gestaltungsrichtlinien, dann ist es eben keine „CI“ und kein Corporate Design.*
Ich will jetzt nach aller Kritik endlich sagen, wie *ich* rate, eine solche CD-Entwicklung anzulegen. Und zwar grundsätzlich!

3. Vorschläge zur CD-Entwicklung – zwei Fallbeispiele

Vorschläge und Fälle

Ehe wir an ein Zeichen auch nur einen Gedanken verschwenden, ist die Analyse aller Bezüge wichtig. Für das Frankfurter Filmmuseum beispielsweise, für das ich mit meinen Studenten „Sein und Schein“ entwickelte, sieht das so aus:
Studium der geschichtlichen Hintergründe vom kommunalen Kino zum *Deutschen Filmmuseum*:

Kommunales Kino

Selbst wenn wir Elemente dieser Vergangenheit total verändern, so können wir ja nicht so tun, als gäbe es sie nicht!
Dazu gehört vor allem eine Analyse der vorher eingesetzten Mittel und Visualisierungen, d. h. das direkte und indirekte Umfeld muß recherchiert und gewichtet werden:
Beim Filmmuseum sind das „direkt" alle Museen in Frankfurt gewesen, die in nachhaltiger Form das Bild eines Museums schlechthin ausmachen – am Museumsufer am Main zumindest.

Beispielsweise:

Museum für Völkerkunde
der Stadt
Frankfurt am Main

Beim Filmmuseum sind das *indirekt* alle Museen gewesen, die sich mit der Filmgeschichte befassen. Weltweit. (Auch nur beispielsweise.)

Die Zielfunktion

Jetzt folgt *der zweite Schritt*:
die Zieldefinition, die in diesem Fall ausschnittsweise so aussieht:
Das Filmmuseum sieht seine Aufgabe in der Vermittlung der Information, der Bildung, der Kommunikation. Es dient als Illustration zum Medium Film und soll kein eindimensionales Verständnis von Film entstehen lassen, sondern die Vielzahl der Entwicklungslinien in ihrer gegenseitigen Abhängigkeit erklären.

Im Gestaltungskonzept legten wir fest:
- wir erheben einen hohen Qualitätsanspruch
- wir wollen informativ sein
- wir sehen das Filmmuseum bürgernah
- und schließlich wollen wir mit allen

Gestaltungselementen *Leichtigkeit* (!) erzielen:

- spielerische Vermittlung der Information
- phantasievolle Darbietung
- Spaß machend und
- zu Eigenaktivität anregend.

Bis jetzt ist der Zeichengriffel nicht einmal auch nur angesehen worden; denn diese Determinanten sind erst die Voraussetzung für jegliche gestalterische Umsetzung. Sie sind im wahrsten Sinne die Meßlatte für jeden Entwurf. Stimmt auch nur eine einzige der Gewichtungen nicht – dann landet der Entwurf im Papierkorb. Nur so ist sichergestellt, daß der Grafiker sich nicht in geschmäcklerischer Banalität schöntut.

... ist die Meßlatte

Qualität z. B. drückt sich schon in den verwendeten Materialien aus. Für das Frankfurter Theater „Die Schmiere" haben wir bei unserer Entwicklung Packpapier eingesetzt. Das Theater ist unsubventioniert, haust in einem Keller, und man sitzt auf bunt zusammengewürfelten Stühlen und Hockern. Alle Plakate, die Programmzeitschrift, ja die Eintrittskarten, alles ist auf das „billige" braune Packpapier gedruckt und drückt damit schon etwas von dem Charakter aus:

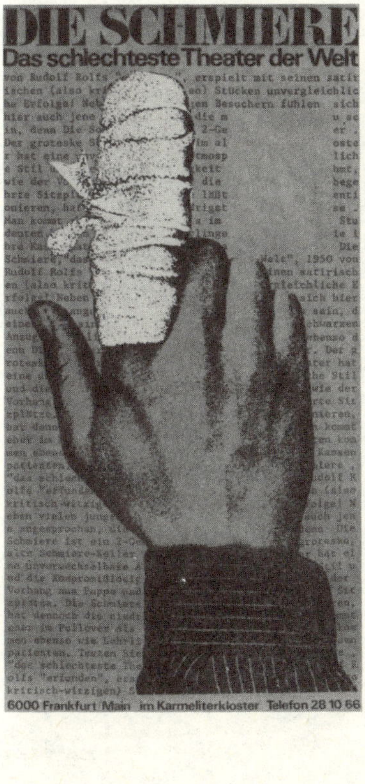

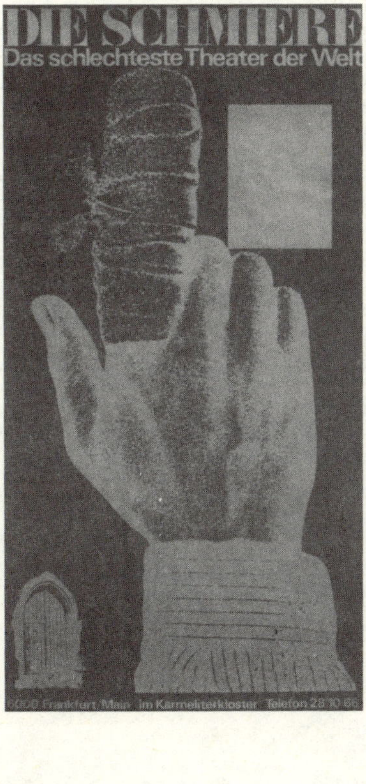

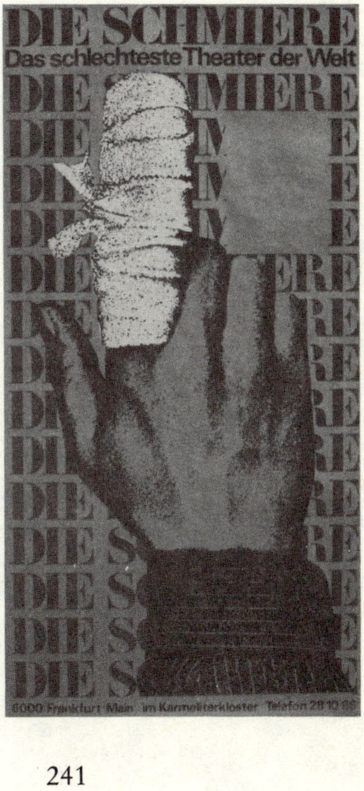

Für die „*Creditanstalt*“, größte Bank Österreichs, die „CA“, habe ich nur hochwertige Kunstdruckpapiere und Kartons verwendet und vor allem matt-edelgraue Folien.

Nun legen wir auch Standardformate fest. Eine sehr gewichtige Ausdrucksdeterminante, die fast immer unterschätzt wird:

CD für CA

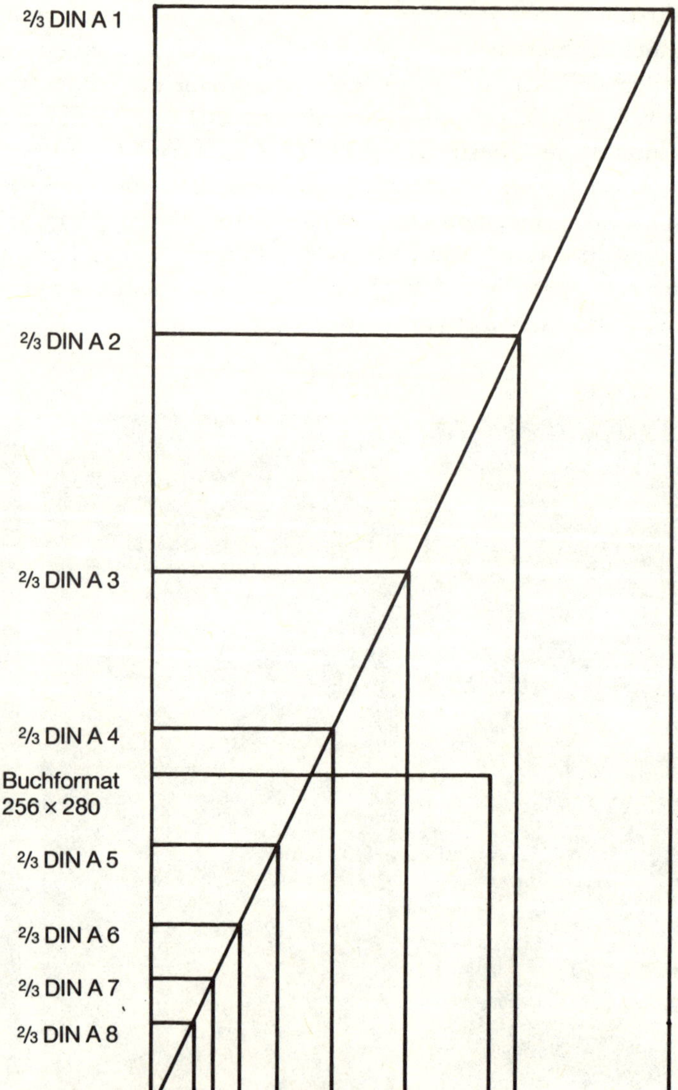

Wenn alles im braven „Din“-Format gehalten ist, wird ein extremes Hochformat schon allein durch seine andere Form auffallen und signifikante Eigenständigkeit haben. Dabei werfen wir kein Papier weg – wir falten die Ausgangsbogen nur anders.

Standardformate

Jetzt erst können wir über ein Symbol diskutieren, wenn's denn sein muß.

- Schließlich muß es sich mit all den anderen Elementen vertragen,
- und es muß widerspiegeln, was wir inhaltlich fixiert haben.

Für das Frankfurter Filmmuseum haben wir die Wundertrommel als Vorlage für das Symbol genommen. Das Zeichen ist technisch präzise und gleichzeitig stellt es durch das Alter der Wundertrommel von 1833 die Museums-Assoziation her.

Die Wundertrommel

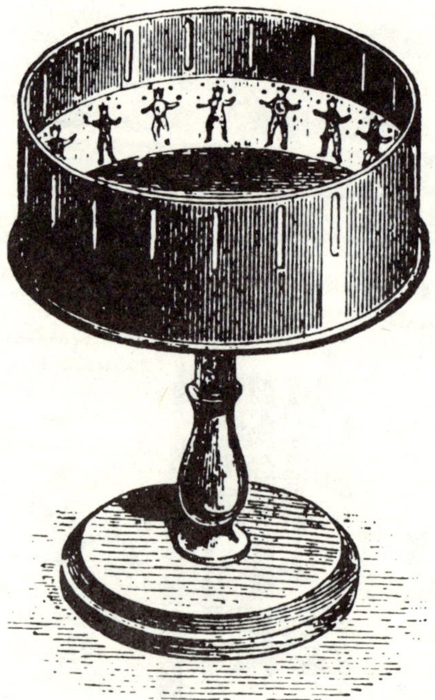

... und das CD-Symbol

Dann haben wir selbstverständlich unsere Hausaufgaben gemacht, die ich Ihnen ersparen will, und haben alles in das Manual hineingezeichnet, was das Honorar rechtfertigt:
Typoraster, alle Normierungen für Hausdrucksachen und Broschüren und Plakate und ...
... T-Shirts und Kugelschreiber und Schilder und Krawatten und Notizblocks und Buttons und Schlüsselanhänger und ein „Daumenkino" und was da sonst noch alles ansteht:

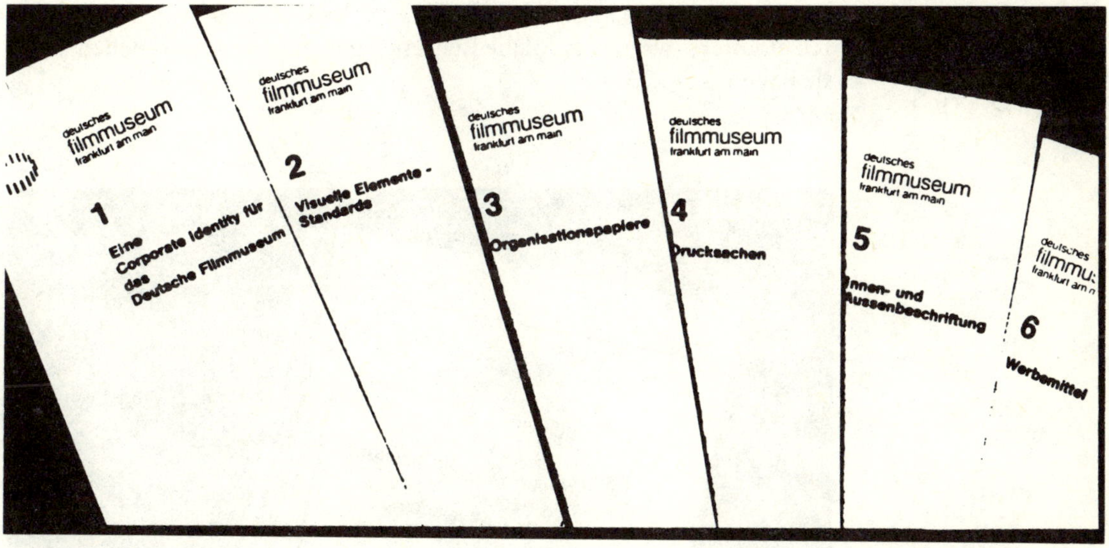

Insgesamt wurden das 6 Bücher:

1. eine Corporate Identity für das Deutsche Filmmuseum,
2. Visuelle Elemente – Standards,
3. Organisationspapiere,
4. Drucksachen,
5. Innen- und Außenbeschriftung,
6. Werbemittel.

Um nun einen völlig anderen Bereich aus der CI-Kiste zu holen, werde ich im folgenden eine Entwicklung im Banker-Nadelstreifen-CD vorstellen.

Das Gewachsene, das Geschichtliche ist, wie beim Filmmuseum gehabt, der Ausgangspunkt aller Überlegungen.

Leitlinien

Dann untersuche ich das Verbindende. Stellt es doch intern die wichtigen Bezüge her zwischen z. B. Kundengeschäft, Devisenhandel, Industriedarlehen, Eröffnung von Jugendkonten usw.,
zwischen Anzeigenwerbung, Geldinformationen, Sponsoraktivitäten usw., zwischen Bild – und ganz besonders wichtig bei einer Großbank: der Sprache – dem sogenannten „tone of voice".

Ich erläutere, warum es solche Leitlinien geben muß, und welchen Wert sie haben:

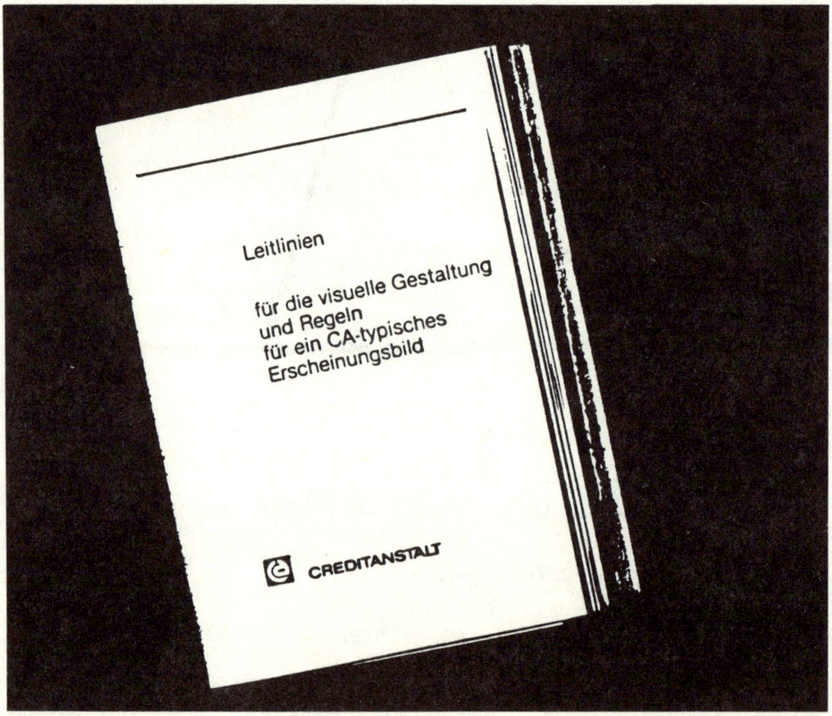

Was glauben Sie, weshalb die meisten Regelbücher Widerstand bei allen Werbeagenturen, ja sogar bei den allermeisten Insidern erzeugen?
Weil sie annehmen, daß sie in ihrer Kreativität beschnitten werden, und weil sie die Vorteile nicht sehen und das darin eingeschlossene Kapitel nicht erkennen.
Dazu ist es unbedingt wichtig, die *Spielregeln* festzulegen, die auch bei einem Schachspiel als gemeinsame Übereinkunft für das Vorgehen notwendig sind. Oder hat man schon einmal gehört, daß diese Regeln die Kreativität – auf welche Art man den König mattstellt – beeinflußt hätten?

... bestimmen die Spielregeln

Karl der Große und der Herzog von Bayern beim Schachspiel.

Es folgt ausschnittsweise, was wir für die *Bank anstreben:*

CREDITANSTALT

1. Leichtigkeit
CA-Drucksachen sind in ihrer Gesamtanmutung hell, freundlich, locker – eher von einer gewissen Fröhlichkeit als protzig, aufdringlich, gewichtig.

CD-Ziele für die CA

2. Bescheidenheit
CA-Drucksachen brauchen keine marktschreierische Aufmachung und keine gigantischen Überschriften, um aufzufallen.
- Das ist die Art, wie wir bemerkt werden wollen.
- Das ist der Stil, der unserer Bank entspricht.
- Bescheiden, aber selbstsicher.

Dementsprechend sind besonders der CA-Schriftzug und das Zeichen niemals aufgebläht groß. Ihre Bedeutung gewinnen sie aus der Stellung, der Farbzuordnung und der „Luft“ darum herum:

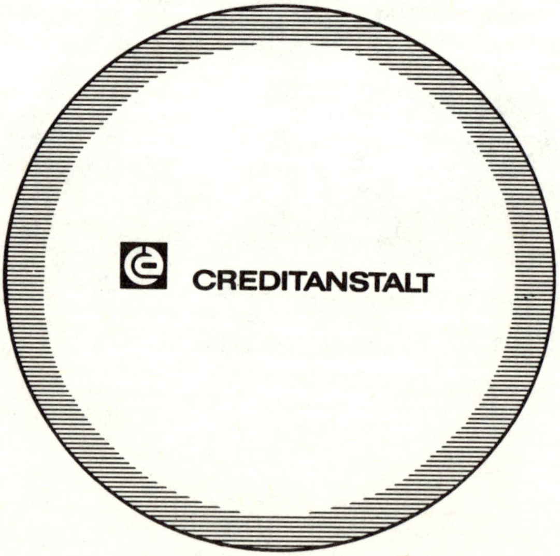

3. Ordnung
CA-Drucksachen sind funktional, ordentlich und übersichtlich. Sie gliedern Typographie und Illustrationen nach einem festgelegten, übersichtlichen System und stellen sinnvolle Bezüge her.

4. Klarheit
CA-Drucksachen vermeiden die Überschneidung von Bild- und Textbotschaft: Satzinformationen sind deutlich lesbar und schnell erfaßbar – stehen deshalb nie innerhalb einer Fotografie oder Zeichnung, (ausgenommen, sie wären konkret Bestandteil der Bildaussage, wie Zahlen bei Grafiken, Skalen etc.).

5. Balance
CA-Drucksachen sind ausgewogen in ihrem Aufbau. Durch das Einhalten der Richtlinien wird eine CA-eigene Signifikanz erzielt.

6. Unverwechselbarkeit
CA-Drucksachen sind in ihrem Gesamtbild charakteristisch eigenständig und signalisieren allein durch ihre Anmutung und typische „Aufmachung" schon ihre Zugehörigkeit zur CA. Damit ist jedes einzelne Kommunikationsmittel visuell ein Beispiel für nachfolgende Drucksachen. Es ist modellhaft, genauso wie es sich auf vorangegangene Entwürfe stützt, und damit ist es ausgesprochen „CA-typisch".

Regeln bringen Zinsen

7. Langfristigkeit
CA-Drucksachen sind nicht einzeln und für sich allein konzipiert. Sie gehören auch nicht nur zu einer isolierten Kampagne oder Aktion für einen begrenzten Zeitraum. Sie gehören vor allem zu dem *stabilen*, soliden, zuverlässigen und beständigen Bild der CA über einen langen Zeitraum hinweg.
Auch dem Außenstehenden erkennbar, baut jede Äußerung und entsprechend ausgeformt jede Gestaltung auf dem Geschaffenen auf – entwickelt es lebendig fort.

Denn *unsere Regeln sind nicht die Gestaltung selbst!*
Damit stützen sich die einzelnen Abschnitte gegenseitig, wirken gebündelt erheblich stärker, als das einzelne Aktivitäten je könnten!!
Die Auftritte kumulieren ihre Wirkung durch gleiche gestalterische Mittel, und die Gestaltungen sind ökonomisch durch rationelle Ausschöpfung der finanziellen Mittel. Damit *tragen unsere Design-Regeln CI-Zinsen:*

Nachdem seit einem Jahr diese Leitlinien vorliegen, höre ich auch von der Werbeagentur nur Zustimmung: „Endlich sind wir die endlosen Diskussionen über die Frage, Warum und Weshalb eine Anzeige oder ein Plakat so aussieht, los.“ Dieses gemeinsame Selbstverständnis erzeugt Entwürfe, die von „allen so gewollt und getragen werden“.
Ist das nicht eigentlich die Primäraufgabe einer solchen CD-Entwicklung?
Regeln dieser Art sollen nämlich vor allem anderen *zweierlei* sicherstellen:

1. Sie koordinieren die vielen Aktivitäten von vielen Mitarbeitern zu einem einheitlichen Bild, zu einheitlicher Sprache.
2. Sie gewährleisten Kontinuität über längere Zeit hinweg zu einem wiedererkennbar typischen Profil der Institution und nicht eines jeweiligen „Künstlers“.

Ein charakteristisch zuordenbares Bild kann nicht entstehen, wenn z. B. ein bekannter Künstler gleichermaßen zur Illustration von Anzeigen für verschiedene Institutionen herangezogen wird.
Tomi Ungerer zeichnete für Siegwerk ein Männlein, und für Bier ein Männlein und für TWA mehrere Männlein und für Mademoiselle-Schuhe mal was anderes: einen Stier.

Stilistisch und in der Anmutung kein Unterschied – schließlich sehen die Frösche von ihm für „Penthouse“ genauso aus:

H. Lechner und E. Pohl schreiben in „Graphik“: T. Ungerers unverwechselbarer Stil läßt sich für die *unterschiedlichsten Produkte* verwenden.
Was für die Unternehmen dabei herauskommt, sehen wir! Ein Dutzendgesicht! Aber ein *Ungerer-Profil!*

III. Gründe von CD-Mißerfolgen

1. Die fehlende Plattform

Checkliste für CD-Mißmanagement

Die hypothetische CD-Entwicklung „d'or" kann nach allen vorangegangenen Ausführungen gar nicht funktionieren, weil wir keine Plattform hergestellt haben, sondern den Schwanz mit dem Hund wedeln lassen wollten. Wir freuen uns zwar über unser Zeichen und gieren jetzt nach Ideen mit *Impact* von unserem Team, dem Product-Manager und Kontakter aus der Agentur.

Impact – das beliebte Wort der Werber – heißt übersetzt: zusammenpressen, einklemmen, einkeilen; und für die Artillerie: Aufprall, Einschlag!

Ich würde für „meine" österreichische Bank z. B. keinen impact wollen! Und ich würde an Stelle eines jeden Product-Managers gleich welcher Firma doch eher nach *Sympathie und Vertrauen* streben. Aber genau das kann doch der „PM" nicht!

Sympathie und Vertrauen sind Fragen langfristigen Denkens, sind Ergebnisse von Kontinuität!

Aber:

„Man kann Kontinuität nur erreichen, wenn man die neuen Schnüre an die alten knüpft." (Afrikanische Weisheit)

Solange die nächste Sprosse der Aufstiegsleiter im „jobrotating" das Denken des Product-Managers bestimmt, solange wird er doch nur auf den „Einschlag", „den impact", auf „die Pauke" achten, und nicht auf den Nachhall!

2. Die Dominanz des Product-Manager-Systems

Es kann nach meiner Erfahrung bei keinem größeren Unternehmen eine geschlossene Firmen-CI geben, solange dort das amerikanische *„Product-Manager-System"* mit seiner delegierten Einzelverantwortung – gerade bei der Werbung – praktiziert wird.

Selbst bei unterstellten CI-Absichten des Top-Managements wird tagtäglich das „übergeordnete Konzept" durch den einzelnen Product-Manager aufgelöst werden müssen. CI *muß scheitern* an dem, woran der „PM" gemessen wird:

Seinem persönlichen Erfolgsnachweis, *seiner* „profit-contribution", seinem gescheffelten Gewinn. Gleichgültig, *wie er* das geschafft hat! Ob

mit, ohne oder *gar gegen* eine CI. Hauptsache, „seine" Kampagne hat Umsatz gemacht und den Profit vergrößert! Egal, was nachher kommt.
Von einem japanischen Wirtschaftsvertreter ist vor Jahren schon der Ausspruch bekannt geworden (sinngemäß): „Solange es in Amerika die Wall-Street mit ihren Aktionären gibt, denen vierteljährlich entweder dicke Dividenden oder der Kopf des Präsidenten zu präsentieren ist, kann uns Japanern nichts passieren: Erzielen wir nicht gleich Profit, spät erst Break-even, dann dominieren wir sicher den *ganzen* Markt in kommenden Jahren."
So inzwischen geschehen bei Kameras, Hifi- und Videogeräten, bei Motorrädern, Uhren und mehr?
Aber dieses Zauberwort „impact" bestimmt nach wie vor unsere Reklame, sogar die der so weise redenden Japaner, wenn's der PM „hier" in die Hand nimmt.

3. Die verfehlte Werbung

Die Reklamemacher ...

Eine Werbekampagne, die sogenannten Impact hat, die „vielversprechend" und auffällig ist, *braucht noch lange nicht verkaufswirksam zu sein.*

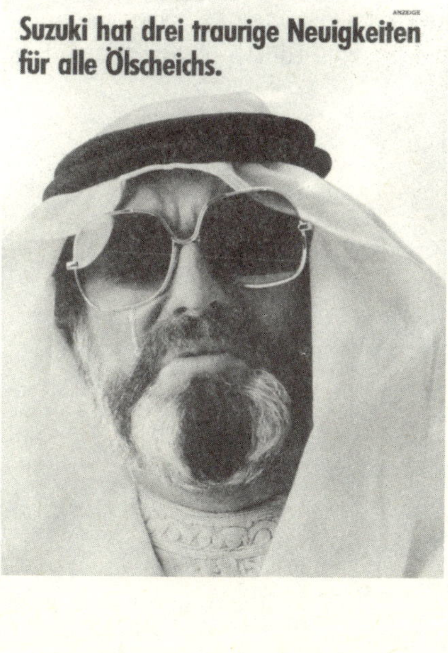

Sie erinnern sich vielleicht noch an diese Anzeige, die mit ihrem Impact so viel Staub aufwirbelte und Ärger machte, daß sie mit Bedauern und Entschuldigung aus dem Verkehr gezogen wurde:

... geschäftlichen Streben ständig darauf zu achten, nie das Ansehen der von uns respektierten Nationen negativ oder irreführend darzustellen

(c) alle unsere Importeure ausschließlich in Einklang mit den Prinzipien der SUZUKI MOTOR CO., LTD., JAPAN handeln.

Wir, SUZUKI MOTOR CO., LTD., JAPAN, bitten die arabischen Länder aufrichtig um Nachsicht und Entschuldigung in dieser bedauerlichen Angelegenheit.
Wir bedauern, daß unser Name in Zusammenhang mit diesem Vorfall steht, der der Grundeinstellung unserer japanischen Gepflogenheiten widerspricht.

SUZUKI
SUZUKI MOTOR CO., LTD., JAPAN
Osamu SUZUKI
President

Das war in einer zweiten nachgeschalteten Anzeige zu lesen, nachdem die Ölscheichs diesen Tritt als einen Tritt woandershin empfunden hatten:

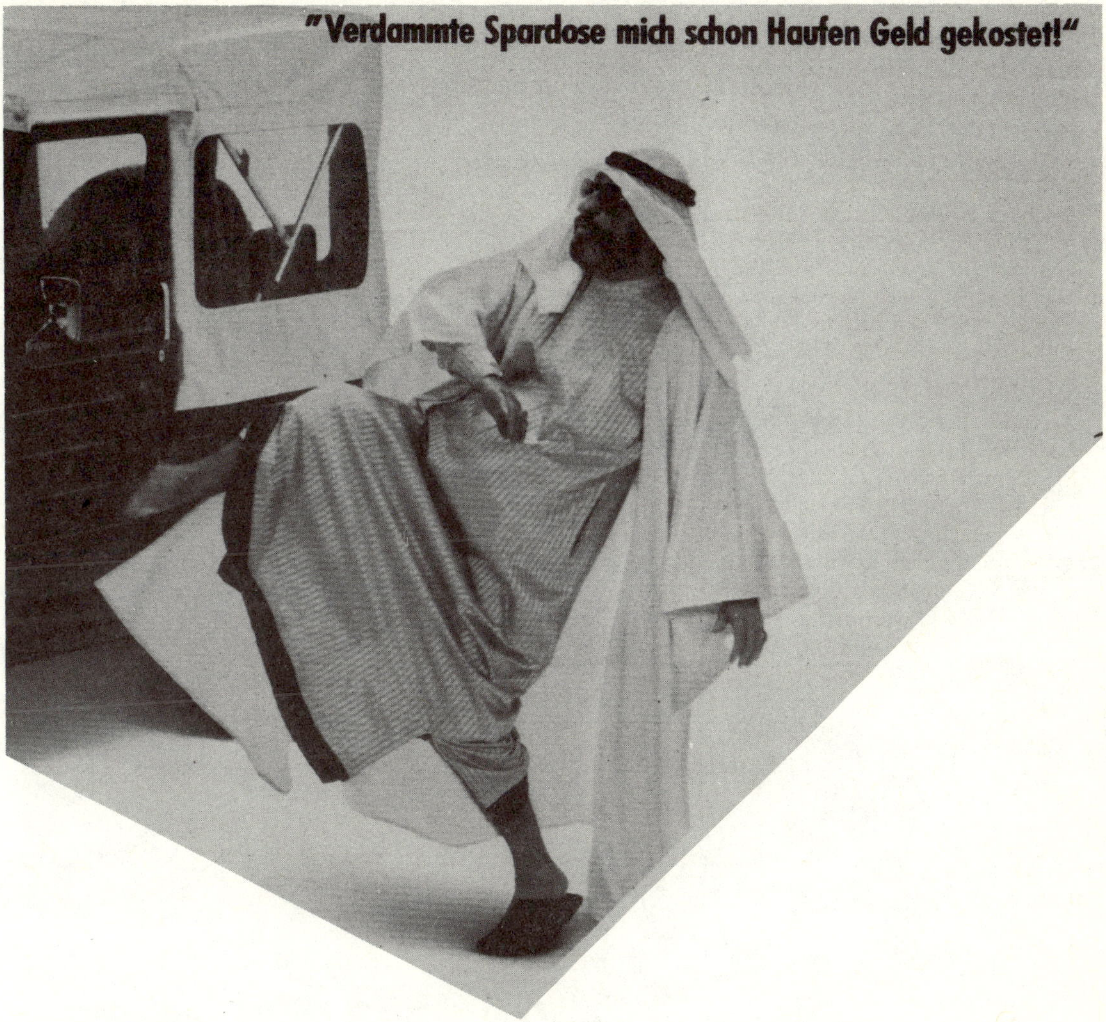

Weiter stand in dieser Anzeige erbärmlichen Eingeständnisses: „Es ist ein Grundprinzip von Suzuki Motor CO Ltd. Japan, allen unseren Importeuren den Namen Suzuki für ihre Werbung, die national den Marktverhältnissen entsprechend geplant und durchgeführt wird, zur Verfügung zu stellen."

... beleidigen

Diese Maulschelle wäre doch gar nicht nötig geworden, hätte Suzuki ein internationales Konzept gehabt – eine CI von Weltgeltung.

Würde es stimmen, daß man das Corporate-Bild der Reklame jeweils auf lokale Märkte abstimmen muß, dann dürfte auch das schnuckelige Suzuki-Wägelchen selbst nicht weltweit gleich aussehen und die gleiche Leistung offerieren?

So aber trennt der „PM“ seine Agentur in die sogenannte persuasive Werbung mit *Pauken* und Trompeten …

… und hauen dann noch auf die Pauke

oder mit … unbekleideten Damen, für beispielsweise:

oder mit gleich unbekleideten Damen, wie bei Ruf-Computern und auch solchen von Philips

Warum denn nicht?
Corporate Identity hört fast in allen Fällen da auf, wo die Werbung beginnt!

Dagegen ist kein Unternehmen gefeit! Auch ein so renommiertes nicht, das einst Geschichte machte mit seinen hervorragenden Anzeigen von DDB*). Aber *die laufen und laufen und laufen* schon lang nicht mehr:

Heute sind sie energiesparend:
Aber auch … verspielt, kindisch …
eher repräsentativ …

Da laufen sie,

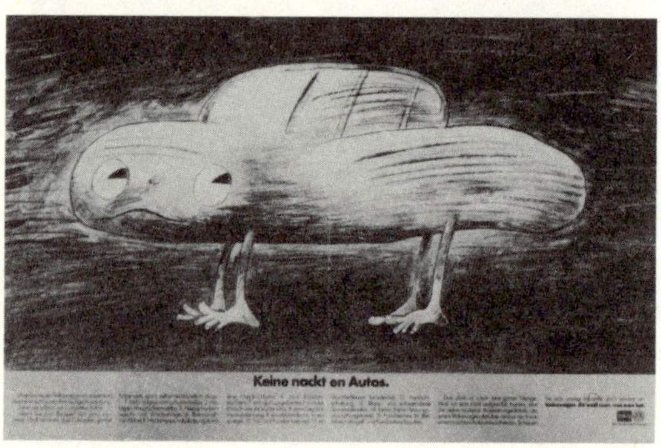

und witzig, nackt …

*) Advertising Agency: „Doyle, Dane, Bernbach“

... ausstattungs-informativ ...
einmalig ...
suizid-originell ...

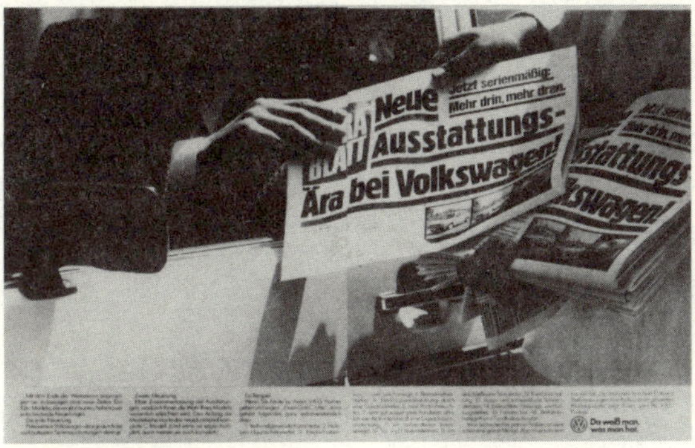

und auch ein bißchen sexy manchmal ...

... da laufen sie

cartoonistisch:

... verschmockt ...
übergewichtig und

millionenschwer ...

exclusiv nudel-orgiastisch:

Da läuft nichts mehr

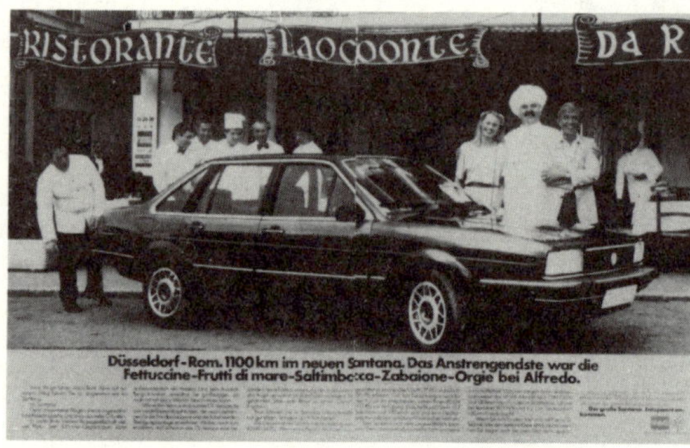

und ... so ... weiter ...

Hier sind sie jetzt alle zusammen zu sehen ..., wobei man sieht, daß eine Zusammengehörigkeit eben *nicht* zu sehen ist.
Andere Werbetreibende (unten links die Bundespost) sind sogar zum Verwechseln ähnlich:

Deshalb:
Auch verschiedene Produktkategorien für unterschiedliche Zielgruppen sollten erkennbar ihre Familienzugehörigkeit zeigen, ja vielmehr *nutzen*!

Es gibt Argumente gegen ein einheitliches Unternehmensbild (aber das ist doch Schnee von gestern) „Der Hersteller bleibt anonym, bleibt hinter seinen Marken versteckt ... Vorteil des ‚Procter-Systems'. Probleme, Krankheit und Tod der *einen* Marke beeinträchtigen die *anderen* nicht. Aber Reputation und goodwill ebensowenig. Das ist sein Nachteil", sagt auch Herr Weiland für Beiersdorf.
Ich meine:
Die Verteilung der einzelnen „Wagenklassen" eines Unternehmens auf verschiedene Werbeagenturen – mit der Auflage der anderen „Klasse" möglichst noch Marktanteile abzujagen – spielt für das unterschiedliche Aussehen sicher die bestimmende Rolle.

Einheit geht durch ...

In „Design coordination and corporate image" schreibt Henrion/Parkin (übersetzt):
„Ein Unternehmen findet seine Identität, indem es die einzelnen Gestaltungsaspekte von denen anderer Unternehmen unterschiedlich genug handhabt, daß sie mit jenen nicht verwechselt werden können, und *einheitlich genug, daß sie von Auftritt zu Auftritt durchgängig sind.*"

Deshalb müssen die Anzeigen unseres konstruierten Fallbeispieles „d'or" *einprägsam ähnlich* aussehen.
Das ist aber gar nichts für die immer „quirlig-spritzigen" Agenturleute.
Wechseln können – ja, sollen (!) die Botschaften. Nicht aber das wohlvertraute Bild.
Das mag für Art-Directors langweilig erscheinen: jedoch – die wenigsten Anzeigen, auf die sie so stolz sind ihrer Originalität wegen, werden von Kollegen betrachtet, sondern von potentiellen Käufern; und Anzeigen, die zu einem Spontankauf führen, sind nicht die Regel. Vielmehr ist es doch so, daß erst durch (vielleicht) viele Anstöße eine Reaktion ausgelöst wird. Das ist umso langwieriger, je teurer unser Produkt ist.

... beim Verbraucher

Nehmen wir einmal Autos. Da braucht es mehr als 7 Jahre, bis ein Kaufentschluß reift. Jedenfalls war das so, als ich noch die Marketingzahlen las. Mit dem ganzen Wirrwarr Katalysator und Tempolimit und bleifreiem Benzin, das sich Jahr für Jahr verteuert, wird sich die Situation verändert haben, aber eher in die Richtung von noch längerer Kaufvorbereitung.
Dabei ist ein Punkt aller Kommunikation noch gar nicht angesprochen: *die Kaufbestätigung*!
Soll heißen, daß der Kunde lesen und sehen kann und *zeigen*, daß er die richtige Wahl getroffen hat.
Werbung vermittelt eben im nachhinein auch das Alibi für eine vernünftige Geldausgabe.

Wie kann denn diese bedeutsame Tatsache funktionieren, wenn das CD auf einmal nach der Kaufentscheidung das Gefühl gibt, übertölpelt worden zu sein:

- weil vielleicht ein Ladenhüter weg mußte (der Kunde wird sich betrogen fühlen),
- weil ihn vielleicht eine „neue“ fremde Aufmachung irritiert (der Kunde wird Vertrauen verlieren),
- weil:

Hat man schon einmal gehört, daß die BMW – und Mercedesanzeigen – *in ihrem Charakter seit Jahren unverändert* – sich bis heute abgenutzt hätten?

Nein!

Aber die schnell wechselnden halbjährlichen Werbekampagnen anderer bekannter Autofirmen mit ihren manchmal unerträglichen Werbeklamauks tun es.

Sie sind Klischees!

Da können Sie sofort und unweigerlich die alten abgewetzten Hüte von den CI- und CD-Ignoranten sehen:

Der Erfolg, der Umsatz zählt!

Klar, das will ich doch gar nicht leugnen. Aber *was* für ein Umsatz? *Der von heute?*
Der von übermorgen?
Reklamemacher, biedere Umsatzankurbler, sie alle werden am sofortigen Ergebnis gemessen. Hat die Kampagne den Verkauf angekurbelt? Nein? --- Dann feuert die Agentur (oder wenigstens das Team der sogenannten Creativen)!

Fire ...

Macht eine Konkurrenzpräsentation!
Vier, fünf Agenturen mögen zeigen, wie das zu lösen ist! Dann kommen natürlich vier oder fünf verschiedene Dinger zustande und eines davon nehmen wir.
Eine CI, ein CD ist das nicht!
Unsere hypothetische *„d'or"* wäre schon tot geboren, gingen wir so vor.

... macht noch lange kein ...

Die Großen, „GM", „Rank Xerox" und „IBM" beispielsweise (um nur 3 zu nennen), können sich sowas leisten und *überleben* trotzdem. Weil sie glauben, auf einem Sockel zu stehen, den nicht mal solche Dummheit kurzfristig umhauen kann?
Na, dann warten wir mal ab, was passiert, wenn eine Alternative besteht:
- sagen wir, der VW kam nach Amerika (was hat „GM" da gelacht!)
- sagen wir, die Japaner kamen mit einem Kopierer (was hat „Xerox" da gelacht!)
- sagen wir, Sinclair hat einen winzig, flachen Taschenrechner gebracht (was hat IBM da gelacht!)

Dankwart Rost hat schon vor Zeiten, als noch kein Mensch von CI und CD sprach, gefragt:
„Welcher Unternehmer ist z. B. nicht im Zweifel über Bemessung und *Struktur* seines Werbeaufwands? ...
... Welchen Erfolg bringt die Anzeigenwerbung? Wie steht es mit dem Einfluß des *Firmen-Images* auf den Geschäftserfolg? ... Was ist wichtiger: *Creativität* oder Systematik? ...
... Fragen, die man mangels allgemeingültiger gesicherter *Erkenntnisse* nach dem alten Prinzip. ‚*trial and error*' zu lösen versucht."

... Marktfeuer

IV. Regeln und Konstante für den CD-Erfolg

Trial and error?

Ich will abschließend mit *einigen Regeln* und Konstanten – so wie ich sie für unabdingbar halte – meinen Beitrag zu diesem Buch beenden:

Regeln und Konstante

1. Markenidentität und gestalterischer Auftritt müssen übereinstimmen.
2. Eine eindeutige Identity ist nicht das Ergebnis von Vielen – bzw. einer Vielzahl von Einzelaktivitäten!
   Einheitlichkeit und Übereinstimmung entsteht nur durch Konsequenz und verantwortliche *Zuständigkeit* einer entscheidenden (!) Zentralstelle.
3. Die lokalen Werbeauftritte dürfen die „Persönlichkeit" des Unternehmens nicht beeinflussen oder verändern. Die Gestaltung muß national wie international dem gleichen Geiste folgen und zumindest visuell die *gleiche Anmutung* haben, unbeschadet der marktnotwendigen *Aussagen*.

Ich habe mit allem Gesagten weder Vollständigkeit erreichen noch Wiederholungen vermeiden können. Wie kann ich denn auch in diese 85 Seiten alles hineinpacken, was ich in einer ganzen Studienzeit von 8 Semestern meinen Studenten nur teilweise vermitteln kann, und was in einem ganzen Agenturleben von

- Textern,
- Contacters,
- Art-Directors

und auf der Kundenseite

- Productmanagers

nicht richtig verstanden wird.

Ich will für alle, die sich auf ein solches Wagnis der Neugestaltung ihres Erscheinungsbildes oder der Ausformung ihrer CI in eine vernünftige CD einlassen, ein paar Regeln mitgeben, indem ich ihnen abschließend die

Sieben CI-Sünder vorstelle, wie ich sie sehe:

CI-Sünden ...

1. Ein Raster-Schachtel-Grafiker,
   der mit starren Regeln, Festschreibungen und „Abziehen von Rezepten" nach „graphic standard manuals" jede lebendige Entfaltung erstickt.
2. Eine sogenannte erfolgreiche „CI Agentur",
   der es in erster Linie darum gehen muß, eine schicke CD-Creation zu schaffen. Die sich aber vorrangig *selbst* an einen Kunden verkaufen muß.

3. Ein von Umsatzkurven bestimmter Marketing-Manager, dem Identity und Geschlossenheit unbequem sind, weil sie sich seinen „Aktionen“ nicht willfährig beugen: „Job-Rotating“ bestimmt die Gestaltung.
4. Ein eigensinniger Creative-Director,
   der zuallererst sich selbst oder seine Agentur darstellt und dem das Herstellerbild eher störend im Wege ist. Die Handschrift des „Künstlers“ bestimmt das CD.
5. Ein Werbeleiter,
   bei dem der Begriff Corporate Identity die biederen Vorstellungen provinzieller Reklame auslöst.

sind nicht nur Farbsünden

6. Ein neuer Manager,
   der mit dem Profil, das sein Vorgänger geschaffen hat, nichts anfangen will. Der als erstes die Linienverantwortlichen feuert und die Agentur wechselt.
7. Ein unsicheres Management,
   das aufgrund von Expansion genauso wie Umsatzrückgang eine blutarme „neue“ Identity vor die Seele des Unternehmens stellt.

Ich will jedoch mit einer gewissen Selbstbescheidung enden, indem ich ein „english-saying“ an den Schluß setze:
„people are never tired of expecting something better.“(anonymus)

Richard Bachinger
Christian Steguweit

Corporate-Identity und Corporate-Image der Firma Olivetti

Inhalt

1. Corporate-Image als Teil der Unternehmensstrategie

Corporate-Image bzw. Corporate-Identity werden als Begriffe seit einigen Jahren zunehmend in allen Medien diskutiert. Der Insider fühlt sich dabei um zwei Jahrzehnte zurückversetzt. Damals wurde – ebenso intensiv und engagiert – ein anderes für Unternehmen relevantes Phänomen diskutiert: das Marketing.
Allerdings wurde das Handwerk des Marketings schon viel früher von vielen Firmen beherrscht und ausgeübt. Der Begriff wurde nur unterschiedlich definiert. Denn schon immer gab es Unternehmen, die mit dem richtigen Gespür für den richtigen Markt das richtige Produkt zum richtigen Zeitpunkt zum richtigen Preis angeboten haben.
Analog dazu hat es schon früher solche Organisationen gegeben, die ein bestimmtes Verhalten oder Erscheinungsbild gleichsam als „Strategie" oder „Unternehmensphilosophie" bewußt in die Öffentlichkeit lancierten. Diese Haltung ist aus einem Bedürfnis nach Corporate-Identity entstanden. Vergleichbar ist dieser „innere Zwang" mit der menschlichen Selbstfindung, der Übereinstimmung von geistiger Einstellung und Handeln. Das Bedürfnis nach Selbst-Identifikation, einem ganzheitlichen Wirken nach außen hin, ist durchaus mit dem Corporate-Identity-Gedanken vergleichbar. Wir finden ihn bereits in vorgeschichtlicher Zeit. So haben damals sogenannte primitive Völker ihre Stammeskultur über Jahrtausende hinweg beständig entwickelt. Durch eindeutige Gruppen- oder Statussymbole haben sie sich bewußt gegenüber konkurrierenden Völkern und Stämmen abgegrenzt (vgl. Abb. 1).

Besonders eindringliche, heute noch unübersehbare Zeichen von Corporate-Image haben in vielen Jahrhunderten die Kirchen gesetzt. Auch die handwerklichen Zünfte des 16. und 17. Jahrhunderts praktizierten mit ihren Insignien und Wappen traditionsreiche Corporate-Identity-Techniken.

Vergleich Corporate Identity und Corporate Image

Das Phänomen Corporate-Identity ist also nicht neu.
Trotzdem bleibt die Frage, wie Corporate-Identity bzw. Corporate-Image heute definiert wird.

Definitionen:
Corporate-Identity ist die Summe aller Darstellungsweisen, mit denen sich ein Unternehmen gegenüber der Öffentlichkeit zeigt. Zu dieser Öffentlichkeit gehören sowohl Kunden, eigene Mitarbeiter und Aktionäre, als auch Presse sowie Kreditinstitute.

Corporate-Image ist das vom Unternehmen in der Öffentlichkeit angestrebte Erscheinungsbild. Ein Unternehmen stellt sein Image durch Corporate-Identity dar. Es will damit unverwechselbar sein.

Ausnahmen finden sich in der Konsumgüterindustrie. Hier gibt es zahlreiche Firmen, die nicht daran interessiert sind, ihren Unternehmensnamen, ihre Identität oder gar ihr unternehmerisches Konzept in die breite Öffentlichkeit zu tragen. Die Produkte dieser Firmen sind landes- bzw. weltbekannte Markenartikel, die sich bereits bei den Verbrauchern erfolgreich durchgesetzt haben. Der Käufer hat daher eine starke Markenbindung, kaum eine Unternehmensbindung.
Bei langlebigen Gebrauchs- oder Investitionsgütern sind jedoch andere strategische Überlegungen notwendig. Hier ist der Hersteller vor allem daran interessiert, mit seinem Namen auch für die Qualität der Produkte zu bürgen. Er wird daher eine Identität zwischen sich und der Produktmarke anstreben.
Aber auch Unternehmen der Konsumgüterindustrie stehen zunehmend vor der Frage, ob sie neben der Produktidentität auch ein Corporate-Image entwickeln sollen. Selbst Firmen der Gebrauchs- und Investitionsgüterindustrie, bei denen Hersteller- und Produktmarken identisch sind, sehen sich heute mehr und mehr gefordert, Corporate-Identity-Philosophien zu entwickeln und diese in der Öffentlichkeit durchzusetzen.
Der Begriff Corporate-Image berührt thematisch viele Bereiche. Er läßt sich in drei verschiedene Unternehmensbereiche aufgliedern (vgl. hierzu auch Graphik 1).

Aufgliederung des Begriffes Corporate-Image

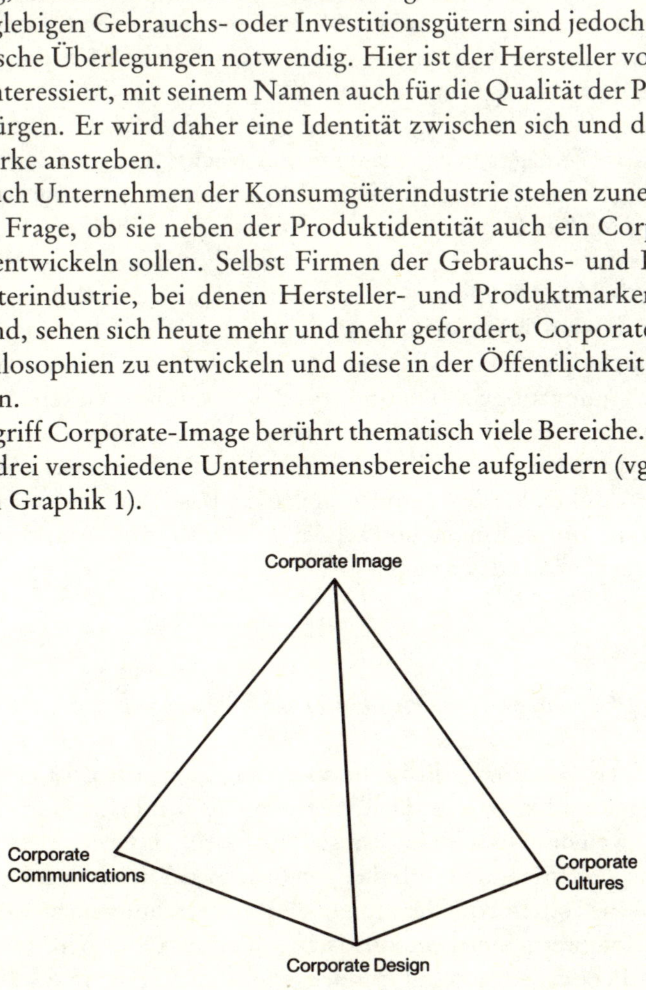

Graphik 1

1. Corporate-Design: Das Corporate-Design beschäftigt sich mit dem Erscheinungsbild des Unternehmens im wesentlichen auf dem visuellen Gebiet. Corporate-Design allein bedingt noch keine Unternehmensidentität.
2. Corporate-Communications: Dieser Begriff bezeichnet die Gesamtheit der Kommunikationsprozesse, die von innen nach außen laufen, die angesprochenen Medien und die Inhalte der Botschaften. Corporate-Communications sind Teil der Presse- (Öffentlichkeits)-arbeit.
3. Corporate-Cultures: Sie bezeichnen die Unternehmenskultur, das eigentliche Rückgrat, die Philosophie des Unternehmens.

Produkte, Dienstleistungen und Mitarbeiter zusammen formen durch Corporate-Design, Corporate-Communications und Corporate-Cultures das Image eines Unternehmens.
Image ist pflegebedürftig und ständig neu zu bearbeiten.
Ein positives Image entsteht langsam, es wächst nur allmählich. Ist es vorhanden, vermittelt es am Markt das Vertrauen zum Unternehmen, zur Leistung des Unternehmens und zu seinen Produkten. Image mit seinem relativ hohen Bedarf an Entstehungszeit beinhaltet demnach auch die beiden wichtigen Komponenten „Tradition" und „Kontinuität". Beide sind heute mehr denn je unverzichtbare Bestandteile des Image. Sie bilden ein starkes Gegengewicht z. B. zu Technologieschüben und Innovationen. Tradition und Kontinuität wirken damit als Konstanten gegenüber schnell wechselnden Technologien, immer ähnlicher werdenden Produktionsverfahren und zunehmender Uniformität der Produkte. Sie sind somit zugleich die Basis, auf der Veränderungen, Produktinnovationen und schnelles Reagieren auf Markterfordernisse aufgebaut werden können.

Tradition und Kontinuität

Wie wird Corporate-Image im Unternehmen umgesetzt?

Bestimmung der eigenen Position

Bevor Corporate-Image konzeptionell eingesetzt wird, ist eine Reihe von Fragen zu klären, die das Unternehmensprofil betreffen. Sie sind wichtig, weil das Umfeld, in dem sich heute ein Unternehmen bewegt, erheblich vielfältiger und diffiziler geworden ist. Zur eigenen Positionsbestimmung sollten vor allem folgende Faktoren untersucht werden:

1. Ist das Unternehmen pluralistisch gesteuert? Oder wird es mit nur einer Person, etwa dem Gründer oder dem Vorstandsvorsitzenden identifiziert?

2. Konzentriert man sich auf ein spezielles Produktspektrum?
3. Ist das Unternehmen regional, national oder international tätig? In welchen Zeiträumen ist es gewachsen?
4. Werden seit langem bekannte und konkrete Produkte vertrieben? Oder haben sich die Erzeugnisse durch schnellen technologischen Wandel derart verändert, daß sie wegen ihres Abstraktionsgrades erklärungsbedürftig geworden sind? Löst ihr Einsatz u. U. bei einem Bevölkerungsanteil „Ängste" aus, z. B. weil ihre Handhabung überaus komplex geworden ist („intelligente", mikroprozessorbestückte Systeme, u. a.)?
5. Wie haben sich die eigenen Arbeitstechniken verändert?
6. Haben sich Teile des Unternehmens verselbständigt? Gibt es neue Produktserien, Marken, Eingliederungen neuer Unternehmen usw., die ein abgerundetes, einheitliches Firmenbild nicht mehr aufkommen lassen?
7. Hat sich die technische Qualität (High Tech) des Unternehmens gewandelt? Ist sie noch zukunftsorientiert?

Außer diesen positionsbestimmenden Bedingungen sind noch die psychologischen Faktoren zu klären:

Psychologische Faktoren

1. Welches qualitative Image hat das Unternehmen beim Kundenkreis auf den Gebieten der Lieferfähigkeit, der Liefertreue und den gebotenen Dienstleistungen?
2. Wie sehen Finanzwelt und Aktionäre das Unternehmen? Ist die Firmenstruktur transparent, ihre technische und finanzielle Zukunft stabil?
3. Was halten zukünftige potentielle Kunden (Schüler, Auszubildende, Studenten) vom Unternehmen?
4. Wie sehen Meinungsbildner (Journalisten, Politiker, Unternehmensberater u. a. Multiplikatoren) das Unternehmen?
5. Wie stehen die Mitarbeiter zum Unternehmen? Kennen sie die Unternehmensziele? Sind sie bereit, sich mit diesen Zielen zu identifizieren? Besteht bei ihnen die Bereitschaft, auch Veränderungen flexibel mitzutragen?

Erst wenn diese Fragen definiert und beantwortet sind, kann eine Standortbestimmung im Markt erfolgen. Sie ist Voraussetzung für eine erfolgreiche Corporate-Image-Konzeption.

Die Vorgehensweise ähnelt den amerikanischen Pionieren, die auf unbearbeitetem Land ihren Claim absteckten.

Heute muß demnach ein Unternehmen das Marktsegment, in dem es tätig sein will, definieren. Nach der Definition des Marktsegmentes und der Zielgruppen muß es symbolisch diesen Marktbereich für sich beanspruchen, seinen „Claim“ abstecken. Auf diesem Territorium werden Abgrenzungen und Identitätssymbole gesetzt. Erst nachdem dieser Identitätsrahmen gebildet und das Produktumfeld abgesteckt ist, kann das eigentliche Unternehmensprofil erarbeitet werden (vgl. Graphik 2).

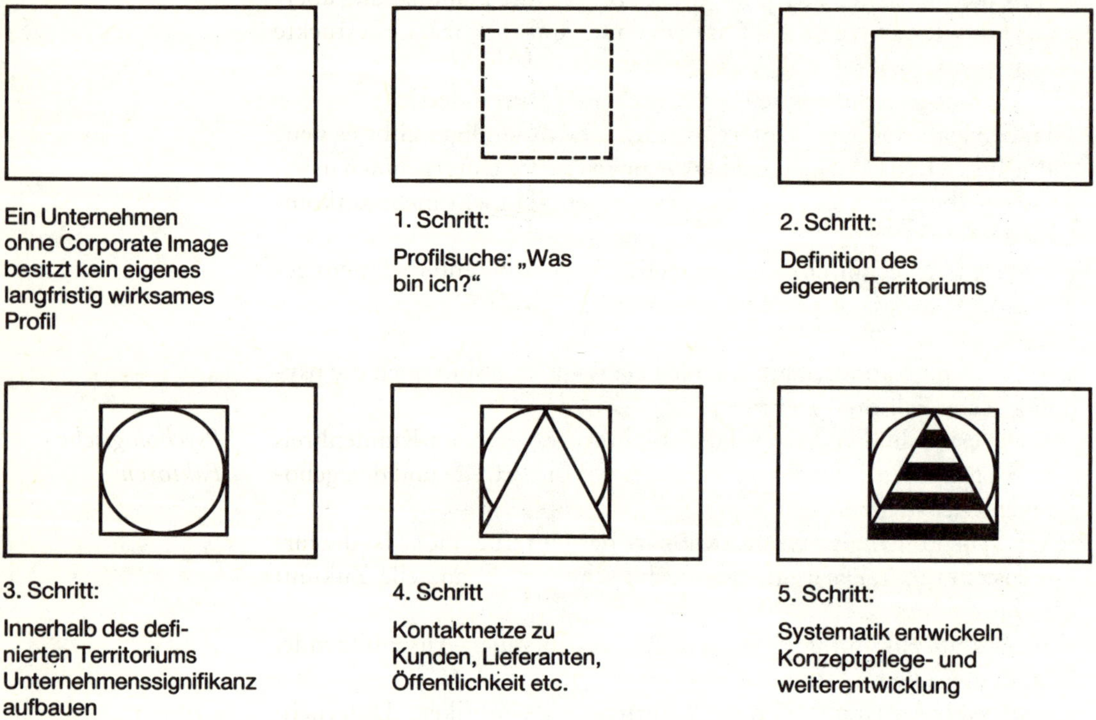

Quelle: Roman Antonoff CI-Report 84

Graphik 2: Der Corporate Image-Prozeß

Die Umsetzung in ein Firmenlogo, eine klare Firmensprache, und bestimmte Symbol-Codes oder -Zeichen sind dann rein handwerkliche Prozesse.

2. Die Corporate-Image-Komponenten

Konzeptionelle Umsetzung des Unternehmensprofils ...

Die konzeptionelle Umsetzung des Unternehmensprofils entsteht durch alle Aktivitäten, mit denen ein Unternehmen im Markt und in der Öffentlichkeit agiert. Dazu gehören primär neben der kontinuierlichen Öffentlichkeitsarbeit und Werbung das Verhalten und Engagement der Mitarbeiter intern und extern. Die Basis, auf der sich die Mitarbeiter mit dem Unternehmen identifizieren können, muß jedoch erst geschaffen werden.

Strategien der Massenkommunikation, d. h. der Öffentlichkeitsarbeit und Werbung, in einem Massenmarkt, werden in der Regel in zeitliche und inhaltliche Zielsetzungen eingeteilt; z. B. in Aussagen, die lang- und mittelfristig der Imagebildung dienen oder andere, die unmittelbar dem Verkauf oder der Verkaufsvorbereitung dienen.

Eine derart klare Trennung der Kommunikation ist allerdings nur theoretisch möglich. Die Realität erfordert ein modifiziertes Vorgehen.

Unternehmens-Kommunikation muß alle Ziele des Unternehmens berücksichtigen. Eine kurzfristige Aktion, die unmittelbar nur dem Verkauf hilft, darf nicht langfristige Imageziele eines Unternehmens vernachlässigen.

... durch Corporate Communication

Eine weitere Bedingung, die für erfolgreiche Corporate-Imagestrategien die Basis schafft, ist die Akzeptanz, daß die beiden Kommunikationsarten Werbung und Öffentlichkeitsarbeit sich gegenseitig stützen müssen, damit eine multiplikative Wirkung erzielt wird.

Ein Unternehmensimage wird zumeist international geprägt sein. D. h. das Unternehmensprofil ist auf internationaler Ebene zu entwickeln, denn: die Entwicklung der industrialisierten Gesellschaft im 20. Jahrhundert ist gekennzeichnet durch eine zunehmende Internationalisierung der Märkte.

Allerdings muß die Werbung sehr häufig auf nationale Bedingungen eingehen, d. h. besondere Zielgruppen verständlich ansprechen. Ein typisches Beispiel ist die Werbekampagne von Olivetti für seine Mehrplatzcomputerserie L1. Sie war international angelegt. Dabei wurden, konzentriert auf die Funktionen und Fähigkeiten des Produktes gerichtet, gewisse Rahmenbedingungen vorgegeben. Diese Rahmenvorgaben wurden in Deutschland an hiesige Zielgruppen angepaßt.

Innerhalb vorgegebener Bild- und Produktinhalte wurde ganz dezidiert auf die Computerwünsche verschiedener Branchen eingegangen. Typische Berufskleidung der Menschen an den Bildschirmterminals unterstützte noch den Zielgruppencharakter der Anzeigen (vgl. Abb. 2, 3 und 4).

In diesen Fällen können aus einem Corporate-Image-Konzept nur Rahmenbedingungen und global gültige Aussagen übernommen werden. (Parallel dazu brachte die Öffentlichkeitsarbeit eine Pressemeldung heraus: „Mehr Möglichkeiten für Minicomputer-Anwender", die breit gestreut an alle Wirtschafts- und Fachpublikationen ging.)

Wandel im Management ...

Der Unternehmer als Corporate-Identity-Symbol hat viel von seiner Strahlkraft verloren. Noch in den industriellen Gründerjahren gaben patriarchalische Führungspersönlichkeiten ihrem Unternehmen sowohl Zielsetzungen, als auch Identität. Doch schon seit geraumer Zeit wandelten sich Unternehmen zu Publikumsgesellschaften. Eine neue Unternehmensära begann: Neue Produkte wurden aufgenommen. Man diversifizierte in neue Bereiche. Der Anteil von Dienstleistungen, verbunden mit dem Vertrieb der Produkte, wurde größer, bedeutender. Man produzierte über nationale Grenzen hinweg für den Weltmarkt.

Heute dominieren komplexe, kybernetische Managementstrukturen. Diese vielfältigen Anpassungskomponenten, Detailstrukturen und Produktprogrammerweiterungen haben dazu geführt, daß sich die ehemals klar erkennbaren Konturen eines Unternehmens verwischen. Es entstanden vielfach konkurrierende Vorstellungen und Meinungen in der Unternehmensführung. Auch das Unternehmensprofil wurde durch neue Fusionen, Kooperationen oder Firmenbeteiligungen derart komplex, daß ohne entsprechende Maßnahmen kein geschlossenes Firmenbild mehr in der Öffentlichkeit vorhanden war.

... führt zu neuen Profilen

Das heißt: Besonders Firmen der Gebrauchs- und Investitionsgüterindustrie mit weitgehend identischen Hersteller- und Produktmarken werden mehr denn je aufgefordert sein, Corporate-Identity-Philosophien zu entwickeln und sie öffentlich zu propagieren.

Bekannte und innovative Signale

Corporate-Identity besteht aus Zeichen, ganzen Zeichensystemen, Symbolen und Symbolfamilien. Sie können je nach Bedarf zu komplexen Darstellungen konfiguriert werden und das Unternehmen abbilden, typisieren und identifizieren. Ein Teil dieser Zeichen und Symbole besteht aus Wiederholungen. Es sind Aussageformen und Bilder, die seit langem dem Unternehmen zugeordnet sind. Diese Inhalte sind redundant.

Andere Identity-Zeichen sind innovativ. Sie vermitteln auf der Basis der bekannten Signale neue Informationen und bisher Unbekanntes. Typisch ist ihre Signalwirkung. Beispielhaft hierfür ist das Logo für autorisierte Olivetti-Händler. Es zeigt den gewohnten Unternehmensschriftzug sowie das ausdrucksvolle, flächenabsteckende Olivetti-O (bekannte Signale) kombiniert mit einem farblich kontrastierenden Pfeil, der in 45-Grad-Stellung in das O hineinragt (innovatives Signal) (vgl. Abb. 4a).

Zeichen und ihre Signalwirkung

Bekannte Zeichen bilden die Konstanten. Sie sind formalisierte Gestaltungselemente zur Identifizierung und Wiedererkennung des Unternehmens (Vertrauen, Tradition, Qualität, Sicherheit, usw.).
Die neuen Signale wirken komplementär zu den bekannten Zeichen. Ihre additive Wirkung ist beabsichtigt (neue Produkte, Wachstum, Spitzentechnik, Verfügbarkeit, usw.).
Die Anzahl innovativer Signale innerhalb einer Corporate-Identity sollte jedoch sorgfältig kontrolliert werden.
Denn visuelle Botschaften können nicht isoliert gesehen werden. Sie stehen optisch in einem erheblich überfrachteten visuellen Reizumfeld. Häufig wechselnde Signale können daher den Empfänger eher verwirren und mißinformieren. Wie eine Untersuchung* nachgewiesen hat, werden heute z. B. von 1600 visuellen Werbeanstößen nur noch 80 bewußt aufgenommen. Sogar nur 28 davon werden positiv registriert. Die Reizüberflutung der Kommunikationsgesellschaft stößt hier an sehr deutliche Grenzen. Sie führt zur Verweigerung der Informationsaufnahme. Diese rein human-biologischen Grenzen muß jedes Corporate-Identity-Konzept berücksichtigen. Ein solches Konzept auszuarbeiten, ist daher eine qualitativ bedeutende, hochsensible, intellektuelle Arbeit. Neben selbstverständlicher künstlerisch-handwerklicher Kompetenz müssen psychologische, humanitäre und gesellschaftliche Überlegungen einbezogen werden.

* Quelle: „Rat für Formgebung", DESIGN-Materialien, Helmut Langer: Visuelle Gestaltung – Visuelle Inflation

3. Olivetti und seine Image-Grundkonzeption

Olivetti's Produkte gehören zu den High-Tech-Gütern. Sie beeinflussen nicht nur das gesellschaftliche Miteinander der Menschen. Sie formen die Freizeit- und Büroumwelt, verändern Verhaltensweisen und Lebensgewohnheiten. Sie durchdringen alle Lebensbereiche. Sie sind nahezu allgegenwärtig.

Da die Produkte von der Gesellschaft zunehmend akzeptiert und verbreitet werden, kommt auf Olivetti eine nicht zu unterschätzende Verpflichtung zu: Die Werte der Produkte müssen in geeigneter Weise erläutert und erklärt werden. Dabei handelt es sich nicht nur um Rentabilitätsrechnungen, Rationalisierungsgewinne oder Abschreibungszahlen. Vielmehr muß das Produkt selbst kulturellen Zeitgeist dokumentieren, seinen Benutzer begeistern und einen hohen Qualitätsanspruch erfüllen (vgl. Abb. 5).

Die Grundkonzeption

Doch Produktdesign allein macht noch kein Corporate-Image aus. Ebenso ist Werbung oder Öffentlichkeitsarbeit nur ein Teil der Imagebildung. Alle Disziplinen stehen in einem kybernetisch funktionierenden Regelkreis. Das heißt, daß jede einzelne Maßnahme nicht nur nach außen hin wirkt, sondern auch auf andere in diesem Kreis befindliche Komponenten abstrahlt. Zudem bestimmt das Echo aller Botschaften, die von außen ins Unternehmen gelangen, Frequenz und Intensität aller imagebildenden Disziplinen.

Hinzu kommt, daß Olivetti als erfolgreiches Unternehmen für alle imagebildenden Aktionen naturgemäß die besten Voraussetzungen besitzt. Der weltweite Unternehmenserfolg, die Firmenentwicklung, Kapital, Erträge, Kooperationen und die ständig zunehmende Produktpalette verführen zu einem sehr bildhaften Vergleich: Die zahlreichen positiven Einzelfaktoren bilden gleichsam eine immer dichter werdende Humusschicht. Auf ihr gehen die „Saaten" der imagebildenden „Pflanzen" gut auf und wachsen schnell.

Weitere gute Voraussetzungen sind die beruflichen und menschlichen Qualitäten der Mitarbeiter, das Betriebsklima und die Zusammensetzung der Aktionärsgruppe.

Zu diesen sehr schwer bestimmbaren Komponenten kommt eine Fülle gestaltbarer Maßnahmen. Dazu gehören das Produktdesign, die grafische und sprachliche Qualität der Botschaften in Presse und Werbung sowie u. a. auch die Architektur (Produktionsstätten, Verwaltungsgebäude, Labors, Läden, Verkaufsstellen, etc.). Hier trägt die Qualität der Architektur ebenfalls zur Imagebildung bei. Aber auch, daß Olivetti z. B. eines der größten Beratungs- und Dienstleistungsnetze in der Bundesrepublik unterhält (vgl. Abb. 6).

Darüber hinaus pflegt Olivetti Unternehmensaktivitäten, die sich mit dem gesamten sozio-kulturellen Umfeld auseinandersetzen. Dabei werden nicht nur existierende kulturelle Werte aufgenommen und multipliziert wiedergegeben. Vielmehr beteiligt sich das Unternehmen selbst direkt an der Entwicklung dieser Werte und will Perspektiven aufzeigen.

Design kommuniziert Kultur ...

Trotz Änderungen der Firmenpolitik und -Strategien, die Olivetti in seiner über 75jährigen Geschichte erlebt hat, ist der kulturelle Anspruch die bestimmende Konstante geblieben. Sie ist durch Tradition und nicht zuletzt durch den Direktor für Corporate-Identity (Renzo Zorzi) weltweit so stark im Unternehmensbewußtsein verankert, daß sie alle Marktanforderungen, Technologiesprünge und strukturelle Veränderungen überdauert hat. Das Geheimnis dieser Kontinuität ist leicht erklärbar: Die vielfältigen kreativen Aktivitäten ordneten sich stets dem Corporate-Image unter. Diese kumulierten Erkenntnisse, Erfahrungen und Techniken lassen aber außerdem genügend freien Raum für Neuerungen.

Das gilt z. B. für die Architektur. Olivetti pflegt in allen Kontinenten durchaus keine uniforme Architekturaussage. Es herrscht Vielfalt, die jedoch stets unternehmensrelevant ist und auf nationale gesellschaftsspezifische Besonderheiten eingeht (vgl. Abb. 7 bis 10). So zeigt das Beispiel der Hauptverwaltung der Deutschen Olivetti in der Frankfurter Bürostadt Niederrad diese Identität. Das von Prof. Egon Eiermann entworfene Mehrturm-Gebäude ist gerade wegen seiner Einmaligkeit Olivetti-typisch.

... und ihre Vielfalt

Auf Grund seiner prägnanten architektonischen Aussagekraft gilt es als bedeutendstes Beispiel deutscher „Büroarchitektur" nach dem 2. Weltkrieg. Es besitzt eine derart hohe Gestaltqualität, daß seine Architekturkonzeption auch heutigen Anforderungen an Innenraumnutzung immer noch voll entspricht.

Architekturvielfalt, geschaffen von internationalen Kapazitäten, ist hierbei wiederum die Konstante einer entwicklungsfähigen Corporate-Identity-Strategie.

Beim Corporate-Image werden Konstanten, d. h. Traditionen, zuerst in der Identifikationssymbolik gesehen. Beherrschend ist hier die Marke oder das Markenzeichen des Unternehmens (vgl. Abb. 11 bis 15). Olivetti hat daher das Logo in seiner Firmengeschichte nur viermal modifiziert. Gründe hierfür waren: Vereinfachung, bzw. bessere Charak-

terisierung. Eine weitere Variation folgte, als man in neuen internationalen Märkten aktiv wurde.
Die kulturelle Komponente wird durch Olivetti's ständiges Bemühen deutlich, Kulturgut zu vermitteln, zu erhalten und einer breiten Öffentlichkeit zugänglich zu machen. Hier will Olivetti zur schnellen Technikentwicklung, zu Umweltverschmutzung und leichtfertigem Umgang mit Ressourcen einen Kontrapunkt setzen. Das Unternehmen ergreift soziale Verantwortung und engagiert sich für die Entwicklung und Bewahrung von Kulturgut. Das gibt zugleich die Chance, auf ungelöste Fragen unseres technischen Zeitalters einzugehen. So versucht man, zwischen Industrie und Umwelt, Technik und Humanismus, Arbeit und kreativem Experiment verbindende Brücken zu bauen. Diese lange Tradition ist ebenfalls in Olivetti's Corporate-Image-Verständnis eingebettet und besitzt internationale Verbreitung.

Soziale Verantwortung ...

Der kulturelle Anspruch geht außerordentlich weit. Gepflegt werden dabei vergangenheits- und zukunftsorientierte Projekte. So hat Olivetti schon früher zur Erhaltung von gefährdetem Kulturgut beigetragen. Nennenswert ist z. B. die Restaurierung des Abendmahl-Gemäldes von Leonardo da Vinci oder die Ausstellung der Florentiner Fresken, der Pferde von San Marco oder der Schatz von San Marco. Diese Ausstellungen wurden weltweit zusammen mit bekannten Museen präsentiert und waren auch in Deutschland zu sehen. Internationale Ausstellungen werden immer mit bedeutenden Kunstwerken des jeweiligen Landes ergänzt. Somit konnten immer wieder die jeweils individuellen nationalen Besonderheiten in diese Ausstellungen einbezogen werden (vgl. Abb. 16–20).

... auch zur Historie

Darüber hinaus gab es zahlreiche Einzel- und Gruppenausstellungen, wie die der Künstler des Nove Cento, die Sammlung Mattioli, die Restaurierungen der Capella Guancaci mit den Fresken von Massacio, Masolino und Philipino Lippi in Santa Maria del Carmine in Florenz.
Zu den nationalen Initiativen, die auch an andere Länder weitergegeben werden, gehört eine Würdigung der Hochschule für Gestaltung, Ulm. Die Deutsche Olivetti wird zusammen mit der Olivetti-Gruppe eine Ausstellung und ein Symposium über diese Institution veranstalten. Viele ihrer Absolventen haben in den fünfziger Jahren Produktdesign und -Ästhetik entscheidend mitbestimmt. Und noch heute sind Industriedesigner sowie Architekten vom Ulmer Stil beeinflußt.
Zukunftsorientiert ist das jährliche Symposium über „Mikroelektronik und die Folgen für die menschliche Kreativität“. Es wurde von der Deutschen Olivetti und der Stadt Frankfurt veranstaltet und fand zum

ersten Mal Ende 1985 statt. Es soll zukünftig mit wechselnden Themen alljährlich wiederholt und somit zu einer ständigen Einrichtung der Frankfurter Kulturszene werden.

Unternehmenskommunikation

Zur Definition der Alltagskultur bedient sich Olivetti der Unternehmenskommunikation. Das heißt, das Bild des Unternehmens wird in die Gesellschaft projiziert. Im Idealfall soll dieses Bild auch Entscheidungen beeinflussen bzw. fördern, (Kunden-)Wünsche empfangen und vermitteln, Aktionen initiieren und Reaktionen herausfordern.

Grundlage einer sinnvollen und erfolgreichen Corporate-Image-Strategie ist ihre Anwendungsmethode. Olivetti faßt dazu völlig verschiedene und in unterschiedlichen Bereichen existente Funktionen und Fähigkeiten zusammen (vgl. Abb. 21). Die einzige gemeinsame Konstante ist das einheitliche Bezugsschema. Das heißt, alle Erfahrungen, Werte und Kulturen aus Vergangenheit und Gegenwart addieren sich, sind dadurch zeitgemäß und ergänzen sich gegenseitig. So kommt es, daß alle Corporate-Image-Aktivitäten sich vorerst als kulturelle Initiativen begreifen und damit auch den Unternehmenscharakter mitbestimmen.

4. Produktuniformität – Herausforderung für Corporate-Image und Design

Jedes künstlich entstandene, d. h. von Menschenhand geschaffene Werk besitzt notwendigerweise einen Kommunikationswert, eine Art von Zeichenbotschaft oder Sprache. Damit vermittelt jedes Design die Gegenwart der Technik, die kulturellen und sozialen Umstände jeweils zu einem bestimmten Zeitpunkt der Geschichte.

Design reflektiert Zeitgeist

Dabei ist laut Zorzi das eigentliche Design unsichtbar. Jedoch vermittelt die wichtigste Information über den Hersteller das Produkt selbst und seine Qualität. Die Qualität wiederum stellt sich im Design immanent dar. Ein weiterer Kommunikationswert eines Industrieproduktes liegt allgemein in seinem Gebrauchswert und seinen Funktionen, in seinem Verhältnis zu anderen Produkten der selben Spezies sowie in seinem bildhaften Inhalt (vgl. Graphik 2a).

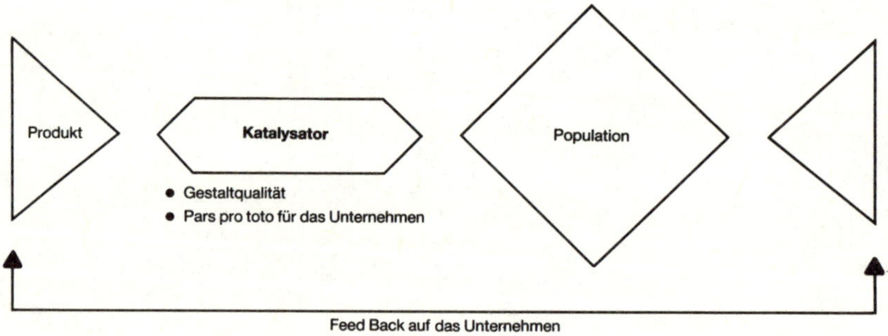

Graphik 2a

Das heißt, Design muß beim Benutzer Vertrauen wecken. Allerdings kann kein Produkt für sich isoliert betrachtet und gestaltet werden. Es beinhaltet meistens zahlreiche, zum Teil gleichrangige Komponenten. Sie reflektieren Spannungen, Rhythmen und Benutzereigenschaften der übergeordneten Umwelt (vgl. Graphik 3).

... und Geschichte

Ein Beispiel hierfür ist die Schreibmaschine in allen ihren unterschiedlichen Formen bei fast gleichbleibendem Nutzungszweck. Das Produktdesign der Olivetti-Schreibmaschinen hat ständig Kontinuität und Neuerung in sich vereint. So haben die Designer nach dem Motto gearbeitet: „Es gibt kein Produkt ohne Vorfahren". Durch eine lange Reihe von Produkten, die alle dieselbe thematische Logik und denselben Zweck beinhalten und deren Entwicklung aufeinander aufbaut, ist ein *Stil* entstanden. Dieser Stil beinhaltet eine Geisteshaltung, die im Unter-

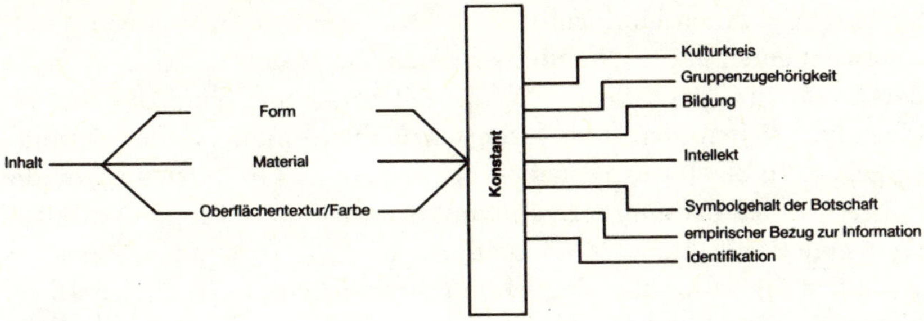

Graphik 3

nehmen entstanden ist und mit dem Produkt nach außen getragen wurde. Kriterien, die diesen Stil mitbestimmen, sind einmal die Erfahrungen der Produktreihen und die Eingebungseinflüsse, in der sie erzeugt werden. Das bedeutet, daß der Kommunikationswert eines Produktes genau so groß ist, wie der Grad seiner Einbindung in ein übergeordnetes System von Symbolen und der Identifizierung mit der Erzeugerfirma.
Ein Industriebetrieb, der wie ein Parasit nur intellektuelle, wissenschaftliche und schöpferische Kräfte der Gesellschaft adaptiert, kann sich nicht entwickeln. Ein Industriebetrieb kann nur existieren, wenn er nicht nur ständig stimuliert wird, sondern auch selbst stimuliert, Orientierungshilfen schafft und sich selbst vermittelt.
Jeder funktional geschaffene Gegenstand ist vergänglich und dazu verurteilt, durch den Fortschritt, durch das nächstbessere Produkt abgelöst zu werden. Insofern unterscheidet er sich von Kunstwerken, die kaum Funktionsbezug haben und in ihren Inhalten lange Zeit gelten wollen. Doch trotz der kürzeren funktionalen Lebensdauer eines Industrieproduktes bleibt es bestehen. Es versinnbildlicht damit einen geistigen Wert, einen zugrundeliegenden ordnenden Willen, die Verwirklichung von Ideen in zeitlich-räumlicher Hinsicht (vgl. Abb. 22–24).

Nivellierung und Uniformität

Zum Ende des 20. Jahrhunderts haben zwei miteinander verwandte Entwicklungen auf viele kreative Bereiche eingewirkt: *Nivellierung* und *Uniformität*. Dafür gibt es mehrere Gründe: Einerseits hat das Individuum schon immer das Bedürfnis gehabt, sich uniform zu verhalten. Hierzu gehören Gruppenzugehörigkeitswünsche, Integrationsstreben und damit ein relatives Sicherheitsbewußtsein. Sie geben dem Einzelwesen das Gefühl, innerhalb seiner Gruppe stark zu sein.
Andererseits hat die Wahrnehmungspsychologie festgestellt, daß unsere gestaltete Umwelt und Produktumwelt nur dann als angenehm und interessant empfunden wird, wenn sie differenziert, vielgestaltig und komplex erscheint.

Trotzdem konnten Uniformität und Monotonie zu sichtbaren Gestaltungselementen des Jahrhunderts werden. Besonders auffällig ist das in der Architektur geschehen. Seelenlose Betonbauten ohne Gesicht und Charakter stehen hier der geforderten Wahrnehmungsvielfalt deutlich entgegen. In der Industrie haben der Zwang zu Großserien sowie die konzentrierten Bemühungen um Funktionalismus und Ergonomie häufig in eine Produktuniformität geführt.
Nachdem die natürliche Umwelt mit ihren differenzierten, vielfältigen Reizen auf allen Ebenen zurückgedrängt wurde, hat die Architektur ersatzweise kein Gegengewicht dafür geschaffen. Dieser Prozeß ist nicht nur typisch für die gebaute Architektur des 20. Jahrhunderts, sondern für die gesamte Welt industriell erzeugter Güter, d. h. auch für die Produktwelt.
Schon in den Manufakturen des 17. und 18. Jahrhunderts entstanden Produkte mit ähnlichem Aussehen. Jedoch differenzierten sie sich stets subtil voneinander. Die Differenzierungen wurden bewußt oder auch unbewußt in der Wahrnehmung verarbeitet.

Informationstechnologie fördert die Uniformität

Historisch betrachtet war es bis in die jüngste Vergangenheit unmöglich, identische Produkte herzustellen. Hinzu kam eine relativ gering verbreitete Kommunikation auf internationaler Ebene. Der Informationsaustausch ohne computergestützte Datenbanken und weltweite Übertragungsstrecken sorgten für nur mäßigen Wissensaustausch. Dadurch entstanden eigenständige nationale, sogar regionale Produktkulturen.
Heute steht die Welt vor einer weitgehenden Vernetzung durch Datenübertragungsstrecken und Kommunikationstechniken. Trotz aller Telekommunikations-Euphorie fehlen jedoch immer noch international gültige Standards. Eine bessere und schnellere Verständigung sowie der Informationsaustausch vieler Bereiche stehen also noch aus.
Bei der Produktentwicklung gibt es mehrere Faktoren, die zu einer ansteigenden Uniformität geführt haben. Maschinen und Geräte wurden zu Beginn des 20. Jahrhunderts ausschließlich unter ingenieurmäßigen Gesichtspunkten entwickelt.
Um 1920 kam dazu die Entwicklung eines betriebswirtschaftlichen Instrumentariums. Es zeigte sich als Einflußkonstante auf die Produktgestaltung.
In den fünfziger Jahren fand die zweite technische Revolution statt. Mechanik wurde weitgehend durch Elektronik abgelöst. Für die Produktgestaltung bewirkte dies eine Veränderung der Inhalte der Produkte. Zugleich entstand damit ein erheblich größerer Gestaltungsspielraum, um Symbolik in dem Design zu verankern. Parallel zu dieser techni-

schen Revolution entstand ein neues Bewußtsein für Anthropometrie und Ergonomie. Auch sie wurden als zusätzliche Kriterien in die Produktgestaltung mit eingebracht. Schließlich führte die zunehmende Verwissenschaftlichung der Produktgestaltung zu nivellierenden Produktmerkmalen (vgl. Abb. 25 und 26).

Uniformes Corporate image

In vielen Unternehmen entstand daher der Gedanke, ein vereinheitlichtes Corporate-Image auch durch die gesamte Produktwelt im formalen wie im farblichen Bereich zu manifestieren. Dies führte zwangsläufig zu nivellierten Produkten, die in keinem Fall eine gute Gestaltqualität besitzen können. Darüber hinaus besteht die Gefahr, daß Wettbewerber sich über ihr „Produkt-Mimikri" gewisse Marktanteile erobern können. Dagegen hat Olivetti eine starke Waffe, nämlich ein Produktdesign als Ausdruck des Zeitgeistes. Es wird ständig bewußt eingesetzt und ist als „Stil Olivetti" weltweit bekannt geworden. (Interessanterweise ist dieser Begriff außerhalb des Unternehmens entstanden.) Der „Stil Olivetti" garantiert damit Nachahmerschutz und Corporate-Image zugleich (vgl. Graphik 4).

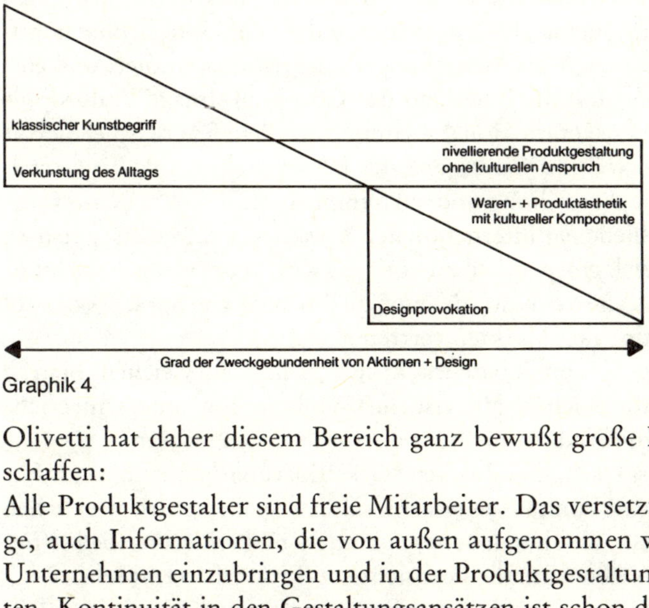

Graphik 4

Olivetti hat daher diesem Bereich ganz bewußt große Freiräume geschaffen:

Die Olivetti-Reaktion

Alle Produktgestalter sind freie Mitarbeiter. Das versetzt sie in die Lage, auch Informationen, die von außen aufgenommen werden, in das Unternehmen einzubringen und in der Produktgestaltung zu verarbeiten. Kontinuität in den Gestaltungsansätzen ist schon durch die lange Gestaltungstradition gegeben. Dennoch sind die Gestaltungsaussagen in den einzelnen Produktbereichen ganz eng verknüpft mit den Charakteren ihrer eigenen Gestalter. Es gibt bei Olivetti somit kein inhaltliches nivellierendes Produktaussehen, sondern einen hohen moralischen Anspruch an Gestaltqualität.

5. Globalstrategie – Abhängigkeiten und Abgrenzungen

Pluralistische Gesellschaften verschmelzen horizontal immer stärker durch neue Kommunikationstechniken und weltweit bereitgestellte Informationsinhalte. Dadurch erhält Corporate-Image als übergeordnetes, verbindendes Element immer mehr Bedeutung.

Corporate-Image bildet den Rahmen ...

Corporate-Image, das als Unternehmensphilosophie begriffen, zentral im Unternehmen erarbeitet und entwickelt wird, kann mit seinen philosophischen Ansätzen inhaltlich in unterschiedliche Kulturkreise übersetzt werden. Erst wenn Corporate-Image mit dem Begriff Design verwechselt wird, d. h. sich auf eine strikte graphisch visuelle Definition einer Leitlinie beschränkt, wird es als international übergeordnete Unternehmensphilosophie fraglich. Ein global ausgerichtetes Corporate-Image bildet den Rahmen, in dem regionale Aktivitäten, d. h. die Addition zur globalen Philosophie mit nationalen Inhalten möglich werden. Dazu gehören bei Olivetti nationale Aktivitäten, wie z. B. Symposien zum Thema „Design als Bestandteil der Unternehmensstrategie". Auch zählen dazu Ausstellungen, die national initiiert und entwickelt werden, und die innerhalb der Corporate-Image-Philosophie des Unternehmens international vermittelt werden. Ein Beispiel hierfür ist die bereits erwähnte Würdigung der Ulmer Hochschule für Gestaltung durch eine Ausstellung und ein Symposium.

... für eigenständige Aktivitäten ...

Um den verschiedenen internationalen Märkten und Marktsegmenten im Image-Bereich entsprechen zu können, wird heute vielfach nach Lösungen gesucht, die das Unternehmen unabhängig von Sprachcodes auf diesen internationalen Märkten vertreten.

Die verwendete Symbolik beschränkt sich zumeist auf Zeichen. Man ist überzeugt, daß Zeichen als visuelle Symbole für unterschiedliche Sprach- und Kulturräume nicht modifiziert werden müssen.

Dabei wird vergessen, daß Zeichen stark erklärungsbedürftig sind. Für sich alleinstehend können sie in ganz seltenen Fällen einen wirklichen Inhalt vermitteln. Sie sind daher ergänzungs- und erklärungsbedürftig. Zusatzinhalte sollen dann die beabsichtigte Botschaft vermitteln.

Müssen Zeichen neu eingeführt werden, so stehen sie nie in einem sofort begreifbaren Zusammenhang zum Unternehmen selbst bzw. zu seinen Produkten.

Sie sind zudem leicht nachahmbar und verfremdbar. Minimale Veränderungen, die einen anderen Inhalt eines anderen Unternehmens charakterisieren, werden häufig vom Betrachter nicht nachvollzogen.

Diese Erfahrung mußte auch Olivetti machen. So wurde noch in den fünfziger Jahren das Olivetti-Logo mit einem zusätzlichen Symbol – einer Spirale – versehen (vgl. Abb. 27). Man beabsichtigte, damit ein Symbol für Weiterentwicklung und Wachstum zu kreieren. Nachdem die Spirale im Markt etabliert war und die genannten Inhalte vermittelte, wurde sie von anderen Unternehmen nachgeahmt. Diese konnten direkt von den damit identifizierten Inhalten profitieren. Nach diesen Erfahrungen verzichtete Olivetti auf ergänzende Symbole. Seit Mitte der siebziger Jahre gibt es daher nur noch den Olivetti-Schriftzug als Logo (vgl. Abb. 28).

6. Image und Werbung als Verkaufsunterstützung

Der werbliche Bereich orientiert sich bei Olivetti besonders an den Zielen der Verkaufsunterstützung. Corporate-Image dagegen hat eher langfristige Ziele.

Die Olivetti-Gruppe legt die Rahmenrichtlinien und generellen Aussagen für die Werbekampagnen fest. Anpassungen an nationale Zielgruppen werden von den Tochtergesellschaften vorgenommen. Durch diese Individualisierung werden nationale Grenzen, unterschiedliche Vorschriften und Schutzbestimmungen sowie kulturelle Eigenheiten berücksichtigt. Gerade in Europa, das zu den traditionellen Märkten von Olivetti zählt, müssen landesbezogene Unterschiede der Zielgruppen analysiert und differenziert werden. Die zuvor erwähnte Werbekampagne für die L1-Minicomputerserie wurde in diesem Sinne den nationalen Zielgruppen angepaßt.

... und Differenzierung

Selbst bei identischen Berufsgruppen, wie bei Handwerkern, niedergelassenen Ärzten, Spediteuren oder Hausverwaltungen bestehen zwischen den Ländern zum Teil erhebliche abrechnungstechnische und gesetzliche Vorschriften. Eine allgemeine Ansprache würde hier erhebliche Verwirrung stiften und eher einen Anti-Werbe-Effekt bewirken.

Außerdem unterscheiden sich die Bevölkerungsstrukturen sowie das soziale Gefälle europäischer und außereuropäischer Länder stark voneinander, selbst wenn man nur die sogenannten Industrienationen betrachtet. Auch für sie sind durch Felduntersuchungen regional die Zielgruppen präzise zu definieren, die Marktsegmente auszuloten und danach die zentral festgelegten Rahmenbedingungen national zu vermitteln.

Nationale Werbemaßnahmen haben auch noch einen weiteren Vorteil. Durch den Informationsüberfluß sperren bzw. distanzieren sich viele Empfänger vor und von den Werbeaussagen. Je glaubwürdiger eine werbliche Botschaft klingt, um so einfacher kann die Akzeptanzbarriere überwunden werden. Diese Zielgruppengenauigkeit sorgt zudem für die Glaubwürdigkeit von Werbeaussagen. Sie können bei hohen Qualitätsansprüchen nur in den jeweiligen Ländern selbst erarbeitet werden. Die Glaubwürdigkeit einer Kampagne wiederum mißt sich am Grad ihrer Zielgruppenbezogenheit. Absatzorientierte Kampagnen, die ein spezifisches Produkt oder eine Produktserie lancieren, sind weitaus glaubwürdiger, wenn sie die Probleme einer bestimmten Zielgruppe ansprechen und nicht nur mit abstrakten Inhalten gefüllte Botschaften bilden.

Zielgruppenansprache ...

Somit muß man in zwei Bereiche trennen: Zum einen in werbliche Maßnahmen, die stark vertriebs- bzw. absatzorientiert und damit zielgruppen-orientiert sind. Zum anderen dient der Bereich des Corporate-Image als langfristig angelegter und definierter Rahmen für alle kurzfristigen strategischen und werblichen Maßnahmen.

7. Die fehlenden Alleinstellungsmerkmale

... und ihre Glaubwürdigkeit

Früher hatte die Werbung besonders griffige Ansatzpunkte. So war es äußerst beliebt, die Alleinstellungsmerkmale eines Produktes als eindeutige, klare Werbebotschaft zu vermitteln. Seitdem sich jedoch die Produktionstechniken immer mehr angleichen und herstellertypische Merkmale verschwinden, sind Alleinstellungsmerkmale heute kaum noch zu finden.

Ein weiteres Phänomen des Elektronik- und Computermarktes ist die Ausweitung der Produkte aus dem Investitionsgüter- in den Konsumgütermarkt. Die Zielgruppenansprache mußte sich zwangsläufig durch die Ausweitung der Produktpalette auf Endverbraucher wandeln. Beim Anwender gibt es auch heute noch vielfach eine verankerte Schwellenangst gegenüber dem Medium Computer. In beiden Fällen, Fehlen von Alleinstellungsmerkmalen und Überwinden von Schwellenangst, gibt es jedoch Ersatzargumente. So können z. B. die immer wichtiger werdenden Dienstleistungen: Kundendienst, Ausbildung, Telefonberatung, Anbieten von Branchenstandardprogrammen, überregionale Beratung, usw. die erwähnten fehlenden Argumentationen sehr gut ersetzen. Image wird dabei als unterstützendes Element eingesetzt. Der ständig zunehmende Dienstleistungsanteil des Computergeschäftes erweckt das Vertrauen zum Unternehmen und zu seinen Produkten. Dadurch kann auch vorhandene Schwellenangst vor dem Computer überwunden werden.

8. Zentrale und nationale Werbung

Globale werbliche Maßnahmen, die international gesteuert und formal in ihren sprachlichen und visuellen Botschaften kontrolliert werden, sollten nur globale Ziele vermitteln. Dazu gehören u. a. übergeordnete Leistungen des Unternehmens, z. B. Forschungs- und Entwicklungsaktivitäten, Produkterweiterungen, weltweiter Kundenservice, u. a. m. Es kann nicht genug betont werden, daß darüber hinaus eine internationale Werbekampagne nur Rahmenbedingungen setzen kann. Dennoch müssen auch auf nationaler Ebene werbliche Kommunikation und Corporate-Image-Inhalte in derselben Verantwortung liegen. Nur so ist ein einheitlicher Auftritt des Unternehmens nach außen hin gewährleistet. Erst eine kontrollierende Ergänzung beider Disziplinen ermöglicht eine ausgewogene, sich gegenseitig stützende und ergänzende Einheit.

Global-Regional

Nationale Kommunikationsmittler bei Olivetti sind ähnlich wie die zentralen Kommunikationsvermittler aus dem tradierten Unternehmensverständnis heraus entstanden. Es existiert ein Team von Textern, Graphikern, Sozialpsychologen, Marktforschern und Unternehmensvertretern, die Inhalte von Botschaften, wie auch ihre gestalterische Umsetzung in Form von kritischen Diskussionen und Felduntersuchungen prüfen und verifizieren.

9. Das Umsetzen von Corporate-Image

Corporate-Image als Unternehmensphilosophie wird inhaltlich zentral formuliert und in den nationalen Tochtergesellschaften Olivetti's angewendet und umgesetzt. Darüber hinaus gibt es im Bereich der Corporate-Identity für das einheitliche Erscheinungsbild des Unternehmens festgelegte Leitlinien und Empfehlungen. Sie sind in den sogenannten „Roten Büchern" von Olivetti zusammengefaßt. Sie wurden Anfang der siebziger Jahre von Hans von Klier entwickelt und geschrieben (vgl. Abb. 29).

Im Gegensatz zu vielen Mitbewerbern wollen diese Leitlinien und Empfehlungen nicht als restriktive Maßnahmen verstanden werden, die formale, graphische und farbliche Konstanten uniform vorschreiben. Sie bestehen vielmehr aus Rahmenbedingungen, innerhalb derer die Tochtergesellschaften eigene Initiativen und Extempores entwickeln können.

Gleichheit langweilt

Diese Philosophie entspricht ganz und gar nicht den vielen Interpretationsansätzen von Corporate-Identity, wie sie in den letzten Jahren modisch durch Unternehmen und Agenturen weiterentwickelt wurden.

Der Effekt: Anstelle von Langeweile ausstrahlenden nivellierenden dirigistischen Entscheidungen sind Initiative und auch Kreativität in den einzelnen Tochtergesellschaften gefordert. Damit entsteht eine flexible, lebendige Identity nicht durch starr vorgegebene Richtlinien, sondern durch einen verbindenden Rahmen, der regional mit Leben gefüllt wird.

Dieses Konzept bewährt sich auch bei den Vertriebspartnern, Computer-Shops und Fachhändlern. Olivetti hat bei diesen selbständigen Unternehmen nur bedingt einen direkten Einfluß auf die Verwendung der stets neuesten Werbemittel. So kommt es häufig zu einem Nebeneinander älterer und neuer Logos. (Z. B. verwenden einige Händler immer noch die vorher erwähnte Olivetti-Spirale.) Diese Zeitversetzung muß bei indirekten Vertriebskanälen berücksichtigt werden.

Um diesem, gemäß dem Olivetti-Identity-Konzept an sich typischen Nebeneinander von „Alt und Neu“ entgegenzuwirken, wurde von Olivetti inzwischen ein spezielles Händler-Identity-Paket initiiert, daß ähnlich den „Roten Büchern“ für das Unternehmen selbst den Olivetti-Händlern Gestaltungshilfen in den sogenannten „Grünen Büchern“ an Hand gibt. Auch diese „Grünen Bücher“ verfolgen das Ziel einer flexiblen, lebendigen Identity-Leitlinie (vgl. Abb. 30).

Verpflichtung zum „Innen-Design“

Corporate-Image-Philosophien werden auch permanent und deutlich im Unternehmen manifestiert. Das ist wichtig, weil der Markt für Informationsverarbeitung speziell in Deutschland eine überdurchschnittliche Fluktuation zeigt. Neue Mitarbeiter in allen Führungsebenen müssen daher ständig mit den Unternehmenszielen bekannt gemacht werden. Die neuen Mitarbeiter werden über Unternehmensidentifikation, Ziel und Produkte informiert. Die Identifikation und Motivation wird durch Informationsvermittlung, Workshops, Diskussionsveranstaltungen und die Mitarbeiterzeitschrift erreicht. Corporate-Image erfordert also auch vom Unternehmen eine bestimmte Personalpolitik. Sie muß darauf abgestimmt sein, durch einen Entwicklungs- und Karriereplan allen Beschäftigten eine langfristige Bindung an das Unternehmen erstrebenswert zu machen.

10. Ausblick: Hoffnung auf richtig verstandene Philosophien

Seitdem Corporate-Image und Corporate-Identity als Schlagworte modern geworden sind, werden sie zunehmend mißbraucht. Häufig sollen sie als Allheilmittel kranke Vertriebs- oder Strukturprobleme gesundbeten. Es wird vermutet, daß Logos, besonders spezifische Zeichen für bestimmte Produktgruppen, automatisch eine absatzsteigernde Wirkung am Markt bewirken können.

Dabei handelt es sich jedoch um eine falsch verstandene Corporate-Image-Philosophie. Sie fördert gleichsam eine Umweltverschmutzung durch Symbole und Images. Diese wirken nicht bereinigend oder klärend, sondern sie sind im Gegenteil für den Verbraucher eher verwirrend.

Logos schaffen kein Corporate-Image

Corporate-Image bei Olivetti definiert sich als die Gesamtheit aller Maßnahmen und Werte, die das Unternehmen gegenüber der Gesellschaft wahrnehmbar machen. Es dient der Darstellung von Unternehmens-Philosophie und Willensäußerungen, damit diese in ihren Absichten und Charakteristiken erkannt werden.

Der wesentliche Inhalt der Corporate-Image-Philosophie bei Olivetti ist qualitätsorientiert. Das gilt sowohl für Technik und Design, als auch für Graphik, architektonisches Erscheinungsbild und sprachliche Aussagen.

Abb. 1: Gruppen- und Statussymbole

Abb. 2: Das beworbene Produkt der Linie L1

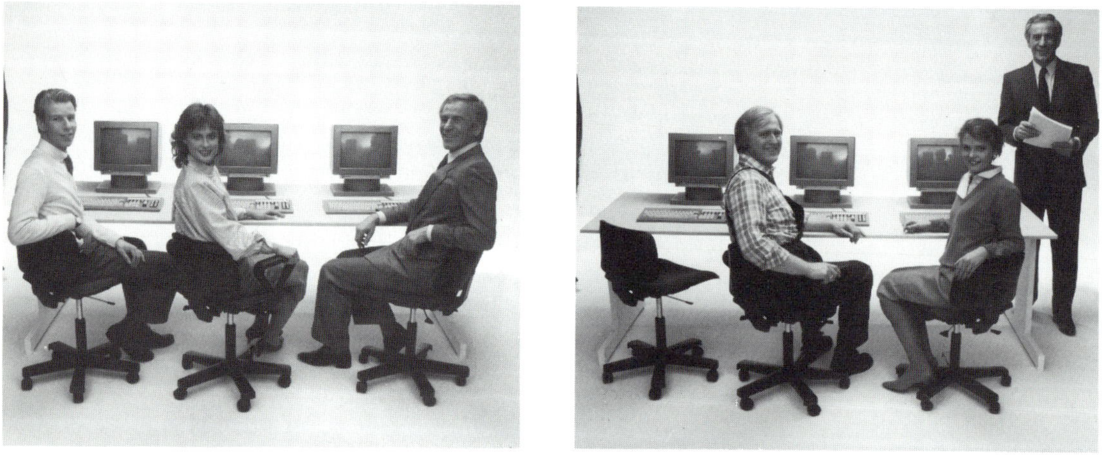

Abb. 3 und 4: Die werblich-visuelle Umsetzung des Produktes nach Zielgruppen

Abb. 4a: Olivetti Logo für autorisierte Olivetti-Händler

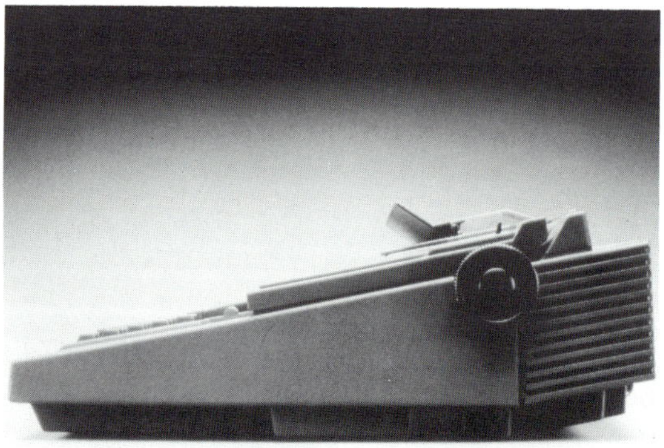

Abb. 5: Elektronische Schreibmaschine der Olivetti ET-Serie

Abb. 6

Abb. 8

Abb. 7, 8, 9, 10: Beispiele der Vielgestaltigkeit von Olivetti-Architekturen weltweit

Abb. 9

Abb. 10

Abb. 11 bis 15: Modifikationen des Olivettis-Logos

Abb. 12

Abb. 13

Abb. 14

Abb. 15

Abb. 16

Abb. 17

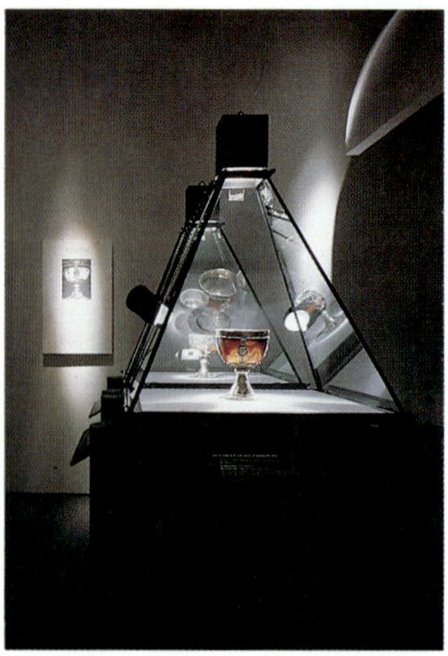

Abb. 18

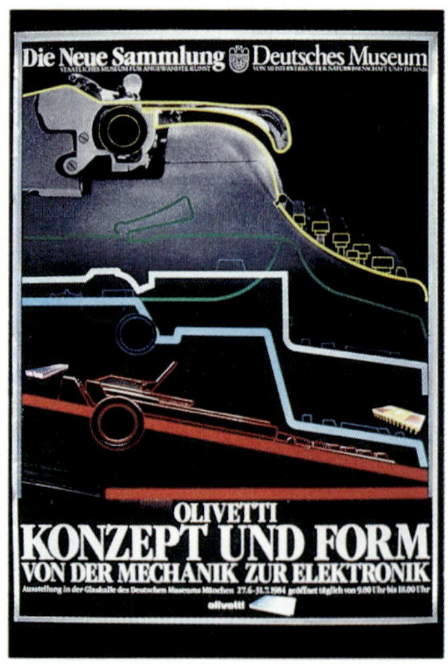

Abb. 19

Abb. 16 bis 20: Beispiele der kulturellen Aktivitäten von Olivetti

Abb. 20

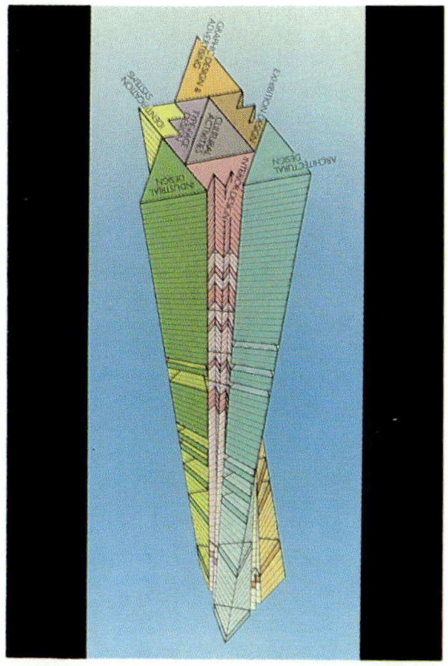

Abb. 21: Verzahnung der Corporate-Imageaktivitäten um das kulturelle Engagement

Abb. 22

Abb. 23

Abb. 22–24: Beispiele von Olivetti Produktdesign als Dokumentation von Ästhetik und Zeitgeist

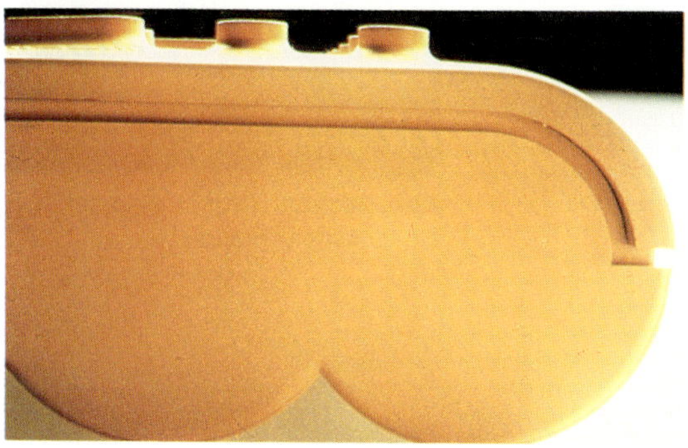

Abb. 24

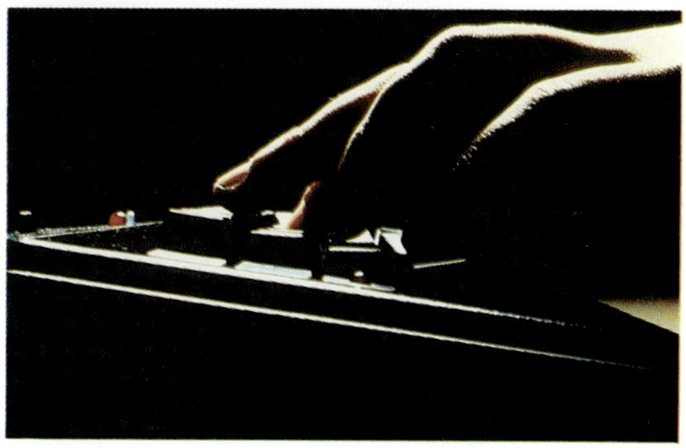

Abb. 25: Ergonomie-Studien von Olivetti

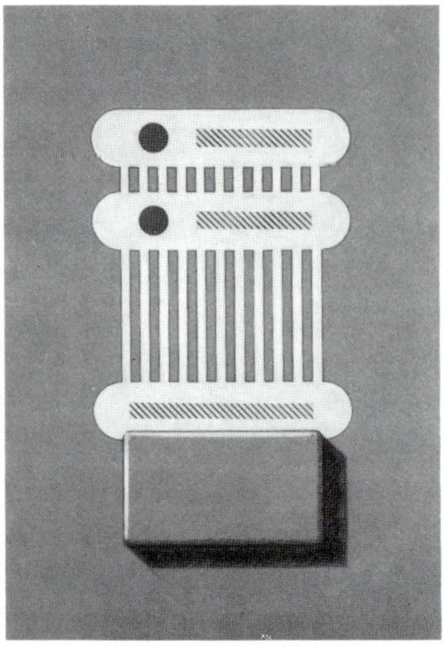

Abb. 26: Interessant gestaltetes Tastaturdetail von Olivetti um Produktnivellierungen durch ergonomische Vorgaben entgegenzuwirken.

Abb. 27: Spirale als Markenzeichen in Ergänzung zum Olivetti Logo

Abb. 28: Weltweit verbindlicher Firmenlogo

Abb. 29: Die „Roten Bücher“ von Olivetti, als Grundlage für ein weltweit einheitliches Erscheinungsbild

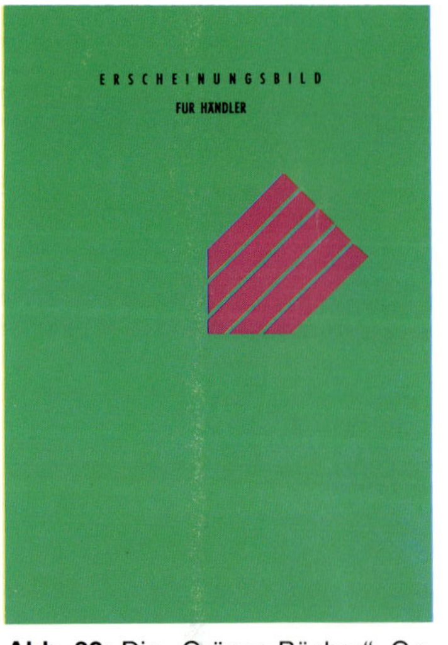

Abb. 30: Die „Grünen Bücher“, Gestaltungsrichtlinien für Olivetti-Händler

Lydia Grabosch

Deutsche Krankenversicherung: Corporate Identity und Corporate Design eines Versicherungsunternehmens

Inhalt

Da liegt er auf dem Tisch – unterschrieben – der Versicherungsvertrag. Ich sehe in die Augen meines Gegenübers und kann in ihnen lesen. Gerade hat Herr K. Mustermann eine „Ware“ gekauft, für die er zwar Geld bezahlt, die er aber nicht in Händen halten kann wie so viele andere Produkte.

Dienstleistungs-Versicherung

Er hat eine Dienstleistung gekauft. Einen Artikel, der für ihn „unsichtbar“ ist – zumindest zum Zeitpunkt des Kaufes.

K. Mustermann (in diesem Moment Versicherungsnehmer) ist gegenüber dem Unternehmen in einer besonderen Situation.

Er gibt sein Geld
für eine für ihn im Moment nicht überprüfbare Leistung,
die zu einem unbestimmten Zeitpunkt erbracht werden soll
und dazu noch von einem Dritten (Arzt, Krankenhaus etc.),
wobei er selber natürlich hofft, daß der Versicherungsfall nicht eintritt ...!

Die Prämie wird also für ein Versprechen in bezug auf die Zukunft, in bezug auf Sicherheit gegeben.

Und das bedeutet – seitens des Käufers – Vertrauen haben! Vertrauen zum Anbieter, Vertrauen zu seinem „Produkt“.

Versichern ist Vertrauenssache

Für K. Mustermann ist die DKV – Europas größte private Krankenversicherung – der Spezialist, der die Kompetenz für Sicherheit hat, der Vertrauen durch Erfahrung und Leistungsvielfalt begründen kann und der in der Öffentlichkeit den Anspruch auch glaubhaft darstellen kann.

Ein Name, der Vertrauen schafft – DKV!

Dieses Vertrauen kann jedoch nur in jahrelanger „Kleinarbeit“ aufgebaut und durchgesetzt werden.

Voraussetzung dafür ist eine konsequente Kommunikation, unterstützt durch eine konsequente Linie.

Deshalb ist gerade in der Versicherungswirtschaft die Corporate Identity von besonderer Bedeutung.

„Corporate Identity und Corporate Design“, so ist das 3. Kapitel dieses Buches überschrieben.

Warum diese Gegenüberstellung? Worin besteht da der Zusammenhang? Vor einigen Jahren entdeckte ich in der Zeitschrift W & V (Nr. 43 vom 29. Oktober 1982) einen Artikel von Wolf-Dietrich Groß, der sich mit der Definition dieser beiden Begriffe befaßt und der meinem Verständnis beider Wortschöpfungen entgegenkommt.

Ich möchte meinen Ausführungen zum Fallbeispiel „DKV“ deshalb ein Zitat aus diesem Artikel voransetzen:

„Aus der Sicht des Management kann Corporate Identity nur einen Sinn geben, wenn es als manifestiertes Selbstverständnis des Unternehmens angestrebt und begriffen wird. CI ist ein facettenreiches Kunstwerk, das nicht nur erarbeitet, sondern vor allem am Arbeitsplatz erlebt und gelebt werden muß. Es setzt sich zusammen aus den Aufgaben und Zielsetzungen des Unternehmens; ..." und „... seinem institutionalisierten visuellen (CD) und personellen Erscheinungsbild ... Konsequenterweise sollte ein CD (Corporate Design) sich automatisch aus verinnerlichter Unternehmens-Identität ergeben und gewissermaßen die visuelle Hülle bieten."

CD/CI und ihre Verbindung

Wie sieht diese Umsetzung bei der DKV, der Deutschen Krankenversicherung AG, aus?
Wie präsentiert sie sich nach innen und nach außen?
Welche Funktion hat das Corporate Design im Rahmen der Corporate Identity?
Hier will ich auf eine Darstellungsform zurückgreifen, wie sie Professor Wolfgang Schmittel in seinem Beitrag „Corporate Identity und Corporate Design" verwendet hat – den Mazda-Baum – übertragen auf die DKV! In sehr anschaulicher Weise wird in dieser Grafik ersichtlich, wie die einzelnen Designfaktoren übergreifend in alle Bereiche der Firmenpräsentation ein gleichartiges Erleben mit einer Firma vermitteln können.
Beim Zusammenstellen der Unterlagen für diese Grafik wurde mir noch einmal deutlich, wie viele Möglichkeiten es für eine Firma gibt, sich nach innen und außen als Einheit darzustellen. Ob es der Kugelschreiber mit Aufdruck ist, den der Mitarbeiter in Händen hält oder die überregionalen Publikumsanzeigen für Werbung und Öffentlichkeitsarbeit; ob es die Betriebssportgruppen mit ihren Trikots sind oder der Bericht über solche sportlichen Aktivitäten in der Mitarbeiterzeitung; ob es die „simple" Antwortkarte ist, die einem Schreiben beigefügt wird oder ein Mailing, das an bereits vorhandene Kunden oder an einen potentiellen Kundenkreis versandt wird; ob es um Schulungsprogramme für Mitarbeiter (Innen- und Außendienst) geht oder um die Gewinnung neuer Mitarbeiter durch ein entsprechend angelegtes Personalrekrutierungsprogramm. Eins ist unverkennbar.

Präsentation der DKV nach innen und außen

Hinter allem steht die DKV – Europas größte private Krankenversicherung – mit ihrem Zeichen, mit ihrem Namen.

Deutsche Krankenversicherung

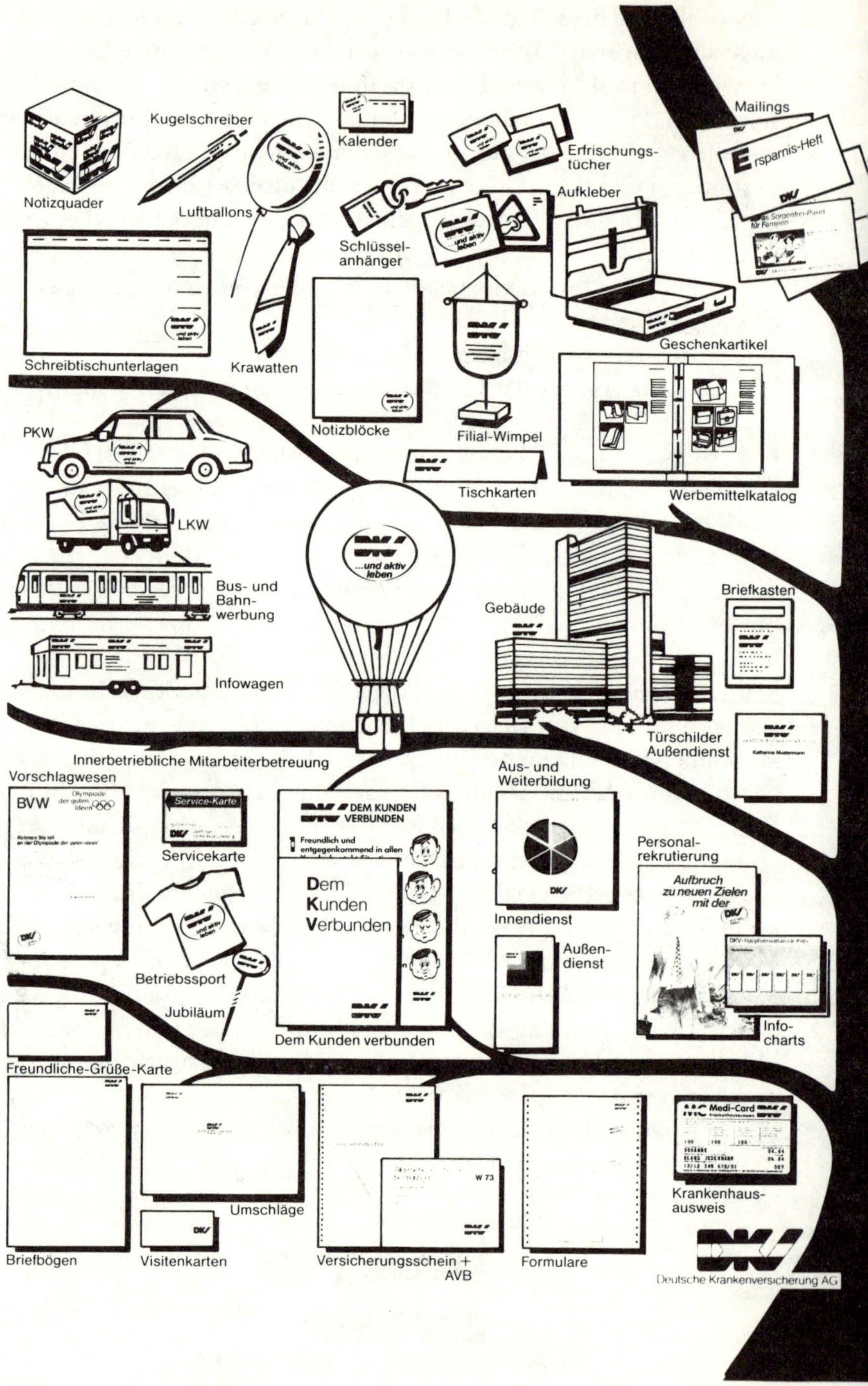

Notizquader
Kugelschreiber
Luftballons
Kalender
Erfrischungs-
tücher
Mailings
Ersparnis-Heft
Aufkleber
Schlüssel-
anhänger
Schreibtischunterlagen
Krawatten
Notizblöcke
Filial-Wimpel
Geschenkartikel
PKW
Tischkarten
Werbemittelkatalog
LKW
...und aktiv leben
Bus- und
Bahn-
werbung
Gebäude
Briefkasten
Infowagen
Türschilder
Außendienst
Innerbetriebliche Mitarbeiterbetreuung
Vorschlagwesen
BVW
Service-Karte
Servicekarte
DEM KUNDEN VERBUNDEN
Dem
Kunden
Verbunden
Aus- und
Weiterbildung
Innendienst
Personal-
rekrutierung
Aufbruch
zu neuen Zielen
mit der
Außen-
dienst
Betriebssport
Jubiläum
Dem Kunden verbunden
Info-
charts
Freundliche-Grüße-Karte
Medi-Card
Krankenhaus-
ausweis
Umschläge
W 73
Briefbögen
Visitenkarten
Versicherungsschein +
AVB
Formulare
Deutsche Krankenversicherung AG

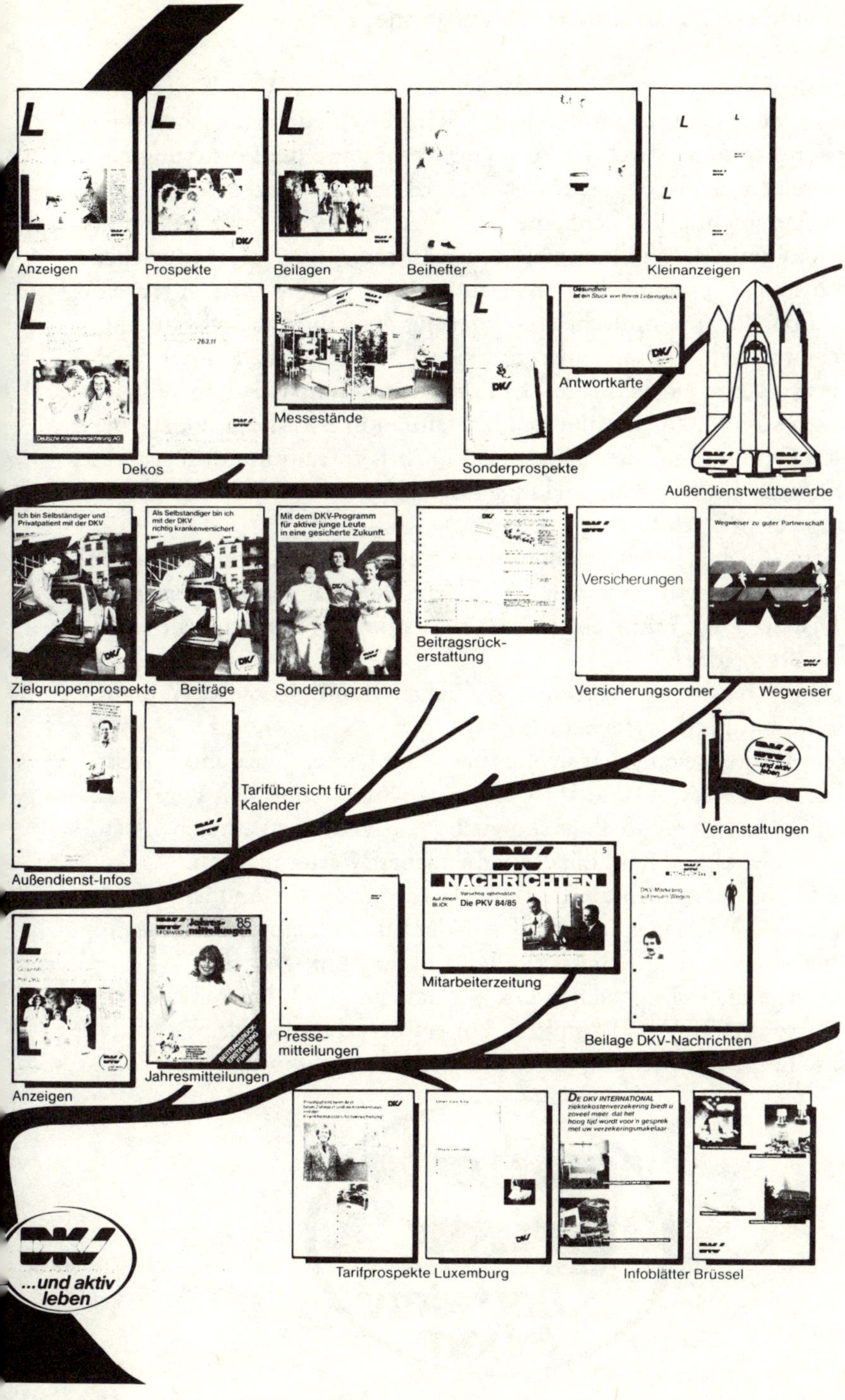
Anzeigen
Prospekte
Beilagen
Beihefter
Kleinanzeigen
Antwortkarte
Messestände
Dekos
Sonderprospekte
Außendienstwettbewerbe
Ich bin Selbständiger und Privatpatient mit der DKV
Als Selbständiger bin ich mit der DKV richtig krankenversichert
Mit dem DKV-Programm für aktive junge Leute in eine gesicherte Zukunft.
Versicherungen
Wegweiser zu guter Partnerschaft
Beitragsrück-
erstattung
Zielgruppenprospekte
Beiträge
Sonderprogramme
Versicherungsordner
Wegweiser
Tarifübersicht für
Kalender
Veranstaltungen
und aktiv leben
Außendienst-Infos
NACHRICHTEN
Die PKV 84/85
Mitarbeiterzeitung
Jahres-
mitteilungen
'85
Presse-
mitteilungen
Beilage DKV-Nachrichten
Anzeigen
Jahresmitteilungen
De DKV International
Tarifprospekte Luxemburg
Infoblätter Brüssel
...und aktiv
leben

1. Eine kurze Exkursion in die Vergangenheit

Die DKV setzt ein neues Zeichen

Bis zu dem heutigen Zeichen war es jedoch ein langer Weg. Weit über 40 Jahre lang begleitete der Adler die DKV in verschiedenen, leicht modernisierten Formen. Mitte der 70er Jahre kam dann die Forderung nach einem neuen, dem Zeitgeschmack angepaßten Markenzeichen.
Firmengeschichte, Firmenname und Vertriebsprogramm ließen der Entwicklung eines vollkommen neuen Firmen- oder Markenzeichens jedoch keinen erkennbaren Spielraum. Auch wollte man durch eine nicht allzu abrupte optische Veränderung der unterschwelligen Angst entgegenwirken, daß sich nicht nur visuell, sondern auch innerbetrieblich etwas verändert habe und damit negativ auf die Leistungen durchschlagen könnte. Die veränderte Marktsituation erforderte eine stärkere Markenprofilierung, die damals fast 50jährige Tradition dagegen eine kontinuierliche Weiterentwicklung des Vorhandenen. Doch die Veränderung hat sich gelohnt!
Das neue Zeichen brachte hohe Sympathiewerte. Außerdem zeigte sich, daß es auch in der allgemeinen Akzeptanz, den Erinnerungswerten und der Distanz zu Konkurrenzzeichen wesentlich besser beurteilt wurde als das alte Zeichen.
Man kann so durchaus von einer geglückten Synthese zwischen Identität und Kontinuität sprechen!

Eine Philosophie gesellt sich dazu

Zu dem Firmenzeichen hat sich im Laufe der letzten Jahre eine Philosophie gesellt „DKV ... und aktiv leben“ – wobei unter dem Begriff „... und aktiv leben“ nicht allein sportliche Aktivitäten zu verstehen sind, sondern alle Aktivitäten, die das Leben lebenswerter machen.
Es heißt vor allem aber auch, „aktiv“ etwas für die Gesundheit tun, gesund leben. Das steigende Bewußtsein der Bürger, Selbstverantwortung zu übernehmen, hat die Basis zu dieser Philosophie geliefert.
Eingebettet in ein Logo gehen DKV-Zeichen und Philosophie gemeinsam durch die DKV-Werbemittel. Unterstützt durch vielseitige Aktivitäten seitens der Abteilung Öffentlichkeitsarbeit.

2. Farbe und Schrift: Zwei wichtige Komponenten für ein einheitliches Erscheinungsbild

HKS 65 und Helvetica bestimmen die Gestaltung

Grün galt schon immer als Hausfarbe der DKV. Zur genauen Definition des Grüntones – so wie er heute verwendet wird – kam es jedoch erst mit der Entwicklung und Findung des neuen Firmenzeichens. Erstmals wurde zu diesem Zeitpunkt das Grün fest fixiert. Es wurde gegenüber dem alten Grün aufgehellt, freundlicher gemacht und auf eine HKS-Norm umgestellt.
HKS 65 bildet heute die Basis für alle Druckstücke. 100 % Grün ist bei farbigem Druck Pflicht für das Firmenzeichen und für das Logo. Werden Zeichen oder Logo in einer Schwarz/Weiß-Version benötigt, erhält das DKV-Zeichen als Mittelbalken eine Tonfläche. Drucktechnische Modifikationen bleiben in der Praxis nicht aus. Bei der Schrift entschied man sich für eine – zwar häufig verwendete – jedoch zeitlose, klare und gut lesbare Schrifttype – die Helvetica.
Nach diesem kurzen Rückblick nun wieder zurück in die Gegenwart, zurück zum DKV-Baum.
Zunächst sei an dieser Stelle darauf hingewiesen, daß diese Gesamtübersicht – trotz der Vielfalt – nicht alle Werbemittel enthält, sondern Schwerpunkte setzt. Eine noch umfangreichere Darstellung hätte jedoch den Rahmen dieser Grafik gesprengt.
Betrachtet man die einzelnen Äste des DKV-Baumes, so stellt man fest, daß viele Abbildungen für sich sprechen, manche jedoch für den Außenstehenden erklärungsbedürftig sind.
Ich werde im folgenden einige Bereiche kurz näher erörtern, um anhand dieser Beispiele zu zeigen, wie die DKV sich dem Verbraucher, aber auch den eigenen Mitarbeitern näherbringt.

3. Geschäftspapiere/Formulare

Der Absender ist unverkennbar DKV

Der erste und mit wichtigste Bereich, in dem sich das Erscheinungsbild einer Firma konsequent durchziehen sollte, ist der Bereich der Geschäftspapiere. Von Briefbögen, Visitenkarten, Umschlägen und Freistempler bis hin zur „Freundlichen-Grüße-Karte" ist der Absender – die DKV – deutlich für den Empfänger erkennbar.
Auch Versicherungsschein und Allgemeine Versicherungsbedingungen tragen den Namen des Absenders unverkennbar.

4. Innerbetriebliche Mitarbeiterbetreuung/Aus- und Weiterbildung

Die DKV und ihre Mitarbeiter

Wie bereits eingangs erwähnt, ist der Mitarbeiter, seine Verbundenheit mit der Firma und das Kenntlichmachen dieser Verbundenheit nach außen, aber insbesondere auch seine Qualifikation, seine Weiterentwicklung von besonderer Bedeutung. Deshalb werden innerbetriebliche Mitarbeiterbetreuung sowie Aus- und Weiterbildung bei der DKV großgeschrieben. Die jährlich erscheinenden Schulungsprogramme erfreuen sich großer Beliebtheit, was die rege Teilnahme beweist. Ein parallel dazu laufendes – langfristig angelegtes – Schulungsprogramm „DKV ... dem Kunden verbunden" zielt darauf ab, den Kontakt zum Kunden langfristig freundschaftlich zu gestalten und zu halten.
Auch hier steht hinter allem die DKV!

5. Personalrekrutierung

Die DKV und der Außendienst

Je besser der Außendienst, umso größer der Erfolg.
Deshalb wurde bei der DKV ein spezielles Personalrekrutierungsprogramm erarbeitet, das bei der Suche und Auswahl qualifizierter Außendienst-Mitarbeiter unterstützend mitwirken soll. Es beinhaltet neben allgemeinen Hinweisen, Tips und Infos für Bewerbergespräche auch eine Informationsbroschüre für den Bewerber selber, in der er die DKV und seine Möglichkeiten bei der DKV nochmals vorgestellt bekommt.
Wandert man von hier aus weiter in den Bereich der Außenwerbung – bei der DKV speziell Verkehrsmittelwerbung –, zeigt sich auch hier, wie vielseitig die Möglichkeiten sind. Von Bus- und Bahnwerbung über Firmenfahrzeugbeschriftung bis hin zum DKV-Infowagen und zum DKV-Ballon ...
Noch üppiger und vielschichtiger wird der DKV-Baum im Bereich der allgemeinen Werbemöglichkeiten. Vom Notizblock über Taschenkalender, Schreibtischunterlagen, Luftballons, Erfrischungstüchern bis hin zu Aufklebern in verschiedenen Größen, Tischkarten, Namensschildern und, und, und ... – ein Land der unbegrenzten Möglichkeiten!

6. Die neue DKV-Kampagne für Werbung und Öffentlichkeitsarbeit: Premiere im Herbst 1984

1984 – ein Jahr, das richtungsweisend war.

Das „Kommunikations-Paket“ für Werbung und Öffentlichkeitsarbeit

Ein weiterer wesentlicher Bereich ist die Darstellung in der Öffentlichkeit über Anzeigen. Hier sei darauf hingewiesen, daß die getrennten und mit unterschiedlichen Akzenten versehenen Anzeigenserien der beiden Bereiche Öffentlichkeitsarbeit und Werbung in einer vollständigen optischen Einheit verschmolzen sind. Werbung und Öffentlichkeitsarbeit bilden gestalterisch einen Auftritt. Das schafft ein starkes, unverwechselbares DKV-Erscheinungsbild. Dabei steht alles unter dem Motto „DKV ... und aktiv leben“. Und trotzdem bleiben die Zielsetzungen unterschiedlich!

Durch die Produktwerbung sollen immer mehr Interessenten für das „Produkt“, einen maßgeschneiderten Versicherungsschutz, gewonnen werden, um damit den Versichertenbestand zu vergrößern und den Markt zu sichern.

Kommunikationsinhalte

Ausgangsbasis und erklärtes Ziel für Kommunikationsinhalte: Mehr Emotion und menschliche Nähe. Mehr Transparenz beim Angebot. Die DKV spricht zu Menschen über ihre persönliche Situation – menschlich und natürlich. Sie bietet Problemlösungen an. In sympathischer Verpackung.

Vom Single über Ehepaare bis hin zur Familie und zum jungen Unternehmer zeigt sie jeder Zielgruppe, wo die individuelle Leistung der DKV für jeden einzelnen liegt. Und auch, daß diese Leistung nicht unbedingt „mehr Geld zahlen“ bedeutet. Jeweils an einem konkreten Beispiel wird dargestellt, wie ein individuelles Versicherungs-Paket aussieht und was es kostet. Die DKV schafft damit Leistungs- und Kostentransparenz – und damit Vertrauen. Sie baut Interesse für den individuellen, maßgeschneiderten Versicherungsschutz auf. Sie baut Klischee-Vorstellungen ab, es sei teuer und fast elitär, privat versichert zu sein. Dies alles in einer sehr menschlichen Sprache. In einem formalen Auftritt, der der Position im Markt entspricht.

Parallel dazu die Kampagne der Öffentlichkeitsarbeit. Diese Kampagne macht deutlich, wie wichtig es ist, selbst etwas für seine Gesundheit zu tun. Und damit nicht nur für sich selbst, sondern letztlich für das ganze Gesundheitswesen. Sie zeigt, welchen Beitrag die DKV hierzu leistet. Informationen, Anregungen und aktive Hilfe für ein aktives Leben.

Individuelle Zielgruppen-Ansprache und der hier ebenfalls verarbeitete „Paket-Gedanke“ – inhaltlich auf die Belange der Öffentlichkeitsarbeit abgestimmt – sind das gemeinsame Merkmal beider Kampagnen.

Die DKV ein kompetenter Vertragspartner

Die DKV stellt sich als der sympathische Vertragspartner vor, der nicht nur in puncto Versicherungsschutz, sondern darüber hinaus auch in Fragen der Gesundheit und Vorsorge kompetent und tonangebend ist.
Mit diesen beiden Kampagnen wurde eine Eigenständigkeit und Unverwechselbarkeit produziert, die sich aus der Masse der Werbung generell und speziell aus der Sparte der Versicherungs-Werbung positiv heraushebt.
Diese Behauptung läßt sich nach einiger Zeit der Erfahrung konkret belegen durch die gewünschte Resonanz und durch die begleitende Marktforschung.
Mit der neuen Kampagne ist ein deutlicher Zuwachs an Identität und Eigenständigkeit verbunden.
Aus Platzgründen kann in dem Design-Baum jeweils nur ein Anzeigenbeispiel stellvertretend für alle Motive stehen.
Damit auch seitens der Mitarbeiter dieses neue „Kommunikations-Paket" nach außen vertreten werden kann, wurden alle Mitarbeiter der DKV mit einer persönlichen Infobroschüre über das neue Konzept informiert. Diese Infobroschüre beinhaltete die geschalteten Anzeigenmotive der ersten Einschaltphase und Rechenbeispiele für die verwendeten Beiträge.

7. Konsequente Weiterführung der Linie durch alle Bereiche

Eine Linie wird fortgeführt

Analog zu dieser Basis-Kampagne wurden Beilagen und Beihefter sowie Prospekte (DIN A 4 und DIN A 5) entwickelt.
Auch die übrigen Werbemittel, wie z. B. Kleinanzeigen, wurden an die neue Linie angeglichen bzw. werden es sukzessive.
Auf Messen und Ausstellungen sowie mit dem gesamten Dekorationsmaterial, z. B. für Schaufenster, präsentiert die DKV sich bereits ebenfalls mit der neuen Linie.

8. Die Verkaufsunterlagen für den Außendienst

Womit der Außendienst arbeitet

Mit der überregionalen Werbung wird das Adressenmaterial, die Arbeitsgrundlage für die Außendienst-Mitarbeiter, geschaffen.
Doch vor Ort, beim Kunden, muß der Außendienst-Mitarbeiter auch richtig gerüstet sein, mit den richtigen Verkaufsunterlagen. Die Verkaufsprospekte, die bereits seit einigen Jahren in ihrer jetzigen Form existieren, sind ebenfalls visuell und verbal zielgruppenspezifisch aufge-

baut. Auch hier steht in dem Design-Baum nur ein Beispiel für die gesamte Serie.

9. Kundenbetreuung auch nach der Unterschrift

Dem Kunden verbunden

Damit der Kunde sich auch nach der Unterschrift eng mit der DKV verbunden fühlt, bietet die DKV ihm verschiedene Service-Angebote – zum Beispiel:

Die Jahresmitteilungen
Informationsbroschüre an alle Versicherten über den Verlauf des vergangenen Geschäftsjahres, über Neuerungen u. dgl.

Beitragsrückerstattung + Service-Karten
Neben der Information über die Beitragsrückerstattung erhalten die Versicherten das Angebot, sich den Versicherungsschutz nochmals überprüfen zu lassen oder als Vermittler tätig zu werden ...

Von den Jahresmitteilungen bis zum Versicherungsordner

Mailings an Kunden
Bereits versicherte Kunden werden in Form von Mailings über neue Möglichkeiten bezüglich des Versicherungsschutzes informiert

Die DKV-Medi-Card
Der Krankenversicherungsausweis, der von der DKV als erster privater Krankenversicherung herausgebracht wurde und heute bereits in mehr als 1500 Krankenhäusern (mit rund 85 Prozent aller Krankenhausbetten) anerkannt wird und den bereits 1,2 Millionen DKV-Versicherte haben. Damit wird für den DKV-Patienten der Ablauf bei einem notwendigen Krankenhausaufenthalt noch problemloser. Denn die Medi-Card ist eine garantierte Leistungszusage durch die DKV an das Krankenhaus. Der Patient braucht sich um nichts mehr zu kümmern, was das Abrechnen zwischen Krankenhaus und DKV angeht.

Der Weg zur guten Partnerschaft
Die praktische Betriebsanleitung – in Form einer Infobroschüre – zum Umgang mit der DKV, ergänzt durch einen Versicherungsordner und Service-Hefte bis hin zu anderen Informationsunterlagen aus dem sozialpolitischen Bereich.

DKV – Dem Kunden verbunden ... und das, wo immer es möglich ist!

Auch im Ausland aktiv

Zur Abrundung des Gesamtbildes sei zum Schluß noch auf die werblichen Aktivitäten der ausländischen Filialen hingewiesen. Auch hier wird versucht, an das einheitliche Erscheinungsbild der DKV anzuknüpfen, um die DKV auch über die Grenzen hinweg bekanntzumachen und ihre Position im Markt zu stärken.

Corporate Design eine langfristig angelegte Aufgabe

Sicher ist Corporate Design eine Aufgabe, die langfristig angelegt ist und ständig wachsam begleitet, verfolgt und institutionalisiert werden muß, um den latent auftretenden Bestrebungen der „Verwässerung" entgegenzuwirken.

Und: Es bedarf der ständigen Überprüfung und Weiterentwicklung!

Doch je homogener ein Unternehmen in der Öffentlichkeit auftritt, um so größer ist der Beitrag zur Sicherung und dem Ausbau des Marktes.

Teil IV

Design im Recht

Dieter Gaul

Inhalt

Wenn als Design eine künstlerische Formgestaltung verstanden wird, die einem Gebrauchsgegenstand eine ästhetische besonders ansprechende Verkörperung vermittelt, so handelt es sich dabei um die notwendige Harmonie zwischen funktionalen Gegebenheiten und ästhetischer Ausdruckskraft[1]. Für den Urheber eines Design oder dessen Rechtsnachfolger kommt es freilich darauf an, die eigenen schöpferischen Ideen und Leistungen gegenüber Mitbewerbern soweit wie möglich abzusichern. Dies gilt nicht nur für selbständig verkehrsfähige Gesamterzeugnisse, sondern kann, wie eine jüngere Entscheidung des OLG Köln vom 23.11.1984[2] im Grundsatz bestätigt, auch für Teile eines Gesamtproduktes, wie beispielsweise für einen Autokotflügel, Bedeutung gewinnen. Andererseits sollte ein Unternehmen auch die Möglichkeiten und Grenzen kennen, fremde Leistungen ohne den Makel unerlaubter Nachahmung nutzen zu dürfen.

Harmonie von Funktion und Ästhetik ...

I. Zweck und Interessenlage

Der Designer muß die funktionalen Anforderungen, etwa eines elektrischen Rasierapparates, einer Schreibtischlampe, eines Fernsehgehäuses, einer Tapete, einer Vase, eines Kühlergrills, eines Pkws, einer Steckdose, eines Rasenmähers oder auch die Zusammenfassung verschiedener Küchengeräte berücksichtigen und zugleich in eine das ästhetische Empfinden ansprechende Form umsetzen. Zweck und Funktion des Produktes sollen durch eigenpersönliche form- oder farbenschöpferische Ausdruckskraft[3] überzeugen. Funktion und Schönheit sollen miteinander harmonieren. Der Gebrauchsgegenstand soll durch seine Erscheinungsform in der Designgestaltung stärkere Beachtung und Anerkennung finden.

Gerade dann, wenn ein bestimmtes technisch geprägtes Produkt in seiner funktionalen Ausgestaltung, also in seiner technischen Seite, nicht mehr entwicklungsfähig erscheint, bietet allein die ästhetische Formgestaltung oder Farbgebung die Möglichkeit, auf einen besonderen Hersteller zu verweisen, die konkrete Ausgestaltungsform marktgerechter werden zu lassen und damit den Vertrieb zu verbessern. Oft ist bei sol-

... gibt Wettbewerbsvorteile, ...

1. Vgl. hierzu sowie zur rechtlichen Einordnung und zum Inhalt der sog. Designer-Verträge: Hagen, BB 1977 S. 167 ff.
2. GRUR 1985 S. 438.
3. OLG Düsseldorf vom 16.10.1984, GRUR 1985 S. 545.

chen Produkten die Design-Gestaltung das einzige Abgrenzungskriterium bei im übrigen technisch gleichwertigen Ausgestaltungen[4].

Hat aber ein solches ästhetisch besonders ansprechendes Produkt auf dem Markt Anerkennung, Beachtung oder gar Verbreitung gefunden, liegt es nahe, daß auch der Wettbewerber versucht, sich an diese Entwicklung „anzuhängen"[5] oder diese akquisitorischen Vorleistungen jedenfalls für eigene Interessen zu nutzen. So kann schon das Ausstellen einer neuen Design-Entwicklung auf einer Messe für den Mitbewerber Anlaß sein, sich auf diese Gestaltung eines im übrigen marktgängigen Produktes einzustellen und damit kurzfristig dem Schöpfer dieser Gestaltung seinen Marktvorteil, den dieser durch die Vorentwicklung glaubte erreicht zu haben, wieder streitig zu machen. Der Mitbewerber verfügt deshalb meist über eine so schnelle Reaktionsmöglichkeit, weil er im Regelfall für seine Parallelgestaltungen über die gleiche technische Fertigungsausstattung verfügt, es also keine Probleme aufwirft, die maschinellen Anlagen auf eine etwas abweichende Fertigungsform umzustellen. Er hat auch den gleichen Kunden- und damit Adressatenkreis in seinem Vertrieb vor sich, so daß gerade im Design-Bereich eine gegenüber sonstigen technischen Entwicklungen viel empfindlichere Gefährdung schöpferischer Leistungen und errungener Marktvorteile gegeben erscheint.

... die Nachahmer anlocken

Da auch eine Design-Entwicklung vergleichbar mit technischen Entwicklungen in anderen Bereichen vielfach entsprechender zeitlich und wirtschaftlich belastender Vorarbeiten bedarf, ist es verständlich, daß der Erfolg einer Design-Entwicklung auch vom Standpunkt des Schöpfers oder seines Rechtsnachfolgers eine entsprechende rechtliche Absicherung gegen derartig unerwünschte Nachahmung erfahren sollte.

Dies gilt nicht nur für kurzlebige Gegenstände des täglichen Lebens, wie Blusen, Schlipse, Vasen, die möglicherweise nach einer Saison durch veränderte modische Wertungen verdrängt und durch neue Gestaltungsformen und ästhetische Leistungen abgelöst werden. Auch für längerfristig angelegte Produkte, wie beispielsweise Muster und Modelle für die Unterhaltungselektronik oder gar die Karosserie eines Pkws sind oft jahrelange Vorarbeiten erforderlich, um zu optimal erscheinenden ästhetischen Ausdrucksformen zu gelangen. Für Hersteller von

4. Zur Auseinandersetzung über die Neuheit eines geschmacksmusterfähigen Kaffeeautomaten vgl. OLG Frankfurt vom 27.5.1982, 6 U 31/80.
5. Zur Rufausbeutung vgl. OLG München vom 23.1.1985, Perrier, GRUR Int. 1983 S. 247.

Küchengeräten[6] und für Automobilhersteller[7] liegt das Interesse an einer rechtlichen Absicherung eigenschöpferischer Leistungen vielfach im zentralen Bereich der wirtschaftlich geprägten Unternehmenspolitik. Auch für den Bereich der Möbelindustrie und für Lampenhersteller gelten beispielsweise ähnliche Grundsätze.

Das verständliche Schutzinteresse

Andererseits ist es aber auch für den Hersteller von Produkten mit designgestalteter Ausdruckskraft wichtig zu wissen, in welchem Umfange und unter welchen rechtlichen Voraussetzungen Fremdleistungen genutzt werden dürfen. Nicht immer ist es für ein Unternehmen empfehlenswert, eigene Wirtschafts-, Forschungs- und Entwicklungskraft einzusetzen, um bestimmte Design-Gestaltungen für eigenen Produkte zu schaffen. Häufig hat das Zeitmoment, die notwendige Schnelligkeit, auf dem Markt mit bestimmten Produkten Eingang zu finden, ein so hohes Gewicht, daß es wünschenswert erscheint, bereits von Dritten entwickelte und für die eigene Produktgestaltung ansprechende und angemessene Design-Gestaltungen zu nutzen, ohne sich gegen die Schranken des gewerblichen Rechtsschutzes zu verhalten oder den Makel wettbewerbswidrigen Handelns auszulösen.

II. Der gesetzlich begründbare Schutz des Industriedesign

Der Design-schutz ...

Da es im geltenden Recht kein spezielles Gesetz über den Design-Schutz gibt, unsere verfassungsrechtliche Ordnung sich auf die Gewährleistung der Eigentumsrechte in Art. 14 GG stützt[8], muß von den im gewerblichen Rechtsschutz angesiedelten und den ergänzenden Gesetzen zum Schutz immaterieller Rechtsgüter ausgegangen werden[9]. Darüber hinaus wird die Betätigungsfreiheit im gewerblichen Bereich auch durch ergänzende Vorschriften des geltenden Wettbewerbsrechtes und des Warenzeichen- und Firmenrechtes eingeschränkt, so daß auch diese über den gewerblichen Rechtsschutz im engeren Sinne hinausgehenden Rechtsgebiete bei einer Betrachtung der möglichen Absicherung eigener Design-Entwicklungen bedacht werden müssen.

6. Vgl. OLG Frankfurt vom 27.5.1982, 6 U 31/80.
7. Vgl. OLG Köln vom 23.11.1984, Autokotflügel, GRUR 1985 S. 438, nicht rechtskräftig.
8. Vgl. hierzu Schmidt-Bleibtreu/Klein, GG Art. 14 Rz. 1 ff.; Weber bei Neumann/Nipperdey/Scheuner, Die Grundrechte II S. 330 ff.
9. Vgl. Gaul/Bartenbach, Handbuch des gewerblichen Rechtsschutzes A I.

1. Die Bedeutung der gewerblichen Schutzrechte

... und seine rechtlichen Anleihen

Um das Ziel, eigene schöpferische Design-Entwicklungen gegenüber unerwünschter Nachahmung abzusichern, erreichen zu können, liegt es nahe, gewerbliche Schutzrechte hierfür heranzuziehen, begründen diese doch für den Schutzrechtsinhaber Verbietungs- und Monopolrechte[10].

1.1. Patente und Gebrauchsmuster

Technisch geprägte schöpferische Ideen, die eine neue Lehre zum Handeln schaffen, auf einer erfinderischen Tätigkeit (§ 4 PatG, Art. 56 EPÜ) beruhen[11] und gewerblich verwertbar sind[12], begründen bei entsprechender Erfindungshöhe Patente oder Gebrauchsmuster. Mit der Schutzrechtserteilung erwächst dem Schutzrechtsinhaber ein gesetzlich begründeter Monopolschutz (§ 9 PatG, § 5 GebMG). Ohne Erlaubnis des Schutzrechtsinhabers dürfen Dritte von der durch die Fassung der Schutzansprüche gekennzeichneten Lehre weder unmittelbar noch mittelbar Gebrauch machen. Dies gilt auch für den Kaufmann und das Unternehmen[13].

Das Design wird bei dieser technischen Prägung der patentrechtlichen oder vom Gebrauchsmusterschutz erfaßten Lehre jedoch nicht ergriffen. Es unterscheidet sich gerade von diesen technisch geprägten Schutzrechten dadurch, daß die schöpferische Leistung eben nicht auf technisch geprägtem Gebiet liegt, also nicht eine Lehre zum technischen Handeln zum Inhalt hat[14], sondern im ästhetischen Bereich angesiedelt ist.

Stärker als bei den mehr funktional gekennzeichneten technischen Erfindungen steht bei der schöpferischen Leistung eines Design-Gestal-

10. Vgl. Benkard/Bruchhausen, PatG § 9 Rz. 4 ff.; Bernhardt, Lehrbuch des Patentrechts § 14.
11. Vgl. Techn. Beschwerdekammer EPA vom 15.5.1984, Amtsbl. EPA 1984 S. 473; Bericht: GRUR Int. 1978 S. 243, 244, Kolle/Stauder, Bericht GRUR Int. 1985 S. 256.
12. Vgl. BGH vom 20.1.1977, Mitt. 1977 S. 77 ff.; Benkard/Bruchhausen, PatG § 11 Rz. 3; Volmer/Gaul, ArbNErfG § 2 Rz. 31.
13. Vgl. Schmidt-Bleibtreu/Klein, GG Art. 2 Rz. 2; Nipperdey bei Bettermann/Nipperdey, Die Grundrechte IV/2 S. 741 ff.; von Gamm, GRUR 1978 S. 453 ff.; Gaul, Rechtsprobleme der Innovation S. 54 ff.
14. Vgl. Benkard/Bruchhausen, PatG § 1 Rz. 44 w. N.; Schulte, PatG § 1 Rz. 37; Volmer/Gaul, ArbNErfG § 2 Rz. 19.

Patente und Gebrauchsmuster

ters das Formen- oder Farbelement und die hierin nach außen sichtbar werdende Eigentümlichkeit im Vordergrund[15].

Diese Unterschiedlichkeit der technisch geprägten Erfindung, wie sie beispielsweise § 2 ArbNErfG zugrunde liegt[16], und der ästhetisch gekennzeichneten schöpferischen Leistung eines Design schließt freilich nicht aus, daß ebenso wie z. B. bei einem Geschmacksmuster und Urheberrecht in Grenzfällen auch einmal eine technisch geprägte und damit patentwürdige Erfindung zusätzlich noch die Merkmale einer Geschmacksmusterfähigkeit aufweist. Erforderlich ist eben, daß die schöpferische Idee einerseits eine neue Lehre zum Handeln in einem technisch im weitesten Sinne zu verstehenden Gebiet umfaßt[17], andererseits aber die Verkörperung der Erfindung, also möglicherweise eine Vorrichtung, aber auch eine Brücke, in ihrem Design derart ansprechend und eigentümliche ästhetische Merkmale aufweist, daß zusätzlich auch noch eine Geschmacksmusterfähigkeit gegeben erscheint[18].

Was ist schutzfähig

Während im Verhältnis des Geschmacksmusters zum Urheberrecht bei der Frage, ob möglicherweise beide Schutzmöglichkeiten gegeben sind, dieselben Merkmale des Werkes herangezogen werden können und insoweit nur graduelle Unterschiedlichkeiten Bedeutung zu erlangen vermögen, kann im Verhältnis zwischen dem Geschmacksmuster und den technischen Schutzrechten, also Patenten und Gebrauchsmustern, keine derartige innere, sondern lediglich eine äußere Verbindung das Nebeneinander zweier verschiedener Schutzrechtsmöglichkeiten begründen[19]. So kann z. B. die technische Ausgestaltung eines Rückspiegels für einen Pkw eine gebrauchsmusterschutzfähige Neuerung darstellen, zugleich aber in ihrer ästhetischen Ausgestaltung und Eigentümlichkeit sich gegenüber den bekannten Rückspiegelmodellen so abgrenzen, daß zugleich auch eine Geschmacksmusterfähigkeit nach § 1 GeschmMG gegeben ist[20].

15. OLG Düsseldorf vom 16.10.1984, Schlüsselanhänger, GRUR 1985 S. 545.
16. Volmer/Gaul, ArbNErfG § 2 Rz. 17.
17. Vgl. RGZ 107 S. 100 ff., 102, Bilderrahmen; BGH vom 27.3.1969, Rote Taube, GRUR 1969 S. 672; OLG Frankfurt vom 5.7.1956, Schuhschnalle, GRUR 1957 S. 619 ff., 621; OLG Düsseldorf vom 12.6.1959, Rückblickspiegel, GRUR 1961 S. 549, 550.
18. Vgl. im Zusammenhang mit dem ArbNErfG: Volmer/Gaul, ArbNErfG § 2 Rz. 18.
19. Zur Abgrenzung RGZ 107 S. 100, 102, Bilderrahmen; OLG Hamburg vom 16.7.1956, Tiermodelle, GRUR 1957 S. 142.
20. Vgl. OLG Düsseldorf vom 12.6.1959, Rückblickspiegel, GRUR 1961 S. 549.

1.2. *Betriebliche Verbesserungsvorschläge*

Mangelt es einer technisch geprägten schöpferischen Idee am Merkmal der Neuheit und hilft auch die Neuheitsschonfrist von 6 Monaten[21] nicht mehr für eine Gebrauchsmusteranmeldung[22], kann zwar ein betrieblicher Verbesserungsvorschlag vorliegen[23], der den inneren Stand der Technik im Unternehmen und Betrieb verbessert. Hingegen wird hierdurch keine Schutzrechtsposition vermittelt. Nur eine Geheimhaltung kann eine begrenzte und bei Verfahren, die dem Produkt nicht angesehen werden können, eine weitgehende Absicherung bringen[24].

1.3. *Das betriebliche Know-how*

Know-how reicht nicht aus

Ein darüber hinausgehendes technisches Wissen, das einem Unternehmen als Know-how einen wirtschaftlichen Vorteil gegenüber Dritten zu vermitteln vermag[25], bietet bei einer Design-Entwicklung kaum Ansatzpunkte für eine Positionsabsicherung. Soweit mit der Design-Erstellung Know-how verbunden ist, handelt es sich um Verfahrenstechniken und -kniffe, nicht aber um substantielle Inhalte des ästhetisch geprägten und durch Formen und Farben gekennzeichneten Design[26].

21. Diese ist in der letzten Fassung des PatG weggefallen, doch sind zukünftige Änderungen in Richtung einer Wiederbegründung der Neuheitsschonfrist durch dahingehende internationale Abkommen nicht ausgeschlossen. Zur Entwicklung vgl. die 6-monatige Neuheitsschonfrist in dem neugefaßten Patentgesetz für China, DB 1985 S. 1625, bei dessen Fassung namhafte Vertreter der westlichen Industrieländer mitgewirkt haben.
22. Vgl. zum geltenden Recht Bühring, GebrMG § 1 Rz. 148.
23. Vgl. Volmer/Gaul, ArbNErfG § 20 Rz. 91 ff.; BAG vom 28.4.1981, EGR ArbNErfG § 20 Nr. 11 = DB 1981 S. 1043; BAG vom 16.3.1982, BB 1983 S. 963; zur Mitbestimmungstiefe auch Fitting/Auffarth/Kaiser, BetrVG § 77 Rz. 50; Kammann/Hess/Schlochauer, BetrVG § 7 Rz. 70; Gaul, Die betriebliche Einigungsstelle C IV Rz. 20.
24. Soweit ein ArbN ein Geschäfts- oder Betriebsgeheimnis als solches zu erkennen vermag, begründet bereits die dem ArbN obliegende Treuepflicht (vgl. Hueck/Nipperdey, Arbeitsrecht I § 37 I; Nikisch, Arbeitsrecht § 34 I 2; Gaul, Arbeitsrecht F I; BAG vom 26.2.1971, AR-Blattei, Treuepflicht im Arbeitsverhältnis, Entscheidung 2) das Schweigegebot. Meist ist aber in einer betrieblichen Arbeitsordnung eine ausdrückliche Verschwiegenheitsregelung bestimmt; siehe auch Gaul/Bartenbach, Mitt. 19821 S. 207; Volmer/Gaul, ArbNErfG § 24 Rz. 22 ff.; Bartenbach/Volz, ArbNErfG § 24 Rz. 10. Bei Betriebsräten erfordert § 79 BetrVG einen gesonderten Hinweis des Arbeitgebers, um eine Geheimhaltungspflicht zu aktualisieren; vgl. Dietz/Richardi, BetrVg § 79 Rz. 4; Fitting/Auffarth/Kaiser, BetrVG § 79 Rz. 5.
25. Vgl. Stumpf, Der Know-how-Vertrag A, Gaul/Bartenbach, Handbuch des gewerblichen Rechtsschutzes Q.
26. Vgl. OLG Düsseldorf vom 16.10.1984, Schlüsselanhänger, GRUR 1985 S. 545, 546.

1.4. Das Geschmacksmuster

Eine echte Rechtsgrundlage für die Absicherung eines Design bietet das Geschmacksmuster, das gemäß § 1 GeschmMG für eine neue, eigenpersönliche form- oder farbenschöpferische Gestaltung gewährt wird[27]. Diese eigenschöpferische Leistung braucht zwar keine künstlerische Gestaltungshöhe zu erreichen, wie dies bei der angewandten Kunst für eine Urheberrechtsfähigkeit der Fall ist. Die gestalterische Leistung muß sich aber von den Durchschnittsformen des handwerklichen Könnens und von dem zur Verfügung stehenden freien Formenschatz deutlich abheben[28].

Geschmack ist streitbar

Abweichend vom Patent und Gebrauchsmuster knüpft der Schutz des Geschmacksmusters freilich nur an die konkrete Ausgestaltungsform des hinterlegten Musters an und vermittelt keinen Schutz für einen abstrakten, darüber hinausgehenden Erfindungsgedanken oder ein in einem Design zum Ausdruck kommendes Ideengut[29]. Während bei einem Patent und Gebrauchsmuster auch über die Fassung der Schutzansprüche hinausgehende glatte äquivalente Lösungen der erfinderischen Lehre dieser und damit auch dem Monopolschutz des § 9 PatG zugerechnet werden[30], wird durch ein Geschmacksmuster nur die konkrete angemeldete und hinterlegte Ausführungsform geschützt[31]. Diese sehr enge Ausrichtung auf das hinterlegte Muster oder Modell ist freilich nicht so zu verstehen, daß schon eine ganz geringfügig abweichende Übernahme der im Geschmacksmuster zum Ausdruck kommenden schöpferischen Leistung eines Dritten als nicht mehr vom Schutzumfang erfaßt anzusehen sei. Handelt es sich bei den Abweichungen vom Original nur um eine so unbedeutende Unterschiedlichkeit, die nur mit besonderer Sorgfalt feststellbar ist, muß eine derartige „teilweise“ Nachbildung auch als unzulässig angesehen werden[32].

1.5. Urheberrechte

Naheliegend erscheint es, im Zusammenhang mit einem Design-Schutz auch an Urheberrechte zu denken. Diese entstehen ohne besonderen

27. BGH vom 8.5.1968, Rüschenhaube, GRUR 1969 S. 90, 95.
28. Vgl. BGH vom 20.2.1970, Gardinenmuster, GRUR 1970 S. 369.
29. Vgl. BGH vom 21.5.1979, Notizklötze, GRUR 1979 S. 705.
30. Vgl. Benkard/Ullmann, PatG § 3 Rz. 24.
31. Vgl. Eichmann, GRUR 962 S. 651.
32. Vgl. BGH vom 7.11.1980, Leuchtenglas, GRUR 1981 S. 273 ff.; Gerstenberg, GeschmMG § 5 Anm. 1 m. w. N.; Furler, GeschmMG § 5 Rz. 15 ff..

darauf gerichteten Anmeldungsvorgang oder Erteilungsakt mit der Entstehung des schutzfähigen Werkes[33].

Urheberrechte haben Vorteile ...

Gegenüber Patent, Gebrauchsmuster und Geschmacksmuster hat das Urheberrecht den Rechtsvorteil, daß keine Fristen versäumt werden können. Auch ist die Schutzrechtsdauer mit 70 Jahren nach dem Tode des Urhebers außergewöhnlich lang, was für Industriedesign freilich nicht notwendig erscheint, da sich Geschmack und Bedürfnisse der Kunden kurzfristig ändern. Die Neufassung des geltenden Urheberrechtsgesetzes mit Inkrafttreten am 1.7.1985[34] hat daran noch nichts geändert[35].

Mit dem Geschmacksmuster übereinstimmend geht es auch beim Urheberrecht um eine in der konkreten Formgestaltung zum Ausdruck kommende geistige Schöpfung mit einem besonderen Eigentümlichkeitsgrad[36]. Insoweit sind Überschneidungen beider Rechtsgebiete möglich. Das Geschmacksmusterrecht verdrängt aber nicht als lex speciales das umfassendere Urheberrecht[37].

... aber auch höhere Anforderungen

Allerdings sind die Anforderungen an eine nicht nur geschmacksmusterfähige schöpferische Formgestaltung für eine ebenfalls zuzuerkennende Urheberrechtsfähigkeit deutlich höher[38]. Neben der schöpferischen Eigentümlichkeit der geschmacksmusterfähigen, in einem Design zum Ausdruck kommenden Gestaltungskraft muß eine besondere künstlerische Gestaltungshöhe vorliegen[39]. Sind diese Voraussetzungen erfüllt, besteht unter den formalen Anmeldungs- und Hinterlegungsvoraussetzungen des § 7 GeschmMG während der Laufzeit (§ 8 GeschmMG) neben einem Geschmacksmuster auch ein Urheberrechtsschutz, wobei die Anforderungen für einen Urheberschutz aber nicht zu gering angesetzt werden dürfen[40].

Mit diesem übereinstimmend umfaßt der Schutzumfang freilich nur die konkrete Ausgestaltungsform und nicht darüber hinausgehende über-

33. Vgl. BGH vom 18.5.1955, BGHZ 17 S. 266 ff.; von Gamm, UrhG § 2 Rz. 3.
34. BGBl. I Nr. 33 vom 27.6.1985; hierzu Nordemann, GRUR 1985 S. 837.
35. Vgl. zum DDR-Urheberrechtsschutz Püschel, UrhR, Staatsverlag der DDR, Berlin 1980 – besprochen in GRUR Int. 1982 S. 213; Ulmer, Urheber- und Verlagsrecht § 10 V.
36. Vgl. von Gamm, UrhG § 2 Rz. 14 m. w. N.
37. So auch Gerstenberg, GeschmMG Einl. Rz. 12.
38. Vgl. BGH vom 27.2.1961, Stahlrohrstuhl, GRUR 1961 S. 635; BGH vom 21.5.1969, Vasenleuchter, GRUR 1972 S. 38 u. 375; BGH vom 10.10.1973, Sessel, GRUR 1974 S. 740; Gerstenberg, GeschmMG Einl. Anm. 12.
39. Vgl. BGH vom 27.11.1956, BGHZ 22 S. 209.
40. So auch Gerstenberg, GeschmMG Einl. Anm. 12; vgl. auch die Rechtsprechungsnachweise in FN. 38.

greifende Ideen oder gar einen durch die Zeichnung begründeten Schutz[41].

2. Wettbewerbsrechtliche Schranken

Nachahmung ist nicht generell verboten ...

Da unsere geltende rechtliche Ordnung davon ausgeht, daß jeder Unternehmer berechtigt ist, seine eigene Leistung auf der Grundlage einer fremden Leistung aufzubauen[42], ist die damit anerkannte Nachahmungsfreiheit nur dort beschränkt, wo Schutzrechtspositionen einen Monopolschutz begründen o d e r die Grenzen des lauteren Wettbewerbs berührt werden. Hier zeigt sich freilich in jüngerer Zeit eine von der Rechtsprechung stärker begründete Ablehnung der Rufausbeutung[43] und der Übernahme eigenartiger und auf den Hersteller bezogener Farbbezeichnungen[44].

Dabei ist an den Makel der Unsittlichkeit nach § 1 UWG[45], an den Vorwurf der Irreführung nach § 3 UWG[46] und an die unerlaubte Beschaffung und Verwertung von Geschäftsgeheimnissen nach § 17 UWG[47] zu denken.

Eine wettbewerbsrechtlich zu mißbilligende Übernahme fremder Leistungen liegt dann vor, wenn sich der Unternehmer den Gegenstand fremder Leistungen, auch in der Form der Design-Nachahmung in rechtlich zu mißbilligender Weise verschafft hat. Den krassesten Fall bildet die Industriespionage[48]. In diesen Rahmen gehören auch die Fälle, in denen ein Arbeitnehmer zum Vertragsbruch und Geheimnisverrat veranlaßt wird.

... und sittenwidrig

Freilich ist der Käufer eines Erzeugnisses nicht gehindert, als Eigentümer dieses auch auseinanderzunehmen, um sich mit den gestalterischen Elementen zu befassen[49]. Zur Nachahmung ist er bei einer besonders geprägten Design-Gestaltung freilich nicht berechtigt, wenn die Form-

41. Vgl. BGH vom 21.5.1979, Notizklötze, GRUR 1979 S. 705.
42. Vgl. Gaul, Rechtsprobleme der Innovation S. 55; Cronz, Mitt. 1983 S. 128.
43. Vgl. OLG Köln vom 30.10.1984, Camel, GRUR 1985 S. 559; OLG München vom 24.1.1985, Perrier, GRUR Int. 1985 S. 474; im Anschluß an BGH vom 9.12.1982, Rolls Royce, GRUR 1983 S. 247.
44. BGH vom 19.12.1984, Amazonas, WRP 1985 S. 336.
45. Vgl. von Gamm, UWG § 1 Rz. 29 ff.
46. Vgl. von Gamm, UWG § 3 Rz. 2 ff.
47. Vgl. von Gamm, UWG § 17 Rz. 4 ff.
48. Vgl. Gaul, Rechtsprobleme der Innovation S. 56; vgl. auch Baumbach/Hefermehl, Wettbewerbsrecht § 1 UWG Rz. 513.
49. Zur patentrechtlichen Neuheitsschädlichkeit in diesem Zusammenhang BGH vom 25.11.1965, Pfennigabsatz, GRUR 1966 S. 484.

gestaltung oder Farbausrichtung in ihrer Besonderheit auf einen bestimmten Hersteller verweist[50] und durch die Übernahme des Design die beteiligten Verkehrskreise irregeführt werden[51]. Dies gilt unabhängig davon, daß sich der Nachahmer nicht nur eines Vorwurfs aus § 3 UWG aussetzt, sondern auch der Makel der sittenwidrigen Rufausbeutung[52] begründet sein kann.

Irreführung hängt von Vorstellungen ab

Auch für Design-gestaltete Produkte gilt freilich zur Auslegung des § 3 UWG der Grundsatz, daß von einer Irreführung des Marktes nur gesprochen werden kann, wenn der angesprochene Personenkreis mit einer in bestimmter Weise gestalteten Ware Vorstellungen über den Hersteller oder Vertreiber verbindet[53]. Das ist bei Massenartikeln häufig nicht der Fall[54], so daß dann auch die Voraussetzungen für eine durch Irreführung begründete, fehlerhafte Willens- oder Vorstellungsbildung in bezug auf den Hersteller und dessen Design fehlen.

Darüber hinaus besteht aber auch bei besonders ansprechender Designgestaltung für ein Produkt die Gefahr, daß seine außergewöhnliche Verbreitung dazu führt, daß der Verbraucherkreis mit dieser Design-Gestaltung nicht mehr einen bestimmten Hersteller verbindet, sondern daraus eine Gattungsbezeichnung ableitet. Hat sich diese Ausstrahlungskraft und Überzeugungswirkung des Design auch bei den übrigen Mustergestaltern so verbreitet, daß damit eine eigenständige wettbewerbsrechtlich, abgesicherte Position wegen Irreführung des Marktes nach § 3 UWG verlorengeht[55], kann die identische Nachahmung beim Fehlen eines Geschmacksmusterrechts allein aus wettbewerbsrechtlichen Gesichtspunkten nicht verhindert werden.

3. Die warenzeichenrechtliche Absicherung

Gerade bei Massenartikeln bietet sich freilich beim Fehlen eines Geschmacksmusterschutzes das Warenzeichen als ausreichender Schutz des durch ein besonderes Design gekennzeichneten Produktes an. Da-

50. BGH vom 1912.1984, Amazonas, WRP 1985 S. 336.
51. Vgl. Rosenthal, UWG § 3 Rz. 20 ff.; Baumbach/Hefermehl, Wettbewerbsrecht § 3 UWG Rz. 215 ff.; BGH vom 13.12.1984, WRP 1985 S. 402.
52. Vgl. BGH vom 9.12.1982, Rolls Royce, GRUR 1982 S. 247; BGH vom 29.11.1984, Dimple, WRP 1985 S. 399.
53. Vgl. von Gamm, UWG § 3 Rz. 2 ff.
54. Vgl. Gaul, Rechtsprobleme der Innovation S. 58.
55. Vgl. OLG Düsseldorf vom 17.1.1985, Lakritz-Konfekt, GRUR 1985 S. 562.

durch kann ein Markenerzeugnis geschaffen und die rechtliche Zuordnung zum Hersteller begründet werden[56].

Die Verknüpfung „Warenzeichen-Produkt“

Erforderlich sind für den Rechtsbestand eines Warenzeichens, das zum Schutz eines durch ein Design gestalteten Produktes eingesetzt werden soll, Eintragung und Nutzung[57]. Auch muß der Schutzrechtsinhaber dafür Sorge tragen, daß keine Verwässerung seiner Schutzrechtsposition dadurch entsteht, daß angenäherte Waren- oder Firmenzeichen anderer im gleichen Bereich mit gleichem Adressaten- oder Kundenkreis genutzt werden[58]. Seiner Zweckbestimmung nach begründet das Warenzeichen keinen Schutz für das Design als gedankliche Verkörperung einer bestimmten Formgebung. Das mit dem Design versehene Produkt darf aber nicht von Dritten mit dem hiermit verbundenen Warenzeichen genutzt werden. Deshalb kommt es für die Ausstrahlungswirkung des Warenzeichenschutzes darauf an, das durch ein besonderes Design gestaltete Produkt so mit dem Warenzeichen verbunden auf den Markt zu bringen, daß es nur in dieser tatsächlichen und rechtlichen Verbindung vom Markt aufgenommen wird.

Keine künstlichen Grenzen

Innerhalb des EG-Marktes geht die höchstrichterliche Rechtsprechung jedoch bereits vom Bestehen eines Binnenmarktes aus und erlaubt es nicht, durch Geschmacksmuster und Warenzeichen "künstliche Grenzen zu ziehen"[59]. Ist das mit einem Warenzeichen oder Geschmacksmuster versehene Produkt einmal mit dem Willen des Rechtsträgers in den EG-Markt gelangt, stellt die Grenzüberschreitung zu einem anderen EG-Staat keinen neuen monopolrechtlichen oder lizenzrelevanten Nutzungsvorgang dar[60].

Gegenüber dem Warenzeichen hebt sich das Geschmacksmuster dadurch ab, daß die Leistung nicht in der Schaffung eines Abgrenzungskriteriums durch ein Wort oder Bild liegt[61], sondern der Gegenstand als solcher durch seine ästhetische Gestaltung, d. h. durch sein Design eine besondere Prägung erfährt. Partiell vergleichbar mit dem rechtspolitischen Ziel eines Warenzeichens kann auch das Geschmacksmuster damit Unterscheidungsfunktion gegenüber dem Mitbewerber entfalten. Während aber beim Warenzeichen ein Kennzeichnungsmerkmal an das

56. Vgl. BGH vom 26.10.1962, Rotaprint, GRUR 1963 S. 152; Althammer, WZG § 15 Rz. 3 ff.
57. Vgl. Althammer, WZG § 5 Rz. 41 ff.
58. Vgl. hierzu BPatG vom 19.9.1984, Blitzcard, GRUR 1985 S. 52; BPatG vom 26.8.1982, BPatGE 26 S. 219; BPatGE vom 29.5.1984, BPatGE 26 S. 226.
59. Vgl. EuGH vom 14.9.1982, Keuerkoop, GRUR Int. 1982 S. 686; Mönch, NJW 1982 S. 2689.
60. Vgl. zur Bekämpfung der Markenpiraterie: GRUR Int. 1985 S. 268.
61. Vgl. Baumbach/Hefermehl, WZG § 1 Rz. 1 ff., 19.

Produkt angebracht und allein hierdurch die Hersteller- oder Vertreiberzuordnung bewirkt wird, entfaltet das Geschmacksmuster bereits durch seine gestalterische Eigenart des Produktes selbst die Unterscheidungswirkung[62].

III. Das Geschmacksmuster als angemessener Schutz des Industriedesign

Geschmacksmuster ist wichtigster Designschutz

Auf der Grundlage dieser abwägenden Heranziehung der verschiedenen gewerblichen Schutzrechtspositionen erscheint daher das Geschmacksmuster als die geeigneteste rechtliche Form, in der der Designgestalter seine Eigenentwicklungen gegenüber Dritten abzusichern vermag.

1. Der Schutzgegenstand des Geschmacksmusters

Wenn das Geschmacksmuster einerseits auf einer schöpferischen Idee mit ästhetisch geprägter Eigenart beruht[63], die für die menschlichen Sinne wahrnehmbar sein muß, um rechtliche Relevanz zu entfalten[64], und andererseits das Geschmacksmusterrecht in § 1 GeschmMG als geschmacksmusterfähige schöpferische Leistung nur Muster und Modelle anerkennt, begrenzt sich die gesetzliche Aussagekraft allein auf ästhetisch wirkende Farb- und Formgestaltungen[65].
Schutzgegenstand des Geschmacksmusterrechtes sind demnach nur solche Gestaltungen, die den durch das Auge vermittelten ästhetischen Formen- oder Farbensinn des Menschen durch eine Flächen- oder Raumform anzuregen bestimmt und geeignet sind[66].

62. Vgl. OLG Düsseldorf vom 16.10.1984, Schlüsselanhänger, GRUR 1985 S. 545.
63. Vgl. BGH vom 14.7.1961, Buntstreifensatin, GRUR 1962 S. 144, 146; BGH vom 17.11.1961, Moped-Modell, GRUR 1962 S. 258, 260; BGH vom 30.9.1964, Küchenmaschine, GRUR S. 198, 199.
64. Vgl. von Gamm, GeschmMG § 1 Rz. 12; Furler, GeschmMG § 1 Rz. 7.
65. OLG Düsseldorf vom 16.10.1984, Schlüsselanhänger, GRUR 1985 S. 545, 546.
66. Vgl. RGZ 61 S. 44 ff., 46, Filzstoff-Flächenmuster; RGZ 121 S. 388, 391, Damastpapier; BGH vom 14.3.1958, Schlafzimmermodell, GRUR 1958 S. 510; BGH vom 4.7.1961, Straßenleuchte, WRP 1961 S. 352 ff., 354.

1.1. Die schutzfähigen Farb- und Formgestaltungen

Muß das zu schützende Werk eine bestimmte äußere, in der Fläche oder räumlich wirkende Form haben, so sind als Muster flächenhafte, d. h. zweidimensionale, und als Modelle plastische, d. h. dreidimensionale Gestaltungen zu verstehen. Beide Möglichkeiten sind in der Regel schon allein durch ihre äußere Dimension eindeutig und voneinander zu unterscheiden.

Farb- und Formgestaltungen

In seltenen Grenzfällen muß danach abgegrenzt werden, ob die dem Auge vermittelte ästhetische Wirkung des Werkes durch eine plastische Formung – dann Modell – oder durch eine flächige Formausführung – dann Muster – erzielt wird[67].

Der Differenzierung nach Muster und Modellen in § 1 GeschmMG entspricht auch die in § 6 GeschmMG geregelte Schutzwirkung des Geschmacksmusters insofern, als der Schutz flächenhafter Muster sich nur auf flächenhafte Nachahmungen und der der plastischen Modelle, was für ein Design praktisch in erster Linie in Betracht kommt, sich nur auf plastische Nachbildungen beschränkt.

a) Einzelne Teile und Zwischenprodukte

Da vor allem im Zeitalter der Massenfabrikation die plastische oder flächig wirkende äußere Erscheinungsform, das Design[68] eines Produktes zu einem wesentlichen Entscheidungskriterium für das Käuferverhalten geworden ist, hat sich infolgedessen der praktische Anwendungsbereich des Geschmacksmustergesetzes von dem historisch bedingten Bereich der Textilindustrie her erweitert und auf nahezu alle Gebiete der industriellen Fertigung ausgedehnt. Heute kann das Geschmacksmuster als d a s Schutzrecht der industriellen Formgebung angesehen werden[69]. Der Geschmacksmusterschutz findet dabei nicht nur auf die Gesamtgestaltung eines Produktes Anwendung. Er kann, wie dies insbesondere für die Zulieferungsindustrie bedeutsam ist, sowohl einzelne

Teile und Zwischenprodukte ...

67. Nach RGZ 14 S. 49, konnte eine Druckschrift sowohl als plastisches Modell der Drucklettern oder durch Flächenmuster der gedruckten Schrift zum Musterschutz angemeldet werden, wohingegen nach RGZ 76 S. 339, BGH vom 27.11.1956, BGHZ 22 S. 209 und BGH vom 30.5.1958, BGHZ 27 S. 351, nur eine Anmeldung als Flächenmuster für zulässig erachtet wird; zum Problem der Doppelanmeldung vgl. III 3a).
68. Vgl. Gerstenberg, GeschmMG Einl. Anm. 1.
69. So auch Gerstenberg, GeschmMG Einl. Anm 3.

Teile als auch Halbfabrikate und sonstige Zwischenfabrikate eines gewerblichen Erzeugnisses [70] erfassen.

Setzt die Musterschutzfähigkeit eines gewerblichen Erzeugnisses weder voraus, daß dies bereits die Gesamtgestaltung dieses Produktes ausmacht, noch, daß es bereits sein endgültiges Herstellungsstadium erreicht hat, so ist es gleichwohl erforderlich, daß die einzelnen Teile oder die Zwischenprodukte ihrerseits ein einheitliches, selbständiges verkehrsfähiges Erzeugnis darstellen[71]. Darüber hinaus müssen sie alle übrigen Voraussetzungen der Musterschutzfähigkeit erfüllen. In der Rechtsprechung ist dies beispielsweise für das Grundgerät einer Küchenmaschine[72] anerkannt worden[73].

... werden am Endprodukt gemessen

Zwischenprodukte können demnach dann und dadurch die rechtliche Qualität eines Geschmacksmusters erlangen, wenn sie gegenständlich ein wirtschaftliches, verkehrsfähiges, selbständiges Erzeugnis darstellen und so gestaltet sind, daß sie bei ihrer bestimmungsgemäßen Verwendung dem Fertigerzeugnis eine ästhetische Wirkung verleihen[74], sich also in dem Endprodukt verwirklichen.

Es liegt in diesem Zusammenhang nahe, die Rechtsprechung im patentrechtlichen Bereich zur Anerkennung der Patentfähigkeit bei Zwischenprodukten nutzbar zu machen[75]. So hat auch die Technische Beschwerdekammer des Europäischen Patentamtes Zwischenprodukten im chemischen Bereich dann die patentrechtliche Legitimation zuerkannt, wenn das Zwischenprodukt durch – nach dem im Zeitpunkt der Schutzrechtsanmeldung bekannten Stand der Technik – neue und überraschende Eigenschaften gekennzeichnet ist und eine anderweitige chemische Verbindung, die denselben Zweck zu erfüllen vermochte, im Zeitpunkt der Schutzrechtsanmeldung noch nicht verfügbar war. Hier wird also dem Zwischenprodukt als solchem bereits die Patentwürdigkeit zuerkannt, ohne daß es auf die Wirksamkeit des Zwischenproduktes in einem Endprodukt ankommt. Diese Wertungen können aber auf das Geschmacksmusterrecht insofern nicht angewandt werden, als die geschmacksmusterrechtliche Anerkennung eines Zwischenproduktes gerade nicht zwingend voraussetzt, daß dieses bereits in seiner Phase als Zwischenprodukt, sondern erst dann seine geschmacksmusterrechtlich

70. OLG Köln vom 23.11.1984, Autokotflügel, GRUR 1985 S. 438.
71. OLG Köln vom 23.11.1984, Autokotflügel, GRUR 1985 S. 438, 439.
72. Vgl. hierzu OLG Frankfurt vom 27.5.1982, 6 U 31/80.
73. Vgl. BGH vom 30.9.1964, Küchenmaschine, GRUR 1965 S. 198, 199.
74. Vgl. BGH vom 16.4.1975, Gemäldewand, GRUR 1976 S. 261.
75. Vgl. Entscheidungen der Techn. Beschwerdekammer beim EPA, Amtsbl. EOA 1983 S. 274 u. 327; Benkard/Bruchhausen, PatG § 1 Rz. 93 m. w. N.

relevante Wirkung entfaltet, wenn die bestimmungsgemäße Verwendung im Endprodukt erfolgt.

Insoweit läge es nahe, an eine andere Entscheidung der Technischen Beschwerdekammer beim EPA[76] anzuknüpfen, wonach ein Zwischenprodukt auch dann zur Patentwürdigkeit als Teil einer erfinderischen Lehre geführt werden kann, wenn Zwischenprodukt und Endprodukt durch einen übergreifenden erfinderischen Gedanken so miteinander in technologischem Zusammenhang stehen und durch die Zielsetzung des Zwischenproduktes auf das Endprodukt ein einziges Gesamtkonzept auch für die erfinderische Einheitlichkeit gesprochen werden kann. Aber auch diese Überlegungen lassen sich in diesem Zusammenhang insofern nicht nutzbar machen, als die geschmacksmusterrechtliche Anerkennung eines Zwischenproduktes nicht voraussetzt, daß dieses aus sich heraus, sondern erst in der Umsetzung im Endprodukt ästhetisch wirksam wird. Man könnte hier insoweit von einer gestuften Verwirklichung der geschmacksmusterrechtlich relevanten ästhetischen Wirkung eines Zwischenproduktes sprechen, so daß insoweit also rechtsanaloge Grundsätze des Patentrechtes nicht nutzbar gemacht werden können.

Ästhetisches Gesamtkonzept

Bezogen auf die bislang bekannt gewordene höchstrichterliche Rechtsprechung muß nach alledem beim Geschmacksmuster davon ausgegangen werden, daß Zwischenprodukte aus sich heraus und durch ihre Gestaltung allein noch nicht eine ästhetische Wirkung vermitteln müssen, um geschmacksmusterfähig zu sein. Vielmehr genügt es, wenn die ästhetische Wirkung in der bestimmungsgemäßen Verwendung in einem Endprodukt zum Tragen kommt, sofern das Zwischenprodukt für sich eine eigenständige Verkehrsfähigkeit besitzt, wie dies vom BGH in seiner Entscheidung vom 16.4.1975[77] für den Fall einer Gemäldewand anerkannt worden ist. Insoweit liegt beim Geschmacksmuster in diesen Fällen eine gestufte Zeitverschiebung zwischen der Verwirklichung des Zwischenproduktes und dem Eintritt der ästhetischen Wirkung bei seiner Verwendung im Fertigerzeugnis vor.

Auch e i n z e l n e Teile eines Gesamtproduktes können dem Geschmacksmusterschutz unterliegen. Dies setzt voraus, daß sie den Erfordernissen der Neuheit und Eigentümlichkeit genügen und darüber hinaus eine gewisse Eigenständigkeit und Geschlossenheit der Form aufweisen, die es ermöglicht, einen von der Gesamtform unabhängigen ästhetischen Gesamteindruck festzustellen und mit anderen ästheti-

Teile mit Eigenständigkeit ...

76. Amtsbl. EPA 1963 S. 374.
77. Gemäldewand, GRUR 1976 S. 261.

schen Gestaltungsformen zu vergleichen[78]. Daß Teile eines gewerblichen Erzeugnisses unter den vorbezeichneten Voraussetzungen geschmacksmusterfähig sind, ergibt sich schon aus dem Umstand, daß auch die teilweise Nachbildung eines Geschmacksmusters gemäß §§ 5, 1 Abs. 1 GeschmMG grundsätzlich verboten ist[79].

Setzt übereinstimmend mit den für die Zwischenprodukte geltenden Grundsätze die Gebrauchsmusterfähigkeit von Teilen eines gewerblichen Erzeugnisses voraus, daß diese ein wirtschaftlich verkehrsfähiges und selbständiges Erzeugnis darstellen, so reicht es für die Anerkennung der Geschmacksmusterfähigkeit eines solchen Teiles aber nicht aus, wenn dieses seine ästhetische Wirkung erst durch die Einbringung in ein Gesamtprodukt mit der Folge vermittelt, daß erst das Gesamtprodukt und nicht schon das hierin eingegangene Teil die geschmacksmusterfähige Eigentümlichkeit und schöpferische Eigenständigkeit aufweist[80].

... sind abgrenzbar, ...

Vielmehr muß, wenn ein solches Teil für sich genommen neben oder anstelle des Gesamtproduktes die Anerkennung als Geschmacksmuster finden soll, dieses Teil sowohl in seiner vorherigen selbständigen Verwendungsmöglichkeit die ästhetische Wirkung eines Geschmacksmusters vermitteln als auch darüber hinaus nach seiner Einbringung in das Gesamtprodukt noch körperlich abgrenzbar und in seiner ästhetischen Wirkung erkennbar sein.

... wenn sie in ihrer Wirkung erkennbar sind ...

Zwar ist bei der Beurteilung der Frage, ob ein Muster bestimmt und geeignet ist, den durch das Auge vermittelten Formensinn anzuregen, auch der Verwendungszweck des Musters zu berücksichtigen. Geht es um die Teile eines Gesamtproduktes, so ist auf deren ästhetische Wirkung im Rahmen des Gesamterzeugnisses abzustellen. Eine selbständige Teilnahme eines Teils am Musterschutz des hinterlegten Geschmacksmusters für die Gesamtform setzt aber voraus, daß es sich um einen in sich geschlossenen Teil handelt, der für sich alleine den Erfordernissen der Neuheit und Eigentümlichkeit genügt und darüber hinaus eine gewisse Eigenständigkeit und Geschlossenheit der Form aufweist, die es ermöglicht, einen von der Gesamtform unabhängigen ästhetischen Gesamteindruck des Teils festzustellen und mit einer entsprechenden angegriffenen Gestaltungsform zu vergleichen[81].

78. Vgl. BGH vom 21.1.1977, Trockenrasierer, GRUR 1977 S. 602 (605); OLG Köln vom 23.11.1984, Autokotflügel, GRUR 1985 S. 438 (439 f.).
79. Vgl. BGH vom 17.11.1961, Moped-Modell, GRUR 1962 S. 258 (260); BGH vom 30.9.1964, Küchenmaschine, GRUR 1965 S. 198 (199); BGH vom 21.5.1965, Zündaufsatz, GRUR 1966 S. 97 (98).
80. Vgl. OLG Köln vom 23.11.1984 – Autokotflügel, GRUR 1985 S. 438 (439).
81. Vgl. OLG Köln vom 23.11.1984 – Autokotflügel, GRUR 1985 S. 438 (439).

Im Ergebnis kann damit also der Schöpfer eines Autokotflügels oder dessen Rechtsnachfolger grundsätzlich geschmacksmusterrechtlich geschützt sein und das Ausschließlichkeitsrecht des § 1 GeschmMG besitzen. Geht der Kotflügel aber als Teil des Gesamtproduktes bestimmungsgemäß in diesem auf, so erfordert seine Anerkennung als eigenständiges schutzfähiges Geschmacksmuster, daß seine ästhetische Prägung in der Verwendung als Teil einer größeren Einheit dieser zwar dadurch eine besondere gestalterische Formenaussage vermittelt. Um aber die Kausalbeziehung zwischen Formgestaltung und ästhetischer Wirkung im Sinne des § 1 Abs. 2 GeschmMG auch in diesem Fall anerkennen zu können, muß der Autokotflügel als Teil der größeren Einheit auch nach seiner Einarbeitung noch körperlich abgrenzbar und in seiner ästhetisch geprägten Wirkung erkennbar sein. Die Geschmacksmusterfähigkeit eines einzelnen Teils wird also nicht schon immer dadurch in Zweifel gezogen, daß zwischen ihm einerseits und dem Endprodukt andererseits eine mehr oder weniger feste Bindung erfolgt. Während in den früheren Automobilfertigungen Kotflügel noch durch Verschraubungen angebracht und abgenommen werden konnten, insoweit also auch äußerlich der Kotflügel in seiner Formgestaltung trotz der Verarbeitung im Automobil als Einzelteil noch erkennbar blieb, führt die neuere Fertigung durch Verschweißen und lückenlose Verbindung der verschiedenen Fertigungsteile einer Karosserie miteinander aber dazu, daß das Einzelteil, nämlich beispielsweise der Kotflügel, als solcher nicht mehr erkennbar bleiben muß. Geht aber das Einzelteil gleichsam einer Flüssigkeit in eine andere Flüssigkeit praktisch zu einer größeren Einheit unabgrenzbar ein und damit unter, kann auch die Kausalbeziehung zwischen der ästhetischen Wirkung dieser schöpferischen Leistung und dem Teil des Gesamtproduktes nicht mehr anerkannt werden. Dies gilt auch dann, wenn sich die Kotflügel von der Gesamtkarosserie eines Fahrzeuges nur derartig geringfügig abheben, daß sie für einen unvoreingenommenen Betrachter in der Linienführung der Gesamtkarosserie aufgehen[82].

... und nicht im Endprodukt aufgehen

In diesem Fall kann zwar durchaus die Gesamtkarosserie des Autos geschmacksmusterfähig sein, nicht aber der Autokotflügel, der als solcher wegen seiner lückenlosen Verbindung mit der Gesamtkarosserie nicht mehr erkennbar ist.

Offenbleiben muß in diesem Zusammenhang freilich, ob es möglich erscheint, daß ein Teil eines Gesamtproduktes dann jedenfalls für den Zeitraum seine Geschmacksmusterfähigkeit besitzt, in dem er als eigen-

82. Vgl. OLG Köln vom 23.11.1984 – Autokotflügel, GRUR 1985 S. 438 (439).

ständiges Handelsobjekt die Verkehrsfähigkeit besitzt, was beispielsweise beim Kotflügel zu bejahen ist, und vor dem Einbau in das Gesamtprodukt bis zu seiner Einbringung soviel an Eigenständigkeit und Eigentümlichkeit im Sinne des § 1 Abs. 2 GschmMG vermittelt, daß jedenfalls für diesen Zeitraum von einer Geschmacksmusterfähigkeit gesprochen werden könnte. Bedenken gegen diese Überlegungen können sich allerdings daraus ergeben, daß es beispielsweise gerade zur Zweckbestimmung eines Kotflügels gehört, auf Dauer nicht in der Schublade oder im Regal zu lagern, sondern eingebracht zu werden. Es ist jedoch bislang höchstrichterlich nicht entschieden, ob in diesen Fällen grundsätzlich eine auch nur vorübergehende Geschmacksmusterfähigkeit des Teils einer Gesamtgestaltung gegeben sein könnte.

Teile als Handelsobjekte sind streitig

Zusammenfassend ist die Geschmacksmusterfähigkeit eines Zwischenproduktes dann zu bejahen, wenn dieses ein einheitliches, selbständig verkehrsfähiges Erzeugnis darstellt und geeignet ist, den durch das Auge vermittelten Formen- und Farbsinn dergestalt anzuregen, daß es bei seiner bestimmungsgemäßen Verwendung dem Fertigerzeugnis eine ästhetische Wirkung verleiht. Teile eines Gesamtproduktes genießen dagegen auch unter Berücksichtigung ihres Verwendungszweckes den Geschmacksmusterschutz nur dann, wenn sie schon für sich alleine den Erfordernissen der Neuheit und Eigentümlichkeit genügen und auch nach ihrer bestimmungsgemäßen Einbringung in die Gesamtgestaltung als dessen Teil körperlich abgrenzbar und in ihrer ästhetischen Wirkung erkennbar bleiben.

b) Kombinationen

Kombinationswirkung

Ähnlich den Merkmalen von Kombinationspatenten[83], bei denen die patentfähige Lehre darin Ausdruck findet, daß mehrere bekannte, also dem Stande der Technik angehörende Gegenstände, Vorrichtungen oder Produkte in erfindungsgemäßer Weise so miteinander verbunden werden, daß eine neue und überraschende Wirkung erzielt wird, die erfinderische Lehre und Lösung sich also in der Kombinationswirkung der an sich bekannten Einzelteile manifestiert, wird auch im Geschmacksmusterrecht die Kombination an sich bekannter Muster und/

83. Vgl. BGH vom 14.5.1981, GRUR 1981 S. 732; BGH vom 9.6.1981, GRUR 1981 S. 736; Benkard/Bruchhausen, PatG § 4 Rz. 33, § 1 Rz. 78; Volmer/Gaul, ArbNErfG § 7 Rz. 52.

oder Modelle als geschmacksmusterfähig anerkannt. Voraussetzung dafür ist, daß durch die neue Kombination an sich gebräuchlicher Farbgebungen und/oder Formgestaltungen neue überraschende, ästhetisch wirkende eigentümliche Gestaltungen bewirkt werden[84].
Ob durch eine Kombination vorher bekannter Formelemente und Gestaltungen eine neue, eigene ästhetische Gesamtwirkung erzielt wird, muß im Einzelfall entschieden werden. Bei dessen Beurteilung dürfen die Anforderungen an die für einen Geschmacksmusterschutz hinreichende eigenschöpferische Gestaltungshöhe eines Design nicht zu niedrig angesetzt werden[85].

Schutzumfang

Kann aber im Gegensatz zu Patent und Gebrauchsmuster, übereinstimmend mit dem Urheberrecht, durch ein Geschmacksmuster nur die konkrete Ausprägung einer ästhetischen Idee als hinterlegtes Muster oder Modell eine schutzrechtliche Anerkennung erfahren[86], sind gegebenenfalls auch bei Kombinationsgeschmacksmustern mehrere Hinterlegungen geringfügig voneinander abweichender Gestaltungsformen notwendig, wenn auch diese vom Schutzumfang des Geschmacksmusters erfaßt werden sollen.
Zwar sind nur unwichtige und dem Beobachter kaum wahrnehmbare Veränderungen einer geschmacksmusterfähigen und hinterlegten Formgestaltung bzw. einer Kombination verschiedener Farb- und Formelemente noch vom Schutzumfang erfaßt. Die dem Patentrecht eigene Anerkennung glatter Äquivalente als vom Schutzumfang eines Patentes gemäß §§ 9, 14 PatG mit umfaßt[87], also der für einen Form- oder Farbgestalter selbstverständlich mögliche oder naheliegende Austausch ästhetischer Gestaltungselemente, gilt für das Geschmacksmuster nicht. Auch wenn es keiner erfinderischer oder besonderer schöpferischer Schritte bedarf, um vom Geschmacksmuster abweichende Gestaltungsformen zu finden, sondern der einschlägige Fachmann es als naheliegend ansieht, gewisse Abweichungen oder Materialveränderungen vorzunehmen, wird eine solche Gestaltung im Regelfall, sofern nicht zusätzlich wettbewerbsrechtliche Makel erkennbar sind, dem Geschmacksmusterrechtsträger keine Ausschließungs- oder Hinderungs-

84. BGH vom 14.3.1958, Schlafzimmermodell, GRUR 1958 S. 509, 510; BGH vom 14.7.1961, Buntstreifensatin, GRUR 1962 S. 144, 145; BGH vom 20.9.1974, Möbelprogramm, GRUR 1975 S. 383, 385.
85. So BGH vom 20.5.1974, Dreifachkombinationsschalter, GRUR 1975 S. 81 ff., 83.
86. BGH vom 21.5.1979, Notizklötze, GRUR 1979 S. 705, 706.
87. Vgl. hierzu Benkard/Ullmann, PatG § 14 Rz. 121; Schulte, PatG § 14 Rz. 19 ff., 27.

rechte vermitteln[88]. Hier vermag er sich nur durch die mehrfache Hinterlegung voneinander abweichender Geschmacksmustergestaltungen, beispielsweise in der Form verschiedenartiger Kombinationen an sich bekannter Einzelteile, rechtlich abzusichern.

1.2. Die nichtschutzfähigen Ideen, Gedanken und Lehren

Rechtliche Einschränkungen

Indem der Gesetzgeber in § 1 Abs. 1 GeschmMG das Geschmacksmusterrecht gegenständlich auf Muster und Modelle als Konkretisierung e i n e r schöpferischen Idee mit ästhetisch geprägter Eigenart beschränkt und durch das Erfordernis der gewerblichen Verwertbarkeit nur solche Muster und Modelle als Geschmacksmuster bezeichnet hat, die geeignet sind, als Vorlage für ein gewerbliches Erzeugnis, das einen durch technische Mittel hergestellten körperlichen Gegenstand zum Inhalt hat[89], zu dienen, folgen hieraus wesentliche Einschränkungen für den Schutzgegenstand des Geschmacksmusters.

So scheiden alle bloßen Naturprodukte, die Urprodukte der Landwirtschaft, wie auch diejenigen des Bergbaus als Gegenstand des Geschmacksmusterschutzes aus[90].

Da der Begriff des gewerblichen Erzeugnisses, zu dessen Vorlage ein Muster oder Modell geeignet sein muß, nur bewegliche Sachen umfaßt, kommen Vorlagen für Bauwerke oder andere unbewegliche Sachen ebenfalls für den Schutzbereich des Geschmacksmustergesetzes nicht in Betracht[91]. Mit Gerstenberg ist von dieser Einschränkung wiederum eine Ausnahme für die sogenannten Fertighäuser deshalb zu machen, weil diese vor ihrer Aufstellung und Verbindung mit dem Erdboden als bewegliche Sachen und daher als geschmacksmusterfähig anzusehen sind.

Da nicht die bloße ästhetische Lehre den Schutzgegenstand des Geschmacksmusters darstellt, sondern vielmehr der Inhalt des Schutzrechtes durch die im niedergelegten Muster oder Modell konkret zum Ausdruck gelangte Gestaltung eines Design bestimmt wird[92], werden allge-

88. Vgl. aber zur Schutzfähigkeit eines Sessels als Werk der angewandten Kunst i. S. d. UrhG BGH vom 10.19.1973, Sessel, GRUR 1974 S. 740 ff.
89. Von Gamm, GeschmMG § 1 Rz. 14.
90. Vgl. VGH Würzburg vom 31.3.1982, Albalonga, EGR ArbNErfG § 2 Nr. 23 = GRUR 1982 S. 559, 560; Volmer/Gaul, ArbNErfG § 2 Rz. 41; Hesse, GRUR 1980 S. 404.
91. Vgl. OLG Frankfurt vom 23.3.1953, Gaststätte, GRUR 1955 S. 210, 211; so auch von Gamm, GeschmMG § 1 Rz. 15; Gerstenberg, GeschmMG § 1 Anm. 4 d.
92. BGH vom 28.11.1973, Elektroschalter, GRUR 1974 S. 406, 409.

meine Gedanken, Lehren oder bloße Ideen vom Geschmacksmusterrecht nicht erfaßt. Dieses schützt nur die im niedergelegten Muster oder Modell konkret zum Ausdruck kommende gestalterische Leistung[93].

2. Die materiellen Schutzvoraussetzungen

Die materiellen Grundlagen

Liegen die gegenständlichen Voraussetzungen eines Geschmacksmusters vor, handelt es sich also um ein gewerblich verwertbares Muster oder Modell, so setzt die Geschmacksmusterrechtsfähigkeit einer schöpferischen Gestaltung nach § 1 Abs. 2 GeschmMG voraus, daß es sich um eine neue und eigentümliche Vorlage handelt. Müssen schon nach dem Gesetzeswortlaut des § 1 Abs. 2 GeschmMG zur Begründung eines Geschmacksmusterschutzes die Voraussetzungen der Neuheit und Eigentümlichkeit kumulativ mit der Folge vorliegen, daß sie sich weder decken noch einander zu ersetzen vermögen[94], so ist gleichwohl nicht zu verkennen, daß das Merkmal der Eigentümlichkeit zwangsläufig von demjenigen der Neuheit eines Musters abhängig ist[95].
Bedeutet nämlich die Eigentümlichkeit eines Musters das Vorhandensein einer eigenschöpferischen Leistung auf ästhetischem Gebiet, ohne daß eine künstlerische Gestaltungshöhe erreicht werden muß, und bezieht sich dasjenige der Neuheit auf das Vorbekanntsein einer ästhetischen Gestaltung[96], so ergibt sich zwingend, daß ein Muster, das erwiesenermaßen nicht neu ist, auch nicht als eigentümlich im Sinne des § 1 Abs. 2 GeschmMG gewertet werden kann; dies gilt unabhängig davon, ob von dem objektiven oder dem subjektiven Neuheitsbegriff ausgegangen wird[97].

Neuheit und Eigentümlichkeit getrennt prüfen

Diese inhaltliche Abhängigkeit ändert aber nichts daran, daß die Neuheit und die Eigentümlichkeit einer ästhetischen Gestaltung voneinander getrennt zu prüfen sind. Dies gilt umso mehr, als bei einem Muster, bei dem die Neuheitsvermutung des § 13 GeschmMG nicht ausgeräumt worden ist, gleichwohl die weitere Voraussetzung der Eigentümlichkeit deshalb fehlen kann, weil es keine eigenschöpferische Leistung erkennen läßt, sondern sich vielmehr im Rahmen des Durchschnittskönnens

93. Ständige Rechtsprechung: BGH vom 28.11.1973, Elektroschalter, GRUR 1974 S. 406 ff., 409; BGH vom 21.1.1977, Kettenkerze, GRUR 1977 S. 547 ff., 550; BGH vom 21.5.1979 Notizklötze, GRUR 1979 S. 705, 706; Furler, GeschmMG § 1 Rz. 20.
94. Vgl. BGH vom 30.1.1963, Fahrradschutzbleche, GRUR 1963 S. 328 (329).
95. Vgl. BGH vom 14.7.1961, Buntstreifensatin, GRUR 1962 S. 144, 145.
96. Hierzu OLG Düsseldorf vom 16.10.1984 Schlüsselanhänger, GRUR 1985 S. 545, 546.
97. Vgl. OLG Celle vom 25.9.1957; Teppichmuster, GRUR 1958 S. 405, 406; BGH vom 14.7.1961, Buntstreifensatin, GRUR 1962 S. 144, 145.

eines jeden Mustergestalters oder Designers mit der Folge bewegt, daß der Geschmacksmusterschutz für das betreffende Design ausscheidet[98]. Wird auch aufgrund der Abhängigkeit der Eigentümlichkeit von der Neuheit das Vorliegen der letzteren Voraussetzung regelmäßig zuerst geprüft, so folgt hieraus gleichwohl keine zwingende Prüfungsreihenfolge. Aus Gründen der Praktikabilität kann eine umgekehrte Prüfung beispielsweise in den Fällen zweckmäßig sein, in denen es bei einem Muster jedenfalls am Merkmal der Eigentümlichkeit selbst dann fehlt, wenn man dasjenige der Neuheit unterstellt, so daß schon das Fehlen dieses einen Merkmals die Verweigerung des Geschmacksmusterschutzes zu rechtfertigen vermag.

2.1. Die Neuheit

Setzt die Schutzfähigkeit eines Musters oder Modells nach § 1 Abs. 2 GeschmMG voraus, daß die hierin verkörperte ästhetische Gestaltung im Zeitpunkt der Anmeldung und Niederlegung neu ist, so war lange im wesentlichen umstritten, ob dem Begriff der Neuheit ein objektiver oder ein subjektiver Maßstab zugrundezulegen war.

Was ist neu?

Ließ es die subjektive Theorie für die Neuheit einer ästhetischen Gestaltung früher noch ausreichen, wenn diese nicht einem Vorbild nachempfunden wurde, d. h. also dem Gestalter des Musters oder Modells neu und unbekannt war[99], wird nach der heute herrschenden objektiven Theorie einer ästhetischen Gestaltung nur dann das Merkmal der Neuheit zuerkannt, wenn sie zuvor weder vorhanden noch bekannt war, wobei im Sinne der relativen Neuheit dies auf den allgemein maßgebenden Kulturkreis beschränkt wurde.
Als neu im Sinne des § 1 Abs. 2 GeschmMG ist demnach ein Muster dann anzusehen, wenn die seine Eigentümlichkeit begründenden Gestaltungselemente im Zeitpunkt der Anmeldung (§ 7 GeschmMG) den inländischen Fachkreisen weder bekannt sind, noch bei zumutbarer Beachtung der auf den einschlägigen oder benachbarten Gewerbegebieten vorhandenen Gestaltungen bekannt sein konnten[100]. Soweit der BGH neben der positiven Vorbekanntheit es auch als neuheitsschädlich

98. BGH vom 14.3.1958, Schlafzimmer, GRUR 1958 S. 510; BGH vom 14.7.1961, Buntstreifensatin, GRUR 1962 S. 144, 145 m. w. N.
99. Zu der heute nur noch unter rechtshistorischen Gesichtspunkten interessanten Darstellung der verschiedenen Theorien vgl. von Gamm, GeschmMG § 1 Anm. 26 m. w. N.; Furler, GeschmMG § 1 Rz. 23.
100. BGH vom 8.5.1968, Rüschenhaube, GRUR 1969 S. 90, 94.

erachtet, wenn ein Muster oder Modell den inländischen Fachkreisen jedenfalls bei zumutbarer Beachtung der auf den einschlägigen oder benachbarten Gewerbegebieten vorhanden Gestaltungen bekannt sein konnte, so beinhalten diese Wertungen insofern eine Relativierung des objektiven Neuheitsbegriffes, als den inländischen Fachkreisen eben auch bei zumutbarer Beachtung der vorhandenen Gestaltungen nicht jedes Muster oder Modell der einschlägigen oder benachbarten Branchen bekannt sein kann.

Bei der Frage, ob ein Muster als neu im Sinne des § 1 Abs. 2 GeschmMG anzusehen ist, muß demnach im Einzelfall entscheidend darauf abgestellt werden, welche Formgestaltungen bei den inländischen Fachkreisen als bekannt anzusehen sind. Von deren Durchschnittskönnen und -wissen soll sich das Muster oder Modell durch seine schöpferische Eigenart abheben[101]. Demnach ist alles als neuheitsschädlich zu bewerten, was im Zeitpunkt der Anmeldung in Gestalt von Mustern, Modellen oder deren Abbildungen vorliegt, es sei denn, daß diese den einschlägigen inländischen Fachkreisen weder bekannt sind, noch nach den zuvor dargestellten Grundsätzen bekannt sein konnten[102].

Wenn zum vorbenannten Formenschatz nur solche Gestaltungen gehören, die bekannt sind oder bekannt sein können, wenn sie also so offenbart worden sind, daß dies zur Kenntnisnahme durch einen unbegrenzten Personenkreis führen könnte, so ist ein versiegelt hinterlegtes und nicht verwertetes Geschmacksmuster insofern nicht als neuheitsschädlich zu bewerten, als in diesem Fall eine Offenbarung mit der Möglichkeit zur Kenntnisnahme nicht erfolgt ist[103].

Die fehlende Neuheit eines Gebrauchsmusters als einem technisch geprägten Schutzrecht steht dagegen der Neuheit des für denselben Gegenstand eingetragenen Geschmacksmusters, das die in diesem Gegenstand zum Ausdruck kommende ästhetische Form- und/oder Farbgestaltung zum Inhalt hat, nicht entgegen[104].

Wenn das zu schützende Modell oder Muster am Anmeldetag neu sein muß, die Anmeldung und Niederlegung nach § 7 Abs. 2 GeschmMG zu erfolgen hat, bevor ein nach dem Muster oder Modell gefertigtes Erzeugnis verbreitet wird, so folgt hieraus, daß die in § 2 S. 2 PatG 1968 vorhanden gewesene und durch die Neufassung des Patentgesetzes vom 1.1.1981 in Wegfall gebrachte sogenannte Neuheitsschonfrist für den Bereich des Geschmacksmustergesetzes keine Geltung entfaltet. Somit

101. BGH vom 21.1.1977, Kettenkerze, GRUR 1977 S. 547, 550.
102. BGH vom 8.5.1968, Rüschenhaube, GRUR 1969 S. 90, 94.
103. BGH vom 3.6.1977, Haushaltsschneidemaschine I, GRUR 1978 S. 168, 169.
104. Vgl. BGH vom 12.6.1959, Rückblickspiegel, GRUR 1961 S. 549, 550.

begründet lediglich die sogenannte Ausstellungspriorität nach dem „Gesetz betreffend den Schutz von Mustern und Warenzeichen auf Ausstellungen" vom 18.3.1904[105] unter bestimmten Voraussetzungen die Möglichkeit, ein zu schützendes Muster oder Modell bereits vor seiner Anmeldung und Niederlegung im Rahmen von privilegierten Messen und Ausstellungen einem breiteren Publikum vorzustellen, ohne daß solchem Verhalten neuheitsschädliche Wirkung beizumessen ist.

Ausstellungs-priorität

Im Rahmen des Verletzungsprozesses (§ 14 a GeschmMG) hat der Schöpfer eines Design als Kläger die Neuheit seines Musters oder Modells im Sinne des § 8 Abs. 2 GeschmMG zunächst nicht zu beweisen. Die Neuheit wird nach § 13 GeschmMG solange vermutet, bis der im Wege der Beweislastumkehr durch diese Vorschrift mit der Beweislast belegte Beklagte den Beweis des Gegenteils geführt hat. Dabei kann eine Vorwegnahme der Neuheit und Eigentümlichkeit eines Musters nicht angenommen werden, wenn sich das Ansehen einer vom Beklagten zur Zerstörung der Neuheitsvermutung behaupteten prioritätsälteren Gestaltung eines Dritten allein aus Zeugenaussagen entnehmen läßt, die wiederum nicht alle Teilmerkmale und insbesondere nicht den Gesamteindruck der älteren Gestaltungsform wiedergeben und erkennen lassen[106].

Nach § 7 Abs. 2 GeschmMG muß die Anmeldung und die Niederlegung eines Musters oder Modells erfolgen, bevor ein hiernach angefertigtes Erzeugnis mit dem entsprechenden Design verbreitet wird.

Diese Bestimmung korrespondiert mit derjenigen des § 1 Abs. 2 GeschmMG, wonach das zu schützende Muster oder Modell vor seiner Anmeldung und Niederlegung nicht objektiv vorbekannt sein darf, um als „neu" und damit insoweit als geschmacksmusterschutzfähig zu gelten. Dies bedeutet, daß der Geschmacksmusterschutz nicht entstehen kann, wenn ein nach dem Muster oder Modell gefertigtes Erzeugnis bereits vor der Anmeldung und Niederlegung des Musters oder Modells auf den Markt und das Design einem unbestimmten, nicht zu Verschwiegenheit verpflichteten Beobachterkreis zur Kenntnis gelangt ist. Unerheblich ist es in diesem Zusammenhang, wer die Verbreitung des Musters oder Modells vorgenommen hat[107]: Ausschlaggebend ist allein, ob ein nach dem Muster gebildetes, konkretes Erzeugnis einem Dritten, der an der Herstellung nicht beteiligt war, ohne Auferlegung einer Geheimhaltungspflicht zugänglich gemacht worden ist, gleichviel, ob dies durch den Urheber des Musters selbst oder vielmehr durch einen Drit-

Kenntnis der Öffentlichkeit ...

105. RGBl. I S. 141; BGBl. III 424-2 i. d. Fassung v. 21.6.1976 BGBl. II S. 649.
106. BGH vom 16.10.1984, Schlüsselanhänger, GRUR 1985 S. 545, 546.
107. Vgl. Gaul, Mitt. 1981 S. 208 ff.; Furler, GeschmMG § 7 Rz. 21.

ten ermöglicht wurde[108]. Während im Rahmen des positiven Benutzungs- und negativen Verbietungsrechts § 5 GeschmMG nur eine gewerbsmäßige Verbreitung eines Musters oder Modells regelt, reicht für § 7 Abs. 2 GeschmMG auch eine nichtgewerbsmäßige Vorverbreitung aus, um in ihrer neuheitsschädlichen Wirkung das durch die Schaffung einer ästhetischen Formgestaltung entstandene Anwartschaftsrecht zu vernichten und dessen Erstarken zum absoluten Geschmacksmusterrecht zu verhindern[109].

... macht schutzlos

Dies kann beispielsweise dann bedeutsam werden, wenn Nachbildungen des Design vor dessen Anmeldung und Niederlegung als Werbegeschenk für Geschäftsfreunde oder ohne Vertraulichkeitsvermerk zur Vorinformation an Geschäftspartner weitergegeben werden.

Andererseits setzt eine gewerbsmäßige Vorverbreitung eine Serienproduktion nach dem Muster oder Modell insofern nicht voraus, als für ein Anbieten zum Erwerb und damit für ein Verbreiten es weder erforderlich ist, daß bereits weitere Vervielfältigungsstücke hergestellt worden sind, noch daß das einzige, bisher existierende Exemplar selbst für den Verkauf bestimmt ist. Das dem Inverkehrbringen vorgelagerte Anbieten ist – wie für die Ausstellungsstücke einer Verkaufsmesse typisch – gerade nicht mit einer Übergabe des Ausstellungsstückes verbunden. Es stellt ein Angebot zum Kauf noch herzustellender oder bereits gefertigter Vervielfältigungsstücke dar[110]. All diese Tatbestände erfüllen, mit Ausnahme des Falls der sogenannten Ausstellungspriorität, den Tatbestand der neuheitsschädlichen Vorverbreitung, wobei auch die vor der Anmeldung und Niederlegung eines Musters erfolgte Verbreitung eines nach diesem Muster gefertigten designgestalteten Erzeugnisses im Ausland die Entstehung des inländischen Geschmacksmusterschutzes verhindert[111].

2.2. *Die Eigentümlichkeit*

Eigentümlichkeit

Soweit in § 1 Abs. 2 GeschmMG als weitere materielle Schutzvoraussetzung neben der Neuheit auch die Eigentümlichkeit eines Musters oder Modells und damit eine ähnliche Voraussetzung wie diejenige der erfin-

108. BGH vom 14.1.1958, Deutschlanddecke, GRUR 1958 S. 351, 352.
109. Vgl. BGH vom 14.1.1958, Deutschlanddecke, GRUR 1958 S. 351, 352.
110. BGH vom 21.1.1982, Scandinavia, GRUR 1982 S. 371, 373.
111. Vgl. BGH vom 26.10.1966, Myoplastic, GRUR 1967 S. 533, 535.

derischen Tätigkeit bei den technisch geprägten Schutzrechten[112] verlangt wird, so wird hiermit die in der ästhetischen Gestaltung eines Musters oder Modells zum Ausdruck kommende eigenpersönliche, schöpferische Leistung des Designgestalters angesprochen[113]. Insoweit mit dem Urheberrecht übereinstimmend, geht es also auch beim Geschmacksmuster um eine in der konkreten Formgestaltung zum Ausdruck kommende geistige Schöpfung mit einem besonderen Eigentümlichkeitsgrad. Überschneidungen zwischen Geschmacksmuster und Urheberrecht können freilich nur dann gegeben sein, wenn ein gewerbliches Muster oder Modell im Sinne des § 1 GeschmMG vorliegt, das zugleich die für die Schutzfähigkeit nach dem Urhebergesetz erforderliche besondere künstlerische Gestaltungshöhe erreicht[114].

... in differenzierter Stufung

Diese im Design zum Ausdruck kommende eigenschöpferische Leistung muß auf der einen Seite zwar die für den Urheberrechtsschutz nach dem Urhebergesetz erforderliche besondere künstlerische Gestaltungshöhe nicht erreichen. Andererseits ist es aber notwendig, daß das zu schützende Muster oder Modell sich ausreichend von den allgemein vorhandenen Gestaltungen dadurch unterscheidet, daß die in ihm verkörperte form- oder farbschöpferische Tätigkeit über das Durchschnittskönnen eines mit der Kenntnis des betreffenden Fachgebietes ausgerüsteten Mustergestalters hinausgeht[115]. Damit darf die für den Geschmacksmusterschutz notwendige Gestaltungshöhe nicht zu gering angesetzt werden[116]. Es muß eben eine schöpferische Leistung auf dem ästhetischen Gebiet vorliegen, die über das Können eines Durchschnittsgestalters und insbesondere über das rein Handwerksmäßige hinausgeht[117].

Setzt das Merkmal der Eigentümlichkeit eine eigenpersönliche schöpferische Leistung des Designgestalters voraus, so bedeutet dies, daß jede vorhandene Vorform der Eigentümlichkeit des jüngeren Musters entge-

112. Vgl. hierzu allgemein Benkard/Bruchhausen, PatG § 1 Rz. 1; Bernhardt, Lehrbuch des PatR § 8; Volmer/Gaul, ArbNErfG § 2 Rz. 11.
113. Vgl. BGH vom 14.7.1961, Buntstreifensatin, GRUR 1962 S. 144, 146; BGH vom 17.11.1961, Moped-Modell, GRUR 1962 S. 258, 260; BGH vom 30.9.1964, Küchenmaschine, GRUR 1965 S. 198, 199; Furler, GeschmMG § 1 Rz. 30.
114. Hierzu auch RGZ 76 S. 339, 343, Schulfraktur; BGH vom 27.11.1956, Morgenpost, BGHZ 22 S. 2089, 214.
115. BGH vom 8.5.1968, Rüschenhaube, GRUR 1969 S. 90, 95; BGH vom 21.1.1977, Kettenkerze, GRUR 1977 S. 547, 549.
116. Vgl. BGH vom 30.5.1958, Candida-Schrift, BGHZ 27 S. 351, 359.
117. BGH vom 14.3.1958, Schlafzimmermodell, GRUR 1958 S. 509, 510; BGH vom 30.1.1963, Fahrradschutzbleche, GRUR 1963 S. 328, 329; BGH vom 21.5.1965, Zündaufsatz, GRUR 1966 S. 97, 98.

genstehen kann[118]. So enthält die bloße Nachahmung nur die Wiederholung fremder schöpferischer Leistungen und führt zumindest solange zu keiner eigenen individuellen und im Rahmen des Geschmacksmusterrechtes schützenswerten schöpferischen Leistung, wie sich der Gestalter eines Designs nicht derart weit von seinem Vorbild gelöst hat, daß dieses nur noch als bloße Anregung wirksam bleibt[119]. Muß sich demnach das zu schützende Muster oder Modell vom sogenannten freien Formenschatz als der Masse der bekannten und freien Formen als neu und eigentümlich abheben, so kommt es bei der Prüfung der Eigentümlichkeit eines Design auf einen Gesamtvergleich des zu schützenden Musters oder Modells mit den vorbestehenden Formgestaltungen an[120]. Welcher schöpferische Gehalt in dem zu schützenden Muster oder Modell im einzelnen erreicht werden muß, bestimmt sich also nach den auf dem betreffenden Gebiet geleisteten Vorarbeiten in ihrer Gesamtheit in Verbindung mit den zur Verfügung stehenden freien Formen. Aus dem Vergleich mit den vorbestehenden Formgestaltungen ergibt sich, ob in der vorausgegangenen gestalterischen Designentwicklung bereits Formen und Formelemente bestanden, die dem jüngeren Design so nahe kommen, daß es auf dieser Grundlage auch bei nur durchschnittlichem Können eines Mustergestalters ohne eigenschöpferischen Einsatz hätte geschaffen werden können[121]. Freilich sind in diesem Zusammenhang nur solche bereits vorhandene Gestaltungselemente zu berücksichtigen, die entsprechend den zum Neuheitsbegriff entwickelten Wertungen als in inländischen Fachkreisen bekannt anzusehen sind[122]. Dementsprechend steht die Gestaltung eines versiegelt hinterlegten und nicht verwerteten Geschmacksmusters nicht nur der Neuheit, sondern auch der schöpferischen Eigenart eines später angemeldeten, offen hinterlegten Geschmacksmusters nicht entgegen[123].

Nachahmung

Für den nach vorstehenden Grundsätzen für die Beurteilung der eigentümlichen ästhetischen Gestaltung eines Musters oder Modells entscheidenden Gesamteindruck ist nicht auf die geschmacklichen Feinheiten, die ein auf gleichem Gebiet arbeitender Fachmann herauszufühlen vermag, abzustellen, sondern maßgeblich ist der in dem Design zum

Der Durchschnitt urteilt ...

118. BGH vom 20.2.1970, Gardinenmuster, GRUR 1970, S. 369, 370.
119. Vgl. BGH vom 15.11.1957, Sherlock-Holmes, BGHZ 26 S. 52, 56 f.; BGH vom 13.10.1965, Apfel-Madonna, BGHZ 44 S. 288, 293; von Gamm, GeschmMG § 1 Rz. 36 m. w. N.
120. Vgl. von Gamm, GeschmMG § 1 Rz. 37 m. w. N.
121. Vgl. BGH vom 20.5.1974, Dreifachkombinationsschalter, GRUR 1975 S. 81, 83; BGH vom 19.12.1979, Play family, GRUR 1980 S. 235, 236.
122. BGH vom 8.5.1968, Rüschenhaube, GRUR 1969 S. 90, 95.
123. BGH vom 3.6.197, Haushaltsschneidemaschine I, GRUR 1978 S. 168, 169.

Ausdruck kommende ästhetische Eindruck des zu schützenden Musters oder Modells auf den für geschmackliche Fragen aufgeschlossenen und mit derartigen Gestaltungen einigermaßen vertrauten Durchschnittsbetrachters[124]. Der für die Prüfung der Eigentümlichkeit eines zu schützenden Musters oder Modells maßgebende Gesamteindruck hat sich allein nach der ästhetischen Wirkung des Musters oder Modells, wie er durch die Form/- und/oder Farbgestaltung hervorgerufen wird, zu entscheiden. Alle übrigen Gestaltungselemente – wie beispielsweise die objektiv ausschließlich technisch bedingten Formgestaltungen[125] – können hingegen für sich alleine keine Eigentümlichkeit des zu schützenden Musters oder Modells begründen[126].

... über die Eigentümlichkeit ...

Der Eigentümlichkeit eines Modells steht es aber nicht entgegen, wenn die Form eines technischen Zwecken dienenden Erzeugnisses selbst auch einen technischen Zweck erfüllt. Die Harmonie zwischen technischer Funktion und – objektiv nicht notwendig technisch bedingter – Formgebung vermag vielmehr das ästhetische Empfinden sogar in besonderem Maße anzusprechen[127]. Lediglich die objektiv ausschließlich technisch bedingte Formgestaltung scheidet damit als Gegenstand des Geschmacksmusterschutzes aus[128].

Die Prüfung der Eigentümlichkeit eines zu schützenden Musters oder Modells hat sich allein an dem hinterlegten Muster oder Modell zu orientieren. Die Wertung nach einem, nach dem entsprechenden Muster oder Modell hergestellten Erzeugnis darf jedenfalls dann nicht vorgenommen werden, wenn die Übereinstimmung der laufenden Produktion mit dem hinterlegten Muster oder Modell nicht unstreitig ist[129]. Grundsätzlich bleibt nämlich für die Schutzfähigkeit eines Geschmacksmusters diejenige ästhetische Wirkung maßgebend, die aus dem niedergelegten (§ 7 GeschmMG) hervorgeht[130].

... des Modells

Der Begriff der Eigentümlichkeit im Sinne des § 1 Abs. 2 GeschmMG stellt einen Rechtsbegriff mit der Folge dar, daß die Prüfung, ob ein zu

124. BGH vom 27.11.1956, Europapost, GRUR 1957 S. 291, 294; BGH vom 27.2.1961, Stahlrohrstuhl, GRUR 1961 S. 35, 338.
125. Vgl. hierzu BGH vom 21.5.1965, Zündaufsatz, GRUR 1966 S. 97, 99; BGH vom 20.5.1974, Dreifachkombinationsschalter, GRUR 1975 S. 81, 83; BGH vom 1.10.1980, Haushaltschneidemaschine II, GRUR 1981 S. 269, 272.
126. Vgl. von Gamm, GeschmMG § 1 Rz. 40 m. w. N.
127. BGH vom 21.5.1965, Zündaufsatz, GRUR 1966 S. 97, 98 f.; BGH vom 1.10.1980, Haushaltschneidemaschine II, GRUR 1981 S. 269, 272.
128. Vgl. ausführlich Gerstenberg, GeschmMG Einf. Anm. 11.
129. Vgl. Gerstenberg, GeschmMG § 1 Anm. 7.
130. Vgl. BGH vom 14.7.1961, Buntstreifensatin, GRUR 1962 S. 144, 146; BGH vom 20.2.1970, Gardinenmuster, GRUR 1970 S. 369, 370.

schützendes Muster oder Modell eine geschmacksmusterrechtlich relevante eigenschöpferische Leistung aufweist, eine Rechtsfrage darstellt, für deren Beurteilung es im Streitfall keiner weiteren tatsächlichen Feststellung bedarf[131]. Das Revisionsgericht kann daher von sich aus entscheiden, ob ein zu schützendes Muster oder Modell als eigentümlich im Sinne des § 1 Abs. 2 GeschmMG anzusehen ist[132].

2.3. *Die gewerbliche Verwertbarkeit*

Gewerbliche Verwertbarkeit

Während das Urheberrecht die künstlerische Leistung eines Menschen schützt, also eine besondere künstlerische Gestaltungskraft in Worten, Bildern, musikalischen Aussagen, aber auch in Werken der plastischen Kunst Anerkennung vermittelt, die sogar bis 70 Jahre nach dem Tode des geistigen Schöpfers reicht, enthält das Geschmacksmusterrecht eine stärkere Industriebezogenheit durch das Merkmal der gewerblichen Verwertbarkeit. Folgerichtig weist auch § 2 GeschmMG auf eine schon vom Gesetz her vorgenommene Zuordnung des Geschmacksmusters zum Auftraggeber, im Arbeitsverhältnis zum Arbeitgeber unter den dort genannten Voraussetzungen, hin und setzt eine gewerbliche Verwertbarkeit des zu schützenden Musters oder Modells mittelbar voraus. Für die Anerkennung der gewerblichen Verwertbarkeit[133] reicht es aus, daß eine Verwertung im Rahmen eines Gewerbebetriebes vorgenommen wird. Es genügt hiernach bereits, wenn das Muster oder Modell geeignet erscheint, als Vorlage für ein gewerbliches Erzeugnis zu dienen[134].

3. Die formellen Schutzvoraussetzungen

Die formellen Grundlagen

Der Urheber eines Design in der Form eines Musters oder Modells erlangt nicht, wie im Urheberrecht, schon dann das durch das Geschmacksmustergesetz geschützte Ausschließlichkeitsrecht, wenn die materiellen Schutzvoraussetzungen erfüllt sind. Nach § 7 Abs. 1 GeschmMG ist erforderlich, daß er sein Muster oder Modell zur Eintra-

131. Vgl. BGH vom 14.3.1958, Schlafzimmermodell, GRUR 1958 S. 509, 510; BGH vom 16.2.1960, Dekorationsgitter, GRUR 1960 S. 395, 396.
132. Vgl. BGH vom 16.2.1960, Dekorationsgitter, GRUR 1960 S. 395, 396.
133. Hierzu Gaul/Bartenbach, GRUR 1968 S. 281 ff.
134. Vgl. von Gamm, GeschmMG § 1 Rz. 13; Furler, GeschmMG § 1 Rz. 51; Hering, Gewerblicher Rechtschutz 5.1.4.

gung in das Musterregister angemeldet und ein Exemplar oder eine Abbildung bei der mit der Führung des Musterregisters beauftragten Behörde niedergelegt hat.
Die Entstehung des Musterrechtes erfolgt demnach zweistufig: Zu Beginn erfolgt die Schöpfung eines immateriellen Gutes[135], nämlich eine durch das Design geprägte ästhetische Formgestaltung. Diese führt dann zu einem Anwartschaftsrecht auf das absolute Geschmacksmusterrecht, wenn die materiellen Schutzvoraussetzungen vorliegen. Das Anwartschaftsrecht erstarkt durch die Anmeldung und Niederlegung zum absoluten Geschmacksmusterrecht. Auf die Eintragung ins Musterregister kommt es dagegen für die Entstehung des Geschmacksmusterrechtes nicht an. Diese hat nur rein deklaratorische Bedeutung[136].

3.1. Die Anmeldung

Berechtigt, eine solche Geschmacksmusteranmeldung zu tätigen, ist nur der Urheber des Designmusters oder -modells, der durch seine eigenschöpferische Leistung das Muster oder Modell in seiner ästhetischen Eigenart gestaltet hat oder nach § 3 GeschmMG dessen Erben oder sonstige Rechtsnachfolger. Werden in einem Unternehmen im Auftrag oder für Rechnung Muster von Designern, Zeichnern, Malern, Bildhauern usw. angefertigt, so gilt nach § 2 GeschmMG der Unternehmer in Ermangelung einer anderweitigen vertraglichen Bestimmung als Urheber der Muster und Modelle. Nur er ist dann allein zur Anmeldung im Sinne des § 7 Abs. 2 GeschmMG berechtigt. Wird die Anmeldung eines Musters oder Modells durch einen Nichtberechtigten vorgenommen, so ist diese nichtig[137].

Verfahren der Anmeldung

Das Verfahren der Anmeldung wie auch dasjenige der Niederlegung ist in §§ 7, 9 GeschmMG sowie in den ergänzenden Ausführungsbestimmungen geregelt. Zuständig für die Anmeldung und Niederlegung von Mustern und Modellen sind nach geltendem Recht gemäß § 9 GeschmMG die Musterregister, die bei den Amtsgerichten geführt werden. Eine Zentralisation durch Schaffung einer einzigen für die Anmeldung und Hinterlegung von Geschmacksmustern zuständigen Behörde steht zu erwarten[138]. Dadurch werden auch die Voraussetzungen für

135. BGH vom 14.7.1961, Buntstreifensatin, GRUR 1962 S. 144, 146.
136. Vgl. BGH vom 27.11.1956, Morgenpost, BGHZ 22 S. 209 ff., 213.
137. LG Düsseldorf vom 25.2.1964 Bienenkorbspardose, GRUR 1966 S. 156; Furler, GeschmMG § 7 Rz. 14.
138. Vgl. Kelbel, GRUR 1985 S. 669, 674; BR-Drucks. 62/86, 62/1/86.

eine zentrale Erfassung und Auswertungsmöglichkeit der hinterlegten Geschmacksmuster geschaffen, was der Rechtssicherheit sehr förderlich sein wird.

Die Anmeldung erfolgt schriftlich oder mündlich vor der Registerbehörde zu Protokoll des Urkundsbeamten der Geschäftsstelle. Sie muß Angaben zur Person des Anmelders und einen bestimmten Antrag auf Entgegennahme der Anmeldung und Verwahrung des niederzulegenden Musters oder Modells sowie dessen Eintragung in das Musterregister beinhalten. Aus den Anmeldeunterlagen muß erkennbar sein, ob das Muster für ein Flächenerzeugnis oder für plastische Gestaltungen bestimmt ist. Soll ein Muster sowohl in seiner flächenhaftenden als auch in seiner plastischen Wirkung geschützt werden, was nach jahrelangem Streit über die sogenannte Doppelanmeldung seit dem Beschluß des BGH vom 15.9.1972[139] als zulässig anzusehen ist, so muß ein und dasselbe Muster in getrennten, jeweils selbständigen Anmeldungen einmal als Flächenmuster und zum anderen als plastisches Modell zur Eintragung ins Musterregister angemeldet werden[140].

Das Muster

Eine wörtliche Beschreibung oder die Angabe der beanspruchten Schutzmerkmale eines Design ist insofern nicht erforderlich, als Inhalt und Umfang des Geschmacksmusterrechts sich zwar nach dem Inhalt der Anmeldung und der Gestaltung des niedergelegten Musters oder Modells bestimmen[141]. Während jedoch die Anmeldung nur den Verfahrensantrag und die Erklärung der Inanspruchnahme als Flächenmuster oder plastisches Modell enthält und insoweit der Gegenstand des Geschmacksmusters festgelegt wird, folgt die maßgebende äußere Gestaltung allein aus dem niedergelegten Muster oder Modell. Unabhängig von etwaigen wörtlichen Beschreibungen in der Anmeldung ist dieses daher allein für den ästhetisch-schöpferischen Gehalt und Gesamteindruck entscheidend[142].

In der Gesamtschau bedarf die Anmeldung demnach folgender notwendiger Angaben:

Inhalt der Anmeldung

- Die Adresse der zuständigen Registerbehörde
- den bestimmten Antrag auf Entgegennahme und Verwahrung des niederzulegenden Musters oder Modells sowie dessen Registrierung
- den Namen und die Adresse des Anmelders sowie die Vollmacht bei Anmeldung durch einen Vertreter, was insbesondere bei ausländi-

139. BGH vom 15.9.1972, Doppelanmeldung, GRUR 1973 S. 214 ff., 215.
140. BGH vom 15.9.1972, Doppelanmeldung, GRUR 1973 S. 214.
141. Vgl. BGH vom 30.1.1963, Fahrradschutzbleche, GRUR 1963 S. 328, 329; BGH vom 30.9.1964, Küchenmaschine, GRUR 1965 S. 198, 199.
142. Vgl. von Gamm, GeschmMG § 7 Rz. 11, § 5 Rz. 6 m. w. N.

schen Anmeldern ohne inländischen Firmensitz oder Niederlassung erforderlich ist,
- die Angabe der Muster und Modelle sowie der dazugehörigen Fabrik- und Geschäftsnummern
- die Hinterlegungsart
- die beanspruchte Dimension
- die beanspruchte Priorität
und
- die beantragte Schutzfrist

3.2. Die Niederlegung

Zusammen mit der Anmeldung muß das zu schützende Muster oder Modell beim Registergericht niedergelegt werden. Die Niederlegung oder auch Hinterlegung eines Exemplares oder einer Abbildung des Musters oder Modells ist insofern für die Entstehung des Geschmacksmusterrechtes von konstitutiver Bedeutung, als der Inhalt und Umfang des geschmacksmusterrechtlichen Schutzes durch das niedergelegte

Hinterlegung ...

Muster und dessen Abbildungen bestimmt werden[143]. Angaben in einer der Musteranmeldung beigefügten Beschreibung können dagegen den Schutz nicht begründen, weil sich die für den ästhetischen Eindruck wesentlichen Gestaltungsmerkmale eines Musters oder Modells vielfach einer genaueren Wiedergabe durch Worte entziehen[144]. Dagegen kann sich aus einer wörtlichen Beschreibung in der Anmeldung durchaus eine Beschränkung des Schutzgegenstandes ergeben, wenn sich der Beschreibung in der Anmeldung eindeutig entnehmen läßt, daß das beanspruchte Geschmacksmusterrecht auf eine bestimmte geschmackliche Wirkung beschränkt sein soll[145].
Die Niederlegung kann einmal in der Weise erfolgen, daß das Originalmuster selbst bei der Registerbehörde hinterlegt wird. Stellt diese Hinterlegungsform auch die eindeutigste Darstellung des Schutzgegenstandes dar, so wird gleichwohl aus Gründen der Praktikabilität häufig von der zweiten in § 7 Abs. 1 GeschmMG genannten Möglichkeit Gebrauch gemacht. Diese besteht darin, daß anstelle des Originalmusters eine

143. BGH vom 14.7.1961, Buntstreifensatin, GRUR 1962 S. 144, 145; BGH vom 20.9.1974, Möbelprogramm, GRUR 1975 S. 383, 385; Furler, GeschmMG § 7 Rz. 6 f..
144. Vgl. BGH vom 14.7.1961, Buntstreifensatin, GRUR 1962 S. 144; BGH vom 2.12.1966, Kronleuchter, GRUR 1967, S. 375, 378.
145. Vgl. BGH vom 14.7.1961, Buntstreifensatin, GRUR 1962 S. 144, 146; BGH vom 30.1.1963, Fahrradschutzbleche, GRUR 1963 S. 328, 329.

oder mehrere Abbildungen des Musters oder Modells bei der Registerbehörde niedergelegt werden. Kann dies auch mit Hilfe technischer Zeichnungen erfolgen, so ist gleichwohl insofern zu empfehlen, primär Farbfotos von dem zu schützenden Design als Muster oder Modell niederzulegen, als sich aus ihnen im Gegensatz zur bloßen technischen Zeichnung die farblichen und plastischen Gestaltungselemente so genau ergeben, daß der ästhetische Gesamteindruck des zu schützenden Modells oder Musters erst hierdurch hinreichend erkennbar wird[146]Wenn auch im Gesetzeswortlaut des § 7 Abs. 1 GeschmMG nur von e i n e r Abbildung des Musters die Rede ist, so ist es gleichwohl und vor allem bei dreidimensionalen Modellen einer Designgestaltung dringend zu empfehlen, mehrere Fotos des zu schützenden Modells in der Weise niederzulegen, daß dessen ästhetischer Gesamteindruck von allen Seiten her erkennbar wird. Wenn nämlich nach der Rechtsprechung für die Frage, ob die als Geschmacksmuster hinterlegte Abbildung eines Modells eine bestimmte, das ästhetische Empfinden ansprechende Form erkennbar macht, auf das Anschauungsvermögen eines durchschnittlichen, auf dem betreffenden Gebiet tätigen und mit der Entwicklung des Formenschatzes auf diesem Gebiet vertrauten Designers oder Modellgestalters im Zeitpunkt der Hinterlegung abzustellen[147] ist, so reicht es eben nicht aus, wenn sich die bestimmte, das ästhetische Empfinden ansprechende Form eines Modells, das nur aus einer Ansicht heraus fotographiert und in dieser Abbildung hinterlegt worden ist, sich im übrigen aus der niedergelegten einseitigen Abbildung nur erahnen läßt. Eine solche Ausweitung des Schutzumfangs des Geschmacksmusters in den Bereich des subjektiven, nicht nachprüfbaren Empfindens durch einen Schluß auf eine bestimmte Designgestaltung von der einseitigen Abbildung eines dreidimensionalen Modells auf seine ästhetische Formgestaltung im übrigen würde nach der überzeugend erscheinenden Rechtsprechung zu einer untragbaren Rechtsunsicherheit führen[148]. Sie ist auch im Interesse des Anmelders nicht erforderlich. Diesem steht es ja frei, den Gegenstand des in Anspruch genommenen Schutzes durch Niederlegung mehrerer Abbildungen genau festzulegen, wenn sie das Modell selbst nicht niederlegen wollen oder – beispielsweise wegen der Größe des Modells – nicht niederlegen können[149]. In letztgenanntem Zusammenhang ist zu beachten, daß die Niederlegung von Mustern

... des Musters oder Modells

... möglichst konkret ...

146. Vgl. hierzu Bayer. ObLG Lichtkuppeln, GRUR 1973 S. 34.
147. Vgl. BGH vom 2.12.1966, Kronleuchter, GRUR 1967 S. 375.
148. BGH vom 21.1.1977, Trockenrasierer, GRUR 1977 S. 602, 604; Furler, GeschmMG § 7 Rz. 7.
149. BGH vom 21.1.1977, Trockenrasierer, GRUR 1977 S. 602, 604.

oder Modellen einzeln oder in Paketen erfolgen kann, die Pakete ihrerseits dann aber nach § 9 Abs. 4 GeschmMG nicht mehr als 50 Muster oder Modelle beinhalten und ein Gesamtgewicht von nicht mehr als 10 kg übersteigen dürfen.

... offen oder versiegelt

Die Niederlegung eines Musters oder Modells kann offen mit der Folge vorgenommen werden, daß jedermann die Möglichkeit hat, den Schutzgegenstand bei der Registerbehörde einzusehen. Sie kann aber auch dergestalt vorgenommen werden, daß das Muster versiegelt hinterlegt wird. In diesem Fall bleibt der Schutzgegenstand zunächst geheim, wobei die Eröffnung des versiegelt niedergelegten Musters nach § 9 Abs. 5 erst 3 Jahre nach der Anmeldung bzw. dann, wenn die Schutzfrist eine kürzere ist, nach Ablauf dieser Schutzfrist von Amts wegen erfolgt und das Muster erst dann von der Allgemeinheit eingesehen werden kann. Gewiß bietet diese Form der versiegelten Hinterlegung dem Anmelder den Vorteil, das Muster bis zum Beginn seiner gewerblichen Verwertung auf dem Markt für längere Zeit geheimhalten zu können, was vor allem in der Modebranche bedeutsam werden kann. Andererseits haftet der versiegelten Niederlegung für den Anmelder der Nachteil an, daß die versiegelte Hinterlegung eines nicht verwertbaren Geschmacksmusters für zeitlich nachrangige Musteranmeldungen nicht neuheitsschädlich ist. Ein anderer Anmelder, der seinerseits ein identisches Muster innerhalb der Zeit der versiegelten Hinterlegung des Erstmusters angemeldet und niedergelegt hat, kann damit für seine jüngere identische Designentwicklung ebenfalls ein Geschmacksmuster erlangen.

3.3. Die Eintragung

Die Eintragung ...

Erstarkt das durch die Schaffung einer ästhetischen Formgestaltung begründete Anwartschaftsrecht auf das Geschmacksmusterrecht durch die Anmeldung und Niederlegung des Musters oder Modells nach § 7 Abs. 1 GeschmMG ohne weiteres zum absoluten Geschmacksmusterrecht, so haben demnach die Anmeldung und Niederlegung für die Entstehung des Geschmacksmusterrechtes konstitutive Wirkung. Der nach der Anmeldung und Hinterlegung nach Maßgabe des § 10 GeschmMG erfolgenden Eintragung des Musters in das Musterregister durch die Registerbehörde kommt dennoch nur noch deklaratorische Bedeutung zu. Die Eintragung stellt keinen Hoheitsakt dar, sondern beinhaltet nur die Kundmachung des geschützten Geschmacksmusters, mit der der Allgemeinheit die Möglichkeit gegeben wird, dieses zur Kenntnis zu nehmen[150]. Die Eintragung wird ebenso wie die Verlängerung der Schutzfrist (§ 8 Abs. 2 GeschmMG) monatlich im Bundesanzeiger bekannt gemacht.

... und das Verfahren

Das Eintragungsverfahren unterliegt gemäß § 10 GeschmMG dem Anmeldesystem. Es findet daher eine Prüfung der materiellen Schutzvoraussetzungen nicht statt. Das Registergericht kontrolliert lediglich die Formalien der Anmeldung und der Niederlegung als formelle Voraussetzungen der Eintragung. Es hat in diesem Zusammenhang zu prüfen, ob das niedergelegte Muster als solches niederlegungsfähig ist und ob es formgerecht niedergelegt wurde[151].

Fehlt eines der formellen Minimalerfordernisse für die Anmeldung und Hinterlegung eines Design als Muster oder Modell, so ist der Eintragungsantrag durch die Registerbehörde zurückzuweisen und treten die Rechtswirkungen von Anmeldung und Niederlegung nicht ein[152]. Hiergegen sind nach geltendem Recht die Erinnerung, die Beschwerde und schließlich die befristete Rechtsbeschwerde gegeben.

Wenn die Schutzfähigkeit eines Musters oder Modells im Eintragungsverfahren durch die Registerbehörde nicht geprüft wird, die Entscheidung über den materiell-rechtlichen Bestand eines Geschmacksmusters ausschließlich vom zuständigen ordentlichen Gericht im Rahmen des Verletzungsprozesses getroffen wird[153], so findet dieser Grundsatz seine Ausnahme in den Fällen offensichtlichen Rechtsmißbrauchs. Dies sind die – allerdings seltenen und restriktiv zu beurteilenden – Fälle, in denen ohne nähere Prüfung klar ist, daß das als Muster angemeldete Design seiner Natur nach nicht geschmacksmusterfähig ist. Zu denken ist hierbei beispielsweise an Pflanzen- und Tierzüchtungen. In diesem Fall stellt die Eintragung einen Mißbrauch des Musterregisters dar. Liegen diese Voraussetzungen vor, so erscheint eine Eintragung des Musters unzumutbar und kann durch die Registerbehörde abgelehnt werden[154].

Mit der Eintragung eines Geschmacksmusters wird nur der tatsächliche Vorgang der Anmeldung und der Niederlegung eines Musters öffentlich registriert. Hieraus folgt, daß eine Änderung dieses Registereintra-

150. Vgl. Furler, GeschmMG § 10 Rz. 9; Gerstenberg, GeschmMG Einl. 5 c; zu den Einzelheiten der Einsichtnahme in das Musterregister gemäß § 11 GeschmMG vgl. Furler, GeschmMG § 11 Rz. 2 ff.; Gerstenberg, GeschmMG § 11 Anm. 2 ff.
151. Bayer. ObLG vom 15.12.1971, Lichtkuppeln, BayObLGZ 26 S. 387 = GRUR 1973 S. 34.
152. Vgl. von Gamm, GeschmMG § 7 Rz. 18.
153. Vgl. BPatG vom 4.10.1961, buntgefärbte Teigwaren, BPatGE 1 S. 283, 284.
154. Vgl. BPatG vom 4.10.1961, buntgefärbte Teigwaren, BPatGE 1 S. 223; vgl. hierzu ausführlich Gerstenberg, GeschmMG § 10 Anm. 3; auch Gaul-Bartenbach, Handbuch des gewerblichen Rechtschutzes G IV 3.

ges mit Ausnahme der Verlängerung der Schutzfrist nicht möglich ist. Insbesondere ist es ausgeschlossen, ein Geschmacksmuster vom Anmelder auf dessen Rechtsnachfolger umzuschreiben; durch eine Umschreibung des Geschmacksmusters auf einen Rechtsnachfolger würde nämlich das Geschmacksmusterregister insofern verfälscht werden, als es unrichtigerweise nicht mehr den tatsächlichen Anmelder, sondern einen Dritten ausweisen würde, der das Muster oder Modell zur Eintragung in das Musterregister eben nicht angemeldet und niedergelegt hat[155].

Auch wenn der Entwurf für ein neues deutsches Mustergesetz diese Möglichkeit vorsieht, ist nach der geltenden Rechtslage auch die Löschung der Eintragung im Musterregister noch nicht möglich. Im Gegensatz zum Warenzeichenrecht kann ein Prozeßgegner, der die Neuheit oder Eigentümlichkeit eines Klagemusters erfolgreich angegriffen und damit das Schutzrecht vernichtet hat, das Geschmacksmuster auch nach rechtskräftiger Beendigung des Prozesses nicht zum Löschen bringen. Die Eintragung im Musterregister bleibt vielmehr als Leereintragung bestehen[156].

4. Die Besonderheiten der Ausstellungspriorität

Ausstellungspriorität

Eine Ausnahme von der Neuheitsschädlichkeit der Vorverbreitung eines später als Muster oder Modell angemeldeten und eingetragenen Geschmacksmusters ist in dem „Gesetz betreffend den Schutz von Mustern und Warenzeichen" geregelt. Hiernach ist jedwede Art von Vorverbreitung nach Eröffnung einer solchen Ausstellung, die durch Bekanntmachung des Bundesministers der Justiz im BGBl. eine ausdrückliche, dementsprechende Anerkennung erfahren hat, nicht neuheitsschädlich im Sinne des § 7 Abs. 2 GeschmMG, wenn das betreffende Muster oder Modell im Original oder einer Nachbildung auf dieser Ausstellung durch den Berechtigten zur Schau gestellt worden ist und von ihm binnen einer Ausschlußfrist von 6 Monaten nach Eröffnung der Ausstellung bei der Registerbehörde angemeldet und niedergelegt wird, wobei die Priorität des ersten Ausstellungstages, die sog. Ausstellungspriorität, gilt. Wird ein Muster oder Modell dagegen auf einer hiernach nicht privilegierten Ausstellung zur Schau gestellt, so gilt es als

155. Vgl. hierzu und zur weiteren Begründung Beschluß der Urheberrechtsabteilung des DPA, Mitt. 1968 S. 56, 57 – Geschmacksmusterübertragung; LG Heilbronn, Mitt. 1978 S. 78.

156. Vgl. ausführlich Gerstenberg, GeschmMG § 10 Anm. 5 b.

verbreitet im Sinne des § 7 Abs. 2 GeschmMG mit der Folge, daß der Geschmacksmusterschutz für ein solches vorbekanntes Design ausscheidet[157].

Der Ausstellungsschutz verhindert nur die neuheitsschädliche Wirkung des Zurschaustellens eines noch nicht angemeldeten und niedergelegten Musters oder Modells innerhalb der Räume einer privilegierten Ausstellung; wird dagegen eine Abbildung des Musters oder Modells vom Aussteller beispielsweise auf solchen Einladungen benutzt, die er an Kunden und Geschäftspartner verschickt, so müssen diese Aktivitäten bereits als neuheitsschädliches „Verbreiten" im Sinne des § 7 Abs. 2 GeschmMG gewertet werden[158].

... und ihr Schutz

Die Ausstellungspriorität sowie die Ausstellungsbegünstigung werden bei Vorliegen der vorgenannten Voraussetzungen kraft Gesetzes wirksam und brauchen seitens des Anmelders bei der Anmeldung und Niederlegung des Musters oder Modells nicht ausdrücklich beansprucht werden[159]. Freilich muß der Anmelder im Falle der gerichtlichen Überprüfung seines Geschmacksmusterrechtes in der Lage sein, diese Umstände zu beweisen, wobei zur Beweissicherung meist Bestätigungen einschlägiger Messebüros oder Fotos vom Messestand dienen[160].

Der Ausstellungsschutz des „Gesetzes betreffend den Schutz von Mustern und Warenzeichen auf Ausstellungen" greift nur ein, wenn das Muster oder Modell öffentlich „zur Schau gestellt", d. h. auf der Ausstellung der Allgemeinheit der Ausstellungsbesucher zugänglich gemacht worden ist. Nur in diesen Fällen befindet sich der Aussteller in einer den besonderen Schutz rechtfertigenden Ausnahmesituation. Macht er hingegen sein designgestaltetes Produkt nur einzelnen Dritten zugänglich, so bedarf er keines besonderen Schutzes. Hier kann er sich durch Auferlegung einer Geheimhaltungsverpflichtung gegen eine ungewollte Verbreitung absichern. Der Dritte kann dann zwar das Muster oder Modell mit schutzhindernder Wirkung verbreiten, macht sich aber gleichzeitig dem Aussteller gegenüber hierdurch schadenersatzpflichtig[161]. Dies gilt auch für Ausländer im Inland.

... vor der Öffentlichkeit

157. Vgl. BGH vom 21.1.1982, Scandinavia, GRUR 1982 S. 371, 373.
158. Vgl. BGH vom 21.1.1982, Scandinavia, GRUR 1982 S. 371, 373.
159. Vgl. von Gamm, GeschmMG § 7 Rz. 21.
160. Vgl. ausführlich Gerstenberg, GeschmMG § 7 Anm. 6.
161. Vgl. BGH vom 15.6.1977, Pinguin, GRUR 1977 S. 796, 798.

5. Die Wirkung des Schutzrechtes

Schutzwirkung ...

Ist unter den vorgenannten materiellen und formellen Schutzvoraussetzungen ein Geschmacksmusterrecht entstanden, so kann bei der Frage, welche Wirkungen dieses zugunsten des Rechtsinhabers zu entfalten vermag, danach differenziert werden, welche Rechte es dem Rechtsinhaber vermittelt und wie weit und für welchen Zeitraum seine Schutzwirkung reicht.

5.1 Der Inhalt der Schutzwirkung

... und Inhalte

Entsprechend seiner rechtlichen Einordnung als gewerbliches Schutzrecht vermittelt das Geschmacksmuster dem Designschöpfer oder seinem Rechtsnachfolger nach § 1 Abs. 1 GeschmMG ein Ausschließlichkeitsrecht. Dieses beinhaltet zugunsten des Geschmacksmusterrechtsinhabers sowohl ein positives Benutzungsrecht als auch ein negatives Verbietungsrecht neben dem aus dem Persönlichkeitsschutz (Art. 1 GG)[162] folgenden Urheberpersönlichkeitsrecht als Schöpfer eines geschmacksmusterfähigen Design.

a) Das Urheberpersönlichkeitsrecht

Wenn auch – aus historisch bedingten Gründen – in das Geschmacksmustergesetz eine positiv-rechtliche Regelung über das Urheberpersönlichkeitsrecht nicht aufgenommen worden ist, so wird dieses heute in der Literatur, ausgehend von v. Gamm[163], allgemein anerkannt, nachdem das allgemeine Persönlichkeitsrecht seit der Entscheidung des BGH vom 25.5.1954[164], hergeleitet aus den Art. 1 Abs. 1, 2 Abs. 1 GG, höchstrichterliche Anerkennung gefunden hat[165].

Urheberschutz

Allerdings kann der Urheberpersönlichkeitsschutz am Geschmacksmuster, wie *v. Gamm* zutreffend hervorhebt, de lege lata einen sachlich nur geringeren Umfang erreichen, zumal die im gesamten Persönlich-

162. Vgl. hierzu allgemein Schmidt-Bleibtreu/Klein, GG Art. 1 Rz. 6.
163. GeschmMG § 5 Rz. 8 ff.
164. Dr. H. Schackt u. Co, BGHZ 13 S. 334, 338.
165. Vgl. auch BGH vom 14.2.1958, Herrenreiter, BGHZ 26 S. 349, 354; BGH vom 19.9.1961, Ginseng Wurzeln, BGHZ 35 S. 363, 367; BGH vom 5.3.1963, Fernsehansagerin, BGHZ 39 S. 124, 131.

keitsschutz erforderliche Interessenabwägung einer dem Urheberrecht gleichkommende Ausdehnung des Urheberpersönlichkeitsrechtes am Geschmacksmuster entgegensteht[166]. Insbesondere steht dem Mustergestalter kein gesetzlicher Anspruch auf Namensnennung zu, wie dies für den Urheber eines Werkes der angewandten Kunst nach § 13 UrhG zuerkannt wird.

b) Das positive Nutzungsrecht

Das Benutzungsrecht hat das ausschließliche Recht des Mustergestalters zum Inhalt, das designgestaltete Muster oder Modell in seiner Funktion als Vorlage für die Herstellung eines entsprechenden gewerblichen Erzeugnisses zu vervielfältigen und zu verbreiten[169]. Wenn in §§ 1 Abs. 1 und 5 S. 1 GeschmMG das „Nachbilden" bzw. „Herstellen" einer Nachbildung des Musters genannt wird, stellt dies sachlich den Tatbestand der Vervielfältigung dar[170]. Das dem Urheber vorbehaltene Vervielfältigungsrecht, in dem der funktionsmäßige Gebrauch des Musters zum Ausdruck kommt, umfaßt die im Inland vorgenommene Herstellung einer Nachbildung des von ihm oder seinem Rechtsvorgänger eigenschöpferisch entwickelten Design, also des Musters oder Modells, in Verbreitungsabsicht[171]. Unter Herstellen einer Nachbildung ist deren Anfertigung zu verstehen, wobei eine Nachbildung nur dann vorliegt, wenn das geschützte Muster oder ein nach ihm gefertigtes Erzeugnis als Vorbild gedient hat.

Nutzungsrecht

Das dem Musterurheber vorbehaltene Verbreitungsrecht beinhaltet das Zugänglichmachen durch das Feilhalten und „in den Verkehr bringen" einer Musternachbildung in ihrer besonderen, durch das Design geprägten verkörperten Form an Personen, die an deren Vervielfältigung unbeteiligt waren[172]. Das Verbreitungsrecht des Musterurhebers ist von dessen alleinigem Vervielfältigungsrecht streng zu trennen. Dem alleinigen Verbreitungsrecht des Musterurhebers unterliegt jede ge-

166. Vgl. ausführlich von Gamm, GeschmMG § 5 Rz. 9.
167. Vgl. GRUR 1978 S. 31.
168. Vgl. Furler, GeschmMG § 2 Rz. 16; zur Erfinderbenennung im Rahmen des Arbeitnehmererfindungsgesetzes vgl. Volmer/Gaul, ArbNErfG § 13 Rz. 183.
169. Vgl. BGH vom 10.6.1958, Tonmöbel, GRUR 1958 S. 613, 614.
170. Vgl. von Gamm, GeschmMG § 5 Rz. 23.
171. Vgl. BGH vom 27.2.1963, Plastikkorb, GRUR 1963 S. 640, 641 f.; BGH vom 30.9.1964, Küchenmaschine, GRUR 1965 S. 198, 201.
172. BGH vom 10.6.1958, Tonmöbel, GRUR 1958 S. 613, 614; BGH vom 14.1.1958 Deutschlanddecke, GRUR 1958 S. 351, 352.

werbliche Verbreitung einer Musternachbildung unabhängig von der Rechtmäßigkeit ihrer Herstellung[173].

Auf die Konkretheit kommt es an

Auch in diesem Bereich stellt nur die geschützte konkrete Formgestaltung in ihrem durch das Design gestalteten ästhetischen Gesamteindruck den Gegenstand des positiven Benutzungsrechtes dar. Weder von der konkreten Formgestaltung losgelöste und für sich allein nicht konkretisierbare Elemente als auch im Gesamtmuster enthaltene, aber nicht schutzfähige, weil zum freien Formenschutz gehörende Elemente unterliegen dem alleinigen Recht des Musterurhebers[174].

c) Das negative Verbietungsrecht

Verbietungsrecht

Das in den §§ 5, 14 und 14 a GeschmMG geregelte negative Verbietungsrecht begrenzt den Ausschließlichkeits-Charakter des Geschmacksmusterrechtes gegenüber Dritten und gibt dem Musterurheber diesen gegenüber die Anspruchsgrundlage zur Durchsetzung seines Rechtes.

5.2. Der Umfang der Schutzwirkung

Umfang des Schutzes

Vermittelt das Geschmacksmusterrecht dem geschützten Muster oder Modell einen Schutz vor verbotener Nachbildung (§ 5 GeschmMG), so bemißt sich der Schutzumfang nach dem Grad der Eigentümlichkeit eines Musters oder Modells. Wenn der Schutzgegenstand eines Geschmacksmusterrechtes die konkrete schutzfähige Formgestaltung in ihrem ästhetisch-schöpferischen Gesamteindruck ist[175], so lassen geringfügige Abweichungen eines Verletzungsmusters in den Abmessungen, Farben oder sonstigen Gestaltungsmerkmalen den Gegenstand des Geschmacksmusterrechts unberührt und werden noch von dessen Schutzumfang umfaßt. Darüber hinausgehende Abweichungen unterliegen dem Schutzumfang eines Geschmacksmusterrechtes dann, wenn entsprechend dem objektiven Nachbildungsbegriff ein übereinstim-

173. Vgl. von Gamm, GeschmMG § 5 Rz. 32. m. w. N.
174. Vgl. BGH vom 14.7.1961, Buntstreifensatin, GRUR 1962 S. 144, 146 f.; BGH vom 17.11.1961, Moped-Modell, GRUR 1962 S. 258, 260; BGH vom 30.9.1964, Küchenmaschine, GRUR 1965 S. 198, 199.
175. Vgl. BGH vom 30.9.1964, Küchenmaschine, GRUR 1965 S. 198, 201; BGH vom 4.7.1961, Straßenleuchte, GRUR 1961 S. 640, 641; BGH vom 19.12.1979 Play family, GRUR 1980 S. 235, 237.

mender ästhetischer Gesamteindruck zwischen dem Verletzungsmuster und dem Klagemuster besteht.

Ist in diesem Zusammenhang der Schutzumfang eines Klagemusters durch einen Gesamtvergleich mit den vorbestehenden Formgestaltungen zu bestimmen, so wird er umso weitreichender anzusehen sein, je größer die dem Klagemuster zugrundeliegende eigenschöpferische Leistung auf ästhetisch geprägtem Gebiet ist[176]. Damit bemißt sich der Schutzumfang eines Geschmacksmusterrechtes nach einer im Einzelfall vorzunehmenden Bewertung des Grades der eigenschöpferischen Leistung bei einer Designgestaltung, die in dem angemeldeten und niedergelegten Muster oder Modell zum Ausdruck gelangt.

Klagemuster ...

Ergibt sich nach diesen Grundsätzen, daß ein Verletzungsmuster den Schutzbereich eines Klagemusters berührt, so vermag sich hieran nach § 5 Ziff. 1 GeschmMG auch nichts dadurch zu ändern, daß bei der Herstellung des Verletzungsmusters ein anderes Herstellungsverfahren oder eine neue Technik zur Anwendung gelangt ist. Auch die Verwendung eines anderen Materials beim Verletzungsmuster begründet im Verhältnis zum Klagemuster grundsätzlich nicht die Annahme einer neuen eigenschöpferischen Leistung[177], es sei denn, es wird hierdurch ausnahmsweise eine neue ästhetische Wirkung erzielt[178] oder eine allgemein „anerkannte Voreingenommenheit"[179].

Ist es nach § 5 Ziff. 2 GeschMG insbesondere als verbotene Nachbildung anzusehen, wenn die Nachbildung in anderen räumlichen Abmessungen oder Formen hergestellt wird als das Original, oder unterscheidet sich die Nachbildung des geschützten Design vom Original nur durch solche Abänderungen, die nur bei Anwendung besonderer Aufmerksamkeit wahrgenommen werden können, so bestätigt dies die Bedeutung der ästhetischen Gesamtwirkung eines Musters oder Modells als entscheidendes Kriterium zur Festlegung des Schutzumfanges eines Klagemusters. Das Verletzungsmuster wird vom Schutzumfang des Klagemusters mitumfaßt[180].

... und Verletzungsmuster

Nach § 5 Ziff. 3 GeschmMG kann der Schutzumfang eines Musters oder Modells auch nicht dadurch umgangen werden, daß das Verletzungsmodell nicht unmittelbar nach dem Originalmuster, sondern nur mittelbar nach einer Nachbildung desselben geschaffen worden ist.

176. Vgl. BGH vom 3.6.1977, Haushaltsschneidemaschine I, GRUR 1978 S. 168, 169.
177. Vgl. OLG Hamburg vom 16.8.1956, Tiermodelle aus Schaumgummi, GRUR 1957 S. 142.
178. So Gerstenberg, GeschmMG § 76 Anm. 5.
179. Hierzu Hesse, GRUR 1982 S. 514 ff.
180. BGH vom 9.2.1966, Laternenflasche, GRUR 1966 S. 681, 684.

Diese Vorschrift hat insofern nur klarstellende Funktion[181]. Eine verbotene Nachbildung setzt nämlich die Kenntnis des Nachbilders von der Existenz eines prioritätsälteren Musters voraus. Daher spielt es keine Rolle, ob diese Kenntnis durch eine unmittelbare Anschauung des Musters oder Modells selbst oder erst mittelbar über eine Nachbildung desselben erlangt worden ist.

5.3. *Die Dauer der Schutzwirkung*

Der durch ein Geschmacksmusterrecht vermittelte Schutz wird dem Urheber eines Musters oder Modells gemäß § 8 Abs. 1 GeschmMG nach seiner Wahl 1 bis 3 Jahre lang, vom Tag der Anmeldung (§ 7 GeschmMG) ab, gewährt.

Der Musterurheber ist nach § 8 Abs. 2 GeschmMG aber auch berechtigt, eine Ausdehnung der Schutzfrist bis auf längstenfalls 15 Jahre zu verlangen, wobei er gemäß § 8 Abs. 3 GeschmMG dieses Recht außer bei der Anmeldung auch bei Ablauf der 3- und der 10-jährigen Schutzfrist ausüben kann. Diese gesetzlich vorgesehene Verlängerungsmöglichkeit führt in der Praxis insofern häufig zu Schwierigkeiten, als die in § 8 Abs. 3 GeschmMG geregelten Verlängerungsmodalitäten, wonach e i n e Verlängerung der Schutzdauer nur bei Ablauf der dreijährigen und der zehnjährigen Schutzfrist möglich ist, von den Anmeldern eines Geschmacksmusters nicht genügend beachtet werden.

Dauer der Schutzwirkung ...

So kann eine Verlängerung der Schutzfrist bei Ablauf der zunächst beanspruchten drei Jahre auf die Höchstfrist von 15 Jahren nur entweder sogleich bei der ersten Ausübung des Rechtes – diese Möglichkeit wird von vielen Anmeldern aus Kostengründen[182] oder deshalb nicht wahrgenommen, weil sie erst die Bewährung des Musters oder Modells am Markt abwarten wollen – oder aber in der Weise erfolgen, daß zunächst eine Ausdehnung auf 10 Jahre und sodann eine weitere Verlängerung auf die Höchstfrist begehrt wird[183]. Dies bedeutet, daß nach Ablauf der dreijährigen Erstfrist die Schutzdauer wahlweise um 7 Jahre auf die 10-jährige oder um 12 Jahre auf die 15-jährige Schutzfrist verlängert werden kann. Wenn auch der BGH in seiner Entscheidung vom

181. So von Gamm, GeschmMG § 5 Rz. 29.
182. Vgl. § 8 Abs. 2 GeschmMG i. V. M. § 82 der Kostenordnung.
183. BGH vom 11.4.1979, Blumenwanne, GRUR 1979 S. 548.

26.6.1970[184] bei einer Inanspruchnahme einer Erstfrist von 5 Jahren eine Verlängerung dieser Erstfrist auf 10 Jahre für zulässig erachtet hat und damit von den streng formalen Fristenregelungen des § 8 Abs. 3 GeschmMG abgewichen ist, so hat er doch gleichzeitig klargestellt, daß es keinen hinreichenden Grund dafür gibt, von dem eindeutigen Wortlaut dieser Vorschrift nunmehr völlig abzuweichen und die Dauer der ersten Verlängerung und die der zweiten Verlängerung auf die Höchstfrist gänzlich ins Belieben des Schutzrechtsinhabers zu stellen. Vielmehr kann eine solche vom Wortlaut des § 8 Abs. 3 GeschmMG abweichende Auslegung ausnahmsweise nur mit besonderer Zurückhaltung und bei Vorliegen zwingender Gründe vorgenommen werden[185].

... und Verlängerung

Im Ergebnis führt diese Rechtsprechung dazu, daß in der Praxis die in § 8 Abs. 3 GeschmMG für die Verlängerung der Schutzfrist genannten Termine streng beachtet werden sollten und es am sinnvollsten erscheint, entweder zunächst eine dreijährige Erstfrist zu beanspruchen und diese dann um 7 Jahre oder um 12 Jahre zu verlängern oder von vornherein eine Schutzfrist von 15 Jahren zu beantragen[186]. Die nach § 82 der Kostenordnung anfallenden relativ geringen Gebühren – DM 10,– für jedes weitere Jahr bis zum 11. Jahr einschließlich und DM 15,– für jedes weitere Jahr vom 11. bis zum 15. Jahr – sollten dem nicht entgegenstehen[187].

Wenn nach § 8 Abs. 3 GeschmMG der Antrag auf Verlängerung der Schutzfrist „bei Ablauf der dreijährigen und zehnjährigen Schutzfrist" gestellt werden muß, so bedeutet dies praktisch, daß der Verlängerungsantrag vor Ablauf der laufenden Schutzfrist gestellt werden muß[188]. Die Fristberechnung selbst erfolgt nach Maßgabe der §§ 186 ff. BGB. Ist nach Ablauf der Schutzfrist eine Verlängerung nicht mehr möglich, so kann ein verspäteter Verlängerungsantrag ausnahmsweise nur noch unter den Voraussetzungen Bedeutung erlangen, wie sie für die Wiedereinsetzung in den vorherigen Stand nach §§ 233 ff. ZPO[189] gelten.

184. I ZR 122/68; zitiert nach BGH vom 11.4.1979, Blumenwanne, GRUR 1979 S. 548, 549.
185. Vgl. BGH vom 11.4.1979, Blumenwanne, GRUR 1979 S. 548, 549.
186. So auch Gerstenberg, GeschmMG § 8 Anm. 4.
187. Vgl. hierzu ausführlich Gerstenberg, GeschmMG § 8 mit Berechnungsbeispielen.
188. Vgl. OLG Düsseldorf vom 7.9.1961, Schutzfristverlängerung, GRUR 1962 S. 380, 381.
189. Vgl. hierzu Thomas/Putzo, ZPO § 233 Anm. 3 ff.

6. Die Schutzrechtsverletzung

Verletzung von Schutzrechten ...

Nach § 5 Abs. 1 GeschmMG ist jede Nachbildung eines Musters oder Modells, welche in der Absicht, dieselbe zu verbreiten, ohne Genehmigung des Berechtigten hergestellt wird, verboten. Da das Tatbestandsmerkmal der Nachbildung qua definitione die Existenz eines Vorbildes voraussetzt, an die sich die Nachbildung anlehnt, wird eine selbständig entstandene Form vom Geschmacksmusterschutz nicht erfaßt. Dem Geschmacksmusterrecht ist eine die technischen Schutzrechte kennzeichnende Sperrwirkung[190] in dieser Form fremd.

Nicht nur die Nachbildung eines geschützten Musters in seiner ästhetischen Gesamtheit, sondern auch dessen teilweise Nachbildung ist dann verboten, wenn es sich um einen in sich geschlossenen Teil handelt, der eine gewisse Eigenständigkeit und Geschlossenheit der Form aufweist[191].

6.1 Der objektive Verletzungstatbestand

Neben dem Tatbestand der objektiven Nachbildung setzt § 5 GeschmMG weiterhin voraus, daß die Nachbildung ohne Genehmigung des Berechtigten in der Absicht hergestellt wird, dieselbe zu verbreiten, wobei unter dem Begriff des Verbreitens im Sinne der Vorschrift sowohl das öffentliche Anbieten als auch das Inverkehrbringen der Nachbildung zu verstehen ist.

... und ihre Feststellung

Setzt demnach die Anwendbarkeit des § 5 GeschmMG zunächst voraus, daß eine objektive Nachbildung vorliegt, so erfolgt eine darauf gerichtete gerichtliche Überprüfung in der Weise, daß das Vorbild und die als Nachbildung in Frage kommende Gestaltung miteinander dahingehend verglichen werden, ob durch den Vergleich der Gestaltungsmerkmale eine mögliche Übereinstimmung objektiv festgestellt werden kann. Hierbei kommt es nicht etwa auf den Eindruck eines flüchtigen Betrachters an. Die erforderliche Gesamtschau setzt ein Nebeneinander der zu beurteilenden Modelle oder Muster voraus, um das Entscheidende im ästhetischen Bereich erkennen zu können. Andererseits kommt es

190. Vgl. hierzu Volmer/Gaul, ArbNErfG § 9 Rz. 660 ff. m. w. N.
191. Vgl. BGH vom 17.11.1961, Moped-Modell, GRUR 1962 S. 258, 260; BGH vom 27.2.1963, Plastikkorb, GRUR 1963 S. 640, 641; BGH vom 7.11.1980, Leuchtenglas, GRUR 1981 S. 273, 274.

auf solche Unterschiede nicht an, die nur bei Anwendung besonderer Aufmerksamkeit wahrgenommen werden können[192].

Ergibt dieser Vergleich, daß das Verletzungsmodell mit den schutzfähigen Gestaltungselementen des Klagemodells übereinstimmt, so handelt es sich objektiv um eine verbotene Nachbildung im Sinne des § 5 GeschmMG. Dies ist aber nur dann der Fall, wenn das Verletzungsmodell objektiv hinreichende Übereinstimmungen gerade in bezug auf denjenigen Zusammenklang von konkreten, ästhetischen Merkmalen der Designgestaltung aufweist, der den schutzfähigen Inhalt des hinterlegten Klagemodells darstellt. Der Gesamteindruck beider Modelle, der sich an den übereinstimmenden Merkmalen beider Modelle und nicht an den Unterschieden zu orientieren hat, ist maßgebend. Als ein Indiz für eine verbotene Nachbildung kann angesehen werden, wenn das Verletzungsmodell mit dem Klagemodell in den räumlichen Abmessungen und/oder im Verhältnis der Proportionen übereinstimmt[193].

Objektive Kriterien

Ergibt sich nach diesen Wertungen eine wenigstens wesentliche Übereinstimmung des Klagemodells mit dem Verletzungsmodell, so geht der BGH prima facie vom Vorliegen einer verbotenen Nachbildung im Sinne des § 5 GeschmMG aus[194].

Keine Nachbildung liegt gemäß § 4 GeschmMG bei der freien Benutzung einzelner Motive eines durch ein besonderes Design geprägten und geschützten Musters oder Modells zur Herstellung eines neuen Musters oder Modells vor. Dies ist dann der Fall, wenn ein Designgestalter bei seiner schöpferischen Tätigkeit in beschränktem Umfang auch die Formelemente eines geschützten Musters verwendet, diese aber dergestalt in freier Weise einsetzt, daß hierdurch ein neues und eigentümliches Muster entsteht[195]. Eine in dieser Weise gekennzeichnete freie Benutzung einzelner Motive eines Musters oder Modells kann immer dann angenommen werden, wenn sich der Mustergestalter von der geschmacksmusterrechtlich geschützten Vorlage eines Design so weit gelöst hat, daß seine schöpferische Leistung als eine völlig selbständige Neuschöpfung anzusehen ist[196].

192. BGH vom 30.9.1964, Küchenmaschine, GRUR 1965 S. 198, 201; BGH vom 19.12.1979, Play family, GRUR 1980 S. 235, 237.
193. Vgl. BGH vom 18.12.1959, Cherie, GRUR 1960 S. 256; BGH vom 16.4.1975, Gemäldewand, GRUR 1976 S. 261, 263; BGH vom 19.12.1979, Play Family, GRUR 1980 S. 235, 237.
194. BGH vom 14.3.1958, Schlafzimmermodell, GRUR 1958 S. 509, 511; Furler, GeschmMG § 5 Rz. 28.
195. Vgl. BGH vom 17.11.1961, Moped-Modell, GRUR 1962 S. 258, 260.
196. Vgl. hierzu Ulmer, Urheber- und Verlagsrecht § 58.

Bei der Frage, ob ein Verletzungsmuster eine verbotene Nachbildung eines Klagemusters im Sinne des § 5 GeschmMG oder vielmehr eine freie Benutzung im Sinne des § 4 GeschmMG darstellt, ist ebenfalls vom Vergleich des Gesamteindrucks beider Muster entsprechend den zuvor genannten Wertungen auszugehen. Dabei darf kein zu milder Maßstab angelegt werden[197].

6.2. *Der subjektive Verletzungstatbestand*

Subjektive Kriterien ...

Liegt nach dem vorbezeichneten Wertungen objektiv der Tatbestand einer Nachbildung vor, greifen also insbesondere nicht die Ausnahmetatbestände des § 4 GeschmMG (dann keine Nachbildung) bzw. des § 6 GeschmMG (dann keine verbotene Nachbildung) ein, so ist der Tatbestand des § 5 GeschmMG erst dann erfüllt, wenn zu der objektiven Übereinstimmung des Verletzungsmodells mit den schutzfähigen Gestaltungsmerkmalen und Formelementen des Klagemodells das Merkmal der subjektiven Nachbildung hinzukommt.
Abgesehen von den Fällen des § 6 GeschmMG ist nämlich auch im übrigen nicht jede Nachbildung eines Musters oder Modells schlechthin verboten. Nur diejenige ist unerlaubt, die ohne Genehmigung des Berechtigten in der Absicht hergestellt wird, das nachgebildete designgestaltete Produkt zu verbreiten. Die Nachbildung im Sinne des § 5 GeschmMG als die unmittelbare oder mittelbare Benutzung eines Musters oder Modells als Vorlage zur Anfertigung eines hiermit im ästhetisch-schöpferischen Gesamteindruck übereinstimmenden Erzeugnisses erfordert subjektiv die Kenntnis des Nachbilders von der Existenz eines prioritätsälteren Musters oder Modells sowie einen natürlichen Nachbildungswillen[198].

... sind nur schwer ...

Die Kenntnis des Nachbilders von der Existenz eines prioritätsälteren Musters beinhaltet seine Kenntnis von vorbekannten Gestaltungsformen, wie dies auch im Rahmen des Neuheitsbegriffes gemäß § 1 Abs. 2 GeschmMG bedeutsam ist. Auf die Art der Kenntniserlangung kommt es in diesem Zusammenhang ebensowenig an, wie es unerheblich ist, ob der Nachbilder das Vorbild bewußt wahrgenommen oder nur unbewußt in sein Formgedächtnis aufgenommen hat[199]. Der subjektive Tat-

197. Vgl. hierzu ausführlich Gerstenberg, GeschmMG § 4 Anm. 5.
198. Vgl. BGH vom 10.6.1958, Tonmöbel, GRUR 1958 S. 613, 614; BGH vom 4.7.1961, Straßenleuchte, GRUR 1963 S. 640, 643; BGH vom 27.2.1963, Plastikkorb, GRUR 1963 S. 640, 641, BGH vom 28.11.1973, Elektroschalter, GRUR 1974 S. 406, 410; Furler, GeschmMG § 5 Rz. 24.
199. Vgl. Gerstenberg, GeschmMG § 5 Anm. 3.

bestand der Nachbildung ist daher auch dann erfüllt, wenn dem Gestalter des späteren Modells das geschützte Modell im Augenblick der Nachbildung nicht bewußt vorgeschwebt hat. Es reicht aus, wenn er es durch eine ihm möglicherweise selbst nicht mehr gegenwärtige frühere Wahrnehmung oder Beschreibung, die nicht einmal mit der Kenntnis der Herkunft des Modells verbunden zu sein braucht, in sein Formengedächtnis aufgenommen hatte und er alsdann bei seiner eigenen Gestaltung hierdurch unbewußt beeinflußt worden ist. Diese Annahme setzt allerdings regelmäßig voraus, daß das geschützte Erzeugnis schon auf dem Markt war, als mit dem Entwurf des angegriffenen Erzeugnisses begonnen wurde[200]. Hierfür aus der Position des Schutzrechtsinhabers den Nachweis zu führen, ist gerade bei designgestalteten Produkten außerordentlich schwierig; läßt sich doch gerade bei ideenreichen Designern die Kausalbeziehung eines schöpferischen Gedankens schon bei gutem Willen schwer feststellen. Hier liegt aber meist der Interessengegensatz des Mitbewerbers vor.

... zu operationalisieren

Muß zu der Kenntnis des Nachbilders von der Existenz eines prioritätsälteren Musters auch ein natürlicher Nachbildungswille, d. h. der Wille zur Nutzung des prioritätsälteren Musters als Vorlage hinzutreten, so ist hiermit nicht etwa der Wille zur Verletzung und damit ein Schuldvorwurf, sondern entsprechend dem natürlichen Handlungswillen im strafrechtlichen Bereich[201] nur der Wille zur Handlung selbst angesprochen[202].

6.3. Der Verletzungsprozeß

a) Verfahrensgrundsätze

Wenn ein Geschmacksmusterrecht grundsätzlich beim Vorliegen aller formellen Erfordernisse in das Musterregister eingetragen wird, ohne daß die materiellen Schutzvoraussetzungen einer Prüfung unterzogen werden, das Geschmacksmuster insoweit ein sogenanntes ungeprüftes Schutzrecht darstellt, so werden erst im Verletzungsprozeß die materiellen Schutzvoraussetzungen und der Schutzumfang vom Gericht geprüft.

Der Verletzungsprozeß ...

Dem Verletzungsprozeß kann eine Verwarnung vorausgehen. Mit dieser teilt der Verletzte dem Verletzer mit, daß er ein Geschmacksmusterrecht an einer bestimmten Gestaltung besitzt und daß er in dem vom Verletzer hergestellten und/oder verbreiteten Erzeugnis eine verbotene

200. So BGH vom 28.11.1973, Elektroschalter, GRUR 1974 S. 406, 410.
201. Vgl. hierzu Schönke/Schröder, StGB § 63 Rz. 5.
202. Vgl. von Gamm, GeschmMG § 5 Rz. 30.

Nachbildung seines designgestalteten Musters oder Modells sieht. Die Verwarnung beinhaltet weiterhin die Aufforderung zur unverzüglichen Beseitigung der Beeinträchtigung. Fehlt die Unterlassungsaufforderung, liegt keine Verwarnung vor[203]. Meist wird die Verwarnung mit der Forderung zur Abgabe einer mit einer angemessenen Vertragsstrafe bewehrten Unterlassungserklärung für die Zukunft verbunden.

Der Inhaber eines Geschmacksmusters, der in Verkennung der Neuheit und/oder Eigentümlichkeit seines designgestalteten Geschmacksmusters einen scheinbaren Verletzer unbegründet verwarnt, muß mit einer negativen Feststellungsklage durch den Verwarnten rechnen[204]. Eine unbegründete und deshalb unberechtigte Verwarnung stellt darüber hinaus einen Eingriff in den eingerichteten und ausgeübten Gewerbebetrieb des Verwarnten im Sinne des § 823 Abs. 1 BGB dar und macht den Inhaber des Geschmacksmusters unter Umständen schadensersatzpflichtig[205].

... und die Grundsätze

Allerdings handelt der Verwarner in diesem Zusammenhang dann nicht schuldhaft und scheidet eine Schadensersatzpflicht aus, wenn er sich durch eine gewissenhafte Prüfung und aufgrund vernünftiger und billiger Überlegungen die Überzeugung verschafft hat, sein Schutzrecht werde rechtsbeständig sein[206]; freilich sind an die Sorgfaltspflichten des Verwarners im Interesse derjenigen Unternehmen, die unberechtigt abgemahnt werden, strenge Anforderungen zu stellen[207].

Im Rahmen des Verletzungsprozesses (§ 14 a GeschmMG) sollte das Merkmal der subjektiven Nachbildung insofern praktisch dann keine Rolle spielen, wenn beim Vorliegen einer objektiven Nachbildung, d. h. bei einer wesentlichen Übereinstimmung des Verletzungsmodells mit dem Klagemodell, der Beweis des ersten Anscheins[208] für eine Nachbildung spricht[209]. Führen die Regeln über den Anscheinsbeweis auch nicht zu einer Beweislastumkehr, sondern erleichtern sie der beweisbelasteten Partei – hier dem Rechtsträger des Klagemusters – ledig-

203. Auch wenn der Adressat nicht ausdrücklich zur Unterlassung aufgefordert wird, so kann sich allerdings gleichwohl aus den Begleitumständen die unmißverständliche Aufforderung ergeben, bestimmte Handlungen zu unterlassen und insoweit eine Verwarnung gegeben sein: Vgl. BGH vom 19.1.1979, Brombeerleuchte, GRUR 1979 S. 332 (334); zur Verwarnung vgl. allgemein Benkard/Bruchhausen, PatG vor §§ 9–14 Rz. 13 ff.; Pastor, Der Wettbewerbsprozeß, 2 Abschnitt, Kapitel V.

204. Vgl. BGH WRP 65, 97 (101), Kaugummikugeln.

205. Vgl. BGH, WRP 65, 97 (101), Kaugummikugeln.

206. Vgl. BGH vom 11.12.1973, maschenfester Strumpf, GRUR 1974 S. 290.

207. Vgl. BGH vom 19.1.1979, Brombeerleuchte, GRUR 1979 S. 332.

208. zum Begriff vgl. Rosenberg/Schwab, ZPR § 114.

209. BGH vom 30.9.1964, Küchenmaschine, GRUR 1965 S. 198, 201; BGH vom 1.10.1980, Haushaltsschneidemaschine II, GRUR 1981 S. 269, 272; OLG Hamm vom 2.11.1978, Küchenschütte, GRUR 1979 S. 240. 242.

lich die Beweisführung, so wird der Gegner – hier der Gestalter des Verletzungsmodells – zwar nicht zum Beweis des Gegenteils gezwungen. Er muß aber im Wege des einfachen Gegenbeweises das Vorliegen solcher Umstände voll beweisen, die geeignet sind, die mit Hilfe des Anscheinsbeweises gewonnene Überzeugung des Richters vom Vorliegen einer verbotenen Nachbildung im Sinne des § 5 GeschmMG zu erschüttern[210]. Eine derartige Erschütterung des Anscheinsbeweises kann nur durch den eindeutigen Nachweis dafür gelingen, daß der Gestalter des Verletzungsmodells das geschützte Klagemodell weder selbst gekannt hat, noch ihm diese Kenntnis durch Beschreibung oder Anregungen Dritter, die das geschützte Muster gekannt haben, vermittelt worden ist[211]. Die Instanzgerichte sind jedoch trotz der Beweisnot des Schutzrechtsinhabers beim subjektiven Verletzungstatbestand häufig leider nicht bereit, die Grundsätze des § 286 ZPO nutzbar zu machen.

Nachbildung

Liegt eine subjektive Nachbildung und damit der Tatbestand des § 5 GeschmMG insgesamt dann nicht vor, wenn das Klagemuster überhaupt nicht in den Verkehr gelangt ist und daher dem Gestalter des Verletzungsmusters weder bewußt noch unbewußt als Vorbild vorgeschwebt haben kann[212], so kann eine verbotene Nachbildung entsprechend den Wertungen zum Neuheitsbegriff gemäß § 1 Abs. 2 GeschmMG insbesondere dann nicht gegeben sein, wenn das als Vorbild in Frage kommende Klagemuster versiegelt hinterlegt und noch nicht verwendet worden ist[213].

Ist aber nach den vorstehend dargestellten Grundsätzen objektiv und subjektiv eine verbotene Nachbildung im Sinne des § 5 GeschmMG gegeben, so vermittelt § 14 a GeschmMG dem Urheber des designgestalteten Klagemodells die Möglichkeit, im Rahmen des Verletzungsprozesses vom Nachbilder nicht nur Ersatz derjenigen Schäden zu verlangen, die ihm durch die Verletzungshandlung entstanden sind. Er kann vor allem die Unterlassung weiterer Nachbildungen seines geschützten designgestalteten Musters oder Modells und damit die Durchsetzung seines negativen Verbietungsrechtes begehren.

b) Unterlassungsansprüche

Die sich aus einer verbotenen Nachbildung eines Musters oder Modells ergebenden zivilrechtlichen Ansprüche des Verletzten sind in dem

210. Zur Erschütterung des Anscheinsbeweises vgl. Rosenberg/Schwab, ZPR § 114 4.
211. BGH vom 1.10.1980, Haushaltsschneidemaschine II, GRUR 1981 S. 269, 272.
212. BGH vom 28.11.1973, Elektroschalter, GRUR 1974 S. 406, 410.
213. Vgl. BGH vom 3.6.1977, Haushaltsschneidemaschine I, GRUR 1978 S. 168, 169.

durch das Einführungsgesetz zum Strafgesetzbuch vom 2.3.1974 in das Gesetz eingefügten § 14 a GeschmMG geregelt.

Von großer praktischer Bedeutung ist der Anspruch des Verletzten auf Unterlassung. Dieser Anspruch ist darauf gerichtet, dem Verletzer zu untersagen, weiterhin widerrechtlich Nachbildungen des geschützten Musters oder Modells herzustellen und/oder zu vertreiben. Ein Aufbrauchrecht besteht grundsätzlich nicht. Der Schutzrechtsinhaber braucht die Fortsetzung des Unrechtstatbestandes nicht zu dulden[214].

Unterlassungsansprüche

Soll der Beseitigungsanspruch eine bereits gegenwärtige Beeinträchtigung des Verletzten zum Wegfall bringen, so dient der Unterlassungsanspruch, der ebenso wie derjenige auf Beseitigung kein Verschulden des Verletzten, sondern nur eine objektive Rechtsverletzung voraussetzt, dazu, zukünftige Verletzungen des Geschmacksmusterrechtes zu verhindern. Der Anspruch setzt zu seiner Wirksamkeit voraus, daß die Gefahr der Wiederholung vorliegt. Dies ist immer dann zu bejahen, wenn bereits eine Verletzungshandlung begangen worden ist und der Verletzer bestreitet, ein Musterrecht verletzt zu haben[215]. Die Wiederholungsgefahr wird durch das bloße Versprechen, die als Verletzungshandlung gerügte Tätigkeit künftig nicht mehr begehen zu wollen, insbesondere dann nicht beseitigt, wenn der Verletzer in einem bereits anhängigen Rechtsstreit einen Klageabweisungsantrag mit der Begründung gestellt hat, die beanstandete Handlung sei berechtigt.

Grundsätzlich entfällt die Wiederholungsgefahr dagegen dann, wenn der Verletzer sich in strafbewehrter Form, d. h. unter Anerkennung einer angemessenen Vertragsstrafe[216] für jeden Fall der Zuwiderhandlung verpflichtet, zukünftig keine weitere Verletzungshandlungen zu begehen. Unter bestimmten Voraussetzungen kann dem Musterrechtsinhaber auch schon bei nur drohender Gefahr der Musterrechtsverletzung ein sogenannter vorbeugender Unterlassungsanspruch zustehen[217].

c) *Schadensersatzansprüche*

Ein Schadensersatzanspruch des Schutzrechtsinhabers gegen den Verletzer besteht nur dann, wenn letzterem Vorsatz oder Fahrlässigkeit zur

214. Zum Aufbrauchrecht vgl. allgemein Pastor. Der Wettbewerbsprozeß Kap. 77; Benkard/Rogge, PatG § 139 Rz. 139.
215. Vgl. Gerstenberg, GeschmMG § 14 Anm. 2.
216. So auch Gerstenberg, GeschmMG § 14 a B Anm. 2.
217. Vgl. Furler, GeschmMG § 14 a Rz. 13; zu den Voraussetzungen der vorbeugenden Unterlassungsklage vgl. allgemein Rosenberg/Schwab, ZPR § 93.

Last fällt. Ist der Vorsatz als das Handeln in Kenntnis aller Tatumstände in der Praxis selten nachweisbar, so ist als fahrlässiges Handeln nach § 276 Abs. 1 BGB solches Verhalten anzusehen, bei dem die im Verkehr erforderliche Sorgfalt außer acht gelassen wird[218]. In diesem Zusammenhang gibt es keine starren Maßstäbe. Es muß unter Berücksichtigung der besonderen Umstände des Einzelfalls geprüft werden, welche verkehrsübliche Sorgfalt vom Verletzer hätte beachtet werden müssen. Dabei kann beispielsweise bei Großhändlern und Fachkreisen eine größere Marktkenntnis unterstellt werden als bei Einzelhändlern[219].

Schadensersatz ...

Ein Irrtum des Verletzers dahingehend, er habe bei der Nachbildung des Klagemusters von diesem genügend Abstand gehalten, schließt dann, wenn ihm das Klagemuster als geschmacksmusterrechtlich geschützt bekannt war, den Vorwurf der Fahrlässigkeit nicht aus[220].

Seinem Umfang nach richtet sich der Schadensersatzanspruch je nach Wahl der Verletzten entweder auf den ihm durch die Verletzungshandlung entgangenen Gewinn auf eine angemessene Vergütung oder zuletzt auf die Herausgabe des vom Verletzer erzielten Gewinns[221].

... und seine Formen

Verfolgt der Verletzte mit seinem Schadensersatzanspruch die Herausgabe des vom Verletzer durch die Nachbildung des geschützten Muster erzielten Gewinns, so steht ihm nach § 14 a Ziff. 1 S. 2 GeschmMG ein Anspruch auf Rechnungslegung zu[222]. Aber auch in den übrigen Fällen des Schadensersatzes ist dieser Anspruch insofern gegeben, als der Verletzte auch den ihm entgangenen Gewinn oder die Höhe einer angemessenen Vergütung auf Lizenzbasis[223] nur zu beziffern vermag, wenn er Einzelheiten über Art und Umfang der vom Nachbildner betriebenen Verletzungstätigkeit kennt. Dieser Anspruch ist nach der Rechtsprechung dann begründet, wenn mit Wahrscheinlichkeit zu erwarten ist, daß dem Verletzten durch die Nachbildung ein Schaden entstanden ist, und der Kläger zur Berechnung dieses Schadens eben derjenigen Angaben bedarf, die er mit dem Anspruch auf Auskunftserteilung und Rechtslegung fordert[224]. Erscheint diese Schadensberechnung nicht angemessen, kann der Schutzrechtsinhaber sein Anspruchsbegehren auch auf eine entsprechende Heranziehung der Lizenzanalogie stützen.

218. Vgl. stall aller Münch. Komm.-Hanau, BGB § 276 Rz. 4 ff.
219. Vgl. BGH vom 14.3.1958, Schlafzimmermodell, GRUR 1958 S. 510, 511.
220. Vgl. BGH vom 1.10.1980, Haushaltsschneidemaschine II, GRUR 1981 S. 269, 272.
221. Vgl. BGH vom 27.2.1963, Plastikkorb, GRUR 1963 S. 640, 642.
222. Vgl. hierzu Furler, GeschmMG § 14 a Rz. 49 ff.; Gerstenberg, GeschmMG § 14 a Anm. B 5.
223. Vgl. hierzu BGH vom 3.7.1974, Clarissa, GRUR 1975 S. 85.
224. Vgl. OLG Hamm vom 2.11.1978, Küchenschütte, GRUR 1979 S. 240, 242.

Für die Fälle nur leicht fahrlässiger Verletzung von Musterrechten haben die Gerichte nach § 14 a Abs. 1 Satz 3 GeschmMG die Möglichkeit entwickelt, statt eines Schadensersatzes eine Entschädigung festzusetzen, die in den Grenzen zwischen dem Schaden des Verletzten und demjenigen Vorteil bleibt, der dem Verletzer erwachsen ist[225]. Insofern kommen hier Grundsätze des § 139 PatG[226] zum Tragen.

d) Beseitigungsansprüche

Beseitigung

Neben diesen, seinen unmittelbaren Vermögensinteressen dienenden Hauptansprüchen, kann der Verletzte gemäß den §§ 98–103 UrhG, die im Geschmacksmusterrecht gemäß § 14 a Abs. 3 GeschmMG entsprechende Anwendung finden, entweder die Vernichtung sowohl der zur rechtswidrigen Verbreitung bestimmten Vervielfältigungsstücke der widerrechtlich hergestellten Nachbildung als auch der zur rechtswidrigen Herstellung der Nachbildungsstücke bestimmten Vorrichtungen begehren; er kann aber auch nach seiner Wahl anstelle dieser Vernichtung eine Überlassung der betreffenden Gegenstände gegen eine angemessene Vergütung verlangen (§ 99 UrhG). Zuletzt bietet § 101 UrhG unter den dort genannten Voraussetzungen eine weitere Möglichkeit, dem Verletzten anstelle der Vernichtung oder Überlassung der Nachbildungen und Vorrichtungen eine Entschädigung in Geld zuzusprechen; dies setzt freilich voraus, daß der Verletzer nicht schuldhaft, d. h. weder vorsätzlich noch fahrlässig gehandelt hat.

e) Bereicherungsansprüche

Bereicherung

Soweit in § 14 a Abs. 2 GeschmMG auf die Ansprüche aus anderen gesetzlichen Vorschriften verwiesen wird, so sind hiermit vor allem Bereicherungsansprüche im Sinne der §§ 812 ff. BGB angesprochen, die jedoch neben den Schadensersatzansprüchen nach § 14 a Abs. 1 GeschmMG selten eine praktische Bedeutung erlangen[227].

225. Vgl. hierzu ausführlich Gerstenberg, GeschmMG § 14 a B 6.
226 Vgl. Schulte, PatG § 139 IV; Benkard/Rogge, PatG § 139 Rz. 39 ff.
227. Vgl. BGH vom 27.2.1963, Plastikkorb, GRUR 1963 S. 640, 642.

f) Strafrechtliche Sanktionen

Soweit in § 14 GeschmMG strafrechtliche Konsequenzen für die verbotene Nachbildung eines Musters oder Modells gemäß § 5 GeschmMG geregelt werden, kommt dieser Bestimmung insofern kaum noch eine praktische Bedeutung zu, als ein Strafurteil wegen der Nachbildung eines Musters oder Modells – soweit ersichtlich – bereits seit Jahrzehnten nicht mehr ergangen ist. An dieser sichtbar gewordenen rechtspolitischen Zielsetzung kann sich aber etwas ändern, nachdem das neugefaßte Urheberrechtsgesetz und andere Gesetzesaktivitäten darauf gerichtet sind, Urheberrechtsverletzungen stärker als bisher auch strafrechtlich zu ahnden[228].

IV. Design als Arbeitnehmerleistung

Arbeitnehmerleistung

Wird eine schöpferische Formgestaltung als Design von einem Arbeitnehmer im Rahmen seiner vertraglich umschriebenen Tätigkeit in Erfüllung seiner Arbeitspflicht erbracht[229], so steht sie dem Arbeitgeber zu (§ 2 GeschmMG). Entsprechendes gilt für einen sonst außerhalb eines Arbeitsverhältnisses mit einem Unternehmer verbundenen Mitarbeiter: Auftragsbezogene Designentwicklungen gehören dem Auftraggeber, soweit es die wirtschaftlich geprägten Verwertungsrechte angeht, während die Urheber- oder Erfinderehre persönlicher Natur ist und nicht übergeht[230]. Einer besonderen Übertragung oder Aneignungserklärung des Arbeitgebers, wie dies im Arbeitnehmererfindungsgesetz (§ 6 ArbNErfG) vorgesehen ist [231], bedarf es hierbei nicht.
Wenn § 2 GeschmMG freilich nur die in Erfüllung der Arbeitsvertragspflicht von einem Arbeitnehmer entwickelten Geschmacksmuster dem Arbeitgeber zuordnet, können solche Designentwicklungen als arbeitsvertragsfrei liegend angesehen werden, die außerhalb der arbeitsvertraglichen Leistungspflichten von einem Arbeitnehmer entwickelt wurden, auch wenn sie maßgeblich auf betrieblichen Erfahrungen beruhen.

228. Zur Urheberrechtsreform 1985 vgl. Nordemann, GRUR 1985 S. 837 ff.
229. Vgl. Hueck/Nipperdey, Arbeitsrecht I § 21 I; Nikisch, Arbeitsrecht I §§ 19, 20; Gaul, Arbeitsrecht D II; Schaub, Arbeitsrechtshandbuch § 29 I 1; Söllner, Arbeitsrecht § 3; Zöllner, Arbeitsrecht § 4 III.
230. Vgl. LG NÜrnberg-Fürth vom 25.10.1957, Soft-Eis, EGR ArbNErfG § 2 Nr. 16; Volmer/Gaul, ArbNErfG § 2 Rz. 179.
231. Vgl. Reimer/Schade/Schippel, ArbNErfG § 6 Rz. 3; Bartenbach/Volz, ArbNErfG § 6 Rz. 6; Volmer/Gaul, ArbNErfG § 6 Rz. 7 ff.; OLG Nürnberg vom 29.4.1969, Kunststoffskimatte, EGR ArbNErfG § 6 Nr. 5 = GRUR 1970 S. 135.

Das Arbeitnehmererfindungsrecht ordnet auch solche technischen Entwicklungen, wenn sie patent- oder gebrauchsmusterfähig sind, den Diensterfindungen i. S. des § 4 ArbNErfG zu[232]. Das Geschmacksmusterrecht ist enger und kann es rechtfertigen, solche Entwicklungen z. B. eines Buchhalters oder eines Personalleiters als Sonderleistung außerhalb des Arbeitsverhältnisses anzusiedeln[233].
Dabei kann durchaus zweifelhaft sein, ob in diesem Fall angesichts der klaren Fassung des Gesetzes von einer ergänzungsfähigen Lücke[234] gesprochen und eine hiervon abweichende gewohnheitsrechtliche Zuordnungsregel angewandt werden darf[235]. Diese Zweifel sind jedoch vermeidbar, wenn durch Einzelvertrag oder freiwillige Betriebsvereinbarung (§ 88 BetrVG)[236] folgende Regelung herbeigeführt wird:
„Eine geschmacksmusterfähige und/oder urheberrechtsfähige schöpferische Leistung eines Arbeitnehmers gehört dem Arbeitgeber. Beruht diese Leistung nicht auf einer vertraglich vereinbarten Leistungsverpflichtung, sondern nur maßgeblich auf betrieblichen Erfahrungen, erfolgt eine Vergütung als Sonderleistung in Anlehnung an die Grundsätze des betrieblichen Verbesserungsvorschlagswesens. Wurde die schöpferische Leistung außerhalb der Vertragspflichten und ohne maßgebliche Heranziehung betrieblicher Erfahrungen entwickelt, steht dem Arbeitgeber ein Recht auf eine einfache Lizenz zu marktgerechten Bedingungen zu".
Das entspricht den Rechtsgedanken der §§ 18, 19 ArbNErfG.

V. Die Nutzung von Fremdleistungen

Besteht unternehmenspolitisch ein Interesse daran, möglichst frühzeitig mit einem Produkt auf den Markt zu kommen und reicht die eigene

232. Vgl. Volmer/Gaul, ArbNErfG § 4 Rz. 34 ff.; Bartenbach/Volz, ArbNErfG § 4 Rz. 10; BGH vom 21.10.1980, Flaschengreifer, EGR ArbNErfG § 26 Nr. 7 = NJW 1981 S. 345.
233. Reimer/Schade/Schippel, ArbNErfG § 9 Rz. 3; Volmer/Gaul, ArbNErfG § 9 Rz. 6; Bartenbach/Volz, ArbNErfG vor §§ 9, 12 Rz. 9; Gaul, GmbH-Rdsch. 1982 S. 101 (Erfindungen von Geschäftsführern).
234. Vgl. Canaris, Die Feststellung von Lücken im Gesetz S. 33; Herschel, RdA 1975 S. 333; Marie-Luise Hilger, RdA 1981 S. 6; Seiter, RdA 1981 S. 70; Gaul, Arbeitsrecht A III›
235. Vgl. Formularvorschlag bei Gaul/Bartenbach, Handbuch des gewerblichen Rechtschutzes U Rz. 112 ff.; vgl. auch BAG vom 13.9.1983, DB 1984 S. 991.
236. Vgl. Dietz/Richardi, BetrVG § 88 Rz. 3 ff.; Fitting/Auffarth/Kaiser, BetrVg § 88 Rz. 2 ff.; zur Rechtsnatur und zur mangelnden Nachwirkungen einer gekündigten freiwilligen Betriebsvereinbarung: BAG vom 12.8.1982, BB 1983 S. 249 = DB 1982 S. 2301.

Entwicklungskapazität nicht aus, um zu dem gewünschten Zeitpunkt entsprechende Design-Entwicklungen fertigungstechnisch und vertriebsreif zu entwickeln, liegt es nahe, auf Fremdentwicklungen zurückzugreifen.

Fremdleistungen

Dabei müssen die für die eigene Schutzrechtsposition oben dargelegten Absicherungsmöglichkeiten durch die Begründung eines Geschmacksmusters als Design-Schutz ebenso beachtet werden wie wettbewerbsrechtliche und warenzeichenrechtliche Schranken der unternehmerischen Gestaltungsfreiheit.

1. Design als Gattungskennzeichnung

Hat eine Design-Entwicklung durch einen Dritten in Verbindung mit einer bestimmten Produktgestaltung auf dem Markt nicht nur erfolgreich Eingang gefunden, sondern in der Durchsetzung des Produktes die ursprüngliche Zuordnung zu einem bestimmten Hersteller verloren, indem mit einer konkreten designgestalteten Ware oder einem Produkt zugleich eine Gattungsbewertung und Gattungskennzeichnung verbunden wird, ist damit eine wettbewerbsrechtliche Absicherung nicht mehr gegeben[237].

Zwar ist jeder Dritte nicht berechtigt, eine solche zur Gattungsbezeichnung gewordene ursprünglich eigenschöpferische Leistung nur abgewandelt auf den Markt zu bringen. Hierdurch würde eine Irreführung in Bezug auf Produkt- und Kundenerwartung geschaffen[238]. Hingegen ist die identische Übernahme der Fremdleistung nach wettbewerbsrechtlichen Gesichtspunkten erlaubt. Durch die Verdichtung der ursprünglichen eigenschöpferischen Leistung mit seiner Herstellerzuordnung zu einem erweiterten herstelleranonymen Gattungsbegriff beschränkt sich der Vertrauensschutz des Publikums, wie er durch das Wettbewerbsrecht abgesichert werden soll, darauf, bei einer bestimmten Gattungsware auch die hiermit in Verbindung stehenden Qualifikationsvoraussetzungen zu erhalten. Hingegen ist der dahinterstehende ursprüngliche Hersteller nicht mehr geschützt.

Dieser Gesichtspunkt sollte gerade dann sorgfältig bedacht werden, wenn eine Design-Gestaltung mit besonderem Erfolg auf den Markt gebracht wird.

237. OLG Düsseldorf vom 7.1.1985, Lakritz-Konfekt, GRUR 1985 S. 562.
238. OLG Düsseldorf vom 17.1.1985, Lakritz-Konfekt, GRUR 1985 S. 562.

2. Die warenzeichenrechtliche Absicherung

Nichts hindert aber jeden Dritten, eine wettbewerbsrechtlich nicht mehr schützbare Eigenleistung, die durch ein besonderes Schutzrecht, wie ein Geschmacksmuster, aus welchen Gründen auch immer, nicht oder nicht mehr absicherbar ist, durch ein Warenzeichen mit dem besonderen Verbietungsrecht zu versehen. In einem solchen Fall wäre zwar jeder Interessent berechtigt, das Produkt, auch in seiner durch gewerbliche Schutzrechte nicht gesondert abgesicherten Design-Gestaltung nutzbar zu machen, also herzustellen, feilzuhalten und auf den Markt zu bringen. Nur besteht für ihn nicht die Berechtigung, dieses Produkt mit dem fremden Warenzeichen verbunden zu vermarkten. Meist liegt aber gerade in der Verbindung zwischen Warenzeichen und besonderer Design-Gestaltung die Grundlage eines besonderen Vertriebserfolges. Das Warenzeichen kennzeichnet dann gerade das Design-Original in seiner Abgrenzung von „Nachahmungen", mögen diese auch erlaubt sein[239].

Warenzeichen, ...

Hier bietet sich für den Interessenten, der eine designgestaltete Produktentwicklung auch mit dem bereits eingeführten Warenzeichen verwenden möchte, nur die Möglichkeit, in der Form einer Warenzeichenlizenz[240] sich die rechtliche Legitimation zu verschaffen, das designgestaltete Produkt auch in Verbindung mit dem bereits auf dem Markt eingeführten Warenzeichen verwenden zu dürfen.

3. Die Geschmacksmusterlizenz

Besteht aber für eine fremde Design-Entwicklung ein Geschmacksmuster, so ist jeder Dritte wegen der bestehenden Verbietungsrechte nicht legitimiert, eine Übernahme dieses schöpferischen ästhetischen Gedankengutes vorzunehmen, ohne die entsprechende rechtliche Legitimation vom Schutzrechtsinhaber zu besitzen.

3.1. Die ausschließliche Lizenz

Lizenzen ...

In der Form der ausschließlichen Lizenz kann dem Interessenten die vertragliche Legitimation zuteil werden, exclusiv dieses Design eines

239. Zur Unterscheidungsfúnktion eines Warenzeichens vgl. Baumbach/Hefermehl, WZG Einl. Rz. 9 ff. m. w. N.

240. Vgl. zur Warenzeichenlizenz ausführlich Baumbach/Hefermehl, WZG Anh. zu § 8 Rz. 1 ff. m. w. N.; Stumpf, Der Lizenzvertrag C V 3 Rz. 195 f.

Dritten herzustellen und zu vertreiben[241]. Durch eine solche Vertragsgestaltung rückt der Lizenznehmer in die wirtschaftliche und rechtliche Herrschaftsmacht für alle Verwendungsmöglichkeiten mit dem geschmacksmusterrechtlich geschützten Design ein, kann also auch, wenn keine abweichenden vertraglichen Schutzregelungen vorliegen, aus eigenem Recht gegen Nachahmer im Sinne des § 5 GeschmMG vorgehen.
Solche Vertragsgestaltungen sind vor allem dann sinnvoll und zweckmäßig, wenn der Schöpfer eines Design nicht über die entsprechenden Herstellungsmöglichkeiten des Produktes verfügt oder ihm jedenfalls die Vertriebsvoraussetzungen fehlen.

3.2. Die einfache Lizenz

Ist aber der Design-Inhaber oder sein Rechtsnachfolger nicht daran interessiert, seine gesamte Verfügungsmacht einem Nutzungsinteressenten zu übertragen, bietet es sich an, in der Form der einfachen Lizenz eine Nutzungsberechtigung zu vermitteln[242]. Eine solche einfache Lizenz hat nur schuldrechtlichen Charakter, vermittelt also nur zwischen den Vertragsparteien Rechte und Pflichten. Dies hat vor allem dann für den Lizenznehmer nicht unerhebliche Bedeutung, wenn mit der Lizenznahme Investitionen im Fertigungsbereich oder im Vertriebsbereich in nennenswertem Umfange verbunden sind, weil bei einer Veräußerung des Geschmacksmusters durch den Schutzrechtsinhaber an einen Dritten die Rechtsposition der einfachen Lizenz verlorengeht[243]. Hier hilft auch eine interne vertragliche Absprache zwischen den Lizenzvertragsparteien, daß der Lizenzgeber nicht berechtigt sein solle, die Schutzrechtsposition an Dritte zu veräußern, wenig. Die Mißachtung und Verletzung dieses Pflichtenkreises begründet für den Lizenznehmer nur Schadensersatzansprüche, die vor allem im Falle der Insolvenz des Schutzrechtsinhabers ins Leere gehen[244].

241. Zur ausschließlichen Lizenz vgl. Stumpf, Der Lizenzvertrag A III 3 Rz. 36 f., F Rz. 358 ff.
242. Zur einfachen Lizenz vgl. Stumpf, Der Lizenzvertrag A III 5 Rz. 39, G Rz. 381 ff.
243. BGH vom 23.3.1982, Verankerungsteil, EGR ArbNErfG § 14 Nr. 9 = GRUR 1982 S. 411.
244. Vgl. eingehend hierzu Volmer/Gaul, ArbNErfG § 9 Rz. 528 ff., § 14 Rz. 140 ff.; vgl. auch Gaul, Mitt. 1983 S. 81 ff..

3.3. Die Lizenzgebühr

... und Gebühren

Als wirtschaftlichen Ausgleich für die Nutzungsüberlassung eines solchen Geschmacksmusters hat der Lizenznehmer eine vereinbarte Lizenzgebühr, die in vielfältiger Form ausgestaltet sein kann[245], an den Lizenzgeber zu zahlen.

Im Regelfall wird eine solche Lizenzgebühr als Prozentsatz auf den Verkaufswert der designgestalteten und damit geschmacksmusterfähigen Ware bezogen. Feste Sätze hierfür gibt es nicht. Bei Massenerzeugnissen, die unter einen solchen Geschmacksmusterschutz fallen, sind die Sätze im Regelfall erheblich niedriger als bei Produkten, die in wenigen Stücken veräußert werden. Als Anhaltspunkt und Maßstab ist der wirtschaftliche Wert heranzuziehen, der dem Design-Nutzungsberechtigten dadurch zufließt, daß er das designgestaltete Produkt zu nutzen berechtigt ist. Ähnlich den Grundsätzen bei der Ermittlung des Erfindungswertes im Arbeitnehmererfindungsrecht[246] ist davon auszugehen, daß der Design-Schöpfer oder sein Rechtsnachfolger als Lizenzgeber einen in Prozenten ausgedrückten Anteil von der wirtschaftlichen Verbesserung erhält, die dem Lizenznehmer durch die Berechtigung zuteil wird, die Monopolrechtsstellung des Lizenzgebers nutzen zu dürfen. Ein Prozentsatz zwischen 0,5 und 5 % des Verkaufspreises liegt nicht außerhalb des Rahmens.

VI. Wechselbeziehungen zwischen Vertriebspolitik und Designrecht

Auch erfolgreiche Unternehmen und gerade diese stehen heute vielfach unter dem Zwang, bestimmte Markenartikel mit entsprechenden Design auf zwei getrennten Vertriebswegen in den Markt zu bringen. Dabei ist die funktionale Ausstattung des Produktes meist in beiden Erscheinungsformen fast deckungsgleich, während im Qualitätsbereich Abweichungen gegeben sind.

245. Vgl. Stumpf, Der Lizenzvertrag A I 1 Rz. 13 ff.; Lüdecke/Fischer, Lizenzverträge S. 32 ff.; Gaul/Bartenbach, Formularkommentar 3/III 3.5.
246. Vgl. Volmer/Gaul. ArbNErfG § 9 Rz. 32 ff., 164, 1048; Bartenbach/Volz, ArbNErfG § 9 Rz. 75 ff.; Reimer/Schade/Schippel, ArbNErfG § 9 Rz. 41; vgl. auch Einigungsvorschlag der Schiedsstelle beim DPA vom 6.3.1980, EGR ArbNErfG § 9 (Ve-Anspr.) Nr. 52 = Bl. 1982 S. 277.

Hier sollte das Design als Abgrenzungskriterium nutzbar gemacht werden, wenn vermieden werden soll, daß ein Marktverwirrungsschaden bei unterschiedlicher Preispolitik auf verschiedenen Vertriebswegen realisiert wird, hierfür aber weder wegen abweichender funktionaler Ausgestaltung des Produktes, noch durch voneinander abweichendes Design eine Rechtfertigung gegeben erscheint. Wer selbst durch voneinander abweichende funktionale oder technisch gestaltete Produkte mit äußerlich gleichem Design dazu beiträgt, die durch eine besonders ansprechende, eigenartige und überzeugende ästhetische Form- oder Farbgebung eines Produktes begründete Erwartungshaltung des Kunden zu täuschen, muß die Folgen eines derartigen venire contra factum proprium im Ergebnis selbst tragen.

Marketing und Design

Das identische Design, bezogen auf qualitativ unterschiedlich ausgestaltete Erzeugnisse, stellt dann in der Wirkung zu Lasten des Rechtsträgers die gleiche Wirkung dar, die ein Schutzrechtsverletzer bei unerlaubter Nachahmung ohne entsprechende Verletzungsbekämpfung begründet[247].

247. Vgl. BGH vom 8.11.1984, Rolex, GRUR 1985 S. 876.

Nachwort

Design-Pragmatik

Rido Busse

Inhalt

I. Was ist Design?

Definitionen

Verlangen Sie nicht von einem Mann, der seit mehr als einem Vierteljahrhundert mit Design sein Brot verdient, und dies zur Zufriedenheit von mehr als 200 Firmen des In- und Auslands tut, daß er hier große theoretische Volten schlägt. Ob und wie jeweils von unterschiedlichen Positionen aus und zu unterschiedlichen Zeiten Design definiert wurde, das hat wenig mit dem Alltag eines Designunternehmens zu tun. Weder mit dem Argument, Design sei „die kulturelle Umweltverantwortung der Industrie" – eine in den 60er Jahren beliebte Formel – kann ich einen Unternehmer davon überzeugen, auch nur eine müde Mark in Design zu investieren, noch mit dem liebenswerten Slogan der frühen 70er Jahre: „Design ist der Versuch, die Erde ein bißchen bewohnbarer zu machen". Schon besser ist der Spruch von Edwin Schricker: „Design ist Kunst, die sich nützlich macht." (Leider wird hierbei Produktästhetik mit Design gleichgesetzt.)

Ein satter Markt wird wieder aufnahmefähig

Was ich dem Unternehmer allenfalls erläutern kann, und was die meisten großen Betriebe, aber auch viele Mittelständler in der Bundesrepublik inzwischen auch begriffen haben, ist, daß bei gesättigten Märkten und einer verschärften Wettbewerbsstruktur gutes Design als Gesamtqualität eines Produktes ein absatzentscheidender Faktor ist, ja, daß in weiten Teilen der Produktion die Weckung neuer Bedürfnisse nur noch über den Wandel und die gezielte Differenzierung im Erscheinungsbild und in der Handhabung des Produktes möglich ist.

Design ist Gesamtqualität

Ich verstehe Design in der angelsächsischen Weise als das Entwickeln neuer und Optimieren vorhandener Produkte nach folgenden Kriterien:
- Funktion,
- Erzeugung,
- Ergonomie und
- Produktästhetik.

Lassen Sie mich dazu einige Bemerkungen machen

1. Funktion

Funktion

Vase contra Flugzeug

Jedes Produkt hat eine physikalische, chemische oder physikalisch-chemische Funktion, einerlei, ob Plakat, Vase oder Flugzeug. Nur gilt, daß die Funktionsanforderungen bei allen drei Produkten von sehr unterschiedlicher Komplexität sind: Ein Gefäß, das eine gewisse Menge Wasser aufnehmen und Blumenstengel sicher fixieren kann, wird beinahe jeder Teilnehmer eines Volkshochschul-Töpferkurses hinbekommen.

Das Flugzeug hingegen stellt Anforderungen an Spezialisten: an Mathematiker, Konstrukteure, Aerodynamiker, Ergonomen. Design ist hier in hohem Maße eine Koordinationsleistung.

2. Erzeugung

Erzeugung

Auch die Fertigungstechnik gehört, was manchen überraschen mag, ins Blickfeld des Designers; denn Design soll nicht nur sicherstellen, daß unsere Güter so gebrauchsfähig sind wie möglich, sie sollen auch so wirtschaftlich wie möglich produziert werden können. Innovative Überlegungen zur Fertigungstechnik sind ein Schlüssel dazu. Sie sichern dem Produkt nicht nur einen Vorsprung im Konkurrenzkampf, sie sind auch unmittelbar mit allen anderen Designkriterien verzahnt.
Um ein Beispiel zu geben: Zu busse design ulm kam ein Kunde, der auf nautische Geräte spezialisiert ist. Es ging um die Entwicklung eines Sextanten, der in der traditionellen Form in Messingkokillenguß nicht mehr profitabel herstellbar war. Der neue Sextant sollte aus Aluminium sein, und die Firma ging davon aus, daß das Trägerteil, an dem alle optischen Funktionselemente befestigt sind, im Aluminiumdruckgußverfahren hergestellt werden müsse. Erste Kalkulationen allerdings ergaben für diesen Fall Werkzeugkosten in Höhe von (seinerzeit) 45 000 DM. In dieser Situation ging der Hersteller zum Designer. busse design ulm entwickelte ein Trägerteil, das formal so weit vereinfacht war, daß es aus Aluminium im Strangpreßverfahren hergestellt werden konnte und dennoch allen Anforderungen der schnellen und exakten Handhabung entsprach. Werkzeugkosten hierfür 2500 DM. Das Material, eine Aluminiumknetlegierung, ist zudem durch seine hervorragende Elo-

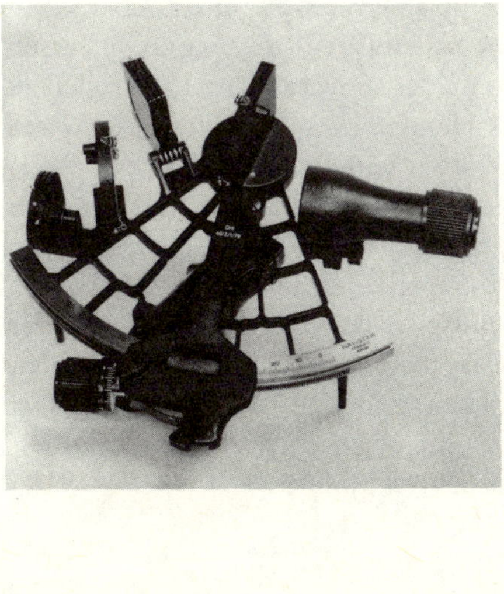

xierbarkeit gegenüber Seewassereinflüssen unempfindlich. Weitere Vorteile gegenüber der ursprünglichen Ausführung: senkrechte Wandungen ohne Entformungsschrägen, hervorragend bearbeitbar und gravierbar. Fazit: Kosteneinsparungen für ein besser aussehendes und besser zu handhabendes Gerät 30%.

Was man beim Thema Fertigungstechnik auch nicht vergessen sollte: Eine optimierte Fertigung ist auch ein hervorragender Schutz gegen Plagiatoren.

3. Ergonomie

Ist Sitzen etwas Ergonomisches

Kurzdefinition: Ein Gerät in Funktion bringen, in Funktion halten und außer Funktion setzen. Ergonomie bedeutet also: Gestalten der Schnittstelle zwischen Benutzer und Gerät. Es ist eine Größe, die ins Design eingeht und die sich gewissermaßen unsichtbar macht. Um ein Beispiel zu geben: Es ist die Funktion eines Stuhles, daß ich bequem und sicher auf ihm sitzen kann, daß die Rückenlehne die Bandscheiben wirklich entlastet. Daß ich aber Rückenlehne, Armstütze, Sitzneigung, Höhe problemlos verstellen kann, ohne mir die Arme zu verrenken und die Fingernägel abzubrechen, verdanken wir den ergonomischen Untersuchungen.

4. Produktästhetik

Ästhetik – eine derivative Größe ...

Damit sind wir beim vierten Designkriterium, der Produktästhetik. Es ist der Begriff, der dem Laien – und nicht nur ihm – immer als erstes einfällt, wenn er an Design denkt. Dahinter steht die Vorstellung, Designer seien lediglich Produktkosmetiker, die einem Erzeugnis, das bereits in allen funktions- und fertigungstechnischen Details festliegt, noch rasch eine gefällige Außenhaut geben. Wenn das so wäre, dann hätte ich in all meine Ingenieure, Techniker und Handwerker fehlinvestiert. Wozu brauchte ich dann eine Konstruktionsabteilung, ein Labor für Prüfzwecke? Wozu die teuren CNC-gesteuerten Maschinen, mit denen in den Werkstätten Versuchswerkzeuge und Prototypen gebaut werden können? Wozu die eigene Kunststoffspritzerei, in der Versuchsserien von 1 bis 100 Stück machbar sind? Ginge es nur darum, im Rahmen der technischen und ergonomischen Vorgaben aus Proportionen, Farben, Texturen, Schrägen, Winkeln, Radien und Facetten eine möglichst unterscheidbare und attraktive Außenhaut zu entwickeln, hätten wir uns die meisten dieser Investitionen sparen können.

Die Praxis sieht anders aus. Das heißt konkret: Der reine Gestaltungsanteil im Sinne der Produktästhetik bindet bei uns nur etwa durchschnittlich 20% der Kapazität, das Übrige geht in Überlegungen zur Konstruktion, zur Materialfrage, zur Fertigungstechnik, zur Ergonomie und auch zur Ökologie und zum Marketing.

II. Design und Marketing

... bestimmt dennoch den Produkterfolg

Über die Anbindung des Design an das Marketing ist unter Designern viel gerangelt und geschrieben worden. Vor allem von Leuten, die – fern der industriellen Wirklichkeit – nur an Hoch- und Fachhochschulen ihre Theorien entwickeln. Die Realität ist, daß Design und Marketing aufeinander bezogen sind und, daß die relative Durchsetzung des Designgedankens in der Wirtschaft im wesentlichen darauf beruht, daß immer mehr Unternehmer die Erfahrung machen, daß innovatives Design ein hervorragendes Marketinginstrument sein kann. Ich nenne hier nur das Stichwort Mercedes 190 oder Bang & Olufsen im HiFi-Bereich, Erco im Lichtsektor oder Loewe mit seinem Multimedia-Bildschirm ART 1. Für hochpreisige Produkte, gerade im High-tec-Bereich, wird eine innovative Produktästhetik (die die Leistung der Techniker sozusagen visuell ablesbar macht) immer kaufentscheidender. Aber selbst beim Massenprodukt wird Design zur absatzstrategisch lohnenden Investition. Wie sonst soll es sich im Meer der Austauschbarkeit behaupten?
Irrig wäre es nun freilich zu meinen, daß es grundsätzlich Designer seien, von denen die erfolgreichsten Produktvorschläge kämen. Der sicherste Garant für Erfolg in dieser Hinsicht ist immer noch ein guter Draht zur Kundschaft. Dies wenigstens ist das Ergebnis einer neuen Untersuchung, die die vielen Flops (über 80% aller neu eingeführten Produkte) mit den wenigen Rennern verglich. Produktvorschläge, so zeigte sich, die aus den Reihen der Kundschaft kamen, waren bis zu 80% erfolgreich, solche aus den Reihen des Marketings nur noch zu 50% und solche aus der Abteilung Forschung und Entwicklung nur zu 20%.
Dabei behaupten sich neue Produkte mit innovativem Wertkern ungleich besser als die vielen Me-too-Varianten, zu denen es nach Meinung eines versierten Marktforschers (Peter Carlberg von der McCann-Erickson in Frankfurt) vor allem deshalb kommt, weil zu viele Unternehmen das falsche Problem im Auge haben: „Zu viele Hersteller wollen das Problem lösen, das sie mit dem Handel haben und lösen dabei nicht das Problem, das der Handel mit dem Verbraucher hat."

1. Produktwert und Design

Der Wertkern ist Innovation

Diesen „innovativen Wertkern" ablesbar, für den Kunden sinnlich erfahrbar zu machen – das ist die Leistung des Designers, und in diesem Zusammenhang kommt der Produktästhetik eine entscheidende Rolle zu. Sie wird um so größer sein, je geringer der Anteil der übrigen drei Designkriterien am Produktwert ist und zurücktreten dort, wo Funktion, Fertigungstechnik (Erzeugungsaufwand) und Handhabbarkeit (Ergonomie) eine dominierende Rolle spielen.

Um ein Beispiel zu geben: Für den Verkaufserfolg einer Vase wird die Leistung des Designers im ästhetisch-gestalterischen Bereich absatzentscheidend sein. Eine Schiffschraube hingegen wird wohl kaum auf Grund ihrer Schönheit und Eleganz, sondern ausschließlich auf Grund ihrer funktionstechnischen Produktwerte geordert werden. In meinen zahlreichen Verhandlungen mit Unternehmen habe ich übrigens festgestellt, daß eine anteilige Quantifizierung der jeweils relevanten Designleistung es dem Hersteller sehr viel leichter macht, einzusehen, wohin bei dem jeweiligen Designauftrag schwerpunktmäßig die Gelder fließen müssen.

Ermittlung des Produktwerts

Das Schema ist simpel, aber es funktioniert. Nehmen wir an, der Produktwert hat insgesamt 12 Punkte (12 Punkte deshalb, weil die Zahl so vielfältig teilbar ist). Bei einer anspruchsvoll gestalteten Vase entfallen nach unserer Daumenregel auf die Funktion zwei Punkte, auf die Erzeugung drei Punkte, auf die Ergonomie höchstens ein Punkt, auf die Produktästhetik aber sechs Punkte.

Anders beim Staubsauger. Der Stellenwert der Funktion ist mit Sicherheit höher als bei einer Vase, also drei Punkte. Auch die Erzeugung und damit Preisgünstigkeit hat einen höheren Stellenwert, also vier Punkte. Da der Benutzer mit diesem Staubsauger meist täglich, mitunter sogar mehrere Stunden hantieren muß, ist auch der ergonomische Anteil am Produktwert höher zu veranschlagen, also drei Punkte. Bleiben für die Produktästhetik nur noch zwei Punkte. Das heißt nicht, daß man es dann mit einem formal unattraktiven Gerät zu tun hat, es bedeutet nur, daß die Form in hohem Maße durch Funktion, Fertigung und Ergonomie vorbestimmt wird.

An drei Beispielen aus der eigenen Produktentwicklung möchte ich diese Anteiligkeit noch weiter verdeutlichen:

Beispiele für die Wertigkeit der vier Designkriterien

PKW

Kleinwagen (VW Golf)

Funktion	O	O	O			
Erzeugung	O	O	O	O		
Ergonomie	O	O	O			
Produktästhetik	O	O				

Mittelklasse (DB 190)

Funktion	O	O	O			
Erzeugung	O	O	O			
Ergonomie	O	O	O			
Produktästhetik	O	O	O			

Luxusklasse (Porsche)

Funktion	O	O	O			
Erzeugung	O	O				
Ergonomie	O	O	O			
Produktästhetik	O	O	O	O		

Bei diesen drei Beispielen wird deutlich, daß die Wertigkeit bei der Funktion in allen drei Fällen unverändert bleibt, ebenso die der Handhabbarkeit. Die gewünschte Steigerung der Fahrlust durch die Produktästhetik darf die Erzeugung belasten, d.h. teurer werden. Wenn man möchte, ist es selbstverständlich möglich, das Produkt, einerlei was es nun ist, in seine einzelnen Baugruppen zu unterteilen und diese wiederum zu bewerten, um dann den Durchschnitt auszurechnen. Oder aber, man nimmt statt der jetzt unbenutzten 12 Punkte 60 und verteilt sie auf 240 Kästchen, um eine größere Feinheit zu erreichen. Wichtig ist nur, die Punkte *müssen* alle verteilt werden und sie *müssen* im vorgegebenen Rahmen bleiben.

Wertigkeit von Kriterien

Weitere Beispiele:

Vase

Funktion	O	O				
Erzeugung	O	O	O			
Ergonomie	O					
Produktästhetik	O	O	O	O	O	O

Staubsauger

Funktion	O	O	O	O		
Erzeugung	O	O				
Ergonomie	O	O	O	O		
Produktästhetik	O	O				

Bürostuhl für Sekretärinnen

Funktion	O	O	O	O		
Erzeugung	O	O	O			
Ergonomie	O	O				
Produktästhetik	O	O	O			

Motorsäge

Funktion	O	O	O	O		
Erzeugung	O	O				
Ergonomie	O	O	O	O	O	
Produktästhetik	O					

Kaffeeautomat

Funktion	O	O	O			
Erzeugung	O	O	O			
Ergonomie	O	O				
Produktästhetik	O	O	O	O		

Saalbestuhlung (Theater)

Funktion	O	O	O	O		
Erzeugung	O	O	O	O		
Ergonomie	O					
Produktästhetik	O	O	O			

Sollten Sie versuchen, Produkte wie Musik, Parfum, Spirituosen usw. einzuordnen, werden Sie feststellen, daß die Funktion in diesen Fällen die Produktästhetik ist und, daß Erzeugung und Ästhetik allein alle 12 Punkte erhalten. Sie können davon ausgehen, daß es sich um Produkte handelt, die nur Lust erzeugen.
Stellt sich das Schema einmal so dar, daß alle 12 Punkte auf Funktion und Erzeugung fallen, so kann es sich nur um Energieträger, Arzneimittel, Kleb- und Rohstoffe usw. oder unsichtbare oder nicht handzuhabende Technik handeln (Schiffschraube, Getriebe usw.).

Zwang zur Kooperation

Aus all dem wird eines deutlich: Daß nämlich der Designer von seiner Aufgabenstellung her zur Kooperation gezwungen ist, zur Teamarbeit zwischen Marketing, Vertrieb, Forschung, Konstruktion, Fertigung usw. Aus diesem Grund stellen wir auch nur Designer ein, die entweder zusätzlich noch eine Ingenieur- oder Technikerausbildung haben oder zumindest einen starken Überhang in die technische Richtung. Meine Kollegen von frog-Design verlangen sogar, daß ihre Leute auch mal als Produktmanager gearbeitet haben oder den Abschluß einer amerikanischen Business-School vorweisen können. Eine so offenkundige Marktorientiertheit hat in Deutschland keine Tradition. „Schuld" daran ist der hohe ethische Auftrag, den – historisch gesehen – der deutsche Designer von der Gesellschaft mit auf den Weg bekam.

2. Der „Produktwert-Hintergrund"

Der „Bauhaus"-Hintergrund

Um zu begreifen, was ich meine, lassen Sie uns einen Augenblick zurückgehen in die späten 20er Jahre. Damals formulierte Walter Gropius, Gründer und Leiter des Deutsches Bauhauses: „Der moderne Mensch, der sein modernes, kein historisches Gewand trägt, braucht auch moderne, ihm und seiner Zeit gemäße Wohngehäuse mit allen der Gegenwart entsprechenden Dingen des täglichen Gebrauchs. Ein Ding ist bestimmt durch sein Wesen. Um es so zu gestalten, daß es richtig funktioniert – ein Gefäß, ein Stuhl, ein Haus – muß sein Wesen zuerst erforscht werden, denn es soll seinem Zweck vollendet dienen, d. h.: Es soll seine Funktion praktisch erfüllen, haltbar, billig und schön sein. – Diese Wesensforschung führt zu dem Ergebnis, daß durch die entschlossene Berücksichtigung aller modernen Herstellungsmethoden, Konstruktion und Materialien Formen entstehen, die, von der Überlieferung abweichend, oft ungewohnt und überraschend wirken."
Drei Jahre später, 1929, formulierte in den USA Raymond Loewy: „Von zwei Produkten, die gleich sind im Preis, in der Funktion, in der Qualität, wird sich das schönere besser verkaufen lassen."
Wesensforschung in Deutschland – Marktforschung in den USA. Zu unterschiedlich begann in diesen beiden Industrienationen die Geschichte der industriellen Formgebung. Ist das ein Nachteil? Ich meine, nein. Die ethisch-moralische Komponente des deutschen Design verkörpert u. a. im Werkbund, im Bauhaus und in der Hochschule für Gestaltung in Ulm – die auch ich absolviert habe – diese Orientierung an den Idealen der Funktionalität, der Ehrlichkeit, der Materialgerechtigkeit, der Sparsamkeit, Nüchternheit, Unauffälligkeit – Dieter Rams: Gutes Design ist möglichst wenig Design! (auch hier steht Design wie-

der für Produktästhetik) – hat ja durchaus Designqualität hervorgebracht, Designqualität, die im Ausland längst zum deutschen Markenzeichen geworden ist.
In den USA z. B. ist „eurostyle“ inzwischen der große Trend. Nicht nur bei den Autos, sondern auch im Bereich der Innenausstattung. 1984 stieg der deutsche Möbelexport nach den USA um 60%. Und was schätzen die Amerikaner an den deutschen Produkten? Es sind die Liebe zum Detail, die hohe Verarbeitungsqualität, die Zuverlässigkeit und eben diese „je ne sais quoi“, der Stil, das Durchdachte, Klare, die Ablesbarkeit von Qualität und Funktionstüchtigkeit. Auch die Italiener, die in Deutschland gern als die eigentlichen Design-Genies angesehen werden, haben Respekt vor der deutschen Designleistung, sie empfinden sie als eine spezifische „Handschrift“.

Eurostyle ist ...

In merkwürdigem Kontrast zu dieser internationalen Anerkennung steht die Wertschätzung des deutschen Design im eigenen Lande. Es ist „in“, im deutschen Design nur Biedersinn und Langweiligkeit zu sehen – und bei den Italienern das ganze Füllhorn der Kreativität. Die wenigsten, die so denken und reden, machen sich klar, daß Design in diesen beiden Ländern unter ganz unterschiedlichen Voraussetzungen entsteht, ganz unterschiedlich verwertet wird.
Was macht denn Schlagzeilen? In den letzten Jahren waren das ja nicht die Gestaltungsleistungen der Industriedesigner, die für die großen Unternehmen arbeiten, etwa für Olivetti oder Fiat, nein, es waren Kleinstserien von Gruppen und einzelnen, die quasi manufakturell jenseits der industriellen Produktionsketten und Absatzstrategien entstanden und die ein Klima, einen Trend, die Schlagzeilen machen wollen, aber keine Serienerzeugnisse. „Banaldesign“, „Studio Alchimia“, „Memphis“ – allesamt Mailand, allesamt als Gruppe längst wieder von der Bildfläche verschwunden, haben geschafft, was sie sich vorgenommen haben. Doch was die Initiatoren, allen voran der eloquente Ettore Sottsass, über die Medien gekonnt vermarkteten, läuft längst Gefahr zur billigen Kopie zu werden, mit der sich Dilettantismus im Gestalterischen modisch aufputzt.

... nicht nur Biedersinn

Auch in der Bundesrepublik schießen sie wie Pilze aus dem Boden: Die Gruppen und Grüppchen, die einen Designbeitrag leisten wollen, indem sie alle bisher gültigen Designregeln auf den Kopf stellen. Halb Wegwerfmöbel mit Woolworth-touch – Banalität ist Trumpf – halb reine Kunst, zweckfreies Spiel – Hauptsache die Ausstellungsmacher interessieren sich und die Medien. Auf die Hersteller kann und muß nach Lage der Dinge verzichtet werden, denn die wollen merkwürdigerweise immer noch Stühle, auf denen man sitzen kann.

Als „Designopa“ sehe ich diesem Treiben mit großer Gelassenheit zu. Erstens kann es nichts schaden, wenn mal ein bißchen Durchzug veranstaltet wird in der Design-Szene, zweitens wird sich die Inflation von Ideen, das modische Auf- und Untergehen von Trendsettern schon von selbst regulieren. In Italien jedenfalls gibt es inzwischen bereits genug prominente Designer, die sich weigern, sich als Designer weiterhin vor den PR-Karren spannen zu lassen.

Design ist ein ökonomischer Faktor

So zum Beispiel Adolpho Natalini von der Florentiener Gruppe „Super Studio“. „Wir haben nichts dagegen, mit Firmen zusammenzuarbeiten“, sagte er in einem Interview, „aber nur dann, wenn es wirklich industriell organisierte Produktionsprozesse sind und wenn die ganze Sache für uns interessant ist, d. h., wir weigern uns, kleine Auflagen oder Kunstobjekte herzustellen. Na gut, ich kann Kunstobjekte reproduzieren, aber dann mache ich es selbst, stelle ein Bronzemodell her und lasse in einer Gießerei fünf weitere Exemplare gießen. Ich brauche keine Firma, um 15 Exemplare eines Prototyps herstellen und vermarkten zu lassen, das ist Zeitverschwendung.“

III. Zusammenarbeit zwischen Hersteller und Designer

Um es zusammenzufassen: Das Hauptproblem des deutschen Designers ist nicht die gestalterische Ethik, der er sich verbunden fühlt. Das Hauptproblem ist, daß es nicht genügend Unternehmen mit Mut zu gutem Design gibt und nicht genügend Designer mit jener Bandbreite an Erfahrung und Kompetenz, die sie wirklich zum Partner, nicht einfach zum Auftragnehmer im Entwicklungsprozeß macht. Denn was braucht die Industrie? Sie braucht die externe Entwicklungsabteilung, in der von der Marketingidee über die Produktanalyse, bis hin zum Prototypenbau die Fäden zusammenlaufen. Dieses Angebot ist nicht nur für die Klein- und mittelständische Industrie interessant, sondern auch für Großbetriebe – und zwar dann, wenn die eigenen Designabteilungen mit Entwicklungsspitzen nicht mehr fertig werden oder besondere Designprobleme zu lösen sind. Die Frage ist nur: Wie finde ich den richtigen Designer, der mir „full service“ nicht nur verspricht, sondern auch tatsächlich bieten kann? Wie gut ein Designer war oder ist, wird man schließlich immer erst dann wissen, wenn ein Großteil der Kosten bereits angefallen ist. Daher zunächst die Frage: Wie vermeidet man Enttäuschungen, wie findet man den richtigen Designer?

Die Zusammenarbeit beginnt ...

1. Wie findet man den richtigen Designer?

... mit der Wahl des Designers

Zunächst einmal sollten Sie sich fragen, wie Sie überhaupt zu der handvoll Adressen gekommen sind, die Sie als mögliche externe Entwicklungspartner im Auge haben:

- Ein Geschäftsfreund, ein Kollege in einem anderen Unternehmen hat Ihnen den Mann empfohlen? Nicht schlecht – im Prinzip sogar der beste Weg, vorausgesetzt, Ihr Gewährsmann hat genügend Einblick in die Entwicklung in Ihrem Haus. Weiter vorausgesetzt, der Designer arbeitet nicht für die unmittelbare Konkurrenz, denn dann werden Sie wegen des Konkurrenzausschlusses (in der Regel mindestens ein Jahr nach dem letzten Rechnungsdatum) mit ihm nicht so schnell ins Geschäft kommen können.
- Sie haben sich vom zuständigen Berufsverband Verband Deutscher Industrie-Designer (VDID) das neueste Mitgliederverzeichnis schikken lassen, eine über 300 Seiten starke Fibel (Designer-Portraits), die

in Zusammenarbeit mit dem DIHT entstand und bebilderte, zum Teil sehr instruktive Selbstauskünfte der Designer über ihr Leistungsangebot enthält? Das gibt Ihnen einen Vergleichsmaßstab, macht Ihnen die Entscheidung aber nicht unbedingt leichter.

Die Informationsquellen ...

- Sie haben sich von den staatlichen oder halbstaatlichen Design-Instituten (Rat für Formgebung, Darmstadt; Design-Center im LGA, Stuttgart; Haus Industrieform, Essen; Internationales Design Center IDZ in Berlin) Namen nennen lassen?
  Darauf würde ich mich nur verlassen, wenn ich den Gewährsmann in diesen Instituten persönlich kenne und weiß, daß er mit den Problemen und Aufgaben meines Unternehmens vertraut ist.
  Aus der Anonymität ist schlecht raten, und mit einer bloßen Liste ist Ihnen ja nicht gedient.
- Sie sind eigens nach Essen ins Haus Industrieform gefahren und haben die jährlich dort stattfindende Designbörse der jungen Talente besucht?
  Lobenswert. Allerdings müssen Sie bedenken, daß es sich dabei um junge Leute handelt, die zwar den Kopf voll Ideen, aber kaum Berufspraxis haben und in aller Regel den vielgerühmten Full-Service gar nicht leisten können. Auch wenn sie für fast alle zugesagten Design-Leistungen einen kennen, der einen kennt, der einen kennt, der das macht. Selbst, wenn es sich bei diesem um einen Leonardo da Vinci persönlich handeln würde – der Informationsverlust bei diesem Verfahren der kontinuierlichen Delegation an Subunternehmer ist zu groß.

... sind vielfältig ...

- Sie haben eine Anzeige aufgegeben und sitzen jetzt da mit rund 100 Zuschriften.
- Sie fanden eines der Angebotsschreiben, die Ihnen täglich mit der Post ins Haus kommen, so sympathisch, daß Sie Kontakt aufnehmen wollen? Warum nicht, denn, daß nur wirbt, wer's nötig hat, glauben Sie ja selbst nicht. Und eine überzeugende Selbstdarstellung, ein gut gegliedertes Leistungsversprechen setzt immerhin einen relativ hohen Grad von Organisiertheit voraus. Das wissen Sie aus dem eigenen Unternehmen.

Nun haben Sie 5, 6 Adressen, vielleicht auch nur 3 oder 4. Jetzt werden die Fragen konkreter, die Sie zu stellen haben.

... und in ihrem Wert sehr unterschiedlich

Eine Grundregel: Besuchen Sie persönlich alle Anbieter, von denen Sie meinen, daß sie aufgrund eines Leistungsversprechens in Frage kommen. Die Vergabe von Entwicklungsaufträgen ist nicht nur eine Investition in Kapital. Ihre erste Investition sollte Vertrauen in Menschen sein. Dieses Vertrauen muß sich auf etwas gründen, auch auf Augenschein.

Und hier die Checklist, nach der Sie Ihren zukünftigen Entwicklungspartner abklopfen sollten:

Checkliste

1. **Mit welchen Firmen hat der Designer bisher zusammengearbeitet?**
   Lassen Sie sich Referenzlisten zeigen, fragen Sie auch mal nach.
2. **Arbeitet der Designer für Auftraggeber aus unterschiedlichen Produktbereichen?**
   Wenn ja, ist es mitnichten ein Zeichen von Unseriosität, sondern – vielleicht – Ihr Glück. Je größer die Branchenvielfalt, um so höher ist bei Ihrem Partner im allgemeinen der Stand des Know-how. Sie profitieren von der Möglichkeit des Problemlösungstransfers.
3. **Ist der Betrieb des Designers gut ausgestattet mit Mitarbeitern, auch und besonders im technischen Bereich?**
   Diese Frage ist besonders wichtig bei Anbietern, die Ihnen den Full-Service versprechen. Besichtigen Sie den Betrieb. Lassen Sie sich nicht mit dem Argument abspeisen, man arbeite an geheimen Dingen. So etwas kann man abdecken. Stellen Sie fest, wieviele Subunternehmen beteiligt sind. Daß Design-Entwicklungsbüros in Detailbereichen mit Subunternehmen arbeiten, ist normal (vor allem im Bereich des Funktionsmuster- und Prototypenbaus). Wenn Sie aber einen komplexen Entwicklungsauftrag vergeben wollen, sollten Sie sicher sein, daß die wichtigsten Schritte: Produktanalyse, konstruktive und fertigungstechnische Lösungen sowie Gestaltung von *einem* Team erbracht werden, das unter *einem* Dach sitzt.
4. **Klappt die Kommunikation zwischen Ihnen?**
   Die Zusammenarbeit mit einem externen Entwicklungspartner bedingt ein hohes Maß an Offenheit. Sie müssen das Gefühl haben, daß die Vertrauensbasis stimmt. Zu dieser Vertrauensbasis gehört auch die Geheimhaltung. Im allgemeinen kann man sagen, daß sie bei einem externen, an der weiteren Zusammenarbeit interessierten Designunternehmen meist besser gewährleistet ist als im eigenen Haus, über das die Konkurrenz in der Regel ebensoviel weiß, wie Sie von der Konkurrenz, und das ist, wenn Sie auf Draht sind, eine ganze Menge.
5. **Bietet Ihnen der Partner ein überzeugendes und transparentes Verfahren der Auftragsabwicklung an?**
   Eines, bei dem Sie jederzeit überprüfen können, wie der Stand der Dinge ist, so daß Sie nicht voll Spannung auf die große Bescherung warten, die dann vielleicht wirklich eine große Bescherung ist?
   Jeder Entwicklungsauftrag läßt sich in einzelne Arbeitsschritte mit genauen Zeitangaben zerlegen und dementsprechend abrechnen.

Das bietet Ihnen die Möglichkeit, gegebenenfalls auch von einer bestimmten Entwicklungsstufe an, die Sache wieder ins eigene Haus zu verlagern oder sogar, wenn Sie die Rahmendaten haben, abzubrechen, ohne daß es zwischen Ihnen und dem Entwicklungspartner zu Streitigkeiten über das Honorar und die übrigen Kosten kommen muß.

Wenn Sie alle Fragen positiv beantworten können, haben Sie Ihren Partner gefunden!

2. Über den Umgang mit einem Designer

Und jetzt kommt der Zeitpunkt, an dem dieser Partner etwas von Ihnen verlangen können muß.

Spielregeln für die Zusammenarbeit

Zum ersten: absolute Offenheit. Sagen Sie ihm, wo Ihre Probleme liegen, wie Ihre Marktanteile sind, welches Ihre Zielvorgaben, Ihre kurzfristigen und Ihre längerfristigen. Zeigen Sie ihm Ihren Betrieb, Ihre Fertigung. Machen Sie ihn mit Ihren wichtigsten Mitarbeitern bekannt. Er soll Ihre verlängerte Werkbank sein. Behandeln Sie ihn also als dem Haus zugehörig.

Zum zweiten: Gestehen Sie dem neuen Partner eine gewisse Einarbeitungszeit zu. Das gilt vor allem für Firmen, die selbst über gut ausgebaute Entwicklungsabteilungen verfügen und denen die verlängerte Werkbank „Entwicklungsspitzen" abnehmen soll. Ihre Leute sind mit der Aufgabenstellung des von Ihnen vertretenen Produktionsbereichs seit Jahren vertraut. Schaffen Sie die Möglichkeit, daß der externe Entwicklungspartner das Know-how des eigenen Teams in Kürze erreicht.

Zum Dritten: Nehmen Sie sich die Zeit, zusammen mit Ihrem neuen Partner das sogenannte „Pflichtenheft" anzulegen. Das Pflichtenheft regelt die beiderseitigen Leistungen in bezug auf die genau fixierte Produktidee. Es enthält Angaben über die Zielgruppe und die Marketingidee, legt sämtliche gewünschten oder vorhandenen Produkteigenschaften (Features) fest, regelt die patentrechtliche Situation und macht Aussagen über die Betriebsmittel. Sie werden staunen, wie erkenntnisfördernd in bezug auf das eigene Vorhaben ein solches Pflichtenheft ist. Ganz abgesehen davon, daß es die Spielregeln zwischen Ihnen und Ihrer „verlängerten Werkbank" festlegt.

Ablauf einer Entwicklung, demonstriert an einem einfachen Beispiel:

Für jedes Designkonzept ist es notwendig, zunächst einmal Skizzen anzufertigen, die jedoch der Auftraggeber nicht sieht (Abb. a und b).

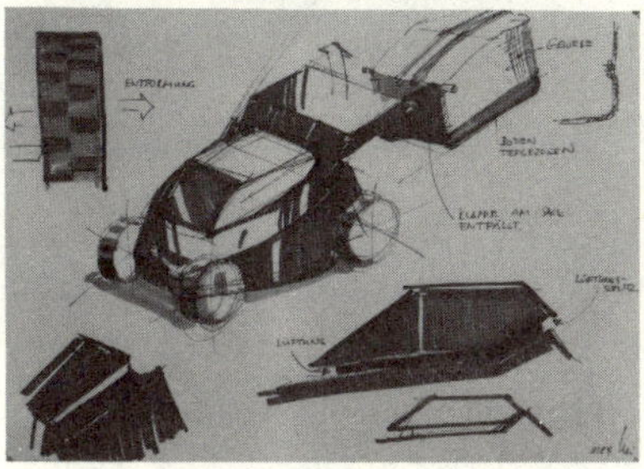

a

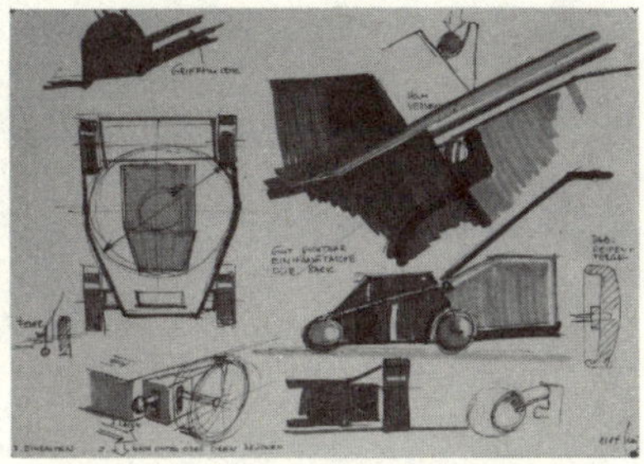

b

Um das Designkonzept dem Kunden zu erläutern, werden Renderings angefertigt (Abb. c, d), die auch bereits Detaillösungen mit einschließen können (Abb. e).

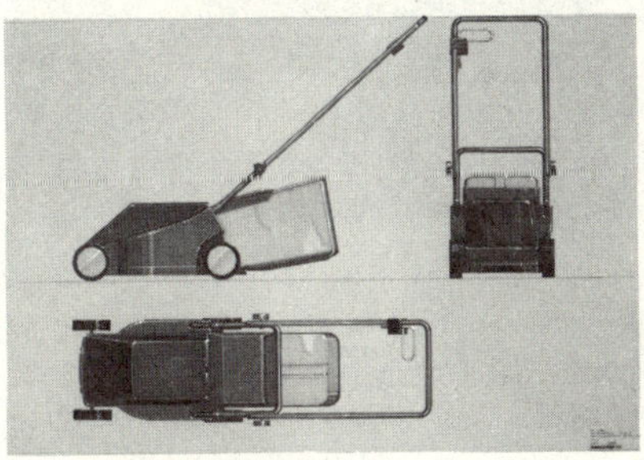

c

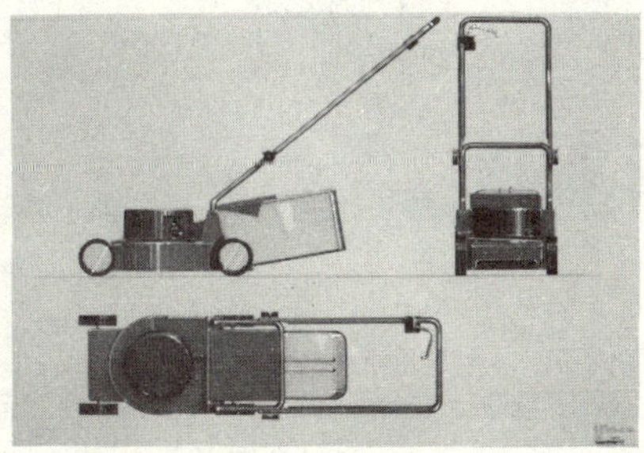

d

Nach der Konzeptphase entstehen Renderings für die Designentwürfe (Abb. f und g).

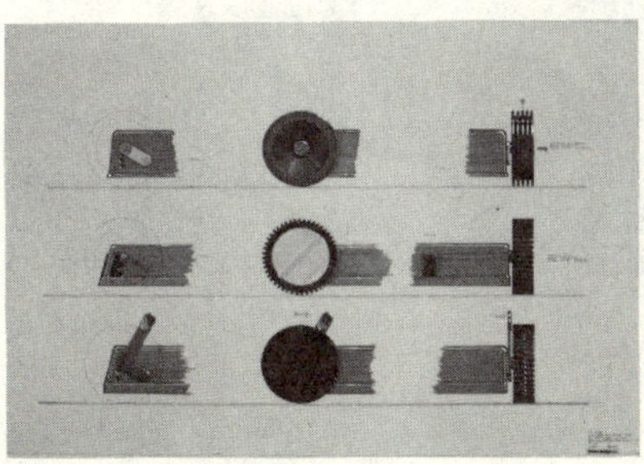

e

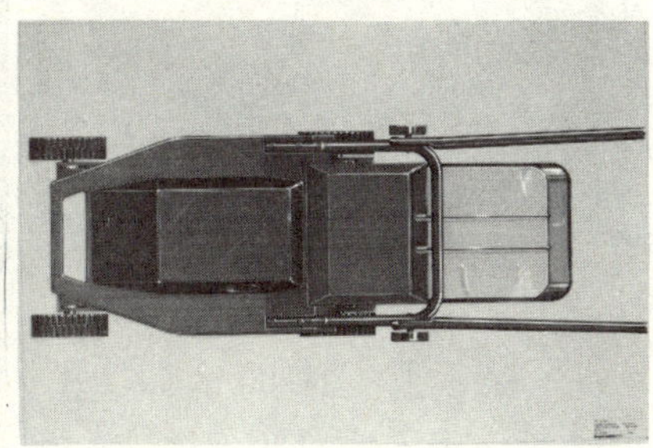

f

Aufgrund dieser Renderings können Proportionsmodelle gebaut werden, in diesem Falle aus Acrylschaum (Abb. j). Danach Konstruktion (Abb. h und i).

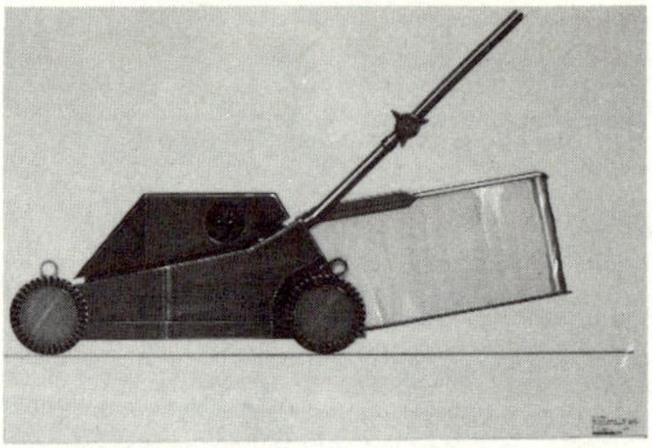

g

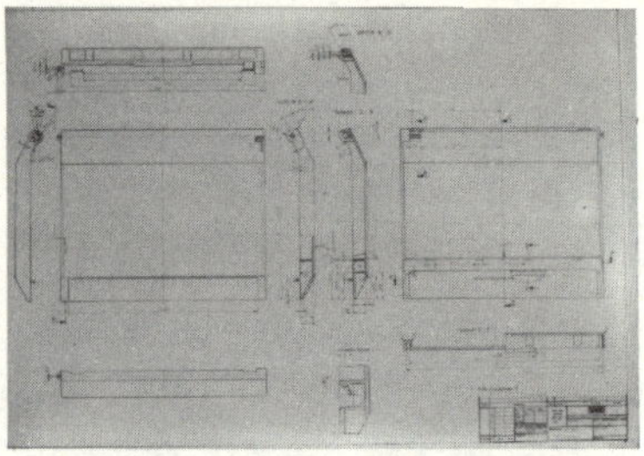

h

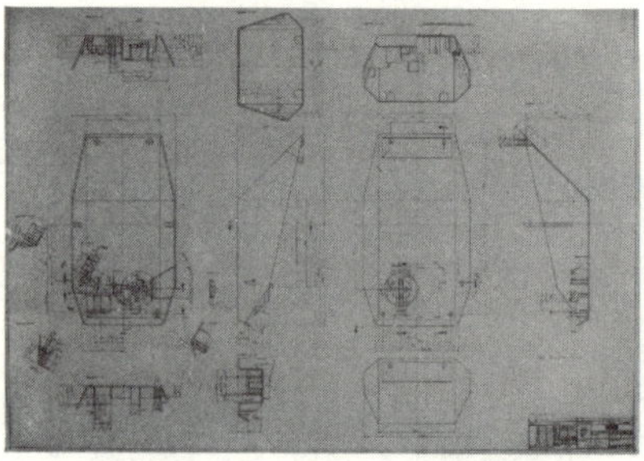

i

j

Wenn die Konstruktion in allen Details vorliegt, wird der Prototyp gebaut. In diesem Fall wird das Gehäuse aus dem Vollen aus einem ABS-Block herausgefräst (Abb. k bis m).

k

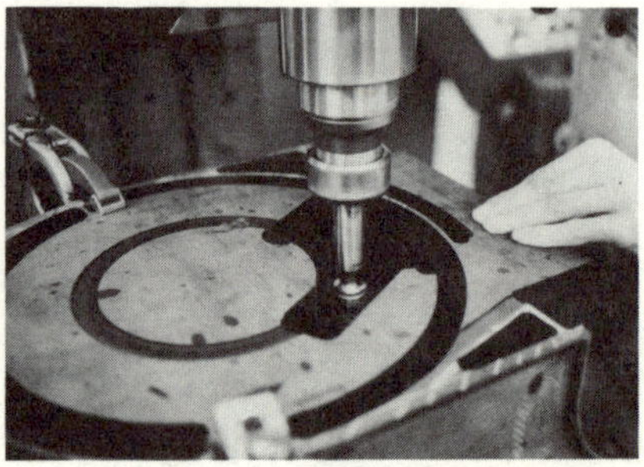

l

Montage aller aus dem Vollen exakt nach Zeichnung gefrästen Teile und einsetzen des Motors und weiterer handelsüblicher Bauteile (Abb. n).

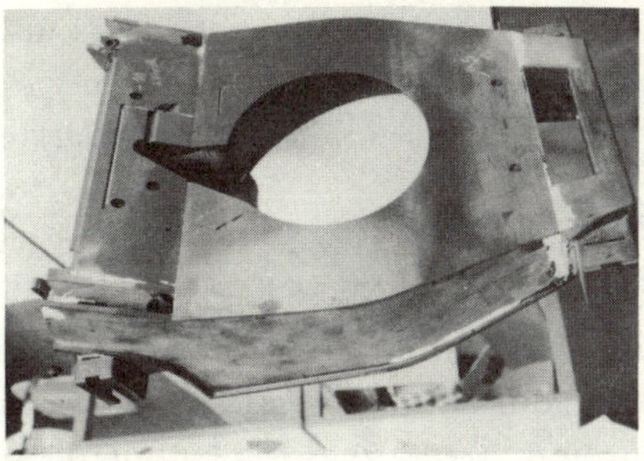

m

n

Erste Tests mit dem noch nicht lackierten Prototyp (Abb. o). Der fertige Prototyp, mit dem alle Tests gefahren werden konnten und der auch, um Zeit zu ersparen, als Fotomodell für die Prospekte diente (Zeitersparnis) (Abb. p).

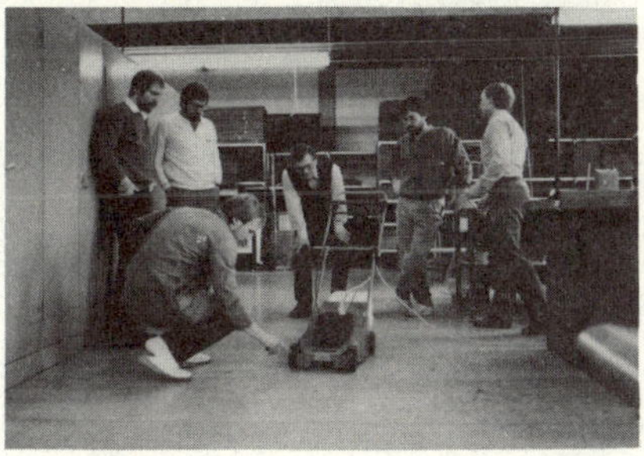

o

p

IV. Design-Terminologie

Damit Sie mit Ihrem neuen Partner dieselbe Sprache sprechen, folgt an dieser Stelle ein Schnellkurs in Design-Terminologie, die freilich auch bei den Designern selbst noch lange nicht einheitlich gehandhabt wird. Unsere Auswahl bezieht sich auf zwei- und dreidimensionale Darstellungstechniken und ihre Bezeichnungen:

Terminologie

- Eine freihand angefertigte Zeichnung, in der eine Form verdeutlicht werden soll, heißt *Skizze* oder *Scribble.* Sind Maße angegeben, so ist die Bezeichnung technische Skizze gerechtfertigt. Werden von einer Produktidee nur die Konturen und außen sichtbare Merkmale einer Form gezeigt, so spricht man von einer *Rendering-Zeichnung* (die sowohl farbig als auch schwarz-weiß sein kann).
- Die Materialien für diese Darstellungstechniken können sowohl von der Papier- als auch von der Farbenseite recht unterschiedlich sein. Da einige nicht lichtecht sind (z. B. mit Magic Marker colorierte Pausen), ist es empfehlenswert, die Materialbezeichnungen mitzuerwähnen.
- Werden Zeichnungen zur Darstellung der Konstruktion erstellt, so sind dies die Konstruktionszeichnungen, die sich zusammensetzen aus den Detailzeichnungen, den Baugruppenzeichnungen, den Zusammenstellungszeichnungen und später dann den Fertigungszeichnungen.
- Ein aus Pappe, Holz, Kunststoff oder sonstigem Material angefertigtes Modell, das Ihnen Aufschluß über Größe und Proportionen geben soll, bezeichnet man als *Proportionsmodell.*

Modelle

- Ein detailgetreues Modell aus Holz, Kunststoff oder Metall, das vom Finish her so hochwertig ist, daß Prospektfotos davon angefertigt werden könnten, bezeichnet man als *Designmodell.*
- Ein Modell, das Ihnen, unabhängig von Form und Größe, lediglich die technische Funktion zeigt, bezeichnet man als *Funktionsmodell.*
- Ein Modell, an dem Sie die Ergonomie überprüfen können, bezeichnet man als *Ergonomiemodell.*
- Wird an einem Designmodell auch noch funktionierende Technik demonstriert, kommt man mit der einfachen Bezeichnung nicht mehr aus, sondern muß die Leistung des Modells durch Zusätze erläutern, um zu klaren Kostenvorstellungen zu kommen.
  Beispiel: Modell zur Demonstration der Form mit beweglichen Bedienungselementen zur Überprüfung der Ergonomie, Material Polystyrol, Oberfläche dem späteren Serienmuster entsprechend lackiert, Maßstab 1:1.

- Das Modell schließlich, das in Form und Funktion dem späteren Serienmuster entspricht, ist der *Prototyp.*
- Ein Exemplar aus der Pilotserie, Vorserie, Nullserie oder aus der definitiven Produktion sollte unmißverständlich als *Muster* mit entsprechender Herkunftsangabe bezeichnet werden: *Vorserienmuster, Pilotserienmuster, Muster aus der laufenden Serie* oder ähnliches.

Typ und Muster

Wenn Sie auch in dieser Beziehung Klarheit und Eindeutigkeit in Ihre Zusammenarbeit mit einem Designer bringen, kann eigentlich nichts mehr daneben gehen. Sie haben alles getan, um die Enttäuschungen so klein wie möglich zu halten und damit dem Erfolg den Weg geebnet.

Um Sie noch tiefer in die Geheimnisse von Design und Designern einzuführen, finden Sie anschließend das Ergebnis einer Umfrage, die der Autor dieses Berichts unter Kollegen durchgeführt hat.

Frage 1:

Wie bezeichnen Sie ein aus Pappe, Holz, Kunststoff oder sonstigem Material angefertigtes Modell, das Ihnen nur Aufschluß über Größe und Proportionen geben soll?

Die Antworten:

16 × *Vormodell*
10 × *Masse(n)-Modell*
6 × *dreidimensionale Skizze*
5 × *Proportionsmodell*
4 × *Rohmodell*
3 × *Mock-up*
2 × *Anschauungsmodell*
2 × *Rough*

Anzahl der Gesamtnennungen: 59*
Keine Angaben: 0
Anzahl der unterschiedlichen Bezeichnungen: 22

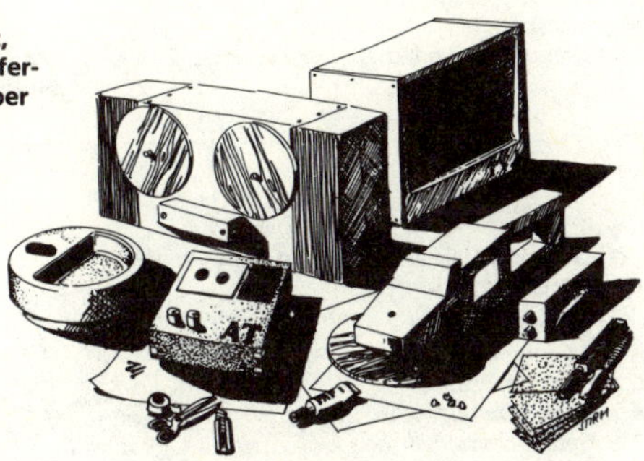

Mein Vorschlag: **»Proportionsmodell«**.
Der Zusatz macht deutlich, was demonstriert werden soll: Die *Proportion*.

Frage 2:

Wie nennen Sie ein detailgetreues Modell aus Holz, Kunststoff, Metall usw., das vom Finish her so hochwertig ist, daß Prospektfotos davon angefertigt werden könnten?

Die Antworten:

18 × *Anschauungsmodell*
11 × *Designmodell*
6 × *Präsentationsmodell*
5 × *Fotomodell*
4 × *Modell*
3 × *Dummy*

Anzahl der Nennungen: 53*
Keine Angaben: 0
Anzahl der unterschiedlichen Bezeichnungen: 25

Mein Vorschlag: Obwohl die Mehrzahl den Begriff *»Anschauungsmodell«* bevorzugt, plädiere ich für **»Designmodell«**. Anschauungsmodell ist ein Pleonasmus, denn jedes Modell dient der Veranschaulichung von etwas. Dieser Modelltyp jedoch faßt unsere Leistung zusammen, daher *»Designmodell«*.

Frage 3:

Wie nennen Sie ein Modell, das Ihnen unabhängig von Form und Größe lediglich die technische Funktion zeigt?

Die Antworten:

27 × *Funktionsmodell*
10 × *Funktionsmuster*
3 × *Funktionsstudie*
3 × *Modell für Funktionstests*

Anzahl der Nennungen: 47*
Keine Angaben: 0
Anzahl der unterschiedlichen Bezeichnungen: 19

Mein Vorschlag: Hier sind wir uns einig: **»Funktionsmodell«** ist ein brauchbarer Begriff.

Frage 4:

Wie nennen Sie ein Modell, an dem Sie die Ergonomie überprüfen?

Die Antworten:

14 × *Ergonomiemodell*
5 × *Ergonomiestudie*
4 × *Handhabungsmodell*
3 × *Gebrauchsmodell*
3 × *Versuchsmodell*
3 × *Funktionsmodell*
3 × *ergonomisches Mock-up*
2 × *ergonomisches Arbeitsmodell*

Anzahl der Nennungen: 43*
Keine Angaben: 3
Anzahl der unterschiedlichen Bezeichnungen: 27

Mein Vorschlag: Auch hier Übereinstimmung: **»Ergonomiemodell«**.

Frage 5:

Wie nennen Sie ein Modell, detailgetreu wie bei Frage 2, jedoch mit zum Teil funktionierender Technik.

Die Antworten:
8 × *Anschauungsmodell mit Teilfunktionen*
6 × *Funktionsmodell*
5 × *Präsentationsmodell*
4 × *Modell mit Teilfunktionen*
3 × *Prototyp*
2 × *Funktions-Dummy*
2 × *Studienmodell*

Anzahl der Nennungen: 40*
Keine Angaben: 5
Anzahl der unterschiedlichen Bezeichnungen: 32

*) *Mehrfachnennungen kamen vor. Viele Begriffe waren so ähnlich, daß wir sie unter den hier genannten Oberbegriffen zusammenfassen konnten. Beispiel: Oberbegriff »Vormodell«, zu dem auch »Vorstudie« und »Modell zur Vorstudie« eingeordnet wurden. Sehr individuelle Nennungen, die nur einmal vorkamen, wurden aus Platzgründen weggelassen.*

Mein Vorschlag: Hier wird es schwierig. Die hohe Zahl der unterschiedlichen Nennungen und die Tatsache, daß dieser Modelltypus mehrere Funktionen zugleich erfüllt, also nicht unter einem Oberbegriff subsumiert werden kann, zwingt uns vor allem bei schriftlichen Absprachen zu einer **differenzierten Modell-Bezeichnung**.

Wir selber halten es so, daß wir den Begriff »Modell« durch Zusätze erläutern, die Angaben machen über
Zweck
Material
Oberfläche und
Maßstab.

Ein Beispiel: *„Modell zur Demonstration der Proportionen aus Acrylschaum mit geschliffener, unlackierter Oberfläche im Maßstab 1 : 1."*
Oder: *„Modell zur Demonstration der Gestalt (Form) mit beweglichen Bedienungselementen zur Überprüfung der Ergonomie. Material Polystyrol. Oberfläche dem späteren Serienmuster entsprechend. Maßstab 1 : 1."*

Ich kann nur dringend raten, vor allem dann, wenn es um Auftragsbestätigung, Verträge oder andere schriftliche Unterlagen von evtl. juristischer Relevanz geht, zu dieser detaillierten, vielleicht ein wenig umständlichen, in jedem Fall aber eindeutigen Form zu greifen. Sie ist für die Kostenerläuterung ebenso wichtig wie für die Einsicht des Klienten in die zu erwartende Leistung.

Frage 6:

Wie nennen Sie ein Modell, das in Form und Funktion dem späteren Serienmuster entspricht?

Die Antworten:

26 × *Prototyp*
6 × *Funktionsmodell*
6 × *Endmodell funktionsfähig*
2 × *Anschauungsmodell mit allen Funktionen*
2 × *Muster*

Anzahl der Nennungen: 44*
Keine Angaben: 0
Anzahl der unterschiedlichen Bezeichnungen: 17

Mein Vorschlag: Hier braucht keine Empfehlung ausgesprochen zu werden. Dieses Modell heißt **»Prototyp«** und entspricht damit auch der Bezeichnung im Lexikon.

In diesem Zusammenhang noch ein Hinweis: Werden bereits Teile aus früherer Fertigung oder schon vorhandene Werkzeuge mit in Modelle oder Prototypen eingebaut, so sollte man das auch vermerken. Beispiel:

„Prototyp der im Pflichtenheft beschriebenen Kaffeemaschine zur Überprüfung der Fertigungszeichnungen sowie der Montagemöglichkeiten unter Verwendung des bisherigen Heizsystems und der bereits aus (Versuchs-)Werkzeugen abgespritzten Bodenplatte und Abdeckschale. Die Ausführung erfolgt entsprechend den Zeichnungen."

Ich gebe zu, daß ein Rilke-Gedicht schöner ist, aber wir brauchen Eindeutigkeit, Unmißverständlichkeit.

Frage 7:

Wie nennen Sie ein Expemplar aus der Pilotserie, der Vorserie, der Nullserie, der Produktion?

Die Antworten:

21 × *Muster*
12 × *Produktionsmodell*
11 × *Nullserienteil*
5 × *Prototyp*
5 × *Endprodukt*
3 × *Pilotserienprodukt*

Anzahl der Nennungen: 59*
Keine Angaben: 3
Anzahl der unterschiedlichen Bezeichnungen: 54

Mein Vorschlag: Produkte, die aus Werkzeugen oder sonstwie in Serie hergestellt werden, sollten als **»Muster«** bezeichnet werden, wobei dem Begriff die entsprechende Position im Entwicklungsprozeß voranzustellen ist. Ein Muster aus der Vorserie heißt dann *»Vorserienmuster«*, eins aus der Pilotserie *»Pilotserienmuster«* etc.

V. Design-Kosten

Die Kosten

Unsicherheit besteht auch oft darüber, wie abgerechnet werden soll. Was Sie über Kosten wissen müssen, ist folgendes:
Eine Designentwicklung, die Sie komplett in Auftrag geben (Konzept – Modell – Konstruktion – Prototyp) setzt sich kostenmäßig zusammen aus:

1. Dem Design-Honorar

Mit dem Design-Honorar wird die Gestaltidee bezahlt. Das geschieht entweder in Form eines Pauschalhonorars, das vorher vereinbart wurde und das je nach Aufgabenstellung zwischen 3000 DM und 30 000 DM liegen kann. Oder in Form eines Erfolgshonorars, das erst bezahlt zu werden braucht, wenn der Entwurf vom Auftraggeber akzeptiert wird. Dieses Erfolgshonorar ist allerdings doppelt so hoch wie das Pauschalhonorar, da der Designer das Risiko trägt.

Eine dritte Möglichkeit ist, eine Umsatzbeteiligung in Höhe von 0,5 bis unter besonderen Umständen 10% vom Nettoerlös für die Dauer des am längsten laufenden Schutzrechts (Geschmacksmuster: 15 Jahre) zu vereinbaren.

Bei Auftraggebern mit viel „Kleinvieh-Anfall" empfiehlt es sich, ein monatliches Fixum zu vereinbaren, das zwischen 800 DM und 8000 DM liegen kann. Solche Verträge schließt man gemeinhin über 2 bis 3 Jahre.

2. Den Entwicklungskosten

Zu den oben genannten Kosten kommt der zweite Kostenblock, nämlich der Zeitaufwand für die Entwicklungsarbeit. Der Satz für eine Entwicklungsstudie liegt je nach Unternehmen zwischen 70 DM und 120 DM. Mit diesen Kosten wird all das bezahlt, was an Zeichnungen (Darstellungszeichnungen, Konstruktionszeichnungen) und Versuchen erbracht wird.

3. Den Kosten für Modellbau

Der Modellbau ist jede Art der dreidimensionalen Veranschaulichung bis hin zum Prototyp. Kosten für die Modellbaustunden: Zwischen 45 DM und 85 DM je nach Maschinenanteil.

Werden vom Mitarbeiter des Designers Erfindungen gemacht, für die Sie Gebrauchsmuster oder Patente anmelden, so gilt hierfür das deutsche Arbeitnehmererfinderrecht. Entsprechende Ausführungen finden Sie im Buch von Herbert Danner (Herausgeber und Verlag: busse design ulm) und im Beitrag von Dieter Gaul. Dieser Mitarbeiter muß entsprechend den dort erläuterten Vorschriften abgefunden werden.

Honorierung

Sehr oft haben Firmen ein eigenes Schema, nach dem sie innerhalb des Hauses ihre Mitarbeiter abfinden. busse design ulm beispielsweise hält es so, sich in diesen Fällen den Regelungen des Auftraggebers zu unterwerfen, was bedeutet, daß der busse design ulm-Mitarbeiter abfindungs- und beteiligungsmäßig so behandelt wird, als sei er ein Mitarbeiter des Auftraggebers.

Achtung: Design-Honorar, das im Stundensatz untergebracht ist, ist suspekt. Wenn Ihnen ein Entwurf nicht gefällt und der Designer ist gezwungen, einen weiteren auszuarbeiten, stellt er Ihnen mit den neuen Stundenrechnungen auch wieder Design-Honorarkosten in Rechnung, von Entwürfen, die Sie gar nicht haben wollten.

Eigentlich bedarf es nicht der Erwähnung: Es versteht sich von selbst, daß alle Reisekosten und die damit verbundenen Spesen vom Auftraggeber getragen werden.

VI. Der Kreativität eine Chance

Nachdem wir das Verhältnis zwischen Unternehmen und externem Designer soweit formalisiert haben, zum Schluß noch ein dringender Appell.

Lassen Sie nach all diesen Vorgaben und Festlegungen dem Partner freie Hand. Sie haben nicht mit einem Buchhalter abgeschlossen, sondern mit einem kreativen Kopf. Kreativität ist die Fähigkeit, Faktoren, die bisher nicht miteinander in Verbindung gebracht wurden, zusammenzudenken und so zu neuen Problemlösungen zu kommen. Gerade im Entwicklungsbereich leidet die kreative Potenz, wenn mit Blick auf große Stückzahl und etablierte Standards immer nur mit angezogenen Bremsen gefahren wird.

Innovationen und keine Me-too's

Geben Sie der Kreativität eine Chance. Sagen Sie nicht schon im Ansatz zu ungewöhnlichen Lösungsvorschlägen nein. Der Markt ist schon voll von „ME-TOO"-Produkten. Wollen Sie wirklich nur eins mehr dazustellen? Wir haben übrigens gute Erfahrungen damit gemacht, wenn sich der Auftraggeber und unser Entwicklungsteam vor Auftragsfixierung zu einem gemeinsamen Innovationsseminar zusammensetzen. Nach dem von Bernd Rohrbach entwickelten Verfahren der systematischen Problemlösung (Basic Synectic) werden für formulierte Probleme Lösungen gesucht. Wichtig dabei ist nicht nur das Ergebnis, sondern das Miteinander. Gerade, wo es um komplexere Entwicklungsaufgaben geht, ist es wichtig, daß man die gleiche Sprache spricht.

Design hoch anbinden

Eine weitere Klippe ist die Präsentation. Tun Sie es dem Designer nicht an, daß er seine **Renderings, Modelle** oder gar **Prototypen** nur auf der zweiten und dritten Managementebene präsentieren darf und nicht die Chance erhält, seine Arbeit mit der zuletzt entscheidenden Führungsspitze persönlich zu diskutieren. Wenn es Ihnen mit der Hereinnahme von gutem Design in die Unternehmenspolitik ernst ist, wird es überdies ohne überzeugende Rückendeckung durch die Unternehmensleitung nicht gehen. Die Integration des externen Designers in den betrieblichen Alltag und die internen Entscheidungsprozesse und Hierarchien, der Abbau des Mißtrauens, vor allem im Bereich der Konstruktion, gelingt nur, wenn die Geschäftsleitung sich selbst engagiert und Verantwortung auch für progressive Lösungen zu übernehmen bereit ist.

Schließlich ist es soweit: Das neue oder mit neuartigen Features versehene Produkt kommt auf den Markt. In Italien ist es selbstverständlich, daß das Produkt nicht nur den Namen des Herstellers, sondern auch des Designers trägt, daß der Hinweis auf den Designer imagebildender Bestandteil der Werbung ist. Warum eigentlich nicht bei uns? Ein guter Designer hat eigentlich keinen Grund, seine Autorenschaft geheimzuhalten. Er wird auch nichts dagegen haben, wenn Sie mit der Designqualität Ihrer/seiner Produkte werben. Stimmen Sie die Aussage aber dann vorher mit ihm ab, um Peinlichkeiten zu vermeiden. Die Aufnahme eines Produkts am Markt interessiert übrigens nicht nur den Hersteller, informieren Sie darüber auch den Designer. Geben Sie nicht nur Mängelrügen, sondern auch Umsatzzahlen weiter.

Trennung fair abwickeln

Zum Schluß noch ein Hinweis auf das in Partnerschaften aller Art immer etwas heikle Thema der Trennung. Zunächst grundsätzlich: Von einem freien Designer können Sie sich leichter trennen als von einem fest angestellten. Es ist üblich, daß der Designer bis zu einem Jahr nach dem letzten Rechnungsdatum nicht für die Konkurrenz tätig wird. Kommt danach ein anderes Unternehmen auf ihn zu, wird er in der Regel das alte fragen, ob eine weitere Zusammenarbeit beabsichtigt ist. Halten Sie ihn nicht hin! Wenn Sie einen Designerwechsel vorhaben, ist ein offenes Gespräch die beste Lösung. Es ist schlechter Stil, hinter dem Rücken des bisherigen Designers einen anderen mit den Aufgaben zu betrauen. So etwas spricht sich herum.

In summa: Nicht nur die Trennung, das ganze Zusammenspiel von Unternehmer und Designer ist stark abhängig von einem gedeihlichen zwischenmenschlichen Klima. Der Designer ist kein Computer. Seine von marketing-denkenden Ingenieurswissenschaften überlagerte „Künstlerseele" braucht Zuwendung (83% aller Designer wählten diesen Beruf aus Freude am „kreativ schöpferischen Gestalten"). Das Klima der Zusammenarbeit motiviert den guten Designer zehnmal mehr als die finanziell lohnende Aufgabenstellung. Denken Sie daran, wenn Sie auf Designersuche gehen: Er und Sie müssen miteinander „Können", dann wird aus dem gemeinsamen „Kind" schon etwas werden.

VII. Die Anschriften der Designinstitutionen:

Verband Deutscher Industrie-Designer
VDID
Postfach 11321
Drususstr. 3
4000 Düsseldorf
Tel. 0211/57 30 82

Rat für Formgebung
Eugen-Bracht-Weg 6
6100 Darmstadt
Tel. 0 61 51/4 40 51

Internationales Design Zentrum
IDZ Berlin e.V.
Wielandstr. 31
1000 Berlin 12
Tel. 0 30/8 82 30 51

Haus Industrieform Essen
Kennedyplatz
4300 Essen 1
Tel. 02 01/22 79 95

Design-Center Stuttgart
LGA Baden-Württemberg
Kienestr. 18
7000 Stuttgart 1
Tel. 07 11/2 02 01

Arbeitskreis Produktform
im DIHT
Adenauer-Allee 148
5300 Bonn 1
Tel. 02 28/10 40

Autorenportraits

Richard Carl Bachinger, geb. 1936 in Wien, ist Leiter des Bereiches Öffentlichkeitsarbeit, Werbung und Corporate Image der Firma Deutsche Olivetti GmbH, Frankfurt am Main

Rido Busse, geb. 1934 in Wiesbaden, ist Inhaber und Leiter des Designunternehmens busse design ulm

Prof. Dr. jur. Dieter Gaul, geb. 1921 in Berlin, ist Fachhochschullehrer an der Fachhochschule Düsseldorf

Lydia Grabosch, geb. 1957 in Leverkusen, ist Werbefachmann bei der Deutschen Krankenversicherung AG, Köln

Fritz Hahne, geb. 1920, ist Gesellschafter und Vorsitzender des Verwaltungsrates der Wilkhahn Wilkening + Hahne GmbH + Co, Bad Münder

Prof. Dr. rer. pol. Udo Koppelmann, Dipl.-Kfm., geb. 1939 in Duisburg, ist Direktor des Seminars für Allgemeine Betriebswirtschaftslehre, Beschaffungs- und Produktlehre der Universität zu Köln

Dr. rer. pol. Erich Küthe, Dipl.-Hdl., geb. 1940 in Remscheid, ist Akad. Rat am Seminar für Allgemeine Betriebswirtschaftslehre, Beschaffungs- und Produktlehre der Universität zu Köln

Prof. Dr. Heribert Meffert, geb. 1937, ist Direktor des Instituts für Marketing, Westfälische Wilhelms-Universität Münster

Gudrun S. Poth, Dipl.-Betriebsw., geb. 1942 in Danzig, ist Geschäftsführender Gesellschafter der Gesellschaft für empirische Marketingforschung (GefeM)mbH.

Dr. rer. pol. Ludwig G. Poth, Dipl.-Kfm., geb. 1938 in Worms, ist Professor für Marketing an der Fachhochschule Düsseldorf und Gesellschafter der Gesellschaft für empirische Marketingforschung (GefeM)mbH.

Hans Christoph Rudolph, geb. 1935 in Bochum, ist Leiter der Abteilung Marktvorbereitung und Prokurist der Firma ERCO Leuchten GmbH in Lüdenscheid.

Prof. Wolfgang Schmittel, geb. 1930 in Frankfurt/Main, ist Professor für Kommunikation und Gestaltung an der Fachhochschule Schwäbisch Gmünd

Albrecht Schultz, Dipl.-Kfm., geb. 1919 in Naunhof, war bis 1984 Stellvertretender Vorsitzender des Vorstands der Braun AG, Kronberg/Ts.

Rudolf Schwarz, geb. 1930, ist seit über 20 Jahren für die Presse- und Öffentlichkeitsarbeit bei der Firma Wilkhahn Wilkening + Hahne, Bad Münder verantwortlich sowie als freier Journalist für die Tages- und Fachpresse tätig.

Dipl.-Ing. Christian Steguweit, geb. 1956 in Iserlohn, ist Kreativ-Direktor bei der Deutschen Olivetti GmbH, Frankfurt am Main

Stichwortverzeichnis

N

P

Q

R

S

T

U

V

W

Z